本书系国家社会科学基金重大招标项目
"儒学形态与功能的近百年变化与未来展望"
（批准号09&ZD069）阶段性成果

国学大师

徐复观评传

李维武 著

长江出版传媒
湖北人民出版社

图书在版编目(CIP)数据

徐复观评传 / 李维武著. —— 武汉：湖北人民出版社, 2025.2
ISBN 978-7-216-10843-0

Ⅰ.①徐… Ⅱ.①李… Ⅲ.①徐复观（1903-1982）—评传 Ⅳ.①B261.5

中国国家版本馆CIP数据核字(2024)第066557号

责任编辑：丁　茜
封面设计：董　昀
责任校对：范承勇
责任印制：蔡　琦

出版发行：湖北人民出版社	地址：武汉市雄楚大道268号
印刷：湖北新华印务有限公司	邮编：430070
开本：787毫米×1092毫米　1/16	印张：35.25
字数：491千字	插页：3
版次：2025年2月第1版	印次：2025年2月第1次印刷
书号：ISBN 978-7-216-10843-0	定价：108.00元

本社网址：http://www.hbpp.com.cn
本社旗舰店：http://hbrmcbs.tmall.com
读者服务部电话：027-87679656
投诉举报电话：027-87679757
（图书如出现印装质量问题，由本社负责调换）

湖北国学大师评传丛书

编 委 会

名誉主任 蒋祝平

主　　任 韩忠学

副 主 任 郭齐勇　王玉德

委　　员（以姓氏笔画为序）

　　　　　　于　亭　王玉德　刘传铁　孙劲松

　　　　　　邹贤启　张良成　陈明江　周国林

　　　　　　周积明　姚德海　骆郁廷　郭齐勇

　　　　　　韩忠学

主　　编 郭齐勇　王玉德

总　序

郭齐勇

"国学"是颇有争议的复杂概念。在清末以前，古人不必使用这一概念。在国势日颓、民族危亡之时，流亡在日本的志士仁人开始使用这一名词，表述中国古代的学术文化。章太炎说："夫国学者，国家所以成立之源泉也。吾闻处竞争之世，徒恃国学固不足以立国矣。而吾未闻国学不兴而国能自立者也。吾闻有国亡而国学不亡者矣，而吾未闻国学先亡而国仍立者也。故今日国学之无人兴起，即将影响于国家之存灭，是不亦视前世为尤岌岌乎？"[1]

邓实说："国学者何？一国所有之学也……有其国者有其学。学也者，学其一国之学以为国用，而自治其一国者也。国学者，与有国而俱来，因乎地理，根之民性，而不可须臾离也。君子生是国，则通是学，知爱其国，无不知爱其学也。"[2] 也就是说，国学不仅仅是学问或学术的概念，而且还是民族性与民族魂的概念。国学的内核主要指国家民族历史文化的根本精神价值。

梁启超积极引进西学，然而对于国人鄙薄自己的民族文化传统却心怀忧虑。他说："吾不患外国学术思想之不输入，吾惟患本国学术思想之不发明……凡一国之立于天地，必有其所以立之特质。欲自善其国

---

[1] 章太炎：《国学讲习会序》，原载《民报》第 7 号。转引自汤志钧《导读》，《国学概论》（章太炎讲演、曹聚仁整理、汤志钧导读），上海古籍出版社 1997 年版，第 6 页。

[2] 邓实：《国学讲习记》，原载《国粹学报》第 19 期。转引自汤志钧《导读》，《国学概论》（章太炎讲演、曹聚仁整理、汤志钧导读），上海古籍出版社 1997 年版，第 7 页。

者，不可不于此特质焉，淬厉之而增长之……不然，脱崇拜古人之奴隶性，而复生出一种崇拜外人、蔑视本族之奴隶性，吾惧其得不偿失也。"① 也就是说，我们一定要把握自家文化的真精神、主体性与特质，并加以锻造、锤炼，不能从盲目崇拜古人转向盲目崇拜洋人，以为自己的文化传统都是糟粕、中国百事不如人。

文化的差异不仅有时代性的差异，也有民族性的差异。在一定意义上，我们又可以说，"国学"即是中国的古典学，它以古代中国的语言文字、终极信仰、学术思想和民俗文化为中心。按传统图书与学术之分类有经、史、子、集四部，或义理、考据、辞章、经世之学的诸路向。

其实，国学是开放的，包含了历朝历代消化吸收了的外来各种文化。我们不能把国学狭隘化。第一，国学不只是汉民族的学术文化，它还包含了历史上各少数民族的语言、文字、学术文化及其与汉民族的交流史。第二，国学不只是上层精英传统，还包括小传统，如民间民俗文化，各时段各地域各民族的传说、音乐、歌舞、技艺、建筑、服饰、礼仪、风俗、宗族、契约、行会、民间组织等，有如今天的某些物质与非物质文化遗产。第三，国学还包括历史上中外地域文明的交融，如外域文明的传入、西域学、佛学及其中国化，西学东渐与中学西传的内容与历史过程等，都属于国学的范围。

必须明了，国学、经史子集等，并不是汉民族的专利，其中包含、汇聚了中华各民族的智慧与文化，是各民族共同创造、共同拥有的文化精神资源，正所谓"一体多元""和而不同"。古今很多少数民族文化也以汉语言文字为媒介。

前面我们说过，在国学的多层面中，最高的层面还是国魂，即中华民族的主要精神的方面，那是中国人之所以为中国人、中国文化之所以为中国文化的根本特质处。国学是生命的学问，儒、释、道三教是具有

---

① 梁启超：《论中国学术思想变迁之大势》，原载1902年3月10日《新民丛报》第3期，又载胡道静主编《国学大师论国学》（上），东方出版中心1998年版，第23页。

精神性的人文主义，肯定世界的神圣性。三教认为人性的最高体现，就是达到人生的最高境界，是天人合一，希望与自然保持和谐。对宇宙的敬畏感来自我们回应最终实在的渴望，而最终实在为我们的生活指示了方向并赋予意义。我们的存在受惠于天地万物，为了报答这一份恩惠，我们必须加强自我修养，以便在存在的奇迹中完全实现人性，达到天、地、人三才同德。学习国学更重要的是把握中华人文精神与价值理念，了解中华民族与中华文化融会的过程，及其可大可久的所以然，堂堂正正地做一个中国人。

其实，提倡国学与拥抱、吸纳包括西学在内的外域文化并不矛盾。陈寅恪说："一方面吸收输入外来之学说，一方面不忘本来民族之地位。"[①] 任何民族的现代化都不可能是无本无根的现代化。对于自家传统文化的价值理念、生存智慧、治国方略，我们体认得越深，发掘得越深，我们拥有的价值资源越丰厚，就越能吸纳外来文化的精华，越能学得西方等外来文化之真，这才能真正使中西或中外文化的精华在现时代的要求下相融合，构建新的中华文明。

湖北的国学传统源远流长，历史上涌现了一批学养深厚的国学大师。他们为中华文化的发展做出了卓越的贡献，也成为国学发展不同阶段的典型代表。宋至清末，全国的大学者大多到过湖北，湖北学人在全国也享有盛誉。明清以来湖北理学与经学的特点是有独创性、开放性，倡导实学。湖北自古就有儒家重教兴学的深厚传统，清末张之洞督鄂期间尤重视文教，开放教育，对湖北文人与文化有深刻的影响。

湖北地区水陆交通方便，资讯较发达，在清末以来呈现出古今中外思想文化碰撞交流的状态，这就促使当地的或旅鄂的一些有思想的文化人批判、离异传统，而后又从高层次回归传统。现代多数鄂籍或来鄂的学人有一个共同特点，即既开放，又有根柢，多数人最终融会中西文化，强调中国文化的根源性，创造性地弘扬、发展中国文化的优长，经

---

① 引自冯友兰《中国哲学史》下册附录的陈寅恪《审查报告三》，中华书局 1961 年版，第 4 页。

世致用。

湖北省国学研究会是本省从事国学研究的专家学者及爱好者自愿组成的全省性、学术性、非营利性的学术文化类社团组织，旨在研究、传承、推广国学，以冀绍继和发扬中华优秀传统文化。

为了全面而精要地展示湖北国学史丰富多彩的画卷，为了纪念先贤不凡的人生与独特的学术造诣，也为了扩大湖北国学的影响，本会2014年2月甫一成立，就确立了编撰一套较高水准的"湖北国学大师评传丛书"的计划。本计划拟先从近现代开始，行有余力再由近及远地全面涉及湖北籍的，或者在湖北曾长期居留、工作并产生重要学术影响的国学专家。

本丛书拟以每位国学大师为一本专书的传主，采取人生传记与思想阐论相结合的形式，一方面纵向追溯其人生经历与学问成长过程，一方面横向揭示其思想与学术之体要。每一本专著力求做到学术原创与通俗表达的完满统一。

经学会同仁研究，并请教了前辈专家，我们确立了本套丛书第一辑的传主为：王葆心（1867—1944）、熊十力（1885—1968）、黄侃（1886—1935）、钱基博（1887—1957）、刘永济（1887—1966）、刘赜（1891—1978）、汤用彤（1893—1964）、徐复观（1903—1982）。以上八位大家的学问专长与路向各不相同，有的偏重经学，有的偏重小学（文字、音韵、训诂），有的偏重方志学，有的偏重哲学、佛学或思想史，有的偏重古代诗词，但都是中国学问。他们的旧学基础很好，功底很深。由于他们都生活在新旧交替的时代，其中一些学者有很好的西学背景，做到学贯中西，或在一定程度上借鉴了西方学术的理论或方法。这也是晚清、民国以来国学的特点。

湖北地区素来教育与学术资源丰厚，人才济济。有一大批长期从事中华传统文化研究并卓有成绩的专家学者，其中不乏在全国乃至国际学术界享有盛誉之人。这是本丛书计划得以拟定与高水平完成的基本保障。

本丛书的作者也以湖北学人为主，当然也不限于此。为保证质量，我们在全国范围内物色了学有专攻的有实力的专家。作者们十分投入，克服了重重困难，为读者奉献了智慧与心力。我们诚挚地感谢各位作者集文字、思想、学术于一途的努力。

在当前国人文化自觉意识日增与国学复兴的背景之下，推出这套丛书可以将湖北国学系统地展现出来，增进人们对于国学本身，尤其是湖北国学的了解；可以使大师们的思想与学术结合其鲜活具体的人生真切地呈现出来，培育人们对大师人格与学问的景仰以及对国学的热爱；另外，这套丛书亦将代表湖北国学研究会和湖北国学界，为全国范围内正在兴起的国学热做出正能量的贡献。

本会会长韩忠学先生极为关心丛书工作，亲自指导，确定编写主旨，筹措资金，联络出版单位，敦促写作计划的完成。丛书主编之一的王玉德教授为确立传主名单、物色作者、落实写作计划做了大量的工作，并亲自撰著了一书。王巧生博士为制定体例、联络作者做了一定的工作。

我们要特别感谢湖北人民出版社的领导与各位编辑为本丛书所做的贡献。

是为序。

丙申年初夏于武昌珞珈山麓

前　　言

徐复观：中国传统文化的现代疏释者

"大江东去，浪淘尽，千古风流人物。"① 当年谪居黄州的苏轼，正是置身鄂东的苍茫大地，面对东去的不尽长江，吟诵出这气吞山河、词融沧桑的千古绝唱，让一代又一代中国人传诵至今，已近十个世纪的悠悠岁月。而从鄂东大地上涌现出众多的风流人物，创造出轰轰烈烈的业绩，演绎出可歌可泣的故事，则是这片土地伴随中国历史进入20世纪的事情。20世纪中国的历史巨变，以翻天覆地、再造中华的伟大力量，唤醒了鄂东之地，改变了鄂东之地，凸显了鄂东之地，更新了鄂东之地。在时代浪潮推涌之下，鄂东之地风起云涌、人杰地灵、英才辈出，为20世纪中国贡献出了一大批杰出人物，成就了许多著名的政治家、军事家、文学家、哲学家、思想家。他们从这片古老农耕文明的泥土地中走出来，或活跃于中国政治舞台，或驰骋于中国军事舞台，或呼啸于中国思想舞台，演出了一幕幕威武雄壮、有声有色的历史活剧。现代新儒学代表人物徐复观，就是这样一位来自鄂东泥土地的著名学者、哲学家、思想家。

徐复观，原名秉常，改名佛观，后由熊十力更名复观，1903年1月31日出生于湖北浠水，1982年4月1日病逝于台湾台北。浠水县今属湖北省黄冈市，黄冈市位于湖北东部地区，因此徐复观强调"我是鄂东人"②，强调自己属于鄂东这片土地，是从这片土地中生长出来的

----

① 苏轼：《念奴娇·赤壁怀古》。
② 徐复观：《风景·幽情》，载《徐复观文录》第4册，环宇出版社1971年版，第155页。

"农村的儿子"①。而正是从鄂东的泥土地起步，他一步步走上了20世纪中国的政治舞台和思想舞台：少年时代和青年时代，先后在浠水、武昌和日本求学，就读于湖北省立第一师范学校、湖北省立国学馆、日本明治大学、日本陆军士官学校；继则投身军旅，参加抗战，派驻延安，与国共两党最高领导人多有交往，终获蒋介石的赏识与重用，成其高级幕僚，参与高层机要；又结识并师从开创现代新儒学的大哲学家熊十力，受其教诲与启发，认同现代新儒学，进而逐渐由现实政治转向学术研究，成为熊十力学派的中坚；1949年流亡台湾后，脱离国民党高层政界，进入大学执教，先后任台湾省立农学院、私立东海大学、香港新亚研究所教授，一面认真从事教学工作，一面发奋致力学术研究，由此而成为著名的学者。在后半生的学术之途上，徐复观始终是一个奋进者，勤苦思考，不断探索，发愤著述，撰著十多种学术著作，发表数百篇时政杂文；其思考、探索与著述，活跃于中国与西方、历史与现实、学术与政治之间，涉及哲学、经学、史学、文学、艺术、政治、文化诸多领域，在现代新儒学思潮开展中别开生面、独树一帜、成就卓然。

在"国学热"持续蔓延和升温的今天，寻找、发掘、研究历史上的国学家已成为一种备受关注的学术热点。徐复观作为现代新儒学代表人物，也被人们认定为来自鄂东之地的国学大师，放进20世纪国学家的行列，成为20世纪国学开展中的典型性个案，引为湖北地区20世纪国学研究的楷模和骄傲。然而，确立徐复观在20世纪国学开展中的地位，阐发他对于国学的思考与理解、成就与贡献，首先需要对三个相关联的前提性问题作出说明。

第一个问题是：应当如何理解"国学"概念？

在今天，由于"国学热"的持续蔓延和升温，"国学"已经成为一个广泛使用以致有些滥用的概念，因此要把徐复观放进20世纪国学家的行列，必须先对"国学"概念有一个明晰的界定，并根据这一概念说

---

① 徐复观：《旧梦·明天》，载《徐复观文录选粹》，台湾学生书局1980年版，第292页。

明其理由。对于这个问题，笔者曾在2011年著文指出，对"国学"概念可以从狭义和广义两方面进行理解。从狭义上来理解的"国学"概念，在于把"国学"转化为传统的"经学"来加以理解，强调"国学"如同"经学"，主要是研究和阐发儒家经典的学问。从广义上来理解的"国学"概念，则在于把"国学"转换为"中国传统学术文化"来加以理解，这一理解实际上表现为两层含义：第一层含义的"国学"概念是指"国学"的本义，即历史上所存在的中国传统学术文化，这是进入20世纪后人们学习与研究的对象，如1904年邓实在《政艺通报》上发表《国学保存论》，1906年章太炎在东京成立"国学讲习会"，他们所言的"国学"都是属于第一层含义的"国学"概念，指的是作为保存对象或讲习对象的中国传统学术文化；第二层含义的"国学"概念是指对第一层含义的"国学"所开展的学习、研究乃至兴趣、爱好，即对中国传统学术文化的学习、研究乃至兴趣、爱好，今天许多大学中建立的"国学院""国学班"，《光明日报》《中华读书报》上开辟的"国学版"，以及人们常说的"国学热"，这些形形色色、林林总总的"国学"都属于第二层含义的"国学"概念，或指对中国传统学术文化的学习与研究，或指对中国传统学术文化的兴趣与爱好。广义的"国学"概念的这两层含义，尽管是不相同的，但又有着密切的联系，而联系的关节点就在于"中国传统学术文化"。[①]"国学"概念一旦越出传统的"经学"范畴，从广义上理解为对中国传统学术文化的学习、研究乃至兴趣、爱好，就在后经学时代的20世纪中国思想世界具有了现实的生命力；与对"国学"概念的广义理解相关联，20世纪国学家也就有了明确的所指，成为对近百年来中国传统学术文化专门研究而有成就者的一种称谓。

第二个问题是：应当如何看待现代新儒学与国学的关系？

严格意义上的现代新儒学，作为20世纪中国思想世界兴起的一大思潮，并不是"国学"概念所能规范的。这是因为，现代新儒学百年来

---

① 见李维武：《关于国学与软实力关系若干问题的思考》，载《社会科学》2011年第5期；又载李维武著《中国哲学的古今之变》，人民出版社2016年版。

的开展，是以现代学术研究的哲学路向和史学路向出现的，属于现代形态的中国哲学和中国历史学的开展，而不局限于对中国传统学术文化作专门研究；特别是现代新儒学哲学家所建构的"新唯识论""新理学""新心学""心通九境论""两层存有论"诸哲学体系，都是现代形态中国哲学的新开展，而非纯粹的中国传统学术文化研究。这就使得现代新儒学诸子，更多的是被人们视为哲学家、史学家、思想家，而鲜少被人们称为国学家或国学大师。因此，要把徐复观放进20世纪国学家的行列，还需要说明现代新儒学与国学的关系。

1987年，笔者有幸参加方克立和李锦全两先生领导的现代新儒家思潮研究课题组；课题组活动之初，组内同仁曾对"何谓现代新儒家"问题有过认真的讨论，最后得出的共识认为："现代新儒家是产生于本世纪（即20世纪——引者注）20年代、至今仍有一定生命力的，以接续儒家'道统'、复兴儒学为己任，以服膺宋明理学（特别是儒家心性之学）为主要特征，力图以儒家学说为主体为本位，来吸纳、融合、会通西学，以寻求中国现代化道路的一个学术思想流派，也可以说是一种文化思潮。"[①] 30多年过去了，现代新儒学研究已经成为一大"显学"，但这个共识的基本观点今天看来仍然没有过时。由此来看现代新儒学开展，其中的一个显著特征，就在于对中国传统学术文化取守持、研究和承续的态度，特别是强调在20世纪中国保存、研究和发展孔子开启的儒学。这一特征明显地关涉广义的"国学"概念的两层含义，既涉及广义的"国学"概念的第一层含义，更涉及广义的"国学"概念的第二层含义。由此可见，现代新儒学固然不能简单地归入国学之中，但却又与国学有着密切的关联，其中包含了丰富的国学内容；在这个意义上，把现代新儒学诸子放进20世纪国学家的行列，作为20世纪国学家的重镇，是能够成立的。

这里需要注意的是，现代新儒学诸子除了与中国传统学术文化相

[①] 方克立：《关于现代新儒家研究的几个问题》，载《现代新儒学与中国现代化》，天津人民出版社1997年版，第19页。

关联，还与中国现代学术文化相关联，因此不能仅仅把他们作为国学家来看待，而忽视或遮蔽他们作为哲学家、史学家、思想家的存在；否则，他们的很多思想成果和学术成就，是难以获得深入阐发和充分肯定的。这就要求在研究和衡论他们的思想时，在看到他们是20世纪国学家的同时，还要看到他们是20世纪中国的哲学家、史学家、思想家。

第三个问题是：应当如何看待徐复观在现代新儒学开展中的地位以及与国学的关系？

在现代新儒学开展中，徐复观无疑是一个代表性人物，而且是一个具有鲜明个性化的代表人物。一方面，他作为熊十力的学生，承继和发挥了熊十力所开辟的现代新儒学的心学路向，与唐君毅、牟宗三同为熊十力学派的主要成员；并与牟宗三、唐君毅、钱穆相互呼应，以《民主评论》和新亚书院为阵地，推动了现代新儒学作为一大思潮在20世纪下半叶台湾香港地区的兴起。另一方面，他不仅与钱穆分属现代新儒学开展的哲学路向与史学路向，而且在现代新儒学的哲学路向中又与熊十力诸师友在本体论问题上呈现出明显的思想分歧：不赞成重建形上儒学，而主张消解形而上学；他由此而通过中国思想史研究，致力对中国传统文化作"现代的疏释"，显发出中国传统文化的道德精神、艺术精神和史学精神，力图引导现代新儒学由形上世界走向生活世界，从而为现代新儒学开拓出一片新的发展空间。

徐复观对于自己学术研究的致思趋向与基本特征，特别是自己与唐君毅、牟宗三在治学主旨上的区别，并不讳言，自有衡论。他在辞世前几年，曾就这个问题对采访者作过明确的说明：

> 唐先生、牟先生和我在学问上也就逐渐开展出不同的途径。唐、牟两位先生努力自己哲学的建立，尤其是牟先生更用力建构自己的哲学体系。而我并不曾想要建立一套自己的思想体系。当初我们少数人，看到中国文化遭受诬蔑，于是共同发心，要为中国文化打抱不平。这纯粹是出于对中国文化的责任感。这就需要做许多疏导工

作。我所致力的是对中国文化作"现代的疏释"。……总结一句，在我心目中，中国文化的新生，远比个人哲学的建立更为重要。①

在同一时期，徐复观在书信中也有过类似的表示，强调自己学术研究旨在对于中国传统文化的再认识，而不是建立自己的哲学系统：

> 我不是弄哲学的，根本无意形成自己的哲学系统。我的根本动机和努力的方向，都在中国文化的再认识，想由此以确定中国文化的内容、意义、地位，以帮助中国人在精神上能站起来。但我开始做学问的时间太迟，在这方面的收获太小。我只想在各重要部门开辟一条路出来，让后来的人继续走下去。②

1982年2月，病情恶化、生命垂危的徐复观，在医院中口述了最后一篇论文《中国思想史论集续编自序》，回顾和总结了毕生治学历程，再次强调了自己的治学主旨，表达了自己学术研究的致思趋向与基本特征：

> 余自八岁受读以来，小有聪明而绝无志气。四十年代，始以国族之忧为忧，恒焦劳心力于无用之地；既自知非用世之才，且常念熊师十力亡国族者常先自亡其文化之言，深以当时学风，言西学者率浅薄无根无实，则转而以"数典诬祖"（不仅忘祖而已）为哗众取宠之资，感愤既深，故入五十年代后，乃于教学之余，奋力摸索前进，一以原始资料与逻辑为导引，以人生社会政治问题为征验，传统文化中之丑恶者，抉而去之，惟恐不尽；传统文化中之美善者，表而出之，亦惧有所夸饰。三十年之著作，可能有错误，而决

---

① 引自林镇国等：《擎起这把香火——当代思想的俯视》，载《徐复观杂文续集》，时报文化出版事业有限公司1981年版，第410页。
② 杨牧辑：《佛观先生书札（第35封）》，载《儒家政治思想与民主自由人权》，台湾学生书局1988年版，第392页。

无矫诬；常不免于一时意气之言，要其基本动心，乃涌出于感世伤时之念，此则反躬自问，可公言之天下而无所愧怍者。然偶得摸入门径，途程尚未及千万分之一，而生命已指日可数矣。①

由这三段自述性文字可以看出，通过对中国传统文化作"现代的疏释"，以阐发、弘扬和复兴中国传统文化，也就是"以原始资料与逻辑为导引，以人生社会政治问题为征验，传统文化中之丑恶者，抉而去之，惟恐不尽；传统文化中之美善者，表而出之，亦惧有所夸饰"，进而"由此以确定中国文化的内容、意义、地位，以帮助中国人在精神上能站起来"，正是徐复观的治学主旨。他的学术研究的致思趋向与基本特征，正是由此而鲜明地呈现出来。

徐复观力主通过中国思想史研究，来对中国传统文化作"现代的疏释"。用他自己的话说，这一工作主要包括两方面的内容：一方面，是站在历史上说话，主要是开展"思想史的研究"②；另一方面，是把思想史研究与现时代关联起来，使思想史研究"受到时代经验的推动与考验"③。这两个方面合而论之，就是要通过中国思想史研究，把中国传统文化中的思想性精华及其现代价值阐发出来。因而从根本上说，他认为对中国传统文化作"现代的疏释"，在于立足中国思想史、研究中国思想史、疏释中国思想史，总之是通过中国思想史研究而实现的。早在1959年，他就说过："我的看法，对于中国文化的研究，主要应当归结到思想史的研究。"④ 可以说，徐复观对中国传统文化所作的"现代的

---

① 徐复观：《中国思想史论集续编自序》，载《中国思想史论集续编》，时报文化出版事业有限公司1982年版，自序第1页。
② 引自林镇国等：《擎起这把香火——当代思想的俯视》，载《徐复观杂文续集》，时报文化出版事业有限公司1981年版，第410页。
③ 引自林镇国等：《擎起这把香火——当代思想的俯视》，载《徐复观杂文续集》，时报文化出版事业有限公司1981年版，第410页。
④ 徐复观：《研究中国思想史的方法与态度问题》，载《中国思想史论集》，台湾学生书局1988年版，第1页。

疏释"，实归结于对中国思想史的研究，即通过对中国思想史作"现代的疏释"，来对中国传统文化作"现代的疏释"。

正是这样，徐复观所撰著的十多种学术著作，大多数是中国思想史研究的著作，如《中国人性论史·先秦篇》《中国艺术精神》《公孙龙子讲疏》《石涛之一研究》《两汉思想史》《周官成立之时代及其思想性格》《中国经学史的基础》《中国思想史论集》《中国思想史论集续编》等；他的中国文学史著作《中国文学论集》和《中国文学论集续篇》，也具有从中国思想史视域来研究中国文学史的特点；他的政论著作《学术与政治之间》和《儒家政治思想与民主自由人权》，固然所思所言在于指向现实政治，但其中也有不少中国思想史研究的内容。徐复观尽管没有建立自己的一套哲学体系，但也有自己的哲学思考；只是他的哲学思想，往往不表现为纯理论的思考和体系化的形式，而是在他对中国思想史所作的"现代的疏释"中表达和阐发出来。

徐复观对中国传统文化所作的"现代的疏释"，从其主要内容上看，尽管不能完全归结于中国传统学术文化研究，但在很大程度上属于中国传统学术文化研究的范畴。与现代新儒学诸子致力建构"新唯识论""新理学""新心学""心通九境论""两层存有论"诸哲学体系相比，徐复观致力对中国传统文化作"现代的疏释"，包含了更多的中国传统学术文化研究的内容，因而更具有国学研究的色彩。这样一来，把徐复观作为来自鄂东之地的国学大师，放进20世纪国学家的行列，成为20世纪国学开展中的典型性个案，引为湖北地区20世纪国学研究的楷模和骄傲，就有根有据、顺理成章了。

既然徐复观的治学主旨，在于通过对中国传统文化作"现代的疏释"，以阐发、弘扬和复兴中国传统文化，那么要了解徐复观的学问特点与学术成就，把握他对现代新儒学开展所做出的思想贡献，并由此说明作为20世纪国学家的徐复观，莫如以他的治学主旨为入门路径。相反，离开了这一治学主旨，离开了这一入门路径，是不易进入徐复观的学术堂奥和思想世界，对他的学问特点、学术成就、思想贡献作出深入了解和准确把握的。

这本《徐复观评传》，全书正文共十三章，实即沿此门径而逐步展开，分为五个环环相扣、层层深入的部分：

本书第一部分是对徐复观生平的介绍。与现代新儒学诸子相比，徐复观有着更为曲折、更为复杂、更为多姿多彩的生命历程。在时代的巨变中，他经历了人生的巨变，经历了农家子弟、贫困书生、陆军少将、政界高官、大学教授、著名学者等多重角色的转换，最终定格为现代新儒学大师。只有了解了他的生命历程，才有可能了解他的学问生命，也才有可能进入他的学术堂奥和思想世界。这就使得阐述徐复观的时代和生平，成为进入他的学术堂奥和思想世界的第一个环节。本书第一章至第三章都以《来自鄂东泥土地的现代新儒学大师》为题名，分上中下三篇回溯徐复观的生命历程，介绍他曲折复杂的人生道路和认同现代新儒学的心路历程。

本书第二部分是对徐复观文化哲学思想的阐释。徐复观虽然宣称"我不是弄哲学的"，声明"我并不曾想要建立一套自己的思想体系"，但这并不意味着他没有进行深入的哲学思考，也不意味着他没有形成自己的哲学思想，更不意味着他没有对自己的哲学思想作出过阐发；只是这些哲学思想多不具有纯学理的特点，这些哲学思想的阐发亦非表现为体系化的形式。徐复观的这些哲学思考，形成了他的文化哲学思想，其中既有一般意义的文化哲学理论，又有关于中西古今文化关系问题的哲学思考。正是这些文化哲学思想，为他对中国传统文化作"现代的疏释"，提供了思维框架，开拓了思想空间，使他能够取得超越前人与时贤的成就，而提出新见解、取得新收获。因此，阐述徐复观的文化哲学思想，是进入他的学术堂奥和思想世界的第二个环节。本书第四章《徐复观文化哲学的基本思想》和第五章《徐复观的中西古今文化观》，对徐复观的文化哲学思想作了全面而深入的发掘、梳理和阐释。

本书第三部分是对徐复观消解形而上学思想的阐释。由于在文化哲学中强调文化现象学，强调中国文化及其哲学有着不同于西方文化及其哲学的特殊性，徐复观在对中国传统文化作"现代的疏释"时，凸显和强调了中国文化与中国哲学的非形而上学性格，认为只有这种性格才是孔子的思想性格，才是中国文化和中国哲学的基本走向。他由此指出，现代新儒学对中国传统文化的阐发、弘扬和复兴，不应当着眼于重建形上儒学，而应当回归于孔子的思想性格，回归于中国人的生命活动及其所展示的人文世界。因而，他力主消解形而上学，使现代新儒学由形上世界走向生活世界。这一思想是徐复观现代新儒学思想的基本点。但由于近百年来现代新儒学的开展以重建形上儒学为其主流，因而对徐复观的消解形而上学思想造成了遮蔽，使他的这一重要思想长期得不到理解、受不到重视，甚至引起诸多误读误解，成为现代新儒学研究的一大难点。正是这样，说明和解决这一难点，构成进入徐复观的学术堂奥和思想世界的第三个环节。本书第六章《徐复观消解形而上学的思想历程》和第七章《徐复观消解形而上学思想的缘由与评价》，即对徐复观的消解形而上学思想分别从史与论上加以探讨和说明。

本书第四部分是对徐复观中国思想史研究的阐释。从消解形而上学思想出发，徐复观把自己的治学主旨，放在对中国传统文化作"现代的疏释"上，并把这种"现代的疏释"具体化为对中国思想史的研究，以对中国思想史作"现代的疏释"来对中国传统文化作"现代的疏释"。徐复观对中国思想史的研究方法进行了系统阐发，并运用这些方法研究中国思想史，于儒家思想开展中阐发出中国道德精神，于道家思想开展中阐发出中国艺术精神，于中国史学开展中阐发出中国史学精神。这些内容是徐复观对中国传统文化作"现代的疏释"的主体部分，是他的现代新儒学思想的重心与特色之所在，也是他最为花费时间和精力所致力的研究工作。因此，对这些内容的阐述，构成进入徐复观的学术堂奥和思想世界的第四个环节。由于这部分内容相对其他部分为多，因此本书以四章篇幅进行阐发，包括第八章《徐复观的中国思想史研究方法论》、第九章《儒家思想研究与中国道德精神的阐释》、第十章《道家思想研究与中国艺术精神的阐释》、第十一章《史学思想探源与中国史学精神的阐释》。

本书第五部分是对徐复观的政治哲学与人生哲学的阐释。从消解形而上学思想出发，徐复观力主使现代新儒学由形上世界走向生活世界。在他看来，政治问题关乎人类国族的安危兴衰，人生问题关乎每个人的生命安顿，都是生活世界中最值得重视和思考的问题。因而，他对这两个问题予以了特别的关注，从现代新儒学思想出发进行了多方面阐发，由此形成了他的政治哲学与人生哲学。这些内容尽管与现实生活联系密切，其中所涉及的具体事件和人物多已远去，但却最能体现徐复观于中国与西方、历史与现实、学术与政治之间的思考与探索，是他的现代新儒学思想的重要内容。因此，对这些内容的阐述，构成进入徐复观的学术堂奥和思想世界的第五个环节。本书第十二章《由儒家思想接引民主政治》和第十三章《从儒家思想看待现代人生》，即分别对徐复观的政治哲学与人生哲学进行梳理和阐发。

通过上述五个环环相扣、层层深入的部分，读者诸君就能够循此进入徐复观的学术堂奥和思想世界，发现其奥秘，探索其究竟，把握其思路，了解其学理。由此再来阅读徐复观的著述，就会对这些著述有更多的感悟，就会在读者与作者之间发生心与心的碰撞和交流，实现徐复观所说的"对语"。关于这种"对语"，徐复观曾有一段十分精彩深刻的论述：

> 由古人之书，以发见其抽象的思想后，更要由此抽象的思想以见到在此思想后面活生生的人；看到此人精神成长的过程，看到此人性情所得的陶养，看到此人在纵的方面所得的传承，看到此人在横的方面所吸取的时代。一切思想，都是以问题为中心。没有问题的思想不是思想。古人是如何接触到他的问题？如何解决他所接触到的问题？他为解决问题，在人格与思想上作了何种努力？以及他通向所要达到的目标是经过何种过程？他对于解决问题的方法有何实效性、可能性？他所遇着的问题及他所提供的方法，在时间空间的发展上，对研究者的人与时代，有无现实意义？我们都要真切

的感受到。所以治思想史的人，先由文字实物的具体，以走向思想的抽象，再由思想的抽象，以走向人生、时代的具体。经过此种层层研究，然后其人其书，将重新活跃于我们的心目之上，活跃于我们时代之中。我们不仅是在读古人的书，而是在与古人对语。①

这里所说的"对语"，是今人了解古人思想的一种方式：不仅要求今人认真阅读古人的著述，而且要求今人了解古人思想的脉络与内涵，了解古人思想背后的人生、传承与时代，了解古人思想中所包含的问题及对问题的解决和解决问题的方法。而本书所阐释和显发的，正是徐复观的学术堂奥和思想世界的脉络与内涵，正是他的学术堂奥和思想世界的深层的底蕴与包含的精华，从而为读者诸君与这位现代新儒学大师进行"对语"创造条件。

可以说，引导读者诸君了解徐复观其人其学，以进入他的学术堂奥和思想世界，进而与他心心相印、与他"对语"，把握其间的脉络与内涵、底蕴与精华，正是本书目的之所在、企望之所在。

为了增强与徐复观"对语"的历史感，本书所引徐复观文献尽可能保留原貌，使之阅读起来有一种"原汁原味"的感觉。由于当时海峡两岸的长期隔绝，徐复观著述中的文字，有一些与中国大陆通用的语言规范不一致，也有一些在中国大陆看来是错别字（如"连络"），特别是在"的""地""得""底"的使用上相当特别（如"平铺地人文世界"）。本书对这些文字的处理，除了明显的错误加以改正外，其他都用加上引号、注明文献出处的办法来解决，与处理古籍中的文字相似。出版这些文献的台湾省民营出版机构，在注释中亦按版权页上的原有名称标明。这些是需要向读者诸君说明的。

---

① 徐复观：《有关思想史的若干问题》，载《中国思想史论集》，台湾学生书局1988年版，第116页。

目 录

第一章 来自鄂东泥土地的现代新儒学大师（上） ……… 1
  一、20世纪初的鄂东之地 ……………………………… 1
  二、徐复观的农村记忆 ………………………………… 6
  三、鄂东文化的深刻影响 ……………………………… 15
  四、在父亲指导下发蒙读书 …………………………… 23
  五、从浠水到武昌的读书生活 ………………………… 27
  六、投入时代的激流 …………………………………… 39

第二章 来自鄂东泥土地的现代新儒学大师（中） ……… 46
  一、从庐山集训到娘子关战役 ………………………… 46
  二、派驻延安任联络参谋 ……………………………… 53
  三、成为蒋介石的高级幕僚 …………………………… 57
  四、师从熊十力，认同现代新儒学 …………………… 72
  五、从政治圈到学术界 ………………………………… 82
  六、走上大学讲台 ……………………………………… 92

第三章 来自鄂东泥土地的现代新儒学大师（下） ……… 99
  一、反省国民党的失败 ………………………………… 100
  二、与西化派的论争 …………………………………… 111
  三、《为中国文化敬告世界人士宣言》 ……………… 121
  四、台湾香港地区现代新儒学的分歧和分化 ………… 134
  五、东海大学时期的思想史论与时政杂文 …………… 142
  六、移居香港的奋斗岁月 ……………………………… 153

七、开辟中国思想史研究的新领域 ………………………… 159
　　八、乡愁无尽，落叶归根 …………………………………… 171

第四章　徐复观文化哲学的基本思想 …………………………… 179
　　一、从卡西尔到徐复观的文化现象学 ……………………… 180
　　二、何谓"文化" …………………………………………… 189
　　三、"文化"·"生活"·"文明" ………………………… 196
　　四、"价值世界"与"科学世界" ………………………… 202
　　五、"低次元的传统"与"高次元的传统" ……………… 210
　　六、"基层文化"与"高层文化" ………………………… 216
　　七、以人文教养培育"价值世界" ………………………… 224

第五章　徐复观的中西古今文化观 ……………………………… 230
　　一、面对中国与世界的思考 ………………………………… 231
　　二、思考中西古今文化关系问题的方法论 ………………… 233
　　三、从共殊关系看中国文化与西方文化 …………………… 242
　　四、从共殊关系看传统与现代化 …………………………… 254
　　五、中西文化传统与现代化关系问题 ……………………… 261
　　六、现代人类的文化困境与文化选择 ……………………… 268
　　附录　徐复观文化理论著述目录 …………………………… 282

第六章　徐复观消解形而上学的思想历程 ……………………… 285
　　一、"消解形而上学"之提出 ……………………………… 286
　　二、区分中国的形而上学与西方的形而上学 ……………… 289
　　三、区分心学的形而上学与理学的形而上学 ……………… 293
　　四、阐明"中国一定在心上或性上说体" ………………… 298
　　五、提出"形而中者谓之心" ……………………………… 305
　　六、重评"熊先生的体系哲学" …………………………… 310
　　七、主张"向孔子的思想性格回归" ……………………… 312

八、走向"平铺地人文世界" ······ 315
　　附录　"形而中者"辨析 ······ 318

第七章　徐复观消解形而上学思想的缘由与评价 ······ 322
一、消解形而上学思想的内涵 ······ 323
二、消解形而上学思想根据之一：生命之根 ······ 328
三、消解形而上学思想根据之二：文化之本 ······ 330
四、消解形而上学思想根据之三：历史之源 ······ 334
五、消解形而上学思想的合理性 ······ 338
六、消解形而上学思想的局限性 ······ 345
七、消解形而上学思想的启示 ······ 348

第八章　徐复观的中国思想史研究方法论 ······ 350
一、中国思想史研究的方法论问题 ······ 351
二、在考据与解释之间 ······ 353
三、在西学与中学之间 ······ 360
四、在义理与实践之间 ······ 366
五、"对语"与"追体验" ······ 371
六、从"精英史"到"庶民史" ······ 379
七、解释的限度与有效性问题 ······ 384

第九章　儒家思想研究与中国道德精神的阐释 ······ 389
一、"儒家精神之基本性格" ······ 389
二、"忧患意识"：中国道德精神的开启 ······ 394
三、从孔子到孟子：中国道德精神的自觉 ······ 398
四、"为己之学"：中国道德精神的归结 ······ 405
五、中国道德精神的现代意义 ······ 411

第十章　道家思想研究与中国艺术精神的阐释 ······ 416
一、徐复观思想中的儒与道 ······ 416

二、老子与中国道德精神 ………………………………… 418
　　三、庄子与中国艺术精神 ………………………………… 424
　　四、中国艺术精神由思的世界到画的世界 ……………… 431
　　五、中国画的现代意义 …………………………………… 437

第十一章　史学思想探源与中国史学精神的阐释 ………… 441
　　一、熊十力对徐复观的影响 ……………………………… 441
　　二、"哲学家的语言"与"史学家的语言" ……………… 446
　　三、中国史学的发展与史学精神的成立 ………………… 451
　　四、史学与史学家 ………………………………………… 457
　　五、从中国史学精神看"心的文化" …………………… 463

第十二章　由儒家思想接引民主政治 ……………………… 466
　　一、学术与政治之间的徐复观 …………………………… 466
　　二、民主政治的思考与构想 ……………………………… 472
　　三、发现中国政治的"二重的主体性" ………………… 480
　　四、解开中国政治问题的纠结 …………………………… 491
　　五、孙中山政治哲学的启示 ……………………………… 497
　　六、一条走不通的民主路 ………………………………… 505

第十三章　从儒家思想看待现代人生 ……………………… 507
　　一、现代化与现代人生问题 ……………………………… 507
　　二、从儒家思想中吸取人生智慧 ………………………… 512
　　三、"国族无穷愿无极" ………………………………… 515
　　四、重视中国人的职业道德 ……………………………… 522
　　五、家书中的人生教育 …………………………………… 526
　　六、有生命力的"为己之学" …………………………… 532

徐复观年表简编 ……………………………………………… 533

后　　记 ……………………………………………………… 539

第一章　来自鄂东泥土地的现代新儒学大师（上）

1903年1月31日，徐复观诞生于湖北浠水一个偏僻山村的贫苦农家。在以后80年的人生岁月中，这个鄂东农村的儿子，由故乡的泥土地出发，在政治与学术之间经历了曲折的生命历程，一步步走上20世纪中国的政治舞台和思想舞台，成为现代新儒学的重要代表人物。然而，他的生命之根始终没有离开故乡的泥土地，他始终把自己看作是一个来自鄂东农村的儿子，并最后又回归鄂东的那片乡土，与故乡的泥土地永远地融为了一体。

一、20世纪初的鄂东之地

徐复观之所以能够从故乡的泥土地出发，一步步走上20世纪中国的政治舞台和思想舞台，成为现代新儒学的重要代表人物，是与"20世纪初的鄂东之地"这一特殊的时间和空间相联系的。正是这一特殊的时间与空间，为徐复观其人的成长和其学的形成提供了历史的条件和时代的机遇。

鸦片战争后，随着闭关自守的国门被西方列强用坚船利炮轰开，中国被卷入全球性现代化运动，在由封建社会演变为半殖民地半封建社会的同时，也开始由古代社会而进入近代社会。中国社会历史的这一巨大变迁，首先在长江流域鲜明地呈现出来。现代化运动的浪潮，以上海为起点，溯江而上，逐渐展开。如果说长江下游地区的现代化运动，是随着上海开埠而从西方世界直接输入的；那么长江中游地区的现代化运动，则是来自中国人对中国富国强兵、救亡图存的自觉追求，是中国人自己发动的现代化运动。19世纪与20世纪之交，在湖广总督张之洞的主持与推动下，湖北成为长江中游地区现代化运动的中心，成为中国内陆地区现代化运动发展最快的省份。武汉三镇由于处于长江、汉水的交汇处，武昌是湖北的省会，汉口是传统的商业口岸，汉阳也是历史悠久的古镇，因而具有特殊的政治、经济、文教和交通条件，成为当时湖北现代化运动的中心，张之洞所创办的近代的工业、学校及新式的军队都主要集中在这里。这种情势促成了新思想在武汉的广泛传播，也造成了新力量在武汉的集结，并最终引发了1911年的武昌首义和全国革命高潮，推翻了清王朝的统治，结束了中国长达二千年之久的封建帝制。

但以武汉地区为中心的湖北现代化进程，包括辛亥革命这样重大剧烈的历史变局，都没有对湖北广大农村的原有结构和秩序造成大的冲击。尽管传统的农业经济在鸦片战争后已经开始衰败，但农村生活并没有因此发生深刻的实质性的变化。真正造成湖北农村大变动的原因，是1926年北伐军进入湖北后革命向农村的深入以及接下来的中国共产党发动的土地革命战争。当然，即使是革命战争，要彻底改变这种传统的结构和秩序也是十分困难的。对此，《湖北省志》农业卷有过说明："民国时期，湖北省农业生产仍以手工操作和畜力农具为主，耕作靠犁、耙、锄、锹，排灌靠牛车、脚车、手车，打落靠石磙、连枷等。……尽管战争频繁，灾荒遍野，社会极其动荡，但是湖北农村的土地所有制并未改变。"[①] 正是这样，在武汉与湖北广大农村之间，由此而呈现出鲜明的时代性反差，典型地体现了中国现代化进程的不平衡性。

这种时代性的反差和现代化进程的不平衡性，使得20世纪初一大批来自湖北农村的知识分子具有了双重的文化性格。一方面，由于现代化运动尚未深入湖北农村，还没有引发湖北农村的深刻变动，因而在湖北农村原有的结构和秩序里，仍然保存着中国传统文化的基本内容，使

---

① 湖北省地方志编纂委员会：《湖北省志·农业》上册，湖北人民出版社1994年版，第19—21页。

他们深受熏陶感染，对中国传统文化总有一种亲切感、认同感、归宿感，在他们身上保留着中国传统读书人的印记；另一方面，以武汉为中心的湖北现代化运动又在不断的推进之中，造成了政治、经济、文教、交通诸方面的深刻变化，使他们看到了代表这一运动的西方近现代文化的优长，看到了这一运动对解决中国内忧外患危机的意义，因而吸引他们离开农村来到武汉，在这座现代化大城市中接受新式学校的教育，接受西方的新知识、新思想、新文化的洗礼，从而有了新的希望与追求，成为与中国传统读书人不相同的一代新的知识分子。这种双重的文化性格，使他们在现代化与传统文化之间，保持着一种复杂的联系。在这种联系中，既有他们对于现代化运动的认肯和追求，又有他们对于传统文化的同情与依恋。

由于鄂东之地的特殊地理位置，这种双重的文化性格在鄂东知识分子身上最为典型地体现出来。鄂东之地，是湖北境内的长江流域下游地区，东面与安徽、江西相接，西面紧连武汉及上通北京下至广州的铁路，北面是大别山脉，南面是幕阜山脉，长江从中贯穿而进入皖、赣两省。从今天的湖北省行政区划上看，鄂东地区包括了黄冈、鄂州、黄石三市的全部与孝感、武汉、咸宁三市的大部。与富庶的江汉平原相比，鄂东之地是比较贫穷的，特别在山区更是如此。在 20 世纪第一个四分之一世纪里，现代化运动的浪潮还没有波及鄂东之地，在这一大片土地上仍然保存着湖北农村原有的结构与秩序，保持着中国传统文化的根基与影响。但是与之相邻的武汉地区，则已经成为湖北现代化运动的中心，为周边农村地区的人们了解现代化运动提供了最直观的样板。因此，对于鄂东农村知识分子来说，他们虽然出自前近代的泥土地，但又距离现代化并不那么遥远，可以说只需多走几步就可以实现由前近代向现代化的跨越。他们很容易被吸引到现代化大城市中来，接受新知识，获得新思想，认同新文化，从而成为一种带有传统印记、带有泥土气息的新式人物。

徐复观的故乡浠水就属于这片鄂东之地。"浠水"一词有二义，一是指自然地理意义上的河流名，一是指行政区划意义上的县名。浠水河属长江支流，有东、西两源，东源出自安徽岳西黄梅尖，西源出自安徽金寨云峰顶，两源至湖北英山县城西两河口处汇合，流至白莲河水库进入浠水县境。库区这段水域，古时河床狭窄，两岸皆山，水流湍急，有"百里险"之称，1958年修建水库后，险流成为平湖。浠水河出库区后，自东北向西南流经浠水县全境。水流至县城东门，绕城而过。河右岸有巨石，石壁上刻有苏轼所书"激湍"二字。河左岸石壁下有泉水，味极甘冽，陆羽品茗曰"天下第三泉"。河水至兰溪注入长江，入江处称为浠水口，又称兰溪口。浠水县正是因浠水河而得其名。"浠水"古称"希水"。这片流域原属蕲春县。南朝宋时，析蕲春县希水河以西之地，设置希水县，是为浠水县建立之始。南朝梁时，改"希水"为"浠水"，于是就有了称为"浠水"的这条河和称为"浠水"的这个县。唐武德年间，改浠水县为兰溪县；天宝年间，又改兰溪县为蕲水县。以后千余年间，都一直沿用这一县名；直到1933年，才重改蕲水县为浠水县；此后至今，浠水县再未更名。据浠水县人民政府网2022年发布的资料，今天的浠水县辖12镇和1个乡：清泉镇、巴河镇、竹瓦镇、汪岗镇、团陂镇、关口镇、白莲镇、蔡河镇、洗马镇、丁司垱镇、散花镇、兰溪镇、绿杨乡；另设非行政区划单位3个：浠水经济开发区、三角山旅游度假区、策湖国家湿地公园。县人民政府驻清泉镇。这些古朴的镇名，折射出浠水县的悠久历史和人文风物。

历史上的浠水县，曾是景色宜人、交通便利、商贸发达、儒风浓厚之地。在清人陈诗所撰《湖北旧闻录》中，收录有历代歌咏浠水河风光景物的诗词，其中不乏杜牧、苏轼大家之作。杜牧诗云："兰溪春尽水泱泱，映水兰花雨发香。楚国大夫憔悴日，应寻此路去潇湘。"[①] 苏轼词云："山下兰芽短浸溪，松间沙路净无泥，萧萧暮雨子规啼。谁道人

[①] 杜牧：《兰溪》，载《湖北旧闻录》上册，湖北人民出版社1999年版，第36页。

生难再少，君看流水尚能西，休将白发唱黄鸡。"① 吕谦恒诗云："望兼川陆去悠悠，小邑朝烟万屋稠。寒峡冲星衔岸落，晴江如练抱城流。市□织竹通商货，官道罗松表客邮。邸阁凭窗聊放眼，白云西尽是黄州。"② 杨继经诗云："兰溪谷口第三泉，此地曾经最盛年。一自凭陵戎马后，无人啸咏凤鸾篇。春回东岭招安石，雨溢巴江润郑虔。鹤静琴调更何事，几多诗句满晴川。"③ 诗词中的兰溪即浠水河，兰溪谷口即浠水口。从这些诗词中，可以依稀看到当年浠水县的自然风貌和人文景观。与之相关联，陈诗还在《湖北旧闻录》中记载了浠水县的民风士气，称："蕲水，民俗富庶，秀民乐于为儒而不轻释其业，彬彬喜学，有邹鲁遗风。"④ 又称："蕲水，善田事，勤女工，富人尤多畏法。"⑤ 这些记载表明，浠水县在历史上曾有过浓郁的儒学风气和厚重的人文积淀。

从自然环境看，浠水县是多水系地区，不仅有浠水河贯穿境内，而且与相邻的黄冈县（1996年分为黄州区和团风县）、罗田县以巴河为界河，三县共同分享巴河之水的滋育。巴河亦是长江支流，源自大别山脉，碧水清澈，缓缓流淌，最后汇入滔滔长江之中。全流域水网密布、水流众多，有大小河流845条，其中20公里以上河流就有9条。而使巴河著称于世的，则是它特有的人文气息。20世纪初，巴河两岸的古老土地获得了独特的灵气与空前的活力，孕育出一代在中国历史上留下不朽业绩的人文学者。熊十力、闻一多、徐复观、殷海光，相继从巴河两岸走向中国和世界，走进20世纪中国人文学术史。熊十力与殷海光是黄冈人，闻一多与徐复观是浠水人，而来自巴河两岸则是他们的共

---

① 苏轼：《清泉寺词》，载《湖北旧闻录》下册，湖北人民出版社1999年版，第1180页。

② 吕谦恒：《蕲水县》，载《湖北旧闻录》上册，湖北人民出版社1999年版，第36页。诗中的"□"符号，为原刊时缺字。

③ 杨继经：《李云孙令蕲水奉简》，载《湖北旧闻录》上册，湖北人民出版社1999年版，第36页。

④ 陈诗：《湖北旧闻录》下册，湖北人民出版社1999年版，第1334页。

⑤ 陈诗：《湖北旧闻录》下册，湖北人民出版社1999年版，第1334页。

同点。在徐复观回忆故乡风情人物的文章中，对巴河情有独钟、反复提及。这是因为，他的故里离巴河很近，离河对岸的熊十力、殷海光的故里也不远，他们都是属于巴河流域这片泥土地的。可以说，巴河的知名度远大于浠水河的知名度。其所以如此，并不是由于巴河在自然地理条件上的优势，而是在于巴河在20世纪中国人文学术史上的重要性。这一点，大概只有亲自触摸过这条河流和这片土地的人，才能真正感受得到。

二、徐复观的农村记忆

徐复观的故里，在他的文字中有过大同小异的多种提法，或称"出浠水县城北门再走六十华里路的团陂镇、黄泥嘴、徐塆凤、凤形湾"①，或称"距县城约六十华里的徐琯坳凤形湾"②。这里的"徐塆凤"或"徐琯坳"，按照今天的浠水县行政区划名称，称为"徐家坳村"。据长江出版社2014年出版的《浠水县志（1988—2007）》载录，黄泥嘴和徐家坳都是浠水县团陂镇所辖的行政村③。从今天的浠水县行政区划看，徐复观的故里可以称为"浠水县团陂镇徐家坳凤形湾"。

这是一个远离县城、四周环山、十分贫困的乡村。"凤形湾"这个名称，不是因为有关于凤鸟的美好传说而来，也非因为地方富庶、景物秀美、人文发达而起，而是根据湾子的形状所叫的。在湖北农村，人们习惯称村落为"湾子"；笔者任教的武汉大学哲学学院所在地，以前就是一个叫"杨家湾"的村落，20世纪90年代才划归武汉大学校园。根据徐复观的记忆，这个"凤形湾"的整个房屋布局，形状如同一只展翅欲飞的凤鸟，十一二家土砖房子就分布在张着的翅膀上。湾子的旁边是

---

① 徐复观：《旧梦·明天》，载《徐复观文录选粹》，台湾学生书局1980年版，第290页。
② 徐复观：《我的母亲》，载《徐复观文录选粹》，台湾学生书局1980年版，第321页。
③ 见浠水县地方志编纂委员会：《浠水县志（1988—2007）》，长江出版社2014年版，第26页。

一口水塘，里面多有泥沙，似乎从来没有挑干净过。再往前，便是从右向左一直伸延到一条小河的农田，这是包括凤形湾在内的四个湾子的生命所寄。这片土地属于巴河流域。从这里向北十多里，是团陂镇；团陂镇再过去三里路，便是浠水县与黄冈县分界的巴河；再上溯十多里，巴河又成为浠水县与罗田县的界河。

徐复观的祖上，大约是在元末明初时由江西迁至此地。徐家原是地主；在徐复观曾祖父时，由于遭遇太平天国战争而开始没落；至徐复观父亲时，家境已相当贫寒，沦为普通农家。徐父兄弟二人，最初并未分家，在一起过着传统农业社会的耕读生活。这种耕读传家的大家庭，本是鄂东传统农业社会的一大特色，也是徐家几代相传的家庭格局。按照这一家庭格局，兄弟中老大读书，弟弟们则务农耕种。徐复观的祖父一辈兄弟三人，伯祖父读书是贡生，祖父和叔祖父种田。到徐复观父亲一辈兄弟二人，徐父是长兄得以读书，叔父则以种田为业。然而，徐父尽管苦读一生，却连一个秀才也未考上，终身以乡间塾师为业。乡间塾师的收入微薄，不够维持一家人的生活，因此他除了教学童识字读书外，还于每天清晨早起捡拾猪粪牛粪，积蓄农田肥料。徐母生育子女五人，徐复观是老四，上有二姊一兄，下有一幼弟。她除了养育这一大群子女外，还要养猪、纺线，作为全家生活来源的补充。家里的一点水田旱地，则全由叔父一人耕种，其劳累可想而知。

这个勉强维持温饱的耕读之家，由于劳累和贫困而经常发生纷争，以致发生家庭暴力冲突，打得鸡飞狗跳、不得安宁。徐复观回忆说："叔父只有夫妇两人，未生儿女。他一人种田，要养活我们兄弟姊妹'这一窝子'，心里总有一股怨气；但他不向我父亲发作，总是向我母亲发作；常常辱骂不算，还有时动手来打。我印象最深的一次是：叔父在堂屋的上边骂，母亲在堂屋的下边应，中间隔一个天井。一下子，叔父飞奔而前，揪住母亲的头发，痛殴一顿。母亲披着头发叫，我们一群小孩躲在大门角里哭。过了一会，才被人扯开。"[①] 在孩提时代，徐复观

---

① 徐复观：《我的母亲》，载《徐复观文录选粹》，台湾学生书局1980年版，第324页。

就浸泡在这种家庭纷争的痛苦中。他由此而深切地感受到中国农村的衰落与贫穷，以及由此而造成的传统大家庭的矛盾与危机。这种来自家庭的痛苦感受，徐复观终身难以忘却。大半个世纪过去后，当他病重垂危即将辞世时，这些幼年所遭遇的痛苦场景又浮现出来，好像听见了母亲当年哭喊的两句话："给我点亮儿吧！给我条路吧！"①

不断的争吵和频繁的冲突终于使这个传统大家庭无法维系，导致了徐父兄弟的分家。而分家的结果，使得徐复观全家失去了叔叔的帮助，生计更为困顿。首先，分家所得的一点土地无人能够耕种：徐父是教书先生，拉不下面子像农民一样下田干农活；徐母与大姐又都裹着小脚，从事不了田间的劳作；大哥是家中唯一的壮劳力，而这时才开始学习耕种，尚拿不下全部的农活。因此，徐家只好雇用半工或月工代为耕种这些地，这更加重了本已十分沉重的负担。其次，这些地里种出的口粮，每年只能吃到过年的时候。一过了年，便要靠徐父教蒙馆挣来的一点学钱，四处托人情买米度日。用学钱买的粮食，只能够全家吃两个多月，要接上春季大麦成熟，还差一月有余的粮食。大麦成熟后，正值插秧时节，需要把大麦做成糊，给请来帮助插秧的雇工吃，这更增加了一家人口粮的紧张。大麦吃完后，接着吃小麦；小麦吃完后，要接上早稻成熟，中间又缺一个月左右的粮食。在这些缺粮的日子里，全靠徐母和大姐起早贪黑纺线，由大哥拿到八里外的小镇去卖，用卖线得的钱买粮食糊口。

面对这种艰难的生存处境，徐家人拼命地挣扎着、顽强地生活着。徐复观在晚年回忆说："我还记得的一次，家里实在没有任何东西可吃了，姐姐又不肯向人乞贷，尤其是不愿借叔父的；她就拿镰刀跑到大麦田里，找快要成熟的，割了一抱抱回家，把堂屋的一张厚木桌子侧卧下来，用力将半黄的大麦穗，一把一把地碰击到侧卧着的桌面上，把麦子

---

① 见徐均琴：《大地的儿女——悼念我的父亲徐复观先生》，载《徐复观教授纪念文集》，时报文化出版事业有限公司1984年版，第7页。

碰击下来。她一面碰击，一面还和我们说着笑着。母亲等着做麦糊的早饭。"① 即使生活这样困苦，徐母仍然以达观平和的态度待人接物。徐复观回忆说："在我的记忆中，只有当我发脾气，大吵大闹，因而挨父亲一顿狠打时，母亲才向父亲生过气，却不曾因为这种生活而出过怨言、生过气。她生性乐观，似乎也从不曾为这种生活而发过愁。当她拿着酒杯，向房下叔婶家里借点油或盐，以及还她们的一杯油一杯盐时，总是有说有笑的走进走出。母亲大概认为这种生活和辛苦，是她的本分。"②

家境的贫困和生活的艰难改变了徐家耕读传家的结构。本来读书的大哥，为了支撑全家人的生活，不得不弃学务农。年幼的徐复观，由此获得了读书的机会。但即便如此，徐复观在少年时代就开始参加农业劳动。最初的劳动是砍柴和放牛。即使后来上学了，他也没有离开农村的劳动生活。每逢放寒暑假回到家中，总是要帮助家里干力所能及的农活。用他自己的话说："砍柴，放牛，捡棉花，摘豆角，这都是我二十岁以前，寒暑假中必做的功课。"③ 这种农村劳动生活，使他对农村和农民有着一种深切的感受。

这一切给徐复观留下了刻骨铭心的记忆，使他终身难忘。他晚年写了《我的母亲》一文，谈到了自己家族迁徙至鄂东、繁衍于巴河的历史，谈到了传统大家庭的衰落与解体，谈到了普通农家的艰辛与苦难，谈到了在艰辛劳累中支撑家庭、养育子女、乐观生活的母亲，谈到了母亲对自己的关爱、保护与企盼，字里行间流露出对母亲、对家庭、对乡土的无限怀念，成为他的散文名篇。在这篇文章的开篇，在写给长女徐均琴的信中，他反复强调这篇文章主要是写给自己的儿女们看的④，希

---

① 徐复观：《我的母亲》，载《徐复观文录选粹》，台湾学生书局1980年版，第325页。
② 徐复观：《我的母亲》，载《徐复观文录选粹》，台湾学生书局1980年版，第326页。
③ 徐复观：《谁赋豳风七月篇》，载《学术与政治之间》，台湾学生书局1985年版，第75页。
④ 见徐复观：《致徐均琴（第205封家书）》，载《徐复观家书精选》，台湾学生书局1993年版，第303页。

望他们由此以"了解自己生命所自来的根生土长的家庭"①，不要忘记自己的乡土与先人，不要忘记乡土上的先人们在艰辛和苦难中的挣扎与奋斗。后来，徐复观致徐均琴的书信结集成《徐复观家书精选》一书，即以《我的母亲》一文作为附录。

在徐复观的笔下，这种艰辛与苦难并不是他们一家人的遭遇，而是近代鄂东农村普遍存在的社会问题。在他看来，与他们一家人相比，更多农户的生活还要困苦和艰难，特别是向地主租种土地的佃农更是如此。他以凤形湾周边各村的情况为例说："在一连四个村子，共约七八十户人家中，他们几乎都赶不上我们；因为他们有的是佃户，种出一百斤稻子，地主要收去六十斤到七十斤，大抵新地主较老地主更为残刻。有的连佃田也没有。在我记忆中，横直二三十里地方的人民，除了几家大小地主外，富农、中农占十分之一二，其余都是一年不能吃饱几个月的穷苦农民。"② 他又以母亲的四个兄弟为例说："四个舅父中，除三舅父出继，可称富农外，大舅二舅都是忠厚穷苦的佃农。小舅外出佣工，有很长一段时间，在下巴河闻姓大地主（闻一多弟兄们家里）家中当厨子。当时大地主家里所给工人的工钱，比社会上一般的工钱还要低，因为工人吃的伙食比较好些。"③ 正是这样，在徐复观的心目中，他所熟悉的农村、农民以及那片乡土，都是与贫困穷苦联系在一起的。他说："我的家庭，我的村庄，我的亲戚，都是道地的农民，所以也都是道地的穷苦。"④ 又说："从我能记事的时候起，四个儿子的人，很少有一家能终年吃饱饭。除开春夏天的景色以外，有时，只有荒寒、破落；大家好像整年过着冬天的生活。"⑤ 对于中国农村的社会问题，特别是贫苦

---

① 徐复观：《我的母亲》，载《徐复观文录选粹》，台湾学生书局1980年版，第321页。
② 徐复观：《我的母亲》，载《徐复观文录选粹》，台湾学生书局1980年版，第322页。
③ 徐复观：《我的母亲》，载《徐复观文录选粹》，台湾学生书局1980年版，第323页。
④ 徐复观：《谁赋豳风七月篇》，载《学术与政治之间》，台湾学生书局1985年版，第75页。
⑤ 徐复观：《旧梦·明天》，载《徐复观文录选粹》，台湾学生书局1980年版，第291页。

农民对于土地的要求，徐复观进入国民党高层政界后也曾试图加以解决，但由于国民党当权者无意改变现状，最后以失败告终。今天的一些文化保守主义者，把中国传统大家庭的解构原因，归结为新文化运动对旧家庭制度的批判；如果他们能够认真读一读徐复观这些回忆农村生活的文章，就会弄明白中国传统大家庭解构的真正原因，实在于中国传统农业社会的衰落和传统大家庭自身的局限性。

正是这样，徐复观对故乡的情感是复杂的、矛盾的：既热爱，又无奈；既希望，又失望；既依恋，又逃避。他痛苦地说："抗战胜利，我真想永远住在故里，过后半生身心干净的生活。但一回去，农村的百孔千疮，简直淹没了天伦之乐和塆前塆后的草木的光辉；便又在自己精神的压力下，逃避出来了。真的，我对自己的故乡，一直是在逃避、抛弃。"[①] 他由此进行反省和自责："我每一想到我在外面的生活情形，虽然比贪官污吏、阔少洋奴要整饬微薄得多，但一和我乡下的生活对比，便不觉满身汗下；我真的忘本了，我的生活，和我的父兄亲戚，依然有这样大的距离。"[②]

在农村生活中，徐复观除了感受到生活的艰辛外，同时又感受到自然环境与人际关系的质朴之美。特别是进入都市和官场后，经过与城市生活、官场生活的对比，经过与他所遭遇的现代化运动的对比，他更珍惜和怀念鄂东农村的质朴之美。直至晚岁，他还怀念那片山峦、那片田野、那片村落，怀念当年那种人与自然融为一体的美好感觉，怀念乡下人带着泥土味的质朴无华的人际关系。这些都成为他心目中无法抹去的永久记忆和美的追求。

徐复观回忆过少年时代放牛、打柴的山峰，深情地写道："正面对着我们湾子的有一个像馒头样的山——'鳝鱼脑'；'鳝鱼脑'上面，便

[①] 徐复观：《旧梦·明天》，载《徐复观文录选粹》，台湾学生书局1980年版，第291页。

[②] 徐复观：《谁赋豳风七月篇》，载《学术与政治之间》，台湾学生书局1985年版，第75页。

是拔出于群山之上的'落梳峰'。大家都说曾有一位仙女坐在一块平阔的大石板上梳过头,却一个不小心,将梳子掉下;所以石板上到今还留有仙女的脚印和梳子的痕迹。这个峰,像一口大钟伏在地下,显得特别秀整。在我以放牛、打柴为生的幼年,这里是经常上下处所之一。"① 这些曾与自己的劳动生活融为一体的山景,在他的心目中是美好的、可爱的。

徐复观回忆过鄂东乡间的春节气象,那种情形使他不能忘怀:"新年到了,'教化子也有三天年'(教化子即乞丐),讨债的只能讨到除夕为止。这一不成文宪法,打断了穷人生活上的纠缠,使他也能随春到人间而松一口气。除夕到了,全村大扫除,贴门神、春联,放爆竹。自此之后,一直到灯节(即元宵节——引者注),各人堆上笑脸,满口都说吉利话,一团喜悦,一片温情。整年劳苦,亲戚朋友都少往来。新年大家带点礼物,彼此来往一番,聊通一年的款曲。农村的新年,才真是人情味的世界,才真可以看出是人的世界。"② 这种充满了人情味的农村传统节日,在他的心目中也是美好的、可爱的。

对于乡下农民群众间的守望相助,徐复观更是赞扬备至:"因农民的普遍穷困,生存的要求太迫切,所以农民打算的范围很窄,有时表现得很小气。我村子里常常用酒杯借油借盐。假若一酒杯的油和盐借后没有还,那就很难再借第二次。但乡下人并不是没有大方的时候:割谷割麦收豆子的日子,可以让女人小孩去捡,有时还要送他一把。过新年的头三天,以及有婚丧庆吊,对于乞丐都特别大方。尤其是遇着插秧割稻,彼此都是无条件的帮工。乡下做屋,只有木匠泥水匠要工钱,小工都来自亲戚邻里,照例是不要工钱的。只要自治稍有轨道,农村的守望

---

① 徐复观:《旧梦·明天》,载《徐复观文录选粹》,台湾学生书局1980年版,第290—291页。
② 徐复观:《谁赋豳风七月篇》,载《学术与政治之间》,台湾学生书局1985年版,第77页。

相助，最为容易。"① 这种农村的质朴的邻里关系，以及由此而呈现出的农民的良好品德，在他的心目中更是美好的、可爱的。

徐复观还写过一篇题为《春蚕篇》的散文，用诗一般的语言，回忆着村里姊妹们养蚕的情景，描绘了鄂东农村的那种人与自然、人与人的和谐与宁静："我的故乡，不是蚕桑区域。但一到每年的蚕月，村里的姊妹们，都聚精会神的用小筐小篮，各人养着百把几十个蚕。从孵卵起，她们整天做的，说的，想的，都是为了各人所养的这一撮小动物。有时拿出来互相比较，'你看，我这个长得多么旺呀！'她们似乎觉得每一个蚕都是随着自己的希望、喜笑而生长。一直到蚕上了小小的架子，开始摇着头来吐丝，大家心里才感到轻松，但每天还要去看几次。一下子发现已经是亮晶晶的或黄或白的茧了，那种欢天喜地的情形，只有我们陪着帮过闲的小孩子们，到现在还可以在追忆中仿佛一二。茧摘下来以后，到底作了什么用场，我倒说不清楚。因为父母伯叔们，总是把这一个蚕月分给姊妹们作私房（私房是私人的存积），姊妹们可以随意处理，很少打算在家计之内。我们故乡的蚕，与其说是被姊妹们养大的，倒不如说是被她们欣赏大的，更为适当。所以在我心目中的蚕，这是几千年，甚至是几万年，由中国女儿们的心，由中国女儿们的魂，所共同塑造成的最高艺术，是中国女儿们纯洁高贵的心与魂的具像化。"② 这种人与蚕的和谐共生，这种农家女儿们纯洁高贵的心与魂，在他的心目中是无比美好的、可爱的。

接下来，徐复观则笔锋一转，以此反观现代化运动，对于现代化运动所造就的摩登女人与桑蚕经济，加以了尖刻的批评："没有参加过这一伟大民族艺术塑造工作的摩登女人们，我除了到化妆店里去了解你们以外，你们还能给我了解一些什么呢？壮年时代，我曾在浙江住过三

---

① 徐复观：《谁赋豳风七月篇》，载《学术与政治之间》，台湾学生书局1985年版，第79—80页。

② 徐复观：《春蚕篇》，载《徐复观杂文续集》，时报文化出版事业有限公司1981年版，第383—384页。

年,这才是中国有名的蚕丝出产地。我曾看到绿荫似海的桑田,也曾看到高烟囱林立的缫丝工厂,又看到一些改良蚕桑的意见书,却没有看到蚕,更没有看到乡下养蚕的女儿们的实际活动。在我的脑子里,觉得江浙的蚕只是特产,只是经济,只是商场,只是工业,而不是艺术。女儿们纯洁高贵的心魂,早被商人的算盘,经济家的计划,污浊得一干二净;我不能回忆它,我不愿回忆它。在我脑子里的春蚕,永远只许它和'女桑''香闺'绾带在一起的。"① 在这里,他把都市里的摩登女人们与乡下养蚕的女儿们,尖锐地对置起来;在这两种女性的对置中,反映了城市与乡村、金钱与德行、现代化与传统的对立。在这种对立中,徐复观选择的是乡村、德行和传统,鄙视的是城市、金钱和现代化。

鄂东农村生活,既留给了徐复观许多痛苦的往事,也留给了他许多美好的忆恋。这两者相互矛盾却又交织于一体,形成了他对鄂东农村的永久的乡土情结。这种切身的经历和体验,使徐复观认定自己是"一个农村的儿子"②。他说:"我真正是大地的儿子,真正是从农村地平线下面长出来的"③。在以后的漫长岁月里,他走南闯北,到过海内外的许多地方,可以说飘泊不定、四海为家,有过十分复杂的人生经历和心路历程,但却始终都没有忘记自己生于斯长于斯的乡土,始终都没有忘记自己是这片贫瘠的土地所养育的儿子。正如他后来所说:"岂仅政治上受骗、骗人的一套,早从我的精神中,绝尘远去;连走遍大半个中国所曾经留恋过的许多名都胜境,也都和我漠不相关。甚至连目前冥心搜讨的所谓学问,也都漂在我生命的外面。我的生命,不知怎样地,永远是和我那破落的湾子连在一起;返回到自己破落的湾子,才算稍稍弥补了

---

① 徐复观:《春蚕篇》,载《徐复观杂文续集》,时报文化出版事业有限公司1981年版,第384页。

② 徐复观:《旧梦·明天》,载《徐复观文录选粹》,台湾学生书局1980年版,第292页。

③ 徐复观:《谁赋豳风七月篇》,载《学术与政治之间》,台湾学生书局1985年版,第75页。

自己生命的创痕"①。这种对于农村之根的终身眷恋，成为徐复观学术思想的最深刻的根源。他对于中国文化传统的认同，他对于现代化与现代性的批判，他对于祖国和故乡的真挚热爱，乃至他的消解形而上学思想，从根源上看，都可以从他那深扎于鄂东农村的生命之根上得到说明。

三、鄂东文化的深刻影响

鄂东之地，不仅以其前近代的农村生活，给徐复观留下了终身难忘的农村记忆，而且以其文化特点与文化传统，在性格上和思想上给徐复观投下了深刻的影响。徐复观的性格和思想，当然是受到多方面因素的影响而形成的，但鄂东文化的影响则是尤其需要注意的。可以说，从鄂东文化中，能够获得了解徐复观的性格和思想的钥匙。

鄂东之地，本为人文教育兴盛发达之区，有着重教兴学的悠久传统。有明一代，地处鄂东的黄州府文教昌明，成为湖北之首。有研究者通过考察湖北人文中心转移的历史指出："湖北人文历史上有三个黄金鼎盛时期，第一个鼎盛时期是先秦时期，以荆州为中心，第二个鼎盛时期是两汉三国时期，以荆州、襄樊为中心，第三个鼎盛时期是明朝，以黄州府为中心，史称'楚风东渐'。"② 又有研究者通过考察明代湖北进士人数的地理分布指出："有明一代，湖北各府州县科举进士总计达1119人。全省8个府中，以黄州府中进士人数最多，达321人；其次为武昌府，为232人。……如果较为宏观地考察进士的地域分布，不难发现，鄂东地区的进士人数不仅远远超过鄂西，而且超过鄂中江汉平原区。武昌、黄州2府的进士人数合计达553人，占全部进士人数的

---

① 徐复观：《旧梦·明天》，载《徐复观文录选粹》，台湾学生书局1980年版，第291页。

② 史智鹏、张龙飞：《黄州简史》，华中师范大学出版社2010年版，第120页。

49.5%。"① 晚清时期，在主政湖北的张之洞有力推动下，清政府于1905年废科举、兴学校，鄂东之地又得风气之先，出现了一大批新式的小学堂、中学堂和实业学堂，发展出不同层次的近代教育。更有一批鄂东青年学子，由此机缘而走出国门，前往日本欧美留学。在当时的鄂东留学生中，既产生了有影响的政治人物，如居正、田桐、汤化龙；也产生了优秀的学术人物，如李四光、黄侃。徐复观的求学之路，从幼承庭训到留学日本，实际上正浓缩了鄂东之地人文教育发展的这一历史进程。正是这种人文教育的兴盛发达，培育了鄂东之地尊师重学、耕读传家的良好社会风气，为20世纪鄂东之地涌现出这样多的优秀人文学者提供了深厚的人文底蕴。

在鄂东之地的人文传统中，以心学传统的影响最为长久和深刻。早在隋唐之际，鄂东之地就成为中国禅宗的实际发祥地。禅宗在中国的传法世系，一般以菩提达摩为初祖，慧可为二祖，僧璨为三祖，道信为四祖，弘忍为五祖，慧能为六祖。相传僧璨曾在浠水一带传法，但这毕竟缺乏足够的文献证明。有文献可考的是：道信生于鄂东的广济，在僧璨门下修习九年，后在鄂东的黄梅双峰山建正觉寺独立传道；弘忍生于与广济相邻的黄梅，自幼随道信修禅前后近30年，后于距离双峰山不远的黄梅冯茂山独立传道，形成著名的东山法门。道信提出了自己的禅学思想，其核心即："念佛心是佛，妄念是凡夫"；"离心无别有佛，离佛无别有心，念佛即是念心，求心即是求佛"②。这些主张，强调佛性实在于每一个人的自身生命中，反对追求辽远的彼岸世界去获得成佛，而强调每一个人通过自我的修习与自心的觉悟即可成佛，鲜明地凸显出立足于人自身生命、自身实践的心学路向。与这种心学的路向相联系，道信又改变了自达摩以来禅师以乞食为生的传统，在正觉寺组织徒众一边修禅一边从事农业生产劳动，自耕自种，自食其力，开创了禅农并

---

① 张建民：《湖北通史》明清卷，华中师范大学出版社1999年版，第613页。
② 道信：《入道安心要方便法门》，引自净觉《楞伽师资记》，载《中国佛教思想资料选编》第2卷第4册，中华书局1983年版，第161页。

重的修禅新风。这使得禅宗立足于人自身生命、自身实践的心学路向进一步向下落实，建立了同农业劳动与下层社会的天然联系。弘忍进一步发扬道信的禅学思想，主张："众生佛性，本来清净，如云底日，但了然守本真心，妄念云尽，慧日即现。"① 又主张："四仪皆是道场，三业咸为佛事。"② "四仪"指行、住、坐、卧，"三业"指身、口、意，这些内容无非都是普通之人的普通之事，平平常常，实实在在，没有任何的神秘感与超验性于其中。这意味着修禅进一步世俗化、平民化、大众化，使成佛成为每一个人在平常实在的普通生活中经过自我的努力即可实现的事情。道信、弘忍在黄梅讲禅前后持续50多年，使鄂东之地成为中国禅宗的中心，产生了全国性的影响。慧能正是在岭南闻听弘忍的大名，不远千里来到黄梅追随弘忍。慧能的禅学思想，实际上也形成于黄梅。弘忍对于慧能的禅学路向予以了肯定，于冯茂山传法于慧能。因此，在《六祖大师法宝坛经》中，就有慧能"自黄梅得法"③ 之说。

有明一代，王阳明心学盛行，鄂东又成深受王学影响之地，不少学者风从响应。黄冈的郭庆，闻王阳明讲学，徒步往从之，得其说而回故乡认真践履。黄安的耿定向、耿定理兄弟，则直接承继了泰州学派的思想。蕲春的顾问、顾阙兄弟，"均从事良知之学，世所称二顾先生"④。明代的李贽，其心学路向的形成与阐释，更是与鄂东之地连在一起。李贽辞官归隐后，即来到黄安的耿定向、耿定理兄弟家中，一边以教书为业，一边从事思想探索。耿定理逝世后，李贽与耿定向不合，于是转至与黄安相邻的麻城，长期居住在佛寺芝佛院中讲学著述。正是在鄂东之地，李贽把泰州学派的心学思想进一步发展为"童心说"，认为："夫童心者，真心也。若以童心为不可，是以真心为不可也。夫童心者，绝假

---

① 弘忍：《最上乘论》，载《中国禅宗大全》，长春出版社1991年版，第7页。
② 玄赜：《楞伽人法志》，引自净觉《楞伽师资记》，载《中国佛教思想资料选编》第2卷第4册，中华书局1983年版，第168页。
③ 慧能：《六祖大师法宝坛经》，载《中国佛教思想资料选编》第2卷第4册，中华书局1983年版，第49页。
④ 陈诗：《湖北旧闻录》下册，湖北人民出版社1999年版，第1810页。

纯真，最初一念之本心也。若失却童心，便失却真心；失却真心，便失却真人。人而非真，全不复有初矣。"① 这种作为"最初一念之本心"的"童心"，是一种未曾受到后天的伦理纲常、道德教化熏陶影响的"真心"；人出生之后，逐渐受到伦理纲常、道德教化的熏陶影响，这种"真心"也就逐渐丧失，人也就由"真人"异化为"假人"。李贽的这一思想，表现出一种心学异端的性格，对传统的伦理纲常、道德教化作了断然的否定，而强调重视人的基本物质利益，强调这种对基本物质利益的重视即是人伦物理，认为："穿衣吃饭，即是人伦物理。除却穿衣吃饭，无伦物矣。"② "童心说"一时间产生了很大影响，特别是对当时来自湖北公安的文学家袁宗道、袁宏道、袁中道兄弟，产生了直接而深刻的影响。公安三袁将"童心说"推广到他们的文学理论和文学创作上，主张"独抒性灵，不拘格套"③，在晚明文学发展中独树一帜，起了一种思想解放的作用。

从道信、弘忍到李贽，鄂东之地的这种心学源流当然会影响后世的鄂东学人。这一点熊十力在他的第一部著作《心书》中就已明确提及："夫古今言哲理者，最精莫如佛，而教外别传之旨，尤为卓绝。自达摩东度，宗风独盛于蕲、黄。蕲水三祖、蕲春四祖、黄梅五祖，迭相授受，独成中国之佛学。黄梅传慧能、神秀，遂衣被南北，永为后世利赖。有明心学兴，黄冈郭氏、黄安耿氏、圻春顾氏，并为荆楚大师。"④ 辛亥革命胜利后，吴昆、刘子通、李四光、熊十力四位参与革命的黄冈学人，曾聚会武昌长江边的雄楚楼庆祝光复，共书一纸以表心志。吴昆书曰："问余何事栖碧山，笑而不答心自闲。桃花流水杳然去，别有天地非人间。"刘子通书曰："生而不有，为而不恃，功成而弗居，若有心，若无心，飘飘然飞过数十寒暑。"李四光书曰："雄视三楚。"熊十

---

① 李贽：《童心说》，载《焚书》，中华书局1961年版，第97页。
② 李贽：《答邓石阳》，载《焚书》，中华书局1961年版，第4页。
③ 袁宏道：《叙小修诗》，载《袁宏道集笺校》上册，上海古籍出版社2008年版，第187页。
④ 熊十力：《心书》，载《熊十力全集》第1卷，湖北教育出版社2001年版，第23页。

力书曰:"天上地下,唯我独尊。"① 除吴昆所书为李白诗外,其他三人皆直抒胸臆;从四子所书看,其中都有不同程度的心学气象,而以熊十力最为鲜明强烈。熊十力把自己的第一部著作题为《心书》,也是为了表示要继承这种先哲流风,以示其对真我、真心的追求。当熊十力日后开启现代新儒学思潮时,心学路向就成为他的必然选择。

以上所述鄂东之地的历代心学人物,其籍贯或活动地所涉及的广济、黄梅、黄冈、黄安、蕲春、麻城等县,今天与浠水县都同属湖北省黄冈市所辖,只是广济县更名武穴市,黄安县更名红安县,黄冈县析为黄州区和团风县。徐复观之所以认同现代新儒学的心学路向,除了师从熊十力受到其直接影响外,也与本地区的这一心学传统有着深刻的联系。对于禅宗的心学路向,徐复观作过很高的评价。他说:"由天台、华严,尤其是禅宗,对人类的'心',作了一番探险与垦荒的工作,把印度佛教的宗教性格,完全转移于中国人文精神之中,而成为'中国佛教'。"② 又说:"禅宗把由印度所搬进来的大小经论,一脚踢开,专在自己的心性上立脚,这实在是由印度文化回归向中国文化的产品。"③ 还说:"站在中国文化的立场,并不能否认禅宗之言心言性;且欲与禅宗争一日之长短,亦必自心性下手。既须自心性下手,则问题的对象相同,而禅宗对此问题经数百年之穷探力践,其所得之成果,亦必无法加以抹煞。所以宋代理学,可谓是受了禅宗的启发,几无一人与禅无关,无一人不受禅之影响。"④ 在1953年8月22日致唐君毅的信中,徐复观将禅宗与基督教进行了一个比较,指出:"你(指唐君毅——引者注)说东方重在如何用工夫(在中国,禅宗贡献最大),要在根上超化一切非理性、反理性者,这实在抓住东方文化之命脉。……基督教不容许人

---

① 见张通主编:《荆楚文脉》,湖北人民出版社2013年版,第159页。
② 徐复观:《象山学述》,载《中国思想史论集》,台湾学生书局1988年版,第34页。
③ 徐复观:《象山学述》,载《中国思想史论集》,台湾学生书局1988年版,第54页。
④ 徐复观:《象山学述》,载《中国思想史论集》,台湾学生书局1988年版,第54—55页。

成为上帝，而佛教则要人皆成佛，佛众不二。西方是要把理性在客观中实现，东方则先要在自身中实现。我近来常常想禅宗所追求的到底是什么，在你的文章结论中得到明白的所示。"① 在1957年12月11日致唐君毅的信中，徐复观又谈到自己对包括禅宗在内的中国宗教精神的理解，指出："弟近讲中国宗教，由敬天思想，以迄禅宗、净土，发现中国文化性格总是要求由外向内收敛之之倾向，由宇宙论转向人性论之倾向，甚为明显。在孔子以前之敬天思想，系由宗教精神（外在的）向人文精神逐渐下降。至诗□□雅时代，此外在的天的观念，已完全坠落，到孔子而人文精神始真正生稳根。孔子系由道德的人文精神上升而重新涵摄宗教精神，重新肯定敬天思想。儒家中之宗教精神，只是由内在的道德精神超越化。孔子之'知天命'，实系由外落实向内，再由内超出之大转捩点。"② 因此，在对禅宗的评价上，徐复观十分认同熊十力的看法，认为宋儒如果能更自觉地吸取佛教哲学思想资源，其哲学成就将会更大些。他说："熊十力先生常谓，宋儒如不辟佛，则其成就将更大，此真卓识卓见。"③ 青年时期，由于尚未能有此认识，徐复观对于鄂东之地的禅宗旧迹却不曾探访过，这成为他晚年的一件憾事。他曾感叹地说："我是鄂东人，鄂东黄梅的东山，实创出了禅宗尔后一千多年的天下，即所谓'东山法门'；而我竟连一游的念头都不曾动过，真太抱愧作为一个鄂东人了。"④ 在这发自内心的感叹中，徐复观特别强调了"作为一个鄂东人"，应当重视禅宗的历史、成就与贡献。

鄂东之地人士在心学传统的影响下，多有坚硬的性格和独立的精

---

① 黎汉基校注：《徐复观致唐君毅佚书六十六封（第17封信）》，载《无惭尺布裹头归·交往集》，九州出版社2014年版，第360—361页。

② 黎汉基校注：《徐复观致唐君毅佚书六十六封（第35封信）》，载《无惭尺布裹头归·交往集》，九州出版社2014年版，第379页。引文中的"□"符号，表示徐复观书信校注者无法辨别的文字。

③ 徐复观：《象山学述》，载《中国思想史论集》，台湾学生书局1988年版，第56页。

④ 徐复观：《风景·幽情》，载《徐复观文录》第4册，环宇出版社1971年版，第155页。

神。熊十力在谈到故乡传统知识分子的人生性格时,曾得出过这样的结论:"楚士又好为一意孤行,不近标榜,蕲、黄尤甚。"① 他所说的"蕲",是浠水的旧称蕲水;所说的"黄",指与浠水相邻的黄冈。在他看来,蕲、黄两县多有特立独行、埋头奋斗的"楚士"。进入20世纪后,由于鄂东之地的地理位置及湖北现代化运动的影响,这一特点在历史的开展中尤为鲜明地体现出来。在这片土地上,经过时代风潮的吹动荡激,涌现出许多敢说敢当、慷慨悲歌之人。20世纪第一个十年间,就有众多鄂东人士投身反清革命,或组织革命团体,或从事宣传工作,或刺杀清廷要员,或策动新军起事,前仆后继,不屈不挠,最终赢得武昌起义成功,推翻帝制,建立共和。20世纪第二个十年中,湖北出现了一批早期共产主义者,其中鄂东人士为数最多;中共一大的13位代表中,就有三位是鄂东人:董必武是黄安人,陈潭秋和包惠僧是黄冈人。辛亥革命胜利后,曾与吴昆、李四光、熊十力聚会武昌雄楚楼的刘子通,也在1920年与1921年之交加入董必武创建的中国共产党武汉支部,成为中国共产党第一批党员之一。② 徐复观后来还对刘子通有过回忆,说:"我记得民国十年(即1921年——引者注)有位刘子通先生到湖北来传播新思想,先讲心理学,大家无所谓。后来带着学生到城墙上去讲红学,一般青年才真正意识到传统与非传统的鸿沟,而为之一时风动了。"③ 20世纪第三个十年中,革命风暴席卷鄂东大地,中国共产党领导了轰轰烈烈的鄂东武装斗争,以武装的革命反抗武装的反革命,从这里走出了千千万万的革命战士,走出了200多位共和国的将军,红军三大主力之一的红四方面军和独立完成长征的红二十五军都诞生在这片土地上。而来自鄂东之地的人文学者,如熊十力、闻一多、王亚南、胡风、徐复观、殷海光、胡秋原等,也都倔犟孤傲,风骨嶙峋,有见

---

① 熊十力:《心书》,载《熊十力全集》第1卷,湖北教育出版社2001年版,第24页。
② 见刘宋斌、姚金果:《中国共产党创建史》,福建人民出版社2002年版,第434—435页。
③ 徐复观:《当前读经问题之争论》,载《徐复观文录选粹》,台湾学生书局1980年版,第7页。

解，敢争论，不向有权势者低头折腰，甚至不惜牺牲自己的生命。

在20世纪浠水县的人文学者中，就出现过王汉、闻一多这样的英雄人物。王汉是为反清革命运动献出生命的志士。熊十力在《心书》中为这位好友立传，记录他以一介儒生而杀身取义、舍生成仁的悲壮事迹，称："王汉，字竹庵，湖北圻水（即浠水——引者注）人。父兄皆名诸生。汉生而岐嶷秀苗，习儒术，年十六，通《五经》义，诗文多伤时语，喜读兵书及豪侠传，购剑自舞，人或以痴诋之。曾受学同县何焜阁司马。焜阁故受学于同县熊光大孝廉，治姚江学，辄纵谈时事，导诸生厉实行，救国危。汉闻之，瞿然有清世志。居无何莅鄂，改名潮，字怒涛。时潜江刘敬庵、黄冈何见田、江陵朱元成聚鄂谋革命，均交汉，就汉决事。汉沈毅，少大言，诸人颇以此重之。桃源胡瑛，年少有机智，汉一见大悦，倾肝胆与交，常教瑛敦道义，厉志节。瑛语人曰：'汉诚迂士，然缓急可恃也。'未几，清差铁良搜括东南财赋。汉叹曰：'东南民力竭矣！'一日谓其妇曰：'吾有老母，将以累君。'妇不解所谓。汉阴伺铁良于鄂，图枪毙之。既而以鄂距家近，恐累母及兄，遂令胡瑛与俱，尾铁良后，行至河南彰德府，铁良易车肩舆，乃急趋前击之，不中，又击之，又不中。卫兵追捕亟，汉反奔，知不免，引枪自毙。年二十三。胡瑛出其尸藁葬彰德城外。事在清光绪三十一年（即1905年——引者注）正月。"① 闻一多是在反对国民党反动派的斗争中英勇牺牲的知识分子代表。1946年，闻一多牺牲时，毛泽东和朱德即致电西南联合大学转闻一多亲属深表哀悼，称赞闻一多"为民主而奋斗，不屈不挠，可敬可佩"②，表示"全国志士必将继先生遗志，再接再厉，务使民主事业克底于成"③。1949年，在中国革命即将取得胜利时，毛泽东在《别了，司徒雷登》一文中盛赞闻一多的精神和气节，

---

① 熊十力：《心书》，载《熊十力全集》第1卷，湖北教育出版社2001年版，第12页。
② 毛泽东、朱德：《给李公朴、闻一多家属的唁电》，载《毛泽东文集》第4卷，人民出版社1996年版，第157页。
③ 毛泽东、朱德：《给李公朴、闻一多家属的唁电》，载《毛泽东文集》第4卷，人民出版社1996年版，第157—158页。

说："我们中国人是有骨气的。许多曾经是自由主义者或民主个人主义者的人们，在美国帝国主义者及其走狗国民党反动派面前站起来了。闻一多拍案而起，横眉怒对国民党的手枪，宁可倒下去，不愿屈服。朱自清一身重病，宁可饿死，不领美国的'救济粮'。唐朝的韩愈写过《伯夷颂》，颂的是一个对自己国家的人民不负责任、开小差逃跑、又反对武王领导的当时的人民解放战争、颇有些'民主个人主义'思想的伯夷，那是颂错了。我们应当写闻一多颂，写朱自清颂，他们表现了我们民族的英雄气概。"[1] 王汉、闻一多都来自巴河岸边。王汉是浠水县团陂镇人，为徐复观的同镇先贤；闻一多是浠水县巴河镇人，与徐复观彼此认识。在现代新儒学史上，徐复观被称为勇者型的儒者。他的这种勇气，实可以在故乡知识分子的这一传统中，找到根据和来源。正是这些巴河岸边的前贤同辈，为他提供了作为勇者型儒者的最直接的榜样。

"我是鄂东人"。徐复观的这句话，既普通，又重要，因为这里头确实于无意中道出了他生命的根。不了解鄂东之地，不了解鄂东的农村和鄂东的文化，也就不了解他生命的根，因而不可能了解徐复观其人其学。

四、在父亲指导下发蒙读书

辛亥革命所造成的时代大变动和鄂东之地的特殊地理位置，使徐复观从幼年到青年经历了一条奇特的求学之路。由于那时正是新旧交替的时代，因而在徐复观的求学之路上，既有旧学传统所投下的影响，又有新学新知所起的作用。而徐复观的发蒙老师，就是他的父亲。父亲成为了他的第一个老师。

说父亲成为了徐复观的第一个老师，并不是在父母是子女人生的最初效法榜样意义上说的，而是在教师引导学生走上学习知识道路意义上说的。徐复观的父亲本是乡村教师，少年徐复观正是在父亲的直接

---

[1] 毛泽东：《别了，司徒雷登》，载《毛泽东选集》第4卷，人民出版社1991年版，第1495—1496页。

指导下走上读书道路的。从八岁起，他就开始师从父亲发蒙读书，父子关系又发展为师生关系，因此父亲成为了他的第一个老师。但徐父教子读书的目的，在于望子成龙，追求功名。徐父把一生的主要时间和精力都耗费在科举场上，却没有考到一个功名；即使在科举制度废除后，仍存有恢复旧制的幻想，巴望儿子有朝一日代替自己考到功名。这种心态，有如今天的一些没有上过大学的父母，总希望自己的子女能代替自己来圆大学梦，虽然其中消极的因素和积极的因素并存，但总比不让自己的孩子上学读书要强。

在教学内容上，徐父并不完全守旧，而是采用了"新旧并进"的方针。所谓"新"，是读新式的教科书，从第一册读到第八册。所谓"旧"，是读传统的儒家经典，从《论语》读起，读完了《四书》，便再读《五经》，并兼及《东莱博议》《古文观止》《纲鉴易知录》《御批通鉴辑览》。除最后两部书外，徐父都要求儿子背诵。当徐复观背诵之后，他再复讲一遍，以加深儿子的记忆和理解。徐父也让儿子学习一些不易弄懂的传统知识，如属于象数易学的来氏易。徐复观在谈到少年时代的读书体验时，曾对此有过回忆："我十二三岁时，读来氏易，对于所谓卦的错、综、互体、中爻等，总弄不清楚，我父亲也弄不清楚。有一天吃午饭，我突然把碗筷子一放：'父，我懂了。'父亲说：'你懂了什么？'我便告诉他如何是卦的错综等等。父亲还不相信，拿起书来一卦卦的对，果然不差。"[①] 从这个故事中，可以看出徐复观是一个很聪明很用功的孩子，而徐父则是一个很负责任的老师，父子之间可谓教学相长。这种"新旧并进"的方针，为徐复观以后的治学打下了最初的基础，隐然成为他治学方向的最初起点。徐复观后来回忆说："上面新旧两系统的功课，到十三岁大体上告一段落。"[②]

---

① 徐复观：《我的读书生活》，载《徐复观文录选粹》，台湾学生书局1980年版，第318页。

② 徐复观：《我的读书生活》，载《徐复观文录选粹》，台湾学生书局1980年版，第312页。

由于徐父教子读书在于追求功名，因此极力反对徐复观去读诗赋、小说之类的书，认为看这些东西与科举考试无关，只会白白浪费时间。而读诗、看小说，正是少年徐复观的一大爱好。于是，父子间的冲突就不可避免了。徐复观回忆说："有一次，我从书柜里找出一部套色版的《聊斋志异》，正看得津津有味的时候，被父亲发现了，连书都扯了烧掉。等到进了高等小学，脱离了父亲的掌握，便把三年宝贵的时间，整整的在看旧小说中花掉了。这也可以说是情绪上的反动。"[1] 这种"情绪上的反动"，无疑对徐复观以后的思想发展产生了潜意识的深刻影响，以致他终身都对中国的科举制度及科举制度下的中国知识分子持严峻的批评态度。他指出："千余年中的科举制度，在形式上与精神上的控制士人，折磨士人，糟蹋士人，则可谓无微不至；科举下一般士人的品质，实在比农民差得多。"[2] 在他看来，《儒林外史》和《官场现形记》，正是士人集团"所留下来的不很完备的实录"[3]，真实地反映了士人们的生存状况及其品质。而这种对于科举制度的厌弃心理与批判态度的最初萌芽，可以说就孕育于少年徐复观与父亲的最初冲突之中。

当然，学生时代着迷于看小说毕竟是影响正常学习的。后来，徐复观自己做父亲了，发现小儿子徐帅军读书时喜爱看小说，也引起了他的担心。他在写给徐均琴的信中说："前几天帅（即徐帅军——引者注）找小说看，把柜子里的小说都搬了出来，是那样一大堆，真把我吓了一大跳。看这么多的小说，怎么能做好功课呢？"[4] 好在不久后情况好转，

---

[1] 徐复观：《我的读书生活》，载《徐复观文录选粹》，台湾学生书局1980年版，第312页。

[2] 徐复观：《中国知识分子的历史性格及其历史的命运》，载《学术与政治之间》，台湾学生书局1985年版，第193页。

[3] 徐复观：《中国知识分子的历史性格及其历史的命运》，载《学术与政治之间》，台湾学生书局1985年版，第193页。

[4] 徐复观：《致徐均琴（第54封家书）》，载《徐复观家书精选》，台湾学生书局1993年版，第106页。

徐复观又高兴地写信告诉女儿："帅昨天晚上非常用功。你要知道他还在糊涂中，但比我小时已经好得太多了。你想成就他，第一要忍耐，还要多鼓励。"① 从这里可以看出，徐复观通过自己当父亲的体验，对当年着迷于看小说有了反省。

不仅如此，徐复观在走上学问道路后，发现文学爱好与中国思想史研究在精神状态上是全然不同的，因而为了致力中国思想史研究，自觉地克制从小就养成的文学爱好。他在给徐均琴的信中透露了自己的这种选择，说："我是很喜欢看小说，尤其是喜欢读诗并学做诗的。但我发现，读诗做诗的精神状态，和我治思想史时的精神状态，不能相容；和求知识时的精神状态，不能相容；所以我像吃烟的人戒烟样的戒掉了。等我的思考力完全衰退以后，你会发现我不仅会常常读诗做诗，并且也会看小说的。"②

正是这样，随着年龄的老迈，徐复观对父亲有了更多的理解。他写了《我的父亲》一文，以表达这种理解。他说："父亲在学问上没有成就，对时代一点也不了解（乡下从来没有报纸），精神上始终脱不了科举的枷锁。但在家庭内，孝弟出乎自然的本性。对儿女的慈爱和教养，用尽了他的心血。他虽然常常打我，有的是来自我的蹩扭，有的是来自他的希望太切，有的是来自他的识见所限；他爱我，和爱我的姐姐、哥哥、弟弟，完全没有两样。在乡里间，除了竭心尽力教书以外，决无旧式读书人喜欢干预农村他人生活、从中讨便宜的心理与行为。二十岁左右吐血，四十、五十岁之间，经常患头风，发时痛得直叫唤。加以生计寒苦，营养不足，所以身体很瘦弱。但五十以后，反而非常健康。生于一八七一年（同治十年），死于一九五六年，以高年身经巨变，依然活了八十五岁。这有两个原因。第一，他生活非常有规律，凡医生认为不

---

① 徐复观：《致徐均琴（第 60 封家书）》，载《徐复观家书精选》，台湾学生书局 1993 年版，第 115—116 页。

② 徐复观：《致徐均琴（第 64 封家书）》，载《徐复观家书精选》，台湾学生书局 1993 年版，第 122 页。

应吃的东西，便绝对不吃。不抽烟，不沾一滴酒。在我全村中，一年三百六十五天，他是起得最早的一个人。第二，除教书所消费的时间外，勤于体力劳动。一有空，便村前村后，收捡猪粪牛粪，作农田的肥料。一生没有沾一分不义之财，没有作一件败德之事。他很希望我能升官发财，这一点，也隐伏着父子思想与感情的差距。但有几个旧式读书人真能跳出千余年的科举遗毒呢？从某一方面说，我父亲是旧社会中的牺牲者。从另外方面说，他是一个堂堂正正的农村里的读书人、教书人。"①可以说，《我的父亲》与《我的母亲》一样，对于了解徐复观的身世与家庭都有重要的价值。这两篇文章实是相互发明的，应当合而观之，从整体上来看待和理解徐复观的家庭。只是由于《我的父亲》比较晚出，又没有收入徐复观生前所编杂文集中，因而传布有限、鲜为人知、不受重视；这样一来，就容易使人们产生一种错觉，认为徐复观只是对母亲抱有深厚感情，而与父亲的关系则显得比较冷漠。

五、从浠水到武昌的读书生活

1915年，12岁的徐复观考入浠水县高等小学，来到浠水县城读书。这是他走出偏僻贫穷的凤形湾的第一步。浠水县城并不大，街道狭窄，房屋低矮，但却富有人文气息。清清的浠水河流过城边。城边一隅，建于宋代的文庙面对浠水河，大成殿、崇圣祠、尊经阁、櫺星门构成了县城中最庄严的建筑群，显示着浠水的人文特色。浠水素有重藏书的传统，外出读书者和做官者皆喜购书回乡，县城中公私藏书相当丰富。这为少年徐复观提供了新的读书环境。在浠水高等小学三年学习中，徐复观虽然用了大量时间读旧小说，浪费了不少时光，但毕竟由此而开始接受正规的新式教育，为以后的学习生活打下了基础。小学还未读完，徐复观就报名参加了浠水县中学的考试，结果头一场考了第一名，由此引

---

① 徐复观：《我的父亲》，载《徐复观文集》修订本第1卷，湖北人民出版社2009年版，第257—258页。

起一时轰动。县里一些大地主和有权势人家的子弟，对此很不服气，竟扬言要与又矮又瘦的徐复观打架。县长为了避免纠纷，只好贴出告示，一面把徐复观夸奖一番，一面说他年龄太小应读完小学后再进中学。其实，徐复观当时根本就不可能上中学，因为他家里没有钱供他继续往下读。虽然没有上成中学，徐复观的天分和学业却由于这个第一名实实在在地得到了一次显露。

1918 年，徐复观由浠水高等小学毕业，考进设在武昌的湖北省立第一师范学校。他之所以作出这一选择，只有一条很简单的理由：师范生是公费，可以不用自己交学费，在学校吃饭也不要钱。徐父正为无钱让儿子继续求学发愁，对儿子选择去读第一师范当然表示赞同，于是四处打点，借来路费，让徐复观来到武昌读书。从浠水到武昌，距离并不远，但这却是徐复观人生路上极为关键的一步。

武昌是当时的湖北省会，与汉口、汉阳两镇鼎足而三，为中国南方的人文荟萃之地。19 世纪末，张之洞在主政湖北期间，着力以武昌为中心兴办了一批新式学堂，使湖北近代教育初具规模。进入 20 世纪后，特别是辛亥革命后，以武汉为中心的湖北近代教育有了更大的发展，现代教育体制得以初步确立。创建于 1912 年的湖北省立第一师范学校，就是在这一背景下兴办的新式中等师范学校。校长刘凤章，字文卿，晚年更号耘心、岱樵，湖北黄陂人，曾任教于张之洞创办的两湖书院、文普通学堂、方言学堂，于 1915 年至 1922 年主持第一师范，其间因坚决反对袁世凯称帝而一度辞职。刘校长是一位笃信王阳明学说的学者，以知行合一为人生准则，重视德行，生活清严，言笑不苟，待人恳笃，来往总是步行，极少坐人力车，冬天只穿棉袄，不穿皮袄。正是因为这样，大家都称他为"刘阳明"。他亲自主讲修身课，不仅编有讲义，而且时常把书上的道理和时下的情形两相对照，痛下针砭。他告诫同学们说：读书人要能站得起来，不走上升官发财的老路，首先必从生活俭约上立根基。他为第一师范制定的校规是"朴诚勇敢，勤苦耐劳"[1]，

---

[1] 见李珠、皮明庥主编：《武汉教育史》，武汉出版社 1999 年版，第 408 页。

要求学生们从自己做起以立德立业。在徐复观看来,"真正以宋明儒讲学精神办学校的,民国以来仅有他一人"①。在刘校长主持下,学校聘任了一批有学问、负责任的优秀教师,从事教学工作。任国文课的陈仲甫先生,批改作文的李希哲先生,教历史的傅先生,讲文字学的鲁先生,不论是学问还是教学都有特色,给徐复观留下了终身难忘的印象。

第一师范的学生大多为贫寒家庭子弟。他们也与徐复观一样,是因为读师范可以学费不用交、吃饭不要钱,而来这所学校求学的。这使得第一师范呈现出淳朴的校风,没有那种贵族学校的气息。对于当时的学习生活,徐复观晚年有过细致的描述,再现了学校的风貌。关于学生的服装,他回忆说:"我们一进学校,便由学校发给两套灰布制服,经常要穿得整整齐齐。衣服都是自己洗。他校的学生,称我们为'杠子队'。因武汉当时驻扎的都是北洋军队,军队中有专搬运东西的'长夫',出街时常成队的背着一条粗长的竹竿。我们的制服,和他们非常相像,较之正式士兵穿的要差等。因此,当时的女学生有两句流行的话:'文华文而雅,一师穷而鄙。'文华书院是教会办给有钱人子弟住的,穿的是青白两色的哔叽呢制服,和我们比起来自然文而雅了。但我们当时并不觉得自己是穷是鄙。"② 关于学校的伙食,他回忆说:"在食堂里,六人一桌,四菜一汤,要坐得整整齐齐的吃。早上老是吃稀饭,所以有人开玩笑,把'师范生'称为'稀饭生'。"③ 关于校方的管理,他回忆说:"学生只有星期三的晚饭后,才可出街,九时以前一定要返校。只有星期天下午一时才放假,八时以前一定要返校。上自习,下自习,都有一定时间,不仅由校监常来巡视,校长也常来巡视。以后因为有的学

---

① 徐复观:《忆念刘凤章先生》,载《徐复观最后杂文集》,时报文化出版事业有限公司1984年版,第325页。

② 徐复观:《忆念刘凤章先生》,载《徐复观最后杂文集》,时报文化出版事业有限公司1984年版,第326页。

③ 徐复观:《忆念刘凤章先生》,载《徐复观最后杂文集》,时报文化出版事业有限公司1984年版,第327页。

生太用功，自习下得太迟，早上起得太早，以致健康发生问题，所以巡视的目的，不仅在警告不用功的学生，同时也劝告太用功的学生。"①还有，学校图书馆给他留下了特别深刻的印象。在回忆中，他多次谈到学校图书馆，赞扬道："当时学校图书馆的线装书有二十多万册，到图书馆借书看书的风气很盛。"② 为了读懂《庄子》，徐复观就曾在图书馆里同时借五六种《庄子》注本对照看。由此可见，学校图书馆里确实有着较丰富的藏书，同学们前往图书馆借书看书蔚然成风。徐复观由此对图书馆情有独钟，以致后来在湖北省立国学馆读书时，他竟一度产生出做图书馆馆长的愿望。

第一师范的教学特色和课程设置在于文科，学校重视国文、历史、地理、修身等人文课程，同时设有英语课，并开办了专门性的英文班。徐复观那一届学生共分三个班，一班即为英文班。除了这些必修课程外，还有内容较深的专题课，如刘凤章校长是《周易》专家，亲自讲授《伊川易传》，每个星期天上午在学校大礼堂里给诸生上课。作为课堂教学的补充，学校经常主办各种讲座，主讲人既有校内的老师，也有校外的名家，学生可自由选择参加，由此而开拓眼界，增进知识，了解现实。据徐复观的回忆，他曾听过教英文班的李立夫先生的讲演，也曾听过中共一大代表李汉俊的讲演。第一师范还有一大特点：要求学生重视体育、练兵习武。后来成为职业军人的徐复观，由此受到最初的军事训练，因而对第一师范的这个特点记忆尤深。他说："刘先生还非常重视'体操'。除一般的体操外，一定要练'兵操'。学校有百几十枝旧步枪，还有用木做的步枪。所以'托枪''枪放下''瞄准'，是每个星期都有的。他又提倡拳术，由一位早期毕业的湖南赵先生教。每天教拳的时间，总是天蒙蒙亮开始，到早晨时收功。练拳的同学固然起得很早，不

---

① 徐复观：《忆念刘凤章先生》，载《徐复观最后杂文集》，时报文化出版事业有限公司1984年版，第327页。

② 徐复观：《忆念刘凤章先生》，载《徐复观最后杂文集》，时报文化出版事业有限公司1984年版，第329页。

练拳的也一大早起来跑步或用功。"① 在课堂教学之余，学校还鼓励学生参与实业活动、培养务实能力。徐复观认为，这一治校理念实与刘校长秉持的儒学观和教育观相联系。他说："刘先生深感于'儒者必先治生'，及提倡工业应由个人做起的主张，所以鼓励同学们由课室的手工业，扩充到带有市场性的手工业。有部分同学做得很热心，成立了什么社、什么会，小规模做牙粉、粉笔、油墨等类的东西，由学校率先采用，再推之社会。他希望以师范学校兼具备职业学校的功能。"②

从徐复观的这些回忆中可以看出，第一师范为学生们提供了良好的学习环境和育人环境。后来，徐复观在回忆当年学习生活时，将这一环境概括为十个字："学校的气氛，谐和而充实。"③ 在这样的教育环境中，学生们当然能取得很不错的学习成绩。特别是在国文的学业上，第一师范的学生相当优秀。徐复观后来曾多次骄傲地说："当时师范其他功课的水准不高，但国文的水准，却比今日大学中文系的水准还要高。"④ "当时我们的国文程度，比现在大学中文系学生的国文程度，大概高明得很多。"⑤ "我们班上的国文程度，现时没有那一个大学的中文系能赶得上。"⑥ 正是这样，在第一师范的学生中产生过具有重要影响的历史人物，如中共一大代表包惠僧、秋收起义时任工农革命军第一军第一师第二团党代表的蔡以忱、大革命失败后任中共湖北省委代理书

---

① 徐复观：《忆念刘凤章先生》，载《徐复观最后杂文集》，时报文化出版事业有限公司1984年版，第328页。

② 徐复观：《忆念刘凤章先生》，载《徐复观最后杂文集》，时报文化出版事业有限公司1984年版，第328页。

③ 徐复观：《忆念刘凤章先生》，载《徐复观最后杂文集》，时报文化出版事业有限公司1984年版，第329页。

④ 徐复观：《感旧》，载《徐复观杂文续集》，时报文化出版事业有限公司1981年版，第336页。

⑤ 徐复观：《我的读书生活》，载《徐复观文录选粹》，台湾学生书局1980年版，第312页。

⑥ 徐复观：《忆念刘凤章先生》，载《徐复观最后杂文集》，时报文化出版事业有限公司1984年版，第329页。

记的魏人镜,蔡以忱、魏人镜都是革命烈士。包惠僧于1912年、蔡以忱于1915年、魏人镜于1922年考入第一师范,算得上是徐复观的学长或学弟。湖北省立第一师范学校的育人成就,由此可见一斑。

在第一师范师长们的教育启迪下,徐复观把学习的重点放在人文课程上,得以系统学习中国传统典籍,打下了扎实的文史基础。用他自己的话说:"我对于线装书的一点常识,是五年师范学生时代得来的。"① 而他在第一师范的最大收获,是学会了如何写文章,为他以后由政治圈转向学术界打下了基础。在《我的读书生活》一文中,徐复观详细地讲述了他所经历的摸索过程:当时负责批改作文的李希哲先生,对先秦诸子有很高造诣,所出作文题目都有学术上的启发性。作文是两周做一次,李先生总是在星期六下午出题,要求学生们在下星期一交卷,其中隔着一个星期天,让大家有充分的构思时间。徐复观虽然对作文特别认真,对自己的能力也非常自负,但每次作文都只排在班上倒数二三名。他常在心里想,这位先生大概没有看懂自己的文章,因此埋没了自己;但等到把其他同学的文章看过后,又感到他们确实比自己做得好。为此,他好几次偷着流泪,总是想不通其中的道理。直到一个偶然的发现,才彻底改变了他的想法。有一次,他看见一位同学桌子上放着一本《荀子》,于无意间翻看时却有了惊奇的发现:过去所读教科书上的"青出于蓝而胜于蓝"之语,就出在这本书中。这引发了徐复观对知识的好奇心,于是将《荀子》借来一口气看完,觉得很有意思。由此出发,他夜以继日地苦读先秦诸子著作,从而在原来所读的《四书》《五经》之外,发现了一个读书的新天地,这是一个更广阔的天地。等到读完先秦诸子著作后,他感到对其他书籍的选择就和以前全然不同:过去觉得好的书,此时觉得一钱不值;过去不感兴趣的书,此时却特别感兴趣。这时再来写文章,其思路、其内容、其境界就完全与以前不同了,因而不仅在李先生那里常常排在第一第二,而且还得到刘校长和几位

---

① 徐复观:《我的读书生活》,载《徐复观文录选粹》,台湾学生书局1980年版,第313页。

老先生在背后的夸奖。徐复观在走上学术道路后,对其中的原因进行了总结,指出:"文章的好坏,不仅仅是靠开阖跌宕的那一套技巧,而是要有内容。就一般的文章说,有思想才有内容;而思想是要在有价值的古典中妊育启发出来,并且要在时代的气氛中开花结果。"① 他之所以在回忆中详细地讲述此事,不仅在于这是他在第一师范学习中的最大收获,而且在于他希望能将自己的这些经验传授给后学者。

1923年,徐复观于湖北省立第一师范学校毕业。半个世纪后,徐复观再度回顾在第一师范的五年学习生活,给出了一个相当高的评价:"师范校长是黄陂刘凤章(字文卿)先生,讲阳明之学,提倡知行合一,校规严肃,读书风气很盛。同时,同学的国文水准很高,图书馆藏书也相当丰富,请的教师也相当整齐;这样,在精神上不知不觉的把我向上提了一步。"② 在徐复观的求学生涯中,这一段的学习生活是他最有收获、也是最为满意的。

然而,从第一师范毕业以后,徐复观又面临求职就业的困难。用他的话说:"当时不仅休想在武汉找一个小学教员,连回县里找一个县立小学教员,也是难于上青天。"③ 为了不至毕业即失业,他只好回到浠水县,希望能在小县城里觅得一个小学教员的工作;但即使在自己熟悉的小县城里,小学教员的工作也找不到。为了求得生存,徐复观只好与几位返乡同学联合起来,向县里主管教育的劝学所所长发难,终于以只发给一半工资的待遇分到了工作。根据劝学所的安排,他成为了县城里的第五模范小学的教员,由此开始了最初的教书生活。在《我的教书生活》一文中,徐复观详细地记述了他的最初的教学生活。他说:"小学教员,什么都要教的:音乐一课,我可以按风琴,但唱不出声音来;图

---

① 徐复观:《我的读书生活》,载《徐复观文录选粹》,台湾学生书局1980年版,第313页。

② 徐复观:《我的父亲》,载《徐复观文集》修订本第1卷,湖北人民出版社2009年版,第257页。

③ 徐复观:《我的教书生活》,载《徐复观文录选粹》,台湾学生书局1980年版,第300—301页。

画一课，我只会勉强在黑板上画一枚树叶子。最得意的是向学生讲《左传》，这不仅在现在想起来是笑话，在当时也只是适应少数学生的要求。所以这场面弄得相当的尴尬。"① 在他的全部教书生涯中，这就如同幼儿学步，带有几分幼稚、几分滑稽、几分可笑。然而，对于徐复观来说，没有教学经验还不算难事，真正的困难在于小学教员的工资少得可怜，每个月大约只有五块半到六块大洋，这点收入连维持个人生活都还要借债，不用说对供养过自己的家里亲人有所接济了。在这种情况下，徐复观感到已经到了几乎无路可走的地步了。

正在这时，湖北省立国学馆开始招生的消息传来。这使正在困境中挣扎的徐复观，发现了一条求生之路，于是报名参加了国学馆的考试。他后来回忆说："当时听说武昌创办专门研究国学的国学馆，我于是铤而走险，跑到武昌去参加考试。我当时只是在无路可走中，以暂能脱离窘境为快，并没有什么堂皇的目的。"② 然而，考试的结果却让徐复观自己也感到意外：在应考的三千多考生中，他居然于头试中得了第一名；而二试和三试的第一名也都来自浠水，是当地大地主闻家的两个子弟。徐复观对这次考试一直念念不忘，认为这三个第一名表明家乡人才济济，在晚年仍充满自豪感地说："我们浠水县下巴河的闻、陈两家，历数世都是人文鼎盛。陈家子弟我无缘相识，闻家子弟倒认识几位。他们共同的特色是风神秀朗，能诗能文能书，俨然是小型的金陵王谢。民国十二年（即1923年——引者注）冬，湖北开办省立国学馆，因不拘学历，投考的有三千多人。第一场我第一，第二场闻百之（聪）第一，第三场闻惕生（惕）第一。两位闻先生后来并没有进国学馆，但我们却得到做朋友的机会。"③ 只是这两位闻家子弟，后来都没有什么学问上

---

① 徐复观：《我的教书生活》，载《徐复观文录选粹》，台湾学生书局1980年版，第301页。

② 徐复观：《我的教书生活》，载《徐复观文录选粹》，台湾学生书局1980年版，第301页。

③ 徐复观：《感旧》，载《徐复观杂文续集》，时报文化出版事业有限公司1981年版，第337—338页。

的成就；在闻家子弟中，真正有大成就、大影响、大贡献者是闻一多。

当时国学馆考试的阅卷人，是大名鼎鼎的国学大师黄侃。黄侃对于徐复观的试卷十分欣赏，曾在武昌师范大学和中华大学上课时说："我们湖北在满清一代，没有一个有大成就的学者，现在发现一位最有希望的青年，并且是我们黄州府的人。"① 黄侃，字季刚，湖北蕲春人。蕲春与浠水是邻县，明清两代都属于黄州府，因此他称徐复观为"我们黄州府的人"。黄侃的赞扬产生了很大的影响。但徐复观并没有这样看好自己，认为考试的好成绩实在是出于偶然，并非自己的学问真的就是全省考生第一。他后来自嘲式地说："当旁人把这些话（即黄侃赞扬徐复观之语——引者注）告诉我的时候，我并不是得到鼓励，而是心里又抱愧又好笑。因为我一向喜欢逛旧书铺，当考的前一天，在一家旧书铺里拿起张惠言的文集看了半天；第二天入场，我选择的题目是'述而不作'，不知如何从张惠言谈礼的文章中受了些暗示，写上一两千字，居然把这位国学大师蒙混住了。"② 然而，即使真如徐复观所言，他的答卷成功是受了清代学者张惠言文章的暗示，但他的这种过目不忘的读书本领，也非所有的读书人都能具有的。正是这样，徐复观再次从浠水来到了武昌，进入湖北省立国学馆，重新开始了读书生活。

湖北省立国学馆设立于1923年，旨在培养国学专门人才，弘扬荆楚人文传统。馆长是著名学者王葆心。王葆心，字季芗，湖北罗田人，毕业于两湖书院，先后任教于京师大学堂、北京大学和武昌高等师范学校，湖北省立国学馆创办后被推为馆长。罗田与浠水两县相邻，以巴河为界河，同属鄂东之地，因此王葆心与徐复观之间，既有师生之谊，又有同乡之情。在王馆长的主持下，湖北省立国学馆大体沿袭了两湖书院的传统，设内课生与外课生两种教学方式，外课生为武汉三镇学生，学

---

① 引自徐复观：《我的教书生活》，载《徐复观文录选粹》，台湾学生书局1980年版，第301页。
② 徐复观：《我的教书生活》，载《徐复观文录选粹》，台湾学生书局1980年版，第301—302页。

制为一年；内课生多为武汉以外地区学生，学制为三年。内课又设经、史、理、文四科，相当于专科学校。国学馆所聘教师，都是当时学有专长、功力深厚的学者。用徐复观的话说："湖北创办国学馆，执教者皆一时耆硕"①。原来曾任第一师范校长的刘凤章，也来到国学馆任教，主要讲授《周易》，再度成为徐复观的老师。

国学馆由于初办，没有自己的校舍，借用的是武昌师范大学的校舍，地点在武昌蛇山脚下、阅马厂（今阅马场）东侧的东厂口。东厂口是当时湖北高等教育的重地：1893年，张之洞创办自强学堂，校址设在武昌三佛阁；1902年，张之洞改自强学堂为方言学堂，由三佛阁迁至东厂口；1913年，武昌高等师范学校在方言学堂原址上创办；1923年，武昌高等师范学校改名为武昌师范大学；1926年，武昌师范大学与其他一些公私学校合并为国立武昌中山大学；1928年，国立武昌中山大学改组为国立武汉大学，由东厂口迁至武昌珞珈山直到今天。今日武汉大学校史，即从1893年算起，包括自强学堂以降诸校。徐复观考入国学馆后，读的是住馆学习的内课文科，因此对武昌师范大学十分熟悉。在他的文章中，曾多次谈到武昌师范大学。他在这时，不仅产生了做图书馆馆长的愿望，还萌生了做大学教授的愿望。这大概是由于国学馆与武昌师范大学共处一地，徐复观三年间见到了不少大学教授，因而心向往之的结果。

国学馆三年，徐复观仍然勤奋读书，是一个很努力上进的学生。他的同学涂寿眉回忆说："国学馆每月合内课、外课生考试一次，规定三日三夜作文二篇，或一文一诗。凡考取第一名者，发奖金三十银圆。徐先生考取两次第一名，我不及徐先生。……徐先生天资过人，任何繁复文字，看过一遍，即能道出其中要领。常放言高论，压倒群伦；有时举止脱略，自校门进入，手持甘蔗，且走且啃，旁若无人。……我的自习

---

① 徐复观：《王季芗先生事略》，载《徐复观文录选粹》，台湾学生书局1980年版，第336页。

室在楼上，徐先生的自习室在楼下，夜间多高声朗诵。"① 但徐复观自己却感到，国学馆的三年比不上第一师范的五年，究其原因，一则失去了初读书时的那种新鲜感，二则生活贫困使他难以安心问学。

徐复观在国学馆里努力于学的动力，全在于考试成绩优秀能获得奖学金以支撑生活。他对此有过说明："一阵兴奋之下，只有住进国学馆，生活完全靠考课的奖金维持"②。这也意味着，一旦考试成绩不理想，不能得到奖学金，生活就会出现困难。因此，徐复观作为贫困生在国学馆出了名，连王葆心馆长都经常关心他、接济他，"辄周其衣食，所以期望之者至殷且厚"③。为了维持艰难的生计，徐复观在1925年下半年曾一度放下学业，到离武汉不远的汉川县当了四个月的小学教员。介绍他去汉川任教的人，正是刘凤章先生。他对徐复观说："我知道你很穷。但不要灰心。像你这一枝笔有一天露了出来，一定会名动公卿，还怕没有饭吃吗？……我现在介绍你到汉川分水咀周家办的私立小学去教书，每月四十串钱，暂时维持生活，你愿意吗？"④ 这番话中，既有积极的鼓励，又有很实在的帮助，令困顿中的徐复观十分感动。他后来写道："刘先生是真正知行合一的阳明学者，对《周易》很有研究，我们平时很怕他，不敢和他接近。突然听到他这一番恳切的话，精神上得到的鼓励，超过了季刚先生所给我的鼓励。"⑤ 徐复观生活上的困顿，也由此可见一斑。老师们对他于贫困中的帮助、鼓励和希望，更令他终身铭记。

然而，从总体上看，走出凤形湾后的11年求学生活，是徐复观人

---

① 涂寿眉：《我所知道的徐复观先生》，载《徐复观教授纪念文集》，时报文化出版事业有限公司1984年版，第40页。
② 徐复观：《我的教书生活》，载《徐复观文录选粹》，台湾学生书局1980年版，第302页。
③ 徐复观：《王季芗先生事略》，载《徐复观文录选粹》，台湾学生书局1980年版，第338页。
④ 引自徐复观：《我的教书生活》，载《徐复观文录选粹》，台湾学生书局1980年版，第302页。
⑤ 徐复观：《我的教书生活》，载《徐复观文录选粹》，台湾学生书局1980年版，第302页。

生道路的一个相对平稳时期，也是他为日后的学术事业打下坚实基础的时期。其所以如此，一个很大的原因，就是他没有同现实政治接触。尽管这一时期中国的政治生活发生了巨大的变化，但徐复观却是一个局外人，他的读书生活是宁静的。正如他所说："一直到民国十五年（即1926年——引者注）十一月底为止，可以说根本没有看过当时政治性的东西，所以对于什么主义，什么党派，完全没有一点印象。"① 这种宁静的生活，一直持续到1926年底。其时，由于北伐军攻占武昌，大革命中心移到武汉，湖北省立国学馆在时局巨变中关闭。徐复观就此结束了在武昌长达八年的求学生活，卷入时代的激流之中。

　　对于在武昌读书时给予教诲的这些老师们，徐复观一直保持着深深的敬意与怀念。他后来说："我每回想到年轻时的老师中间，有不少的人，在人格和学问上，都有高人一等的成就。"② 对于刘凤章和王葆心两位先生，徐复观更是忆念终身。他在晚年写有《忆念刘凤章先生》和《王季芗先生事略》二文，深切怀念这两位民国初年的湖北著名学者，以及在他们分别主持下的第一师范和国学馆的读书生活。在文章中，徐复观还谈到两先生的学术著作，提及刘凤章的《周易集注》和王葆心的《古文辞通义》，以期引起后人的重视，希望能得以传世。王葆心晚年致力《湖北文征》的编修工作，书稿完成后落入私人手中，后由徐复观于抗日战争胜利后设法索回，归公保存。1949年后，徐复观因与中国大陆信息阻隔，不知书稿下落，十分担心，曾借《王季芗先生事略》一文发出感叹："能否侥幸于鲁壁汲冢之余，盖益不可知矣。"③ 其实，新中国成立后，《湖北文征》书稿长期保存在湖北省博物馆中，经湖北省文史研究馆组织专人校点，由湖北人民出版社于2000年出版。只是这个好消息来得太迟，徐复观已辞世多年、无从得知了。

---

　　① 徐复观：《我的读书生活》，载《徐复观文录选粹》，台湾学生书局1980年版，第313页。
　　② 徐复观：《乡邦的文献工作即是复兴中华文化的工作》，载《徐复观文录》第4册，环宇出版社1971年版，第189页。
　　③ 徐复观：《王季芗先生事略》，载《徐复观文录选粹》，台湾学生书局1980年版，第338页。

六、投入时代的激流

1926年秋冬之交，中国政治形势发生重大变化：北伐军一路北上，所向披靡，很快就进入湖北、攻占武昌，大革命的浪潮席卷以武汉为中心的荆楚大地。惊天动地的革命风雷，把徐复观从宁静的书斋里呼唤出来，使他以一介书生投身时代的激流。这成为徐复观生命历程的一个重大转折。

与当时的许许多多有志青年一样，徐复观怀着革新中国社会的抱负，积极参加各种革命活动。他参加过国民革命军，担任过湖北省商民协会宣传部长，被推为民众会议主席。在时代大潮的冲击下，他的思想也发生了深刻的变化，开始接触到孙中山的思想，并开始由孙中山而知道马克思、恩格斯、唯物论。徐复观后来曾回忆过这一转折的开端。他说："我之开始和政治思想发生关涉，是民国十五年十二月陶子钦（即陶钧——引者注）先生当旅长，驻军黄陂，我在一个营部当书记的时候。他问我看过《孙文学说》《三民主义》没有？我说不曾；他当时觉得很奇怪，便随手送我一部《三民主义》，要我看，这才与政治思想结了缘。"[①]《三民主义》是孙中山的代表作，是在他1924年1月至8月讲演笔记稿的基础上修订而成的，集中阐发了他的新三民主义思想，也集中体现了他的政治思想与中国儒家政治哲学的联系。这部书对徐复观当时的思想和日后的思想都发生了很大的影响。徐复观一生信仰三民主义，中年后又认同现代新儒家思潮，都可以在这里找到最初的源头。但在当时的徐复观看来，革命与传统文化是不相容的，他把那些读了多年的线装书都丢在一边，努力接受新思想。送给他这本《三民主义》的陶钧，是桂系鄂籍将领，与徐家关系很深，后来给予徐复观许多帮助。

轰轰烈烈的大革命，在1927年春夏之际发生突然的转折。继上海、

[①] 徐复观：《我的读书生活》，载《徐复观文录选粹》，台湾学生书局1980年版，第313页。

广州、长沙之后，武汉的形势也急转直下，终至发生"七一五"反革命政变，国共两党第一次合作彻底破裂。同当时许许多多投身革命的热血青年一样，徐复观被一排排汹涌而来的滔天浊浪打得晕头转向，甚至差一点被当作共产党而抓去杀头。在亲身经历这血腥一幕之后，他断然退出了政治活动，又去从事小学教育，做了几个月的湖北省立第七小学校长。小学的校址在武昌水陆街，离辛亥革命的发难地工程营旧址不远。这时的徐复观，虽然已远离现实政治，但在思想上仍然倾向革命，对受迫害的进步青年表示同情，并尽力加以接济。他的同乡谈瀛后来回忆说："1926年，我失学回乡，卷入了农民运动的风暴。次年'七一五'政变后，我受到地方上旧势力的迫害，离乡外出谋生，在汉口一家印刷厂干排字学徒工。徐先生时任省立第七小学校长，从同乡处知道我的处境，屡表同情关切。"①

1928年，徐复观前往日本留学，先后就读于日本的明治大学经济系和陆军士官学校步兵科。在日本求学期间，他利用日本相对开放的条件，对马克思主义进行了研究。他取孔子所言"群而不党"②之意，组织了一个"群不读书会"，广泛阅读各种日文马克思主义书刊，研究马克思主义的哲学、经济学和政治学。苏联理论刊物《在马克思主义的旗帜下》的日译本，一期不漏地买来看。日本马克思主义学者河上肇的著作，也是片纸只字必读。这种对马克思主义的学习，一直到苏联德波林学派遭到斯大林的批判为止。这种对马克思主义的学习和信仰，现在看来，在很大程度上只是对苏联马克思主义的学习和信仰，缺乏对马克思原典的钻研和对马克思自身思想的把握，更不懂得马克思主义还要与中国具体实际相结合，有很大的局限性。但这对徐复观一生的思想发展确实起了相当重要的作用，使马克思主义曾在一个相当长的时间里在他的思想中占有重要位置。他对此作过这样的说明："回国后在军队服

---

① 谈瀛：《我所知道的徐复观先生》，载《徐复观与中国文化》，湖北人民出版社1997年版，第604页。

② 《论语·卫灵公》。

务，对于这一套，虽然口里不说，笔下不写，但一直到民国二十九年（即 1940 年——引者注）前后，它实在填补了我从青年到壮年的一段精神上的空虚。"① 后来，徐复观转而对马克思主义持批评态度，也不能不说与他这种对马克思主义的学习和理解有关。

1931 年"九一八"事变的发生，又一次激发了徐复观的政治热情。他与留日爱国同学一起，举行了抗议日本帝国主义侵略中国东北的活动，遭到日本当局的镇压。徐复观被日本当局逮捕，在监禁三天后，被驱逐回国。他的三年留学生涯就这样悲壮地结束了。然而，回国后的遭遇却使徐复观失望。他后来回忆说："'九一八'事变发生，反抗、入狱、退学，怀抱满腔救国的热望，和同学们从日本回到上海，这时才真正和社会接触。一个多月的呼号奔走，所得的结果是冷酷、黯淡。于是同学们各奔前程，再不谈什么救国大志。"② 徐复观本想组织一个名为"开进社"的团体，打算以唯物辩证法来完成三民主义理论的发展，以发展完成了的三民主义来指导中国的革命，甚至邀集了若干同志，起草了宣言和纲领，但很快由于身无分文，生活困顿，成员星散，一切计划皆成泡影。他后来在回忆这一段经历时说："假定说我一生中有过政治梦，大概就是这一两个月的时间。十多年后，在旧皮箱底下，偶然找出当时拟就的宣言底稿，文章写得不坏，我看后笑了一笑就扯掉了。"③

为了生存，徐复观只好放下自己的远大理想，经陶钧向桂系首领李宗仁、白崇禧介绍，到广西的国民党军队中任职。用徐复观自己的话说，由此而"正式过起丘八生活"④。这种军旅生活，一直持续到抗日战争结束，长达 15 年之久。在这期间，他由书生成为军人，由书斋走

---

① 徐复观：《我的读书生活》，载《徐复观文录选粹》，台湾学生书局 1980 年版，第 314 页。
② 徐复观：《我的教书生活》，载《徐复观文录选粹》，台湾学生书局 1980 年版，第 303—304 页。
③ 徐复观：《我的教书生活》，载《徐复观文录选粹》，台湾学生书局 1980 年版，第 304 页。
④ 徐复观：《我的教书生活》，载《徐复观文录选粹》，台湾学生书局 1980 年版，第 304 页。

向战场，由上尉营副升至陆军少将，以独特的人生体验，获得了对于时代的许多极其难得、极其宝贵的感受。这些感受，为他日后驰骋于政治与学术之间，提供了丰富的阅历和人生的智慧。在现代新儒学诸子中，曾当过将军、亲历战争者，唯有徐复观一人矣。

1933年秋，徐复观因不满桂系拥军割据，离开广西而另寻出路。1966年，他在悼念白崇禧的文章中，曾对当年脱离桂系的心境和实情作了回忆。他说："我这一个天涯浪子，很早便抱有'国家必须统一'的天真想法，所以对于白将军当时脚踏实地、励精图治的情形，心里非常佩服，但对于当时半分离的政治状态，总感到心理难安。于是决心恢复我的浪迹生涯，无目的辞职而去。在临走前，白将军派人送我三百元毫洋作旅费，我至今还想不出什么理由，我把它退掉了。大概因为我这一天生的流浪者的性格，吃尽了钱的苦头，却从来也不把钱放在眼内。"① 后来蒋介石一度怀疑徐复观与桂系有联系，大概即与此事有关；徐复观在回忆中说明此事，实有澄清真相的意味。

离开桂系后，徐复观成为国民政府内政部长黄绍竑的幕僚。黄绍竑本属桂系，但此时已拥护蒋介石，成为国民政府要员。当时由于新疆局势动荡，黄绍竑正受命从事进军新疆、稳定边防的准备工作。他计划中的进军路线，是先取由归绥（今呼和浩特）至居延海的北路，再转经哈密至迪化（今乌鲁木齐）的南路。但北路以前只是经商的驼路，能否适合大部队运动尚不所知。为此，他于1934年春派遣徐复观率参谋人员乘四辆美制汽车前往侦察，以了解北路沿途的交通、给水情况。车队由归绥出发，经百灵庙到居延海二里子河而返，走完了预定的北路全程。途中曾经在茫茫戈壁中迷路，几断饮水，十分艰险。过贺兰山时，徐复观思古观今，感慨万千，作诗言志："书生投笔太从容，战骨难忘异代功。欲为飘摇寻勒石，贺兰山下起寒风。"② 归来后，他写了一份十余

---

① 徐复观：《时代的悲怨——悼白崇禧将军》，载《无惭尺布裹头归·交往集》，九州出版社2014年版，第151页。
② 徐复观：《塞上杂诗》，载《中国文学论集续篇》，台湾学生书局1981年版，第257页。

万字的沿途情况报告，很认真地总结了这次侦察工作。徐复观的这次行动和这个报告，得到了黄绍竑的好评；在他所著《五十回忆》一书中，有专节记述此事，称："徐佛观同志率领参谋人员，乘车由归绥经百灵庙，向宁夏之居延海出发侦察，往返近月。归来将考察所得，作成很详细之报告。"① 但进军新疆的计划，则因胡宗南的反对而被取消。然而，这次侦察工作毕竟是徐复观怀抱统一中国、振兴中华的志向所担负的第一次军事任务，给他留下了终身难忘的印象，在他的一些文字中多次提到这次行动。1979 年，当徐复观得知浠水故友柴曾恺的女儿兴蓉在新疆工作时，即在致柴曾恺的信中写道："新疆为观壮年梦想之地，曾于一九三四年春追随黄绍竑先生驻节归绥，筹划平定之策。观且率大型汽车四辆，向西侦查沿途交通及水草状况，至居延海二里子河，为风沙所阻折返；全般计划，因胡宗南之反对亦中途而废。兴蓉伉俪，以农技上之非常成就，在新疆开辟新天地，为国家巩固边陲，为边区人民造福，实堪庆贺。"②

1934 年底，黄绍竑调任浙江省主席兼任沪杭甬指挥官，在主持浙江省务的同时，受命秘密筹备上海、浙江一带的军事防卫工作，准备抵御日军的入侵。徐复观作为黄绍竑的幕僚也随同前往，在杭州从事军事防御方案的制订工作。黄绍竑著《五十回忆》一书有专节记述此事，强调当时全体参与者工作异常努力，全部工程如期完成，建筑的堡垒能够经得起实战；但是 1938 年上海会战后，这条花费巨资建设的防线却弃而不守，未曾一用。黄绍竑在书中痛苦地写道："我及共事同仁年余之心血，与中央地方所费之大宗款项，均成为毫无价值之敝屣，至今思之，尚有余痛。"③

杭州靠近上海。以上海为中心的抗日救亡热潮，对徐复观产生了很

---

① 黄绍竑：《五十回忆》，岳麓书社 1999 年版，第 293 页。
② 《徐复观致柴曾恺》，载《徐复观文集》修订本第 1 卷，湖北人民出版社 2009 年版，第 330 页。
③ 黄绍竑：《五十回忆》，岳麓书社 1999 年版，第 307 页。

大的影响,把他心中埋藏多年的政治激情再一次引发出来。徐复观后来回忆说,对于救国会的一班人主张团结抗战,他内心是非常赞成的。一次,他随同黄绍竑从上海回杭州,在汽车上把自己用红笔圈点过的一篇关于时局文章送给黄绍竑看,并对他说:"日本逼得我们太不像话,只有奋起抵抗。要抵抗,便必须团结。我希望主席对此事应有所努力。"黄绍竑听后一声不响,过了两三个月把一封蒋介石给他的亲笔信让徐复观看,信中强调抗战一开始,不论如何艰苦,决不能中途妥协,中途妥协即是投降,一定要有作战到最后一人的打算。徐复观看过信后非常激动。他后来在回忆文章中分析道:"他之所以把这封信给我看,大概一面是表明自己的态度;同时也让我不要为外面的浮言所惑,坚定对委员长的信仰。"① 以后徐复观在一个很长的时期里追随蒋介石,溯其根源,这封信大概给予了他以最初的影响。

在杭州期间,徐复观开始了他的爱情追求。当时中日关系已十分紧张,两国战事一触即发,负有军事任务的徐复观为何还有心思与时间去花前月下、谈情说爱呢?对于其中的缘由,他曾有过简略的交代:"当时黄(即黄绍竑——引者注)似乎有一番抱负,很留心物色了一批精干的人才……但我去了几天,叫我拟一个电稿,拟得他看不中意,便一直冷藏在那里,拿冤枉钱。但在这冷冻的约略一年之中,我四赴北京,追上了我现在的太太——王大小姐,算是我一生的最大收获。"② 而当徐复观请假去结婚时,黄绍竑在惊讶他大龄未婚之余,当即送了一张一千元的支票表示祝贺。徐复观后来说:"这在当时要算很重的礼。"③ 这位"王大小姐",就是王世高。她与徐复观一样,也是湖北浠水人。

就在 1935 年,徐、王二人喜结良缘、终成眷属。以后,这对夫妻

---

① 见徐复观:《抗日往事》,载《徐复观杂文——忆往事》,时报文化出版事业有限公司 1980 年版,第 11 页。

② 徐复观:《抗日往事》,载《徐复观杂文——忆往事》,时报文化出版事业有限公司 1980 年版,第 8 页。

③ 徐复观:《抗日往事》,载《徐复观杂文——忆往事》,时报文化出版事业有限公司 1980 年版,第 10 页。

患难与共，相濡以沫，共同生活了近半个世纪，育有四个子女：长子徐武军、长女徐均琴、次女徐梓琴、幼子徐帅军。在徐复观日后的坎坷人生道路上，妻子成为了他的坚强精神支柱。而这一精神支柱之所以坚不可摧，也与农村生活的磨炼分不开。徐复观回忆说："我的妻，初结婚时，人情世故，一窍不通，简直把她无办法。抗战发生，到乡下去住了两年，居然前后两人，美德呈显，娇习尽除，大家都说她贤德。"① 就连熊十力都予以了高度评价，在给徐复观的信中称赞道："世高深可爱。"②

《我的母亲》一文开篇，记录了徐复观夫妻间的一段对话。这段对话的起因，是徐复观在台湾东海大学校园中遇见一位捡破烂的老婆婆："我有早起散步的习惯。第一次偶然相遇，使我蓦然一惊，不觉用眼向她注视；她却很自然地把一只手抬一抬，向我打招呼，我心里更感到一阵难过。以后每遇到一次，心里就难过一次。有一天忍不住向我的妻说：'三四十年来，我每遇见一个穷苦的婆婆时，便想到自己的母亲。却没有像现在所经常遇见的这位捡破烂的婆婆，她的神情仿佛有点和母亲相像，虽然母亲不曾捡过破烂。你清好一包不穿的衣服，找着机会送给她，借以减少我遇见她时所引起的内心痛苦。'妻同意我的说法，但认为'送要送得很自然，不着形迹'。这种自然而不着形迹的机会并不容易，于是有一次便请她走进路旁的合作社，送了她一包吃的东西。这位婆婆表示了一点惊奇的谢意后，抬起一只手打着招呼走了。"③ 从这则小事中可以看出，王世高确是一位性情温和、善解人意、尊敬长者、乐于助人的好妻子。

---

① 徐复观：《谁赋豳风七月篇》，载《学术与政治之间》，台湾学生书局1985年版，第75页。
② 熊十力：《答徐复观（一九四四年十月五日）》，载《熊十力全集》第8卷，湖北教育出版社2001年版，第480页。
③ 徐复观：《我的母亲》，载《徐复观文录选粹》，台湾学生书局1980年版，第320—321页。

第二章 来自鄂东泥土地的现代新儒学大师（中）

1937年"七七"事变的发生，以及由之而来的持续八年之久的全国性抗日战争，对徐复观的人生道路产生了深刻影响。这个战火纷飞的岁月，使徐复观这个来自鄂东泥土地的职业军人，亲历了战争的血与火的考验，也为他走上20世纪中国的政治舞台和思想舞台，提供了特殊的时间与空间。他曾亲临抗日战场，也曾奉命派驻延安，由此与国共两党上层人物都有过接触，终获蒋介石的信任而成其幕僚，进入国民党高层政界而参与机要。同时，他又有机缘结识并师从现代新儒学大师熊十力，受其教诲与启发，从而认同现代新儒学，并进而与中国学术界精英人物建立联系，逐渐由政治圈转向学术界。

一、从庐山集训到娘子关战役

"七七"事变发生时，徐复观正以幕僚身份，跟随黄绍竑在江西庐山参加暑期训练团。庐山暑期训练团设立于1933年，训练对象主要是中央军和地方军的军事长官，目的在于培训军事干部的团结；到了1937年，训练对象有了改变和扩大，包括军官、警长、县长、军训教官、政训教官、党务人员、中学校长、新生活运动会职员、童子军干部等各方面人士，目的在于培训知识青年干部的团结。参训人员完全按军队编制管理，共编成两个总队，下辖六个大队。黄绍竑出任第二总队队长，徐复观调去担任总队部副官，其工作按徐复观的说法，"只是随班听讲,没有副官的事可做"①。训练团团长一职,则由蒋介石亲自兼任。

这次集训时间长达一月有余,是徐复观参加的第一次高层会议,他由此见识了许多国民党上层人物。他后来回忆说:"我是个乡下人,没有见过场面,这次才看到委员长以及其他许多阔人。"② 然而,徐复观第一次见到的"许多阔人",似乎没有给他留下什么深刻的印象。他在回忆中继续说:"阔人和名流学者讲演,我是要陪着去听的。听了许多人的讲演,只留下两个印象。一是王世杰讲演,段锡朋站在侧边,有时为他写黑板,但写了两三个白字。这本算不了什么,但无形中使我这个乡下人对中枢大员,不免打了点折扣。二是训练副监周亚卫的讲演。他是军学前辈,而又是以怕老婆名噪一时的。可能是因为经常在太座威压之下的原故,所以弄得他讲话讲得很慢,而音调又是断断续续地有些低沉。但我仔细听,在他每一句寻常的语句中,都有确切地意义。我承认他对典范令确有研究。这在中国军人中,是少而又少的。有几句话,一直到现在还记得:'你们要经常把口闭着。在他人面前张着口,人家便以为你是呆子。'"③ 这两个给徐复观留下深刻印象的"阔人",一文一武,文人写白字,武将怕老婆,其形象在徐复观的回忆中都显得颇有些可笑,明显带有贬义。

而当时给徐复观精神上以极大振奋的,则是蒋介石在"七七"事变发生后在庐山发表的《对于日本的一贯方针与立场》谈话。蒋介石在谈话中强调:"我们知道全国应战以后之局势,就只有牺牲到底,无丝毫侥幸求免之理。如果战端一开,那就是地无分南北,年无分老幼,无论何人,皆有守土抗战之责,皆应抱定牺牲一切之决心。"④ 这一谈话所

---

① 徐复观:《对蒋总统的悲怀》,载《无惭尺布裹头归·交往集》,九州出版社 2014 年版,第 211 页。
② 徐复观:《抗日往事》,载《徐复观杂文——忆往事》,时报文化出版事业有限公司 1980 年版,第 12 页。
③ 徐复观:《抗日往事》,载《徐复观杂文——忆往事》,时报文化出版事业有限公司 1980 年版,第 12 页。
④ 引自何理:《中国人民抗日战争史》,上海人民出版社 2015 年版,第 68 页。

确定的进行全民族抗战的方针，一扫徐复观自"九一八"事变以来的忧郁心情，给他留下了很深刻的印象。他后来回忆说："在训练中终于卢沟桥事件发生了，日本军阀逼着我们无路可走，于是委员长在七七这一天，聚合全体学员，发表了震古烁今的抗战宣告。当时委员长悲愤激昂的情形，使几万教育界的人士都为之感奋。而我能亲自听到这次历史性的动员宣告，真可谓为毕生最大的荣幸。"① 又回忆说："七七事变发生，在海会寺大场的大集合上，蒋委员长宣布对日抗战时的激烈而悲壮的心境与辞色，令我毕生难忘。"② 徐复观后来在一个较长时期内坚定地追随蒋介石，其思想源头可追溯至这些庐山印象中。

正是这样，徐复观高度评价庐山暑期训练团，认为："这次庐山集训，可以说是对文教界的大动员，也可以说是全国的精神总动员。随着抗战的宣告，大家纷纷下山，各就各人的岗位。抗战发生后，千千万万的教员学生，历尽无限艰辛，由沦陷区走向后方，由后方走向前线，这次庐山训练，应当算是一个关键。"③ 只是由于时间已经久远，徐复观的有关回忆有两点失误：一是蒋介石的这次谈话是在庐山谈话会上发表的，不是在庐山暑期训练团大会上讲的，那次谈话会的参加者有一百多人，主要是全国各大学的著名教授及各界名流，当然庐山暑期训练团参训人员也听了这次谈话；二是这次谈话不是"在七七这一天"，而是在1937年7月17日，这时距离"七七"事变已经十天，其间蒋介石的思想也有一个重要的变化过程，这个变化过程今天已成为抗日战争史研究中的一个课题④。

---

① 徐复观：《抗日往事》，载《徐复观杂文——忆往事》，时报文化出版事业有限公司1980年版，第12页。
② 徐复观：《对蒋总统的悲怀》，载《无惭尺布裹头归·交往集》，九州出版社2014年版，第211页。
③ 徐复观：《抗日往事》，载《徐复观杂文——忆往事》，时报文化出版事业有限公司1980年版，第12页。
④ 见李学通：《和乎？战乎？——卢沟桥事件中蒋介石的决策过程》，载《军事历史研究》2017年第3期，第32—40页。

全国性抗日战争爆发后,徐复观随黄绍竑前往华北前线,参加山西娘子关战役。娘子关在山西东部,位于太行山中段的河北、山西两省交界处,属山西省平定县,是从河北进入山西的门户。由于众山环绕、地势险要、易守难攻,因而娘子关成为历代兵家必争之地。1937年10月,日本侵略军在占领河北大片区域后,即以一万五千人的兵力在飞机、大炮配合下进犯娘子关,试图打开进入山西、占领太原的通道。中国军队则投入近十万人的兵力抵御来犯日军,在娘子关各要地与日军展开激烈的防御战和争夺战,以图保卫山西、拱卫太原。此役成为抗日战争初期具有战略意义的大规模会战之一。娘子关抗战由第二战区指挥。第二战区司令长官是阎锡山,直接指挥北面作战;黄绍竑时任湖北省主席兼第二战区副司令长官,由阎锡山派往东面负责指挥作战,成为娘子关抗战的最高指挥官。这是徐复观投笔从戎后所经历的第一次大规模实战。"登车慷慨上幽燕,不信金瓯自此残。"[①] 他在赴华北前线时所写的诗句,表现出他作为一个军人,在国家存亡之际抗御强敌、保卫祖国的决心和勇气。正如他晚年所感叹的,在这些诗句里"或许可以留点时代的痕迹"[②]。

徐复观虽是初上战场、经历实战,却在最初的战斗中显示了勇敢、干练和军事才能。对于这场战斗,他终身难以忘怀,晚年曾有过详细的回忆:"我们一出娘子关,前面已经垮了,军队纷纷后退。碰着赵寿山师长,便要他守乏驴岭、雪花山一带。我们马上回到娘子关车站,住在车站附近早经构筑好了的山洞里。情势紧急,黄昏时,黄赴太原讨救兵。我们连通讯设备都没有,便只好利用车站的电话。晚上七八点钟,前方赵寿山向副司令长官求救的电话来了。但副司令长官不在,大家彷徨无策。我便只好拿起听筒,自称副司令长官,用'打应急符'的方式,在电话中指挥起来。大约以后两点钟、三点钟便有一告急的电话,

---

① 徐复观:《随黄季宽先生赴北平中途折赴石家庄二首》,载《中国文学论集续篇》,台湾学生书局1981年版,第243页。

② 徐复观:《感旧》,载《徐复观杂文续集》,时报文化出版事业有限公司1981年版,第338页。

我便要在电话中打一道符,不准他后撤。这样挨了两夜一天,正面勉强顶住了。赵寿山这样叫唤,主要是怕把他这一部分丢在前线不管。乏驴岭离娘子关车站不远。只要在电话中让他知道副司令长官是稳坐娘子关,便可以增加他的信心,他更不好意思随便向后开溜了。这是我必须打符的主要原因。但第三天一大早,敌人由右侧方的谷地窜了进来,车站已经听到清晰的枪声。恰好孙连仲的黄旅到达,这是当时最好的部队。黄旅长说,'奉命来保卫副司令长官'。我请他立刻阻击快绕到车站附近的敌军,他的部队很迅速地堵住了山口,并以一部绕到敌后,打死了敌人不少,还俘虏了几个日本兵。……战局由此得到暂时的稳定。"[1]

根据史料记载,1937年10月10日晚,黄绍竑受命赴娘子关前线指挥作战。10月12日,日军与中国军队发生激烈战斗,突破中国守军防线,赵寿山率西北军第十七师退守雪花山。次日拂晓,日军猛烈进攻第十七师防守的雪花山阵地,遭遇中国军队的顽强抵抗。为了减轻雪花山阵地的压力,赵寿山率部从侧面出击,收复多处要地,但雪花山在经激烈争夺战后仍为日军攻占,第十七师被迫退守乏驴岭。10月14日,中国军队冯钦哉部和孙连仲部联合向日军发起反击,欲夺回失去的主要阵地,取得了一些战果。由此推断,徐复观所讲述的这段往事,就发生在这一时间段内。在这场战斗中,赵寿山部与日军反复争夺阵地,作战英勇,牺牲惨重,并没有像徐复观说的那样想"开溜",看来徐复观并不了解这位西北军战将。赵寿山有七言一首以明志:"妖氛弥漫寇方张,百战何辞作国殇。士卒冲锋杀敌处,娘子关外月如霜。"[2] 当然,徐复观代替黄绍竑所作的"僭越指挥",在紧张危急之际,对于稳定军心、鼓舞士气也确实起了积极的作用。

娘子关抗战前后进行了20天,中日两国军队在各要地进行了反复争夺。中国军队虽然取得了歼敌数千的战果,但同时也付出了伤亡二万

---

[1] 徐复观:《抗日往事》,载《徐复观杂文——忆往事》,时报文化出版事业有限公司1980年版,第14—15页。

[2] 赵寿山:《七言绝句》,载《娘子关志》,中华书局2000年版,第169页。

七千人的重大代价。由于日本侵略军的猛烈进攻和国民党军队的腐败无能，娘子关战役最后以中国军队的失败告终。娘子关失守后，接下来便是日军的长驱直入，以及山西西北战线的崩溃和太原的失守。徐复观面对流离失所的逃难人流，悲愤万分，终身难忘。他在晚年仍然清楚地记得当年恐怖而绝望的场景："沿途看到人民在仓皇中奔逃，几十里路长的大行列，拥挤、杂乱、茫然、悲戚。有位非常漂亮的少妇，牵着一匹驴，驴上坐着她三四岁的孩子，走进同蒲铁路的一个车站里面，东望望，西望望，想弃驴挤上车吗？连车顶都堆满了人，她挤不进。牵着驴继续向前走吗？她也不知走向什么地方。那种彷徨凄切的表情，我没有能力形容于万一。我常常想，当时代的巨轮碾了前来时，不管谁美谁丑，谁善谁恶，总归是一齐被碾得粉身碎骨而死。"① 中国人民在日本侵略战争中所遭遇的空前劫难，在徐复观的笔下洗练、生动、准确地勾画出来，成为一幅震撼人们心灵的战争灾难画。只有像徐复观这样的战争亲历者，才能为后人保留下这真实的历史画面。

在战场上，徐复观亲身体验了国民党军队的无能和腐败。一到前线，他就发现中国军队所修筑的工事质量伪劣，根本不能用于实战。他后来在回忆中愤慨地说："山西所筑国防工事，直同儿戏。"② 他看到一些国民党军队将领，为了保存自己的实力，千方百计隐瞒自己部队的动向，不让黄绍竑作统一的调遣。为了赶走黄绍竑，以便自己开溜，有的将领甚至派人假装误会，向黄绍竑所住的山洞射击。至于娘子关抗战失败后，部队的混乱和溃散更是无法收拾。当时，徐复观受命带八个卫士、两个电话兵和一架电话机组成一个指挥所，指挥后卫部队掩护大部队撤退。这是一个没有所属战斗序列的指挥所。徐复观就近找到一个曾见过面的军长，试图把指挥所附设到这个军长的司令部里。但这个军长

---

① 徐复观：《抗日往事》，载《徐复观杂文——忆往事》，时报文化出版事业有限公司1980年版，第20页。
② 徐复观：《感旧》，载《徐复观杂文续集》，时报文化出版事业有限公司1981年版，第339页。

告诉他：黄副长官太天真了。大家在撤退中，谁也不架设电话及电机，决不与上级联络。因为怕联络上了，上级便给他下达任务，使他吃不消。现在军部和直辖的师部都联络不上，何况老兄和他们没有一点人事关系。这一任务是任何人都不能达成的。徐复观只好放弃设立指挥所的打算。面对溃散下来的士兵，他也曾亲自站在道路口，试图加以阻止，重新集结，但全无效果。这一切使徐复观深受刺激、倍感痛苦。在晚年所写的回忆娘子关战役的文章中，他重申了当年所做的深刻反省："在娘子关一役中，我深切体验到，并不是敌人太强，而是我们太弱。我们的弱，不仅表现在武器上，尤其表现在各级指挥官的无能。无能的原因是平时不认真的求知，不认真的对部队下功夫。再追进去，内战太久，赏罚一以派系为依归，使军人的品格及爱国心受到莫大损伤，更是根本原因所在。"[1] 娘子关战役中中国军队所建国防工事的低劣和败退时的混乱，徐复观的长官黄绍竑在《五十回忆》中也有详细的记述[2]，两人的回忆可以相互印证。

在这期间，徐复观第一次接触到中共领导人和八路军。在前往娘子关之前，徐复观曾在石家庄听了周恩来的一次报告，报告是对国际大势的分析，给他留下了深刻的印象。听完报告后，他即对黄绍竑感慨地说：我们可能还没有这种人才。徐复观之所以作出这一评价，实是与庐山上"许多阔人"的讲演相比较的结果。在对这些阔人们失望之余，他却在中国共产党那里看到了杰出人才。在娘子关失守后，徐复观见到了正率领八路军开赴敌后创建抗日根据地的彭德怀。徐复观曾建议彭德怀率部立即从侧面进攻正在推进中的日军先头部队，以缓解国民党军队的溃退，但遭到彭德怀的断然拒绝。当时，徐复观对此困惑不解，直到几年后才看清了八路军的战略意图。他后来回忆说："我以后常常想，他们的战术思想为什么这样差呢？过了三四年后，才知道他们对情势的

---

[1] 徐复观：《娘子关战役的回忆》，载《徐复观杂文——忆往事》，时报文化出版事业有限公司 1980 年版，第 57 页。

[2] 见黄绍竑：《五十回忆》，岳麓书社 1999 年版，第 346—351 页。

估计，比我们清楚得多，并且他们早已胸怀大志，当时是急忙展开建立太行山基地工作的。"① 而八路军的精神风貌和严明军纪，则让徐复观大开眼界，给他留下了深刻的印象：当时彭德怀带着二三十个十三四岁的红小鬼，都配有短枪、活泼可爱。晚上，彭德怀及这群小八路与徐复观同宿一个大窑洞内。第二天一大早，习惯早起的徐复观醒来一看，发现彭德怀带着红小鬼已经人不知、鬼不觉地走了，而睡过的炕及房间则打扫得干干净净。这种官兵间的平等和严明的军律，与国民党军队的腐败无能和纪律涣散，在徐复观心中形成了鲜明的对比。徐复观在回忆文章中感叹道："他带的这批红小鬼中，今日应有不少人已成为重要军事干部吧。"②

二、派驻延安任联络参谋

娘子关战役后，徐复观出任第八十二师团长，率部驻防湖北老河口，开始成为有一定军事指挥权的中级作战主官。1938年春，徐复观来到位于武昌珞珈山的武汉大学，参加团长以上的军官集训。当时武汉大学已经迁至四川乐山继续办学，珞珈山上刚刚建成的新校舍成为国民政府要人的住处，团长以上的军官集训也在此举办。集训开始时，由蒋介石亲自点名，其场面庄重严肃可想而知。在此之前，徐复观已于1937年在庐山参加暑期训练团时见过蒋介石，但那时只是在远处聆听蒋介石站在高台上作抗战动员；而这次则是徐复观第一次近距离面对面地见到蒋介石，并在点名中有一呼一应的简单对话，因而留下了更为深刻的印象。在蒋介石逝世后，徐复观曾写文章忆及此事，称："实际我只在民国二十七年（即1938年——引者注）春当团长调到珞珈山武

---

① 徐复观：《抗日往事》，载《徐复观杂文——忆往事》，时报文化出版事业有限公司1980年版，第20页。
② 徐复观：《娘子关战役的回忆》，载《徐复观杂文——忆往事》，时报文化出版事业有限公司1980年版，第55页。

汉大学受训时，列队由蒋公亲自点名，才亲眼看到蒋公"[1]；"在珞珈山受训点名时，对蒋公的印象是态度刚健，他两目炯炯有光"[2]。他所说的不是在庐山而是在珞珈山"才亲眼看到蒋公"，就是在这个意义上讲的。

接下来几年中，徐复观相继担任荆宜师管区司令、重庆中央军官训练团教官，晋升为陆军少将，但他再未上过战场，在后方过着相对的平静生活。然而，即使身为将军，他的家庭生活也总是遭遇困顿。在《徐复观家书精选》中，收有徐复观在1966年长女徐均琴过生日时写给她的一封信，回忆了当年徐均琴出生时的困难情形以及所干的卖枪筹钱往事。信中写道："当民国三十一年（即1942年——引者注）的这个时候，我们正住在重庆南岸黄角桠的新市场。家里存的几两金手饰，被一个女佣人偷走了，还加上两千多元现金。每月的收入，只能作吃咸菜和青菜，连吃豆腐也要算是打牙祭。重庆的黄角桠，有一山名叫南山，山上有一座中学和一个小规模的红十字会医院。为了安全起见，十月二十四日这天上午把你妈送进医院。我拿了一枝白朗宁手枪去卖给陶子钦先生，卖了一千三百元，这才放心，有了住院费。"[3] 这封信所谈的内容，对于抗日战争史研究者来说当是一条有价值的史料，从中可以看出当时像徐复观这样的国民党高级军官的生活状况，也可以看出当时国民党军队枪支管理上存在的严重混乱。在抗战时期的国民党高级军官中，居然也存在着为了解决生活困难而买卖枪支，如果不是徐复观亲笔所述，真有些令人难以置信。当然，这种家庭生活有困难者不只徐复观一人。徐复观在《悼念唐乃建兄》一文中，就说到当时侍从室第六组组长唐纵家中养了两三头猪，"那算是一个储积，乃建（即唐纵——引

---

[1] 徐复观：《末光碎影》，载《徐复观杂文续集》，时报文化出版事业有限公司1981年版，第342页。

[2] 徐复观：《末光碎影》，载《徐复观杂文续集》，时报文化出版事业有限公司1981年版，第345页。

[3] 徐复观：《致徐均琴（第100封家书）》，载《徐复观家书精选》，台湾学生书局1993年版，第171页。

者注）常指给我们看，引以自豪"①。唐纵为陆军中将、军统负责人、蒋介石的高级幕僚，这位将军的家庭生活显然也不宽裕，否则就不会去养猪并引以自豪了。这种平庸的日常生活，使徐复观深感厌倦、心灰意冷，竟然产生了回鄂东老家务农的念头。

正在这时，一件出差任务彻底改变了徐复观的人生轨迹：1943年，徐复观奉国民政府军事委员会军令部派遣，作为军事委员会少将高级参谋，与郭仲容一起赴延安任驻八路军联络参谋，历时半年。② 当时的国民党高级军官，因害怕共产党把自己扣留，视去延安出差为畏途，多不愿承担这一工作。徐复观之所以主动请缨，接下了这一任务，按照他自己的说法，既不是为了报效党国，也不是为了寻找刺激，更不是为了表现自己是个勇者型的军人，而是为了得到一笔回鄂东老家务农的路费。他晚年回忆说："我之所以接受康兆民先生向军令部推荐到延安去当连络参谋，是因为当时我在中训团兵役班当少将教官，有许多感触，决心要返鄂东种田，但没有这笔路费。接受这一任务，一次可以拿半年出差费，所以把出差费领到手，便分一半给妻，让她带着两个孩子先回

---

① 徐复观：《悼念唐乃建兄》，载《徐复观最后杂文集》，时报文化出版事业有限公司1984年版，第334页。

② 关于徐复观到延安任联络参谋的时间，他自己有两种说法：一说是在民国三十一年，即1942年（见徐复观：《我的读书生活》，载《徐复观文录选粹》，台湾学生书局1980年版，第314页），由徐夫人王世高订正的《徐复观先生年谱》亦记载为这一年（见《徐复观先生年谱》，载《徐复观教授纪念文集》，时报文化出版事业有限公司1984年版，第563页）；另一说是民国三十二年，即1943年（见徐复观：《在非常变局下中国知识分子的悲剧命运》，载《中国思想史论集》，台湾学生书局1988年版，第273页）。中共中央文献研究室编《毛泽东年谱（1893—1949）》则记载为1943年（见中共中央文献研究室：《毛泽东年谱（1893—1949）》修订本中卷，中央文献出版社2013年版，第438页）。徐复观从延安回重庆后所写报告《中共最近动态》，其甲部为《卅二年七月至十月，中共发动政治攻势之原因、经过及其将来演变之推测》（见徐复观：《中共最近动态》，载《徐复观杂文补编》第5册，台湾"中央研究院"中国文哲研究所筹备处2001年版，第2页），所谈内容亦为1943年下半年之事。因此，徐复观到延安任联络参谋当为1943年。关于此事时间，笔者所著《徐复观学术思想评传》（北京图书馆出版社2001年版）曾定为1942年，本书改为1943年。

到鄂西建始暂住,等我由延安回来。"① 因此,他自愿前往延安,亦与鄂东之地有着缘分。

1943年5月上旬,徐复观和郭仲容作为国民政府军事委员会军令部派驻八路军联络参谋到达延安。这两位国民党联络参谋的到来,受到毛泽东和中共中央的重视。毛泽东在5月8日致周恩来、林彪的电报中专门谈及此事,提出中国共产党的应对策略。毛泽东在电报中从国际大局出发指出:"斯大林'五一'声明后国际形势将好转,第二条战线今年可能开辟,今冬明春可能击败德国,国民党可能对我好一点,目前彼方可能不发动宣传攻势,故我们不应先作公开声明,只作文电声明及口头解释。《解放日报》及各根据地报纸还是一点也不刺激国民党。"② 5月中旬,毛泽东会见徐复观和郭仲容,同他们恳谈国共关系问题,请他们向重庆、西安国民党方面转达共产党精诚团结的意旨。③ 因此,徐复观是在国共两党关系相对平和的气氛中到延安任职的。毛泽东的这一电报和这次会见,在中共中央文献研究室所编《毛泽东年谱(1893—1949)》中都作了载录,可见徐复观到延安任联络参谋,在当时是一件关系国共两党关系的重要事情。

到延安后,徐复观与中国共产党领导人多有往来。特别是毛泽东,常邀徐复观到他的窑洞中畅谈学术与政治。军事理论是毛泽东与徐复观所共同感兴趣的。徐复观在延安窑洞里,第三次通读克劳塞维茨的《战争论》。而毛泽东在此之前也认真研读过此书,对克劳塞维茨的军事哲学作过思考和探讨。因此,两人就克劳塞维茨的《战争论》和相关军事理论作过交流。在交谈中,徐复观还向毛泽东诚恳地请教一些学问之事。一次,徐复观问毛泽东如何读历史,毛泽东答曰:"中国史应当特

---

① 徐复观:《末光碎影》,载《徐复观杂文续集》,时报文化出版事业有限公司1981年版,第342页。

② 引自中共中央文献研究室:《毛泽东年谱(1893—1949)》修订本中卷,中央文献出版社2013年版,第438页。

③ 见中共中央文献研究室:《毛泽东年谱(1893—1949)》修订本中卷,中央文献出版社2013年版,第438页。

别留心兴亡之际,此时容易看出问题。太平时代反不容易看出。西洋史应特别留心法国大革命。"① 徐复观晚年忆及此事说,毛泽东的这段话实际上给了他很大的影响。可以说,对王朝兴亡之际的重视,成为日后徐复观研究中国思想史的一大特点。例如,他通过对商周之际思想变迁的考察,提出了"忧患意识"观念;又如,他对秦汉之际思想转换进行了细致考察,以此作为两汉思想史研究的重点内容。又一次,两人谈到了孔子。徐复观问毛泽东:"孔子的话,你有没有赞成的?"毛泽东想了想答道:"有。'博学之,审问之,慎思之,明辨之,笃行之。'这就是很好的话。"徐复观补充说,应当加上孔子的"毋意,毋必,毋固,毋我"。② 毛泽东还十分郑重地向徐复观推荐刘少奇的名著《论共产党员的修养》,请他提出意见。徐复观认真作了阅读,写了几张纸的意见送给毛泽东,毛泽东看了之后认为很好,又专门介绍他与刘少奇晤谈。从毛泽东与徐复观的这些交往中可以看出,徐复观在延安的联络工作是比较顺利的。

如果说在娘子关战役中,徐复观与中共领导的八路军有了最初的接触,那么这近半年的延安生活,使徐复观对于中共及其八路军有了比较深入的了解。与当时众多国民党高官不同,他敏锐地看到了另一个正在崛起中的红色中国,已预感到共产党的胜利和国民党的失败都是难以避免的。在这方面,徐复观与美国记者斯诺一样具有时代的敏感性,只是斯诺是以欣喜的心情观之思之,而徐复观则是以忧虑的心情观之思之。

三、成为蒋介石的高级幕僚

1943 年底,徐复观在延安任职结束。从延安返回重庆后,他向国

---

① 引自徐复观:《中共问题断想》,载《徐复观杂文——论中共》,时报文化出版事业有限公司 1980 年版,第 157 页。

② 见徐复观:《中共问题断想》,载《徐复观杂文——论中共》,时报文化出版事业有限公司 1980 年版,第 157 页。

民党最高当局直接报告了自己的所观所思,撰写了一份关于中共情况的著名报告。这份题为《中共最近动态》的报告由三部分组成,甲部题为《卅二年七月至十月,中共发动政治攻势之原因、经过及其将来演变之推测》,乙部题为《中共内部之解剖》,丙部题为《建议》。从政治态度上看,这份报告当然是出自国民党反共的立场和维护国民党统治的目的,对中国共产党及其领导下的解放区和人民军队作了诸多丑化;但就其内容言,这份报告又确实讲出了一些当时国民党官僚们或没有想到或不敢直言的话,尖锐地指出中共有能力夺取全国政权,国民党如此下去必将败于共产党。

在这份报告中,徐复观以自己对延安的观察为切入点,对中共的现状进行了全面分析,认为决定国共两党未来胜负及其前途的关键,在于它们各自的社会基础与组织特点,而不是根据目前双方的军事力量所能判定的。他指出:"中共之秘诀,在于以农民党员为发展组织之对象,故其组织能深入于社会里层。党之组织深入于社会里层以后,第一步先以各种方式变社会为绝对之战斗体,由此战斗体中以产生军队,发展军队,于是军队遂能与社会结为一体。我方则因党未能在广大之社会生根,故政治亦不易在社会生根,因之军事力量亦无法在社会生根,而浮出于社会之上。是故在其选定之时间内向我攻击,则如潜水艇之攻击武装商船;在其控制之空间内以行防御,则能深藏于九地之下。此其原因,不能仅求之于军队之本身,而必须追索其泉源于党之组织方向,及党政工作目标之单纯一致。"[①] 他由此提醒国民党高层政界:"仅由中共军队之本身以推断其武力,则不能了解数年以来得失胜败之真正原因,且影响于将来解决问题者甚大。"[②]

针对国民党业已暴露出的危机,徐复观在报告中大胆地提出了一

---

① 徐复观:《中共最近动态》,载《徐复观杂文补编》第5册,台湾"中央研究院"中国文哲研究所筹备处2001年版,第24—25页。

② 徐复观:《中共最近动态》,载《徐复观杂文补编》第5册,台湾"中央研究院"中国文哲研究所筹备处2001年版,第24页。

系列建议。他力主对国民党实行根本性改造,以改变国民党的空虚无力状况,提出:"本党今后组织之方向,必须为书生与农民之结合,以书生党员领导农民党员。于是党之组织乃能深入农村,党部乃有事可做。农村与都市乃能成为一体,智力乃能与体力冶为一炉。可不谈民众运动,而民众自能与政府相呼应,以形成国防、经济、文化一元化之实体。在此实体之上,可以战斗,可以民主。此一发现,虽至浅至近,然党团复兴之路不外乎此。"① 他建议在农村实行土地制度改革,以解决中国严重的土地问题,指出:"今日必承认社会确有各种各式之土劣存在。而土劣之根源,在于土地制度之不合理。任何政策法令必须以大力摧毁土劣之包围,以直达于平民,并切实推行土地政策,解决土地问题,乃能立政府之威信,增行政之效能,造成社会之真正力量。凡今日欲利用所谓士绅以推行政令法令者,若非对社会之认识不清,即系含有不可告人之隐之人也。"② 他还呼吁执政党下大气力整顿社会风气,以收拾已近于崩解的社会人心,认为:"抗战以来,社会风气之坏,社会现象之危险,至今日而已极。此安可不明定政治行动之社会方向,用大力以赴之,以为正本清源之计乎?"③ 这些话都是徐复观多年以来反复思考而又无处表达的,撰写这份报告则为他提供了一个讲真话的难得机遇;他于是在这份报告中,将所想要讲的话干脆一一道出,以警醒国民党高层政治圈的人们。

徐复观的报告果真发生了石破天惊之效,引起了蒋介石的高度重视。蒋介石对这份报告作了认真的阅读和仔细的圈点,并作为秘密文件下发,在国民党高层内传阅。这份文件的《序言》称:"此乃本党某同志对中共情形实地考查所得之结论。某同志一面为三民主义之忠实信

---

① 徐复观:《中共最近动态》,载《徐复观杂文补编》第 5 册,台湾"中央研究院"中国文哲研究所筹备处 2001 年版,第 37 页。
② 徐复观:《中共最近动态》,载《徐复观杂文补编》第 5 册,台湾"中央研究院"中国文哲研究所筹备处 2001 年版,第 39 页。
③ 徐复观:《中共最近动态》,载《徐复观杂文补编》第 5 册,台湾"中央研究院"中国文哲研究所筹备处 2001 年版,第 39 页。

徒,一面对党派问题,素无成见;故其所得结论,较客观而深刻。其建议部分,亦颇有独到之处,可发人深省,故特为印发,供本党负责同志之阅读研究。其中所加之圈点,皆寓有深意。深望因此而能有所启发奋勉也。"① 这就使得原本只是一个军中高级参谋的徐复观,在国民党高层政治圈中产生了最初的影响。

徐复观的这份报告是怎样写出来的?是怎样引起国民党最高层注意的?对此有过不同的说法,而徐复观自己则是这样说的:"我从延安回来后,和康兆民先生吵了一架,住在陶子钦先生所开的南方印书馆,等开往巴东的船。在等船期间,和友人聊天,认为中共志在夺取全面政权;而且就国民党的情形看,是抵挡不住的。陶先生劝我把这种观点向何总长(即何应钦——引者注)报告。我因与何总长无任何关系,恐怕见不到他,陶劝我:'横直没有事情,不妨去挂个号。'大概上午挂号,何先生下午三时约见,谈了将近一点钟。谈完后,何先生问我还去不去延安?我说预定回鄂东。他问回鄂东做什么,我说'种田'。他很惊讶的说:'不要离开重庆。'到了下午六时左右,接到曾家岩侍从室委员长约见的通知。大概是何先生向蒋公提到的。到侍从室后,先在一间小客厅里等待,里面挂有章士钊送给蒋公的条幅,上面写着'指挥能事回天地,训练强兵动鬼神'的两句杜诗。一位年轻的武官进来引我晋谒,并特别提醒我:'委员长非常忙,徐高参的报告不要超过五分钟。'由小客厅走进一间很宽大的客厅,蒋公已站在对过的一边,我走过去时,连声说'请坐''请坐',开始了彼此间的问答。我尽可能的控制自己的话,说四五分钟便停下来,蒋公总是要我继续讲,大概讲了三十多分钟。临走时,他要我把所讲的写成书面报告。"② 由此可见,徐复观从延安回到重庆后,最初只是进行口头汇报,并无写书面报告的打算。正是他的

---

① 《〈中共最近动态〉序言》,载《徐复观杂文补编》第5册,台湾"中央研究院"中国文哲研究所筹备处2001年版,第1页。这个序言的作者,仅署为"编者",没有具体的署名人。

② 徐复观:《末光碎影》,载《徐复观杂文续集》,时报文化出版事业有限公司1981年版,第342—343页。

口头汇报，很快引起了国民党最高层的重视，以致蒋介石亲自接见，作出指示，责成他写出书面报告。

据徐复观的回忆，从面受蒋介石的指示到写出书面报告，其间还有一番曲折。他接着上面的话说："但我只把这当作一件偶然的事，并没改变我'有船便走'的决心，根本不想写报告。过了两天，大概快到晚上十点了，又接到通知，立刻约见。我到曾家岩时快十一点了，以为陕北有什么紧急情况。但见面后，蒋公很安闲地只问我家庭情形，并说'生活大概相当苦'，我赶快说'生活得不错'，又歉然地说'报告还没有写好'。他连声说'没有关系'，接着从茶几的中格拿出铅笔和便条，写上'送徐参谋复观叁千元'字样。我这个乡下人，怎样也不肯接受，他塞在我的军服口袋里，再加一句'不要离开重庆'。回到印书馆后和朋友研究，送点钱给我，随时都可以，为什么忙在夜晚呢？到了第三天从报纸上才知道，约见我的第二天早上，他坐飞机赴开罗开四巨头会议。我心里想，当他出发参加这样重要的国际会议的前夕，还记得有一个默默无闻的军人，应给以安慰、留住，这不是一个寻常人所能做到的。于是我才决心留下，才决心写报告。"[①] 徐复观的这段话，记述了他与蒋介石之间的交往细节，对于了解徐复观与蒋介石的关系确实是很有价值的史料。

徐复观由此受到蒋介石的器重和提拔，开始作为蒋介石的高级幕僚参与国民党高层机要工作，先后担任联合秘书处秘书长随从秘书、侍从室第六组副组长、总裁随从秘书等职。晚年的徐复观，曾在回忆文章中简略而清楚地谈到在这些机要部门的任职情况，使人们能对这些充满神秘色彩的部门和徐复观所担任的带有神秘色彩的工作有所了解。

徐复观在谈到担任联合秘书处秘书长随从秘书一职时说："此时因为参加萧作霖所办的《经纬》杂志座谈会，已认识当时担任侍从室第六组组长的唐乃建先生。他派人送来委员长调我到侍从室第六组办公

[①] 徐复观：《末光碎影》，载《徐复观杂文续集》，时报文化出版事业有限公司1981年版，第343页。

的手令（我当时的名义是军委会的少将高级参谋），何先生（即何应钦——引者注）也送来调我到总长办公室办公的手令。我是道道地地的乡下人，感到一下子进侍从室恐怕适应不了，便接受何先生的手令，去了以后才知道是在由阮肇昌先生当秘书长的联合秘书处办公。里面的秘书，都是由各机关首长派来的，一共有十多位。何先生并指定我为秘书长的随从秘书，一切重要公文，由我亲送呈阅并亲自取还。我此时才知道有军统局、中统局等机构。"① 徐复观所说的这个联合秘书处，所涉及的"各机关"应包括军统局、中统局在内。而这里的一切重要公文都由徐复观这位陆军少将亲送亲取，其重要程度及保密级别皆可想而知了。这是徐复观参与机要的开始。

徐复观在谈到就任侍从室第六组副组长一职时说："何先生调陆军总司令，驻节昆明后，经过了一些曲折，我才向唐乃建先生提出愿到他的第六组办公。第六组的业务是集中各方面的情报，及各方面呈给委员长的意见书，选择何者值得呈阅，何者不值得呈阅；值得呈阅的加以摘要，有时附加意见，呈给委员长看的。后来又把贪污的案件，也交由这里经手。可以说这是委员长的耳目之所寄。"② 又说："六组是一切情报及建议的集中之地，分析情报呈给委员长看，当然是重要工作之一。……我喜欢把问题、处理问题的原则及所要达到的目的和实现的步骤及责任的担当与配合等，事先想透彻，按照日本军人作战计划的形式，提要勾画地写了出来，使大家能一目了然，以避免瞎抓、胡混、委过、争权之弊。当时有位同事先生讥笑我是'计划专家'，乃建兄也不大赞成我的构想。因为他是谨慎平实、'思不出其位'的性格。有一次他接受了我思出其位的意见，即是共军王政（或王震）突然从鄂东偷渡长江，争夺鄂南的控制权。我说，这应采取'巧迟不如拙速'的战术，不如由我们

---

① 徐复观：《末光碎影》，载《徐复观杂文续集》，时报文化出版事业有限公司1981年版，第344页。

② 徐复观：《末光碎影》，载《徐复观杂文续集》，时报文化出版事业有限公司1981年版，第344页。

第二章　来自鄂东泥土地的现代新儒学大师（中）

直接指挥王陵基来应付，不让王站住脚。他报告蒋公后，遂由六组以蒋公名义发号施令，又把共军逐回鄂东去了。这本是军令部或侍从室第一处作战组的工作，我们拿来做了。"① 徐复观的《中共最近动态》报告写好后，也是通过唐纵直接送呈蒋介石的。对于这一过程，徐复观曾专门提到："我写的报告书，是经唐乃建先生的手，才呈到蒋公，而得到蒋公非常重视的。"② 从徐复观的这些回忆中，可以了解侍从室第六组的重要性以及他当年工作的主要内容。在侍从室的六个组中，前五个组分属第一处和第二处，由两位处长分别领导；而第六组地位特别，设在这两个处之外，由组长唐纵直接对蒋介石负责（也有知情者说第六组名义上属于第二处，受第一处和第二处的双重领导）；在某些特殊情况下，蒋介石可以授权第六组，以其名义直接指挥作战。曾在侍从室第六组工作过的张令澳在《侍从室回梦录》一书中回忆说："侍从室第六组，是蒋介石综核一切特工组织搞情报工作的一个组，组长为唐纵，乃军统三大金刚之一，其他两人为戴笠和郑介民。"③ 又说："在下级事务人员方面，第八组几乎充满了军统出身的特务。他们担任收发、文书、缮写、绘图等工作，由唐纵要求戴笠慎重挑选，报请侍从室两处主任加以任用。他们受过严格的训练，平日埋首工作，言语不多，重视保密。唐纵对这些事务人员极严。白天准时上下班，晚上还要上夜班，有事外出须请假，限制其社会活动。"④ 他的这些回忆，可以与徐复观的回忆相印证相补充。由此可见，徐复观不仅参与了机要，而且由此走上了一个极为特殊的工作岗位。以后有人把徐复观视为"国民党特务"，也就由此而来。

徐复观进入侍从室第六组后，得以参加委员长官邸会报。这个每周一次的会议由蒋介石亲自主持，级别甚高，侍从室中只有两位处长参

---

① 徐复观：《悼念唐乃建兄》，载《徐复观最后杂文集》，时报文化出版事业有限公司1984年版，第333页。
② 徐复观：《末光碎影》，载《徐复观杂文续集》，时报文化出版事业有限公司1981年版，第344页。
③ 张令澳：《侍从室回梦录》，上海书店出版社1998年版，第11页。
④ 张令澳：《侍从室回梦录》，上海书店出版社1998年版，第279页。

加，徐复观的参加则属一个例外。他对此有过较细致的回忆："我到六组后不久，奉到指示，每周参加一次中午的官邸会报，实际是中午陪着蒋公吃一次午餐，有什么事情，由蒋公提出，征求参加者的意见。当时参加者有吴铁城、张治中、王世杰、张厉生、李惟果（当时宣传部长）、董显光（国际宣传处长）诸位先生。侍从室第一处处长林蔚文先生（后来钱大钧）有时参加有时不参加；第二处处长陈布雷先生一定参加。此外便只有我。大家对蒋公所提出的问题，常仅以一两句话表示意见，最后由蒋公作结论。当时对美国的关系已经不愉快。有次董显光先生说：'美国说民主只是表面的，实际他只重视实力。所以对他责备我们不民主，可以置之不理。'因为这次董先生把自己的意见说得较完整，所以我一直留下很清楚的印象。在这种场合，我有时不知天高地厚的也讲点话。"① 对于自己为何能够参加这个最高层的核心会议，徐复观在晚年也有思考。他说："现在回想起来，蒋公之所以要我参加这种场面，可能是出于对一个乡下人的培植，让我能见些世面。西汉光禄勋下面的几千'郎'里面有一种地位低微的'议郎'，有时可以参与朝廷大政的议论，难说蒋公也把我当'议郎'看待吗？可惜我'非其人也'。"②

对于任总裁随从秘书一职，以及由此与蒋介石建立的更为密切的关系，徐复观也有过说明："国民党六次代表大会，蒋公手令我充当'总裁随从秘书'，每日随同出席，并提出意见，这是给我讲话的机会，但布雷先生随即补充了两位，等于对我讲话的一种约束。在这次代表大会中，国民党的弱点乃至危机完全暴露了出来，所以会后我还是单独提出了一个字数相当长的报告，在报告中又提出民主问题、农民问题。蒋公看时依然加点加圈加批，决不曾拒绝我的意见。在我心目中，蒋公接受意见的量与识，国民党高阶层中，没有一人能赶得上。我参与蒋

---

① 徐复观：《末光碎影》，载《徐复观杂文续集》，时报文化出版事业有限公司1981年版，第344—345页。

② 徐复观：《末光碎影》，载《徐复观杂文续集》，时报文化出版事业有限公司1981年版，第345页。

公的末光，极为程颂云、陈辞修（即程潜、陈诚——引者注）两位先生所不喜。程代何先生为参谋总长，有次在蒋公面前阻止我发言；陈辞修先生则当蒋公面前给钉子我碰；在南京时，常在许多人面前骂我（当时宪兵司令张敬夫先生曾告诉我）。但蒋公从未因此对我疏远。"[1] 从担任总裁随从秘书一职看，徐复观已成为蒋介石十分信任和重用的高级幕僚。对于蒋介石的知遇之恩，徐复观是十分清楚而终身未忘的。他在蒋介石逝世后回忆说："自后以军委会高级参谋的身份由参谋总长办公室调到侍从室，并经常参加所谓'官邸会报'，一直到民国三十七年（即1948年——引者注）十月为止，我应当算是地位不高，却得到相当信任的幕僚之一。"[2]

在当时国民党高层中，徐复观最有意见的就是陈诚。在徐复观看来，陈诚当时负责军事全局的指挥，但却不会同共产党打仗，因而导致了国民党军队的战略性失败。他在晚年曾多次谈到此事，回忆当年向蒋介石报告陈诚军事指挥失误的经过。最初汇报时，蒋介石很不高兴。徐复观回忆说："蒋公听后，脸上变了颜色，并用手抹脸，这是要发脾气的表情，我便马上站起来走了。过了一两个月，我又留下不走，向蒋公说：'因为总裁不高兴，上次的话没有讲完，但我依然要讲下去。'"这次蒋介石的态度有了变化，愿意听取徐复观的汇报，想了解问题所在。徐复观说，陈诚是参谋总长，决定全般军事战略部署，决定的根据是来自敌情判断。他说三个月要把共军剿平，就要根据三个月来作部署；又说六个月要把共军剿平，就要根据六个月作部署。现时证明他的判断完全错误了，由此可以了解他的部署必然犯了全般的错误，以致不断受到意外的损失。徐复观回忆说："蒋公听后一言不发。当派辞修先生到东北去当长官时，我了解他总要以第一自居的个性，必然要求增加兵力，

---

[1] 徐复观：《末光碎影》，载《徐复观杂文续集》，时报文化出版事业有限公司1981年版，第346页。

[2] 徐复观：《对蒋总统的悲怀》，载《无惭尺布裹头归·交往集》，九州出版社2014年版，第212页。

以趋赴事功。但当时东北问题，已有国际的复杂性在里面，不是我们单独的力量所能解决的。曾向蒋公提出修改战略，以巩固华北的目的守东北，缩短战线，先集中力量打通津浦、平汉两路，抑制向东北增兵的请求，以免扯垮山东的战局。结果范汉杰们调走了，胶济路的局势很快便逆转。最不幸的是陈先生破坏了何先生返国后提出的与白崇禧合作的计划，又增加桂系与中央的裂痕。平心而论，陈先生到台湾后以能用尹仲容而有功，但在大陆则绝对负有过早崩溃的重大责任。"①

以上诸事表明，徐复观在1943年后已逐渐成为国民党高层政治圈中有一定影响的人物。在这里之所以大量引录徐复观的有关回忆，除了借此说明他所经历的传奇性政治生涯外，还在于想表明这些回忆所具有的史料价值。这些具有史料价值的回忆，似乎还未引起有关历史学者的重视，故在这里作一提示。

成为蒋介石的高级幕僚后，徐复观的思想发生了很大变化。他放弃了原来的对马克思主义的兴趣，而形成了"由救国民党来救中国"② 的构想，试图"把当时庞大而渐趋空虚老大的国民党，改造成为一个以自耕农为基础的民主政党"③。对于这个"救国民党"的构想，他作过进一步的说明："民国三十二年（即1943年——引者注）起，由偶然的机会，经常能与奉化蒋公接近，以与从前完全不同的动机，激起我改革国民党的热望。我认为国民党早变成为由传统知识分子所集结的一个在社会不生根的党；虽然其中许多是好人，但很难发现真为实现三民主义而肯作无私的努力的人。这在与中共斗争中，决不是中共的敌手。我曾在何敬之（即何应钦——引者注）先生左右待了一年，发现他的态度很宽和，但性格却非常保守。蒋公与何先生，是两种不同的形态。当我以

---

① 见徐复观：《末光碎影》，载《徐复观杂文续集》，时报文化出版事业有限公司1981年版，第346—347页。

② 徐复观：《我的读书生活》，载《徐复观文录选粹》，台湾学生书局1980年版，第314页。

③ 徐复观：《文录自序》，载《徐复观文录选粹》，台湾学生书局1980年版，序第1页。

一个无名小卒,向他陈述党政危机及中共有能力夺取整个政权时,似乎都能给他以深刻的印象。于是我几次向他进言,希望把国民党能改造成为代表自耕农及工人利益的党,实行土地改革,把集中在地主手上的土地,转到佃农贫农手上,建立以勤劳大众为主体的民主政党。每在口头或书面上向他提出一次,他未尝不为之掀动一次。这是使我重燃起过去积累的看法,想以蒋公为中心,创发新的建国力量的原因。当时只作原则性的陈述,但脑筋中也不断构想大规模使国民党脱胎换骨的方案;只因蒋公不曾进一步向我提出这一问题,便停顿在初步陈述意见的阶段。"① 又说:"卅三年(即1944年——引者注)曾写《国民党之改造》一文,强调智识分子与农工结合,一以矫向农工学习之诈,一以去虚浮游惰之根。"② 还说:"六组是一切情报及建议的集中之地,分析情报呈给委员长看,当然是重要工作之一。但我认为这无关大局,一心一意的,想推动国民党的改革,并关联着解决土地问题、农民问题。而当时蒋公似亦有意于此,于是我不断提出意见。"③ 从这些回忆中,可以看出徐复观当年"救国民党"构想的基本内容。

徐复观在当时为国民党的改革具体做了哪些工作呢?从上述的回忆中,可以知道他曾多次向蒋介石提出农民问题、土地问题、民主问题和党的改造问题。但徐复观并未留下更为详尽的文字说明,也难以看到有关的档案记载,这就不免会使人怀疑徐复观回忆内容的真实性。只有在唐纵的日记经公安部档案馆整理出版后,才为了解徐复观当年的改革活动提供了直接的资料。唐纵的这些日记,本是为记录工作而写,从不示人,连自己的妻子都没有看过;不知为何原因,这些日记却未能由他带去台湾。在日记中,唐纵多次记录了他的同事徐复观的改革活动。

---

① 徐复观:《垃圾箱外》,载《徐复观杂文——忆往事》,时报文化出版事业有限公司1980年版,第36—37页。
② 黎汉基校注:《徐复观致唐君毅佚书六十六封(第2封信)》,载《无惭尺布裹头归·交往集》,九州出版社2014年版,第337页。
③ 徐复观:《悼念唐乃建兄》,载《徐复观最后杂文集》,时报文化出版事业有限公司1984年版,第333页。

在1945年12月25日的日记中,他写道:"下午党政会报,讨论张厉生所拟之中共检讨与对策。佛观提出土地问题,健群提出组织问题,张为力争所见独是。"① 在1946年1月22日的日记中,他写道:"政治革新草案,佛观认为分量太轻了,如此措施,恐尚不足以挽回将倾之颓势。"② 在1946年2月8日的日记中,他写道:"下午党政小组会议,为东北宣传问题,引起甚大之激辩,张道藩、谷正纲、徐佛观对现状抨击甚力!谓一切失败,均由于不民主,要求党、总裁给予民主!吴铁城无法控制,张厉生力排其非,强调苟非总裁之领导,安有今日之成就!"③ 唐纵日记中提到的"徐佛观"或"佛观",就是徐复观。他的名字由"佛观"改为"复观",是发生在1948年的事。从这些日记中可以清楚地看出,徐复观确实在国民党高层积极提倡国民党的改革,涉及了土地问题、民主问题、党的革新问题。唐纵的这些日记,是研究徐复观早年思想的一份难得的可靠资料。

然而,徐复观旨在挽救国民党的改革主张,在国民党高层并没有得到更多的响应,很多人都表示不理解他的主张。如在初见陈布雷时,陈布雷就针对徐复观的《中共最近动态》报告,谈了不同意见:"复观兄所谈的中共的作法和我们的弱点等等,我都能了解。只是谈到民生问题、农民问题,我不能了解。"④ 后来,徐复观终于明白了其中的奥妙,痛苦地回忆说:"时间稍久,我渐渐了解,此事牵涉太广,顾虑太多,而我的个性一向不重视局部的技术性的打补丁的工作。蒋公表现赞成而不肯下决心,这是形势及他所负的责任不能不使他更侧重到现实问题上面。

---

① 公安部档案馆编注:《在蒋介石身边八年——侍从室高级幕僚唐纵日记》,群众出版社1991年版,第567页。

② 公安部档案馆编注:《在蒋介石身边八年——侍从室高级幕僚唐纵日记》,群众出版社1991年版,第581页。

③ 公安部档案馆编注:《在蒋介石身边八年——侍从室高级幕僚唐纵日记》,群众出版社1991年版,第588页。

④ 引自徐复观:《末光碎影》,载《徐复观杂文续集》,时报文化出版事业有限公司1981年版,第344页。

抗战胜利，较我们预期为早的到来，面对的现实问题更多，而国民党员抑压了八年的人欲，更随胜利而横决出来，想维持重庆时期的一点战时精神也不可能，还谈什么改革。所以此后我便从未想到这个问题。"①

从 1926 年起，在以后 20 多年时间里，徐复观满怀救国救民的热情和革新社会的愿望，由一介书生投身时代激流，经历了其间许多重大政治事件，接触了当时许多重要政治人物，一次又一次试图施展他的远大抱负，然而，当他有机会接近最高政治权力圈的时候，也是他最感痛苦和最为失望的时候。他后来对这一段人生做过这样的总结。他说："民国三十二年，我因一偶然机会，由军令部派赴延安当连络参谋，在延安大概住了五个月，回到重庆后，我和当时负有较重要责任的人谈天，认为国民党若不改建为代表社会大众利益的党，共产党即会夺取整个政权；而对付共产党，决非如一般人所想象的，只是斗争的技术问题。当时听我这种话的人，都以为我是神经过敏，危言耸听，有一位先生还和我大吵一架。所以，我几次提出的改造计划，都不能发生半点影响。后来，我对政府实际的情况明了得渐多，知道这是当然的结果。因为在统治阶层占得太久了的人，决不相信从每一个人内心所发的精神状态，及不能完全用语言表达出来的民心，会有推动乃至改变社会的巨大力量；更不能了解只有先服从社会大众的意见，才能领导社会大众。尤其重要的，是以不合理的手段，取得了特权利益的人，每一改革都与他的特权发生冲突；他们宁愿只保持今天的特权，决不想到明天的死活。所以，自民国三十四年（即 1945 年——引者注）夏季以后，我再绝口不谈国民党的改良改造等问题了！"② 又说："自民国三十年（即 1941 年——引者注）起，对时代暴风雨的预感，一直压在我的精神上，简直吐不过气来。为了想抢救危机，几年来绞尽了我的心血。从三十三年到三十五

---

① 徐复观：《垃圾箱外》，载《徐复观杂文——忆往事》，时报文化出版事业有限公司 1980 年版，第 37 页。

② 徐复观：《在非常变局下中国知识分子的悲剧命运》，载《中国思想史论集》，台湾学生书局 1988 年版，第 273 页

年（即1944年到1946年——引者注），浮在表面上的党政军人物，我大体都看到了。老实说，我没有发现可以担当时代艰苦的人才，甚至不曾发现对国家社会真正有诚意、有愿心的人物。没有人才，一切都无从说起。"① 还说："三十四年的抗战胜利，我立刻感到自己愿望的幼稚与幻灭。但此时已驰心于当世之务，而无法自拔了。最痛苦的是，对国家的命运和自己的命运，早已经知道得清清楚楚。"② 像徐复观这样，有这种时代的痛苦感受者，在当时国民党高层政治圈中真可谓凤毛麟角。

这种劳而无功的"救国民党"的努力，徐复观的下属张令澳在《侍从室回梦录》一书中也有过回忆，并予以了明确的批判。他说："第六组还有一位高级参谋徐佛观，他曾以军令部的名义，长期派在延安，作为国民党与中共之间的联络参谋。此人专门研究中共问题。调回重庆后，蒋介石几次召见他，详细听取他汇报在延安情况，甚感兴趣。徐佛观写有一份对中共内部情况分析的报告，蒋认为'见解独到，分析透彻'，对这份报告反复阅读，并在精辟处，加了不少圈圈、点点和批语，予以赞赏。事后就派徐佛观进第六组，主持对中共问题的研究。唐纵对这个人也是另眼看待，颇为尊重。徐佛观早期留学日本，士官学校出身。入军令部后，专搞谍报，是个'反共老手'。他在第六组，花了很长时间，研究出一份叫做《战后战士授田法》方案。大意主张：一旦抗日战争结束，可将各地国民党部队士兵，分阶段通过训练，陆续'解甲归田'，每人授予一份土地作为退役后的生活之资，而令这些退役士兵，控制农村基层政权，防止共产党力量渗透到收复地区的农村。这个方案被认为有'一石两鸟'的妙用：既能对收复地区进行土地改革，抑制逃亡地主卷土重来，兼并土地；又能防止'共产党乘虚而入，搞阶级斗争'，使国民党在农村，有一支坚实的民兵武装对抗共产党势力的侵入而不必花费巨额军费，用心是很毒辣的。这个方案得到蒋介石的嘉奖，

---

① 徐复观：《我的教书生活》，载《徐复观文录选粹》，台湾学生书局1980年版，第304—305页。
② 徐复观：《文录自序》，载《徐复观文录选粹》，台湾学生书局1980年版，序第1页。

曾交付国民党的中常会反复讨论研究过，准备在战后实施。但是抗日战争结束后的形势发展，完全出乎国民党当局的意料，终于使这个方案流于'纸上谈兵'，成为空想。"① 张令澳的这一回忆与徐复观晚年所述可以相互印证，表明徐复观晚年所述的真实性。

值得注意的是，张令澳的《侍从室回梦录》一书，还对抗日战争时期侍从室的地理方位、周边环境、用房布置、警卫制度作了回忆。他说："1938年，在国民政府西迁时，当时的西南行辕主任兼四川省政府主席张群，几乎征用了重庆大大小小看得上眼的所有楼堂馆所。上清寺、国府路和曾家岩一带，原本是一些四川军阀修建的高级住宅区，后来就被征用为国民党中央党、政、军机关的办公地，而其中心就是'国民政府军事委员会委员长侍从室'所在地——德安里。这条小巷颇像上海的里弄格式，长约百余公尺。巷子的右边是行政院驻地，左边不远处是军委会战时新闻检查局，正面对着那时有名的教会学校——求精中学。小巷里的机关虽重要，但巷口却不置大门，也不挂官厅的牌子，偶尔·瞥，甚至连门卫也见不到。殊不知这里除侍从室外，委员长蒋介石的官邸也在其中，至于蒋究竟在哪座洋楼里办公，则更鲜有人知了。熟悉内情的人们知道，小巷一边的围墙里，稀稀落落地座落着五六幢两层洋楼，每幢洋楼之间都有庭院隔开。对面的围墙内侧是一片空地。空地的一边修有一排简易平房，当初大概是供洋楼主人的警卫人员及下人住的，而现在仍作为侍从室警卫人员的营房和操场，还设置了汽车库。为便于管理，侍从室总务组的办公室也设在那里。至于那些贴身卫士、便衣和侍卫官则住在洋楼的院子里。蒋介石的官邸深深地隐藏在德安里的弄底。这原来是张群在重庆的住宅。蒋来渝后，楼房内外修葺一新，用作蒋氏夫妇居住之所。"② 他还谈到了侍从室第六组的办公位置："蒋氏夫妇官邸外边的一处地方叫'尧庐'，原是川军将领许绍宗的家产。这里有两幢楼房，一幢是侍从室第一处主任的办公室兼住宅，另一

---

① 张令澳：《侍从室回梦录》，上海书店出版社1998年版，第278—279页。
② 张令澳：《侍从室回梦录》，上海书店出版社1998年版，第3—4页。

幢楼下是第一处的第二组，楼上则是第二处的第六组。后来毛庆祥的机要组成立，又在院内北侧盖了一排平房，用作办公室和职员宿舍。紧贴'尧庐'的另有一个较大院落也有几栋房屋，主要的一栋中西合璧的古典式建筑，即是第四组的办公处；进门有一排平房，则是侍卫官宿舍和警卫组及侍卫长办公室。此外，医务室和理发室等也设在这个院内侧面的平房里。以上这几个组是处理蒋介石各类重要公务的幕僚机构，所以就安排在蒋身边的德安里。"① 对于这些要害部门的警卫制度，他也作了描述："德安里侍从室的门岗不在巷口，而设在离路口十几米远的隐蔽处。在围墙两侧，面对面站着两个身穿军装、全副武装的卫兵。岗哨前面，有一小土岗。上坡几步路，还有一间用作收发室和会客室的小屋，边上才是侍从室大门。外面的人因公要进去，需先在收发室填写会客单，而后由值班员用电话同里面联系并得许可后，方能由当事人亲自到门房接来人进内。办事毕，再亲自送出来。而一般职员因私会客，则只能在会客室里谈话，绝不能随意进去。那时一般的政府机关人员都佩有标明所在院、部的证章，一眼望去便可知道他们服务的单位。而侍从室职员佩戴的证章则不标明单位，仅在上面有一个特殊标记，且经常更换。有时是一圆形的青天白日图案，有时是三角形的鹰徽等等。上校以上的官员与一般职员的证章又有区别，因为他们的职别属保密范围，所以只有特工、宪兵和警察中的部分人，才能识别出他们的身份。"② 这些侍从室具体情况的描述，在徐复观著述中没有讲过，在唐纵日记中也无记载，一般人更无从知晓，因此引录在这里，使今天的人们能够对徐复观当年的工作性质和工作环境有一个具体的了解。

四、师从熊十力，认同现代新儒学

1943年，对徐复观的生命历程来说是具有转折意义的一年。这一

---

① 张令澳：《侍从室回梦录》，上海书店出版社1998年版，第4—5页。
② 张令澳：《侍从室回梦录》，上海书店出版社1998年版，第5页。

年，他不仅受到蒋介石的赏识，在仕途上得以顺达，由此走上中国政治舞台；而且结识并师从现代新儒学大师熊十力，在学问上得到名师的指点，由此窥见走向中国思想舞台的门径。

熊十力，字子真，出身湖北黄冈的农家，幼年家境贫寒，勤学自奋；青年时代从事反清革命，曾加入湖北新军，组织秘密社团，并参加日知会的活动，因受到清廷的追捕而四处逃亡；辛亥革命时出任湖北都督府参议，以后又追随孙中山参加护法之役；由于痛感当时政治的腐败，终于脱离政界，转而从事学术研究和理论著述。他应蔡元培校长之聘，任教北京大学哲学系，主讲自创的现代新儒学哲学体系"新唯识论"，产生很大影响，由此开启以重建形上儒学为哲学内核的现代新儒学思潮。抗日战争时期，他流亡四川，讲学于马浮主持的复性书院和梁漱溟主持的勉仁书院。这时的熊十力已是名重一时的现代新儒学代表人物，他的代表作《新唯识论》文言文本早已行世，《新唯识论》语体文本上卷和中卷也已刊行，"新唯识论"哲学体系建构已经大体完成。徐复观后来曾说过："中国当代有四大儒者，代表着中国传统文化的'活地精神'。一是熊十力先生。一是马浮先生。一是梁漱溟先生。一是张君劢先生。熊先生规模阔大。马先生义理精纯。梁先生践履笃实。张先生则颇为其党所累，然他将儒家之政治思想，落实于近代宪法政治之上，其功为不可没。"[1] 而此时，熊十力、马浮、梁漱溟正于流亡中在重庆交集，徐复观就是在位于重庆北碚的勉仁书院拜见熊十力的。

徐复观对熊十力产生钦佩之心和师从之意，是在他读了《新唯识论》语体文本上卷之后。据徐复观的回忆，他原来只是拿着《新唯识论》随便翻翻，但随即为该书构思之精、用词之严、辩证之详审、文章之雄健所吸引，促使他进一步了解熊十力其人其学。当徐复观得知熊十力正住在勉仁书院时，便试着写了一封表示仰慕的信寄给熊十力。不几天，他就收到熊十力的回信，这是熊十力写给他的第一封信。徐复观对

---

[1] 徐复观：《如何读马浮先生的书？》，载《徐复观文集》修订本第2卷，湖北人民出版社2009年版，第262页。

这封信十分重视，从书写到内容都有过具体的回忆。他说，熊十力的来信"粗纸浓墨，旁边加上红黑两色的圈点，说完收到我的信后，接着是'子有志于学乎，学者所以学为人也'两句，开陈了一番治学做人的道理。再说到后生对于前辈，应当有的礼貌，责我文字潦草，诚敬之意不足，要我特别注意"①。《熊十力全集》第8卷收录了这封信，但只有后半部分，前面的部分已经佚失。保存下来的信文是："来函于尊姓写得不可认，是'徐'字否？大名似是'佛观'二字。写字固不妨草，然过草亦不必也。古人对老辈或素未面者通书，字与词皆甚谨。清末以来，此意渐废，至民国而益不堪。吾少时革命，极慕脱略。三十左右渐悟其非，久之而益自厌矣。默观时会，士人操行能严谨者较好；放纵者每至失其所以为人，此可戒也。贤者吾同县耶？抑同省耶？再函望见告。为学须具真实心。真实心者何？即切实做人之一念，恒存而不敢放也。《诗》曰：'夙兴夜寐，毋忝尔所生。'心不存时，最好诵此，庶几惭愧中发，而有以自警矣！吾老来，念平生所见老辈及平辈、后辈，甚至后后辈，有聪明可望于学问或事业有所就者，未尝无之。然而卒无成，其故为何？即根本无做人之一念耳。无真实心，便无真实力。无真实力，而可以成人，可以为学立事者，古今未尝有也！富贵可苟取也，浮名可苟取也，人生而为人矣，奚可如是了此生耶！"②徐复观后来说："这封信所给我的启发与感动，超过了《新唯识论》。因为句句坚实凝重，在率直的语气中，含有磁性的吸引力。当然我立刻去信道歉，并说明我一向不能写楷字的情形。"③ 经过几次书信往来后，熊十力约徐复观前来勉仁书院相见。

从徐复观的回忆看，他与熊十力的初次交谈似乎并不愉快。当时，

---

① 徐复观：《有关熊十力先生的片鳞只爪》，载《徐复观文录选粹》，台湾学生书局1980年版，第345页。
② 熊十力：《答徐复观（一九四三年七月五日）》，载《熊十力全集》第8卷，湖北教育出版社2001年版，第457页。
③ 徐复观：《有关熊十力先生的片鳞只爪》，载《徐复观文录选粹》，台湾学生书局1980年版，第345页。

徐复观向熊十力请教该读点什么书。熊十力推荐读王夫之的名著《读通鉴论》。《读通鉴论》是王夫之的重要历史哲学著作，以解读《资治通鉴》的形式阐发了他的历史观。王夫之是熊十力最为推崇的哲学家之一，而抗战岁月又极易使人联想到王夫之所处的明清之际的历史大变局以及他在大变局中对中国历史运动的反思，因而《读通鉴论》也理所当然地受到熊十力的重视。然而，徐复观对熊十力的指点不以为然，说《读通鉴论》自己早已读过了。熊十力听后，以不高兴的神气说："你并没有读懂，应当再读。"过了一段时间，徐复观又去见熊十力，报告《读通鉴论》已经再次读完。熊十力要他讲一讲读书的心得，徐复观于是接二连三地谈了许多对王夫之的批评，熊十力没有听完徐复观的批评，就怒斥道："你这个东西，怎么会读得进书！任何书的内容，都是有好的地方，也有坏的地方。你为什么不先看出他的好的地方，却专门去挑坏的；这样读书，就是读了百部千部，你会受到书的什么益处？读书是要先看出他的好处，再批评他的坏处，这才像吃东西一样，经过消化而摄取了营养。譬如《读通鉴论》，某一段该是多么有意义，又如某一段理解是如何深刻，你记得吗？你懂得吗？你这样读书，真太没有出息！"[①] 熊十力的这一番痛快淋漓的训斥，使身居高位、内心自傲的徐复观狼狈不堪，也由此而大彻大悟，开始明白了如何才算得上是读书做学问。他后来回忆说："这一骂，骂得我这个陆军少将目瞪口呆，脑筋里乱转着：原来这位先生骂人骂得这样凶！原来他读书读得这样熟！原来读书是要先读出每一部的意义！这对于我是起死回生的一骂。恐怕对于一切聪明自负，但并没有走进学问之门的青年人、中年人、老年人，都是起死回生的一骂！近年来，我每遇见觉得没有什么书值得去读的人，便知道一定是以小聪明耽误一生的人。"[②] 这真是刻骨铭心的深切感受！

[①] 徐复观：《我的读书生活》，载《徐复观文录选粹》，台湾学生书局1980年版，第315页。

[②] 徐复观：《我的读书生活》，载《徐复观文录选粹》，台湾学生书局1980年版，第315页。

经过熊十力"起死回生的一骂"之后,徐复观终于摸索到了治学的门径,两人间的师生关系也日渐密切。以后徐复观与熊十力在一起探讨学术问题时,熊十力总是环绕一个个问题,引导徐复观通过层层分析,去把握问题的实质,得出最后的结论。这种引导式的探讨,本质上是一种哲学探讨,旨在培养徐复观的哲学思维方式,以及对问题的分析、归纳和把握能力,对于徐复观的启发甚大。他说:"受到他老先生不断的锤炼,才逐渐使我从个人的浮浅中挣扎出来,也不让自己被浮浅的风气淹没下去,慢慢感到精神上总要追求一个什么。为了要追求一个什么而打开书本子,这和漫无目标的读书,在效果上便完全是两样。"[1] 今天细读徐复观的研究著述,确能真切感受到熊十力的这种治学态度和方法对徐复观所产生的深刻影响。

除了见面交流外,师徒二人常有书信往来。在《熊十力全集》中,收存了熊十力给徐复观的书信 40 余封。这些书信大多是写给徐复观的,还有一些是写给徐复观与他人同启的。其中有两封论学书简在 20 世纪 40 年代后期公开发表:一封以《答徐复观》为题,收入熊十力著《十力语要初续》一书,该书于香港东升印务局 1949 年出版;另一封以《论事物之理与天理答徐佛观》为题,刊于徐复观所办《学原》杂志,又改题为《答徐见心》收入《十力语要初续》。其余书信,都未在两人生前发表,后收入《熊十力全集》第 8 卷第二部分《作者生前未发表过的书札文稿》中,按书信写作时间顺序编排。这些书信内容丰富,既有熊十力对时局变化的忧虑,又有熊十力对生活态度的阐发,还有熊十力对"新唯识论"思想的说明,而以论学书简居多。在论学书简中,熊十力着重向徐复观作阐发者,是"新唯识论"的心学路向与思想方法。

在心学路向上,熊十力针对徐复观当时对"新唯识论"存在的困惑,着重阐明了"心""理""物"的关系。他说:"前儒言天理,谓本心也。此主乎吾身之心,即是万物之本体,非可截成二界也。……本心

---

[1] 徐复观:《我的读书生活》,载《徐复观文录选粹》,台湾学生书局 1980 年版,第 316 页。

发用，无有私好，无有私恶。此时之心，应事接物，无往不是天理流行，心、物本非二界对立。《新论》（即《新唯识论》——引者注）谈此义甚明。心是天理流行，即物是天理流行。……彼或滞于常识，以为科学上事物之理与天理不相涉。殊不知天理周行而不殆，就其主乎吾身而言，则心即理也；就其显为万事万物而言，则物即理也。……是故心、物同于理。不可以心、物为二，不可说事物之理外于天理而别有在。"① 在这里，熊十力从"本心"出发，强调"心"与"理"不二、"心"与"物"不二，通过"心即理"和"物即理"，把"心""理""物"三者统一起来了。因此，他进而对中国哲学诸大家的主要观念进行了概括，并以"新唯识论"的主要观念与之进行比较，得出结论说："孔子之仁，程朱之天理，象山之本心，阳明之良知，实是一物而异其名耳。《新论》之性智，亦此物也。此个根荄，千圣同寻到。但不无见仁见智见浅见深之殊，则由各人入手工夫不同，此中有千言万语说不尽者，只可与知者共会，难为不知者谈也。"② 在这里，熊十力实强调自己所延续的心学路向，正是孔子所开启的儒学发展的主流。

在思想方法上，熊十力针对徐复观在来信中谈到时人对于熊十力哲学思想的不理解，着重阐发了自己与西洋哲学在方法论上的重大区别，指出："西洋思想来源，一为希腊思想，一为希伯来宗教思想。其来自希腊者在哲学方面，为理智之向外追求；其来自宗教者，为情感上有超越万有之神之信仰。余平生之学，参稽二氏（佛与道）而卒归吾儒，体用不二之旨，实融天人而一之（须深究吾《新论》）。此与宗教固截然殊途，以视西洋哲学专从思辨入手者，又迥乎不同。恃思辨者，以逻辑谨严胜，而不知穷理入深处，须休止思辨而默然体认，直至心与理为一，则非逻辑所施也。恃思辨者，总构成许多概念，而体认之极

---

① 熊十力：《论事物之理与天理答徐佛观》，载《熊十力全集》第8卷，湖北教育出版社2001年版，第353—356页。

② 熊十力：《论事物之理与天理答徐佛观》，载《熊十力全集》第8卷，湖北教育出版社2001年版，第354—355页。

诣，则所思与能思俱泯，炯然大明，荡然无相，则概念涤除已尽也（概念即有相）。余之学，以思辨始，以体认终。学不极于体认，毕竟与真理隔绝；学不证真而持论，总未免戏论。纯凭知解构画，何可与真理相应？"① 在熊十力看来，他的哲学思想就方法言，固然不同于主张信仰神的宗教，但也不同于强调思辨的西方哲学，而是始于思辨、终于体认，以把握本体、获得真理。

通过书信交流，熊十力更深入地阐发了自己哲学思想的要点，这些内容对徐复观产生了很大影响。后来徐复观论中国文化与西方文化的不同，论中国的形而上学与西方的形而上学的区分，论心学的形而上学与理学的形而上学的选择，论中国的文化是"心的文化"，实都可以在熊十力的哲学思想中找到来源。对于熊十力的这种独特的论学方式及其效果与成就，徐复观曾作过很高评价，将熊十力和马浮引为当代以书札论学的典范，指出："以书札论文论学，是中国学人的传统。然若非所积者至深至厚，触机便得，则多为门面肤泛之谈。以书札论文者殆无过于韩昌黎、姚惜抱。以书札论学者殆无过于朱元晦、陆象山。今日尚保持此种传统，而文字之美，内容之富，可上比朱元晦、陆象山诸大儒而毫无愧色者，仅有熊先生的《十力语要》及马先生的《尔雅台答问》。盖《语要》《答问》，虽非系统的著作，但熊、马两先生皆本其圆融地思想系统，针对问者作具体而深切地指点提撕，其中无一句门面话、夹杂话及敷衍应酬话，可以说真是'月印万川'的人格与思想的表现，对读者最为亲切而富有启发的意味。"② 徐复观的这一评价，实际上包含了他自己从熊十力的这些来信中所受到的教益和所获得的感悟。

而更令徐复观为之感动的，则是熊十力在抗战期间所表现出的民族意识；而这种强烈的民族意识，正是来源于他的中国文化意识。徐复

---

① 熊十力：《十力语要初续·答徐复观》，载《熊十力全集》第5卷，湖北教育出版社2001年版，第57—58页。

② 徐复观：《如何读马浮先生的书？》，载《徐复观文集》修订本第2卷，湖北人民出版社2009年版，第262页。

观晚年回忆说:"先生(即熊十力——引者注)的大节,首表现于他的民族思想。……他对国民政府的误会颇深。我曾将他新出的《读经示要》,呈故军事委员会委员长蒋公(即蒋介石——引者注)一部,蒋公馈法币二百万元,先生深责我的卤莽,后以之转赠流徙于江津之内学院,即是这种感情的反映。但对抗战一事,则衷诚拥护,历艰茹苦,绝无怨言。当时的欧阳竟无及马一浮(即马浮——引者注)两大师,亦莫不如此。因为在深厚地中国文化传统中,很昭著地教示知识分子,以一个最基本地立足点,即是民族的利害,必然地高置于政权是非之上。"① 他深切地感受到,正是基于中国文化意识,使熊十力在抗日战争中表现出鲜明的民族意识,把民族利益和国家利益置于高于一切的地位。

正是这样,熊十力对中国文化的尊重与弘扬,对徐复观发生了巨大的震撼和影响。他说:"我决心扣学问之门的勇气,是启发自熊十力先生。对中国文化,从二十年的厌弃心理中转变过来,因而多有一点认识,也是得自熊先生的启示。"② 尤其是熊十力的"亡国族者常先自亡其文化"③ 的教诲,使徐复观深深感悟文化问题的极端重要性。他开始发现,对于一个民族来说,除了现实政治之外,还有更为重要、更加永恒的内容,这就是这个民族的文化。对于一个民族来说,现实政治往往是暂时的,而它的文化则是长久的。一个民族的生存和发展,是与自己的文化紧紧相联系的,离不开自己的文化在精神上的支撑和维系。无疑,熊十力的这句名言,成为了徐复观由政治圈转向学术界的最初动机。在徐复观生前所写的最后一篇文章《中国思想史论集续编自序》中,就再次重申了熊十力的这句话对他一生治学的巨大影响。可见熊十力的这句话,实实在在深刻地影响了他的后半生。

---

① 徐复观:《远奠熊师十力》,载《徐复观杂文——忆往事》,时报文化出版事业有限公司1980年版,第227页。

② 徐复观:《我的读书生活》,载《徐复观文录选粹》,台湾学生书局1980年版,第315页。

③ 引自徐复观:《中国思想史论集续编自序》,载《中国思想史论集续编》,时报文化出版事业有限公司1982年版,自序第1页。

徐复观师从熊十力，认同现代新儒学，与鄂东巴河流域的泥土地有着直接的联系。师徒二人都是来自巴河两岸泥土地的现代新儒学学者。尽管两人在年龄和经历上明显属于两代人，但比较他们的人生道路和学思历程，又会发现其间有着很大的相似之处：他们都出身于巴河岸边的半耕半读的农民家庭，他们的父亲都是传统的耕读传家的读书人，以乡间塾师为职业，同时也成为了他们的启蒙老师。他们在青年时代又都离开鄂东农村，来到武汉，卷入到现代化运动中来。熊十力在武昌参加新军，以士兵考入湖北新军特别学堂，开始接受新思想的影响，走上反清革命道路；徐复观则先后就读武昌的湖北省立第一师范学校和湖北省立国学馆，打下了很好的学问基础，随后又参加过北伐军，投身于大革命，进而前往日本留学。可以说，他们都在武汉接受了新知识、新思想，并投身现实政治，参加当时的革命活动。但这种现代化的追求，并未能割断他们与乡土、与农村、与传统文化的天然联系。因此，当他们对现实政治感到失望之后，又断然地转向学者生涯，转向对中国传统文化的维护和弘扬，成为现代新儒学的代表人物。可以说，在熊十力与他的几位著名弟子之间，他与徐复观在人生和人格上有着更多的相似性和相通性。

熊十力对徐复观寄予了厚望，认为这个弟子是一个能够承担大任的人才。他甚至亲自把徐复观的名字，由原来的"佛观"改为"复观"，据《易传》对《复卦》的解释赋予"复其见天地之心"之意。他把《论事物之理与天理答徐佛观》一文收入《十力语要初续》时，改题为《答徐见心》；"见心"同"复观"一样，也是据《易传》的"复其见天地之心"之意而来。为此，熊十力特撰《徐复观名字说》一文，对后生的殷殷期冀跃然纸上。文曰："古人命名，无苟也。文王名昌，用能昌大其德，如天不已（《诗》曰：'唯天之命，於穆不已。'文王之德之纯，纯亦不已）。尽大地万万世无量无边众生，皆文王之德所含茹也。孔子名丘，其修德似之，凝聚日增，崇高无极。今之大地万万世无量无边众生，同仰此丘山也。名依义立，义必实践，其可忽乎？复观原名佛观。

佛氏于宇宙万象作空观而已。《般若心经》照见五蕴皆空，是大乘无量义之总摄（五蕴即目宇宙万象）。此等宇宙观，其影响于人生及群化诸方面，毕竟不妥。大乘虽以大悲不舍世间救此空观，然为众生未度尽故，方兴悲愿，其教化终归趣寂。与吾圣人裁成天地，辅相万物，参赞化育，开物成务，立成器以为天下利，富有日新诸广大义趣，究不相似。余故造《新论》，继《大般若》空经而盛演《变经》（《变经》一词，见《新论》语体绪言），此意不容忽也。今为吾子易佛观以今名，且字曰见心。《易·复》之《象》曰：'复其见天地心乎。'取义在斯。复者，剥之反也。今大地众生，方颠倒以趋于剥。吾夏人尤剥极，其忍不思复乎？剥极而复，非去其惨酷之忿心，而见温爱之天心，则不可以复也。余以衰年，丁此剥运，一身无所计，唯于族类之忧不容已。鸟兽犹爱其类，何况于人？同类不恤，侈言悲众生，必唐大之谈也。立爱自迩始，是余志也。余愿与世人相勖，以见天心之学，久而当有复也。子以维桑之谊，周旋于老夫杖履间，寄望弥切，慎勿疏忘易名命字之旨也。"①这篇文稿作于1948年元旦。可以看出，熊十力当时正以悲苦的心情关注着中国动荡的时局，把对学问的追求、对国族的关切与对学生的希望圆融于一体，勉励徐复观以天下兴亡、生民忧乐为己任。

对于这篇短文，熊十力分外看重。1949年，徐复观离开中国大陆前往台湾，准备彻底脱离国民党高层政界。熊十力专门写信给徐复观，嘱其务必重视此文，并设法将此文在报纸上公开发表。他在信中说："《名字说》随笔写成后，竟是一篇大文、妙文，义蕴宏深，无不备矣。此乃天机流行，非人力可强。望细慎吾学，不可错落分毫，即托一报印出。"② 在信中，熊十力还嘱徐复观将刊出此文的报纸，分送沈刚伯、殷海光、云颂天、张晓峰、郑石君、马浮、张东荪、任继愈、叶石荪、

---

① 熊十力：《徐复观名字说》，载《熊十力全集》第8卷，湖北教育出版社2001年版，第551—552页。

② 熊十力：《与徐复观（约一九四九年四月中下旬）》，载《熊十力全集》第8卷，湖北教育出版社2001年版，第553页。

陶希圣、张北海诸人。很显然，熊十力希望以这种方式，引起学术界对徐复观这位新人的重视并加以接纳。师生之间的情谊，老师对弟子的厚望，由此可见一斑。只是由于时局动荡等因素影响，熊十力嘱徐复观将此文"托一报印出"的希望在他生前终未能实现。直到熊十力逝世后，此文才在1969年9月24日出版的台湾报纸《自由人》上首次发表。

徐复观后来确实没有辜负老师的厚望，为发展现代新儒学做出了重要贡献，与牟宗三、唐君毅一起成为熊十力学派的重要成员。他对中国思想史进行的"现代的疏释"，其中也包含了对熊十力思想的阐释。他不仅撰写了一批专论熊十力其人其学的文章，如《悼念熊十力先生》《远奠熊师十力》《熊十力先生之志事》《有关熊十力先生的片鳞只爪》《重印〈佛家名相通释〉序》《熊十力大师未完成的最后著作——〈先世述要〉》，而且还在一些文章中从更宽广的视域出发论及熊十力思想的成就与局限，如《如何读马浮先生的书?》《向孔子的思想性格回归》。这些文章表达了徐复观自己对熊十力其人其学的理解，可谓成一家之言。他的这种理解，虽然并不是熊十力学派诸子和熊十力研究者都会赞成的，但对于熊十力研究和现代新儒学研究来说，无疑是富有启发性的，是值得研究者重视的。

五、从政治圈到学术界

由于对现实政治的失望和受熊十力的启发，徐复观终于选择了回到学术文化研究的道路。抗日战争胜利后，徐复观断然以陆军少将退役，结束了长达15年的军旅生涯，并试图与他并不熟悉的学术界建立联系。为了使学术界了解和接纳自己，徐复观选择了办学术刊物这一联络学术界的方式。他从蒋介石那里要来一笔钱，和商务印书馆合作，办了一个名为《学原》的刊物。

对于《学原》创办的细节，徐复观在晚年的回忆中有过具体描述："我因为叨被末光的关系，有机会看到党政中高层人物，感到蒋公几乎无才可用。于是突发奇想，认为人才原于学术；大学是最高学府，大学教授中应有不少真才实学之士，可备国家的缓急。但苦于无法接近，便想办一个学术性的刊物，作为通向大学教授间的桥梁；根据这个意思拟一报告，请求津贴一亿元。先将报告交陈布雷先生，布雷先生说：'总裁津贴学术刊物的钱，数字很小，如《时代思想》（即《思想与时代》——引者注）等，只有多少钱。你所要求的数字是不可能的。'不肯转呈。我便找俞济时先生，俞先生说得更恳切：'总统的特支费每月只有多少（数字不记得），怎能拨这大个数字给你办刊物呢？你改写五千万元，好吗？'我说：'币值贬得太快，五千万元到筹备出刊时，实值已所余无几了。局长尽管拿上去，给不给在总裁。'俞先生说：'好吧！总统看后还不是批一个阅字。'过了两天，'照付'的批示下来了，我便去告诉布雷先生，并请示办法。布雷先生大喜的说：'你真有本事。'于是由布雷先生介绍商务印书馆的李总经理，商定由我集稿付稿费，由商务印书馆担任印刷、发行，每期送我五十本。布雷先生又提议由翁秘书（忘其名，在布雷先生公馆里办公）负经费保管之责。我另组一编辑委员会，刊物很快就出来了。"① 他说："对于此一刊物的问世，我除了由衷的感谢蒋公以外，也永远忘记不了陈果夫、陈布雷两位先生。"② 至于陈果夫对《学原》创办起了什么作用，徐复观除了此处提及之外，并没有留下有关的文字说明。

《学原》是一个纯学术性的月刊，1947年创刊，1949年停刊，共出三卷。经过徐复观的广泛联络，国内许多著名学者，如熊十力、柳诒徵、钱穆、朱光潜、洪谦、杨树达、岑仲勉、唐君毅、牟宗三等，都在《学原》上发表学术论文。仅熊十力一人，就在《学原》上发表了多篇文章，有《论学三书（〈与薛星奎〉〈答刘公纯〉〈答周生〉）》《答牟宗

---

① 徐复观：《末光碎影》，载《徐复观杂文续集》，时报文化出版事业有限公司1981年版，第347—348页。

② 徐复观：《我的教书生活》，载《徐复观文录选粹》，台湾学生书局1980年版，第305页。

三问格物致知书》《略说中西文化》《与友论〈新唯识论〉》《论事物之理与天理答徐佛观》《略谈〈新论〉旨要（答牟宗三）》《漆园记》等。这就使得徐复观结识了不少学术界的朋友，由赳赳武夫而渐成文化人。办刊的结果，徐复观并没有能为支撑国民党政权发掘出什么可用的人才，倒是为自己在这个政权在中国大陆崩溃后由政治圈进入学术界开辟了一条通道，后来他把这次办刊称为"回到学术圈里的一个尝试"①。

在《学原》上，徐复观与时下许多刊物主编者不同，没有发表过自己写的文章；但却因为办刊而开始有了自己的学术考量，特别是对中国文化问题予以了关注和探讨。他常与唐君毅、牟宗三在一起探讨当代中国所面临的问题，都认定中国的问题从根本上说是文化问题。要复兴中国，就必须复兴以儒家为代表的中国文化。这个看法的形成，实来自熊十力的启示。熊十力在当时特别重视从文化上探寻中国的前途，指出："中国人有唐虞迄春秋战国之高深文化，民质甚优，其智力颇不低，高明俊伟之人物衰世犹不无，中华民族毕竟有优点；但须领导者能宽大以养之，而勿操之过急、束之太严，须如慈母之扶育小孩然。如此，不数十年，中国人必为大地上最优良之民族，吾敢断言。吾望今后历史家能以爱国爱族之心而治史，幸勿自毁。"② 而对于当时国民党政权的危机，熊十力将其原因归结为文化破产和精神破产，认为："西化东渐，而吾人自无根底，遂不堪抉择外化以供吾之融和创造，种种剽窃，弥失其据，生吞活剥，终成乖乱。国民党秉政之结果，其失败且甚于北洋。文化破产，精神破产，日甚一日，不得纯委之外力，吾人当自反也。"③

---

① 徐复观：《我的教书生活》，载《徐复观文录选粹》，台湾学生书局1980年版，第305页。

② 熊十力：《十力语要初续·仲光记语之二》，载《熊十力全集》第5卷，湖北教育出版社2001年版，第214页。

③ 引自熊仲光：《困学记》，载《熊十力全集》第5卷，湖北教育出版社2001年版，第266页。《困学记》为熊仲光所撰，收入《十力语要初续》，作为该书附录。这段引文为熊十力所言。熊仲光对此有说明："上来直述吾父（即熊十力——引者注）口说，记录有未畅者，颇承改正。"（见熊仲光：《困学记》，载《熊十力全集》第5卷，湖北教育出版社2001年版，第267页）

唐君毅、牟宗三、徐复观作为熊十力的学生，深受熊十力这些思想的影响，由此形成了对中国文化问题的共识。这为日后台湾香港地区现代新儒学思潮的兴起奠定了思想基础。

20世纪40年代后期，徐复观虽然退出了军职，但继续担任蒋介石的高级幕僚，并未脱离现实政治。对于当时的政局，他相当关注，不时建言，但又深感大势已定，无力回天。这种形势和这种心情，他后来有过说明："及抗战胜利，大家都以为八年的苦已经吃够了，追求的理想已随抗日的胜利而完成了。勉强抑制在某一限度下的人欲，便如骤决的堤防，挟滔天之势，由西向东，倾江倒海而下。"① 这里所说的"大家"，指国民党当权者，特别是那些手握大权的接收大员；他们所造成的人欲横流现象集中体现在两个方面，一方面是"抢财产"，另一方面是"抢官位"。对于这"两抢"现象，徐复观亲身经历，痛恨万分，有过生动而痛苦的描述。他谈到"抢财产"时说：这些接收大员，"先抢汉奸的财产，继抢敌人留下的物资，把一切可以继续运转开工的工厂都抢得七零八落。这批'劫收'的闯将，从工厂、交通机关等抢入私囊者不过百分之二三，但工厂、交通机关的百分之九十七八皆随百分之二三的抽筋折骨而残废"②。他谈到"抢官位"时说："劫收的另一表面，则各为私党抢从中央以至地方的党政职位。抢的时候，只问其人是否与我有关，更不问他的贤愚得失。凡是与己有关的，非为他拼命一抢不可。把中央、地方的党政职位抢完后，接着便抢选举。所谓抢选举者，是指各派各系，在南京，在各省市政府内部，抢名额分配而言，决不是在选区争选民对各党各派候选人投票。名额分配就绪，把选票由省市政府分配给获得名额分配之人，怎样填写法，悉听尊便，接着便宣布当选了。民、青两党（即民主社会党和青年党——引者注），争到了名额而台面

---

① 徐复观：《五十年来的中国》，载《徐复观杂文续集》，时报文化出版事业有限公司1981年版，第11—12页。

② 徐复观：《五十年来的中国》，载《徐复观杂文续集》，时报文化出版事业有限公司1981年版，第12页。

上的党员不够，便以名额临时去拉。青年党中有位'领袖'，一家便抢到五个中央民意代表。其有抢而未决或抢而未到手的，便一群一群的跑进南京，向他们的头头尽赖缠赖哭赖死之能事。'我当了你这多年的走狗，连这样的名义都不给我，我今天便死在你家里。'若再不为所动，便抬棺材游行，约集流氓打架。我曾见到一位女英雄，额上有个大疤痕，便是为抢国大代表而打架获得成功的光荣标志。当时风云已经非常紧急。全国抢选举，却如醉如狂，自中央以至地方，各种实际工作皆废弃一旁，使全国成瘫痪虚脱状态。"① 焦虑万分的徐复观曾向国民党高层发出呼吁、提出建议，但得到的只是敷衍和不作为。他回忆说："我曾为此写信与当时的内政部长（已故）及组织部长，请他们设法使大家转向到实际工作上去，并明白宣布，凡无实际工作成效者皆不分配民意代表名额。最好把选举暂时停止一年，以待大局稍稍安定。当时的内政部长回了我一封很客气的信，组织部长则见到我嘻嘻哈哈了一阵。难说这种情形，还不足以说明国共斗争的结果吗？"② 在当时的国民党高层政界人物中，像徐复观这样对时局有清醒认识者实在太少了。面对着这一大群昏庸者、贪婪者、无耻者，徐复观深感自己当初理想的幻灭，深感对现实政治的绝望。

经过1947年的全面内战，国共两党力量的对比开始发生历史性变化，中国历史开始进入一个新的转折点。对于国民党最高层的军事指挥，徐复观发现问题严峻，可以说是既无能力又无人才。他后来在回忆中说："民国三十七年（即1948年——引者注）初，蒋公在庐山牯岭过旧历年。在元宵节的前几天，来长途电话，要我去一趟。到后，林蔚文、周至柔、陶希圣几位先生已经先在。蒋公把三个文件给我看。一件是熊式辉先生找了十位陆大的教官共同提出的对共军作战的意见。另一件是位姓曹的

---

① 徐复观：《五十年来的中国》，载《徐复观杂文续集》，时报文化出版事业有限公司1981年版，第12页。

② 徐复观：《五十年来的中国》，载《徐复观杂文续集》，时报文化出版事业有限公司1981年版，第12页。

处长提出的对共军作战的一套方式。都是克劳塞维兹（即克劳塞维茨——引者注）在《战争论》中所说的中世纪的'几何学'的性格，而不是'力学'的性格，在实战上无大意义。再一件是预备印发给指挥官们的作战手册，由删节步兵操典及战术教程的条文而成。我当时向蒋公说：'步兵操典和战术教程，都是由实战的经验而来，还要用到实战上去。凡在实战上不需要的，决不录入，以免增加指挥官精神的浪费。所以各条文，都是严密地互相关连着。像这样的删节，流弊是很大的。'蒋公听后说：'你的看法不错。但我们的指挥官很懒惰，不会读全文的，删节虽然不很妥当，但比没有好。'"① 徐复观甚至委婉地向蒋介石进言："有不少人认为，总裁直接指挥作战的方式不太妥当，我不知道当面向总裁报告过没有？"对于这种不妥之处，徐复观作了自己的解释：共军特性之一，是他们的机动能力特别强。由前线的团长师长，把情况逐级报到总裁这里来，再由总裁指示下去，中间经过相当长的时间，情况已有了变化，再适当的指示，也成为不适当的了。这样一来，"养成他们遇事请示的依赖习惯，缺乏积极地责任心；失败后，把责任都向总裁身上推。这种风气应矫正过来"。② 蒋介石听后一言不发，徐复观也就只好起身退出。徐复观后来回想这一经历时说："我了解，我所提出的意见，蒋公自己当然知道得非常清楚；他之所以不能改变，从他的表情看，感到他内心的苍凉，有许多难言之痛。这也增加了我心里的难过。"③

对于徐复观的这种大胆进言，有的国民党高层人士担心引起蒋介石的不快，予以了善意的提醒。徐复观在回忆中说："在牯岭时，有一天，我和陶希圣先生晚饭后一起散步，陶先生在和我聊天中有两句话我还记得：'追随总裁的人，有时一下子红得发紫，有时一下子又黑得发

---

① 徐复观：《垃圾箱外》，载《徐复观杂文——忆往事》，时报文化出版事业有限公司1980年版，第39页。
② 见徐复观：《垃圾箱外》，载《徐复观杂文——忆往事》，时报文化出版事业有限公司1980年版，第39页。
③ 徐复观：《垃圾箱外》，载《徐复观杂文——忆往事》，时报文化出版事业有限公司1980年版，第40页。

紫.'他接着举了一两个例子。因陶先生学问上的成就,我一向对他很尊重。他比我年长,说这种话,是出于暗示我不可得意忘形的好意。但我当时的心境,只想到如何能帮蒋公渡过难关,而愧恨自己智穷力竭,精神上常感到莫大的压力,根本没有想到红或黑的问题。"① 在徐复观看来,他的进言虽然尖锐,但却是能够为蒋介石所接受的。他对其中的原因进行过分析:"因为我不想做官,又是无派无系。所以在他(即蒋介石——引者注)面前讲话,略无顾忌,但总是在包涵奖掖之中。我的印象,在他面前讲话,似乎比在当时其他要人面前讲话容易得多。"② 正是这样,徐复观仍然尽其力量帮助蒋介石来挽救危局。

1948年秋冬之交,国共两党进入中国命运大决战之际,徐复观试图在国民党内成立一个秘密组织,作为支持蒋介石的骨干力量,以挽救国民党统治崩溃的危局。他回忆说:"民国卅七年九十月左右,局势已经危急,南京的中层干部,尤其是动摇。我当时激起了一股'兴师勤王'的念头,想先把党内颇负声望的中层而又属中年的人士,团结在蒋公的周围,稳定那种局势。我把此一想法报告给蒋公,蒋公当然很高兴。我的构想,先由少数人——有如胡轨、叶青、吴英荃等十人左右,以座谈会的方式开始,慢慢扩大。希望在座谈会中谈出些共同意见,以形成组织与行动的骨干和纲领,再向外发展。参加座谈会的人数,增加到百多人。有一次夜间,蒋公找我和胡轨先生,问进行的情形。又有一次单独找我,问要不要经费,他可想办法拨付;我说,还没有到需要钱的时候。但到了十一月中旬前后,我决心撒手,并带着家眷赴广州了。因为时局变得太快,人心也变得太快;在座谈会中,一次比一次更对蒋公不利;若顺着此一趋向硬组成一个团体,势必成为反蒋、投降的团体。最低限度,在我个人不能这样做。"③ 这个还未成形的组织,就这

---

① 徐复观:《垃圾箱外》,载《徐复观杂文——忆往事》,时报文化出版事业有限公司1980年版,第40—41页。
② 徐复观:《对蒋总统的悲怀》,载《无惭尺布裹头归·交往集》,九州出版社2014年版,第212页。
③ 徐复观:《垃圾箱外》,载《徐复观杂文——忆往事》,时报文化出版事业有限公司1980年版,第42—43页。

样在国民党内外交困、大厦将倾、人心涣散中不了了之,而徐复观也终于下定了脱离现实政治的决心。

1949年3月,徐复观应已经下野的蒋介石之召,前往浙江溪口,陪同蒋介石度过了这段在中国大陆的艰难时光。在这40天的时间里,徐复观面对国民党全面溃败的局势,草拟了一个名为《中兴方略草案》的文件,送蒋介石审阅。文件的"大意是分析三民主义与民主自由,如何能融合在一起,以团结广大知识分子,重新建立政治阵容"①。这在徐复观的思想上可以说是一个重要的转折,标志着他开始放弃"由救国民党来救中国"的幻想,而希图在国民党之外寻求帮助国民党革新、改善国民党统治的力量。他后来谈到这一点时说:"我的用意不是注重拉拢几个人,而是想把自由民主的精神注入到国民党内部来,以洗涤沉疴,打通社会,重新在社会中生根生长。我当时的认识是,国民党的新生,是一切问题的前提条件。但在大陆上,政治权力葬送了国民党;所以国民党的新生,是要靠社会而决不是政治权力。"②这一转变,在徐复观以后的思想发展中,得到了更进一步的展开。而这一建议,由于要改变国民党一党专权的格局,当然没有被国民党最高层所采纳。即使国民党采纳了这一建议,在当时的局势下,也是难以争取到自由主义知识分子支持的。

在此同时,徐复观又提出一个新的办刊计划:在香港办一份杂志,"以作与现实政治保持相当距离之计"③。可能是由于前面创办的《学原》产生了重要影响,这个办刊计划一提出,就得到了蒋介石的肯定,并亲自批拨办刊的经费。徐复观对此有过回忆:"因为自知不是现实政治中的材料,又因与香港《华侨日报》有点友谊,便在一次坟庄午餐

---

① 徐复观:《末光碎影》,载《徐复观杂文续集》,时报文化出版事业有限公司1981年版,第349页。
② 徐复观:《我的教书生活》,载《徐复观文录选粹》,台湾学生书局1980年版,第305—306页。
③ 徐复观:《垃圾箱外》,载《徐复观杂文——忆往事》,时报文化出版事业有限公司1980年版,第44页。

时，提出想在香港办一杂志的建议，蒋公立刻同意。预计两年的经费港币九万元，郑彦棻先生说他可以拨四万五千元，陶希圣先生也说可以拨四万五千元，在这餐饭上，问题就解决了。后来没有收到陶先生所承拨的经费，我到阳明山请示杂志是否进行时，蒋公又给我四万五千元。结果就是《民主评论》于三十八年（即1949年——引者注）五月在香港的出刊。"① 与《学原》相比，《民主评论》的创办似乎要顺利得多。

《民主评论》是一份政治—学术理论杂志。它的创刊，尽管是出于政治目的，但最终是学术意义远大于政治意义。《民主评论》为20世纪五六十年代台湾香港地区现代新儒学思潮的兴起提供了主要舆论阵地，在台湾香港地区现代新儒学思潮发展史上占有重要的地位；对徐复观个人来说，也是他人生的重要转折点，成为他退出现实政治而转入学术研究的界标。正如徐复观所说："我自此正式拿起笔来写文章，由政论而学术，开辟了进入大学教书，并专心从事研究、著作的三十年的新的人生途径。"②

此时蒋介石已准备改造国民党，蒋经国拟定了策划人员名单，其中当然少不了徐复观这位高级幕僚。但此时徐复观已决心退出现实政治，无意再致力自己当年曾鼓吹的国民党改革。在上海举行的核心小组第一次会议上，与会者推谷正纲任书记、徐复观任副书记，遭到徐复观的当场拒绝。而接下来的多人劝说，也没有把他说服。他后来回忆说："晚饭后，谷先生约我到他的寓所长谈几小时，无非劝我接受副书记的任务，我没有答应。我由广州到台湾，住在台中；有一天袁守谦先生来，说谷先生留在上海帮助汤恩伯先生作战，小组迁到广州，要我到广州去主持，我更不会接受。因为我早已了解自己根本不是那样的'一块

---

① 徐复观：《末光碎影》，载《徐复观杂文续集》，时报文化出版事业有限公司1981年版，第349页。

② 徐复观：《末光碎影》，载《徐复观杂文续集》，时报文化出版事业有限公司1981年版，第349页。

料'。"① 到台湾后，徐复观又推掉了蒋介石交给他的相关任务。他后来回忆说："蒋公初到台湾时，对我颇冷淡。很久后，有朋友告诉我，因为有人向他报告，说我和桂系有勾结。后来蒋公看到我《李宗仁是第三势力吗》的一篇文章，才知道他所听到不确，又找我，要我帮着筹办革命实践研究院，我没有接受。后来又给了我一种组织性的任务，拖了三四个月，也完全摆脱了。"② 这当中，他还因当面批评蒋介石的国民党改造计划，引发蒋介石的痛斥。在蒋介石生前，徐复观一直没有将此事见诸文字；直到蒋介石逝世后，他才在悼念文章中透露了此事："在一九五一年，我当面说他（即蒋介石——引者注）所作的党的改造，是表面的，没有实质的意义时，他才拍桌大骂一顿。但骂完后，还是和颜悦色地握手而别。"③ 这大概是徐复观与蒋介石之间最不愉快的一件事。就这样，徐复观放弃了继续做国民党高官的机会，退出了中国政治舞台。

国民党政权在中国大陆的全面崩溃，给曾经真诚地追随这个党和这个政权的知识分子带来了理想的破灭。侍从室中两个对国民党忠心耿耿的知识分子型重要人物，以自己的方式退出了现实政治：陈布雷选择了自杀，徐复观则选择了隐退。徐复观曾说过："我和布雷先生的真正友谊，只在他死前几个月才建立起来。"④ 对于所从事过而最后幻灭的现实政治，徐复观的心情是极其痛苦的。他曾嘱咐在死后的墓石上刻下 30 个字："这里埋的，是曾经尝试过政治，却万分痛恨政治的一个农村的儿子——徐复观"⑤。可以说，这个墓志铭是徐复观对自己人生道

---

① 徐复观：《垃圾箱外》，载《徐复观杂文——忆往事》，时报文化出版事业有限公司 1980 年版，第 44 页。
② 徐复观：《垃圾箱外》，载《徐复观杂文——忆往事》，时报文化出版事业有限公司 1980 年版，第 45 页。
③ 徐复观：《对蒋总统的悲怀》，载《无惭尺布裹头归·交往集》，九州出版社 2014 年版，第 212 页。
④ 徐复观：《末光碎影》，载《徐复观杂文续集》，时报文化出版事业有限公司 1981 年版，第 344 页。
⑤ 徐复观：《旧梦·明天》，载《徐复观文录选粹》，台湾学生书局 1980 年版，第 292 页。

路的一个深刻反省。

六、走上大学讲台

1949年5月,徐复观离开中国大陆前往台湾,开始了流亡台湾香港地区的生活。除了有时到香港处理《民主评论》的事务外,他主要生活在台湾。为了远离他所痛恨的现实政治,徐复观断然避开党政军要人集中的台北,定居于相对僻静的台中,决心做一个以教书为职业的纯粹学者。

由从政生涯转上学术道路,在局势动荡的当时是十分困难的。徐复观曾一度生活无着落,只得卖掉心爱的书籍以维持一家人的生活。但机遇终于来了。1952年,设在台中的台湾省立农学院为了扩大办学影响,网罗著名学者前来任教。徐复观受农学院院长林一民的聘请,成为该校的兼任教师。徐复观在农学院讲授的第一门课是"国际组织与国际现势"。这是一门新设置的课程,当时农学院中无人承担该课教学;林一民听了别人的介绍,恳请徐复观前来担任兼任教师,讲授这一课程。徐复观开始还试图推辞,说自己只是军人出身,没有进大学教书的资格;但林一民误以为徐复观在大陆时曾任武汉大学教授,是一位知名学者,因此执意聘请他来任教。就这样,徐复观进入台湾省立农学院,成为了大学教授。这对徐复观自己来说也颇出乎意外。他后来感慨地说:"假使不是有'国际组织与国际现势'这门新课,假使不是林院长对朋友过分热心而把我估计错误,更推远一点,假使不是办刊物、写文章,一个退役丘八,不会有机会走进大学的教室的。这一切都是偶然中的偶然,不用糊涂官打糊涂百姓的哲学,如何能加以解释?"[①] 一年后,由于徐复观教学努力、效果很好,校方提出把他由兼任教师转为专任教师;徐复观则以不讲国际现势而改讲国文为继续留任条件,得到校方同意。这

---

① 徐复观:《我的教书生活》,载《徐复观文录选粹》,台湾学生书局1980年版,第307页。

样一来，徐复观就正式成为讲授中国学术文化的大学教授。从这个故事中可以看出，武汉大学在那时就是一个声誉很好、影响很大的高等学府，以致帮助徐复观圆了大学教授梦！

成为大学教授后，徐复观自知半路出家，不敢丝毫懈怠，以全部的时间和很大的精力投入教学的准备工作。在这种专心致志的准备工作中，只教过小学而从未教过大学的徐复观，也摸索出了一些行之有效的教学方法。如教国文课，他发现最大的准备工作，是把预备的文献读得烂熟；而对前人文章的好坏，只有在熟读中才衡量得出来。因此，他很重视阅读文献，通过反复阅读来品味、裁量、衡论文章的优劣高下。他说："我曾经选过几篇近代人的名作，初看一两遍，觉得有声有色；但细声一读，便读垮下来了。经不起读的文章，讲时感到非常窘迫，学生听得也没精打采。有几篇古人的短文章，初看很平淡，但越读越觉得深厚，越觉得有精神。讲的时候，不是在对学生作字句的解释，而是自己在作文学的欣赏，学生们只不过在旁边见习，这便自然会使教者听者，都感到兴味。"① 正是这样，徐复观一开始走上大学讲台，就收到了很好的教学效果。

然而，徐复观更希望能教大学文科的学生。而机遇也又一次来了：1955年，由美国基督教会办的私立东海大学在台中建立，这是一所设有文科的综合性大学。曾国藩的曾孙曾约农，出任东海大学首任校长。与曾国藩家族的不少成员一样，曾约农也是一位基督徒，但同时又对中国传统文化保持了敬意。用徐复观的话说，"他是一个有独立自主性的基督徒，他以为在中国办基督教大学，即是以基督精神为中国人办大学；而办大学的目的，乃是为了使中国青年得到知识与修养，而不是为了他自己要当校长"②。正是这样，曾约农聘请主张现代新儒学的徐复

---

① 徐复观：《我的教书生活》，载《徐复观文录选粹》，台湾学生书局1980年版，第307—308页。

② 徐复观：《无惭尺布裹头归》，载《徐复观文录选粹》，台湾学生书局1980年版，第331页。

观到该校文学院任教。徐复观即告别了农学院，来到东海大学，任中文系教授兼系主任。当时，东海大学没有哲学系，一些从事哲学研究和教学的学者，包括哲学家牟宗三，都聚集在中文系。徐复观的中国思想史研究和教学，也是在中文系开展的。在东海大学，徐复观任教达14年之久，直到1969年退休离校。在徐复观的复杂坎坷、飘泊多变的生命途程中，这是一段最为稳定的时期。不论是在此之前还是在此之后，他都没有在一个地方生活过这么长的时间。

东海大学位于台中市的大度山。大度山并不是耸立的大山，而是坡度平缓的小山丘。东海大学的校舍，即错落有序地分布于小山丘之上。文学院是一座庭院式的建筑，房屋不高，四旁皆树，门前是一条顺着山坡所开出的林荫大道，进入院门后，是植满花树的花圃，装有宽大落地式玻璃窗的办公室在花圃四周展开。沿着林荫大道往下走，是一片开阔的绿草地；经过草地中的小道，在草地的一隅分布着几座红色的别墅式的小洋房。小洋房红墙红瓦，窗户宽大，都是平房，在绿草地间显得十分宁静。这是东海大学的教授住宅。除了能教文科大学生之外，这样优雅清静的环境，无疑对徐复观是有吸引力的，使他在经过近半个世纪的奔波之后有一处安静的栖身之地进行思考、著述。1994年，笔者赴台湾参加学术研讨会，曾在东海大学作短时间停留；徐复观长子徐武军教授时任东海大学总务长，引导笔者参观了校园，从外面看了当年徐复观在校内的住宅，以及宅旁他手植的海棠树；只是由于当时宅主不在家，因而未能入宅一看。这里的有关描述，皆为笔者的直观感受。

徐复观是一位教学认真的教师。他后来谈到他在东海大学最初几年的教书生活时，对所讲授的课程进行了介绍："到东大已经四年，我教的功课，由大一国文而转换到大二国文，这是东大重视本国文化所特设的一门功课。它的内容，主要是思想史的材料，所以涉及到先秦及宋明的重要思想家。讲授的方法，是在某家的整个思想轮廓中讲解他重要的一篇或两篇文献，所以范围是相当广泛的。另外，我开了《文心雕龙》及《史记》两种专书。初开时，也有朋友为我担心；不过，我是以自己的研究工作来带着学生研究。"① 为了上好这些课程，徐复观下苦功夫读书，不仅研读与教学直接相关的文献，还阅读对此有启发性的西学著作。他对此亦有介绍："我为了教《文心雕龙》，便看了三千多页的西方文学理论的书。为了教《史记》，我便把兰克、克罗齐及马伊勒克们的历史理论乃至卡西勒（即卡西尔——引者注）们的综合叙述，弄一个头绪，并都做一番摘抄工作。因为中国的文学、史学，在什么地方站得住脚，在什么地方有问题，是要在大的较量之下才能开口的。"② 每上一门课，徐复观都要认真备课、撰写讲稿，即使是对曾经讲授过的课程，他也要重新备课写讲稿。他的讲稿有一个特点：不是写在稿纸上，而是写在大笔记本上。多年任教下来，他积累了许多这样的讲课笔记本；一些相同的课程，往往有多个笔记本，这是一次次上课的结果。在徐复观看来，如此认真地讲授这些课程，决非是为了保住当教授的饭碗，而在于培养学生对中国文化的了解和热爱。他说："我把这些功课，都当作通向某一门学问的钥匙来教。假使因此而能提供东大中文系的学生以做学问的钥匙，为中国文化开辟出一条新途径、一个新面目，则我想当教授的愿望，或稍有点意义。"③

因此，徐复观总希望在中国文化花果飘零的年代，多培养出几个中国文化的传人。在当时台湾的大学中，为了便于留学和就业，愿意学外语、学理工的学生甚多，愿意学习中国文史哲的学生极少。为了改变生源困境，他总是耐心地做那些在中国学术文化上有培养前途的学生及家长的工作，把这些学生转到中文系来，加以认真的培养。经过徐复观的精心培养，从东海大学中文系出来了一批优秀的人文学者。著名学者杜维明就是如此。当年，少年杜维明以优秀成绩考入东海大学外文系；

---

① 徐复观：《我的教书生活》，载《徐复观文录选粹》，台湾学生书局1980年版，第309页。

② 徐复观：《我的读书生活》，载《徐复观文录选粹》，台湾学生书局1980年版，第316页。

③ 徐复观：《我的教书生活》，载《徐复观文录选粹》，台湾学生书局1980年版，第309页。

但他却对哲学情有独钟,十分爱好。为此,徐复观亲自到杜家进行访问,劝说家长让杜维明转至中文系学习,从而使杜维明走上了哲学道路,并成为现代新儒学新一代的代表人物。

徐复观不仅认真教学,而且对学生关怀备至。徐复观讲课深受学生欢迎,一些兴犹未尽的学生,又在课后跑到徐家去聊天。徐复观的研究和写作,常常被这些不速之客的来访所打断,但他却从不拒绝。对于那些家境贫寒的学生,徐复观总是设法予以帮助,轻则代付教科书费用,重则在青黄不接期间接济生活费。徐氏夫妇还常请学生吃便饭,在一种轻松融洽的氛围中谈学问、谈人生。学生们后来在回忆文章中说,他们都感到,"在这种气氛下最适于施行人格教育"[①]。一些学生毕业后到美国留学,徐复观在书信中千叮咛万嘱咐,就像对待自己在美留学的子女一样。如东海大学中文系毕业生杨牧刚到美国留学时,徐复观就在来信中嘱咐了许多需要注意之事,可谓关怀备至:"你初去功课太忙,写信不容易,不必拘于常套。我的大女孩子今年赴美后,也是非常想家,我和师母也是想念得不得了。在中秋这一天,我便寄了一首诗给她:'年年佳节共呢喃,明月今宵汝独看。闻道隔洋昏晓异,可能天上不同圆。'东大的师生们看到我这首打油诗,都认为很好;其实,这只是信口说出自己当下的感情,不会是好诗,你以为如何?你选课和先完成学位的计划,我认为很好,很对。学文学不可一下子便拘限在现代流行的风气中去;最重要的是要养成从上面向下面俯视的能力。混在人群中去挤,不如向挤的人群发口令。凡是真正有思想的人,一定会向群众发口令,而不去迎合。这种能力的养成,总是从根源地方去研究,顺着根源的地方探索下来……做学问不可存急功近利之心。全生很不错;你另外还应和郭大夏(他比较开朗)、萧欣义他们连系(还有杜维明、梅广、陈清池、陈必照,这都是较好的)。同学之间,应以学问相切磋,相勉励,万不

[①] 萧欣义:《良心和勇气的典范——敬悼徐师复观》,载《徐复观教授纪念文集》,时报文化出版事业有限公司1984年版,第219页。

可走上人事小圈子之路……"① 徐复观对待学生的关爱之情，充溢于信的字里行间，即使今天来读这些信札，也令人十分感动。

徐复观的这种教学态度和师生关系，给学生们和同事们留下了深刻的印象。徐复观当年的学生曹永洋回忆说："当时东海创校伊始，徐复观教授接掌中文系主任，许多名师皆由徐师网罗到大度山，阵容十分坚强；可是一进校门就填中文系的同学寥寥无几。我们第二届二百位同学中选择中文系的竟唯独梅广一人而已。第一届外文系榜首萧欣义、第三届外文系状元杜维明都由徐师'劝说'转读中文系——记忆中第一、二届中文系毕业的学生都只有七人。开始受教于徐师门下，聆听他的《史记》《文心雕龙》，当时并不知五十岁天命之年始真正走入学术界之路的徐师，为了教我们这几个程度不很整齐的学生，他往往要进行庞大的抄录和准备工作。无论治学、教书、写作，他都坚持这种看起来十分笨拙的水磨功夫。"② 后来成为著名学者的刘述先，当时刚从台湾大学毕业来到东海大学任教，成为徐复观的年轻同事，则有另一番感慨："徐先生对自己的学生更是照顾得无微不至，简直胜过亲生的子女。我有时看不过眼，觉得他宠爱学生，有些太过分了。他说你出身名门正派，不知道一个人孤单的苦处。所以他要在同学中间培养一种兄弟的情谊，互相亲爱照顾。东海前几届的同学人才辈出，在海外多保持密切的联系，和徐先生在同学身上所用的心力与功夫，显然有一定的关连。其实台大（即台湾大学——引者注）的人如散沙一般，我自己出身台大，当时就回不了台大，可见学校出身不太相干，问题在有多少教师肯把自己的心血这样用在栽培下一代的学子身上。"③

徐复观在东海大学任教期间，也曾受到干扰、遭遇曲折。他在《我

---

① 杨牧辑：《佛观先生书札（第1封）》，载《儒家政治思想与民主自由人权》，台湾学生书局1988年版，第358—359页。引文中的省略号是原文就有的。

② 曹永洋：《徐复观教授留下的两本译品——〈中国人之思维方法〉修订版后记》，载［日］中村元著，徐复观译《中国人之思维方法》，台湾学生书局1991年版，第191页。

③ 刘述先：《经师与人师——念徐复观先生》，载《徐复观教授纪念文集》，时报文化出版事业有限公司1984年版，第125页。

的教书生活》一文中明确地表达了自己的态度,说:"到东大后,听说有某要人曾以两次长途电话要曾前校长解我的聘;也有人说,我们讲中国文化,影响了基督教义的宣扬。但这些先生们却忘记了最基本的一个事实,我只是竭心尽力教学校分配给我的功课的精神劳动者。假使因我们的教课,而能使中国的学生,不以当一个中国人为可耻,那只有归功于中国文化精神的伟大,及主持校务者的努力、认真。"[1]

---

[1] 徐复观:《我的教书生活》,载《徐复观文录选粹》,台湾学生书局 1980 年版,第 308—309 页。

第三章　来自鄂东泥土地的现代新儒学大师（下）

从 20 世纪 50 年代起，徐复观成为台湾香港地区现代新儒学代表人物，对推动现代新儒学在 20 世纪下半叶台湾香港地区的开展作出了重大贡献。尽管他在这时已经脱离了现实政治，一直在大学任教，但却始终处在学术与政治之间：一方面对中国传统文化作"现代的疏释"，推动现代新儒学的开展；另一方面则总离不开对现实政治的关注与思考，敢于批判现实政治。因此，他的后半生的学问生涯也同前半生的从政生涯一样，也是有声有色、多姿多彩的。殷海光在晚年病重中说过一段话，对徐复观这种独特的学问人生作了颇为形象的勾画："如果人生比作舞台的话，有人自己搭台自己导演（第一流的人物往往如此）；有人借台唱戏，唱完便罢；有人把别人的台子占为己有来演唱；有人是主角，有人是配角；有人是小丑，有人是跑龙套。像徐复观，具有单人独马打天下的霸才，他自己搭台、自己导演、自己当主角，可是有时他又让一些牛鬼蛇神挤到台上和他合演，无奈这些人太不够格了，根本无法配搭得上，所以反而把他这主角的声光掩盖住。常常他自己一本戏还没有唱完，就向别的戏台上拳打脚踢，这样使他步骤混乱，精力分散，树敌太多；有时意气鼓动了，还跑到别人台上去当配角。"[①] 如果不是一同来自鄂东的巴河流域，如果不是相互了解的鄂东人，是难以对徐复观作出这种深刻理解和精到评价的。

[①] 殷海光：《最后的话语》，载《殷海光文集》修订本第 4 卷，湖北人民出版社 2009 年版，第 304 页。

一、反省国民党的失败

在台湾香港地区现代新儒学代表人物中，唐君毅、牟宗三、徐复观不仅同出于熊十力的门下，而且是三位齐名的学者。严格意义上的熊十力学派，就是指熊十力和他的这三个得意学生。但三人的性格和风貌却各不相同。徐复观称唐君毅为"仁者型"的儒者，牟宗三为"智者型"的儒者，而他自己则被人们称为"勇者型"的儒者。与唐君毅、牟宗三相比，徐复观不是那种纯书斋里的学者，他的人生、他的思想、他的心灵总是时时与时代相通的，总是面对动荡的时代而难以平静的。敢于论争、敢于批评、敢于批判现实政治，成为这位大学教授、现代儒者的独特性格。

作为勇者型的儒者，徐复观首先是一个政治上的勇者。他曾经长期直接参与国民党高层政治，对于中国现实政治压力的可怕性当然有切身的了解。他曾说过："我国历史中，政治势力，才是最动人的东西；担当一个与现实政治势力经常处于危疑状态的人类责任，独往独来，这并不是讨便宜的勾当。"① 但是，对于现实政治中的弊端，他又总不计较个人利害而敢于大胆陈言；特别是面对国民党在中国大陆的失败，他感到自己作为参与者和失败者，应当负有检讨和反省的责任。在这方面，他把传统的儒家抗议精神与现代的自由主义立场结合起来，使传统的儒家抗议精神具有了新的时代气息，又使现代的自由主义立场接上了中国文化的传统。

徐复观之所以在认同现代新儒学的同时又看重自由主义，是与中国自由主义的政治主张和实际效用相联系的。自由主义作为政治哲学思潮，自19世纪与20世纪之交在中国兴起以来，就主张以改良的方式而非革命的方式革新中国政治，在中国建立以欧美资本主义国家为样

---

① 徐复观：《再版序》，载《学术与政治之间》，台湾学生书局1985年版，第Ⅸ—Ⅹ页。

板的现代民主政治。20世纪40年代，信奉自由主义的民主党派与主张马克思主义的中国共产党，在反对国民党一党专政的斗争中形成了统一战线；而国民党反动派也敌视自由主义，将自由主义和马克思主义都视为思想敌人而加以反对。1943年，毛泽东在《质问国民党》一文中就尖锐抨击蒋介石在《中国之命运》一书中对共产主义和自由主义的大肆攻击，指出："敌人汉奸痛骂共产主义和自由主义，你们也痛骂共产主义和自由主义。"[1] 可见在反对国民党独裁统治的民主革命斗争中，自由主义是有一定进步意义的。1949年中国革命的胜利，使中国自由主义阵营发生分化。一些自由主义者去了台湾，仍然希望通过改良的方式革新国民党的统治，从而形成了20世纪50—60年代台湾地区思想界对国民党当局的批评力量。对于来自自由主义的批评，蒋介石是不赞成并反对的，但又为了标榜"民主"和"自由"，而不得不作出有限度的容忍，为自由主义在台湾地区思想界的存在保留了一定的思想空间。徐复观主张把传统的儒家抗议精神与现代的自由主义立场结合起来，由此批评国民党当局，正是以此为思想背景和思想空间的。

从1949年起，徐复观即以很大的勇气对国民党在中国大陆的失败进行认真的检讨和反省。一方面，他虽然退出了国民党高层政界，但仍然与台湾当局保持了联系渠道，由此向国民党当权者积极建言。在1953年6月20日致唐君毅信中，他就谈到："最近经国（即蒋经国——引者注）先生要和我见面，见面后，我以极坦率诚恳之态度相对，结果总可增加友谊上的谅解。"[2] 另一方面，在更多的情况下，他则秉笔直书，以时政文章表达自己的意见。他很看重时政文章，认为自己笔下的这类文章就是对儒学传统的承继和发扬。他说："中国古圣先贤，有如孔子孟子，他们对当时君臣们的谆谆告诫，实际就是他们的时

---

[1] 毛泽东：《质问国民党》，载《毛泽东选集》第3卷，人民出版社1991年版，第908页。

[2] 黎汉基校注：《徐复观致唐君毅佚书六十六封（第14封信）》，载《无惭尺布裹头归·交往集》，九州出版社2014年版，第356页。

论文章。所以我认为凡是以自己的良心理性，通过时代的具体问题，以呼唤时代的良心理性的时论文章，这都是圣贤志业之所存，亦即国家命运之所系。"① 由于徐复观曾参与国民党高层政界，又力求从理论上作出深刻思考，因此他的许多见解远远超越一般人的识见，具有一针见血、入木三分的效果。对此，殷海光曾有过评论："徐复观有时出语石破天惊，掷地有声。他的冲力大极了，常常向外冲时，变成了魔王，回到书堆时，又成为圣人。"②

1949年9月，《民主评论》创刊不久，徐复观就在该刊第1卷第7期上发表了《是谁击溃了中国社会反共的力量》一文，以这个颇为奇特的标题，尖锐地提出是什么原因导致了国民党在中国大陆失败的问题。在这篇文章中，他从分析中国社会结构入手，指出国民党失败的根本原因，在于失去了占中国人口最多的包括自耕农、中农、富农、一般工商业者、知识分子在内的"中产阶级"的支持；而"中产阶级"对于国民党的失望、背离，是与国民党的严重腐败相联系的。这种腐败集中表现在两个方面，一是由孔宋财团所代表的财政金融，一是由国民党内派系所表演的派系政治。对于这导致国民党失败的两大腐败表现，他在文章中痛加揭露，猛烈抨击。

徐复观指出，所谓孔宋财团，并不是专指孔祥熙、宋子文两个人。凡在政府及在社会上能从事主要经济活动的人物，多半与他们或直接或间接有着关系，其活动性质与方式也大约一致。以孔宋财团为代表的金融政策，概括起来有七个特点：第一，他们仅凭票号与买办的知识经验来处理国家的经济问题，再无其他真正的现代经济知识，因而不能接受任何与国计民生有益的建议；第二，他们在"国家资本""战时统制"等好听的名词之下，把社会的资源财富集中起来，加以控制掌握，尤其是对金融机关的控制掌握，从而公开地占领国家的金融命脉；第三，他

---

① 徐复观：《自序》，载《学术与政治之间》，台湾学生书局1985年版，第XIII页。
② 殷海光：《最后的话语》，载《殷海光文集》修订本第4卷，湖北人民出版社2009年版，第310页。

们除了这种公开地占领外,并不放弃贪污行为,主要采取间接的手段,以限制他人、便利自己的方法,取得了交通、资源、资金的特殊便利,使正当的工商业无法生存,扼死了民族工业的生机;第四,因为他们是国家最有钱的人,所以自抗战以来一直反对实行"有钱出钱"的政策,一面造成财富畸形的集中,一面饿垮了军队、饿垮了公务员,从1940年夏到1944年夏因饿因冻致死的壮丁新兵远多于因作战致死者;第五,他们为要维系他们的经济地位,遂以不正当的手段,向有力的官僚送法币、送美金公债、送官价外汇、送低利贷款;第六,他们把私人投机的行为,扩大到政府的经济政策上去,于是政府不通过大经大法的经济政策来领导社会,而常以投机的方式与社会竞争;第七,他们把自己的亲戚爪牙分布到国家的各个重大的金融与企业中去,形成一个政府之上的"经济王国",一方面使这批爪牙为自己效劳,成为该财团的大亨们完成以上目的的工具,一方面使这批爪牙分润余沥,成为一个站在政府以外的特殊剥削集团。"在上述七大特色之下,使整个社会的经济活动,都卷入于投机舞弊的大浪潮中。大家在不合理的金融财政政策之下,只好也用不合理的手段,争取不合理的生存。不能或不肯加入投机舞弊浪潮中的人,便只有坐以待毙。于是中产阶级合理而稳定的生活基础,完全破坏了。一部分或分润余沥,而变为此一财团的'家奴';或接响追踪,而成为此一财团的'庶子'。大部分人,则都失掉了生存的保障,失掉了生存的信心。尤其是在此一财团的财政金融政策之下,最明白的告诉社会,凡是奉公守法的,一定叫你吃意外的苦头;凡是作歹为非的,一定叫你得到预期的好处。社会一切的道德、法制、信用等等,所有赖以维系人与人正常关系的精神因素,都破坏无余。更加以贫富的距离加大,生活的差别悬殊,由对现实不平不满所激发的感情,冲破了中产阶级固有的和平中正的情调。所以中产阶级,在此一财团压迫之下,小部分变质,大部分破产。"[①]

[①] 徐复观:《是谁击溃了中国社会反共的力量》,载《学术与政治之间》,台湾学生书局1985年版,第257—258页。

徐复观又指出，孔宋财团不能仅从经济方面去了解，而实际上是政治的产物，是政治在经济方面表现的自然形态。国民党内部的派系政治，与孔宋财团正是一对难兄难弟，其社会作用，可谓异曲同工。国民党由"以党治国"退堕到"派系分国"，在1927年前后即已开始，不过当时各派系的内部仍有其政治上的活力；一直到抗战发生，各派系虽有其反作用，但也有其正作用；而到了1939年以后，则只有反作用，几乎没有正作用了，成为不可控制之局。这种派系政治，是在三民主义的空头支票掩护下，由各个人的封建自私所形成的。各人以自己的现实利害为中心，顺着血缘关系，由子女亲戚推及于同乡、同学、学生以及所谓"一手提拔之人"。每一有权力者所拿的用人尺度，都是与他自己亲疏厚薄的关系。凡是没有私人关系的，便一律排斥于各派系之外，也就是排斥于政府之外。"于是国民党之所谓'党'，变成了封建人事关系的许多小集团。但典型的封建社会，还有封建的道德加以维系。而现时的封建，毕竟是没落的东西，封建的道德已扬弃而转向为新的形态。于是封建关系的本身，便没有任何真正可靠的道德观念之存在。所以每一小集团的内容，都空虚动摇，并无真正的团结性。当各派各系互争之际，不断的截取中山先生的遗教中的一言半句，或社会流行的名词口号，以拱卫自己、打击别人。实际，他们什么也不是，什么也不想，而只是想分得国家的权位。因为大家对于国家的权位，只当作满足私人欲望的工具去追求，权位只对他的欲望负责，而不对国家的问题负责，所以追求到手以后，决不发生真实的责任感，而只感到分的不够。分了这，又想分那。纷纷扰扰，穷年累月不休。"① 总之，"派系政治，对内既都感到分得不够，则对社会天经地义的会关紧大门"②。这样一来，"派系政治，好似一个大粪坑，一粘上他便臭。他已经臭坏了中国性的三民主

---

① 徐复观：《是谁击溃了中国社会反共的力量》，载《学术与政治之间》，台湾学生书局1985年版，第259页。

② 徐复观：《是谁击溃了中国社会反共的力量》，载《学术与政治之间》，台湾学生书局1985年版，第260页。

义，现在又臭坏了世界性的民主政治"①。

徐复观的这些揭露和抨击，直接点名道姓批评国民党高层人物，真可谓痛快淋漓。其实，这些想法在他的头脑中早已酝酿成熟，如鲠在喉，不吐不快。他由此得出的结论是：要使国民党得到改造，恢复活力，只有根绝孔宋财团的遗毒和转变由派系自私所流转出来的孤立政治。"国民党能做到这两点，才算是真正在改造，真正在质变。"② 在这里，他强调说："中山先生所倡导的天下为公，这应该是每一个忠实的国民党人反省的第一课"③。

徐复观不仅对国民党提出了尖锐的批评，而且把批评的锋芒直接指向蒋介石。1956 年 10 月 31 日，正值蒋介石的 70 岁寿辰。蒋介石提出，希望听到各界人士的批评意见，以进言代替祝寿，称："婉谢祝寿……均盼海内外同胞，直率抒陈所见，俾政府洞察舆情，集纳众议。"④ 这本来是讲讲而已，装装面子，但台湾的一批自由主义知识分子却假戏真唱。由胡适作后台、雷震所主办的《自由中国》第 15 卷第 9 期，即以《祝寿专号》发表了一组向蒋介石提意见的文章。正在客居美国的胡适，为《祝寿专号》写了《述艾森豪（即艾森豪威尔——引者注）总统的两个故事给蒋总统祝寿》一文，文中称："中国古代的政治思想家也曾细细想过这个一国元首的风度的问题。我曾指出《吕氏春秋》对于这个问题曾提出很值得政治家思考的说法，一国的元首要努力做到'三无'，就是要'无智，无能，无为'：'无智，故能使众智也。无能，故能使众能也。无为，故能使众为也。'《吕览》说，这叫做'用

---

① 徐复观：《是谁击溃了中国社会反共的力量》，载《学术与政治之间》，台湾学生书局 1985 年版，第 260 页。

② 徐复观：《是谁击溃了中国社会反共的力量》，载《学术与政治之间》，台湾学生书局 1985 年版，第 265 页。

③ 徐复观：《是谁击溃了中国社会反共的力量》，载《学术与政治之间》，台湾学生书局 1985 年版，第 265 页。

④ 引自［美］江南：《蒋经国传》，中国友谊出版公司 1984 年版，第 368 页。

非其有，如己有之'。这是最明智的政治哲学。"① 因此，他"奉劝蒋先生要彻底想想'无智，无能，无为'的六字诀"，"努力做一个无智而能'御众智'，无能无为而能'乘众势'的元首"②。这是委婉地批评蒋介石的独裁专权。雷震又专门来到东海大学，约请徐复观写文章。徐复观写了一篇题为《我所了解的蒋总统的一面》的文章，对于蒋介石的个人性格的缺陷以及由此而招致的历史性失败作了直截了当的批评，也刊于《祝寿专号》上。可能是编者的有意安排，胡文在前，徐文在后，作互相呼应状。徐复观与胡适在文化观上相互对立，因而不时发生争论；但他们又都主张政治上的自由主义，因而在对待蒋介石的批评上构成了相互呼应。

徐复观在文中指出，蒋介石的失败，一个重要的原因，是由于他的"意志坚强"所致。这种"坚强"的"意志"，不仅使主观脱离了客观，而且阻碍了民主政治制度的建立，最终导致了政治上的大失败。对此，徐复观着重从理论上作了相当深入透彻的分析。

徐复观首先从认识论上进行了分析。他指出，"意志坚强"是力量集中的表现，办成任何事情都得靠意志，尤其是渡过混乱时代更是如此。但如果因个人意志而忽视了客观情况，以为仅凭意志即可办成任何事情，那又会导致失败。这是因为，"意志虽然是个人的主观，并不是说凡属主观的东西便有价值；主观之有无价值，是要看一个人构成主观的过程而定。从政治上说，一个主观意志价值之大小，和他在构成意志的过程中所了解的客观情况及接受客观不同意见之多少成一正比例。换言之，意志的主观是要通过一条客观的道路来形成，因此，这是以客观为基底的主观，是许多客观的东西，经过吸收消化，凝结而为主观的形式，这种主观的意志才有价值。由直感及私人欲望而来的主观，缺乏

---

① 胡适：《述艾森豪总统的两个故事给蒋总统祝寿》，载《胡适文集》第11卷，北京大学出版社1998年版，第821页。

② 胡适：《述艾森豪总统的两个故事给蒋总统祝寿》，载《胡适文集》第11卷，北京大学出版社1998年版，第822页。

广大的客观作基底的主观,不能作高的评价。可是,一个人对客观事物之接触和了解,常与其环境有密切的关系。政治地位太高、权力太大、而又保持得太久的人,常常妨碍他与客观事物作平等底接触(在平等接触中,始能了解客观事物),于是常常仅根据自己的直感欲望来形成自己的意志,常常把由权力自身所发生的直接刺激反应,误会为自己意志在客观事物中所得到的效果。这样一来,意志不复是由不断向客观事物吸收消化而来的结晶,而只成为更无开阖伸缩性的僵化物;于是顽固代替了坚强,经常陷入于与客观事物相对立不下的状态,而成为解决问题的一大障碍。在这种环境中,假定不是有强的外底制约和深的内底反省,便很难逃过此一难关。历史上许多英明之主,为什么晚年不如早年,在这里多少可以得到一点说明,而蒋公自身似乎也不曾跳出这种格局"①。

在此基础上,徐复观又从政治哲学上加以了分析。他指出:"政治上为了实现主观的意志,必须形成一种客观的设施,有如典章法制,及贯穿于典章法制中的各种原理原则。没有这些东西,则意志将成为散兵游勇,或者只是不可捉摸的诗人的感情,对事实一无用处。但是典章法制,原理原则,虽然是产生自人的主观意志,可是产生以后,则系离开人的主观意志,而成为客观的存在,反转身来要与人的主观意志以约束,使人的意志必须在它所约束的轨道内作合于轨道的前进。即是此时人的意志必甘心从属于这种客观的东西,受这种客观东西的支配。正因为如此,一方面,人的意志才能脱离其转变不常的混沌状态,向一个条理分明的方向发展,不至陷于前后自相矛盾。另一方面,原理原则,典章法制,因为它不属于某一个人的特定主观范围,而系一客观的存在,便可能成为多数人所共同承认的标准;一个人的意志,顺着这些共同的标准表达出去,这即是主观的客观化,个性的共同化,使国家的各种意志,能向一共同的方向凝结,不至陷于彼此间的矛盾。还有,典章法

---

① 徐复观:《我所了解的蒋总统的一面》,载《儒家政治思想与民主自由人权》,八十年代出版社 1979 年版,第 304—305 页。

制，原理原则，当然不是代表不变底绝对性的真理，但它比之一个人的意志，则有其更大的安定性与持久性。这些东西，通过人的意志的努力而赋有血肉灵魂，而人的意志则通过这些东西而可建立一条具体底、安定而持久底共同轨道，于是一个国家，不再是某一特殊意志在直接发生支配作用，而是这些为多数人所承认的客观东西在直接发生支配作用，国家才能建立起精神上的基础。在安定而持久的精神基础上，才能建立起物质的基础。因此，一个处于开创时代的伟大政治家，他的坚强意志必表现于建立这些客观的典章法制和有关的原理原则之上，并率先信守而贯彻之，他的努力才有结果。"① 也就是说，"在这个时候，必须有一更高的意志，以消解自己的意志为意志，即是中国过去所说的'无为而无不为'的意志，来消纳此一矛盾"②。以此来衡论蒋介石，徐复观认为："蒋公似乎没有升进到这一步，于是他似乎常陷于主观与客观相对立之中，形成他精神和行为上的困惑，加以政治上客观性的东西建立起来以后，有些地方常常会和个人的脾气不合，这便有赖于自己的克制工夫；有的地方并不能有利无弊，这便有赖于高瞻远瞩的衡断；有的时候在实行上会发生许多困难，这便有赖于坚强贯彻的努力。蒋公似乎因为做不到第一点，便也做不到第二点和第三点（他的才力是可以做到的），于是他对于国家的政治问题，似乎有点像精力过分充沛的工程师，一个工程图案刚刚开始打桩划线，工程师又变了主意，重新再来；或者在一件工程的进行中，因工程师随时举棋不定的修改而不能不陷于停顿。加以有机会和蒋公亲近的干部，常要利用此一弱点，便以各种方法助长此一弱点。因为只有在此一弱点之下，可以不顾客观的拘束性而得到政治上的暴利；于是使社会感到不是国家的典章法制在治理我们，我们不是在典章法制上得到政治生活的规范，而只是根源于蒋公及蒋公

---

① 徐复观：《我所了解的蒋总统的一面》，载《儒家政治思想与民主自由人权》，八十年代出版社 1979 年版，第 305—306 页。

② 徐复观：《我所了解的蒋总统的一面》，载《儒家政治思想与民主自由人权》，八十年代出版社 1979 年版，第 306—307 页。

所信赖的少数人的主观意志，国家的典章法制似乎是在可有可无之中。这便使蒋公一世辛勤，但站在国家客观基础上说，几乎是所成有限。"①

徐复观的结论是："不甘心于客观化的坚强意志，不甘心受客观制约的坚强意志，是古今中外悲剧英雄所走的道路，而我们的蒋公，似乎也是走的这一条道路；因为主观的意志有时好像能压服客观的要求，但这只是暂时的，表面的；客观的要求，最后必然会否定没有广大底客观作基底的主观意志。"②

徐复观对蒋介石的这些批评，虽然语气与用词都极为婉转，用他自己的话说，"抚心自问，我写的时候，实出于爱护之诚"③，但于当时，却可谓石破天惊之论，在国民党统治下的台湾岛引起了巨大的震动。胡适的文章，固然对蒋介石有批评，但毕竟人在大洋彼岸的美国；而徐复观的文章，则就是在台湾写的，可以说是面对面的直谏和批判。这一期的《自由中国》，由于胡适和徐复观的"祝寿"文章，成为人们争相购买、彼此传阅的刊物。据《雷震回忆录》的记载，该期《自由中国》先后印了11次，可见传播之广、影响之大。

《自由中国》的《祝寿专号》，引起了国民党当局的极端不满。台湾"国防部总政治部"发出标有"极机密"印记的"特种指示"——《向毒素思想总攻击》，指责《自由中国》企图不良，颠倒是非，混淆视听，有不当的政治野心，是思想上的敌人，要求党内和军中刊物针锋相对，予以驳斥。"特种指示"中指出那些散布"毒素思想"的人，有"长居国外的所谓知名学者"，这显然是指胡适，还有"好出风头的所谓政论家"，这显然是指徐复观。而徐复观与蒋介石的关系，也由于他的这篇"祝寿"文章拉得更远。他由此成为特务们关注的"危险人物"，被国民党开除党籍。1957年4月17日，徐复观在致唐君毅的信中谈到自己此

---

① 徐复观：《我所了解的蒋总统的一面》，载《儒家政治思想与民主自由人权》，八十年代出版社1979年版，第307页。

② 徐复观：《我所了解的蒋总统的一面》，载《儒家政治思想与民主自由人权》，八十年代出版社1979年版，第308页。

③ 徐复观：《"死而后已"的民主斗士——敬悼雷儆寰（震）先生》，载《儒家政治思想与民主自由人权》，八十年代出版社1979年版，第317页。

时的处境和心情，说："弟因去岁祝寿之文，已被开除党籍。在弟甚感心安理得。今后能做一徐氏之子姓、中国之国民，于愿足矣。"①

但徐复观并没有因此而畏缩，继续与雷震等人保持着密切的关系，支持他们反对国民党极权统治的斗争。1960 年，雷震开始在台湾组织作为反对党的"中国民主党"，引起国民党当局的极度紧张，采取了镇压措施，引发了震惊世界的"雷震事件"。在事件发生前夕，原侍从室第六组组长、当时的国民党中央党部秘书长唐纵约徐复观谈话。徐复观明确地表示了自己的立场，申明自己没有参与组建反对党，但反对国民党对组建新党的镇压，说："从报纸上剑拔弩张地许多诬蔑的报导看，你们好像要有所行动，我非常反对。"② 不久，雷震被捕，判刑十年。徐复观悲愤异常，咏七律一首："飘风乍过万林暗，雾绕千峰夕照沉。一叶堕阶惊杀气，微霜接地感重阴。知无来日甘遗臭，好舐残羹漫黑心。辜负诗人悱恻意，空山苦作候虫吟。"③ 在诗中，他对国民党当局表示了极大的愤懑，对雷震寄予了深切的同情。雷震入狱后，胡适等40 人曾联名请求蒋介石予以"特赦"，蒋介石说交"国防部"签注，结果不了了之。后来联合国人权组织致函台湾当局，要求赦免雷震的三分之一的刑期，蒋介石也置之不理。到 1970 年出狱，雷震在台湾新店军人监狱整整坐了十年牢，一天不少。对此，徐复观感慨万千，说："在我心理上，总感到他的十年监狱，是替我们要求民主的人们坐的。一想到这里，心中就非常难过。"④

---

① 黎汉基校注：《徐复观致唐君毅佚书六十六封（第 33 封信）》，载《无惭尺布裹头归·交往集》，九州出版社 2014 年版，第 376 页。

② 徐复观：《"死而后已"的民主斗士——敬悼雷儆寰（震）先生》，载《儒家政治思想与民主自由人权》，八十年代出版社 1979 年版，第 316 页。

③ 徐复观：《茧庐以近作二首见示感叹和之》，载《中国文学论集续篇》，台湾学生书局 1981 年版，第 249 页。在《徐复观致柴曾恺》中，此诗题为《一九六〇年九月，雷震以言论被捕下狱，和孙克宽教授感事诗一首》，个别文字亦有不同，见《徐复观文集》修订本第 1 卷，湖北人民出版社 2009 年版，第 331 页。

④ 徐复观：《"死而后已"的民主斗士——敬悼雷儆寰（震）先生》，载《儒家政治思想与民主自由人权》，八十年代出版社 1979 年版，第 319 页。

以后，徐复观的活动受到了国民党当局的更多的限制。1964年，《征信新闻报》负责人余纪忠邀请徐复观主持该报副刊《学艺周刊》，徐复观认为这是一个引入新思想的契机，以很大热情和精力投入办刊工作。在《〈学艺周刊〉发刊词》中，他指出了办刊的目的："知识分子的麻木不仁，多出于在现实生活中的自我锢蔽。先能在锢蔽的墙壁上打开一个窗口，让自己的头，从窗口中伸出去；让墙壁外的阳光空气，从窗口中透进来，这可能是使神经苏醒的方法之一。这一小小园地，希望能在这一点上尽到若干责任。"① 周刊出版后，受到读者来信赞扬，但也很快受到国民党最高层的干预。徐复观在给徐均琴的信中，表达了强烈的不满情绪。他写道："周刊出到现在，除了第一期外，我再没有发表自己的文章，因为留篇幅给年轻人发表。我希望通过这一周刊，能导入些新而健康地思想，把年来文化上的混乱现象，稍加澄清。这对国民党而言，也应当是很有利的。但昨天接到余伯伯（即余纪忠——引者注）来信，陈副总统（即陈诚——引者注）听说我办了这样一个周刊，即大发雷霆。我本来已公开说明，只编到三个月为止。这样一来，我只好编到关门为止了。"② 高压之下，《学艺周刊》不久即被迫停刊。1968年，徐复观在《〈学艺周刊〉发刊词》原稿后加了一个补志，感叹地说："这是我一生中所办的最短命的刊物。"③

二、与西化派的论争

徐复观在政治上把儒家抗议精神与自由主义立场结合起来，而在文化问题上则为中国文化特别是儒家文化在现代社会中的生存和发展

---

① 徐复观：《〈学艺周刊〉发刊词》，载《徐复观文录》第4册，环宇出版社1971年版，第198页。

② 徐复观：《致徐均琴（第11封家书）》，载《徐复观家书精选》，台湾学生书局1993年版，第34页。

③ 徐复观：《〈学艺周刊〉发刊词·补志》，载《徐复观文录》第4册，环宇出版社1971年版，第199页。

进行辩护，同那些主张全盘西化的自由主义者进行了激烈论争，这是徐复观作为勇者型的儒者的又一方面。其中，徐复观与殷海光、胡适、李敖等主张全盘西化的自由主义者的论争，是颇有代表性的。

这一论争首先是在《民主评论》与《自由中国》两个刊物之间进行的。这两个刊物都赞成自由主义，在批评国民党的极权统治上曾相互支持，徐复观在《自由中国》上发表过文章，殷海光也在《民主评论》上发表过文章。1953年，徐复观在《民主评论》第4卷第9期上发表《中国的治道——读陆宣公传集书后》一文，通过对唐代政治家陆贽思想的分析，揭示了中国儒家政治思想的成就与局限，认为只有使儒家政治思想接上民主政治制度，才能解开中国政治问题的纠结。对此，殷海光著文《治乱底关键——〈中国的治道〉读后》，发表于《自由中国》第8卷第12期，称徐文是"不平凡的人之不平凡的作品"[1]，认为"此时此地而能看到这种文章，真是空谷足音"[2]。殷文对徐文的主要论述，作了大段摘引和评论，高度评价了徐文的意义，特别是肯定了徐文提出的以民主政治来解决中国历史中长期存在的"二重的主体性"问题。殷文指出："五十年前提倡共和的人，他们认为中国要结束这种治乱循环的局面，要打开历史的死结，只有一劳永逸，让四万万人都做主人，政府做公仆。这个想法是根本正确的。本文作者则从'中国的治道'，体悟出中国必须走上民主之路，才能结束传统的'君民对立'之'矛盾'，而使政治上'二重主体性'所演出的悲剧结束，并把作为'权原'的人君加以合理的安顿。这可说是作者最重要的贡献。"[3] 当国民党当局压迫自由主义者的时候，徐复观在《民主评论》第7卷第21期上发表《为什么要反对自由主义》一文，对自由主义大力肯定，指出："自由主义的

---

[1] 殷海光：《治乱底关键——〈中国的治道〉读后》，载《殷海光文集》修订本第1卷，湖北人民出版社2009年版，第36页。
[2] 殷海光：《治乱底关键——〈中国的治道〉读后》，载《殷海光文集》修订本第1卷，湖北人民出版社2009年版，第36页。
[3] 殷海光：《治乱底关键——〈中国的治道〉读后》，载《殷海光文集》修订本第1卷，湖北人民出版社2009年版，第44—45页。

名词，虽然成立得不太早；但自由主义的精神，可以说是与人类文化以俱来。只要够称得上是文化，则尽管此一文化中找不出自由主义乃至自由的名词，但其中必有某种形态、某种程度的自由精神在那里跃动。否则根本没有产生文化的可能。"① 并进而对国民党当局提出抗议，认为："在今日，我们事实上置身于自由阵营，而精神上又常常要向自由构衅；这种阴错阳差底形势的造成，只不过起于少数官僚的饰非遂过，而决非来自国民党所信仰的三民主义，这是值得英明的总统蒋公加以熟考的。"② 至于徐复观在《自由中国》的《祝寿专号》上与胡适一起发表批评蒋介石的文章，更显示了他与《自由中国》主办者在政治立场上的一致。

但是，当《自由中国》发表全面否定中国传统文化的文章时，徐复观又本着现代新儒学的文化保守主义立场，站出来进行尖锐的批评。他指出："《自由中国》半月刊自出刊以来，倡导自由民主，为各方所推重。但他们一谈到文化问题，则常常是偏狭武断，不免使人怀疑写这类文章的人，恐怕根本缺乏自由民主的气质。"③

1957年，《自由中国》第16卷第9期发表了由殷海光执笔的社论《重整五四精神》，在强调高扬五四运动的科学精神与民主精神的同时，把历史文化与科学民主尖锐地对置起来，认为历史文化妨碍了科学民主，要发展科学民主就必须抛弃历史文化。殷海光说："就科学的眼光看来，'历史文化'并非崇奉的祖宗牌位。因为，'历史文化'并不是别的，只是先民生活努力成绩之总称。如果所谓'历史文化'是先民生活努力成绩之总称，而不是在神龛上的灵牌，那末，当过去的成绩不甚适合现代人的生活而予以批评或修正时，为什么就算是大不敬呢？"④ 又

---

① 徐复观：《为什么要反对自由主义》，载《学术与政治之间》，台湾学生书局1985年版，第458页。
② 徐复观：《为什么要反对自由主义》，载《学术与政治之间》，台湾学生书局1985年版，第466页。
③ 徐复观：《历史文化与自由民主》，载《学术与政治之间》，台湾学生书局1985年版，第525页。
④ 殷海光：《重整五四精神》，载《殷海光文集》修订本第2卷，湖北人民出版社2009年版，第66页。

称："凡属稍有知识的人士都看得明明白白，时至今日而讲复古，无论讲得怎样玄天玄地，根本是死路一条，不会有前途的。"① 还说："依据向量解析（vector analysis），复古主义和现实权力二者的方向相同，互相导演，互为表里，彼此构煽，因而二者所作用于五四运动的压力合而为一。于是五四所给予中国现代的影响也就只有依稀可辨了。"②

对于《自由中国》这种否定历史文化的主张，徐复观极为愤怒，写了《历史文化与自由民主——对于辱骂我们者的答复》一文，发表在《民主评论》第 8 卷第 10 期上，予以尖锐的抨击。他指出，"人类当艰苦困难的时代，总希望从自己乃至他人的历史文化中，求得对我们当前的行为、方向有若干正面或反面的启示或教训，这是无间于古今中外的人类自然地要求，而为研究历史文化者的一种自然职责。由历史文化所求得的启示、教训，随各人研究的态度、深度而有不同，这是可以作具体讨论的；但谁能抹煞人类自身的这种自然地要求和研究者所应当负的责任？人类的文化，人类由文化所建立的生活型式和态度，都是由历史积累而来。反历史文化，只有把人类带回原始的野蛮时代。我们目前在政治上迫切需要民主自由，但我们只有从历史文化中才能指出人类在政治上必须走向民主自由的大方向，才能断定民主自由的价值。从逻辑中推不出自由，推不出民主，作不出自由民主的价值判断。逻辑的自身，不是从天上掉下来的，也是历史文化的产物。历史文化，是以时间为其基底；时间之流，总是在变的；研究历史文化者是要从历史文化中看出它变的方向，在变的方向中寻找变的某种程度的原则，以为人类抉择行为的资助。"③ 徐复观认为，历史文化与科学民主都是今日中国所需要的，应当使两者密切地结合起来："一面讲我们的历史文化，一面

---

① 殷海光：《重整五四精神》，载《殷海光文集》修订本第 2 卷，湖北人民出版社 2009 年版，第 66 页。

② 殷海光：《重整五四精神》，载《殷海光文集》修订本第 2 卷，湖北人民出版社 2009 年版，第 66 页。

③ 徐复观：《历史文化与自由民主》，载《学术与政治之间》，台湾学生书局 1985 年版，第 529 页。

讲我们的科学民主；科学民主是我们历史文化自身向前伸展的要求，而历史文化则是培养科学民主的土壤。"①

1961年11月，美国国际开发总署主办的"亚东区科学教育会议"在台北开幕，胡适在开幕那天用英文作了题为《科学发展所需要的社会改革》的演讲，把东方老文明同近代文明对立起来并加以贬抑，宣称"我认为我们东方这些老文明中没有多少精神成分"②。他特别强调："现在，正是我们东方人应当开始承认那些老文明中很少精神价值或完全没有精神价值的时候了；那些老文明本来只属于人类衰老的时代，——年老身衰了，心智也颓唐了，就觉得没法子对付大自然的力量了。的确，充分认识那些老文明中并没有多大精神成分，甚至已没有一点生活气力，似乎正是对科学和技术的近代文明要有充分了解所必需的一种智识上的准备；因为这个近代文明正是歌颂人生的文明，正是要利用人类智慧改善种种生活条件的文明。"③

胡适此论一出，随即遭到徐复观的怒斥。徐复观写了《中国人的耻辱，东方人的耻辱》一文，发表在《民主评论》第12卷第24期上，对胡适的演讲表示了极大的义愤。他宣布，胡适在演讲中，以一切下流的辞句，来诬蔑中国文化，诬蔑东方文化，是中国人的耻辱，是东方人的耻辱。徐复观谈了自己尖锐抨击胡适的动因，指出："我之所以如此说，并不是因为他不懂文学，不懂史学，不懂哲学，不懂中国的，更不懂西方的；不懂过去的，更不懂现代的。而是因为他过了七十之年，感到对人类任何学问都沾不到边，于是由过分的自卑心理，发而为狂悖的言论，想用诬蔑中国文化、东方文化的方法，以掩饰自己的无知，向西方人卖俏，因而得点残羹冷汁，来维持早经掉到厕所里去了的招牌，这未

---

① 徐复观：《历史文化与自由民主》，载《学术与政治之间》，台湾学生书局1985年版，第538页。

② 胡适：《科学发展所需要的社会改革》，载《胡适文集》第12卷，北京大学出版社1998年版，第704页。

③ 胡适：《科学发展所需要的社会改革》，载《胡适文集》第12卷，北京大学出版社1998年版，第704页。

免太脸厚心黑了。"① 又指出："中国印度文化，在万分中，有一分好的没有呢？胡博士几次代表我们政府出席国际学术性的会议，假定有一分好的，胡博士何妨便讲那一分，以顾点国家的体面，并增进西方友人一点知见，这又有什么不可以呢？假定连一分好的也没有，则胡博士何必顶着中国的招牌去出席呢？因为你虽然在洋人面前骂自己的文化骂得爽心快意，但洋人依然认为你是个中国人；一个中国人在外国人面前骂尽自己民族的历史文化，在外国人心目中只能看作是一个自渎行为的最下贱的中国人。"②

这篇痛斥胡适的文章，带有强烈的感情色彩，其中有不少激愤之词、义气之论，但这也极鲜明地反映了徐复观的现代新儒学的文化保守主义立场。而令徐复观所不曾想到的是，这篇文章竟成了20世纪60年代台湾中西文化问题论战的导火线。在这篇文章发表后不久，由李敖主持的《文星》杂志发表了黄富三的文章《与徐复观先生论中西文化》，批评徐复观对胡适的指责。黄文把徐复观称为"复古爱国主义者"③，说："徐先生这种做法，表面上是冠冕堂皇的爱国者，其实，这种抱残守缺的观念，是有害于国族生机的。"④

徐复观很快写了《过分廉价的中西文化问题——答黄富三先生》一文，发表在《文星》第9卷第5期上，作为对黄文的回答。徐复观在文中称："黄先生要在东方文明有无灵性的这一基础之上来和我讨论东西文化，在黄先生心目中的东西文化，未免过分廉价了吧！我可以再进一步告诉黄先生，我在大学的中文系里教书，教的、研究的，当然是中国

---

① 徐复观：《中国人的耻辱，东方人的耻辱》，载《徐复观杂文续集》，时报文化出版事业有限公司1981年版，第376—377页。
② 徐复观：《中国人的耻辱，东方人的耻辱》，载《徐复观杂文续集》，时报文化出版事业有限公司1981年版，第381页。
③ 引自徐复观：《过分廉价的中西文化问题》，载《徐复观文录选粹》，台湾学生书局1980年版，第133页。
④ 引自徐复观：《过分廉价的中西文化问题》，载《徐复观文录选粹》，台湾学生书局1980年版，第133页。

传统的东西。世界大概找不出在大学的文科中，不发掘、研究各自的传统文化的情形吧！同时，我是半路出家的人，在学问上所得的也自然非常有限。不过，任何人学问上所能学到的，都只能是整个学问中的一部分，所以也可以说每个人都是抱残守缺，我更不能例外。但若就一个人做学问的精神态度而言，在今日的台湾，恐怕很少人有资格在我面前能用'抱残守缺'四字来责难我。"① 接下来，徐复观列举了自己所从事的教学与研究，更具体地回应黄文的指责。他说："我常常和同事的先生们聊天，希望中文系里每一门课，都能由过去落实到现代。举例说吧，我常想：应当以'语言学'代替现在的'文字学''声韵学'；应当以'诗学'来代替现在的'诗选''词选'；应当以'戏剧学'代替现在的'元曲'。现在所教的这类材料，都应归纳到每一门学问的系统中去，接受每一门学问有系统的知识的解释。但这在目前，是任何大学都做不到的。我经常鼓励中文系的学生应当好好学英文，常常提醒他们，不能了解西方有关的东西，便也很难真正了解中国传统的文化。因为我们是要站在现代的立场去了解传统，所以不能以过去的人所了解的为己足。并经常告诉学生，我们对传统的东西，必须重新评价；而今日评价的尺度是在西方，我们应当努力求到这种尺度。我教中国哲学思想史，最辛苦的准备工作是西方的哲学史。我教《史记》，最辛苦的准备工作是西方的史学思想与方法。我教《文心雕龙》，最辛苦的准备工作是西方的文学理论。我当然所能求得的是非常有限；但我是天天在追求。我们对中国文化，也正是像姚从吾先生所说的，做着'经过洗涤，使真珠与鱼目区分'的工作。我对中国传统的政治思想，这种工作做得相当的彻底。我多少次说明中国的文化思想，是受了二千年中专制政治的干扰、歪曲、压迫、毒害。所以作研究工作的人，首先要从这种歪曲毒害中把它洗涤出来。我写的《中国孝道思想的形成、演变及其在历史中的诸问题》一文，正可以作此类工作的范例。我们的研究结论，只有用更进一

---

① 徐复观：《过分廉价的中西文化问题》，载《徐复观文录选粹》，台湾学生书局1980年版，第133—134页。

层的研究，才能加以修正。我们是认为在中国文化中，有可以补西方文化不足之处。但我们的说法，无一不是经过'洗涤'而来。洗涤的结果，对，或者不对，应当根据我们写的东西，作具体的分析、批评，而不能悬空地诬蔑谩骂；因为世界上没有任何一门学问，会告诉人，可以采取这种下流的态度，尤其是稍稍受过一点西方文化洗礼的人。"[①] 徐复观的这段文字，没有从大道理上，而是从自己日常的教学、研究上，相当平实地道出了他对待中西文化的基本态度。但论战既起，这些平实之言很快为呐喊之声所掩盖，已无人肯认真去听了。

这以后，《文星》成为这场论战的主阵地。而论辩双方则转变成徐复观的好友胡秋原与李敖之间的论争。其结果，文化论战变成了"文化骂战"，双方互相给对方戴"红帽子"，双方指责对方为"匪谍"，双双告到法院。这当中，李敖也与徐复观打过官司。1965年，李敖向台中地方法院提出自诉，以诽谤罪控告徐复观。这种超出论战范围的突然袭击，令阅历丰富的徐复观也颇为吃惊。他在写给徐均琴的信中说："李敖那只小疯狗，突然在法院告我一状，真是做梦也没有做到的。"[②] 徐复观坚决应战，也向台中地方法院提出答辩书，对李敖的控诉作了一一驳斥。徐复观表示："本人在本案中所期待者，非仅为个人能在法律上受到公平之待遇；且希望由此引起社会与政府之注意，使整个之读书人、中国文化及国家民族，在其名誉上、精神之安全上，能获得基本之保证。"[③] 同时，徐复观声明：在文化讨论中，本人从不以李敖为对手。因而放弃反控诉的权利，宁愿接受缺席裁判而不请律师出庭辩护。[④] 徐

[①] 徐复观：《过分廉价的中西文化问题》，载《徐复观文录选粹》，台湾学生书局1980年版，第134—135页。

[②] 徐复观：《致徐均琴（第22封家书）》，载《徐复观家书精选》，台湾学生书局1993年版，第58页。

[③] 徐复观：《对李敖控告诽谤向台中地方法院所提答辩书》，载《徐复观杂文补编》第2册，台湾"中央研究院"中国文哲研究所筹备处2001年版，第284页。

[④] 见徐复观：《对李敖控告诽谤向台中地方法院所提答辩书》，载《徐复观杂文补编》第2册，台湾"中央研究院"中国文哲研究所筹备处2001年版，第279页。

复观还与李敖作过私下谈话，希望他能转变态度和做法。这在徐复观写给徐均琴的信中，有较详细的记述："昨天开庭。开完庭后，我又动了恻隐之心，约李敖在一起谈谈，谈了两个多小时，我劝他好好做学问，放诚实些。他说学问是奢侈品，没有用；他要搞政治，又要写文章卖钱；他说一个月有两三万元的收入。我的文章，他大抵都看过，说了不少的恭维的话。最后他要求把官司结束，我说：'你负责安排好了，我信任你。'诬告罪若成立，便不是罚钱的问题，而是要坐七年以下的有期徒刑的问题；'得饶人处且饶人'，他年纪轻，稍有诚意，我便饶他算了。不过他正在大发其疯，非吃大亏不可；所以分手时，我赠他'子曰：以约失之者，鲜矣'的话，不知他能否觉悟。"①

但是，情况发生了急剧性变化：这年10月，李敖在《文星》上发表《我们对国民党限的严正表示》一文，公开批评国民党统治，直接触怒台湾当局，导致《文星》杂志被封。1967年，台湾高等法院首席检察官指令侦办李敖，以"妨害公务"的罪名提起公诉；1971年3月，李敖被捕入狱；一年后，被以"叛乱"罪判刑十年。徐复观预见李敖"非吃大亏不可"，果然不幸而言中。这样一来，胡秋原总算打赢了这场官司，徐复观也没有被起诉；但实际上，这场论战使台湾自由主义知识分子的力量受到很大摧残，并没有真正的胜利者。这是论战的双方在当初所不曾料到的。

殷海光后来与徐复观谈到这场论战时，"承认由《文星》所发动的文化骂战，使剩下本已无多的知识分子，两败俱伤；并使知识分子对政治社会可能从言论上稍稍尽点责任的，也被迫作完全的抛弃"②，感叹地说："这一次真是最大的愚蠢。"③ 徐复观认为："海光的话，是千真

---

① 徐复观：《致徐均琴（第71封家书）》，载《徐复观家书精选》，台湾学生书局1993年版，第132—133页。
② 徐复观：《对殷海光先生的忆念》，载《徐复观杂文——忆往事》，时报文化出版事业有限公司1980年版，第178页。
③ 引自徐复观：《对殷海光先生的忆念》，载《徐复观杂文——忆往事》，时报文化出版事业有限公司1980年版，第178页。

万确的。尤其是台湾的司法审判，受政治的影响很大。持久的骂战，已经把大家的精力和对社会的影响力都抵消了；再打起官司来，对政治的影响力，便自然而然地有点像过去江南人对付五通神了。"① 论战过后，台湾自由思想界陷入了长达十多年的沉寂之中。

正当徐复观经受人生困厄的时候，他的恩师熊十力于 1968 年 5 月在上海逝世的消息传来，这使他极为悲痛。他写了《悼念熊十力先生》等文，深切怀念自己的老师，称熊十力的逝世是"中国文化长城的崩坏"②，同时又指出："民族不亡，人类不灭，人之所以为人之基本条件亦不变，则熊先生由生命所体现出的中国文化长城，或能薪尽火传，与天壤以共其不朽吧！"③ 与他亦敌亦友的殷海光，也于 1969 年 9 月因遭受台湾国民党当局的迫害患癌症英年早逝。殷海光在生命的最后几年，思想发生较大的变化，由反对中国文化传统而转向认肯中国文化传统，表示："中国的传统和西方的自由主义要如何沟通？这个问题很值得我们深思。如果我的病能好，我要对这问题下一点功夫去研究。"④ 他还以自己与徐复观为例，对西方思维方式和东方思维方式的关系问题进行了反思，认为："就思想的模式而论，我是长期沉浸在西方式的分别智中，我比较细密，讲推论，重组织。徐复观等人比较东方式，讲直觉、体悟、透视、统摄。这两种思想模式应互相补偿，而不应互相克制排斥。"⑤ 徐复观对此感慨万千，写了《痛悼吾敌，痛悼吾友》等文，纪念这位不畏强权、不断求索的哲学家。他说："我希望后起有志之士，能从殷先生作人的品格上，启发自己对国家民族负责的根基；能从殷先

---

① 徐复观：《对殷海光先生的忆念》，载《徐复观杂文——忆往事》，时报文化出版事业有限公司 1980 年版，第 178 页。

② 徐复观：《悼念熊十力先生》，载《徐复观文录选粹》，台湾学生书局 1980 年版，第 339 页。

③ 徐复观：《悼念熊十力先生》，载《徐复观文录选粹》，台湾学生书局 1980 年版，第 342 页。

④ 殷海光：《最后的话语》，载《殷海光文集》修订本第 4 卷，湖北人民出版社 2009 年版，第 306 页。

⑤ 殷海光：《最后的话语》，载《殷海光文集》修订本第 4 卷，湖北人民出版社 2009 年版，第 310 页。

生在学术的转变上，把握对学问探索的热诚与方向。"①

除了师友情谊外，熊十力、殷海光、徐复观三人都是出自鄂东巴河流域的思想家，在出身、气质、性情上最为相近相通。这也是徐复观对熊十力与殷海光尤为怀念的原因。他写道："我和海光，虽然我是浠水，他是黄冈，但相距不过十里左右，中间隔着一条巴水。我们两人，有若干相同的地方。首先是两人出身穷苦，幼年少年时代受到许多欺压，这便形成了精神分析学所指出的潜意识中的反抗性，脾气都有些怪而且坏。与我家也相距约十公里，与海光家相距约三公里的熊十力先生的性格，也可以作此解释。……其次，我和海光，都是不很信邪的人。对于任何刺眼的东西，有兴趣的话，便会把眼睛睁得大大地正视一番。对于有趣的学问，说闯就闯。任何学术权威，都要看看他的成色，称称他的分量。可惜我中年失学，而海光死得太早。就我们的性格，在中国任何空间，都是不容易生存的，除非民主政体真正实现以后。"② 在这时，徐复观深深感受到一种时代氛围中的人世悲凉。

三、《为中国文化敬告世界人士宣言》

20世纪50年代，以钱穆主持的香港新亚书院和徐复观主持的《民主评论》为中心，推动了台湾香港地区现代新儒学的开展，并产生了越来越大的影响。在这种情势下，采用集体发声的形式，表达现代新儒学的现实存在及其基本观点，让世人特别是让西方人了解台湾香港地区现代新儒学关于中国文化的基本立场，成为当务之急。这就产生了牟宗三、徐复观、张君劢、唐君毅共同署名的《为中国文化敬告世界人士宣言》（又名《中国文化与世界——我们对中国学术研究及中国文化与世

---

① 徐复观：《痛悼吾敌，痛悼吾友》，载《儒家政治思想与民主自由人权》，八十年代出版社1979年版，第327页。

② 徐复观：《对殷海光先生的忆念》，载《徐复观杂文——忆往事》，时报文化出版事业有限公司1980年版，第178—179页。

界文化前途之共同认识》）。1958年元旦，这篇《宣言》同时在《民主评论》和《再生》两家杂志上发表，成为台湾香港地区现代新儒学作为一大思潮兴起的标志。后来旅美学者张灏曾对此有过评论："一九五八年初，香港出刊的保守派杂志《民主评论》，特载了海外中国四位名学者所共同署名的一篇宣言，向全世界宣示对中国文化所持的立场。自一九四九年后，这四人是中国文化传统最为积极与最具诠释力的发言人，所以此篇宣言足以代表保守思想趋势的重要大纲，这种保守思想依然十分活跃于当代海外中国的思想界，一般即称之曰'新儒家'。"[①] 由此，徐复观成为台湾香港地区现代新儒学思潮的主要代表人物之一。

关于《为中国文化敬告世界人士宣言》的形成和发表过程，《宣言》正文前有按语作了简明扼要的说明，指出："此宣言之缘起，初是由张君劢先生去年（即1957年——引者注）春与唐君毅先生在美（即美国——引者注）谈到西方人士对中国学术之研究方式，及对中国与政治前途之根本认识，多有未能切当之处，实足生心害政，遂由张先生兼函在台之牟宗三、徐复观二先生，征求同意，共发表一文。后经徐、牟二先生赞同，并书陈意见，由唐先生与张先生商后，在美草定初稿，再寄徐、牟二先生修正。往复函商，遂成此文。此文初意，本重在先由英文发表，故内容与语气，多为针对若干西方人士对中国文化之意见而说。但中文定稿后，因循数月，未及移译。诸先生又觉欲转移西方人士之观念上之成见，亦非此一文之所能为功。最重要者仍为吾中国人之反求诸己，对其文化前途，先有一自信。故决定先以中文交《民主评论》及《再生》二杂志之一九五八年之元旦号，同时发表。"[②]

而《宣言》的实际形成和发表过程，要远比这个按语所述内容复杂得多。从1957年春季到这年年底，在张君劢、牟宗三、徐复观、唐君毅

---

① 张灏：《新儒家与当代中国的思想危机》，载《当代新儒家》，生活·读书·新知三联书店1989年版，第53—54页。

② 牟宗三、徐复观、张君劢、唐君毅：《中国文化与世界》，载《中华人文与当今世界》下册，台湾学生书局1978年版，第865页。

第三章　来自鄂东泥土地的现代新儒学大师（下） 123

之间，就《宣言》的发起、撰写与修改进行了反复的商议和探讨，经历了由发起《宣言》、起草初稿、形成油印稿到最后正式发表的过程。当时徐复观致《宣言》起草人唐君毅的多封信件，就从一个方面反映了这一复杂过程。徐复观在1957年4月17日致唐君毅信中称："君劢先生有信给宗三兄，亦提对中国文化问题共发一宣言事，其用意甚善。然主要关键，在能有一强有力之刊物，及有若干人能埋头做研究工作。……宗三兄昨晚来弟处商量，如何复君劢先生之信，弟意此稿不妨由兄起草，经君劢先生商酌后，如仅以英文发表，即可由弟及宗三兄参加，在美发出，即可。此一问题，以兄把握得最清楚、最周到，故以兄动笔为宜"①。徐复观在是年8月21日致唐君毅信中称："关于《文化宣言》事，宗三兄与弟皆赞成兄在旅途中肯写此长文，此乃真出于对文化之责任感。弟拟删去数段，并在文字上有少数之修改。删改之用意，在于凸显出最主要之意思，不使次要者及最易引起争论者影响到所欲讲之中心问题。为节省时间，已照删改者油印十余份，凡经宗三兄同意删去者即未印上；宗三兄不其同意者，原文及删改者皆印上，以便去取。第九章之前半段，弟初读时，稍嫌文气之间多所委曲，故欲删去。再读，则觉保留亦未尝不可。第十章之第三项，弟意仍以删去为妥，因觉过于刻露也。但一切由兄作最后决定，故将原稿奉上，望细读看一遍，何者应改回，何者仍应保留，兄可径行处理，弟毫无他见。为节省时间，油印稿由宗三兄直寄君迈〔劢〕先生二份，将来正式之印刷费及邮费，如由张先生在美办理，弟可帮助美金一百元。如在港印发，则全部经费可由弟负责。印时以中、英文并举为宜（如太贵，则分印亦可）。签名人数恐不会多，亦不必多。"② 徐复观在是年12月11日致唐君毅信中称："《文化宣言》事，已函德璋、达凯（即郑德璋、金达凯——引者注）两

---

① 黎汉基校注：《徐复观致唐君毅佚书六十六封（第33封信）》，载《无惭尺布裹头归·交往集》，九州出版社2014年版，第376—377页。
② 黎汉基校注：《徐复观致唐君毅佚书六十六封（第34封信）》，载《无惭尺布裹头归·交往集》，九州出版社2014年版，第378页。引文中方括号内的字，为徐复观书信校注者对前面明显错字的改正。

君，完全听兄决定。关于《老》《庄》及《中庸》等先后问题，兄之观点，弟及宗三兄皆不甚同意。兄对'五十而知天命'之解释，与刘宝楠同失之太泛，不能由此而把握住孔子在进德历程中之肯紧关键。弟近讲中国宗教，由敬天思想，以迄禅宗、净土，发现中国文化性格总是要求由外向内收敛之之倾向，由宇宙论转向人性论之倾向，甚为明显。在孔子以前之敬天思想，系由宗教精神（外在的）向人文精神逐渐下降。至诗□□雅时代，此外在的天的观念，已完全坠落，到孔子而人文精神始真正生稳根。孔子系由道德的人文精神上升而重新涵摄宗教精神，重新肯定敬天思想。儒家中之宗教精神，只是由内在的道德精神超越化。孔子之'知天命'，实系由外落实向内，再由内超出之大转捩点。由外向内的落实，至孟子之性善说，始真归根到底。孟子由尽心知性知天，内在而超越之意更显。从思想史的立场看，及文献的立场看，弟目前不能同意兄之看法也。"① 1958 年元旦，即《宣言》发表的当天，徐复观在致唐君毅信中称："《宣言》印出来甚好，但仍应将君劢先生之名放在前面，因彼属前辈也。但已安排好，亦无所谓。"② 从这些信件中可以看出，徐复观虽然不是《宣言》的起草者，但确实积极参与了《宣言》起草工作，为《宣言》的形成和发表做了大量工作，做出了自己的思想贡献。

《宣言》共分 12 部分：（一）前言——我们发表此宣言之理由；（二）世界人士研究中国学术文化之三种动机与道路及其缺点；（三）中国历史文化之精神生命之肯定；（四）中国哲学思想在中国文化中之地位及其与西方哲学之不同；（五）中国文化中之伦理道德与宗教精神；（六）中国心性之学的意义；（七）中国历史文化所以长久之理由；（八）中国文化之发展与科学；（九）中国文化之发展与民主建国；（十）我们对中

---

① 黎汉基校注：《徐复观致唐君毅佚书六十六封（第 35 封信）》，载《无惭尺布裹头归·交往集》，九州出版社 2014 年版，第 379 页。引文中的"□"符号，表示徐复观书信校注者无法辨别的文字。

② 黎汉基校注：《徐复观致唐君毅佚书六十六封（第 36 封信）》，载《无惭尺布裹头归·交往集》，九州出版社 2014 年版，第 380 页。

国现代政治史之认识；（十一）我们对于西方文化之期望及西方所应学习于东方之智慧者；（十二）我们对世界学术思想之期望。由此来看《宣言》的主旨，主要探讨的就是以中国文化为主要内容的文化观问题；而在具体内容上，《宣言》不仅着重阐发了以中国文化为主要内容的文化观，而且进一步由文化观问题向上展开阐发本体论问题、向下展开阐发政治哲学问题。通过对文化观问题、本体论问题和政治哲学问题的阐发，《宣言》把文化儒学、形上儒学、政治儒学融为一体，阐发了台湾香港地区现代新儒学的主要哲学思想，成为台湾香港地区现代新儒学哲学路向开展的纲领性文件。

在文化观问题上，《宣言》面对中国近百年进入全球性现代化进程所引发的文化身份认同危机，对于中国文化的价值予以了发掘、肯定和高扬，强调了中国文化对于现代中国人的积极意义和重要价值，表现出强烈的文化保守主义特征。但同时，《宣言》的作者又与那些顽固守旧的文化保守主义者不同，主张以一种全球的视域和开放的心态来看待中西古今文化关系问题，使中国文化走出困境、获得新的延续和开展。这样一来，《宣言》就建构了一套文化儒学新理论。在今天看来，其中最值得重视者可以概括为三点。

第一，《宣言》明确地提出，中国文化是中国人安身立命的精神家园，只有在中国文化中才能使中国人的文化生命有所安顿。因此，《宣言》特别强调中国文化之于中国人乃至全人类的重要性，认为："中国现有近于全球四分之一的人口摆在眼前。这全人类四分之一的人口之生命与精神，何处寄托，如何安顿，实际上早已为全人类的共同良心所关切。"[①] 又认为："中国问题早已化为世界的问题。如果人类的良心，并不容许用核子弹来消灭中国五亿以上的人口，则此近四分之一的人类之生命与精神之命运，便将永成为全人类良心上共同的负担。而此问题之解决，实系于我们对中国文化之过去、现在与将来有真实的认识。

---

① 牟宗三、徐复观、张君劢、唐君毅：《中国文化与世界》，载《中华人文与当今世界》下册，台湾学生书局1978年版，第867页。

如果中国文化不被了解，中国文化没有将来，则这四分之一的人类之生命与精神，将得不到正当的寄托和安顿；此不仅将招来全人类在现实上的共同祸害，而且全人类之共同良心的负担，将永远无法解除。"①

第二，《宣言》进而指出，中国文化之所以能成为现代中国人的精神家园，在于它今天仍然有着生命力。面对许多西方人与中国人所持的"中国文化已经死了"的心态与看法，《宣言》不予认同而大声疾呼："我们首先要恳求：中国与世界人士研究中国学术文化者，须肯定承认中国文化之活的生命之存在。"② 而在对于中国文化的评价上，《宣言》并没有回避中国文化面对西方文化所表现出的局限与困境，而是直面这种局限与困境，强调中国文化仍然有其生命力，主张："我们亦不否认，中国文化正在生病，病至生出许多奇形怪状之赘疣，以致失去原形。但病人仍有活的生命。我们要治病，先要肯定病人生命之存在。不能先假定病人已死，而只足供医学家之解剖研究。"③

第三，《宣言》再而强调，要感受到中国文化生命力的存在，就需要对中国文化作同情的理解。这是因为，人类之历史文化，不同于客观外在的自然物；因此对于人类之历史文化的研究，不能持对客观外在的自然物的研究态度；否则只会把人类之历史文化，化同于自然界的无生命的化石。因此，《宣言》指出："对一切人间的事物，若是根本没有同情与敬意，即根本无真实的了解。因一切人间事物之呈现于我们之感觉界者，只是表象，此表象之意义，只有由我们自己的生命心灵，透到此表象之后面，去同情体验其依于什么一种人类之生命心灵而有，然后能有真实的了解。我们要透至此表象之后面，则我们必须先能超越我们个人自己之主观的生命心灵，而有一肯定尊重客观的人类生命心灵之敬

---

① 牟宗三、徐复观、张君劢、唐君毅：《中国文化与世界》，载《中华人文与当今世界》下册，台湾学生书局1978年版，第867—868页。
② 牟宗三、徐复观、张君劢、唐君毅：《中国文化与世界》，载《中华人文与当今世界》下册，台湾学生书局1978年版，第872页。
③ 牟宗三、徐复观、张君劢、唐君毅：《中国文化与世界》，载《中华人文与当今世界》下册，台湾学生书局1978年版，第872页。

意。此敬意是一导引我们之智慧的光辉，去照察了解其他生命心灵之内部之一引线。"① 相反，"如果任何研究中国之历史文化的人，不能真实肯定中国之历史文化，乃系无数代的中国人，以其生命心血所写成，而为一客观的精神生命之表现，因而多少寄以同情与敬意，则中国之历史文化，在他们之前，必然只等于一堆无生命精神之文物，如同死的化石。然而由此遽推断中国文化为已死，却系大错"②。这就明确地提出了了解和研究中国文化的态度与方法，强调了这种态度与方法是不同于自然科学的态度与方法的。

由文化观问题出发，《宣言》进而向上展开阐发本体论问题，形成了以文化儒学为基础的形上儒学。《宣言》所阐发的本体论问题，集中体现为对中国心性之学的重视和阐释。《宣言》十分重视心性之学之于中国文化的意义，认为："此心性之学，是中国古时所谓义理之学之又一方面，即论人之当然的义理之本原所在者。此心性之学，亦最为世之研究中国学术文化者，所忽略所误解的。而实则此心性之学，正为中国学术思想之核心，亦是中国思想中之所以有天人合德之说之真正理由所在。"③ 反之，不能理解和把握中国心性之学，就难以理解和把握中国文化。

《宣言》指出，中国心性之学具有西方哲学所不同的特点，这是理解和把握心性之学时尤其需要注意的："把中国心性哲学，当作西方心理学或传统哲学中之理性的灵魂论，及认识论、形上学去讲，都在根本上不对。而从与超自然相对之自然主义的观点，去看中国心性之学，因而只从平凡浅近处去加以解释，更属完全错误。西方近代所谓科学的心理学，乃把人之自然的行为，当作一经验科学研究的对象看。此是一纯

---

① 牟宗三、徐复观、张君劢、唐君毅：《中国文化与世界》，载《中华人文与当今世界》下册，台湾学生书局1978年版，第874页。

② 牟宗三、徐复观、张君劢、唐君毅：《中国文化与世界》，载《中华人文与当今世界》下册，台湾学生书局1978年版，第875页。

③ 牟宗三、徐复观、张君劢、唐君毅：《中国文化与世界》，载《中华人文与当今世界》下册，台湾学生书局1978年版，第884页。

事实的研究，而不含任何对人之心理行为，作价值的估量的。传统哲学中之理性的灵魂论，乃将人心视作一实体，而论其单一不朽，自存诸形式的性质的。西方之认识论，乃研究纯粹的理智的认识心，如何认识外界对象，而使理智的知识如何可能的。西方一般之形上学，乃先以求了解此客观宇宙之究极的实在与一般的构造组织为目标的。而中国由孔孟至宋明儒之心性之学，则是人之道德实践的基础，同时是随人之道德实践生活之深度，而加深此学之深度的。这不是先固定的安置一心理行为或灵魂实体作对象，在外加以研究思索，亦不是为说明知识如何可能，而有此心性之学。"①

《宣言》进而指出，要正确理解和把握中国心性之学，必须从人的道德实践入手，将心性之学作为一种道德的形上学。这就是说："此心性之学中，自包含一形上学。然此形上学，乃近乎康德所谓的形上学，是为道德实践之基础，亦由道德实践而证实的形上学，而非一般先假定一究竟实在存于客观宇宙，而据一般的经验理性去推证之形上学。因中国此种由孔孟至宋明之心性之学，有此种特殊的性质，所以如果一个人其本身不从事道德实践，或虽从事道德实践，而只以之服从一社会的道德规律、或神之命令、与新旧约《圣经》一章一句为事者，都不能真有亲切的了解。换句话说，即这种学问，不容许人只先取一冷静的求知一对象，由知此一对象后，再定我们行为的态度。此种态度，可用以对外在之自然与外在之社会，乃至对超越之上帝，然不能以之对吾人自己之道德实践，与实践中会觉悟到之心性。"② 因此，中国心性之学是在道德实践中实现心性的觉悟，在这种觉悟中实现对家庭、国家乃至天下、宇宙的把握。

从心性之学的特点出发，《宣言》强调正是心性之学使中国人确立

---

① 牟宗三、徐复观、张君劢、唐君毅：《中国文化与世界》，载《中华人文与当今世界》下册，台湾学生书局1978年版，第886—887页。

② 牟宗三、徐复观、张君劢、唐君毅：《中国文化与世界》，载《中华人文与当今世界》下册，台湾学生书局1978年版，第887—888页。

了自己在宇宙人生中的位置，使中国人成为中国人："人之道德实践之意志，其所关涉者无限量，而此自己之心性亦无限量。对此心性之无限量，却不可悬空去拟议，而只可从当人从事于道德实践时，无限量之事物自然展现于前，而为吾人所关切，以印证吾人与天地万物实为一体。而由此印证，即见此心此性，同时即通于天。于是人能尽心知性则知天，人之存心养性亦即所以事天。而人性即天性，人德即天德，人之尽性成德之事，皆所以赞天地之化育。所以宋明儒由此而有性理即天理，人之本心即天心，人之良知之灵明即天地万物之灵明，人之良知良能即乾知坤能等之思想，亦即所谓天人合一思想。"① 这一思想，从孔孟到宋明儒一以贯之，形成了心性之学传统。与之相关联，在心性之学中又体现了中国人独特的宗教精神："此心性之学，乃通于人之生活之内与外及人与天之枢纽所在，亦即通贯社会之伦理礼法、内心修养、宗教精神、及形上学等而一之者。然而在西方文化中，言形上学、哲学、科学，则为外于道德实践之求知一客观之对象，此为希腊之传统；言宗教则先置定一上帝之命令，此为希伯来之传统；言法律、政治、礼制、伦理，则先置定其为自外规范人群者，此主要为罗马法制伦理之传统。中国心性之学，于三者皆不类。"② 因此，"今人如能了解此心性之学，乃中国文化之神髓所在，则决不容许任人视中国文化为只重外在的现实的人与人之关系之调整，而无内在之精神生活及宗教性、形上性的超越感情之说"③。反之，"不了解中国心性之学，即不了解中国之文化也"④。

由文化观问题出发，《宣言》又进而向下展开阐发政治哲学问题，形

---

① 牟宗三、徐复观、张君劢、唐君毅：《中国文化与世界》，载《中华人文与当今世界》下册，台湾学生书局1978年版，第888页。
② 牟宗三、徐复观、张君劢、唐君毅：《中国文化与世界》，载《中华人文与当今世界》下册，台湾学生书局1978年版，第889页。
③ 牟宗三、徐复观、张君劢、唐君毅：《中国文化与世界》，载《中华人文与当今世界》下册，台湾学生书局1978年版，第889页。
④ 牟宗三、徐复观、张君劢、唐君毅：《中国文化与世界》，载《中华人文与当今世界》下册，台湾学生书局1978年版，第889页。

成了由文化儒学生发出的政治儒学。在政治哲学问题上,《宣言》着重探讨了中国文化发展与在中国建立民主政治制度的关系问题。这是一个中国的历史和现实所提出的问题,其关节点在于:在中国文化历史中,一直没有出现类似西方近代的民主政治制度;以致在中国建立民主政治制度,成为一个时代性的难题。《宣言》特别强调了这一历史和现实的困局,指出:"中国过去历史中,除早期之贵族封建政治外,自秦以后即为君主制度。在此君主制度下,政治上最高之权原,是在君而不在民的。由此而使中国政治本身,发生许多不能解决之问题。如君主之承继问题,改朝易姓之际之问题,宰相之地位如何确定之问题,在中国历史上皆不能有好的解决。……以致中国之政治历史,遂长显为一治一乱的循环之局。欲突破此循环之唯一道路,则只有系于民主政治制度之建立。故四十六年前(即1912年——引者注),亦终有中华民国之成立。而现在之问题,则唯在中国民族迄今尚未能真正完成其民主建国之事业。"①

《宣言》进而指出,这种历史和现实的困局,并不是中国文化所导致的;恰恰相反,在中国文化中包含着民主政治制度的"种子"。这就是说:"中国今虽尚未能完成其民主建国之事业,然我们却不能说中国政治发展之内在要求,不倾向于民主制度之建立;更不能说中国文化中,无民主思想之种子。"② 之所以不能说中国文化中没有民主思想之种子,就在于:"儒、道二家之政治思想,皆认为君主不当滥用权力,而望君主之无为而治,为政以德。此固只是一对君主之道德上的期望。但儒家复推尊尧舜之禅让,及汤武之革命,则是确定的指明'天下非一人之天下,而是天下人之天下'及'君位之可更迭',并认为政治之理想,乃在于实现人民之好恶。此乃从孔孟到黄梨洲,一贯相仍之思想。"③

---

① 牟宗三、徐复观、张君劢、唐君毅:《中国文化与世界》,载《中华人文与当今世界》下册,台湾学生书局1978年版,第900—901页。

② 牟宗三、徐复观、张君劢、唐君毅:《中国文化与世界》,载《中华人文与当今世界》下册,台湾学生书局1978年版,第901页。

③ 牟宗三、徐复观、张君劢、唐君毅:《中国文化与世界》,载《中华人文与当今世界》下册,台湾学生书局1978年版,第902页。

当然，这些思想也有历史的局限性，但不能因此否定这些思想通向民主政治的可能性和合理性。因此，《宣言》认为："过去儒家思想之缺点，是未知如何以法制，成就此君位之更迭，及实现人民之好恶。禅让如凭君主个人之好恶，此仍是私而非公；而儒家禅让之说，后遂化为篡夺之假借。而永远之革命，亦不能立万世之太平；儒家所言之革命，遂化为后来之群雄并起，以打天下之局。但是从儒家之肯定天下非一人之天下，并一贯相信在道德上，人皆可以尧舜为贤圣，及民之所好好之，民之所恶恶之等来看，此中之天下为公、人格平等之思想，即为民主政治思想根源之所在，至少亦为民主政治思想之种子所在。"①《宣言》由此断言，从中国文化中必然会发展出民主政治制度：中国文化中之道德精神与君主制度的根本矛盾，"只有由肯定人人皆平等为政治的主体之民主宪政加以解决，而民主宪政亦即成为中国文化中之道德精神自身发展之所要求。今日中国之民主建国，乃中国历史文化发展至今之一大事业，而必当求其成功者，其最深理由亦即在此"②。

由此出发，《宣言》认为中国若要建立民主政治制度，必须植根于中国文化，进而通过反思反清革命以来的民主建国历程，探讨了民主政治制度的中国之"根"问题："从民主之思想方面说，则由中山先生之民权主义思想，民国初年之代议政治之理论，以至陈独秀办《新青年》之标出科学与民主之口号，固皆是民主思想。但是陈独秀等，一方面标科学与民主之口号，一方面亦要反对中国之旧文化，而要打倒孔家店。这样，则民主纯成为英美之舶来品，因而在中国文化中是无根的。以民主与科学之口号，去与数千年之中国历史文化斗争，中国文化固然被摧毁，而民主亦生不了根，亦不能为中国人共信，以成为制度。于是陈独秀终于转向社会经济方面，而重视西方帝国主义与资本主义对中国之

---

① 牟宗三、徐复观、张君劢、唐君毅：《中国文化与世界》，载《中华人文与当今世界》下册，台湾学生书局1978年版，第902—903页。
② 牟宗三、徐复观、张君劢、唐君毅：《中国文化与世界》，载《中华人文与当今世界》下册，台湾学生书局1978年版，第904页。

侵略，由是而改谈马克思主义，不再谈所谓资产阶级之民主。以陈独秀这种特别标榜民主口号的人，终于一度抛弃了民主口号，这即是民国初年之民主思想之最明显的自我否定。于是民国十二三年（即1923年、1924年——引者注）后的中国思想，便一步步的走入马克思之旗帜下去。"①《宣言》进而认为，马克思主义同样解决不了在中国建立民主政治制度的问题，因为马克思主义并不是从中国文化中生长出来的，在中国是无"根"的："马列主义之思想在中国民族之客观精神生命之要求上，本无正面之基础。中国人之接受此思想，唯因此思想乃直接以反帝国主义、反资本主义之侵略为目的。在此点之上，此种思想亦实较任何其他中国思想、西方思想，其旗帜较为鲜明，而富于激动力。故自民国十二三年以来，即流行于国内。然而中国民族之所以反帝国主义、资本主义，则唯由其自身要求独立存在，并继续发展其文化于当今之世界。而此则有中华民族之精神生命正面要求的存在。此正面要求是'正'，此正面要求之受百年来之帝国主义、资本主义之侵略压迫是'反'，而马列主义则至多只是被中国人一时所信，而用以反此'反'者。则马列主义在根本上只是此正面要求之暂时工具，因而决不可能倒转来代替原初之正面要求，或妨碍到此正面要求。如妨碍之，则此正面要求既能因受外来之侵略压迫而寻求此工具，则他亦能因此工具之与其自身之矛盾而舍弃此工具。所以无论中国今后政治发展之曲折情形，我们纵不能一一预料；然马列主义思想本身，总是要归于被否定，而中国文化之客观的精神生命，必然是向民主建国之方向前进，则是我们可以断言的。"② 因此，在政治哲学问题上，《宣言》把马克思主义与中国文化截然地对置起来，表现出鲜明的反对马克思主义的理论特点。

以上这些内容，把文化儒学、形上儒学、政治儒学融为一体，集中

---

① 牟宗三、徐复观、张君劢、唐君毅：《中国文化与世界》，载《中华人文与当今世界》下册，台湾学生书局1978年版，第906页。

② 牟宗三、徐复观、张君劢、唐君毅：《中国文化与世界》，载《中华人文与当今世界》下册，台湾学生书局1978年版，第909—910页。

体现了《宣言》所阐发的台湾香港地区现代新儒学的主要哲学思想。在60多年后的今天再来反观《宣言》，可以看到在这些思想中，既有合理之处，也有局限之处，两者都是相当明显的。

《宣言》所论文化观问题的三点核心内容，作为文化儒学新理论，展现了《宣言》所阐发的文化保守主义的价值取向，论证了现代新儒学开展的历史合理性及其基本意义与基本价值，是现代新儒学作为一大文化保守主义思潮存在与发展的基本立足点。60多年来的现代新儒学开展，其中尽管存在着各种不同的思想分歧，但大体没有偏离这些基本立足点或大体包含着这些基本立足点。在今天看来，这些基本立足点确实是《宣言》中最具合理性的内容，仍然闪耀着智慧的光辉和理论的锋芒。

《宣言》关于政治哲学问题的阐发，所形成的政治儒学，强调中国民主政治制度的建立，必须要有中国文化之"根"，看到了中国民主政治制度不能直接从西方搬来，无疑有其合理性；但由此断言马克思主义不是从中国文化中生长出来的、因而在中国是无"根"的、是要为中国人所抛弃的，则已为历史证明是根本错误的。笔者的近著《马克思主义哲学中国化与中国哲学的现代转型》，就从历史和理论的结合上系统阐明了中国马克思主义哲学的中国之"根"问题，指出这个"根"尽管不存在于中国哲学、中国文化的古代形态和古代传统中，但却存在于中国哲学、中国文化的现代形态和现代传统中。① 这种中国哲学、中国文化的现代形态和现代传统，正是《宣言》的作者们作为文化保守主义者，所不了解的、所没看到的。而不了解这些，看不到这些，就不能理解中国共产党是何以立党、何以立国的。

《宣言》关于本体论问题的阐发，所形成的形上儒学，可以说是《宣言》中学理性很强的一部分，引导了以后台湾香港地区现代新儒学的本体论开展，特别是发展出唐君毅的"心通九境论"和牟宗三的"两层存有论"。但也正是这种对形而上学的重视和强调，引起了台湾香港

---

① 见李维武：《马克思主义哲学中国化与中国哲学的现代转型》。该书纳入2019年度《国家哲学社会科学成果文库》，由北京师范大学出版社于2021年4月出版。

地区现代新儒学的分歧和分化，不仅在现代新儒学开展中出现了哲学路向与史学路向的对置，而且在《宣言》的四位署名者中也发生了重建形而上学与消解形而上学的分歧。这种分歧和分化，是《宣言》的四位署名者始料未及的。

四、台湾香港地区现代新儒学的分歧和分化

由《为中国文化敬告世界人士宣言》所引起的台湾香港地区现代新儒学的分歧和分化，首先在《宣言》的四位署名者与钱穆之间发生：在人们看来本当属于现代新儒学代表人物的钱穆，却没有在《宣言》上署名。钱穆没有署名的原因，不是因为《宣言》的四位署名者有意排斥钱穆，而是钱穆坚决地婉拒《宣言》的四位署名者邀请他署名。徐复观在1957年8月21日致唐君毅信中，就透露了他一再邀请钱穆署名而最终失败的信息："钱先生处，弟已试探其意见，彼乃大为反对，此自在意中，故兄不必再提。"① 这里的"大为反对"四字，凸显出钱穆对于《宣言》甚不赞成的态度，以致徐复观毫无办法，只好劝唐君毅就此作罢。这才是钱穆没有在《宣言》上署名的原因。

钱穆之所以"大为反对"《宣言》，并不是他不赞成儒学。钱穆在思想上，当然是认同儒学的，正如他的学生余英时所说："钱先生既以抉择中国历史和文化的主要精神及其现代意义为治学的宗主，最后必然要归宿到儒家思想。"② 不仅如此，钱穆与唐君毅、徐复观本有着相当密切的合作关系，在保守中国文化的实际活动中相互呼应。唐君毅曾长期任教于钱穆所创办的香港新亚书院，是新亚书院的核心人物，与钱穆共事最久。徐复观对于艰难创办中的新亚书院总是予以帮助：新亚书院

---

① 黎汉基校注：《徐复观致唐君毅佚书六十六封（第34封信）》，载《无惭尺布裹头归·交往集》，九州出版社2014年版，第378页。

② 余英时：《钱穆与新儒家》，载《现代危机与思想人物》，生活·读书·新知三联书店2005年版，第527页。

教师的文章，多在徐复观主办的《民主评论》上发表；新亚书院的经费，徐复观也曾设法资助。徐复观在1962年1月5日致唐君毅、谢幼伟、牟宗三信中，专门回顾了自己所给予钱穆和新亚书院的帮助："过去弟为新亚（即新亚书院——引者注）事，请得总统（即蒋介石——引者注）允与帮助，旋为晓峰（即张晓峰——引者注）所阻。弟乃设法由经国（即蒋经国——引者注）出面，请钱先生赴台讲学，与总统有见面之机会，得以延新亚之命脉于不坠。在新亚经济困难时，《民论》（即《民主评论》——引者注）常与以周转，其中有三千港币，并未请求偿还。弟对钱先生个人及新亚，可谓尽力无微不至。"① 徐复观逝世后，牟宗三回忆说："那时新亚书院初成，极度艰难，亦多赖民主评论社资助，此亦徐先生之力。所谓新亚精神实以《民主评论》之文化意识为背景。"②

近年出版的由钱穆孙女钱婉约整理的《湖北省博物馆藏钱穆致徐复观信札》，以及黎汉基校注的《徐复观致唐君毅佚书六十六封》，则披露了更多的钱穆对徐复观与《民主评论》予以帮助的细节。例如，徐复观在1952年3月26日致唐君毅、张丕介信中，就谈到钱穆帮助他修改文章事："本月十三日写成初稿（《儒家精神之基本性格及其限定与新生》），十四日携赴台北，请教宗三兄，承其指正数处，比即稍加誊清，请教钱先生，蒙钱先生又指正数处（上有蓝×者系钱先生所指正，已加修改）。"③ 又如，钱穆在1954年4月1日致徐复观信中，肯定了徐复观弃政问学以来在学问上的进步，鼓励他继续克服困难在学术道路上前进："吾兄文字，弟素极心折（此指最近两三年言），故亦甚盼兄能一意此途。道虽迂而实为至简易至切近者，舍此皆断港绝潢。吾辈既读几本中国书，更须在此几本中国书上努力，此乃天命所系，责无旁贷。兄

---

① 黎汉基校注：《徐复观致唐君毅佚书六十六封（第48封信）》，载《无惭尺布裹头归·交往集》，九州出版社2014年版，第391页。

② 牟宗三：《悼念徐复观先生》，载《徐复观教授纪念文集》，时报文化出版事业有限公司1984年版，第14页。

③ 黎汉基校注：《徐复观致唐君毅佚书六十六封（第3封信）》，载《无惭尺布裹头归·交往集》，九州出版社2014年版，第339页。

必许此意也。"① 再如，钱穆在 1954 年 12 月 17 日致徐复观信中，谈到为《民主评论》撰稿、筹款诸事，表示徐复观如能译出卡西尔的《人论》将积极资助出版："《周公在中国文化史上之地位》，此一题极重大，亦恨乏暇落笔，如完成一文，当可送《民评》（即《民主评论》——引者注）耳。前日为《民评》事曾与人长谈过，然此事仍难，即有开展，其中曲折，颇恨不能形之笔墨，幸谅幸谅！卡西勒尔之《原人》（即卡西尔著《人论》——引者注）如能由兄译出，他日新亚研究所有款，定可付印。惟此事亦有待，现仍在搁浅中，不知两月后能有开展否？届时当再告。"② 《湖北省博物馆藏钱穆致徐复观信札》一书，共收录钱穆 1948 年至 1957 年致徐复观信札 106 封。这些信札都是徐复观长子徐武军捐赠给家乡博物馆的。从这些信札中可以看出，在《宣言》发表前，钱穆与徐复观关系十分友好、甚为密切；而自 1958 年起，则再无钱穆致徐复观的信札，两人的关系明显疏远了。钱穆的这些来信，包括来信的信封，徐复观都细心地保存下来，这无疑是对以往友情的珍视。

关于"大为反对"《宣言》而没有在《宣言》上署名一事，钱穆在 1959 年 5 月 6 日致余英时信中作过一个说明："年前张君劢、唐君毅等四人联名作中国文化宣言书，邀穆联署，穆即拒之。曾有一函致张君，此函曾刊载于香港之《再生》。穆向不喜此等作法，恐在学术界引起无谓之壁垒。"③ 钱穆在 1957 年 8 月 1 日致徐复观信中更明确地谈了这个问题："君迈（即张君劢——引者注）先生意欲对中国文化态度发一宣言，私意此事似无甚意义。学术研究贵在沉潜缜密，又贵相互间各有专精，数十年来学风颓败已极，今日极而思反，正贵主持风气者导一正路，此决不在文字口说上向一般群众从可视听而兴波澜，又恐更引起门

---

① 钱穆著，钱婉约整理：《钱穆致徐复观信札》，中华书局 2020 年版，第 103 页。该书题名，封面、书脊、扉页上为《湖北省博物馆藏钱穆致徐复观信札》，扉页背面的版权页上为《钱穆致徐复观信札》。本书注释所引该书，取版权页上的题名。
② 钱穆著，钱婉约整理：《钱穆致徐复观信札》，中华书局 2020 年版，第 125 页。
③ 引自余英时：《钱穆与新儒家》，载《现代危机与思想人物》，生活·读书·新知三联书店 2005 年版，第 545 页。

户壁垒耳。"① 这两封信可以相互印证。在这些信中，钱穆都从维系正常学风出发，强调避免引起学术界的门户壁垒，说明自己反对发表《宣言》、不在《宣言》上署名的理由。

钱穆逝世后，余英时对此事作了自己的阐释，归结为现代新儒学开展中哲学路向与史学路向的分歧。他指出："钱先生论中国文化所采取的立场不是哲学而是史学。他不相信一部中国文化史可以化约为几个抽象的观念。从历史的立场出发，他不但分别从政治、经济、社会、学术、宗教、文学、艺术，以至通俗思想等各方面去探究中国文化的具体表现，而且更注意各阶段的历史变动，特别是佛教传入中国以后所激起的波澜及其最后与中国文化主流的融合。一言以蔽之，他所走的是一条崎岖而曲折的史学研究之路，其终极的目标是要在部分中见整体，在繁多中见统一，在变中见常。"② 因此，在这个意义上，"钱先生的史学路向是与当时的主流相背的"③。这无疑是一个有着思想史意义的新见解，从学理上说明了钱穆"大为反对"《宣言》的理由。余英时的这一阐释，不论从《宣言》的思想内容看，还是从《宣言》的四位署名者的学术路径看，确实是有根据的。

从《宣言》的思想内容看，《宣言》不仅着重阐发了台湾香港地区现代新儒学的主要哲学思想，而且对中国哲学在中国文化中的重要性及其意义作了鲜明的凸显和专门的阐发。其中第四部分的标题，即《中国哲学思想在中国文化中之地位及其与西方哲学之不同》。在这一部分的开篇，劈头就提出："我们研究中国之历史文化学术，要把它视作中国民族之客观的精神生命之表现来看。但这个精神生命之核心在那里？我们可说，它在中国人之思想或哲学之中。"④ 对于这一主张，《宣言》

---

① 钱穆著，钱婉约整理：《钱穆致徐复观信札》，中华书局2020年版，第238页。
② 余英时：《钱穆与新儒家》，载《现代危机与思想人物》，生活·读书·新知三联书店2005年版，第525页。
③ 余英时：《钱穆与新儒家》，载《现代危机与思想人物》，生活·读书·新知三联书店2005年版，第525页。
④ 牟宗三、徐复观、张君劢、唐君毅：《中国文化与世界》，载《中华人文与当今世界》下册，台湾学生书局1978年版，第875页。

作了进一步的说明，指出："这并不是说，中国之思想或哲学，决定中国之文化历史；而是说，只有从中国之思想或哲学下手，才能照明中国文化历史中之精神生命。因而研究中国历史文化之大路，重要的是由中国之哲学思想之中心，再一层一层的透出去，而不应只是从分散的中国历史文物之各方面之零碎的研究，再慢慢的综结起来。"① 细读《宣言》，其字里行间确实散发着很浓烈的哲学味，这可以说是《宣言》的一个特点。在 20 世纪中国哲学发展史上，《宣言》当属一篇有着重大影响的哲学文献。

从《宣言》的四位署名者的学术路径看，四人都有着强烈的哲学背景和鲜明的哲学家性格。早在 1923—1924 年科学与玄学论战中，张君劢就是玄学派主要代表人物。面对论战中科学主义思潮对形而上学的拒斥，他成为在 20 世纪中国哲学界力主重建哲学本体论的第一人，其哲学特征和形上追求十分鲜明，因而被科学派代表人物丁文江讥讽为"玄学鬼"。唐君毅、牟宗三、徐复观都是熊十力的弟子，与熊十力一起被后人称为"熊十力学派"。熊十力的哲学志业和形上追求，对这些弟子有着很大的影响，构成了熊十力学派的基本特征。尤其是唐君毅、牟宗三，分别毕业于中央大学哲学系和北京大学哲学系，接受过现代哲学的专业性教育和训练，长期从事哲学教育和哲学研究，属于专业性的哲学家。他们对形而上学有着浓厚的兴趣，以后唐君毅建构的"心通九境论"和牟宗三建构的"两层存有论"，都是 20 世纪中国哲学开展中有重大影响的形上儒学体系。徐复观虽然不主张建构自己的哲学体系，表现出对形而上学的批判和排拒，但其基本思想仍然属于哲学范畴，而且他也很自觉地把自己所开展的中国思想史研究，看作是一种中国哲学史研究。他说："近三十年来，有人以为西方哲学，是以知识为主。若以此作标准，便认为在中国历史中并无可以与之相对应的哲学；于是把原用的'中国哲学史'的名称，多改为'中国思想史'的名称；我觉得这

---

① 牟宗三、徐复观、张君劢、唐君毅：《中国文化与世界》，载《中华人文与当今世界》下册，台湾学生书局 1978 年版，第 875—876 页。

是一种错误。西方的所谓'哲学',因人、因时代,而其内容并不完全相同。希腊以知识为主的哲学,到了斯图噶学派(Stoic School),即变成以人生、道德为主的哲学。而现时哲学的趋向,除了所谓科学地哲学以外,也多转向人生价值等问题方面;则在中国文化主流中,对人生道德问题的探索,及其所得的结论,当然也可以称之为'哲学'。'思想史'的'思想'一语,含义太泛;所以我主张依然保留'哲学'一词,而称之为'哲学思想史',以表示在中国的历史文化中,在这一方面的成就,虽然由于知识地处理、建构有所不足,但其本质依然是'哲学地'的。在原用的'哲学史'中加入'思想'一词,不是表示折衷,而是表示谨慎。"① 在徐复观的第一部学术专著《中国人性论史·先秦篇》的《序》中,开篇即言:"这里所刊行的《中国人性论史·先秦篇》,是对'一般性的哲学思想史'而言,我所写的'以特定问题为中心'的中国哲学思想史的一部分。"② 后来到香港中文大学新亚书院任教时,徐复观即讲授"中国哲学史"课程,并受到学生欢迎。直到重病垂危之际,他还告诫前来看望和照料的学生:"做学问不怕慢,只怕不实。治中国哲学者应以一步登天为大戒。"③ 因此,徐复观在本质上亦是一位哲学家。笔者对徐复观的现代新儒学思想的阐释,也正是从哲学路向出发来开展的。正是这样,《宣言》的四位署名者与钱穆之间,形成了台湾香港地区现代新儒学开展中哲学路向与史学路向的分化和对立。

但在《宣言》的四位署名者之间,实际上也存在着思想上的较大分歧,只是这种分歧在当时没有充分显露出来,反而为《宣言》的共同署名所遮蔽了。对于这一分歧的所在以及弥缝的过程,徐复观后来有过回忆。他说:"这篇《宣言》是由唐先生起稿,寄给张、牟两位先生。他们两人并没表示其他意见,就签署了。寄给我时,我作了两点修正:(一)

---

① 徐复观:《中国人性论史·先秦篇》,台湾商务印书馆1984年版,序第9页。
② 徐复观:《中国人性论史·先秦篇》,台湾商务印书馆1984年版,序第1页。
③ 徐复观:《病中札记》,载《徐复观最后杂文集》,时报文化出版事业有限公司1984年版,第208页。

关于政治方面，我认为要将中国文化精神中可以与民主政治相通的疏导出来，推动中国的民主政治。这一点唐先生讲得不够，所以我就改了一部分。（二）由于唐先生的宗教意识很浓厚，所以在《宣言》中也就强调了中国文化中的宗教意义。我则认为中国文化原亦有宗教性，也不反宗教；然从春秋时代起就逐渐从宗教中脱出，在人的生命中扎根，不必回头走。便把唐先生这部分也改了。改了之后，寄还给唐先生，唐先生接纳了我的第一项意见，第二项则未接受。这倒无所谓。就这样发表了。"①从这一回忆中可以看出，对于《宣言》的主要思想内容，徐复观基本上是赞成的；其中政治哲学思想，很大程度上来自徐复观的主张；而其中将中国文化特别是将中国心性之学宗教化，则为他所不赞成。

在政治哲学思想方面，徐复观在《宣言》的四位署名者中是最具优势和深度的。他不仅进入过国民党高层政界，有着丰富的政治经验，而且根据这些政治经验，对政治哲学问题有过深入思考。对于唐君毅的政治哲学思想，徐复观曾提出过直截了当的批评。他在1953年8月11日致唐君毅信中，就指出唐君毅的政治哲学思想过于玄学化而缺乏现实性："兄对民主政治之看法，始终隔阂一层。因为你总是要把各种问题，金字塔式堆上去，所以始终安放不平整。例如民主政治，固然一有赖于社会文化之多端发展；但社会文化之多端发展，亦有赖于民主政治之建立（这是互相的关系）。又如民主政治，固须以理性主义、理想主义为基础；然理性主义、理想主义，亦不仅赖民主政治而其可得一发展之保证，且亦可因民主政治而得一发展上之互相制限。民主政治作用之一，在于使政治与学术思想之间有隔离，不使任何思想主义直线成为政治上之设施，不使任何思想主义直接成为一政治势力"②。在《宣言》起草过程中，徐复观进一步阐发了现代新儒学应取的政治哲学立场。在

---

① 引自林镇国等：《擎起这把香火——当代思想的俯视》，载《徐复观杂文续集》，时报文化出版事业有限公司1981年版，第408页。
② 黎汉基校注：《徐复观致唐君毅佚书六十六封（第15封信）》，载《无惭尺布裹头归·交往集》，九州出版社2014年版，第358页。

1957年4月17日致唐君毅信中，他对《宣言》所要表达的政治哲学思想提出了重要的意见："中国文化，在其演进过程中，实受有长期专制政治之影响。此一影响所给与中国文化发展之干扰及渗透，今日研究中国文化者，□自先加以澄清。然据吾人初步研究之结果，则就政治而言，民主政治乃中国文化自然之趋归。且民主政治，在中国文化中，可得其新的荣养，新的生命。"① 徐复观的这些思想，后来在《宣言》对政治哲学问题的阐发中得到了鲜明的表达。

对于中国文化宗教化问题，徐复观也曾向唐君毅表达过自己的不同见解。在1953年8月11日致唐君毅信中，他就委婉地说明了自己的看法："兄对宗教哲学，特有兴趣，此系由兄之特有气质而来，即所谓'性之所近'。兄认为宗教为西方文化之核心，亦只是个人兴趣之所专注，遂自然以所专注者为宇宙中心之看法。不如此，便不能深入，但亦因此而常不易客观也。"② 对于《宣言》所论心性之学宗教化问题，上节所引徐复观1957年12月11日致唐君毅信，就对这个问题作了更为集中的表达："弟近讲中国宗教，由敬天思想，以迄禅宗、净土，发现中国文化性格总是要求由外向内收敛之之倾向，由宇宙论转向人性论之倾向，甚为明显。在孔子以前之敬天思想，系由宗教精神（外在的）向人文精神逐渐下降。至诗□□雅时代，此外在的天的观念，已完全坠落，到孔子而人文精神始真正生稳根。孔子系由道德的人文精神上升而重新涵摄宗教精神，重新肯定敬天思想。儒家中之宗教精神，只是由内在的道德精神超越化。孔子之'知天命'，实系由外落实向内，再由内超出之大转捩点。由外向内的落实，至孟子之性善说，始真归根到底。孟子由尽心知性知天，内在而超越之意更显。从思想史的立场看，及文

---

① 黎汉基校注：《徐复观致唐君毅佚书六十六封（第33封信）》，载《无惭尺布裹头归·交往集》，九州出版社2014年版，第377页。引文中的"□"符号，表示徐复观书信校注者无法辨别的文字。

② 黎汉基校注：《徐复观致唐君毅佚书六十六封（第15封信）》，载《无惭尺布裹头归·交往集》，九州出版社2014年版，第357—358页。

献的立场看，弟目前不能同意兄之看法也。"①

总之，在台湾香港地区现代新儒学开展中，徐复观除了与唐君毅、牟宗三、张君劢等声息与共、相互呼应外，更独立地作出了富有个性特征的思考与阐发、开拓与创新。这些都是在考察徐复观与《宣言》的关系时，必须要加以注意和把握的。

五、东海大学时期的思想史论与时政杂文

任教东海大学时期，是徐复观生命途程最稳定的时期，也是他学术成果大丰收的时期。繁忙的教学之余，徐复观挤出时间从事研究工作，刻苦攻读，深入思考，发愤写作。笔者曾听韦政通先生讲述徐复观的故事，说他在东海大学读书时，有一年过年住在徐先生家里，天亮起床后，发现徐先生早已伏案工作，可见徐先生的学术成就首先来自勤奋刻苦。这种努力问学的心境，徐复观曾用不同方式作过表达。他说："我入东海大学教书后，时间精力转到学术研究方面去了……我好似一个夜行人，总希望能在黑暗中标出一条可以回到自己家里的路，尽管现实上我并没有家。"② 又说："我中年奔走衣食，不曾有计划的做过学问。垂暮之年，觉得古代思想堡垒之门，好像向我渐渐开了一条隙缝，并从缝隙中闪出了一点光亮；所以这几年作了若干尝试性的工作。"③ 还说："一个人读了书而脑筋里没有问题，这是书还没有读进去；所以只有落下心来再细细的读。读后脑筋里有了问题，这便是扣开了书的门，所以自然会赶忙的继续努力。我不知道我现在是否走进了学问之门，但脑筋

---

① 黎汉基校注：《徐复观致唐君毅佚书六十六封（第35封信）》，载《无惭尺布裹头归·交往集》，九州出版社2014年版，第379页。引文中的"□"符号，表示徐复观书信校注者无法辨别的文字。

② 徐复观：《杂文自序》，载《徐复观杂文——论中共》，时报文化出版事业有限公司1980年版，自序第2页。

③ 徐复观：《研究中国思想史的方法与态度问题》，载《中国思想史论集》，台湾学生书局1988年版，第9页。

里总有许多问题在压迫我，催促我。"①

徐复观进入东海大学任教时，已过天命之年；但由于具有深厚的国学功底、丰富的人生阅历，加之安定的生活环境、勤奋的治学写作，因而新的问题、新的见解、新的思想如喷泉般涌射出来，一发不可收拾。尤其是在思想史论和时政杂文方面，显示了他的优势和专长。他的著作《学术与政治之间》甲乙集、《中国思想史论集》、《中国人性论史·先秦篇》、《中国文学论集》、《中国艺术精神》、《公孙龙子讲疏》、《徐复观文录》一至四册先后问世，产生了相当大的影响。在这些著作中，徐复观在学术与政治、中国与西方、历史与现实之间孜孜探索，尤其对中国古代思想史进行了深入的疏释，从中发掘出以儒家思想为主体的中国人文精神，并力图以此来规范中国现代化的方向。这些探索和思考，卓然成一家之言，奠定了他在现代新儒学开展中的学术地位。

徐复观著《学术与政治之间》，是他的第一部学术—政治论文集，也是他由政治转入学术之后的第一部著述集。该书原分甲、乙两集，由台中的民营出版机构中央书局分别于1956年和1957年出版；后又将两集合为一册，由台北的台湾学生书局于1980年出版合订本。全书共收录论文39篇，其中《论政治的主流——从"中"的政治路线看历史的发展》《文化精神与军事精神——湘军新论》《中国政治问题的两个层次》《儒家政治思想的构造及其转进》《文化的中与西》《中国的治道——读陆宣公传集书后》《学术与政治之间》《中国知识分子的历史性格及其历史的命运》《荀子政治思想的解析》《儒家在修己与治人上的区别及其意义》《是谁击溃了中国社会反共的力量》《中国自由社会的创发》《释〈论语〉"民无信不立"》《释〈论语〉的"仁"》《儒家对中国历史运命挣扎之一例——西汉政治与董仲舒》《三十年来中国的文化思想问题》《有关中国思想史中一个基题的考察——释〈论语〉"五十而知天命"》《为什么要反对自由主义》《悲愤的抗议》《历史文化与自由民

---

① 徐复观：《我的读书生活》，载《徐复观文录选粹》，台湾学生书局1980年版，第319页。

主——对于辱骂我们者的答复》等文，都是徐复观在20世纪50年代前期和中期所写的有代表性的政论文章。这本文集的书名，取自收入集中的《学术与政治之间》一文的标题。如同书名所标示的，《学术与政治之间》记录了徐复观在学术与政治之间的最初的思考和探索。从书中收录的主要论文的题目即可看出，大多数的论文都直接探讨中国政治问题，散发着浓烈的关注现实政治的气息；但这种对中国政治问题的关注和探讨，又不是仅就政治而论政治，而是力图从文化问题入手，来探讨中国政治问题的解决。徐复观之所以进行这些思考和写作，是亲身经历和体验20世纪中国社会历史巨变的结果，是他把自己的生命和国运时局紧紧联系在一起的结果。诚如他所说："我之所以用一篇《学术与政治之间》的文字来作这一文录的名称，正是如实的说明我没有能力和方法去追求与此一时代不相关涉的高文典册。"① 在《学术与政治之间》的这些最初的思考中，鲜明地显示出徐复观现代新儒学思想的走向与性格。他的现代新儒学思想的形成和开展，可以在这里找到最初的根芽。他的学术人格的展开，可以在这里找到最初的起点。徐复观后来说："这里面的文章，就我个人来说，只能算是对国家问题、对学术问题摸索、思考的一个历程。……对读者来说，若能从这些文章中，接触到大时代所浮出的若干片断面影，及听到身心都充满了乡土气的一个中国人在忧患中所发出的沉重地呼声，我便感到满足了。"② "假定其中稍有可取之处，只在一个土生土长的茅屋书生，面对国家兴亡，世局变幻，所流露出的带有浓厚呆气戆气的诚恳待望：待望着我们的国家，能从两千多年的专制中摆脱出来，走上民主法治的大道。待望着我们的文化，能不再受国人自暴自弃的糟蹋，刮垢磨光，以其真精神帮助世人渡过目前所遭遇的空前危机。"③ 徐复观以勇者型的儒者形象出现在20世

---

① 徐复观：《自序》，载《学术与政治之间》，台湾学生书局1985年版，第Ⅻ页。
② 徐复观：《港版〈学术与政治之间〉自序》，载《学术与政治之间》，台湾学生书局1985年版，第Ⅳ页。
③ 徐复观：《新版自序》，载《学术与政治之间》，台湾学生书局1985年版，第Ⅰ页。

纪中国思想舞台上，首先就在于汇集于《学术与政治之间》一书中的这些大气磅礴、掷地有声的政论文章。出版该书的中央书局，早在日本占领台湾时期就由当地爱国知识分子创办，不是国民党当局主持的出版机构，因此敢于出版徐复观的著作。在《学术与政治之间·自序》中，徐复观对此作了说明："此一规模并不鸿巨的书局，过去在日人统治之下，曾经从文化方面，表示了人类的尊严、祖国的尊严。我的文字，只有有这种历史的书局，才愿自动伸出手来，才使我感到有汇印的意义。"①

自20世纪50年代中期以后，徐复观把思考和探索的重心移向中国思想史研究，以此为门径对中国传统文化作"现代的疏释"②。他说："我的看法，对于中国文化的研究，主要应当归结到思想史的研究"③；又说："二十余年的努力方向，在以考证言思想史，意在清理中国学术史里的荆棘，以显出人文精神的本真"④；还说："把传统文化作适合于现代人的理解力的新解释，是一件大事、难事，而须许多人好好去作一番努力。"⑤ 他在东海大学校园内完成的《中国人性论史·先秦篇》和《中国艺术精神》两书，分别对中国道德精神和中国艺术精神进行解读，由此而对中国传统文化作"现代的疏释"，就是影响很大的中国思想史研究专著。对于这两书的写作主旨，徐复观在《中国艺术精神》一书《自叙》中作过说明。他说："道德、艺术、科学，是人类文化中的三大支柱。中国文化的主流，是人间的性格，是现世的性格。所以在它的主流中，不可能含有反科学的因素。可是中国文化，毕竟走的是人与自然过分亲和的方向，征服自然以为己用的意识不强。于是以自然为对象的

---

① 徐复观：《自序》，载《学术与政治之间》，台湾学生书局1985年版，第Ⅺ页。
② 引自林镇国等：《擎起这把香火——当代思想的俯视》，载《徐复观杂文续集》，时报文化出版事业有限公司1981年版，第410页。
③ 徐复观：《研究中国思想史的方法与态度问题》，载《中国思想史论集》，台湾学生书局1988年版，第1页。
④ 徐复观：《远奠熊师十力》，载《徐复观杂文——忆往事》，时报文化出版事业有限公司1980年版，第230页。
⑤ 徐复观：《从生活看文化》，载《徐复观文录选粹》，台湾学生书局1980年版，第34页。

科学知识,未能得到顺利的发展。所以中国在'前科学'上的成就,只有历史地意义,没有现代地意义。但是,在人的具体生命的心、性中,发掘出道德的根源、人生价值的根源,不假借神话、迷信的力量,使每一个人,能在自己一念自觉之间,即可于现实世界中生稳根、站稳脚,并凭人类自觉之力,可以解决人类自身的矛盾,及由此矛盾所产生的危机,中国文化在这方面的成就,不仅有历史地意义,同时也有现代地、将来地意义。我写《中国人性论史》,是要把中国文化在这一方面的意义,特别显发出来。在人的具体生命的心、性中,发掘出艺术的根源,把握到精神自由解放的关键,并由此而在绘画方面,产生了许多伟大地画家和作品,中国文化在这一方面的成就,也不仅有历史地意义,并且也有现代地、将来地意义。虽然百十年来,中国的知识分子,对于这一方面的成就,没有像对于上述道德方面的成就,作疯狂地诬蔑。但自明清以来,因知识分子在八股下的长期堕落,使这一方面的成就,也渐渐末梢化、庸俗化了,以致与整个地文化脱节;只能在古玩家手中,保持一个不能为一般人所接触、所了解的阴暗地角落。我写这部书(即《中国艺术精神》——引者注)的动机,是要通过有组织地现代语言,把这一方面的本来面目,显发了出来,使其堂堂正正地汇合于整个文化大流之中,以与世人相见。所以我现时所刊出的这一部书,与我已经刊出的《中国人性论史·先秦篇》,正是人性王国中的兄弟之邦,使世人知道中国文化,在三大支柱中,实有道德、艺术的两大擎天支柱。"[1] 可以说,《中国人性论史·先秦篇》和《中国艺术精神》两书,通过对中国道德精神和中国艺术精神的解读,成为徐复观对中国传统文化作"现代的疏释"的代表作。

《中国人性论史·先秦篇》是徐复观解读中国道德精神的专著,正文14章,约35万字,由东海大学于1963年出版,后改由台北的台湾商务印书馆出版。书中对中国道德精神的解读,是通过对先秦人性论发生发展的考察而展开的。徐复观指出,中国人性论以"命""性""道"

---

[1] 徐复观:《中国艺术精神》,台湾学生书局1984年版,自叙第1—2页。

"德""心""情""才"等概念所代表的观念、思想为其内容,不仅在中国哲学思想史中居于主干地位,而且是中华民族精神形成的原理和动力。要通过历史文化以了解中华民族之所以为中华民族,这是一个起点,也是一个终点。该书从周初宗教中人文精神的跃动开始,展现了中国精神文化由原始宗教向人文精神发展直到人性论建立的漫长过程,对先秦儒、墨、道诸家的人性论进行了深入而详尽阐释,特别高扬了孔孟儒家对中国人性论的重大贡献,从而揭示了中国人性论的历史特点与思想成就,揭示了中国道德精神的内涵与价值。书中创造性地提出了"忧患意识"这一关键性观念,认为正是"忧患意识"在商周之际的出现,标志着中国人文精神的最初跃动,奠定了中国人性论的特点和中国精神文化的基本性格。由于"忧患意识"四字简明扼要地抓住了中国文化的性格,显示出中华民族的特点,因而后来在海峡两岸学术界乃至一般民众中产生了广泛的影响,成为当代中国使用频率甚高的一个词语。

《中国艺术精神》是徐复观解读中国艺术精神的专著,正文10章,亦约35万字,由东海大学于1966年出版,后改由台湾学生书局出版。1987年,辽宁的春风文艺出版社出版了《中国艺术精神》中文简体横排本,这是徐复观的著作首次在中国大陆出版。书中对中国艺术精神的解读,是通过对儒、道两家艺术精神及其历代绘画和画论的考察而展开的。徐复观认为,中国文化中的艺术精神,穷究到底,只有由孔子和庄子所显出的两个典型。由孔子所显出的艺术精神,是道德与艺术合一的性格;由庄子所显出的艺术精神,是彻底的纯艺术的性格。两者相比,更能代表中国艺术精神的,是庄子的艺术精神。基于此,徐复观对庄子的艺术精神进行了十分深入细致的考察,通过对庄子的"道""美""乐""巧""游""无用""和""心斋"等概念及其人生观、宇宙观、生死观、政治观、艺术创造、艺术欣赏的阐释,揭示了庄子艺术精神的内涵、特质与意义。他对庄子的再阐释、再发现,构成了全书最精彩、最重要、重着力的部分。徐复观进而指出,庄子的艺术精神对中国艺术精神的发展产生了深远影响,在漫长的历史岁月中对中国艺术的创造起着主导作用。由老庄思想演变出来的魏晋玄学,其真实内容与结果亦即艺术性的生活和艺术上的成就。历史上的大画家、大画论家所达到的精神境界,常在若有意若无意之中与庄学、玄学相契会。特别是中国山水画由出现而成为中国绘画的主流,尤与庄学相联系。不了解这一点,便不能把握到中国艺术的基本性格,也不能把握到中国山水画对现代人类生活的意义。

徐复观著《中国思想史论集》是他的第一部学术论文集,由东海大学于1959年出版,后改由台湾学生书局再版,初版时收录论文11篇,再版时扩展为正文14篇、附录4篇。这部论集中所收录论文,都是偏重于中国哲学史的中国思想史研究论文,主要有《研究中国思想史的方法与态度问题》《象山学述》《〈中庸〉的地位问题》《有关思想史的若干问题》《孟子政治思想的基本结构及人治与法治问题》《中国孝道思想的形成、演变及其在历史中的诸问题》《孔子德治思想发微》《原人文》《谈礼乐》《心的文化》《五十年来的中国学术文化》等文。这些文章的主旨归结起来,就是认肯和阐扬以儒家思想为主体的中国文化传统,使之在现时代得以新生和转进,以帮助现代人类更好地生存。他动情地说:"现代特性之一,因科学、技术的飞跃进展,及国际关连的特别密切,使历史演进的速度,远非过去任何时代可比;关于人自身问题的看法,也像万花筒样地令人目光缭乱。最主要的是表现在西方传统价值系统的崩溃,因而有不少人主张只有科学、技术的问题,没有价值的问题;事实上则是以反价值的东西来代替人生价值。十多年来,我一方面尽可能的保持对这些时代风潮的接触,一方面坐稳自己的研究椅子,从人类的过去以展望现在与未来,认定在科学、技术之外,还要开辟人类自己的价值世界,以安顿人类自己。有些沾点西方反价值者的余沥以标新立异并百端诬蔑我的人们,可谓尽变幻神奇的能事。但因为我从人类古老历史的残渣中,早已看过这类的脸谱和这类脸谱所担当的角色,所以从未因此而阻扰到自己努力的大方向。而这种努力的大方向,今日又正从世界各个文化园地,以各种不同的语言、形态,发出在本质上是相同的呼声。这又在说明什么呢？站在人性根源之地，以探索人类运命的前程，这与新旧中西等不相干的争论，是颇为缘远的。"① 通过对中国文化传统的这种再阐释、再发现，徐复观把中国传统文化归结为"心的文化"，认为："人生价值的根源在心的地方生根，也即是在具体的人的生命上生根。具体的生命，必生活在各种现实世界之中。因此，文化根源的心，不脱离现实；由心而来的理想，必融合于现实现世生活之中。"②《心的文化》一文，可谓这部论集的画龙点睛之笔。这种对"心的文化"的认定，成为徐复观现代新儒学思想展开的基本点。

徐复观著《中国文学论集》，由东海大学于1965年出版，后由台湾学生书局增订再版，初版收录论文8篇、附录1篇，再版中论文陆续增至24篇。这部论集中所收论文，都是偏重于中国文学思想史的中国思想史研究论文，主要有《〈文心雕龙〉的文体论》、《传统文学思想中诗的个性与社会性问题》、《释诗的比兴——重新奠定中国诗的欣赏基础》、《诗词的创造过程及其表现效果——有关诗词的隔与不隔及其他》、《从文学史观点及学诗方法试释杜甫〈戏为六绝句〉》、《环绕李义山（商隐）〈锦瑟诗〉的诸问题》、《中国文学中的气的问题——〈文心雕龙·风骨篇〉疏补》、《西汉文学论略》、《〈文心雕龙〉浅论》之一至之七、《释诗的温柔敦厚》、《中国文学中的想象问题》、《中国文学中的想象与真实》等文。以中国文学思想史来开展中国思想史研究，是徐复观中国思想史研究的一大独特之处。徐复观曾对自己从事中国文学研究的道路以及这部论集成书经过作过回顾，他说："我从一九五〇年以后，慢慢回归到学问的路上，是以治思想史为职志的。因在私立东海大学担任中国文学系主任时，没有先生愿开《文心雕龙》的课，我只好自己担负起来，这便逼着我对中国传统文学发生职业上的关系，不能不分出一部

---

① 徐复观：《再版序》，载《中国思想史论集》，台湾学生书局1988年版，再版序第3—4页。

② 徐复观：《心的文化》，载《中国思想史论集》，台湾学生书局1988年版，第249页。

分精力。偶然中，把我国迷失了六七百年的文学中最基本的文体观念，恢复它本来的面目而使其复活，增加了不少的信心。我把文学、艺术，都当作中国思想史的一部分来处理，也采用治思想史的穷搜力讨的方法。搜讨到根源之地时，却发现了文学、艺术，有不同于一般思想史的各自特性，更须在运用一般治思想史的方法以后，还要以'追体验'来进入形象的世界，进入感情的世界，以与作者的精神相往来，因而把握到文学艺术的本质。这便超出我原来的估计，实比治一般思想史更为困难。可惜我的精力有限，在艺术方面比较有计划、有系统的写了一部《中国艺术精神》，但在文学方面，到一九六五年为止，仅写了八篇文章，汇印成《中国文学论集》；以后每重印一次，便增加若干文章，到一九八〇年的第四版，长长短短的，共增加了十六篇，由原来的三百多页，增加到今天的五百五十七页。"① 徐复观虽然不是严格意义上的中国文学史家，但是他把中国文学思想史纳入中国思想史研究视域，作出别开生面的有新意有深度的阐发，不论是对中国文学研究，还是对中国思想史研究，都是富有启发性的。这是这部论集的独到精彩之处。

在开展中国思想史研究、对中国传统文化进行"现代的疏释"的同时，徐复观还撰写了一批时政杂文，形成了他的第一部时政杂文集《徐复观文录》。1949年流亡到台湾后，徐复观虽然脱离了国民党高层政界，一再声称自己不再过问现实政治，但却始终没有在大学校园内把自己封闭起来，而是置身于学术与政治之间，在教学和研究的同时，写下了数百篇的时政杂文。这些时政杂文从一个方面，展现了徐复观立足于现代新儒学的文化保守主义立场，对当代文化和现实政治的思考，对中国前途和人类命运的探讨。在《文录自序》中，徐复观对这些时政杂文的写作动因和文风特点作了说明。他说："时代是一个整体。要便是麻木无所感触；万一不幸而有所感触，却希望钻进牛角尖后，再不想到生

---

① 徐复观：《中国文学论集续篇自序》，载《中国文学论集续篇》，台湾学生书局1981年版，自序第3页。

第三章　来自鄂东泥土地的现代新儒学大师（下） 151

长这牛角尖的牛身全般痛痒；我只好承认我缺乏今日许多腾云驾雾的学者名流的修养。我以感愤之心写政论性的文章，以感愤之心写文化评论性的文章，依然是以感愤之心，迫使我作闭门读书著书的工作。最奈何不得的就是自己这颗感愤之心。这颗感愤之心的火花，有时不知不觉的从教室书房中飘荡出去，便又写下不少的杂文；这里所印出的，乃是其中的一部分。这些杂文，因动笔时的时间与篇幅的限制，当然不能用太严格的学术尺度去加以衡量。同时，我常常抱愧自己不是一种才子型的人物，不能发挥文采，以提供适合于时下的趣味。但王子渊曾经说过：'诗人感而后思，思而后积，积而后满，满而后作。'我不会做诗，可是有些杂文，则是以诗人作诗的同样心情写出来的。世事迁流得特别快，读者如肯注意到各文发表的时间，或许可以对作者增加若干谅解。"①

《徐复观文录》共四册，第1册和第2册论文化，第3册论文艺与学术，第4册为杂文，选录了徐复观在20世纪五六十年代所写的时政杂文130余篇，由台北的环宇出版社于1971年出版。徐复观的学生萧欣义对该书中的文章加以选编，从中辑出61篇，编成《徐复观文录选粹》一书，由台湾学生书局于1980年出版。徐复观的学生曹永洋又将该书中没有入选《徐复观文录选粹》的文章，编成《徐复观文存》一书，由台湾学生书局于1991年出版。对于这些文章的时代性和思想性，徐复观在《徐复观文录选粹》出版时，在《文录自序》后写了附言作出说明，指出书中的文章，多写于20世纪60年代初期，这正是世界性的反传统、反道德、反理性的高潮时代，许多知识分子在激流中呈现心理变态，日本以及中国台湾地区正被此激流所掩没。"所以我根据'人应生存于正常状态之下'的认定，对中日的智识分子提出不少的批评。从七十年代去看这些批评，连我自己也感到有些过分。因为进入到七十年代，整个文化动向，又接上传统而渐归于正常了。但在我写这些文章

---

① 徐复观：《文录自序》，载《徐复观文录选粹》，台湾学生书局1980年版，序第2—3页。

时,全处于孤立无援的挨打状态。"①

因此,《徐复观文录》中的时政杂文,多为从文化哲学的高度对文化理论和现代文化进行省思的文字,尤其是对传统、现代化、"现代文化的性格"、中西古今文化关系等问题作了具有理论深度和力度的探讨。例如,《论传统》《传统与文化》《科学与道德》《思想与时代》《历史与民族》《再谈知识与道德问题》《我们在现代化中缺少了点什么——职业道德》诸篇,阐发了徐复观关于文化哲学的基本理念;又如,《中国文化的层级性》《中国文化的伏流》《中国文化中的罪恶感问题》《当前读经问题之争论》《一个伟大知识分子的发现》诸篇,对中国文化的特质及其现代意义进行了深入探讨;再如,徐复观1960年访问日本时所写的系列东京通讯《樱花时节又逢君》《不思不想的时代》《从生活看文化》《从外来语看日本知识分子的性格》《日本的镇魂剂——京都》《京都的山川人物》《锯齿型的日本进路》《对日本知识分子的期待》《日本民族性格杂谈》《"人"的日本》诸篇,以深受西方现代文化影响的日本当代文化为靶子,对"现代文化的性格"作了深刻批判;还有,《从艺术的变,看人生的态度》《现代艺术对自然的叛逆》《现代艺术的永恒性问题》《永恒的幻想》《摸索中的现代艺术》《抽象艺术的断想》诸篇,则对作为现代文化之一的现代艺术进行了反省。因此,这些时政杂文具有很高的学理价值,不是那种时过境迁就无意义之作。

这些卓然成一家之言的思想史论和时政杂文表明,徐复观在东海大学任教时期,是他在学术界站稳脚跟、打开局面、不断奋进的时期。正是由于学术上的成就,使徐复观深深感到自己脱离政治圈、转入学术界的选择是正确的。他后来在给徐均琴的信中,对自己作过这样的总结性评价:"政治的势力是表现在空间里面,学问的势力是表现在时间里面。假定我没有成就,便应接受时间的淘汰。假定有成就,在时间之流

---

① 徐复观:《文录自序·1980年附言》,载《徐复观文录选粹》,台湾学生书局1980年版,序第3页。

中，谁也压抑不下去。"① "到台湾后，我完全摆脱现实政治，这应当是引以自慰的。"②

六、移居香港的奋斗岁月

徐复观十分喜爱台中的任教大学生活，他后来回忆说："在我流浪的一生中，住台中的时间，比住生我的故乡还要久。台中的人物风土，都给了我深厚的感情，自然也萦回着我永久的怀念。"③ 但到了20世纪60年代后期，徐复观与东海大学领导层的矛盾日益加深，他在东海大学平稳的教学和研究生活也由此而终止了。

这一矛盾的触发，直接起因于徐复观与同系教授梁容若之间的争论。梁容若是一个经历复杂的人物。他在抗日战争时期曾撰写《日本文化与支那文化》一文，应征日本纪元2600年纪念国际悬赏征文，获得冠军。把这篇文章放在当时条件下看，确有抬高日本文化、为日本侵略中国张目之嫌。1948年，梁容若来到台湾，先后在台湾师范学院、东海大学任教，与徐复观成为同事。他所著《文学十家传》一书，于1967年11月获台湾中山学术文化基金会的文学史奖；此事发生后，随即受到张义军、徐复观、胡秋原等人撰文批判，成为台湾文坛轰动一时的"文化汉奸得奖案"。"批判梁容若得奖一事持续了一年多，震动了当时文化界和文艺界。"④ 而梁容若的这本书，是由东海大学校长和文学院院长背着其他教授推荐参加评奖的，因而激起了徐复观对东海大学当权者的强烈不满，向他们提出了尖锐的指责。

---

① 徐复观：《致徐均琴（第32封家书）》，载《徐复观家书精选》，台湾学生书局1993年版，第75页。
② 徐复观：《致徐均琴（第31封家书）》，载《徐复观家书精选》，台湾学生书局1993年版，第73页。
③ 徐复观：《新版自序》，载《学术与政治之间》，台湾学生书局1985年版，第I页。
④ 古远清：《台湾当代文学理论批评史》，武汉出版社1994年版，第149页。

除了这件事之外，这一矛盾的触发还有更深层的原因，即徐复观坚持维护中国文化的立场与校方的西方宗教背景发生公开冲突。1969年，东海大学校方公布了来自美国的联合董事会调查团的调查报告，这个调查报告公然说中国大陆人和台湾人是两个不同的民族，属于两种不同的文化，并要东海大学教中国文化的教师保证学生信仰基督教。徐复观在校务会议上对此提出了义正词严的抗议，申明："我不是一个教友，而却加入到东海大学，并非完全是为了个人的饭碗，而是过去大陆上教会大学的伟大贡献，提供了我的信心与希望。过去大陆上教会大学的贡献很多，我这里只提出一点：当我们对日抗战发生的时候，各教会大学随着我们的政府及军民，都冒险犯难，迁到物质匮乏的后方，表示与我们敌忾同仇，分担一部分抗战的责任，并激励我们的民心士气。燕京大学及天主教的辅仁大学，虽然依旧在北平，但不仅没有一个人与敌人勾结图利，并且冒着很大地危险，在精神上很坚定的支持抗战，更掩护了地下的重要抗敌分子，形成我们在华北抗敌的两大文化堡垒。因此，燕大校长司徒雷登先生，不仅在中国教会大学的历史中是不朽的；他在中华民族整个争生存的历史中，也是一位不朽的国际朋友。而辅仁大学，在我的印象中，抗战以前，在社会上的地位并不很高；但因它在抗战时期的贡献，战后辅仁大学的地位，可以说是一日千里。这一事实，说明在中国的教会大学，爱中国、爱教会、爱中国国际上的朋友，自然而然地是谐和一致，中间没有丝毫矛盾。这是中国教会大学的光荣传统。"[①]徐复观认为，东海大学作为一所后办的教会大学，不应当忘记中国教会大学的这一光荣传统，而丢掉了自己的民族文化，迷失了自己的发展方向。这一来，就直接激化了校方同他的矛盾，从而导致了他的被迫退休。

1969年，在任教14年后，徐复观不得不离开东海大学。面对校方及其后台的迫害，徐复观以满腔悲愤写下短文《无惭尺布裹头归》。"无惭尺布裹头归"一语，出自明清之际吕留良与黄宗羲兄弟等人唱和的名

[①] 徐复观：《教会大学在中国的伟大贡献》，载《徐复观杂文补编》第2册，台湾"中央研究院"中国文哲研究所筹备处2001年版，第416—417页。

诗《耦耕诗》："谁教失脚下渔矶，心迹年年处处违。雅集图中衣帽改，党人碑里姓名非。苟全始信谈何易，饿死今知事最微。醒便行吟埋亦可，无惭尺布裹头归。"① 徐复观认为，吕留良在诗中把他的民族沦亡之痛和誓全大节之心和盘托出，所以到了康熙朝拒应乡试，宁愿把已有的秀才头衔革掉。而现在，他自己也愿和吕留良作一样的选择。他写道："随时间之经过，又不知不觉地想到吕晚村上面的那一首诗，尤其是想到'无惭尺布裹头归'的末句，仿佛我真体会到这句诗里的整全纯洁的人格；更仿佛领受到这句诗里所涵蕴的一个赤裸裸地人格挣扎中的历程。现在我从东海大学被强迫退休了，更自然而然的把这句诗和曾子所说的'而今而后，吾知免夫'的话，融和在一起，以作为一个独立自主的中国人的自我安慰。"②

离开东海大学后，徐复观本想到台北的台湾大学哲学系任教，但由于台湾国民党当局的政治压力，台湾大学改变了原来的聘任计划，这个打算未能实现；他又试图到台北的辅仁大学或东吴大学任教，也由于同样的原因没有如愿。台湾国民党当局的意图很清楚，就是利用徐复观离开东海大学的机会，使他难以在台湾立足。正在这时，唐君毅来台湾，邀请徐复观到香港中文大学新亚书院任教。徐复观为了有一个生存和思想的空间，不得不离开台湾，移居香港，开始新的从教生涯。从这时起，徐复观就长期生活在香港。这是他生命的最后一段历程，也是他顽强奋斗的岁月。徐复观在1969年7月19日给徐均琴的信中，曾谈过当时的困难处境和悲愤心情："商务、台大哲学系及辅仁大学，都自动找过我，但立即被人破坏了。这样一来，非逼得爸爸发愤著书不可。"③这封信成为徐复观从东海大学寄出的最后一封家书。

---

① 吕留良：《耦耕诗》，载《吕留良诗文集》上册，浙江古籍出版社2011年版，第358页。

② 徐复观：《无惭尺布裹头归》，载《徐复观文录选粹》，台湾学生书局1980年版，第331页。

③ 徐复观：《致徐均琴（第192封家书）》，载《徐复观家书精选》，台湾学生书局1993年版，第285页。

1969年秋，徐复观离开台湾来到香港，担任香港中文大学新亚书院客座教授。新亚书院原是由钱穆、唐君毅、张丕介等人于1949年在香港创办的一所独立学院。钱穆长期任新亚书院院长，他为新亚书院所确立的办学主旨是："上溯宋明书院讲学精神，旁采西欧大学导师制度，以人文主义之教育宗旨，沟通世界中西文化，为人类和平社会幸福谋前途。"① 在以后十余年中，新亚书院走过了相当艰难的办学道路，逐渐得到发展，成为台湾香港地区现代新儒学主导的一个教育基地。至20世纪60年代初，新亚书院发展成为有哲学、历史、中文、数学、生物、物理、化学诸学科的综合性学院。1963年，新亚书院与崇基书院、联合书院合并成香港中文大学。独立的新亚书院就此而告结束。以后新亚书院作为香港中文大学的一个学院继续存在。对于新亚书院及其精神，徐复观有过很高的评价，称新亚书院是钱穆的名望、唐君毅的理想主义和张丕介的顽强精神互相结合的产物；"新亚书院的创办精神，乃是有自觉的中国智识分子的堂堂正正地共同精神"②。

当徐复观来香港任教时，钱穆已离开新亚书院到台湾定居，但唐君毅、牟宗三都在新亚书院任教。这样一来，熊十力的三个弟子又走到了一起。这些台湾香港地区现代新儒学代表人物的会合，使新亚书院再度处于兴盛时期。徐复观来到新亚书院后，先在哲学系任教，讲授"中国哲学史"等课程，颇受学生的欢迎。他后来回忆说："据唐君毅先生告诉我，听我讲中国哲学史课程的学生，在人数上打破了过去的记录。"③但徐复观又发现，他与唐君毅、牟宗三在许多哲学问题上看法存在分歧。为了预防由看法不同而引起友谊上的不愉快，他主动要求转到中文系。在中文系，他除了继续开设"中国哲学史"课程外，还讲授"《文心雕龙》研究"等与中国文学相关课程。

---

① 钱穆：《新亚遗铎》，生活·读书·新知三联书店2004年版，第12页。
② 徐复观：《悼念新亚书院》，载《徐复观杂文补编》第2册，台湾"中央研究院"中国文哲研究所筹备处2001年版，第269页。
③ 徐复观：《中国文学论集续篇自序》，载《中国文学论集续篇》，台湾学生书局1981年版，自序第3—4页。

徐复观同时在新亚研究所兼任研究生导师。新亚研究所原是新亚书院于 1953 年设立的研究机构，自 1955 年起招收研究生，由新亚书院教授兼任研究生导师。新亚书院合入香港中文大学后，新亚研究所也一并纳入香港中文大学编制。1974 年，新亚研究所脱离香港中文大学，成为独立办学的教育和研究机构。徐复观也因此离开香港中文大学，与唐君毅、牟宗三共同支撑独立后的新亚研究所，直至逝世。在《无惭尺布裹头归——徐复观最后日记》一书中，有一幅当年新亚研究所的师生合影，生动地再现了这一历史情景：唐君毅、牟宗三、徐复观和他们的夫人坐在前排，新亚研究所诸生分列两排站立于后；座中的唐君毅、牟宗三都正襟端坐，显示出彬彬有礼的儒者气象，唯独居中的徐复观双臂交叉抱于胸前，表现出一种敢说敢当的勇者气度。

徐复观在新亚研究所开设了"《史记》研究""《汉书》研究""经子导读""《文心雕龙》研究""中国文学批评史"等课程。此时他的年岁已高，体力渐差，但授课的认真态度，不减当年。每当有课的那一天，他总是早早地赶到学校，在研究室里阅读即将讲授的讲稿。即使是在讲他极熟悉的《庄子》时，也不例外。他的讲课给学生们留下了十分深刻的印象。有的学生回忆说："长记得新亚研究所星期四晚上，老师讲《史记》，窗外一片漆黑，大家都屏息静气，他重重的湖北口音，吐着每一个字，由于每一个字所带的感情太浓重，以致他用力的身子随着每一句话而前倾，他得用身体、用手来表达他内心这样深沉的激荡。因为，他所研读的，是他真正喜欢的，而除却喜欢外，又带有一点心，他要从故书堆的学问里认识中国的根，他要向人说出我们原来的根，但这句话多么难说！所以他必须用身体、用手来表达他内心这样深沉的激荡。我以前在大学里也上过《史记》的课，但司马迁贯彻正义的气魄，以及他文字里铁铮铮的硬朗，我是通过徐老师才晓得。中国的古老东西这样多，多需要一个像老师这样的人，用自己的生命来救活那些曾光芒四射的生命。"[①] 还有的学生回忆说："从七七到七九年（即 1977 年到 1979

---

① 翁文娴：《君子曰终——敬悼徐复观老师》，载《徐复观教授纪念文集》，时报文化出版事业有限公司 1984 年版，第 490 页。

年——引者注），老师于每周四晚还任教《后汉书》与《论语》《孟子》。在连续不息的两小时里，他以洪亮的声音讲述，偶而会坐下来吃茶，可是他常常忘记把杯盖放好，擦黑板时，白灰轻轻飘落在那杯冰冷的茶里。老师讲书已达忘我之境，当然不会理会茶水的冷暖，至于里面是否有粉笔灰，他更是无所觉，我唯有焦虑地望着老师一口一口的连茶带灰都喝下去，心中混着不忍、无助与深深的感动。"① 对于学生的论文，他也不厌其烦，悉心指导，细致批改。学生们感叹道："徐老师平时就与学生接近，平易好说话，对学生的指导更是热心而周到；对学生交上来的论文稿涂改满纸，有时甚至代为大修，所以学生论文交到研究所很容易就通过。这是徐老师'教而不严'的指导法，与有些导师'不教而严'完全不同。所谓'不教而严'，是平时不理，完全放任，论文稿交上亦不修改，认为够水准即吩咐交到研究所；认为有缺点的原本打回，也不说缺点在那里，如何修改；完全要学生自己摸索出研究的道路。虽然，自己打天下的学生会锻炼成扎实的功夫，但开路时未免太苦，以致因有几年摸不到门路而自动放弃的。"②

香港做学问的环境，徐复观感到比台湾要宽松，特别是他发现在香港可以读到许多在台湾看不到的书。他在1969年11月1日致徐均琴信中说："爸在此，尽量看在台湾看不到的东西，尤其是看三十年代文学方面的东西。从这一点说，国民党也该灭亡的。"③ 又在1969年11月24日致徐均琴信中说："爸已寄了几本书给儿，以鲁迅的为主。中国读书人，在长期专制与八股腐蚀之下，真变得不成人，社会也因此成为空虚愚暗的社会。鲁迅能把这些'呐喊'了出来，应当算是了不起的。可

---

① 张绮文：《记忆中的徐复观老师》，载《徐复观教授纪念文集》，时报文化出版事业有限公司1984年版，第472页。
② 廖伯源：《徐复观老师的治学与教学》，载《徐复观教授纪念文集》，时报文化出版事业有限公司1984年版，第203页。
③ 徐复观：《致徐均琴（第196封家书）》，载《徐复观家书精选》，台湾学生书局1993年版，第290页。

惜他不肯发掘出积极的一面。"① 在这个意义上，徐复观又可以说得到了一个新的学问上的满足。

但与东海大学相比，徐复观在香港的居住条件要差得多。徐复观与夫人两位老人挤在一套仅20多平方米的住房里，小小的书房里从上到下都是书，只有一张书桌供徐复观伏案工作，连转个身都困难。经济上一度也很紧张，徐复观在1971年给一位东海大学时期学生的信中说："住在台湾，不外乎勉强能生活，来港后便不行。中大、港大（即香港中文大学、香港大学——引者注），只能兼课，兼课并不能够吃饭，所以这一个月来，为此相当苦恼。"② 然而，生活的坎坷没有使徐复观倒下，反而更激发了他的斗志，使他发奋研究、发奋思考、发奋写作。移居香港岁月，成为徐复观又一个成果丰硕的时期。

七、开辟中国思想史研究的新领域

来到香港后，徐复观重新调整了自己的研究方向，把中国思想史研究的重心集中到汉代思想史上。开展汉代思想史研究，是徐复观对中国思想史深入反思的结果。徐复观对此作过专门的说明，指出："两汉思想，对先秦思想而言，实系学术上的巨大演变。不仅千余年来，政治社会的局格，皆由两汉所奠定。所以严格地说，不了解两汉，便不能彻底了解近代。即就学术思想而言，以经学、史学为中心，再加以文学作辅翼，亦无不由两汉树立其骨干，后人承其绪余，而略有发展。一般人视为与汉学相对立的宋明理学，也承继了汉儒所完成的阴阳五行的宇宙观、人生观；而对天人性命的追求，实亦顺承汉儒所追求的方向。治中国思想史，若仅着眼到先秦而忽视两汉，则在'史'的把握上，实系重

---

① 徐复观：《致徐均琴（第198封家书）》，载《徐复观家书精选》，台湾学生书局1993年版，第292页。

② 引自王孝廉：《古道照颜色——徐复观师逝世三周年祭》，载《徐复观文存》，台湾学生书局1991年版，第357页。

大的缺憾。何况乾嘉时代的学者们,在精神、面貌、气象、规模上,与汉儒天壤悬隔,却大张'汉学'之帜,以与宋儒相抗。于是两汉的学术思想,因乾嘉以来的所谓'汉学'而反为之隐晦。我以流离琐尾的余年,治举世禁忌不为之旧学,也有一番用心所在。"① 正是由于汉代思想史的特殊性和重要性,以及在研究上的困难性,才促使徐复观下决心在晚年开辟这一中国思想史研究的新领域。

早在东海大学任教时,徐复观就已开始了汉代思想史研究,并萌生了撰写一部大书的计划,做了最初的准备工作。在完成《中国艺术精神》的撰写后,他在该书《自叙》中表达了下一步撰写《两汉思想史》的想法。他说:"今后我希望能接着写一部两汉学术思想史,把由乾嘉学派的'汉学'所蒙蔽了的这一重大历史阶段的学术文化,能如实地阐明于世人之前。因为两汉所占的历史阶段,不论它的好和坏,对后来历史的形成,有直接地关系。"② 但他当时没有对外吐露自己的具体构想,只是在给徐均琴的信中多次谈到此事进展。他在 1966 年 8 月 28 日信中说:"我今后的计划是要写一部两汉思想史。在这部书中,想彻底解决经学史和史学中的许多问题。希望五年的时间写成;这两个月,已看完了《全汉文》,并正由学生摘录中。"③ 在 1968 年 3 月 30 日信中说:"前几天,我把影印十六开本的《汉书》看完了;这样小的字,是一千八百多页;线装便是五千多页。本来看完后,我便想动笔;但为了要对两汉得一完整印象,又鼓起勇气来一字一字的看《后汉书》;这哪里是老年人作的事呢?这种工夫应当在三十岁以前做。"④ 在 1969 年 7 月 19 日信中说:"最近写成《在两汉专制下的官制演变》一文。下一篇是

---

① 徐复观:《两汉思想史》卷二,台湾学生书局 1979 年版,自序第 1 页。
② 徐复观:《中国艺术精神》,台湾学生书局 1984 年版,自叙第 9 页。
③ 徐复观:《致徐均琴(第 94 封家书)》,载《徐复观家书精选》,台湾学生书局 1993 年版,第 164 页。
④ 徐复观:《致徐均琴(第 161 封家书)》,载《徐复观家书精选》,台湾学生书局 1993 年版,第 247 页。

《两汉专制下的社会》，要到九月才能动笔。"① 这些都表明，对于汉代思想史研究，徐复观在东海大学任教时就已着手准备了。

然而，只有来到香港后，两汉思想史研究才成为徐复观倾注全力开展的研究工作。他之所以如此，就在于开始感到年岁已高、生命有限，产生了一种强烈的紧迫感。他说："为了写《两汉思想史》，费了六年以上的准备时间。到香港时，初步的准备工作，刚刚成熟，若再不动笔，等于前功尽弃。而可以利用作写学术专文的时间，在上课期间，只能抽出两天或一天半，此外便靠寒暑假。"② 所谓"若再不动笔，等于前功尽弃"，就是这种强烈紧迫感的表现。他的三卷本《两汉思想史》，就是在这种强烈紧迫感的驱使下，于香港蜗居中完成的学术巨著。

《两汉思想史》第一卷，原题《周秦汉政治社会结构之研究》，由新亚研究所于1972年出版，后转由台湾学生书局出版，改为现在的书名。该卷由6篇正文、4篇附录组成，主要论文有：《西周政治社会的结构性格问题》《封建政治社会的崩溃及典型专制政治的成立》《汉代专制政治下的封建问题》《汉代一人专制政治下的官制演变》《西汉知识分子对专制政治的压力感》《中国姓氏的演变与社会形式的形成》《有关周初若干史实的问题》等。在这一卷中，徐复观着重探讨了两汉思想的社会历史背景。对此，他有过说明："我研究中国思想史所得的结论是：中国思想，虽有时带有形上学的意味，但归根到底，它是安住于现实世界，对现实世界负责；而不是安住于观念世界，在观念世界中观想。所以我开始写《两汉思想史》时，先想把握汉代政治社会结构的大纲维，将形成两汉思想的大背景弄清楚。而两汉政治社会结构的特色，需要安放在历史的发展中始易著明。"③ "两汉思想，对先秦思想而言，实系一种大

---

① 徐复观：《致徐均琴（第192封家书）》，载《徐复观家书精选》，台湾学生书局1993年版，第285页。
② 徐复观：《中国文学论集续篇自序》，载《中国文学论集续篇》，台湾学生书局1981年版，自序第4页。
③ 徐复观：《两汉思想史》卷一，台湾学生书局1982年版，三版改名自序第1页。

的演变。演变的根源，应当求之于政治、社会。尤以大一统的一人专制政治的确立，及平民氏姓的完成，为我国尔后历史演变的重大关键，亦为把握我国两千年历史问题的重大关键。"① 这种对于两汉思想的社会历史背景的考察，成为徐复观解读两汉思想史的前提和基础，也是徐复观解读两汉思想史的一大特点和优点。

《两汉思想史》第二卷，由台湾学生书局于1976年出版。该卷由7篇论文组成，这些论文是：《〈吕氏春秋〉及其对汉代学术与政治的影响》《汉初的启蒙思想家——陆贾》《贾谊思想的再发现》《〈淮南子〉与刘安的时代》《先秦儒家思想发展中的转折及天的哲学大系统的建立——董仲舒〈春秋繁露〉的研究》《扬雄论究》《王充论考》。这是对两汉时代的体系化思想家及其思想的探讨。这些体系化思想家及其思想，也就是今天所说的哲学家及其思想。在作这种探讨时，徐复观指出两汉思想家的共同性格是对现实政治的特别关心，尤为重视以大一统专制政治为背景，来考察、阐释、衡论两汉思想史上诸主要思想体系的内涵与价值。他首先以很大篇幅探讨《吕氏春秋》，指出离开了《吕氏春秋》，便不能了解汉代学术的性格。《吕氏春秋》所建构的《十二纪》，形成了以阴阳五行为骨架的具体、完整、统一的宇宙观、世界观，对汉代的学术和政治发生了主导性的影响：一方面，就学术而言，阴阳五行之说因此而大为流行，以想象代推论，由附会造证据，将愿望作现实，在学术发展中加入了经过两千年尚不能完全洗汰澄清的弊害；另一方面，就政治而言，"把皇帝的权威、意志，及由这种权威意志所发出的行为，镶进了一个至高无上而又息息相关的宇宙法则中去，使他担负由宇宙法则而来的不可隐瞒逃避的结果，则皇帝的权威可以不期然而然地压低，他的行为可以不期然而然地谨慎。这在无可奈何地对专制皇帝的控制上，当然有其重大意义"②。他又对于董仲舒作了同情的理解，指出董仲舒是儒家思想发展的重大转折点，其理论贡献在于发挥了《吕

---

① 徐复观：《两汉思想史》卷一，台湾学生书局1982年版，自序第1页。
② 徐复观：《两汉思想史》卷二，台湾学生书局1979年版，第79页。

氏春秋》的思想，以阴阳四时五行之气为"天"的具体内容，伸向学术、政治、人生各个角落，建立起"天"的哲学大系统，从而形成了汉代思想的性格。董仲舒建立"天"的哲学大系统的真实背景和真实目的在于：他在维护专制君主的至尊无上的地位的同时，感到由这种至尊无上的地位所发出的喜怒哀乐成为最高政治权力的"权源"，运转着整个统治机构，严重危及大一统国家的稳定，而儒、道两家想由个人的人格修养来端正或消解这种"权源"，几乎是不可能的，于是只好把这种"权源"纳入到"天"的哲学大系统中去，希望由此能使之纳入正轨。"但结果，专制政治的自身，只能为专制而专制，必彻底否定他由天的哲学所表现的理想，使他成为第一个受了专制政治的大欺骗、而自身在客观上也成了助成专制政治的历史中的罪人。实则他的动机、目的，乃至他的品格，决不是如此。"① 而对于王充，徐复观则没有按学术界普遍流行的说法给予较高的评价。他认为，《论衡》一书不仅在文字上探讨政治问题的比例占得少，而且在内容上除了以作者的遭遇为中心反映了一部分地方政治问题外，对于当时的全盘政治的根源性问题根本没有触及。因此，王充并没有接触到时代的大问题，这使得他的思想受到很大的局限，在两汉思想史上代表性并不大。

《两汉思想史》第三卷，由台湾学生书局于1979年出版。该卷由7篇正文、2篇附录组成，主要论文有：《〈韩诗外传〉的研究》《刘向〈新序〉〈说苑〉的研究》《〈盐铁论〉中的政治社会文化问题》《原史——由宗教通向人文的史学的成立》《论〈史记〉》《〈史〉〈汉〉比较研究之一例》《"清代汉学"衡论》等。这是对两汉时代的非体系化思想家及其思想的探讨。这些非体系化思想家及其思想，也就是今天所说的史学家及其思想。对于这一工作的意义，徐复观在本卷开篇作了说明："由先秦以及西汉，思想家表达自己的思想，概略言之，有两种方式。一种方式，或者可以说是属于《论语》《老子》的系统。把自己的思想，主要用自己的语言表达出来，赋予以概念性的说明。这是最常见的诸子百家所用的

---

① 徐复观：《两汉思想史》卷二，台湾学生书局1979年版，第298页。

方式。另一种方式，或者可以说是属于《春秋》的系统。把自己的思想，主要用古人的言行表达出来；通过古人的言行，作自己思想得以成立的根据。这是诸子百家用作表达的一种特殊方式。"① 若用近代的术语说，前者是"哲学家的语言"，后者是"史学家的语言"。② "史学家的语言"在汉代的典型代表首先是《韩诗外传》，刘向的《新序》《说苑》承其风格，司马迁的《史记》更是既有思想意义又有史学意义的巨制。在两汉思想家中，徐复观认为，最能代表汉代精神的不是别人，正是司马迁。而对司马迁史学精神的发掘，成为《两汉思想史》第三卷的最为精彩的部分。徐复观所提倡的以人知人、以心印心、以问题为中心、与古人相对语的解读文本方法，在解读董仲舒和司马迁时，可以说发挥得淋漓尽致。

徐复观的《两汉思想史》，这部三大卷100多万言的巨著，是20世纪中国学术界研究两汉思想史的最有代表性的著述，成为当代两汉思想史研究的开创之作和奠基之作。此书问世后，即在台湾香港地区学术界引起反响，一些著名学者给予了很高的评价。蔡仁厚认为："两汉思想的研究，最能显示徐先生学术研究的功力"③；刘述先认为："最能代表他的学术价值的还是他晚年的'两汉思想史'研究"④。进入20世纪80年代后，中国大陆学术界也开始逐渐了解这部书的价值。笔者1984年撰写并完成硕士学位论文《〈吕氏春秋〉思维模式研究》，就将《两汉思想史》作为主要参考文献，这是中国大陆最早引用《两汉思想史》作为参考文献的研究生学位论文之一。对于这部书撰写的艰辛和付出，以及由此而体现的奋斗精神，徐复观曾感慨地说："别人越是打击，你越

---

① 徐复观：《两汉思想史》卷三，台湾学生书局1984年版，第1页。
② 见徐复观：《两汉思想史》卷三，台湾学生书局1984年版，第2页。
③ 蔡仁厚：《徐复观先生对中国思想史的贡献》，载《徐复观教授纪念文集》，时报文化出版事业有限公司1984年版，第367页。
④ 刘述先：《研究程朱鞠躬尽瘁》，载《徐复观教授纪念文集》，时报文化出版事业有限公司1984年版，第505页。

是要奋斗。不到香港，写不出《两汉思想史》。"①

在撰写《两汉思想史》一至三卷的同时，徐复观还计划撰写一部《汉代经学史》作为《两汉思想史》的第四卷。徐复观曾对研究经学史的目的和意义作过说明，他说："经学奠定中国文化的基型，因而也成为中国文化发展的基线。中国文化的反省，应当追溯到中国经学的反省；第一步，便须有一部可资凭信的经学史。经学史应由两部分构成，一是经学的传承，一是经学在各不同时代中所发现所承认的意义。已有的经学史著作，有传承而无思想，等于有形骸而无血肉，已不足以窥见经学在历史中的意义。即以传承而论，因西汉已有门户之争，遂孳演而为传承之误。东汉门户之争愈烈，传承之谬愈增。《后汉书·儒林传》成篇于典籍散乱、学绝道丧之余，其中颇有以影响之谈，写成历史事实。《经典释文·叙录》《隋书·经籍志》踵谬承讹，益增附会。及清代今文学家出，他们因除《公羊传》外，更无完整之典籍可承，为伸张门户，争取学术上之独占地位，遂对传统中之所谓'古文'及'古学'，诋诬剽剥，必欲置之死地而后已，使后学有除今文学家的偏辞孤义外，更无可读之古典的感觉。皮锡瑞承此末流，写成《经学通论》及《经学历史》两书，逞矫诬臆断之能，立隐逆理之术。廖平、康有为更从而诪张羽翼之，遂使此文化大统纠葛纷扰，引发全面加以否定之局，我常引以为恨。"② 这就促使徐复观下决心对中国经学史，特别是对最为关键的汉代经学史，进行系统的研究和专门的疏释。

在写作《两汉思想史》的过程中，徐复观即开始留意经学史问题，并加以探讨：在《先秦儒家思想发展中的转折及天的哲学大系统的建立——董仲舒〈春秋繁露〉的研究》一文中，对《春秋公羊传》成立的情形及其本来面目作了深入的剖析；在《原史——由宗教通向人文的史学的成立》一文中，对《春秋左氏传》及《春秋穀梁传》也作了同样的

---

① 据乐炳南教授1998年7月7日与笔者在台北谈话时所回忆。乐教授是徐复观在东海大学任教时的早期学生。

② 徐复观：《中国经学史的基础》，台湾学生书局1982年版，自序第1—2页。

工作，尤其对《左传》论说得相当详尽。1979年，又写成《周官成立之时代及其思想性格》一书，由台湾学生书局于1980年出版，全书分17节，称其"可作为《两汉思想史》分册"[①]；1980年，完成《先汉经学的形成》长文；1981年，在治疗癌症的同时完成了《西汉经学史》长文，并将二文合为《中国经学史的基础》一书，由台湾学生书局于1982年出版。因此，可以说《周官成立之时代及其思想性格》与《中国经学史的基础》二书，实是《两汉思想史》的延伸和补充。但癌症的加剧使徐复观终于无法完成《汉代经学史》的全书写作。他在《中国经学史的基础·自序》中感叹地写道："我是无法写成一部完整的经学史，假定我这里的两篇文章再加上《春秋三传》的考查，能为今后写经学史的人提供一个新的出发点，便稍可减轻我在这一方面的责任感了。或者还要补写一篇《东汉经学史》，假定没有时间，则《周官》在东汉所引起的困扰，及《后汉书·儒林传》中所犯若干重大错误，我已在《周官成立的时代及其思想性格》和本文（即《中国经学史的基础》一书——引者注）中加以澄清了，也无碍其为'基础'的意味。"[②]

在这两部经学史的著作中，徐复观亦提出了许多精辟的见解。在《中国经学史的基础》的结尾，徐复观阐发了经学在汉代兴起的意义，指出经学的意义首先在于作为"思想上的纲维"，维系和巩固大一统封建国家。他说："以《五经》加上《论语》《孝经》，作为政治思想的纲维，除《孝经》可能系刘室特加提出而为儒生所承认者外，余均为儒生在社会上作了数十年的努力，乃收其效于董仲舒、公孙弘。大帝国的政治运行，若没有思想上的纲维，势必陷于迷失混乱。曹参受盖公影响，以黄、老为思想上的纲维，但道家消极的态度，尤其缺乏人伦的建构，事实上不能解决面对的重大问题，结果便完全坠入于'执法之吏'的手上。要有思想上的纲维，在近代民主宪法未出现以前，也只有《五经》

---

① 徐复观：《中国文学论集续篇自序》，载《中国文学论集续篇》，台湾学生书局1981年版，自序第4页。

② 徐复观：《中国经学史的基础》，台湾学生书局1982年版，自序第3页。

《论语》有此资格。"① 具体地看，经学作为"思想上的纲维"的积极作用体现在四个方面："第一，《五经》及《论语》，在政治的基本立足点，是一切为了人民。政治设施的一切归宿，都是为了人民，并且都是以人民自身固有之道以治人民的，此即《中庸》之所谓'以人治人'。第二，《五经》是古代政治文化的总结。在此一总结中，政治社会人生的视野，较任何一家之说来得广阔，因此也可以容纳任何一家而不加排斥，并且是非利害、成败兴亡的教训，表现得明显而正常。第三，《五经》《论语》有一共同趋向，即是政治上要求有言论自由，此即所谓'受言''纳谏'。这一点在专制政体之下非常重要，也非常困难。此后二千年中的忠臣义士，常从这种地方得到鼓励，也得到低度的保障。第四，在《五经》《论语》中诱导出教育思想，孕育出朝廷与社会的教育设施，要求以教育代替刑罚、减轻刑罚。这对人类运命也有极大的关系。虽然也有坏君坏人，假借经传中的文句以济其私、济其恶，在两汉中假借得最多的，《诗》是'无德不报'，《书》是'车服以庸'，常被假借去封赠佞幸宦戚之德；而被假借得最毒的是《公羊传》的'人臣无将，将而死'，被假借去以兴起大狱，惨杀无辜。但这究竟是极少数，而且专制者本可以无所不假借。"② 因此，徐复观认为，对于经学的这些思想，"总的说，我们不能不承认在政治结构的矛盾中，减轻了专制的毒害，发生了良好的作用。不过随科举制度的兴起，因儒生的人格与知识，直接受到功名利禄的破坏，而经学及《论》《孟》之书，也日益形骸化、麻木化，也即是今日所说的八股化，它所能发生的作用愈来愈小，便不能不作历史上的交替，而退居于思想史的地位了。但要恢复民族的活力，便必须恢复历史文化的活力。要恢复历史文化的活力，便对塑造历史文化的基型、推动文化的基线的经学，应当重新加以反省，加以把握"③。

在开展两汉思想史研究的同时，徐复观还对中国思想史作了多方

---

① 徐复观：《中国经学史的基础》，台湾学生书局1982年版，第238—239页。
② 徐复观：《中国经学史的基础》，台湾学生书局1982年版，第239页。
③ 徐复观：《中国经学史的基础》，台湾学生书局1982年版，第239—240页。

面的研究，既有对先秦思想史的疏释，又有对宋明清思想史的探讨，并通过中国思想史研究阐发了自己的消解形而上学思想。他将自己来到香港后所发表的偏重于哲学史的中国思想史研究的论文，结集成《中国思想史论集续编》一书，作为《中国思想史论集》一书的延续和拓展，由台北的时报文化出版事业有限公司于1982年出版。这部论集收录论文27篇，主要有《阴阳五行及其有关文献的研究》《由尚书〈甘誓〉〈洪范〉诸篇的考证，看有关治学的方法和态度问题》《有关周初若干史实之考证》《有关老子其人其书的再检讨》《帛书〈老子〉所反映出的若干问题》《先秦名学与名家》《向孔子的思想性格回归》《王阳明思想补论》《"清代汉学"衡论》《程朱异同——平铺地人文世界与贯通地人文世界》等文。在论集文章中，徐复观提出"向孔子的思想性格回归"[①]的主张，认为"把孔子的思想，安放到希腊哲学系统的格式中加以解释，使其坐上形而上的高位，这较之续凫胫之短，断鹤胫之长，尤为不合理。因为凡是形而上的东西，就是可以观想而不能实行的"[②]；又由此对宋明儒学进行考察，提出"平铺地人文世界"[③]概念，认为"程、朱、陆、王的性即理、心即理的争端，也未尝不可以泯除而归向于平铺地人文世界的大方向。平铺地人文世界，是走向现实社会而加以承当的世界"[④]；进而对于熊十力诸师友重建形而上学的基本思路提出了尖锐的批评，指出："熊师十力，以及唐君毅先生，却是反其道而行，要从具体生命、行为，层层向上推，推到形而上的天命天道处立足，以为不如此，便立足不稳。没有想到，形而上的东西，一套一套的有如走马

[①] 徐复观：《向孔子的思想性格回归》，载《中国思想史论集续编》，时报文化出版事业有限公司1982年版，第431页。

[②] 徐复观：《向孔子的思想性格回归》，载《中国思想史论集续编》，时报文化出版事业有限公司1982年版，第437页。

[③] 徐复观：《程朱异同》，载《中国思想史论集续编》，时报文化出版事业有限公司1982年版，第569页。

[④] 徐复观：《程朱异同》，载《中国思想史论集续编》，时报文化出版事业有限公司1982年版，第610页。

灯，在思想史上，从来没有稳过。熊、唐两先生对中国文化都有贡献，尤其是唐先生有的地方更为深切。但他们因为把中国文化发展的方向弄颠倒了，对孔子毕竟隔了一层。"① 他还由此论定："从宋儒周敦颐的《太极图说》起到熊师十力的《新唯识论》止，凡是以阴阳的间架所讲的一套形而上学，有学术史的意义，但与孔子思想的性格是无关的。"② 这些论断，明确地标示出与熊十力诸师友重建形而上学所不同的消解形而上学路向，典型地体现了徐复观对孔子思想性格和现代新儒学哲学走向的独到理解，可视为他的现代新儒学思想的晚年定论。

此时的徐复观仍然是一个处于学术与政治之间的思想者。他在从事学术研究的同时，密切关注国内和国际的形势变化，将其所感所思撰写成大量时政杂文。他的这些时政杂文结集为多部文集：《徐复观杂文——论中共》《徐复观杂文——看世局》《徐复观杂文——记所思》《徐复观杂文——忆往事》一套四册，由时报文化出版事业有限公司于1980年出版；《徐复观杂文续集》，由时报文化出版事业有限公司于1981年出版；《徐复观最后杂文集》，由时报文化出版事业有限公司于1984年出版。这些杂文集选录了徐复观在20世纪七八十年代所写的时政杂文，共300余篇。对于这些文章的时代性与思想性，徐复观在《杂文自序》中有过说明："一九六九年我到香港后，要靠这些杂文及刊出这些杂文后面的友谊来维持生活。同时，我所处的时代，也压迫我的良心不能不写些政论性的文章。所以写杂文是为了吃饭；但有的杂文，却是在拿起笔时，忘记了自己身家吉凶祸福的情形之下写出来的。每星期七天，五天时间我是面对古人，一天半或两天时间我又面对当代。这种十年如一日地上下古今在生活中的循环变换，都来自我们国家的遭遇

---

① 徐复观：《向孔子的思想性格回归》，载《中国思想史论集续编》，时报文化出版事业有限公司1982年版，第432—433页。
② 徐复观：《向孔子的思想性格回归》，载《中国思想史论集续编》，时报文化出版事业有限公司1982年版，第432页。

对我所加的鞭策。"① 从这些杂文集的书名上即可清楚地看出，徐复观这一时期的杂文着重于分析和评论国内外时局，特别是由于香港所处的特殊的政治地理环境，使内地的复杂多变的政治形势成为他关注的重心。正如他所说：我的这些杂文包括的范围相当广泛，许多是由各个方面、各种程度的感发才写了出来的，但以受到"文化大革命"的震荡为最大。"这一震荡，直接间接，波及到我精神活动的各方面。震荡是发自良知所不容自已；在震荡中坚守国族的立场，维护国族的利益，不知不觉地与大陆人民共其呼吸，同样也是来自良知的不容自已。"② 在这些杂文集中，《封建主义的复活》《周恩来逝世以后》《事有必至，理有固然！——论江青们的被捕》《四人帮的主要毒害是在文化学术！》《中共目前的困扰——陈云一篇文章所反映出的问题》《大家应好好研读陈云的两篇讲话》诸篇，对江清反革命集团的错误做法进行了尖锐批判，对粉碎江清反革命集团后的思想解放运动予以了积极支持；《强国与善国》《为人类长久生存的祈向》《人类的智慧来自东方》《良心·政治·东方人》《什么是美国今日的根本问题》《自由主义的变种》《个人主义的没落》《暴力主义的去路》诸篇，对国际政治的大势进行了精辟的分析，对西方文化的困境作出了深刻的剖判。这些国内外时局的分析和评论，不仅表现了徐复观对于现实政治的敏锐观察，而且显示出他对于历史运动的深切理解。

从这些著述中可以看出，对晚年的徐复观来说，移居香港固然带来了生活上的困难，但却没有能够阻止他的学术研究和思想探索，反而成为他的又一个成果丰收的时期。这些成果的取得，正如他所说："我的经验，人格与学问，都是在抑压中成长的。"③

---

① 徐复观：《杂文自序》，载《徐复观杂文——论中共》，时报文化出版事业有限公司1980年版，自序第2—3页。
② 徐复观：《杂文自序》，载《徐复观杂文——论中共》，时报文化出版事业有限公司1980年版，自序第4页。
③ 徐复观：《致徐均琴（第32封家书）》，载《徐复观家书精选》，台湾学生书局1993年版，第75页。

八、乡愁无尽，落叶归根

自1949年离开中国大陆后，回大陆，回故乡，就一直成为徐复观的梦想。他曾写过一篇题为《旧梦·明天》的杂文，表达了他的这一梦想。他写道："我也和许多人一样，把一切的希望，都安放在'明天'。而一说到明天，当下所涌出的便是返归故里的'旧梦'。"① 但长期以来，实现这一梦想对于他来说实在太渺茫，他只好把自己对故乡的忆恋寄托在乡邦的文献上。他曾为在台湾出版的刊物《湖北文献》写过一篇题为《乡邦的文献工作即是复兴中华文化的工作》的文章，文中写道："复兴中华文化的意义，非只一端。保持对自己民族的记忆，由此以激发、凝集大家的意志，规整、策励大家努力的方向，这在今天来说，应当是许多意义中的重大意义之一。保持对自己民族记忆的方法，也非只一端。发扬乡邦的文献，彰显乡邦的山川人物，由此以使大家精神，通过乡土之爱而与祖国的山河大地，发生特别亲切的关连，这对我们流亡海外的人来说，应当是许多方法中的重要方法之一。"② 他还动情地表示："我是湖北人，假定我有机会，我会对湖北文化特别重视。"③ 直到中国内地开始改革开放后，徐复观的这一梦想才有了变成现实的可能。重回大陆和故乡，成为徐复观晚年的一大心愿。

以邓小平为首的中共领导人没有忘记徐复观。1980年5月，廖承志从美国治病回国途经香港，与徐复观会面晤谈。这是徐复观自离开延安后再度与中共领导人交谈。在会晤中，徐复观主动打破隔膜，对廖承志提出："我想提点意见好不好？"廖承志听后一惊，说："那太好了。"

---

① 徐复观：《旧梦·明天》，载《徐复观文录选粹》，台湾学生书局1980年版，第290页。

② 徐复观：《乡邦的文献工作即是复兴中华文化的工作》，载《徐复观文录》第4册，环宇出版社1971年版，第187页。

③ 《徐复观先生谈中国文化》，载《徐复观杂文——记所思》，时报文化出版事业有限公司1980年版，第98页。

于是徐复观提出了几点意见。他首先谈到中国的统一问题，认为实现统一的关键，主要决定于大陆的民主与法制进步的情形。大陆的民主与法制有了基础，就可以使外面的人相信，任何人都不能阻止国家的统一。他又谈到社会主义要吸取私有制的合理因素，表示自己并不反对社会主义，但觉得应该恢复一点私有。人总得自己掌握一点什么，才能够有创造能力。如果连生存权利、生活条件都受支配的话，社会就很难进步了。他还谈到中共要处理好马列主义与中国传统文化的关系，认为马列主义是外来的东西，虽然也有合理的成分，但比之中国传统文化中的合理部分，后者更讲得清楚，更容易被中国人接受。因此，希望中共能够发扬传统文化中的民主主义思想。① 这些意见，既是徐复观对中共的批评，也是他对中共的希望。今天回过头来看这些意见，其中固然有不切合中国实际的内容，这些内容没有为中国共产党所认可；但也包含了有远见的建设性的内容，这些内容以后逐渐为中国共产党在方针政策中所采纳。这些建言表明，徐复观总是把中华民族的利益置于个人政治立场之上的。在会晤中，廖承志代表邓小平邀请徐复观访问大陆，来北京聚晤。徐复观感到时机尚不成熟，婉言谢绝了邀请。

然而，徐复观的心已飞回了离别了30多年的大陆，飞回了离别了30多年的故乡。早在1979年12月20日，他在致故乡友人柴曾恺的信中，就明确地表示："一两年内，极欲返鄂一行，届时自当拜候。万一在港随草露以俱化，如得政府许可，亦当埋骨灰于桑梓之地。"② 在这里，徐复观明确地表达了重回大陆和故乡的急迫心情，也表达了他希望逝世之后移骨灰回故乡安葬的愿望。他还把自己的著作寄给湖北省图书馆，以表达自己对故乡的怀念，也希望故乡人能了解自己。他在1980年12月30日日记中就记有："赠与湖北省立图书馆之著作，他们

---

① 见李怡：《〈七十年代〉怎么样呀？——回忆徐复观先生》，载《徐复观教授纪念文集》，时报文化出版事业有限公司1984年版，第77—78页。

② 《徐复观致柴曾恺》，载《徐复观文集》修订本第1卷，湖北人民出版社2009年版，第330页。

已收到，来信致谢。"①

但徐复观的回故乡之梦，终究由于他的健康状况而未能成为现实。1980年9月，徐复观赴台湾参加"国际汉学会议"，会后到台湾大学医院进行身体检查，发现患胃癌，当即进行了手术。这场重病，使徐复观感到，生命的时间对他来说已经不多，而他还有许多思想要写出来，还有不少愿望有待实现，这些都得赶快去做！他平生没有写日记的习惯，这时却开始写日记。其所以写日记，是因为他深深感到来日不多，应当特别珍惜。这些记录徐复观最后岁月的日记，在他逝世后编成《无惭尺布裹头归——徐复观最后日记》一书，由台北的允晨文化实业股份有限公司于1987年出版。从这些日记中可以看出，他抓紧有限的人生，作最后的搏击，努力把生命的余光全部焕发出来。

最让徐复观焦虑的，是他尚未完成的《中国经学史的基础》一书。该书的第一部分《先汉经学的形成》，已在手术之前写完；该书的第二部分、也是该书的主体部分《两汉经学史》，到手术时还未动笔。徐复观为此十分着急。他对前来看望的老朋友们难过地说："已活了这么大的年龄，应当死了；可惜我想写的《汉代经学史》，竟没有动笔的机会！"② 在他看来，这是个冷门题目，"我不动笔，当代更无人肯动笔的"③。正是这样，徐复观动手术出医院后，顾不得多作休息，就投入《两汉经学史》的准备工作；从1981年1月起，开始集中精力写作《两汉经学史》。为了省出宝贵的时间，他甚至不再像过去那样偶尔陪夫人看电影、参加一些文化活动。两个月后，徐复观夫妇赴美国看望儿女，在大洋彼岸小住半年，并利用美国的医疗条件作进一步的病情检查。但亲人团聚，异国风光，问医看病，都没有影响《两汉经学史》的写作，他每天都要坚持工作三四个小时。终于，在美期间，他连续写出两稿，

---

① 徐复观：《无惭尺布裹头归——徐复观最后日记》，允晨文化实业股份有限公司1987年版，第76页。
② 徐复观：《中国经学史的基础》，台湾学生书局1982年版，自序第2页。
③ 徐复观：《中国经学史的基础》，台湾学生书局1982年版，自序第2页。

基本完成了《两汉经学史》的西汉部分。《两汉经学史》的东汉部分，徐复观已搜集了有关资料，但由于癌症的全身扩散，最终只好放弃。他将已完成的《先汉经学的形成》和《西汉经学史》两部分书稿合在一起，成《中国经学史的基础》一书出版。在该书《自序》中，徐复观记述了写作的艰苦历程，感慨地写道："这里的两篇文章，前一篇写成于胃癌已经发作之际，后一篇写成于胃癌手术后的疗养之中，文字拙劣，论证谬误的地方，更为难免，我恳切希望能得到关心此一问题的学者们的教正。"① 这是他的最后一部学术专著。书稿于 1981 年 12 月 28 日整理就绪，由香港寄至台湾学生书局。在当天的日记中，徐复观写下："将《西汉经学史》整理就绪，航空挂号寄学生书局。"② 该书于 1982 年 5 月出版，这时徐复观已经辞世了。

自美国返回香港后，徐复观又接受陈荣捷、狄伯瑞的邀请，着手准备参加将于 1982 年 7 月在夏威夷大学举行的"国际朱熹学术讨论会"。他在日记中记下了关于参加这次会议的打算："因思数年来常想到程朱并称，而程氏兄弟之学术真精神，每为朱元晦所掩，早欲以一文加以辨析。或借此机会，写《论程学朱学的异同》一文，以偿宿愿。"③ 为此，他开始重新阅读程朱著作，写作题为《程朱异同——平铺地人文世界与贯通地人文世界》的会议论文。从他的日记上看，这篇文章写得相当艰苦，以致终日只写三四百字。这一方面是由于他的癌症已开始转移，筋骨酸痛，体力难支；另一方面是由于他晚年的精力集中在汉代思想史研究上，宋明理学并非研究的重点。但徐复观以超人的毅力坚持写作，终于使这篇四万字的长文在 1982 年元旦过后完成并寄出。这是他所完成的最后一篇长篇学术论文。在这篇论文中，明确提出"为己之学"是由孔、孟以至程、朱、陆、王的中国思想史的主轴线和总特点，强调中国

---

① 徐复观：《中国经学史的基础》，台湾学生书局 1982 年版，自序第 3—4 页。
② 徐复观：《无惭尺布裹头归——徐复观最后日记》，允晨文化实业股份有限公司 1987 年版，第 206 页。
③ 徐复观：《无惭尺布裹头归——徐复观最后日记》，允晨文化实业股份有限公司 1987 年版，第 91 页。

儒学的总体走向在于消解形而上学。这是徐复观对中国思想史所作的最后的"现代的疏释",是他用自己的生命所得出的结论。文章完成后不久,由于病情突然加重,他只好放弃参加会议的打算。这次会议是中国改革开放后第一次派出学者出席的国际中国哲学会议,著名哲学家冯友兰也出席了这次会议。而徐复观却因天不假年,不得与会,不能不说是一件憾事。

临近生命终点的徐复观,除了奋力完成著述外,还强烈地希望能实现探访大陆的夙愿。1982年1月3日,他在给山东故友、亚里士多德《形而上学》一书中译者吴寿彭的信中说:"弟返祖国旅行事,现在考虑胃癌治愈后,须少食多餐,如何安排途中饮食。今秋冬间,拟可与兄在曲阜握手。"① 但至2月初,徐复观病情突然加重,不得不再度住进台湾大学医院;数日后即下半身麻痹,病情更趋恶化;探访大陆,拜谒孔陵,重回故乡,这时都已成为不可能之事。

在台湾大学医院里,徐复观度过了最后一个多月的时光。在这段最后的时光里,他仍然没有停止思考与探讨,在病痛中留下了最后的一批文字,记录了他生命的最后的一段历程。

徐复观在病榻上口述了《中国思想史论集续编自序》,其中写道:"余自八岁受读以来,小有聪明而绝无志气。四十年代,始以国族之忧为忧,恒焦劳心力于无用之地;既自知非用世之才,且常念熊师十力亡国族者常先自亡其文化之言,深以当时学风,言西学者率浅薄无根无实,则转而以'数典诬祖'(不仅忘祖而已)为哗众取宠之资,感愤既深,故入五十年代后,乃于教学之余,奋力摸索前进,一以原始资料与逻辑为导引,以人生社会政治问题为征验,传统文化中之丑恶者,抉而去之,惟恐不尽;传统文化中之美善者,表而出之,亦惧有所夸饰。三十年之著作,可能有错误,而决无矫诬;常不免于一时意气之言,要其基本动心,乃涌出于感世伤时之念,此则反躬自问,可公言之天下而无

---

① 引自吴寿彭:《中国文学教授徐复观作古挽辞》,载《徐复观教授纪念文集》,时报文化出版事业有限公司1984年版,第538—539页。

所愧怍者。然偶得摸入门径，途程尚未及千万分之一，而生命已指日可数矣。"① 这篇文字，一气呵成，深沉凝练，成为他人生的最后一篇文章，也是他全部学术生命的自我总结。

病重中的徐复观立下了遗嘱，开篇即云："余自四十五岁以后，乃渐悟孔孟思想为中华文化命脉所寄，今以未能赴曲阜亲谒孔陵为大恨也。"② 他又口吟七律一首，表达自己最后的心境："中华片土尽含香，隔岁重来再病床。春雨阴阴膏草木，友情默默感时光。沉疴未死神医力，圣学虚悬寸管量。莫计平生伤往事，江湖烟雾好相忘。"③ 这些最后的文字，记录了徐复观的遗爱与遗恨。他爱自己的祖国和祖国的文化；他恨天不假年，使他不能再继续从事中国传统文化的"现代的疏释"，不能有机会回到阔别30多年的祖国大陆。

面对前来照料和探望的学生们，徐复观仍然没有忘记一个教师的职责，用最后的气力重申着自己的思想，留下了一段段宝贵的教诲。他说："无真实国族社会之爱，即不可能有人类之爱；无人类之爱，则心灵封锁鄙恶，决不能发现人生。此种人，此种作品，皆与文学无关。"④ 又说："求知是为了了解自己，开辟自己，建立自己，是为为己之学。求知必然是向外向客观求，此历程与希腊学统同。但因为己而自然作向自身生命生活上的回转，合内外之道，合主客为一（以天下为一家，万物为一人），贯通知识与道德为一，此乃吾国学统所独。应由此以检别学统中之真伪虚实，开辟无限途轨，并贯通于文学艺术。"⑤ 还说："做

---

① 徐复观：《中国思想史论集续编自序》，载《中国思想史论集续编》，时报文化出版事业有限公司1982年版，自序第1页。
② 引自曹永洋整理，王世高订正：《徐复观先生年谱》，载《徐复观教授纪念文集》，时报文化出版事业有限公司1984年版，第566页。
③ 徐复观：《卧病台大医院》，载《徐复观教授纪念文集》，时报文化出版事业有限公司1984年版，第529页。
④ 徐复观：《病中札记》，载《徐复观最后杂文集》，时报文化出版事业有限公司1984年版，第208页。
⑤ 徐复观：《病中札记》，载《徐复观最后杂文集》，时报文化出版事业有限公司1984年版，第209页。

学问不怕慢，只怕不实。治中国哲学者应以一步登天为大戒。"①

对于来香港后倾注全力的《两汉思想史》，徐复观又在病床上思考了需要补充的若干内容。他说："两汉思想史之未动笔，此为议对中国的政治、社会、边疆问题，此乃由儒生将经学与现实融铸而出。其中间有五经博士之议论，然多出自'通经'诸儒之旨。清今文学家将其划入今文的范围，大谬。"② 又说："《后汉书·儒林传》之谬误已大部澄清。惟下列数文未写，可恨。"③ 这些来不及撰写的文章是：（一）东汉节义的形成；（二）东汉的思想家群；（三）道家思想的演变；（四）由谶纬到道教的成立。这里的"可恨"两字，凝结着徐复观面对天不假年所发出的无奈感慨。

这种情景，使人极易联想起唐代诗人李商隐的"春蚕到死丝方尽"④ 的千古绝唱，也使人极易联想起徐复观在《春蚕篇》这一散文名篇中对李商隐这句诗的诠释："春蚕的丝，是从它自己的生命力中化出来的。它的生命力何以不消停在自己的生命之中，而一定要化成一缕一缕的丝，把它吐出在自己躯壳的外面？而且一直要到把自己的生命力化完吐完为止？这真是一个生命的谜，也是一个生命的悲剧性的谜。"⑤ 徐复观也就是这样的"春蚕"，他把自己的生命的一丝一缕都最后地吐了出来，留给了神州大地，留给了中华民族。

1982年4月1日，徐复观逝世于台湾大学医院。1987年10月，遵照徐复观的遗愿，他的骨灰由幼子徐帅军移回故乡浠水，安葬于故乡的

---

① 徐复观：《病中札记》，载《徐复观最后杂文集》，时报文化出版事业有限公司1984年版，第208页。
② 徐复观：《病中札记》，载《徐复观最后杂文集》，时报文化出版事业有限公司1984年版，第208页。
③ 徐复观：《病中札记》，载《徐复观最后杂文集》，时报文化出版事业有限公司1984年版，第209页。
④ 李商隐：《无题》。
⑤ 徐复观：《春蚕篇》，载《徐复观杂文续集》，时报文化出版事业有限公司1981年版，第384页。

泥土地中。这位从巴河岸边走出的"农村的儿子",最后终于又回到故乡,与这片生他养他的乡土永远地融合在一起。这一生命的归宿,体现了徐复观的与家国情怀融为一体的生死观,诚如他自己所说:

> 我们精神上最大的挫折,在于我们没有可归的故乡,因而没有真正的家。由此而可了解中国"狐死正丘首""木落归根"的深切意。孔子是"东西南北之人",依然是死在他的故乡,所以他死前的精神,应当是安定的。①
>
> 此生此世,我还能做点什么有益的事呢?恐怕只能做一个寻常的中国人,生在中国,死在中国。②
>
> 落叶归根。归根之念,也正是知识分子良心的自然归结。③

---

① 徐复观:《无惭尺布裹头归——徐复观最后日记》,允晨文化实业股份有限公司1987年版,第46页。

② 徐复观:《"人"的日本》,载《徐复观文录选粹》,台湾学生书局1980年版,第84页。

③ 徐复观:《知识良心的归结——以汤恩比为例》,载《徐复观杂文——记所思》,时报文化出版事业有限公司1980年版,第423页。

第四章　徐复观文化哲学的基本思想

徐复观的现代新儒学思想，从治学主旨上看，主要是通过对中国传统文化作"现代的疏释"来进行表达，而不是以建构哲学理论体系来作出阐发。这是徐复观的现代新儒学思想的独特处。诚如他所说："我不是弄哲学的，根本无意形成自己的哲学系统。我的根本动机和努力的方向，都在中国文化的再认识，想由此以确定中国文化的内容、意义、地位，以帮助中国人在精神上能站起来。"①"在我心目中，中国文化的新生，远比个人哲学的建立更为重要。"②

但是，徐复观采取这种独特的思想表达方式，声称无意形成自己的哲学系统，并不意味着他没有对文化问题作过哲学意义上的思考与探讨，也不意味着他的现代新儒学思想没有相关的文化哲学理论作为基础与支撑。对于文化哲学理论之于文化问题研究的重要性，徐复观其实没有轻视和忽视，正如他所说："失掉了文化各问题间的关连性，常常是孤立的去看问题，去解决问题，势必流于偏曲。"③ 他所说的"文化各问题间的关连性"，也就是对文化问题作哲学意义上的思考与探讨，发现和把握其间的内在逻辑。因此，徐复观尽管没有对文化哲学理论作过纯学理的阐发和体系化的建构，但却撰写了一系列关于文化问题的理论短篇和时政杂文④，结合对中西古今文化关系问题的关注与研究，

---

① 杨牧辑：《佛观先生书札（第35封信）》，载《儒家政治思想与民主自由人权》，台湾学生书局1988年版，第392页。
② 引自林镇国等：《擎起这把香火——当代思想的俯视》，载《徐复观杂文续集》，时报文化出版事业有限公司1981年版，第410页。
③ 徐复观：《对日本知识分子的期待》，载《徐复观文录选粹》，台湾学生书局1980年版，第72页。
④ 见本书第五章附录《徐复观文化理论著述目录》。

对文化哲学理论作过认真而深入的思考与探讨，形成了自己的文化哲学思想。这些文化哲学思想，成为了徐复观现代新儒学思想的理论前提。

如对徐复观的文化哲学思想作进一步论析，可看到其中包含了两方面的内容：一方面的内容，是他对文化问题所作的一般性的思考与探讨，这些内容形成了他的文化哲学的基本思想；另一方面的内容，是他由文化哲学的基本思想出发，对中西古今文化关系问题所作的专门性的思考与探讨，这些内容形成了他的中西古今文化观。这两方面的内容本是密切相关联的，前者往往以后者作为基础和例证，后者往往是前者的展开与具体化，两者之间多有交叉互含，并没有明显的区分。为了能够更清晰地阐明徐复观的文化哲学思想，笔者从逻辑上对这两者加以了大致的区分，在本章中先说明前一方面的内容，在下章中再说明后一方面的内容。

一、从卡西尔到徐复观的文化现象学

徐复观的文化哲学思想，从其思想来源上看，受到了现代新儒学第一代哲学家所倡导的文化儒学的影响，也受到了 19 世纪以来中国和西方多种文化哲学和文化理论的影响，其中以德国新康德主义哲学家卡西尔主张的文化现象学影响最为深刻。在熊十力学派中，唐君毅、牟宗三、徐复观都受到来自德国哲学的很大影响，只是对他们所发生影响的德国哲学家并不相同，因而所给予他们的思想影响也不一样。如果说唐君毅受到黑格尔的很大影响，牟宗三受到康德的很大影响，那么徐复观则受到卡西尔的很大影响。卡西尔所著《人论》一书阐发的文化现象学思想，直接影响了徐复观的文化哲学思想的形成。

卡西尔是新康德主义马堡学派的主要代表人物。新康德主义固然承继了康德的哲学思想资源，并以直接承继康德思想之名相标榜，但实为不同于德国古典哲学的德国现代哲学流派。20 世纪 30 年代，卡西尔

第四章 徐复观文化哲学的基本思想

即创立了自己的文化哲学体系。《人论》是他晚年在美国讲学时用英文撰写的专著，对其文化哲学思想作了经典性的简明阐发。全书共两篇，上篇题为《人是什么？》，下篇题为《人与文化》，其主旨即在于通过文化现象学来说明人以及人的文化世界。正如他所说："我们在这里无意涉及问题的这个形而上学的方面。我们的目标是一个人类文化的现象学。因此，我们必须用人的文化生活中的各种具体例子来努力解释和说明这个问题。"① 《人论》的甘阳汉语译本，1985年由上海译文出版社出版，曾在当时的中国大陆学术界引起很大反响，一时之间竟成人人必备的畅销书。卡西尔的文化哲学，由此开始受到中国大陆学术界的关注和研究，尽管这种关注和研究的成果至今都很有限。

《人论》在中国大陆畅销时，徐复观已经逝世；如若他有在天之灵，必当欣喜之至。因为远在此30多年前，他就已经通过认真研读《人论》的日语译本，注意到卡西尔的文化哲学思想，甚为欣赏，十分重视，力图加以吸取，在自己的著述中大量征引《人论》的论述与思想。1954年，徐复观的长篇论文《象山学述》在《民主评论》上发表，文章就引用《人论》的论述作为支撑文章的理论观点，指出："卡西拉（Cassirer, 1874—1945）也在其《原人》（*An Essay on Man*）的第一章中特别强调'以了解自然的方法，不能发现人自身的性质'。所以求知识的方法，和开辟大本的方法，并不相同；于是朱陆治学的门径便不能相同，读书的态度也不能相同。"② 1959年，徐复观的论文集《中国思想史论集》由东海大学出版，他在代序《研究中国思想史的方法与态度问题》中也引用《人论》的论述，为自己对中国传统文化的"现代的疏释"进行辩护，指出："有人曾批评我：'你的解释，恐怕是自己的思想而不是古人的思想。最好是只叙述而不解释。'这种话，或许有一点道理。但正如卡西勒（Cassirer）所说，'哲学上过去的事实，伟大思想家的学说与体

---

① [德]恩斯特·卡西尔：《人论》，甘阳译，上海译文出版社1985年版，第66页。
② 徐复观：《象山学述》，载《中国思想史论集》，台湾学生书局1988年版，第33页。

系，不作解释便无意味'。并且没有一点解释的纯叙述，事实上是不可能的。"① 1966年，徐复观的专著《中国艺术精神》由东海大学出版，该书第二章《中国艺术精神主体之呈现——庄子的再发现》共有85条附注，其中11条即引自《人论》。以上引文中的"卡西拉"和"卡西勒"，都是卡西尔的不同汉语译名；徐复观所称道的《原人》一书，是《人论》的日语译名。这些材料都表明，徐复观早在20世纪五六十年代，就已经十分重视并努力吸取卡西尔的文化哲学思想。在中国学术界，他是最早与卡西尔发生思想上共鸣的人。

笔者近年还发现了两则材料，可以用来说明徐复观对卡西尔《人论》的赞赏和重视：一则材料出自《徐复观杂文——忆往事》一书，书中收录了徐复观1977年12月所撰《感逝》一文，文中回忆说："台湾大学植物系资格最老的教授于景让先生，于十月十四日逝世。……有一次，他坚约我到他家中吃饭，他住的日式房子相当宽大，但给书塞得满满的。他听到我称道卡西勒的《原人》时，他即起身把日译的卡氏的《语言学》送给我，我是舍不得送书给人的。"② 另一则材料出自《湖北省博物馆藏钱穆致徐复观信札》一书，该书收录了钱穆1954年12月17日致徐复观的信，信中表示大力支持徐复观翻译卡西尔《人论》的计划，称："卡西勒尔之《原人》如能由兄（即徐复观——引者注）译出，他日新亚研究所有款，定可付印。"③ 这里的"卡西勒尔"，也是卡西尔的汉语译名。这两则材料当然算不上严格意义的学术论述，但却相当生动地呈现出徐复观对于卡西尔《人论》的赞赏和重视，以致不论是作为历史学家的钱穆还是作为生物学家的于景让，都知道他推崇卡西尔其人和《人论》其书。卡西尔及其《人论》，对徐复观影响之大且深，由

---

① 徐复观：《研究中国思想史的方法与态度问题》，载《中国思想史论集》，台湾学生书局1988年版，第3页。

② 徐复观：《感逝》，载《徐复观杂文——忆往事》，时报文化出版事业有限公司1980年版，第193—194页。

③ 钱穆著，钱婉约整理：《钱穆致徐复观信札》，中华书局2020年版，第125页。

这两则材料可见一斑。

在《人论》中，卡西尔所阐发的文化现象学的核心观点在于：对人的本质应作出新的理解，不能只把人看作是"理性的动物"，而应把人理解为"符号的动物"。他所说的"符号"，就是人的文化创造活动所呈现出的形式。这些文化的符号、文化的形式，是人的文化创造活动的现象性呈现，不仅反映了人的文化创造活动的丰富性和多样性，而且反映了现实的人的生命存在和创造活动。卡西尔认为，人的本质不是由现象背后的精神性实体来决定的，而正是通过这些文化的符号和形式呈现出来的。他说："对于理解人类文化生活形式的丰富性和多样性来说，理性是个很不充分的名称。但是，所有这些文化形式都是符号形式。因此，我们应当把人定义为符号的动物（animal symbolicum）来取代把人定义为理性的动物。只有这样，我们才能指明人的独特之处，也才能理解对人开放的新路——通向文化之路。"① 在这里，把人看作是"理性的动物"，还是把人看作是"符号的动物"，实体现了近代哲学与现代哲学对人的理解的不同。

这样一来，卡西尔就力主立足于人的文化各部分，即立足于文化的符号和形式，来发现和揭示人的本质，而不再像以往哲学，通过建构形而上学，来阐明和论证人的本质。他说："人的突出特征，人与众不同的标志，既不是他的形而上学本性也不是他的物理本性，而是人的劳作（work）。正是这种劳作，正是这种人类活动的体系，规定和划定了'人性'的圆周。语言、神话、宗教、艺术、科学、历史，都是这个圆的组成部分和各个扇面。因此，一种'人的哲学'一定是这样一种哲学：它能使我们洞见这些人类活动各自的基本结构，同时又能使我们把这些活动理解为一个有机整体。语言、艺术、神话、宗教决不是互不相干的任意创造。它们是被一个共同的纽带结合在一起的。但是这个纽带不是一种实体的纽带，如在经院哲学中所想象和形容的那样，而是一种功能的纽带。我们必须深入到这些活动的无数形态和表现之后去寻找

---

① ［德］恩斯特·卡西尔：《人论》，甘阳译，上海译文出版社1985年版，第34页。

的，正是言语、神话、艺术、宗教的这种基本功能。而且在最后的分析中我们必须力图追溯到一个共同的起源。"① 这里所说的语言、神话、宗教、艺术、科学、历史等"人的劳作"，也就是"人类活动的体系"，展开了人的文化创造活动的符号，构成了人的文化创造活动的诸形式；正是通过这些文化的符号和形式，即文化的基本功能，才呈现和揭示出人的本质。

由于重视人的文化创造活动的符号和形式，卡西尔因而与致力建构形而上学体系的康德、黑格尔不同，所关注的不是对文化本质作形而上学的思考与探讨，而是对文化现象作哲学意义上的思考与探讨。在《人论》的下篇《人与文化》中，即分别对于人类文化的不同符号和形式——神话、宗教、语言、艺术、历史、科学进行思考与探讨，以阐明这些文化的符号和形式之于人的意义，以及了解这些文化的符号和形式之于了解人的本质的意义。正是这样，在卡西尔看来，这些思考与探讨尽管不是形而上学的东西，但仍然是"对于人类文明的哲学描述"②，是在哲学意义上开展的，不同于自然科学对自然世界所作的纯客观说明。

卡西尔认为，在这种"对于人类文明的哲学描述"中，"哲学不能满足于分析人类文化的诸个别形式，它寻求的是一个包括所有个别形式的普通的综合的概观"③。也就是说："在神话想象、宗教信条、语言形式、艺术作品的无限复杂化和多样化现象之中，哲学思维揭示出所有这些创造物据以联结在一起的一种普遍功能的统一性。神话、宗教、艺术、语言，甚至科学，现在都被看成是同一主旋律的众多变奏，而哲学的任务正是要使这种主旋律成为听得出的和听得懂的。"④ 这种使"主旋律"能够为人类"听得出的和听得懂的"东西，就是这些符号和形式

---

① [德]恩斯特·卡西尔：《人论》，甘阳译，上海译文出版社1985年版，第87页。
② [德]恩斯特·卡西尔：《人论》，甘阳译，上海译文出版社1985年版，第89页。
③ [德]恩斯特·卡西尔：《人论》，甘阳译，上海译文出版社1985年版，第89页。
④ [德]恩斯特·卡西尔：《人论》，甘阳译，上海译文出版社1985年版，第91页。

中所蕴含的意义与理想。因此，他反复强调，在人的文化创造的符号和形式中，发现其中所具有的意义与理想。他说："一个符号并不是作为物理世界一部分的那种现实存在，而是具有一个'意义'。"① 又说："人的所有劳作都是在特定的历史和社会条件下产生的。但是除非我们能够把握住处在这些劳作之下的普遍的结构原则，我们就绝不可能理解这些特定的条件。在我们研究语言、艺术、神话时，意义的问题比历史发展的问题更重要。"② 还说："作为一个整体的人类文化，可以被称之为人不断自我解放的历程。语言、艺术、宗教、科学，是这一历程中的不同阶段。在所有这些阶段中，人都发现并且证实了一种新的力量——建设一个人自己的世界、一个'理想'世界的力量。"③ 总之，卡西尔特别凸显了人的文化创造的符号和形式所蕴含的意义与理想；他的文化现象学，也就是要通过"对于人类文明的哲学描述"，把这些符号和形式中所蕴含的意义与理想阐发出来。

卡西尔的文化哲学思想，对徐复观产生了深刻的影响，这种影响主要表现在三个方面。

首先，徐复观重视从文化现象学来探讨文化问题，所关注的不是对文化本质作形而上学的思考与探讨，而是对文化现象作哲学意义上的思考与探讨。本书前言曾引徐复观所言："唐先生、牟先生和我在学问上也就逐渐开展出不同的途径。唐、牟两位先生努力自己哲学的建立，尤其是牟先生更用力建构自己的哲学体系。而我并不曾想要建立一套自己的思想体系。当初我们少数人，看到中国文化遭受诬蔑，于是共同发心，要为中国文化打抱不平。这纯粹是出于对中国文化的责任感。这就需要做许多疏导工作。我所致力的是对中国文化作'现代的疏释'。"④ 在这里，徐复观虽然没有明确使用"文化现象学"概念，但他

---

① [德] 恩斯特·卡西尔：《人论》，甘阳译，上海译文出版社 1985 年版，第 72 页。
② [德] 恩斯特·卡西尔：《人论》，甘阳译，上海译文出版社 1985 年版，第 88 页。
③ [德] 恩斯特·卡西尔：《人论》，甘阳译，上海译文出版社 1985 年版，第 288 页。
④ 引自林镇国等：《擎起这把香火——当代思想的俯视》，载《徐复观杂文续集》，时报文化出版事业有限公司 1981 年版，第 410 页。

之所以"不曾想要建立一套自己的思想体系",之所以不再追求形而上学的重建,而转向着重致力于"对中国文化作'现代的疏释'",实都可以在卡西尔的文化现象学中发现最初的思想来源和理论根据。

其次,在卡西尔的文化现象学的深刻影响下,徐复观的现代新儒学思想,转向对中国传统文化的符号和形式进行探讨和阐发,着重对中国传统文化中的道德、艺术、史学三种符号和形式予以"现代的疏释",将其中所蕴含的意义与理想——中国道德精神、中国艺术精神和中国史学精神阐发出来。他的这一学问追求,可以从《中国艺术精神·自叙》一头一尾两段话中清楚地看出来。在《自叙》的开篇,徐复观写下了一段这样的话,说明了撰写《中国人性论史·先秦篇》和《中国艺术精神》两书,对中国道德精神和中国艺术精神进行发掘、梳理和阐发的理由。他说:

> 道德、艺术、科学,是人类文化中的三大支柱。中国文化的主流,是人间的性格,是现世的性格。所以在它的主流中,不可能含有反科学的因素。可是中国文化,毕竟走的是人与自然过分亲和的方向,征服自然以为己用的意识不强。于是以自然为对象的科学知识,未能得到顺利的发展。所以中国在"前科学"上的成就,只有历史地意义,没有现代地意义。但是,在人的具体生命的心、性中,发掘出道德的根源、人生价值的根源,不假借神话、迷信的力量,使每一个人,能在自己一念自觉之间,即可于现实世界中生稳根、站稳脚,并凭人类自觉之力,可以解决人类自身的矛盾,及由此矛盾所产生的危机,中国文化在这方面的成就,不仅有历史地意义,同时也有现代地、将来地意义。我写《中国人性论史》,是要把中国文化在这一方面的意义,特别显发出来。在人的具体生命的心、性中,发掘出艺术的根源,把握到精神自由解放的关键,并由此而在绘画方面,产生了许多伟大地画家和作品,中国文化在这一方面的成就,也不仅有历史地意义,并且也有现代地、将来地意

第四章 徐复观文化哲学的基本思想

义。虽然百十年来，中国的知识分子，对于这一方面的成就，没有像对于上述道德方面的成就，作疯狂地诬蔑。但自明清以来，因知识分子在八股下的长期堕落，使这一方面的成就，也渐渐末梢化、庸俗化了，以致与整个地文化脱节；只能在古玩家手中，保持一个不能为一般人所接触、所了解的阴暗地角落。我写这部书（即《中国艺术精神》——引者注）的动机，是要通过有组织地现代语言，把这一方面的本来面目，显发了出来，使其堂堂正正地汇合于整个文化大流之中，以与世人相见。所以我现时所刊出的这一部书，与我已经刊出的《中国人性论史·先秦篇》，正是人性王国中的兄弟之邦，使世人知道中国文化，在三大支柱中，实有道德、艺术的两大擎天支柱。①

而在《自叙》的篇末，徐复观又表达了进一步撰写《两汉思想史》，致力中国史学精神的发掘、梳理和阐发的构想。他说：

> 今后我希望能接着写一部两汉学术思想史，把由乾嘉学派的"汉学"所蒙蔽了的这一重大历史阶段的学术文化，能如实地阐明于世人之前。因为两汉所占的历史阶段，不论它的好和坏，对后来历史的形成，有直接地关系。②

细读这些论述，再与上引卡西尔《人论》中的论述相比较，徐复观与卡西尔在文化现象学上的相似相通处，以及卡西尔的文化现象学对徐复观的影响，就鲜明凸显、清晰可见了。

再次，卡西尔《人论》对文化现象学所作的方法论说明，也对徐复观产生了很大影响。在卡西尔看来，对于人类文化的不同符号和形式进行思考与探讨，阐明这些文化的符号和形式之于人的意义，都是在哲学

---

① 徐复观：《中国艺术精神》，台湾学生书局1984年版，自叙第1—2页。
② 徐复观：《中国艺术精神》，台湾学生书局1984年版，自叙第9页。

意义上开展的，是一种不同于自然科学客观说明的"哲学描述"。徐复观在致力对中国传统文化作"现代的疏释"时，就十分赞同这一观点。前面已经指出，徐复观在《象山学述》一文中，即引用《人论》的论述来支撑自己的理论观点；而这个所支撑的理论观点，就在于应当用什么方法来对中国传统文化作"现代的疏释"。这就是他所说的：

> 从心上面，从伦理方面来解决人类文化的问题，这本是中国文化二千余年以来开辟出的一条路，也是象山自认为继承孟子一千五百年的道统之路。要成就道德，成就人的道德行为，不能在外面的各种不确实的关系中去找根据，而只能在各人的心上去找。并且从"孩提知爱长知钦"来看，人的心本是道德的心，亦即本来具备道德之理，于此而认定"心即理"，认定"心即理"之心是人的"大本"。应然的世界，价值的世界，只能从这个大本的地方流出来。不是不要知识，而系知识对于道德的行为来说，只是处于补助的、被动的地位，它不过处于德性的印证和被选择的地位，其对于道德行为的分量自然比较轻。同时，知性的知识活动，是就客观的对象上去探索；而道德主体的大本，则只有靠"返观内照"，即是"反省"。卡西拉（Cassirer，1874—1945）也在其《原人》（*An Essay on Man*）的第一章中特别强调"以了解自然的方法，不能发现人自身的性质"。所以求知识的方法，和开辟大本的方法，并不相同；于是朱陆治学的门径便不能相同，读书的态度也不能相同。知性的活动，一个时代有一个时代的对象。在中国，书本子一向是成为知性活动的唯一对象，一向是靠书本子来构成知识。朱陆环绕书本子所作的争论，骨子里面是由知性活动的方法，能否直接开辟出德性大本的问题的争论。①

在这段引文里，徐复观依据卡西尔对文化现象学所作的方法论说明，认

---

① 徐复观：《象山学述》，载《中国思想史论集》，台湾学生书局1988年版，第33页。

为"求知识的方法"和"开辟大本的方法"是不同的；朱熹的理学路向，强调人的道德来自书本知识，只是"求知识的方法"；而陆九渊的心学路向，强调人的道德来自"道德的心"，则是"开辟大本的方法"。只有"开辟大本的方法"，才能直指本心，凸显和把握"道德主体"。因此，他肯定了陆九渊的心学路向对于发现"价值世界"的意义，否定了朱熹的理学路向对于发现"价值世界"的作用。这则材料进一步表明，卡西尔其人和《人论》其书，确实是深刻地影响和启发了徐复观的现代新儒学思想。

因此，只有了解卡西尔《人论》的文化现象学思想，了解卡西尔《人论》对徐复观的深刻影响，才能了解徐复观的文化哲学思想，了解他的现代新儒学思想对于形而上学的批评态度，以及他为何选择对中国传统文化进行"现代的疏释"作为自己的学术定位，而又为何把发掘、梳理、阐发中国道德精神、中国艺术精神和中国史学精神作为这种"现代的疏释"的主体内容。在这个意义上，可以说不了解卡西尔，是难以了解徐复观的。

二、何谓"文化"

徐复观对中国传统文化进行"现代的疏释"，首先所要思考和说明的问题就是何谓"文化"，也就是从文化哲学上对"文化"作一界定，揭示"文化"的实质性内涵。

徐复观对此有明确的理论自觉。他在谈到中国传统文化研究时，即主张先对"文化"的内涵作一厘定，认为："我认定儒家精神是形成中国文化的基本性格，则对于文化的涵义，应先略作解释。"[1] 在笔者所编《徐复观文集》第一卷《文化与人生》中，收录的首篇文献是访谈录《徐复观先生谈中国文化》，文中采访者向徐复观劈头提出的第一个问题

---

[1] 徐复观：《儒家精神之基本性格及其限定与新生》，载《儒家政治思想与民主自由人权》，八十年代出版社1979年版，第45页。

就是："文化的定义是什么？"① 对于这个问题，徐复观认真地作了回答。这些都清楚地表明，徐复观的文化哲学思想首先需要回答的就是何谓"文化"问题。这与时下一些人大谈文化问题，而又从不对何谓"文化"作出界定，是截然不同的。

然而，在文化学和文化哲学研究中，何谓"文化"作为一个哲学问题，又是一个中外学者见仁见智、不断探讨、难以定论的重大问题；用徐复观自己的话说："这是一个相当广泛的问题"②；用徐复观的老朋友贺麟的话说，这是一个"纷无定论"的问题③。

在西方学者中，自19世纪下半叶文化问题成为学术界关注的重大问题以来，就有许多学者从各种不同的学术研究视角对"文化"作出了各有特点的界定。其中的一些定义，对近百年文化问题研究发生了很大的影响。例如，英国人类学家泰勒认为：文化"是包括全部的知识、信仰、艺术、道德、法律、风俗以及作为社会成员的人所掌握和接受的任何其他的才能和习惯的复合体"④。美国人类学家怀特认为："文化是依赖于符号的使用而产生的现象的综合——行为（各种类型的行为）、物体（工具、由工具制成的产品）、观念（信仰、知识）和感情（态度、'价值'）。"⑤ 美国人类学家克鲁柯亨认为："'文化是历史上所创造的生存式样的系统，既包含显型式样又包含隐型式样；它具有为整个群体共享的倾向，或是在一定时期中为群体的特定部分所共享。'……纯粹的文化形态都具有传统的要素或随意性要素，它们在某种程度上都由

---

① 《徐复观先生谈中国文化》，载《徐复观文集》修订本第1卷，湖北人民出版社2009年版，第1页。

② 《徐复观先生谈中国文化》，载《徐复观文集》修订本第1卷，湖北人民出版社2009年版，第1页。

③ 见贺麟：《论哲学纷无定论》，载《文化与人生》，商务印书馆1988年版，第274页。

④ ［英］爱德华·泰勒：《原始文化》，连树声译，上海文艺出版社1992年版，第1页。

⑤ ［美］怀特：《文化科学》，曹锦清等译，浙江人民出版社1988年版，第133页。

历史的偶然事变造成——既包括内部事件的偶发也包括与其他民族的接触。"① 德国哲学家李凯尔特则认为："自然是那些从自身中成长起来的、'诞生出来的'和任其自生自长的东西的总和。与自然相对立，文化或者是人们按照预计目的直接生产出来的，或者是虽然已经是现成的，但至少是由于它所固有的价值而为人们特意地保存着的。"② 这些定义，分别从人文的成果、符号的使用、生存的样式、价值的具有等不同层面界定"文化"，各有特色，并不相同。如果说其间有共同之点的话，那就是这些定义实际上都是从与"自然"相对置的立场来界定"文化"的。不论是人文的成果、符号的使用，还是生存的样式、价值的具有，其根本点都是非"自然"的。特别是李凯尔特关于"文化"的界定，明确地把有无"价值"作为"文化"与"自然"的分界，从而把"文化"与"价值"联系起来，深化了对"文化"的理解。这一思想对文化学和文化哲学的开展产生了很大的影响，不仅成为李凯尔特区分"文化科学"和"自然科学"的基础，而且以后西方哲学中对人文科学与自然科学的区别、对哲学与科学的划界也实由此而来。这种区分和划界工作，对现代西方哲学的开展产生了深刻影响，成为20世纪哲学家重建本体论与认识论的理论前提。

在20世纪中国学术界，由于文化问题特别是中西古今文化关系问题受到关注、引发热议，也有不少学者对"文化"作出过界定。在属于现代新儒学的学者群中，就有好几位学者在倡导文化儒学时，下过有关"文化"的定义。梁漱溟认为："文化是什么东西呢？不过是那一民族生活的样法罢了。生活又是什么呢？生活就是没尽的意欲（Will）"③。钱穆认为："普通我们说文化，是指人类的生活，人类各方面各种样的

---

① ［美］克鲁柯亨：《文化概念》，载《多维视野中的文化理论》，高佳等译，浙江人民出版社1987年版，第119—120页。
② ［德］H.李凯尔特：《文化科学和自然科学》，涂纪亮译，商务印书馆1986年版，第20页。
③ 梁漱溟：《东西文化及其哲学》，载《梁漱溟全集》第1卷，山东人民出版社1989年版，第352页。

生活总括汇合起来,就叫它做文化。……一国家一民族各方面各种样的生活,加进绵延不断的时间演进,历史演进,便成所谓文化。"① 贺麟则认为:"文化是道凭借人类的精神活动而显现出来的价值物,而非自然物。换言之,文化之体不仅是道,亦不仅是心,而乃是心与道的契合,意识与真理打成一片的精神。"② 又说:"所谓文化,乃是人文化,即是人类精神的活动所影响、所支配、所产生的。又可说文化即是理性化,就是以理性来处理任何事,从理性中产生的,即谓之文化。文化包括三大概念:第一是'真',第二是'美',第三是'善'……真美善即是真理化、艺术化、道德化,而由于系高尚的情感、坚强的意志和正确的理智所产生,可以说即是精神化——精神文明。"③ 这些关于"文化"的界定,或以"意欲"作根据,或以"历史"为框架,或以"精神"为本体,显示了立论者各自的治学背景、理论特点以及由此而对"文化"的理解。其中,钱穆作为史学家,他的界定是从史学引出的;梁漱溟与贺麟作为哲学家,他们的界定则是从哲学引出的。特别是贺麟把"文化"视为人类精神的活动所影响、所支配、所产生的"价值物",并以此为"文化"不同于"自然"的标志,可以说从文化哲学的视角对"文化"作了相当深刻独到的理解,对以后现代新儒学学者看待文化问题产生了很大的影响。

面对这种种文化定义,徐复观承认何谓"文化"问题确实是一个无法定论、不易解决的难题,曾感叹地说:"何谓文化?可以下许多互有出入的定义。"④ 但他又没有回避这一难题,而是以自立其权衡、择善

---

① 钱穆:《中国文化传统之演进》,载《国史新论》,生活·读书·新知三联书店 2001 版,第 346 页。
② 贺麟:《文化的体与用》,载《哲学与哲学史论文集》,商务印书馆 1990 年版,第 348 页。
③ 贺麟:《文化、武化与工商化》,载《文化与人生》,商务印书馆 1988 年版,第 280 页。
④ 徐复观:《西方文化没有阴影》,载《徐复观杂文——记所思》,时报文化出版事业有限公司 1980 年版,第 61 页。

而融通的态度，对这种种文化定义加以比较、予以筛选、进行提炼、作出综合，形成了自成一家之言的关于"文化"的理解和界定。他在不同的篇章中，多处对何谓"文化"问题作出过思考和说明，给出了如下有关"文化"的界定：

> 文化是人性对生活的一种自觉，由自觉而发生对生活的一种态度（即价值判断）。①
>
> 文化是由生活的自觉而来的生活自身及生活方式这方面的价值的充实与提高。②
>
> 文化是从生活各种程度的反省中而逐渐建立起来的。所以由生活的目的性、理想性所建立起来的东西，我们才可称为文化。③
>
> 所谓文化，"是按照个人与集体的生活要求，以支配并创造诸自然、诸事物，使其能把生活推向理想方面进展。这种努力的过程称为文化"。再加以补充是："文化指的是由人类一切活动的自由发展，而对自然赋与以某种价值的过程"。④

这些关于"文化"的界定，因时间、场合、上下内容、前后论述的不同，在表述上不尽一致；但在基本思想上，却可以说是一致的，显示出徐复观理解、界定"文化"的根基与特点，在于强调生活的自觉、理想

---

① 徐复观：《儒家精神之基本性格及其限定与新生》，载《儒家政治思想与民主自由人权》，八十年代出版社 1979 年版，第 45 页。
② 《徐复观先生谈中国文化》，载《徐复观文集》修订本第 1 卷，湖北人民出版社 2009 年版，第 1 页。
③ 徐复观：《从生活看文化》，载《徐复观文录选粹》，台湾学生书局 1980 年版，第 31 页。
④ 徐复观：《西方文化没有阴影》，载《徐复观杂文——记所思》，时报文化出版事业有限公司 1980 年版，第 61 页。引文中的引号是原文就有的。对于引号中的引用文字，徐复观在后面的括号中有说明："请参阅日本《岩波哲学辞典》818—819 页"（见徐复观：《西方文化没有阴影》，载《徐复观杂文——记所思》，时报文化出版事业有限公司 1980 年版，第 61 页）。

的追求和价值的意义；而生活之自觉、理想之追求，又都归结为价值的建立、充实与提高。因此，在他看来，只有"价值"才真正是"文化"的核心，由"价值"而规定了生活的样式、理想的追求、人类的一切创造活动。离开生活的自觉、理想的追求，特别是离开价值的意义与作用，是很难对"文化"作出本质的理解和说明的。正是这样，在上引四个关于"文化"的界定中，其中有三个界定都直接提到了"价值"对于"文化"的重要意义，以此来对"文化"作出界定。从这里可以清楚看出，在他对"文化"的理解和界定中，"价值"具有特殊的重要性。

徐复观从"价值"来理解和界定"文化"，表明他在上述诸家不同的"文化"界定中，更多地认肯和吸取了李凯尔特和贺麟的有关思想。李凯尔特认为，"文化"与"自然"的本质不同，就在于"自然"不具有"价值"，而"文化"具有"价值"。贺麟亦认为，"文化"不同于"自然"，就在于"文化"是"道"凭借人类的精神活动而显现出来的"价值物"。在这里，他们对"文化"的理解表现出明显的一致性。贺麟曾游学德国多年，其时正是新康德主义在德国哲学界影响很大的时代，因而在思想上受到了新康德主义代表人物李凯尔特的影响，看重"价值"之于"文化"的意义。这也就使得徐复观对这两位哲学家的思想有了更多的认肯和吸取。

徐复观尽管重视李凯尔特和贺麟的思想，力主从"价值"来理解和界定"文化"，但对于梁漱溟把"文化"看作是"生活的样法"的观点，对于钱穆把"文化"看作是"生活的总汇"的观点，也没有因此忽视，而是作了有选择的吸纳。他在对"文化"的理解和界定中，明确地把"文化"与"生活"联系起来，认为："生活与文化，常常是紧密相连，这倒是无可怀疑的。所以我们可以从文化方面去看生活，也可以从生活方面来看文化。"[1] 但他又明显地不赞成梁漱溟把"生活"归结为"没尽的意欲"，从本能性的"意欲"出发来理解"文化"的生成；而对于

---

[1] 徐复观：《从生活看文化》，载《徐复观文录选粹》，台湾学生书局1980年版，第31页。

贺麟以"精神"作为"文化"的本体的思想，他则予以了明确的继承和发挥。他强调生活的自觉、理想的追求、价值的意义与作用，实际上都可以归结为"精神"的意义与作用；而这种"精神"的内涵，用贺麟的话说就是"心与道的契合"，是"意识与真理打成一片"，不是作为生命本能冲动的"没尽的意欲"。因此徐复观申言："谈到文化，总是精神上的东西，其起源总是起于人性对生活之自觉。"① 这就是说，作为"生活之自觉"的"文化"，不是来自本能的"意欲"，而是来自自觉的"精神"，其间是有"道"的、是有"真理"的。只有依靠了"精神"的作用，弘扬了"道"与"真理"，才能有"生活之自觉"。

由此可见，徐复观对于"文化"的理解和界定，从现代新儒学思潮的开展看，实际上是通过对梁漱溟、钱穆、贺麟三家"文化"界说的择取、融通、升华而自成一家之论。在这三家"文化"界说中，梁漱溟、贺麟二家都是从哲学的心学路向出发，来理解和界定"文化"的；只是贺麟比梁漱溟吸取和包含了更多的理学内容，从而对"文化"作出了更深刻的理解。比较之下，徐复观对贺麟的"文化"界说更为看重、更趋认同、更多吸取。这实则反映了现代新儒学思潮对文化问题理解的逐步深化。

贺麟的《文化与人生》一书，于1947年由商务印书馆出版，其中收有《文化的体与用》一文，上引贺麟关于"文化是道凭借人类的精神活动而显现出来的价值物"的界说就出自这篇文章。此书颇为徐复观所看重。据贺麟晚年说："我的老朋友徐佛观先生，因意见与台湾当权派不合，遂转到香港新亚书院任教和写作。他写信告诉我，《文化与人生》是他带在身边的书籍之一，同时他也嘱咐他的儿子把他自己的好几种水平很高的关于中国历史、文学和哲学的书籍亲送到我的家里。"② 贺麟对徐复观的影响由此可见一斑，只是这些在徐复观的著述中都未曾明确提及，他写给贺麟的信至今也未见发表。只有在徐复观最后日记

---

① 徐复观：《儒家精神之基本性格及其限定与新生》，载《儒家政治思想与民主自由人权》，八十年代出版社1979年版，第46页。
② 贺麟：《新版序言》，载《文化与人生》，商务印书馆1988年版，新版序言第2页。

中，记录了他与贺麟的联系，包括嘱徐武军送书之事。他在1981年1月18日日记中写道："中午武军们来午餐。他定二十二日赴北京安排该公司另一高级科技专家将于三月间赴大陆事。……嘱其将我所写的十册书带与贺麟教授转哲学研究所。"① 还有，贺麟在1947年出版的《当代中国哲学》一书中对梁漱溟的文化哲学提出过批评，认为梁漱溟探讨东西文化关系问题的弱点在于"缺乏文化哲学的坚实基础"，因而"对文化的本质、宗教的本质、宗教在文化中地位等问题，缺乏哲学的说明"②。贺麟与徐复观之间既是老朋友，两人曾有过较深入的学术交流，这一点大概也会为徐复观注意到。

三、"文化"·"生活"·"文明"

徐复观认为，从概念上看，"文化"同"生活"和"文明"都是相关联、相近似的。要阐明何谓"文化"，不仅需要对"文化"本身作出界定，而且还需要将"文化"同"生活"和"文明"作一比较，在比较中来进一步说明"文化"。因此，他在对"文化"作出界定后，又开展了"文化"与"生活"的比较、"文化"与"文明"的比较，来说明"文化"的本质、深化对"文化"的理解。这些内容也属于他对何谓"文化"的阐明。

在"文化"与"生活"的关系上，徐复观首先说明了两者的关联。他指出，"文化"与"生活"本是紧密相连的。这种联系在于，"文化"是以"生活"作为自己存在的前提和开展的基础，一定是从现实生活中升华起来的；而"文化"升华之后，又必然会落实、扩大到现实生活中去。因此，离开了人的"生活"，也就谈不上人的"文化"；或者说，没有人的"生活"，也就没有人的"文化"。在这个意义上，徐复观认为，

---

① 徐复观：《无惭尺布裹头归——徐复观最后日记》，允晨文化实业股份有限公司1987年版，第88页。

② 见贺麟：《五十年来的中国哲学》，商务印书馆2002年版，第11页。

可以从"文化"去看"生活",也可以从"生活"来了解"文化"。以致《从生活看文化》,成了他的《东京旅行通讯》中一篇文章的题名。

但徐复观更强调,在"文化"与"生活"的关系上,必须看到两者的区别。他指出,尽管"文化"与"生活"相关联,但却不能由此而断言"文化"就是"生活"或"生活"就是"文化"。这就是说:"生活与文化之间,并不能简单画上一个等号。"① 这是因为,"文化"尽管以"生活"为基础,但却又没有停留在"生活"之中,而是"生活"的升华物,是对"生活"的反省与自觉,是对"生活"的理想的追求与努力,是对"生活"的价值的充实与提高。而在尚未升华、反省、自觉的"生活"中,存在着许多缺乏自觉、缺少理想、缺失价值的东西,这种东西是不能称之为"文化"的。如动物也有自己的"生活",但这种"生活"没有自觉、理想、价值可言,因此并不是"文化"。他说:"动物也有生活,但我们很难从一般动物生活中找出什么现象可称作文化。"② 又说:"动物一样的有生活,但它没有生活的自觉,因而没有对生活的态度,所以我们不能说动物的生活即是文化。"③ 通过这种"文化"与"生活"的比较,徐复观十分尖锐地凸显出"文化"的根本点:"谈到文化,总是精神上的东西,其起源总是起于人性对生活之自觉"④;也就是说:"文化是从生活各种程度的反省中而逐渐建立起来的。所以由生活的目的性、理想性所建立起来的东西,我们才可称为文化"⑤。只有具有了"人性对生活之自觉",具有了"生活的目的性、理

---

① 徐复观:《从生活看文化》,载《徐复观文录选粹》,台湾学生书局1980年版,第31页。

② 徐复观:《从生活看文化》,载《徐复观文录选粹》,台湾学生书局1980年版,第31页。

③ 徐复观:《儒家精神之基本性格及其限定与新生》,载《儒家政治思想与民主自由人权》,八十年代出版社1979年版,第45页。

④ 徐复观:《儒家精神之基本性格及其限定与新生》,载《儒家政治思想与民主自由人权》,八十年代出版社1979年版,第46页。

⑤ 徐复观:《从生活看文化》,载《徐复观文录选粹》,台湾学生书局1980年版,第31页。

想性",具有了对这种目的性、理想性的追求与努力,这种"生活"才能称之为"文化"。正是这样,如本章上节所论,徐复观在梁漱溟与贺麟之间,更看重贺麟对"文化"的理解和界定,而不赞成梁漱溟把"生活"看成是"没尽的意欲"并作为"文化"的来源。这种对"生活之自觉"的凸显,这种对"生活的目的性、理想性"的重视,认为"生活与文化之间,并不能简单画上一个等号",正是对"日常生活"的一种批判。在20世纪中国哲学开展中,徐复观是对"日常生活"进行自觉批判的第一人。

在"文化"与"文明"的关系上,徐复观对两者的同与异作了细致的考察与分疏。他认为,在一般使用习惯上,没有严格区分"文化"与"文明"的必要[①],因而"普通将文明和野蛮相对来讲,将文化、文明混在一起来用"[②]。也就是说,"文化"与"文明"都是指人类对于"野蛮"的进步和超越,两者在作为"野蛮"的对立物意义上没有明显的区分。但他又指出,有时为了突出"价值"在"文化"中的意义,又需要对"文化"与"文明"加以区分。这种区分就在于:所谓"文化",是指"由生活的自觉而来的生活自身及生活方式这方面的价值的充实与提高"[③],其内容主要是宗教、道德、艺术等;所谓"文明",则是指"根据我们改进生活环境所得的结果"[④],其内容主要是科学技术。这样一来,就形成了"文化"与"文明"两个不同的系统:"文明是科学系统,文化是价值系统。科学系统主要是在知识方面,告诉人这是什么、那是什么。价值系统主要是在道德方面,告诉人的行为应当如何、不应

[①] 见徐复观:《西方文化没有阴影》,载《徐复观杂文——记所思》,时报文化出版事业有限公司1980年版,第61页。

[②] 《徐复观先生谈中国文化》,载《徐复观文集》修订本第1卷,湖北人民出版社2009年版,第1页。

[③] 《徐复观先生谈中国文化》,载《徐复观文集》修订本第1卷,湖北人民出版社2009年版,第1页。

[④] 《徐复观先生谈中国文化》,载《徐复观文集》修订本第1卷,湖北人民出版社2009年版,第1页。

当如何。"① 换言之,"所谓价值系统,指的是在某一集团里面,由组成分子大体上所共同承认的对与不对的是非标准。合于是的标准的行为,个人因此感到心安理得,群体由此感到合作谐和"②。"科学系统"与"价值系统"虽然都是人类对于"野蛮"的进步和超越,都是"野蛮"的对立物,但其意义与作用终究不是相同的。如果加以进一步的追问,还会发现这两个系统有着各自的形成特点,与文化传统的关系是不相同的:"科学只向前看,不回头看。但是价值系统则与科学系统不同。人生的价值,是在历史中间启发出来,并且是由历史来测定的。"③ 这里所说的"只向前看,不回头看",是指与文化传统不相联系或联系不密切;这里所说的"回头看",所说的"是在历史中间启发出来,并且是由历史来测定的",指的是与文化传统的密切联系。也就是说,"价值系统"总是从文化传统中生发出来,因而与文化传统有着密切的联系;而"科学系统"则不必从文化传统中生发出来,因而与文化传统没有密切的联系。

通过这种区分再来看"文化"与"文明"之间的联系,徐复观认为在四个方面集中表现出来:第一,人对其生活有了一种自觉态度以后,便发生生活上的选择,以构成适合于其生活态度的格式和条件,这是"文化"产生"文明"。第二,生活的格式和条件又可以促成生活态度的自觉,并通过这两者的相互作用而织成历史的整个过程,这是"文明"促进"文化"。第三,当生活的格式和条件自觉地代表自己的生活态度时,这是"文化"与"文明"的协调。第四,当生活完全落入既成的格式和条件之中,而不能自觉其未来的生活态度和意义,即缺乏理想的追求和价值的提高时,"文明"则脱离"文化"而成为死物,"文化"也因

---

① 《徐复观先生谈中国文化》,载《徐复观文集》修订本第1卷,湖北人民出版社2009年版,第1页。

② 徐复观:《由〈董夫人〉所引起的价值问题的反省》,载《徐复观文录选粹》,台湾学生书局1980年版,第220页。

③ 《徐复观先生谈中国文化》,载《徐复观文集》修订本第1卷,湖北人民出版社2009年版,第4页。

此而衰落并反过来进一步破坏"文明",这是"文化"与"文明"的冲突。① 在这四个方面的联系中,"文化"与"文明"之间既有相互促进、彼此协调的一面,又有相互矛盾、彼此冲突的一面。这从正反两个方面表明,作为"价值系统"的"文化"之于作为"科学系统"的"文明"是极其重要的。

徐复观又指出,正是因为"文化"与"文明"之间的联系是复杂的,因而两者之间并不具有因果必然性,并不总是一致的、谐调的。这就是说,不可以因为某个民族某个时代的"文明"程度很高,就认为它的"文化"水平亦很高;也不可以因为某个民族某个时代的"文化"水平很高,就认为它的"文明"程度亦很高。这种"文化"与"文明"之间的不一致性和非谐调性,通过古代希腊与古代罗马的比较,即可清楚地看出。古代希腊的"文化"水准很高,是西方思想文化史的第一个黄金时代,对人类精神发展作出了重大贡献,但此时"文明"的发达有限,人们的生活环境近于原始状态。反之,古代罗马的"文明"颇为发达,人们的生活条件要好得多,但在"文化"上却不如古代希腊人。在徐复观看来,"文化"与"文明"之间的不一致性和非谐调性,在中国也同样存在。他曾感慨地说:孔子如果就其科学知识言,大概还赶不上今天的一个好的高中生;但如果就其道德水准言,那就是今天许多精通科学知识的专家也不可企及的。

徐复观有时也将"文化"与"文明"的内涵加以打通,把"文明"的要素包含在"文化"的内涵中,以此来对"文化"作出总体性说明。如他说过:日语中的所谓"文化财",即文化遗产,"应当包括科学、艺术、道德、宗教、法律、经济等等"②;又说过:"道德、艺术、科学,是人类文化中的三大支柱"③。在这些论说中,"文化"都包括了"科学

---

① 见徐复观:《儒家精神之基本性格及其限定与新生》,载《儒家政治思想与民主自由人权》,八十年代出版社1979年版,第45—46页。

② 徐复观:《西方文化没有阴影》,载《徐复观杂文——记所思》,时报文化出版事业有限公司1980年版,第61页。

③ 徐复观:《中国艺术精神》,台湾学生书局1984年版,自叙第1页。

系统"的内容。这种对"文化"内涵的理解，明显地是受到卡西尔《人论》的影响。在《人论》中，卡西尔认为人类文化的符号和形式，不仅有神话、宗教、语言、艺术、历史，而且还包括科学。但就在这些内容中，徐复观也认为同"价值系统"相联系的是道德、艺术、宗教，而不是科学、技术、经济。他指出："所谓文化的最根本意义，乃在形成人们所共同保持的健全地人生态度。其他的政治、经济、科学、技术，都要在这种共同的健全地人生态度上生根、消化。"① 这里的"健全地人生态度"，是属于"价值系统"的内容；这里的"政治、经济、科学、技术"，都是属于"科学系统"的内容；前者与后者不是并列的，后者要在前者上生根，两者中最根本的还是属于"价值系统"的"健全地人生态度"。因此，在他看来："有时我们说文化就包含了文明，或说文明就包含了文化，这只是一种语言上的方便。"② 从根本上说，他还是主张对"文化"与"文明"作出明确的区别。

这种从"价值"出发对"文化"所作的理解和界定，在徐复观的现代新儒学思想中占有十分重要的位置，构成了他对中国传统文化进行"现代的疏释"的出发点。这就是他所说的："中国传统文化所重的是人的价值问题，就是说：人的行为应该如何才有价值、才有意义。这是中国文化的中心。"③ 对于古人的"夏尚忠，殷尚质，周尚文"的说法，他表示了赞赏，认为："这种对三代文化史的精神说法，是否赅备、正确，乃另一问题，但作如此说法者之有此精神自觉，则系事实。"④ 他之所以看重中国传统文化，之所以保守中国传统文化，之所以致力对中国传统文化作"现代的疏释"，其最根本的动因，实际上也就在这里。

---

① 徐复观：《为马来西亚的前途着想》，载《徐复观文录选粹》，台湾学生书局1980年版，第163页。
② 《徐复观先生谈中国文化》，载《徐复观文集》修订本第1卷，湖北人民出版社2009年版，第1页。
③ 《徐复观先生谈中国文化》，载《徐复观文集》修订本第1卷，湖北人民出版社2009年版，第3页。
④ 徐复观：《儒家精神之基本性格及其限定与新生》，载《儒家政治思想与民主自由人权》，八十年代出版社1979年版，第46页。

而他所说的"中国的问题，最根本的还是文化的问题"①，也是在这个意义上讲的，即是要解决中国人的价值取向、生存意义、精神自觉的问题。不了解徐复观对"文化"的理解和界定，是不可能了解他说的这些话的深刻含义的，也是不可能了解他何以认同现代新儒学而成为现代新儒学代表人物的。

四、"价值世界"与"科学世界"

在徐复观那里，不管是把"文化"与"文明"分开来看，还是把"文化"与"文明"合起来看，都十分尖锐地显露出一个基本的观点：人的世界是一分为二的，是由"价值系统"与"科学系统"这两个部分组成的。对于这两个部分，他又分别形象地称之为"价值世界"与"科学世界"。如何理解、处理这两个世界的关系，是徐复观的文化哲学思想所要进一步回答的问题。

徐复观在谈到"文化"与"文明"的区分时，已经指出"文明是科学系统，文化是价值系统"，说明了这两个系统并不相同。在他看来，"价值世界"与"科学世界"各有自己的特质、功能、界限。一方面，"价值世界"是人的精神世界，旨在树立人的理想，提高人的道德，陶冶人的情操；借用今天的人们的话说，这就是使人能够安身立命的精神家园。另一方面，"科学世界"是人的知识世界，旨在追求知识，运用知识，物化知识；借用今天的人们的话说，这就是象征人向外部世界开拓的科技文明。因此，"价值世界"是内在于人的，"科学世界"是外化于物的；不能把这两个世界等同起来，也不能把这两个世界交叉起来。

徐复观进一步指出，"价值世界"与"科学世界"除了有不能等同、不相交叉的一面，又有着相互关联、彼此影响的一面。这种关联和影

---

① 徐复观：《〈民主评论〉结束的话》，载《徐复观文录选粹》，台湾学生书局1980年版，第195页。

响，不是一种派生的或从属的关系：在"价值世界"中，不能直接产生出科学技术；在"科学世界"中，也不能直接产生出道德理想。这种关联和影响在于："科学世界"以"价值世界"作为自己的价值来源，"价值世界"则以"科学世界"作为实现自己的手段。他说："科学世界，常常要在价值世界中去追溯其源泉，并反转来成为满足价值世界的一种手段。"① 又说："价值系统的文化，以科学所叙述的事实为其价值判断的材料，并为达到价值判断之目的的手段。"② 在他看来，即使是全身心从事科学事业的科学家，也不可能只沉浸在"科学世界"中而割裂与"价值世界"的联系。这是因为，科学研究的自身，即是一种崇高的精神活动和理想追求；这一活动和追求的根源与动力，还是来源于人类生活中的"价值世界"。科学家们常说"为知识而知识"，而"为知识而知识"这一观点，本身就说明了科学的崇高性、独立性，本身即是目的，即是价值。当一个科学家由这种追求科学的喜悦而鼓励他做更多的科学研究时，他便会由"科学世界"进入"价值世界"，更由"价值世界"而推动"科学世界"，从而使这两个世界有机地关联起来。

那么，对于人类生活来说，"价值世界"与"科学世界"相比，哪一个更为重要呢？徐复观的回答十分明确："价值世界"无疑比"科学世界"更为重要。这是因为，人类生活的基本动力和基本形态，毕竟是来自人的"价值世界"。人的生活与动物的生活之所以不同，就在于人首先对生活有一种自觉的态度，即"价值世界"，然后依这种自觉的态度去选择、构造生活，形成与之相适应的生活的格式和条件，即"科学世界"；而动物则没有这种自觉的态度，即没有"价值世界"，当然也就不会由此而选择、构造生活，从而建立起"科学世界"。对于人类来说，那种无是非善恶、无喜怒好恶的"无价值"的生活，是不能设想的。因

---

① 徐复观：《什么是美国今日的根本问题》，载《徐复观杂文——看世局》，时报文化出版事业有限公司1980年版，第232页。

② 徐复观：《反极权主义与反殖民主义》，载《徐复观杂文——记所思》，时报文化出版事业有限公司1980年版，第218页。

此，从根本上说，人的生活本身，也就是哲学家们常说的安身立命，不是在"科学世界"，而是在"价值世界"。在他看来："人的本身即是此价值文化系统的证明，而不需要其他的证明。"①

徐复观认为，"价值世界"对人的生存的这种根源性、重要性，决定了不能夸大"科学世界"的作用，更不能用"科学世界"去取代"价值世界"。他所生活的20世纪，正是科学技术突飞猛进、高度发达、强有力地改变世界的时代。但他却坚定地断言，即使是在科学技术高度发达的当今世界，也不能说"科学世界"对于人的生活具有无限的作用，能够解决那些属于"价值世界"的问题。在他看来，像道德、理想、人格、宗教这些属于"价值世界"的内容，永远有其存在的价值，永远对人的生存都是必不可少的，永远都是不能为"科学世界"所取代的。在这方面，他作了许多的思考与论述，凸显了道德、理想、人格、宗教在当今世界的意义，强调了这些内容对于人的生存的作用是科学技术所不能代替的。

例如对于道德，徐复观就极为重视，凸显了道德在当今世界的意义。进入20世纪后，由于科学得到迅速发展、发挥出巨大作用，一些科学主义者就据此认为，科学是万能的，能够解决宇宙人生所有问题，在道德问题上主张用科学代替道德。对于这种否定道德意义的主张，徐复观进行了猛烈抨击。他说："所谓科学代替道德，更明白的说，乃是有许多人主张道德系由科学知识而来；有了科学知识，便自然会有道德；没有科学知识，便没有所谓道德。因此，一般人们说的道德问题，实际只不过是知识问题。只要把知识问题解决了，道德问题便也随之而解决。由此所得的结论，是只求科学知识，不必求道德。"② 在他看来，这一主张首先就会在现实生活中遇到一些难以自圆的问题：孔子、释

---

① 徐复观：《反极权主义与反殖民主义》，载《徐复观杂文——记所思》，时报文化出版事业有限公司1980年版，第218页。

② 徐复观：《科学与道德》，载《徐复观文录选粹》，台湾学生书局1980年版，第86页。

迦、耶稣们的科学知识，未必赶得上今日一个好的高中学生，但能就此论定这些大圣大贤的道德不如现代人吗？住在城里的人的科学知识，往往比乡下人的科学知识要多一些，但能就此论定乡下人的道德一定不及城里人吗？面对这一类极其简单而又非常真实的问题，科学代替道德的主张是无法回答的。他又指出，一旦知识代替了道德，又会遇到一个更为尖锐的问题："假使没有起码的道德，又谁人会相信知识呢？"[1] 这是因为，在日常生活中，人们对他人的每一句话、每一个问题，并不可能在一一验证后才去加以选择；而是通过彼此间的道德的保证，相信对方所讲的是确实的知识而加以接受。这就使得"人生要诚实，不可说谎"，作为道德的最起码的准则和要求，成为人们接受知识的基本前提。如果把这一道德准则和要求否定了，那么人与人之间的这种知识的联系也就被割断了。因此，徐复观断言："道德的没落，必会引起知识的混乱、堕退。这是今日谈思想文化的人，所应注意的大问题。"[2]

又如对于理想，徐复观也十分重视，凸显了理想在当今世界的意义。在理想的来源问题上，徐复观不赞成那种科学能够产生人类理想的观点，对此进行了激烈批评。他说："在一般常识上，应当可以承认，科学技术的本身，是无颜色的。理想是人所追求的更好的生活状态，这是属于价值判断的范围，是有颜色的。科学技术，要由用的人赋予颜色、方向，亦即所谓理想；理想与科学技术的本身没有内在的关连。"[3] 他进一步分析说：假定人类的理想出自科学技术，那么今日各强国发展相同的科学技术，就必然会产生出相同的理想，当今世界早就和谐一致，哪里还会有什么矛盾和危机可言呢？但事实恰恰相反，人们总是抱着不同的理想，发展相同的科学技术，从而引发了当今世界的矛盾和危

---

[1] 徐复观：《再谈知识与道德问题》，载《徐复观文录选粹》，台湾学生书局1980年版，第128页。

[2] 徐复观：《再谈知识与道德问题》，载《徐复观文录选粹》，台湾学生书局1980年版，第128页。

[3] 徐复观：《中国人的耻辱，东方人的耻辱》，载《徐复观杂文续集》，时报文化出版事业有限公司1981年版，第379页。

机。因此，他认为："科学技术，当然代表人的灵性的一方面。但这一方面的灵性，只能产生为了达到理想的有力工具——科学技术的自身不能产生理想；人类的理想，只能从灵性的另一面——道德、艺术——产生。"①

不仅如此，徐复观还认为与理想相联系的幻想，也具有不为科学所取代的永恒性。他指出："知识的进步，使人类许多幻想，都一个一个的破灭。但这种破灭，决不会减少某一已经破灭了的幻想，在历史为人类所达成的价值。并且，知识尽管进步，但新的幻想也会不断地出现。人类是生活于真实之中，同时也是生活于幻想之中。真实是永恒的，幻想一样也是永恒的。"② 人们出于道德理性，总会产生一种追求"至善""至美"的意志。即使在立足于实践的中国道德思想中，也未尝没有若干幻想的存在。"但对至善至美的追求，是人从现实中升进的一种力量；因而由艺术理性及由道德理性所发出的幻想，不是与真实相冲突，而是要求人发现更多更大更深的真实。幻想之与理想，其间常相去不能以寸。人不可完全生活于幻想之中，这是容易了解的。但人若完全生活于现实之中，没有一点幻想，这将成为冷酷、机械、没有将来、没有社会。这种纯现实的人，其所给与人的生活上的不安，及对人类前途的威胁，较之有过多的幻想的人，或更为严重。"③ 他为此写了一篇短文，题为《永恒的幻想》，可见他对幻想的重视。

再如对于人格，徐复观可以说尤其重视，凸显了人格在当今世界的意义。在人格的作用问题上，徐复观对以知识取代人格的论断持反对态度。他认为，人是异质的统一，既具有来自"科学世界"的知识，又具有来自"价值世界"的人格。人仅从知识方面得到发展，只是对人的诸

---

① 徐复观：《过分廉价的中西文化问题》，载《徐复观文录选粹》，台湾学生书局1980年版，第140页。
② 徐复观：《永恒的幻想》，载《徐复观文录选粹》，台湾学生书局1980年版，第273—274页。
③ 徐复观：《永恒的幻想》，载《徐复观文录选粹》，台湾学生书局1980年版，第276页。

质中的某一质进行发展，不可能是整个的人的发展。不仅如此，"对于人自身的把握，对于人自身问题的把握，知识是第二义的，人格才是第一义的"①。他十分赞赏著名科学史家萨顿在《科学文化史》序论中提出的一个观点："希腊文明的终于失败，这并非它缺乏智性，乃是缺乏了人格和道德。"② 在他看来，随着科学技术的发展，人生的价值、人生的态度当然也会随之而发生变化。但是这并不意味着人的生命自身也发生了根本变化，更不意味着可以用知识取代人格，而只是由于科学技术的发展，把可善可恶的机会和能力加以提高、扩大。他说："科学技术的发展，假定可以提供人类以最大的幸福，则伴随科学技术发展而来的必然是人格的发展，必然是圣贤哲人的普遍化。"③ 换言之，随着科学技术的发展，人格也将作进一步的发展，而不是因之被取代。那种只有知识而无人格之人，不是健全之人，也不是理想之人。

值得重视的是，徐复观虽然自己不是宗教信徒，虽然认为中国文化发展的大趋势是"宗教的人文化"④，因而不主张把儒学宗教化，但是仍然肯定了宗教作为"价值世界"内容之一所发挥的积极作用，认为对西方人的"价值世界"来说宗教的作用尤其重要。他说："西方的宗教，站在文化的立场来看，依然是一个历史文化的传统；并且这个大的历史文化传统，又分别受了各国自己的历史文化传统的影响，以适应各民族自己的要求。近代科学的产生，虽然在相当的长时间内，和宗教作过激烈斗争，但科学发源地的西欧，科学最发达的美国，不仅宗教与科学并容，并且有许多科学家同时即是宗教信徒，例如爱因斯坦即是一个犹太

---

① 徐复观：《思想与人格——再论中山先生思想之把握》，载《徐复观文录》第1册，环宇出版社1971年版，第156页。
② 引自徐复观：《今日中国文化上的危机》，载《徐复观文录》第2册，环宇出版社1971年版，第15页。
③ 徐复观：《"现在"与"未来"中的"人"的问题》，载《徐复观文录》第1册，环宇出版社1971年版，第190页。
④ 徐复观：《中国人性论史·先秦篇》，台湾商务印书馆1984年版，第51页。

教的信徒。"① 他很认同在报纸上所见一篇美国通讯的观点：民主、科学、宗教是支持美国人生活的三大因素，美国人假使没有宗教，可能就会发疯。他说："我觉得这是很智慧的说法。在美国那种忙迫的社会生活中，只有在宗教仪式中可以恢复人的精神的平静。"② 当然，他对宗教的肯定，如他自己所说，是"站在文化的立场"来说的，是将宗教作为"一个历史文化的传统"而言的，而不是认同宗教的神秘主义和有神论，更不赞成以西方宗教文化来取代中国文化传统。

为了确立"价值世界"对人类生活的意义，徐复观针对科学主义思潮所鼓吹的"科学万能"论，予以了尖锐的批判。他坚决反对夸大科学的作用，力主划定科学作用的界限，认为现时代凡是称得上"思想家"的人，都对这一问题持一致的态度："大家不约而同的是对科学的反省，而不是对科学万能的'赞颂'"③。他说，科学的目的本是在于，把不可用数字测量的东西，变成可以用数字去测量；把不可用耳目感官视听的东西，变成可以用耳目感官去视听。科学在这一方面已取得了伟大的成就，不仅代替了人的体力劳动，同时也代替了人的一部分思想活动，最显著的例子莫如电子计算机的运用。但是，这并不是说科学能说明一切问题，能解决一切问题，其作用是无限的。"在人类生活中，永远存在着只能由心灵去接触、而不能完全诉之于用耳目感官去感受的东西。这种不能完全诉之于耳目感官去感受的东西，并非等于不真实，更非等于不需要。站在人的生活立场来讲，或许这些东西即是最后的真实、最后的需要。宗教、道德、艺术这一属于'文化价值'系列的东西，便是

---

① 徐复观：《历史文化与自由民主》，载《学术与政治之间》，台湾学生书局1985年版，第531页。

② 徐复观：《历史文化与自由民主》，载《学术与政治之间》，台湾学生书局1985年版，第531页。

③ 徐复观：《中国人的耻辱，东方人的耻辱》，载《徐复观杂文续集》，时报文化出版事业有限公司1981年版，第378页。

如此。"① 在这个问题上，他很赞同爱因斯坦的一个著名观点："关于真理的知识本身是了不起的，可是它却很少能起指导作用，它甚至不能证明向往这种真理知识的志向是正当的和有价值的。因此，我们在这里碰到了关于我们生活的纯理性想法的极限。"② 只有看到科学作用的有限性，既重视"科学世界"，又重视"价值世界"，人类才能在当今世界得到正常的合理的发展。如果仅看到"科学世界"的意义，而否定"价值世界"的意义，那么人在知识化、科学化的潮流中，只会丧失人之为"人"的根据，怎么谈得上正常合理的发展呢？

徐复观指出，20世纪人类正面临着极严重的危机。这种危机的深刻根源，就在于人们在现代化过程中片面强调科学的作用，片面追求科学的知识，而忽视了"价值世界"，忽视了人类安身立命的精神家园，造成了支持人生价值上的无灵，导致了现代人的心灵的焦虑、困惑、茫无归宿。他说："因为新物理学的发展，进一步探索出了许多宇宙中的秘密，所以第二次世界大战以后，科学、技术进步的速度，连二十世纪初年的人，想象也不容易想象得到。但是，这种进步，增加了人的知识能力，却并不一定能增加人的安全和价值，所以便形成所谓'危机的世纪'。"③ 又说："现在世界文化的危机，人类的危机，是因为一往向外追求，得到了知识，得到了自然，得到了权力，却失掉了自己，失掉了自己的性，即所谓'人失其性'的结果。人失其性，则人类的爱无处生根，因此，安顿不下邻人，也安顿不下自己。"④ 要摆脱这种危机，就要重新确立人文精神，完善人的"价值世界"，使人类有一个真正能安

---

① 徐复观：《不思不想的时代》，载《徐复观文录选粹》，台湾学生书局1980年版，第26页。

② [德]爱因斯坦：《目标》，载《爱因斯坦文集》第3卷，许良英等编译，商务印书馆1979年版，第174页。

③ 徐复观：《被期待的人间像的追求》，载《徐复观文录选粹》，台湾学生书局1980年版，第170页。

④ 徐复观：《复性与复古》，载《徐复观文录》第2册，环宇出版社1971年版，第2—3页。

身立命的精神家园，而不致成为"科学世界"中无所归依的流浪者和乞丐。只有这样，人类才能从危机中自拔，从失落中自救，从科技文明的异化中恢复自己的本性——使人真正成为"人"。

五、"低次元的传统"与"高次元的传统"

徐复观在阐明"价值世界"与"科学世界"的关系并由此对"价值世界"作出肯定时，已经指出"价值世界"与"科学世界"不是一种派生的或从属的关系：在"价值世界"中，不能直接产生出科学技术；在"科学世界"中，也不能直接产生出道德理想。那么，人的"价值世界"是从哪里来的呢？这个问题涉及对"文化"的界定和理解，成为徐复观的文化哲学理论所必须回答的一个大问题。他的答案是："价值世界"是从"传统"中来的。正是"传统"这个东西，形成了"价值世界"，形成了道德、理想、人格、宗教这些属于"价值世界"的内容。因此，只有了解了"传统"，才能了解"价值世界"的来源，也才能了解"传统"之于"文化"的意义。

什么是"传统"呢？徐复观指出，在古代汉语中，并没有与今天所讲的"传统"相对应或相近似的词；现代汉语的"传统"一词，是从英语的"tradition"一词翻译过来；而英语的"tradition"一词，则是从拉丁语的"traditio"一词转来的，原来的含义是"引渡"，即一件东西从一个人传到另一个人的意思。徐复观很认可这种译法，他说："我觉得把 tradition 翻译成'传统'，倒是非常恰当的。"① 据此，他对"传统"给出了一个明确的定义，认为："我们所说的传统，是某一集团或某一民族，代代相传的生活方式和观念。因为是代代相传，所以从时间上看，有其统绪性；因为是某集团的，所以从空间上看，有其统一性。"②

进一步，徐复观具体地考察了"传统"的构成，将其分解为五种基

---

① 徐复观：《论传统》，载《徐复观文录选粹》，台湾学生书局1980年版，第107页。
② 徐复观：《论传统》，载《徐复观文录选粹》，台湾学生书局1980年版，第107页。

本因素，认为只要缺少其中的一种因素，就难以构成真正意义上的"传统"。这五种因素是：（一）民族性。民族是由血缘、语言、文字、共同利害等多种因素逐渐形成的。但在这些因素中，必须酝酿出共同的感情愿望，并产生出共同的生活方式，某一集团才会以民族的成员出现于历史的舞台。所以离开了民族，便无所谓"传统"；离开了"传统"，也无所谓民族。而民族意识的觉醒，同时必然会伴随着某种程度的传统意识的觉醒。（二）社会性。"传统"是大多数人在不知不觉中共同创造的，因而是社会性的创造，生根于社会之中。要使一种思想成为"传统"，就需要得到社会大众的支持和认同，实现这种支持和认同主要有两种途径：一是随时间之经过而让自己的主张加入于"传统"之中，以形成新的"传统"，有如今日的白话文等等；二是展开社会运动，有计划地对社会加以说服或强制，有如许多革命者之所为。（三）历史性。"传统"作为社会性的创造，是在历史的时间之流中产生、形成的，因此是与历史不可分割的。只有了解历史的人，才能了解"传统"；反之，不了解历史的人，一定不能了解"传统"。（四）实践性。"传统"作为社会性的创造，是与人们的生活实践关联在一起的。换言之，"传统"不存在于书本上或讲坛上，而生存于大多数人的具体生活之中。某种观念、思想一旦成为"传统"，必然属于文化的价值方面；"价值"正是通过"传统"，对社会生活发生影响。（五）秩序性。"传统"作为社会性的创造，代表一种共同生活的秩序。这种秩序是人与群体的和谐、自由与规则的和谐。在现实生活中，"传统"必定含有许多异质的、因而在理论上是矛盾的东西。但这些东西一旦成为"传统"，则各种异质的因素便各自构成生活的一部分，而得到人们不言而喻的相安无事；理论上的矛盾性，便消解于大家共同承认之中，而构成使生活得以安定的秩序。这五种基本因素共同构成了"传统"，也成为"传统"的基本性格。

徐复观强调，"传统"作为"代代相传的生活方式和观念"，决不是一种僵化的死的东西，而是一种跃动的活的生命，成为文化发展内在动力。其所以如此，在于"传统"包含了内在的张力。从"传统"的横断面看,"传统"实际上可分为两个层次,一是"低次元的传统"①,另一是"高次元的传统"②,它们共同构成了"传统"实现自我更新、进行自我改进的内在机制。

所谓"低次元的传统",即通常所说的风俗习惯,多表现在各种具体的事象上,成为人们不问理由、互相因袭的生活方式。在"传统"的这一层面,人们缺少对生活的自觉,合乎风俗的便以为是,不合乎风俗的便以为非,没有批判自己、改进自己的力量。由于"低次元的传统"是具体的、被动的,因而是静态的存在,富于保守性。它的自身,如同黄河之水,挟泥沙而俱下,既有许多合理的、有意义的内容,又有许多不合理的、无意义的东西;既有许多可以适应时代的因素,又有许多落后于时代的成分。但因为它缺少自我批判的力量,因此它不感到自身含有不合理、无意义、落后于时代之处,不感到自身需要作改进和更新。这是使社会可以保持安定,但同时也会使社会趋于保守的一股无言的力量。

所谓"高次元的传统",指形成一个民族之精神的最高目的、最高要求和人生的最高修养。这种传统的开创者,或为某一宗教的教主,如释迦、耶稣;或为某一民族的圣人,如孔子、孟子、老子、墨子。在开创者之后,更由各时代的大宗教家、大贤人、大艺术家、大文学家、大史学家等加以继承、充实,而成为一个民族的宗教、哲学、史学、艺术思想的主流。"高次元的传统"不同于"低次元的传统",它是理性的、精神的,必须通过人的高度反省、自觉,始能于历史和现实中作出再发现。"高次元传统的自觉,必须来自对民族、社会、历史的责任感。这种责任感,才是创造文化最有力的动机,并成为创造过程中的一种规整大方向的权衡力量。"③ 这种"创造文化最有力的动机",这种"创造过程中的一种规整大方向的权衡力量",就是"价值世界"。正是通过反

---

① 徐复观:《论传统》,载《徐复观文录选粹》,台湾学生书局1980年版,第110页。
② 徐复观:《论传统》,载《徐复观文录选粹》,台湾学生书局1980年版,第110页。
③ 徐复观:《论传统》,载《徐复观文录选粹》,台湾学生书局1980年版,第112页。

省、自觉、再发现，通过"价值世界"，"高次元的传统"把过去、现在、未来连接起来，对人类发展的大方向加以探索，并对"低次元的传统"进行批判，对新鲜的事物给予吸收，从而形成新的"传统"。因此，"高次元的传统"本身便含有超越"传统"的意义。它是在不断形成之中的，是继承过去而又同时超越过去的。

徐复观认为，正是因为"高次元的传统"具有这种自觉性、批判性、再生性，因而使得"传统"最终来说不可能僵化，不可能过时，而是永远跃动的、永远鲜活的。人类文化在安定中的进步，即表现为"传统"自身是在不断地形成、更新之中。由此来看"传统"，可见它不仅不是一种对文化起保守作用的惰性力，而且是一种对文化起推动作用的促进力。徐复观对"传统"的这种理解，相当透彻地揭示了"传统"的特质，对今天的人们理解"传统"仍然富有很大的启发性。近100多年来，中国的思想家们对"传统"或取"反"或取"守"的态度，可以说都只对"传统"作了一种片面的理解，而没有透彻地看到"传统"自身，既有保守安定的一面，又有更新改进的一面。对于"传统"，简单地"反"或简单地"守"，都不是一种正确的态度，也都是不能奏效的。因此，徐复观认为："要进一步了解传统，只有从它的横断面去看。"①

由此出发，徐复观进一步探讨了"传统"在文化创造、人类生活中的意义。这个意义，首先就在于"传统"与"价值"之间的联系；更具体地说，"高次元的传统"形成一个民族之精神的最高目的、最高要求和人生的最高修养，成为一个民族的"价值世界"的源头活水。因此，"价值世界"具有巨大的历史感，是离不开历史、离不开"传统"的。他说："科学只向前看，不回头看。但是价值系统则与科学系统不同。人生的价值，是在历史中间启发出来，并且是由历史来测定的。"② 又说："关于人类自身的问题，只有在历史不断地否定与肯定中，与现代

---

① 徐复观：《论传统》，载《徐复观文录选粹》，台湾学生书局1980年版，第110页。
② 《徐复观先生谈中国文化》，载《徐复观文集》修订本第1卷，湖北人民出版社2009年版，第4页。

关连在一起，始能得出比较合理的了解，建立流弊比较少的价值标准。"① 既然"价值世界"离不开历史、离不开"传统"，那么它就在过去、现在、未来之间保持一种恒常的性格。也就是说："文化的价值方面，不能分古今。价值的基本精神，没有古今的分别。"② 如果说有什么分别的话，那只是"价值"随时代的变迁，在人们的实践中有轻重缓急的不同，以及表现形式的各异。在这方面，徐复观举了两个例子来作说明。第一个例子："什么是轻重的不同呢？我们可以用一个比喻来说明：中国古代把'孝'看得非常重要，现在这个'孝'的分量减轻了，古代重，现代轻，是不同了。但你们可有留心看报纸：美国的小孩子打爸爸妈妈的多得很。你们觉得他们做得对不对呢？我想时代怎样进步，小孩子打爸爸妈妈总不太对吧！"③ 第二个例子："表现形式的不同又指什么？如中国过去的婚礼，隆重得很，对婚礼重视的基本精神在认为男女的结合是一件很神圣的事情，男女结合是健全社会最基本的一个条件，乱搞男女关系的社会，一定很混乱的，所以要通过隆重的仪式，来说明男女的结合不是随便的。我做小孩子的时候，小姐出嫁，坐的是花轿，现在则是坐花车了，或是到教堂，或是到其他地方。仪式大大地改变了；但通过这个仪式表示男女结婚有非常重要的意义，却是古今一样的。"④ 他由此而认为："科学知识，在有某种新的发现时，可使在新发现以前的旧看法立即成为历史的陈迹"⑤，这种观点是正确的；而"这一情形，常常影响到人类自身的生活态度及行为价值方面，也以为某种

---

① 徐复观：《在历史教训中开辟中庸之道》，载《徐复观文录选粹》，台湾学生书局1980年版，第199页。
② 《徐复观先生谈中国文化》，载《徐复观文集》修订本第1卷，湖北人民出版社2009年版，第4—5页。
③ 《徐复观先生谈中国文化》，载《徐复观文集》修订本第1卷，湖北人民出版社2009年版，第5页。
④ 《徐复观先生谈中国文化》，载《徐复观文集》修订本第1卷，湖北人民出版社2009年版，第5页。
⑤ 徐复观：《在历史教训中开辟中庸之道》，载《徐复观文录选粹》，台湾学生书局1980年版，第199页。

新的理念、新的标准的提出，即可使历史中曾经出现过的理念、标准，完全归于废弃；甚至认为不如此，便是人类进步的绊脚石"①，这种观点则是完全错误的。

徐复观又认为，包括"低次元的传统"在内的"传统"，是人类生活的不可或缺的安定因素。"人类不论如何进步，如何变化，总要有一种文化传统的东西作为生活的安定因素。"② 这是因为，人的精神生活，既有向前开拓、追求的一面，又有希望稳定、平静的一面。而要保持人的精神生活的稳定、平静，就需要注入历史的、传统的因素。他说："文化上的精神平静、安顿，应当是来自个人内心的反省，由内心的反省，暂时从外界的喧扰、束缚中摆脱出来，使心地归于清明、宁静；以清明、宁静之心，谛观外界的事物，而赋与以新的评价与方向。但这只有少数的大思想家才可以作得到。就一般人来说，常要依靠某种把人拖着向后的力量，与拉着人向前的力量，取得某程度的平衡，在平衡中得到精神的平静与安顿，以保持人生的正常状态。"③ 本章上节已经谈到，徐复观肯定了宗教作为"价值世界"内容之一所发挥的积极作用。其原因正在于，在他看来，基督教的救世精神作为一种历史文化的"传统"，就起着这种平衡精神的作用。因而近代科学的产生，虽然在相当长的时间内，和宗教作过激烈的斗争，但在科学发源地的西欧，在科学最发达的美国，不仅宗教与科学并容，并且有许多科学家同时即是宗教徒，爱因斯坦就是犹太教的信徒。以至有人认为民主、科学、宗教，是美国人生活的三大因素；如果没有宗教，美国人可能会发疯。这说明："在美国那种忙迫的社会生活中，只有在宗教仪式中可以恢复人的精神的平静。"④

---

① 徐复观：《在历史教训中开辟中庸之道》，载《徐复观文录选粹》，台湾学生书局1980年版，第199页。

② 徐复观：《历史文化与自由民主》，载《学术与政治之间》，台湾学生书局1985年版，第531页。

③ 徐复观：《日本的镇魂剂——京都》，载《徐复观文录选粹》，台湾学生书局1980年版，第48页。

④ 徐复观：《历史文化与自由民主》，载《学术与政治之间》，台湾学生书局1985年版，第531页。

六、"基层文化"与"高层文化"

在阐明了"低次元的传统"与"高次元的传统"以及两者的关系后,徐复观又考察了与之相关联的"文化的层级性"①,阐明了"基层文化"与"高层文化"以及两者的关系,由此对"传统"的保存、延续和发扬作出更深入的思考和探讨。从现代新儒学思想史看,关于"文化的层级性"的考察、思考和探讨,构成了徐复观与现代新儒学其他学者所不同的思想内容。

什么是"文化的层级性"呢?徐复观指出:"层级性,是指同一文化,在社会生活中,却表现许多不同的横断面。在横断面与横断面之间,却表现有很大的距离;在很大的距离中,有的是背反的性质,有的又带着很微妙的贯通关系。"② 这种"文化的横断面"③,就形成了"文化的层级性"。在徐复观的文化哲学基本思想中,"文化的层级性"是一个相当重要的问题。要了解一个民族的文化传统,当然离不开了解这个民族的文化层级性,特别是对中国文化传统的了解,更是离不开中国文化的层级性。他说:"不了解中国文化的层级性,也很难接触到中国的文化。"④ 他写过一篇题为《中国文化的层级性》的文章,专门讨论这一问题。正是这样,徐复观对"文化的层级性"问题予以了很大关注,一方面从一般理论上对这一问题作出深入阐发,另一方面以中国文化作为典型案例开展具体探讨。

徐复观认为,从"文化的横断面"入手对"文化"进行考察,可以

---

① 徐复观:《中国文化的层级性》,载《徐复观文录选粹》,台湾学生书局1980年版,第117页。
② 徐复观:《中国文化的层级性》,载《徐复观文录选粹》,台湾学生书局1980年版,第118页。
③ 徐复观:《论传统》,载《徐复观文录选粹》,台湾学生书局1980年版,第110页。
④ 徐复观:《中国文化的层级性》,载《徐复观文录选粹》,台湾学生书局1980年版,第118页。

看到："整个文化的横断面，也可以分成两个层次。一是'基层文化'，另一是'高层文化'。"① 这就构成了"文化"的两个既相联系又相矛盾的层级，成为认识和把握"文化的层级性"的关键。

所谓"基层文化"，指的是社会所传承的"低次元的传统"。一个民族文化的"低次元的传统"，即构成了这个民族文化的"基层文化"。在这里，"低次元的传统"与"基层文化"的含义是相同的。根据本章上节对"低次元的传统"的说明，可以看到"基层文化"的基本性质：这是通常所说的风俗习惯，多表现在各种具体事象上，凝结为人们不问理由、相互因袭的生活方式，其自身既有许多合理的、有意义的内容，又有许多不合理的、无意义的东西；既有许多可以适应时代的因素，又有许多落后于时代的成分。由于"基层文化"缺乏自我批判的力量，因此它不感到自身含有不合理、无意义、落后于时代之处，不感到自身需要作改进和更新。这是使社会可以保持安定，但同时也会使社会趋于保守的力量。这种"基层文化"，与现在通常说的"大众文化"相类似。

所谓"高层文化"，指的是"少数的知识分子，对于知识的追求，个性的解放，新事物的获得，新境界的开辟所作的努力"②。"每一个时代，尤其是当着某种转变的时代，总有若干少数知识分子，由个性解放的要求，新鲜事物的刺激，便常常从传统的束缚中，突围而出，以追求新知识，开辟新境界，获得新事物。这种努力，便形成一个民族的高层文化。"③ "高层文化"与"高次元的传统"是相联系的，但两者又不尽相同。"高次元的传统"对于"低次元的传统"具有批判作用，"高层文化"对于"基层文化"具有冲突性质，这是两者相类似的一面。"高次元的传统"是历史上精英人物的慧命相续的思想创造，能把过去、现在

---

① 徐复观：《论传统》，载《徐复观文录选粹》，台湾学生书局1980年版，第111页。
② 徐复观：《论传统》，载《徐复观文录选粹》，台湾学生书局1980年版，第111页。
③ 徐复观：《传统与文化》，载《徐复观文录选粹》，台湾学生书局1980年版，第98—99页。

和未来连接在一起,"高层文化"则是某一时代的精英人物对"传统"的突破,是指向新的、未来的,这是两者不相同的一面。这种"高层文化",与现在通常说的"精英文化"相类似。

徐复观认为,"基层文化"与"高层文化"常是不断矛盾冲突的。他说:"基层文化是无意识的,是保守的,是以社会性为主的。而高层文化,则是由知识分子个性的觉醒所产生出来的,它是前进的,解放的。所以高层文化,常表现为要求自传统中解放出来。因此,它便常常要求打破传统。"① 这样,一是保守,一是前进;一是重规律,一是重自由;其间的矛盾冲突,当然不可避免。但是,无论哪一个民族的文化,都一定包含着这两个部分。没有无"基层文化"的民族,也没有无"高层文化"的民族。这是因为,"人类的生活,常常表现为两种互相矛盾的要求,而且又是二者不能缺一的。一方面要求前进,一方面又要求安定。一方面要求新鲜,一方面又眷念故旧。一方面要求自由,一方面又要求规律。一方面要求个性解放,一方面又要求社会谐和"②。而"基层文化"与"高层文化"之间的张力,对于一个民族的文化来说,是十分必要和重要的。"没有基层文化,其民族的生活是飘浮无根。没有高层文化,其民族会由僵滞而消灭。"③ 只是在历史上的不同时代,一个民族的文化或偏向在"基层文化",或偏向在"高层文化"。

那么,在"基层文化"与"高层文化"之间,有什么力量能使矛盾冲突的双方得到一定的协调,保持必要的张力,从而使一个民族的文化得以谐和统一呢?徐复观认为,这便有赖于"高次元的传统"。"高次元的传统"的自觉,是把过去、现在、未来连接在一起的,是把个人和社会连接在一起的,是把一个民族和人类世界连接在一起的。在连在一起的思考与体验中,"基层文化"中落后的东西,"高层文化"中过于突出

---

① 徐复观:《论传统》,载《徐复观文录选粹》,台湾学生书局1980年版,第111页。
② 徐复观:《传统与文化》,载《徐复观文录选粹》,台湾学生书局1980年版,第99页。
③ 徐复观:《论传统》,载《徐复观文录选粹》,台湾学生书局1980年版,第111页。

的东西，都会得到淘汰和折中。"其中符合于人类两种相反相成的需要的东西，都在高次元传统的精神、理想提撕统摄之下，各得到应存的地位，以形成新的秩序，亦即形成新的传统。"①"高次元的传统"所起的融合两层文化的作用，使得一个民族的文化总不会失去"基层文化"的稳定的一面和"高层文化"的创新的一面，又使得该民族的文化总不会因"基层文化"与"高层文化"的矛盾冲突而解体。这是"高次元的传统"的特质的显著体现，清楚地显示出人类文化在安定中的进步，即表现为"传统"自身是在不断地形成、更新之中。

在这里，徐复观提出了一个思想："基层文化"与"高层文化"都有自己存在的价值，都是一个民族的文化所需要的。一个民族的文化，固然不可忽视文化精英的思想创造，但同样不可忽视人民大众的生活取向。与现代新儒学其他学者相比，徐复观是一位对"基层文化"倾注了更多关心的思想家。在他的生命根源里，有一种同"基层文化"的天然的无法割断的联结。这就如他所说："我的生命，不知怎样地，永远是和我那破落的湾子连在一起"②。"我那破落的湾子"，是他的故园，也是他看重的"基层文化"。

由"基层文化"与"高层文化"的关系看中国文化，徐复观对中国文化的结构与传统的复杂性作了进一步的阐释。他指出："就社会而言，社会中原始性的风俗习惯，与文化所追求的理念之间；个人由原始生命冲动所发出的行为，与由文化生命所发出的行为之间，其层级性更为显著。例如在先秦，已经把原始宗教，转化而为伟大的道德精神；把不可证知的神，转化而为内在于人生命之中的道德主体，这是人类宗教最高最后的形态；但一直到现在，社会还流行着最原始的动物精灵崇拜，这

---

① 徐复观：《传统与文化》，载《徐复观文录选粹》，台湾学生书局1980年版，第100页。

② 徐复观：《旧梦·明天》，载《徐复观文录选粹》，台湾学生书局1980年版，第291页。

二者之间的层级性是如何的巨大。诸如此类的，可以说是举不胜举。"①在中国文化从古及今的漫长发展中，始终存在着"基层文化"与"高层文化"的区别与对立。究其原因，"这种层级性，是由长期的历史文化的积累，及长期在专制政治下的残暴愚昧的两种相反的因素，交织而成。有如中国的食品，从最原始、最朴素的食品，一直到最复杂、最奢侈、最美味的食品，同时存在。前者是表示我们落后的一面，后者是表示我们长期积累的一面"②。

徐复观又指出，"基层文化"与"高层文化"除了有相互对立的一面之外，又有相互渗透的一面。两者是相互影响、相互纠结的，由此而形成了一个广大的混杂的文化地带，形成了中国文化的一道奇特的景观。他说："最显著的例子，《水浒传》一书，可以说是在卖人肉包子的黑店，与讲义气的英雄之间进行。中国人能欣赏这部小说，但西洋人恐怕很难欣赏它。"③ 的确如此。《水浒传》第七十一回那段"单道梁山泊的好处"的文字，就已点出了这一奇特的景观："八方共域，异姓一家，天地显罡煞之精，人境合杰灵之美，千里面朝夕相见，一寸心死生可同。相貌语言，南北东西虽各别；心情肝胆，忠诚信义并无差。其人则有帝子神孙，富豪将吏，并三教九流，乃至猎户渔人，屠儿刽子，都一般儿哥弟称呼，不分贵贱……"④ 四个多世纪前，李贽在鄂东之地评点《水浒传》，就已读出了其中的意蕴，反对将梁山好汉视为逆贼草寇，认为"啸聚水浒之强人也，欲不谓之忠义不可也"。只要现实社会中，"小德役大德，小贤役大贤"，就势必"驱天下大力大贤而尽纳之水浒"；只要不改变这种不合理、不公正的状况，就只能是忠义"不在朝廷，不在

---

① 徐复观：《中国文化的层级性》，载《徐复观文录选粹》，台湾学生书局1980年版，第119—120页。

② 徐复观：《中国文化的层级性》，载《徐复观文录选粹》，台湾学生书局1980年版，第120页。

③ 徐复观：《中国文化的层级性》，载《徐复观文录选粹》，台湾学生书局1980年版，第120页。

④ 施耐庵、罗贯中：《水浒全传》，岳麓书社1988年版，第575页。

君侧，不在干城腹心"，而"在水浒"。因此，他断言："《水浒传》者，发愤之所作也。"① 徐复观则从"中国文化的层级性"的理论高度，更深刻地揭示了作为"高层文化"的儒家忠义与作为"基层文化"的水浒强人之间的渗透关系与复杂纠结。

徐复观认为，正是因为"基层文化"与"高层文化"之间的这种渗透性，从而使中国文化和儒家思想在历史上呈现出"伏流"与"涌泉"两种状况。所谓"伏流"，是指"基层文化"对"高层文化"有一种吸纳、积淀、保持作用；这种作用不是以观念形态的形式，而是以风俗习惯的形式呈现出来的。"以孔子思想为中心的中国文化，它主要不是表现在观念上，而是浸透于广大社会生活之中。"② 也就是说，"孔子思想乃至整个中国文化，一般人在观念上没有，但在社会生活中却依然有某程度的存在；这好比一股泉水，虽不为人所见，但它却在地下伏流"③。《易传》中说的"百姓日用而不知"④，就是指的这种状态。所谓"涌泉"，是指"基层文化"所吸纳、积淀、保持的"高层文化"，经过反省、自觉之后，而能以观念形态的形式重新出现。"伏流在社会生活中的中国文化，经一念的反省，便在观念上立刻涌现出来。"⑤ 这就如同伏流的泉水，一经发掘，便涌上地面。这种"伏流"与"涌泉"的状况，在中国历史上是交替出现的，从而维系和延续了中国文化的生命、儒家精神的生命。徐复观动情地说："大约儒家思想向社会生活的浸透，是通过两汉而始完成的。故尔后虽变乱迭乘，但社会并不随政治的瓦解而瓦解。纵使暂时瓦解，亦旋即以其浸透的伦理性，融结于疮痍创痛之

---

① 见李贽：《忠义水浒传序》，载《焚书》，中华书局1961年版，第108—109页。
② 徐复观：《中国文化的伏流》，载《徐复观文录》第2册，环宇出版社1971年版，第115页。
③ 徐复观：《中国文化的伏流》，载《徐复观文录》第2册，环宇出版社1971年版，第115—116页。
④ 《易传·系辞上》。
⑤ 徐复观：《中国文化的伏流》，载《徐复观文录》第2册，环宇出版社1971年版，第116页。

余。历史中每经一次大苦难,儒家思想,即由伏流而涌现于知识分子观念之间,有如南北朝后的王通,五季后的宋代理学,元初残杀后的宋代理学的复兴,明亡后的顾亭林、黄梨洲、李二曲、陆桴亭诸大儒的兴起,这都是经过苦难后而重新涌现的例子。我们可以这样说:以孔子为中心的儒家思想,常被腐蚀于政治之上,却被保存、更新于社会之中。这是我们文化发展的大线索。"① 在这里,他看到了"伏流"与"涌泉"对中国文化生命、儒家精神生命的同等重要性。如果说"涌泉"是创发性的,那么"伏流"则是根源性的。中国文化生命之不绝,儒家精神生命之延续,既来自"涌泉"的创造力,又来自"伏流"的坚韧性。

基于这种对中国文化的"伏流"的重视,徐复观在自己的著作中,不仅推崇从孔子到孙中山这些中国历史上的大圣大贤,而且重视那些在中国大地上辛勤耕耘劳作的广大民众。他往往对中国的知识分子持严峻的批判态度,而对中国的劳苦民众特别是农民抱深切的同情。他说:"说农村是落后,那是当然的。生产技术的不进步,基层政治的腐化贪污,教育的不发达乃至不适合,都是落后的主要原因。……但我们说农村是落后,这是拿外在的东西作尺度去说的。若就一般农民作人作事的基本精神而论,则我觉得不仅不是落后,而且是中国能支持几千年的一种证明,也是中国尚有伟大的潜力,尚有伟大的前途的一种证明。"② 中国的农村和中国的农民,他们不仅以自己的劳动养活了那些"劳心者"和"读书人",而且以自己的品德和人性保持了、维系了中国文化的生命、儒家精神的生命,从而使中国文化和儒家精神不绝于未来。特别是"在生死之际能坚持一种信念,立下自己的脚跟,如忠孝节烈、耕读传家之类,这是中国文化在农村中最深厚伟大的成就"③。与

---

① 徐复观:《中国文化的伏流》,载《徐复观文录》第 2 册,环宇出版社 1971 年版,第 116—117 页。
② 徐复观:《谁赋豳风七月篇》,载《学术与政治之间》,台湾学生书局 1985 年版,第 76 页。
③ 徐复观:《谁赋豳风七月篇》,载《学术与政治之间》,台湾学生书局 1985 年版,第 80 页。

之相比，中国知识分子在品德上倒有许多局限和毛病。他说："中国知识分子的行为，自科举制度实行以来，以至于今日，其品格大体上皆不如愚夫愚妇；都市人的品格，大抵不如农村。不认识字者之中可以出一个金石为开的武训，但在知识分子中决出不出一个武训型的人物。"①因此，徐复观呼吁中国的知识分子们千万不要忘记了自己来自何处，千万不要忘记了中国文化的根子。他说："吸收农村这些美德而伸长到政治上的，一定是贤良的士大夫，一定是政治清明的时代。抹煞农村这种美德，骑在农民头上，吸农民的脂血，而还骂农民没出息的，一定是最无良心的智识分子，一定是最没落的朝代。"②对于那些流亡于台港和海外的知识分子，他更是痛切地陈辞："多增加你对农村的记忆，对农民的记忆，对你自己在农村流过汗流过泪的父兄亲戚的记忆吧！在这种记忆中会使你迷途知返，慢慢的摸出走回大陆的土生土长之路。流亡者的灵魂的安息地方，不是悬在天上，而是摆在你所流亡出来的故乡故土。"③

正是这样，徐复观认为，要了解中国文化和中华民族，就必须要了解中国文化的层级性，就必须要了解"基层文化"之"伏流"与"高层文化"之"涌泉"的关联。他说："不了解这种层级性，可以说便无从了解中国文化，无从了解中华民族。"④对此，笔者可以作一点补充的是：不了解这种层级性，也不可能了解徐复观的思想。一些研究者认为，徐复观所讲文化的层级性，与西方文化人类学家讲的"大文化"与"小文化"相通相似。这当然是有联系的。但西方文化人类学家的这些见解，只是根据他们对于文化作实地考察所得出的结论；而徐复观的这

---

① 徐复观：《象山学述》，载《中国思想史论集》，台湾学生书局1988年版，第27页。
② 徐复观：《谁赋豳风七月篇》，载《学术与政治之间》，台湾学生书局1985年版，第80页。
③ 徐复观：《谁赋豳风七月篇》，载《学术与政治之间》，台湾学生书局1985年版，第80—81页。
④ 徐复观：《中国文化的层级性》，载《徐复观文录选粹》，台湾学生书局1980年版，第120页。

些见解，则是根据他对"我那破落的湾子"的刻骨铭心的人生体验所得出的结论。

七、以人文教养培育"价值世界"

徐复观的文化哲学思想，在肯定了"价值世界"之于"科学世界"的重要性、肯定了"传统"之于"价值世界"的根源性之后，还探讨和思考了一个具有实践性的问题：如何从"传统"出发，保持和发展人的"价值世界"，规范和引导人的"科学世界"？徐复观认为，这里最为关键和重要的，在于"价值世界"的培育。如果不培育"价值世界"，保持和发展人的"价值世界"，规范和引导人的"科学世界"，是难以实现的。这就需要通过人文教养，实现对"传统"的传承，在现实生活中培育出人文主义的"价值世界"。因此，要保持和发展人的"价值世界"，规范和引导人的"科学世界"，就必须重视和加强人文教养，通过对"传统"的传承，培育人文主义的"价值世界"。

什么是人文教养呢？人们对此有不同看法。有人认为，人文教养就是读诗歌、看小说、加强文学修养。徐复观不赞同这种看法，认为这是对人文教养的莫大误解，根本就没有抓住人文教养的要领。在他看来，人文教养在于培育人文主义的"价值世界"。他据此对人文教养的目的和内涵作了专门的说明，指出："人文教养，在中国与西方，有个共同的起点，即是人自觉到在行为上、在生活上，应当与一般动物不相同，此即所谓'人禽之辨'。"[1] 也就是说，人文教养的目的和内涵在于：通过日常的生活和学习，使人逐渐懂得人之所以为人、人之何以为人的道理，把自己同自然界、同动物界区分开来，实现人的发现，获得人的自觉，这就生发出人文主义的"价值世界"。徐复观写过一篇题为《欧洲人的人文教养》的文章，开篇即言："日本有一位在欧洲住了很久的东

---

[1] 徐复观：《致徐均琴（第64封家书）》，载《徐复观家书精选》，台湾学生书局1993年版，第120页。

京大学前田阳一教授,写了一篇《生活意识中的人文主义》的文章,从欧洲人的现实生活情形中,来考查他们的人文主义,是如何的养成?是如何的实现?并和日本人的生活,作有趣味的比较。"① 这就是说,人文教养在于培育人们的"生活意识中的人文主义";正是这种"生活意识中的人文主义",使人实现了"人禽之辨",培育出人文主义的"价值世界"。因此,在徐复观心目中,人文教养是人生中的一件极为重要的事情,其关键在于实现"人禽之辨",在于培育人文主义的"价值世界",而不是读诗歌、看小说、加强文学修养。

徐复观的长女徐均琴,在给父亲的信中也曾把人文教养等同于文学修养,徐复观在回信中说:"你所谈的人文教养,完全不是那回事。"② 接下来,徐复观向女儿讲述了西方人文主义的历史来源,强调人文教养在于培育人文主义的"价值世界"。他指出,西方人对人文教养的提出,可追溯到古罗马的西塞罗对人文主义的倡导:"古罗马贵族生活万分荒淫,所以西塞罗便提倡人文主义,要求人在行为上提高自己的品德,勉力于学问。"③ 到了文艺复兴时期,人文主义者更把人文教养与人的地位变动相联系:"十四世纪到十六世纪的人文主义,是认为其他动物不能变更自己一生出来的地位,例如狗便永远是个狗,猫便永远是个猫。惟有人,向下,便同于禽兽;向上,便通于神;所以人的地位是可以自由变动的。人文主义,是要向上升而不可向下坠的一种努力。当时科学尚未兴起,尚未出现'专门知识'的观念,所以当时的人文主义者,都尽力于各种技能的修养,要使自己成为'全能'之人"④。

---

① 徐复观:《欧洲人的人文教养》,载《徐复观文录选粹》,台湾学生书局1980年版,第93页。
② 徐复观:《致徐均琴(第64封家书)》,载《徐复观家书精选》,台湾学生书局1993年版,第120页。
③ 徐复观:《致徐均琴(第64封家书)》,载《徐复观家书精选》,台湾学生书局1993年版,第120页。
④ 徐复观:《致徐均琴(第64封家书)》,载《徐复观家书精选》,台湾学生书局1993年版,第120页。

这样一来，就有了西方人文主义的"人禽之辨"，开始产生出人文主义的"价值世界"。

徐复观认为，人文教养尽管是古已有之的事物，但是在现代社会生活中尤其重要和宝贵，成为不可或缺的东西。之所以如此，是与现代社会的特性相联系的。他说："由'现代'这一名词所代表的，是各种带有冲突性的巨大力量。"① 这些"带有冲突性的巨大力量"，使得现代社会充满了矛盾、冲突和不安，弥漫着反人文主义的虚无主义气息，成为一个无法安顿人的生命存在的危机世界，也给"人自身的学问"带来了巨大的冲击和考验。"这里所谓人自身的学问，是指以人自身为对象的学问，包括了人文科学及有思想性的社会科学。"② 在这种情形下，由人文教养培育人文主义的"价值世界"，来制衡现代危机世界、安顿人的生命存在，就更显得难能可贵、十分重要了。他感叹地说："我们注意到，在人生中带有浓厚地虚无主义气息的时代，是最缺乏人文教养，最反对人文教养，却又最需要人文教养的时代。"③

那么，在现代社会如何以人文教养培育人文主义的"价值世界"呢？徐复观认为，这就需要依赖"传统"的传承，需要深入到"传统"中去寻找资源、吸取养料、探明方向。不论是中国传统文化，还是西方传统文化，只要是一种文化的"传统"，就都能起到这种作用。他说："把中国的传统文化，西方的传统文化，作出新地研究，得出新地结论，都包括在这范围之内。"④ 又说："这里，不存在有古与今的问题，不存在有中与西的问题；而只存在着如何从现代危机中脱出，以为人类获得

---

① 徐复观：《〈学艺周刊〉发刊词》，载《徐复观文录》第 4 册，环宇出版社 1971 年版，第 196 页。
② 徐复观：《〈学艺周刊〉发刊词》，载《徐复观文录》第 4 册，环宇出版社 1971 年版，第 199 页。
③ 徐复观：《〈学艺周刊〉发刊词》，载《徐复观文录》第 4 册，环宇出版社 1971 年版，第 197 页。
④ 徐复观：《〈学艺周刊〉发刊词》，载《徐复观文录》第 4 册，环宇出版社 1971 年版，第 197 页。

生存的保证与更好的生存的问题。"① 总之,"传统"之于人文教养、之于人文主义的"价值世界",是极为重要的。

对于西方文化传统之于人文教养的作用,徐复观十分重视,认为不少地方值得借鉴和学习。通过对前田阳一《生活意识中的人文主义》一文的解读,徐复观从中读出了西方文化传统所起的人文教养作用,指出西方的宗教传统和教育传统都起着这种作用。例如,前田阳一在文中认为,西方儿童自幼接受基督教洗礼,其实就是一种人文教养。徐复观对这一观点大为欣赏,认为:"欧美大部分小孩,初生下来最大的事情,是洗礼的仪式。在行此仪式时,给孩子取上一个作为基督教信徒的名字。即使是在失掉了基督教信仰的家庭中,也会使他的小孩,在人生的第一步,与基督教长期的传统发生联系。即使自己并不信仰基督教的双亲,也会把自己的小孩带到教堂去,并进而把自己曾经受过的信仰教义,教给自己的孩子。使刚刚学会说话的小孩,跪在床前,教他作'天上的父'这种祷告的母亲之姿,恐怕是欧美家庭中最令人感动的情景之一。'宇宙是由我们的父创造的。人类全体,在神前是平等的;神爱世人'诸如这种信仰,深深地印入于小孩的纯洁心灵之中。没有'人貌像神'的这种'人的尊严'的自觉,没有在神面前万人是平等的这种思想,欧洲便不会有近代的人文主义。"② 又如,前田阳一在文中谈到,西欧各级学校重视人文教养,已经形成了一种古典教育传统。徐复观对这一观点也十分重视,认为:"在前田教授的文章中,接着说到西欧,尤其是法国,小学、中学里面,由于国文课程的安排得法及作文方法的进步,使人从小的时候,便可以得到思想秩序及逻辑性格的训练,这应该是我们在教育上很大的借镜。谈到大学教育,特别指出他们对古典语言的重视,对希腊罗马古典的重视。有关宗教、哲学、伦理、政治、经济等等的古典,在文化上所发生的影响,'不仅是历史的事实,而是现

---

① 徐复观:《〈学艺周刊〉发刊词》,载《徐复观文录》第4册,环宇出版社1971年版,第196—197页。

② 徐复观:《欧洲人的人文教养》,载《徐复观文录选粹》,台湾学生书局1980年版,第93—94页。

代欧美大多数知识人在成长过程中所反复接受的教育，正与初生时所受的信仰一样'。"① 从这些对前田阳一文章的解读中可以看出，在徐复观看来，西方文化传统，从宗教洗礼到学校教育，在人文教养中都发挥了积极作用；而其中最为引起他兴趣的，还是西方的古典教育传统。他感叹地说："最引起我特别注意的是：古典教育，实际即是人文的陶冶教育。因此，各大学里面的文史系，主要应该负起这种责任。"②

在徐复观看来，西方文化传统对于人文教养固然重要，但也存在着自身的局限性。他说："他们的人文教育，是以个人为中心，所以人与人之间，是很冷淡的，缺乏同体连带的感情；这正是西方人文主义所达的极限，也是他们所遇到的危机。"③ 与之不同，只有在中国文化传统中，只有在儒家思想中，才能发展出尽善尽美的人文教养。他自豪地说："人文修养的极致，只能在孔、孟这里找到。"④ 此一断言的作出，是基于他对中西文化传统特性的比较：西方文化以思辨、概念为主，因而常常与大众生活无关，使培育人的"生活意识中的人文主义"受到了限制；"但中国文化，却是以生活体验为主。以生活体验为主的文化，在表现的形式上，常不及西方哲学乃至宗教的堂皇富丽。因为生活的自身，即是一种限制。但它既是从人生体验中来，又向人生体验中去，所以尽管在某一时代知识分子的意识中没有中国文化，但广大的社会生活中，依然会保存有中国文化。此即所谓'百姓日用而不知'，所谓'礼失而求诸野'"⑤。因此，中国文化传统易于通过日常的生活和学

---

① 徐复观：《欧洲人的人文教养》，载《徐复观文录选粹》，台湾学生书局1980年版，第94—95页。
② 徐复观：《欧洲人的人文教养》，载《徐复观文录选粹》，台湾学生书局1980年版，第96页。
③ 徐复观：《欧洲人的人文教养》，载《徐复观文录选粹》，台湾学生书局1980年版，第96页。
④ 徐复观：《致徐均琴（第64封家书）》，载《徐复观家书精选》，台湾学生书局1993年版，第121页。
⑤ 徐复观：《中国文化的层级性》，载《徐复观文录选粹》，台湾学生书局1980年版，第117页。

习，培育人的"生活意识中的人文主义"，培育人文主义的"价值世界"，更有利于人文教养的实现。

徐复观进而指出，中国文化传统的这一特性，使得中国人文教养有着不同于西方人文教养的显著特点；这个特点就在于：中国人文教养不在于畅言形而上学之道，而在于躬行百姓日用之事。他在给徐均琴的信中，就列举了不少这方面的例子。如说："孔子说：'良药苦于口而利于病；忠言逆于耳而利于行。……君无争臣，父无争子，兄无争弟，士无争友，无其过者，未之有也'；'唯善人能受善言'；这即是一种人文教养"①；又说："孔子'发愤忘食，乐以忘忧，不知老之将至'；这即是人文教养"②；还说："荀子《劝学篇》：'故不积跬步，无以至千里。不积小流，无以成江海。……蚓无爪牙之利，筋骨之强，上食埃土，下饮黄泉，用心一也。蟹六跪而二螯，非蛇鳝之穴无可寄托者，用心躁也。……目不两视而明，耳不两听则聪。……故君子结（专）于一也。'此之谓人文教养。"③ 因此，徐复观十分强调中国文化传统特别是儒家思想在人文教养中的重要作用。

这样一来，徐复观就通过重视和加强人文教养，指示了培育人文主义的"价值世界"的现实途径，使人文主义的"价值世界"能够真正在人的生活世界中建立起来，也使人能够面对"科学世界"的扩张而守持住自己安身立命的"价值世界"。可以说，徐复观的文化哲学基本思想，其起点在于阐发"价值"之于"文化"的意义，其结论则在于说明守持"价值世界"的现实途径。他的文化哲学基本思想的脉络和内涵，正是由此而昭显，也应当循此来把握。

---

① 徐复观：《致徐均琴（第 64 封家书）》，载《徐复观家书精选》，台湾学生书局 1993 年版，第 121 页。引文中的省略号是原文就有的。
② 徐复观：《致徐均琴（第 64 封家书）》，载《徐复观家书精选》，台湾学生书局 1993 年版，第 121 页。
③ 徐复观：《致徐均琴（第 64 封家书）》，载《徐复观家书精选》，台湾学生书局 1993 年版，第 121—122 页。引文中的省略号是原文就有的。

第五章　徐复观的中西古今文化观

　　本书第四章开头已经指出，如对徐复观的文化哲学思想作进一步论析，可看到其中包含了两方面的内容：一方面的内容，是他对文化问题所作的一般性的思考与探讨，这些内容形成了他的文化哲学的基本思想；另一方面的内容，是他由文化哲学的基本思想出发，对中西古今文化关系问题所作的专门性的思考与探讨，这些内容形成了他的中西古今文化观。这两方面的内容本是密切相关联的，前者往往以后者作为基础和例证，后者往往是前者的展开与具体化，两者之间多有交叉互含，并没有明显的区分。为了能够更清晰地阐明徐复观的文化哲学思想，笔者从逻辑上对这两者加以了大致的区分，在第四章中先说明前一方面的内容，在本章中再说明后一方面的内容。

　　在徐复观的文化哲学思想中，如果说他的文化哲学的基本思想，主要表现为一般意义的哲学理论；那么他对中西古今文化关系问题的思考与探讨，则有着更为具体化和现实性的内容，涉及中国文化与西方文化、传统与现代化、现代人类的文化困境与文化选择诸关系问题，这些问题都是中西古今文化关系问题的应有之义。对这些问题的思考与探讨，往往不是仅从一般意义的文化哲学理论上就可以阐明的，而需要进入具体的历史文化场景进行具体的考察，甚至带有徐复观本人独特的感受、体会、经验的鲜明印记。这样一来，这些问题的思考与探讨，就往往具有较强烈的历史感和现实性，而缺少哲学理论的抽象性和思辨性，甚至在一些人看来算不上严格意义的哲学思想。但正是对这些问题的思考与探讨，形成了徐复观的中西古今文化观，拓展和充实了他的文化哲学思想，与他对中国传统文化所作的"现代的疏释"发生了更密切的联系，成为这种"现代的疏释"的理论前提与思想先导。可以说，正是由于有了徐复观的中西古今文化观，才使他的文化哲学思想获得了现实的经验基础，具有了丰富的思想内涵，显示出鲜活的生命力和强大的影响力。

因此，在徐复观的文化哲学思想中，他的中西古今文化观自有其重要的地位和意义。要了解徐复观的文化哲学思想，了解他对中国传统文化所作的"现代的疏释"，必须在进入他的文化哲学的基本思想之后，进一步了解他对中西古今文化关系问题的思考与探讨，了解他思考与探讨中西古今文化关系问题的方法论，了解他由此而形成的中西古今文化观。

一、面对中国与世界的思考

徐复观对中西古今文化关系问题的思考与探讨，与他的文化哲学的基本思想的最大区别，在于这种思考与探讨不是着意于阐发一般意义的哲学理论，而是直接面对中国与世界的现实进行反思。徐复观的中西古今文化观，正是在这种反思中形成的，而不是那种抽象的文化哲学。

徐复观所直接面对的中国与世界的现实，概括地说，就是自19世纪以来的全球性现代化运动时代。这一发端于西方的历史运动，唤起了巨大的生产力，形成了新的生产关系，创造了全球范围的世界市场和丰富的物质财富，也开始以西方近现代文化为标本来塑造非西方民族国家的文化。与19世纪以前的中国与世界相比较，这无疑是一个全新的时代。自鸦片战争起，曾经闭关自守的中国也被卷入这一历史运动之中，在与西方世界交往中开启了现代化进程。中国人由此遭遇了一系列未曾有过的新问题：既有中国文化与西方文化关系问题，又有传统与现代化关系问题，从而形成了错综复杂的中西古今文化关系问题。因此，中西古今文化关系问题，不是在中国哲学史上自古就有的，而是由19世纪以来的中国与世界的现实所提出的，是一个来自社会历史和现实生活的问题。而这个问题，又是一个需要经过反复探讨、不可能很快就有结论的时代大问题，因而100多年来为中国思想界反复探讨、不断论争，至今也未有一个最终的定论。在这个意义上，这个问题也是一个重要的哲学问题。

对于中西古今文化关系问题，徐复观有着亲身的感受和自觉的思考，深感探讨这个时代大问题的必要性、重要性与困难性。他曾回顾鸦片战争以来中国思想界在文化问题上的探讨与论争，颇有感慨地说过一番话：

> 自从鸦片战争以后，中国完全面临着亘古未有的新情势。在当时，传统文化，对此一新情势，是表示无能为力，欲求自救，势必另辟新途。这便发展为一连串的"洋务""维新"的运动。而在中国文化自身方面，从乾嘉考据学风盛行以来，一般考据者的内心，都是为了逃避现实；他们研究的成果，也都是文化中的枝节问题。所以中国文化的精神何在？价值何在？一般传统的知识分子，既不曾潜心研究，也不能知其所以然。因此，百年以来，凡是维护传统文化的，出于感情者为多，出于问题的反省、理论的反省者甚少。在这一阵营中，挺身而出的，多是桐城古文派下的文人，即其一证。我们谈文化问题，并不能轻视这种感情作用。因为在一切动物中，只有人的生活才有这种感情，所以这也正是表示人之所以为人的特性乃至价值。不过，仅凭感情是不能受到长期"事与愿违"的考验的。在与西方物质成就的显著对照之下，有的人既以感情来维护中国文化，便也有人奋起而以感情来彻底反对中国文化。在彻底反对中国文化阵营中，依然是以带有文人气质的人为主，后来则有的变为狂热的社会运动家，这些都不是学者型的人物。同是出于感情，但在彻底反对中国文化者的这一方面，却有西方物质成就的强大背景，及科学与民主的伟大武器。在此一显明对照之下，维护中国文化的阵营，早已溃不成军。当时作为传统文化重镇的章太炎先生的门下，纷纷加入到反对阵营中去，有的并成为彻底打倒中国文化的急先锋，例如太炎的大弟子钱玄同主张将中国的语言也应该废掉，这都是当然的现象。[①]

---

① 徐复观：《自由中国当前的文化争论》，载《徐复观杂文——记所思》，时报文化出版事业有限公司1980年版，第42—43页。

从这段话中,可以看出徐复观对中西古今文化关系问题所持的基本态度。在他看来,中西古今文化关系问题,实是中国自鸦片战争以来100多年历史中所面临的重大现实问题,其中既涉及中国文化与西方文化关系问题,又涉及传统与现代化关系问题,两种问题还错综复杂地交织在一起。对于这样的时代大问题,不是仅凭质朴而热烈的"民族感情"就可以解决的,而需要进行宏通的考察、理论的反省、思想的探索,才能形成合理的思路,找到正确的答案,从而在这个新的时代中真正了解和把握中国文化的精神何在、价值何在。在这一思想探索过程中,那些以"民族感情"来维护中国文化的人们之所以纷纷失败,一个很重要的原因,就在于他们没有看到这个问题的复杂性,往往只看到了其中的中国文化与西方文化关系问题,而没有看到其中的传统与现代化关系问题,没有看到这两种问题实际上是纠缠在一起的,不可能截然分开、作简单化的理解和解决。正是这样,那些西化思潮主张者,能够凭借西方物质成就的背景及"科学"与"民主"的武器,打败那些以"民族感情"来维护中国文化的人。

因此,徐复观直接面对中国与世界的现实,力主从理论上深入地思考与探讨中西古今文化关系问题,形成一套有理有据的中西古今文化观,来真正了解和把握中国文化的精神何在、价值何在,而与汹涌激荡的西化思潮相抗衡。用他的话说就是:"把古今中外的文化,平铺在自己面前,一任自己理性良心的评判、选择、吸收、消化。"[①]

二、思考中西古今文化关系问题的方法论

徐复观对中西古今文化关系问题进行哲学思考,形成自己的一套中西古今文化观,是从方法论的选择和转换入手的。这种方法论的选择

---

① 徐复观:《自序》,载《学术与政治之间》,台湾学生书局1985年版,第Ⅵ页。

和转换的关键，在于转换思考中西古今文化关系问题的思维方式，即由原来的以体用关系作为思维框架，改变为新的以共殊关系作为思维框架。

所谓体用关系，有着多重的含义：就哲学本体论意义言，"体"与"用"指本体论中的"本体"与"现象"概念；就一般哲学意义言，"体"与"用"指事物构成中的"主"与"辅"关系；在某些特殊的情况下，"体"与"用"兼有这两种含义。以体用关系表达事物构成中的"主"与"辅"关系，来思考问题、说明事物、把握世界，本是中国古代哲学中很早就有的内容，也直接影响到近代中国人的思维方式。鸦片战争后，由于中国被卷入以西方近现代文化为标本的全球性现代化运动，西方文化和现代化进入中国成为必然之势，这就使得中国思想界面对严峻的现实，开始思考与探讨如何来接纳西方文化、接纳现代化，在中西古今文化之间作出选择。当时一些有革新倾向而又力图保守中国文化传统的思想家，就以体用关系作为思维框架来看待这一问题，认为如果以中国文化传统为"体"，以西方近现代文化为"用"，前者为"主"、后者为"辅"地结合起来，既可使中国得以现代化，又保持了中国的纲常名教，"中体西用"论也就由此而提出。当时一些主张进行更为彻底改革的人，则不赞成"中体西用"论，认为中国文化与西方文化各有其"体"与其"用"，这种"体"与"用"是不能分离开的，不能以中国文化之"体"去结合西方近现代文化之"用"，这种结合只会导致马首牛身之类的怪物，实现不了中国的现代化，因此不若既取西方文化之"体"、又取西方文化之"用"，使中国通过全盘接纳西方文化的"体"与"用"而实现现代化，"全盘西化"论实由此而发生。当时参与讨论中西古今文化关系问题的学者，不论是主张以西方文化取代中国文化的完全西化论者，还是主张中国文化优越于西方文化的文化保守主义者，从思维方式上看，实都是以体用关系作为思维框架来看待中西古今文化关系问题的。可以说，在19世纪与20世纪之交的中国思想界，这是一种普遍的思维方式。

这种思维方式，虽然在中国古代哲学中有其根据和源头，为中国人所熟悉，易于为中国人接受，但同时又存在着很大的局限性：以体用关系作为思维框架来看待中西古今文化关系问题，在于关注中国文化与西方文化各自构成中的"主"与"辅"关系，也就是关注中国文化与西方文化的个别性、特殊性，因而把传统与现代化分别归之于中国文化与西方文化，认为中国文化体现了传统，西方文化体现了现代化，而中国要实现现代化就在于引入西方文化，或演为"中体西用"，或成为"全盘西化"。这样一来，以体用关系作为思维框架看待中西古今文化关系问题，实际上只看到了其中的中西文化关系，而遮蔽了其中的古今文化关系。"中体西用"论和"全盘西化"论的提出和盛行，实则都是这种片面性思维方式的反映。从这种片面性思维方式出发，当然是处理不好中西古今文化关系问题的。

中国思想界从中西文化关系出发，进而看到古今文化关系，从而对中西古今文化关系问题有了比较全面的认识和把握，是与新文化运动倡导新文化、反对旧文化、使古今文化关系得以凸显相联系的。这个时期的中国思想界，才走出19世纪与20世纪之交中国思想家思维方式的局限，开始看到西方文化之所以能够在中国得到传播、产生影响，实有其深刻的社会历史根据，这个根据是由全球性现代化运动所造成的，因此不能离开古今文化关系来讲中西文化关系，也不能简单地把古今文化关系归结于中西文化关系。不仅当时的中国早期马克思主义者明确地指出了这一点，而且当时的文化保守主义者中的有识之士也开始看到了这一点。对于新文化运动所倡导的"科学"与"民主"，现代新儒学开启者梁漱溟就认为，这些东西虽是来自西方文化，但却是现今世界上一切民族都必须吸纳采用的。他说："科学和德谟克拉西这两个东西是有没有时间上和空间上的个性区别呢？有没有'南北之分古今之异'呢？照我们的见解，这是有绝对价值的，有普遍价值的，不但在此地是真理，掉换个地方还是真理，不但今天是真理，明天还是真理，不但不能商量此间合用彼间合用不合用，硬是我所说'现在所谓科学和德谟克拉西的精神是无论世界上那一地方人所不能自外的'。中国人想要拒绝科学和德谟克拉西，拒绝得了么？其所以然，就是因为'人心有同然'。讲到求知识，人心于科学方法有同然；讲到社会生活，人心于德谟克拉西有同然。一民族生活中之具体的工具或制度自是因地制宜，不足以成为世界化；若其文化所藏真价值之一点——如西方文化所藏之科学与德谟克拉西两精神——则固不成为世界化不止也。"① 在这里，他特别强调了"科学"与"民主"是属于全人类的"真价值"，因而是一种"绝对价值"和"普遍价值"，必然要"世界化"不可。这就要求对中西古今文化关系问题，不能再以体用关系作为思维框架来看待，而需在思维方式上作出更深入的思考与探讨，从而形成共殊关系这一新的思维框架。

所谓共殊关系，即共性与个性关系，也就是哲学意义上的一般与个别、普遍与特殊关系。就一般哲学意义言，共殊关系既涉及事物自身的性质，又涉及事物之间的联系，比体用关系包含了更为深刻的辩证法思想。与以体用关系作为思维框架不同，以共殊关系作为思维框架来看待中西古今文化关系问题，不在于把传统与现代化分别归之于中国文化与西方文化，认为中国文化体现了传统，西方文化体现了现代化，所凸显的只是中西文化关系；而在于发现中国文化与西方文化中的一般性与个别性、普遍性与特殊性，看到不论是西方文化还是中国文化，都有一个由传统而现代化的问题，看到现代化固然发端兴起于西方，但也必然要发生发展于中国，这是世界上一切有生命力的文化形态都要经历的过程，都要具有的一般性、普遍性的内容。因此中国文化从西方文化中吸取现代化资源，正是从西方文化中吸取这些一般性、普遍性的内容，走人类历史文化发展的共同的必由之路，既不是搞"中体西用"，也不是搞"全盘西化"。

在现代新儒学开展中，冯友兰作为20世纪中国大哲学家，以其深刻的敏锐性和前瞻性，首先从方法论上论证共殊关系这一新的思维框

---

① 梁漱溟：《答胡评〈东西文化及其哲学〉》，载《梁漱溟全集》第4卷，山东人民出版社1991年版，第741页。

架。抗日战争时期，冯友兰撰写了名著《新事论》，书中第一篇即为《别共殊》，所阐发的就是这一新的思维框架。他说："我们可从特殊的观点以说文化，亦可从类的观点以说文化。如我们说，西洋文化、中国文化等，此是从个体的观点，以说文化。此所说是特殊底文化。我们说资本主义底文化、社会主义底文化等，此是从类的观点，以说文化。此所说是文化之类。"① 在他看来，从"特殊的观点"看待文化，所见者为不同民族文化的个别性、特殊性，如西方文化、中国文化等等；从"类的观点"看待文化，所见者则为不同民族文化形态中所包含的人类文化的一般性、普遍性，如资本主义文化、社会主义文化等等。如对于西方文化，从"特殊的观点"看，只是一种特殊的文化形态，是分不清其中的主要性质和偶然性质的；而从"类的观点"看，就能发现其中所包含的人类文化的一般性、普遍性与西方文化的个别性、特殊性，前者是其中的主要性质，后者是其中的偶然性质。这种西方文化中包含的人类文化的一般性、普遍性，就在于其中的现代化因素："一般人所谓西洋文化者，实是指近代或现代文化。所谓西洋文化之所以是优越底，并不是因为它是西洋底，而是因为它是近代或现代底。"② 因此，中国人吸取西方文化，既不是为了搞"中体西用"，也不是为了搞"全盘西化"，而是为了走西方和中国都要走的现代化道路，这是中国文化与西方文化所具有的一般性、普遍性。中国在走现代化道路的同时，当然还有自己的个别性、特殊性需要保留，这就是中国自身的文化传统，特别是儒家和道家的精神。冯友兰的这种"别共殊"的文化理论，论证了共殊关系这一新的思维框架，深化了中国人对中西古今文化关系问题的思考和理解。

徐复观在看待中西古今文化关系问题时，自觉地吸取了现代新儒

---

① 冯友兰：《新事论》，载《三松堂全集》第 4 卷，河南人民出版社 1986 年版，第 218 页。

② 冯友兰：《新事论》，载《三松堂全集》第 4 卷，河南人民出版社 1986 年版，第 225 页。

学前辈学者的思想成果,清醒地意识到这种思维方式的转换,在20世纪中国思想界已是必然之势,因而不再沿用以体用关系作为思维框架,而是采用以共殊关系作为思维框架。正是这样,他对中西古今文化关系问题的思考与探讨,是从共殊关系问题入手的。20世纪50年代,徐复观以书信形式撰写了《文化的中与西》一文,明确地主张以共殊关系作为思维框架,来衡论中西古今文化关系问题。他指出,由于文化是人所创造的,因而文化与人一样,既有其共性,又有其个性。他说:"作为一个人,总有其共性。有了共性,然后天下的人,都可在某一基点之上(如人性)作互相关联底考察,因而浮出世界史的观念。但人的生活环境,既不能完全相同;而人的本身,更有其主动性和创发性。各个人的想法作法,并非完全由环境所塑造,在同一环境之下,也可以有不同的想法作法,这是人与其他动物之最大分别,也便是说明人除了其共性之外,还有其个性。并且愈是发育完成的人,其个性愈为明显。个性与个性之间,互相影响;影响的结果,一方面是共性的增大,同时也是个性的完成。一不碍多,多不碍一,一与多是互生互成的,这在人性的关联上可以得到显明的例证。纯自然,不能产生文化;文化是由人所创造的。人的共性与个性、一与多,当然会反映在其所创造的文化上,而成为文化底一与多、文化的共性与个性。"[1] 由此出发,他对文化的共性与个性关系问题进行了阐发,建构起共殊关系的思维框架。

在徐复观看来,文化的共性与个性关系问题,也就是文化发展中的统一性与多样性关系问题。文化的共性显示出文化发展的统一性,文化的个性意味着文化发展的多样性。由于以西方近现代文化为标本的全球性现代化运动,把各种非西方民族文化从相对封闭的前近代环境中卷入进来,使得文化的共性与个性关系问题凸显出来,成为近100多年来文化问题探讨的一个焦点,由此形成了文化进化论与文化相对主义的长期对立和争论。产生于19世纪末期的文化进化论,把世界各民族

---

[1] 徐复观:《文化的中与西》,载《学术与政治之间》,台湾学生书局1985年版,第89—90页。

文化的发展视为一个统一的阶梯，认为世界各民族文化处于这一阶梯的不同层级，欧洲文化是这一阶梯的最高点和终端层级，并以欧洲文化为尺度来衡量其他非西方民族文化发展的程度，确定它们在这个阶梯中的位置和层级，这固然揭示了人类文化运动由野蛮而文明、由传统而现代化的总趋势，但又把欧洲文化视为人类文化运动的中心，从而为西方文化中心论提供了理论根据。崛起于20世纪初叶的文化相对主义，则反对以某一特定文化作为世界文化的中心和标准，认为各民族文化是以自身的方式和特点发展的，各有自己的特殊历程，各有自己存在的合理性，由此构成了世界文化的多样性，而无须以欧洲文化作为衡量它们的统一尺度，从而在西方文化中心论上打开了一个缺口。

在这两大文化思潮之间，徐复观基本上赞成并选择了文化相对主义的立场。他说："人性蕴蓄有无限的多样性。因人性所凭藉以自觉的外缘条件之不同，所凭藉以发展的外缘条件之不同，于是人性总不会同时作全面的均衡发展，而所成就的常是偏于人性之某一面，这便形成世界文化的各种不同性格。"① 不同民族的文化，尽管有其自身的特点，但这些都是由人性的自觉和人性的发展而来；只是这种人性的自觉、发展，是一定历史条件所促成的人性的某一方面的发展。因此，不同民族的文化，都有自己存在和发展的理由。据此，徐复观坚决反对把西方文化视为世界上唯一的合理的文化，坚决反对以西方文化作为唯一的历史尺度去裁量和评价世界各民族的文化。他说："不能赞成以一种文化性格作尺度而抹煞其余的文化的武断态度"②；又说："各民族有各民族的价值系统，而不应以西方的价值系统为此方面的唯一标准"③。

德国文化哲学家斯宾格勒所著《西方的没落》一书，是20世纪西

---

① 徐复观：《儒家精神之基本性格及其限定与新生》，载《儒家政治思想与民主自由人权》，八十年代出版社1979年版，第46页。
② 徐复观：《儒家精神之基本性格及其限定与新生》，载《儒家政治思想与民主自由人权》，八十年代出版社1979年版，第46页。
③ 徐复观：《孔子在中国的命运》，载《徐复观杂文——论中共》，时报文化出版事业有限公司1980年版，第281页。

方思想界首先倡导文化相对主义、反对西方文化中心论的力作。徐复观对这部著作甚为推崇，写了题为《人类文化的启发》一文，介绍斯宾格勒其人其学。在徐复观看来，《西方的没落》尽管充满了牵强附会的臆说独断，引起了许多人的非难，但其中却含有深远的智慧，富有很大的启发性。斯宾格勒提出了三个主要论题，对重新理解人类文化具有重要启迪：第一个论题，是打破了"西方中心史观"，代之以"世界中心史观"；第二个论题，是否定了人类文化的同质性，认为世界文化存在八种不同的类型，西方文化只是其中之一；第三个论题，是根据人类历史盛衰兴亡之迹，认为文化也和有机物一样，走着诞生、成长、兴盛、衰退、灭亡之路，西方文化正处于由衰退而死亡的阶段。这些论题集中体现了斯宾格勒其人其学的重要意义："因他的启发，使人不能不注意到科学技术以外的文化意义；而在科学技术以外的文化，即是形成某一民族的人生态度的文化，是不应根据某一个类型去加以衡量，而各有其内在价值，应当与以平等的承认，因此而丰富了人类文化的内容，加强了各民族文化相互间的调和作用，则是非常有意义的。"[①] 从对斯宾格勒思想的阐释和认肯中，徐复观自己的观点也极鲜明地显现出来。

然而，徐复观并没有因此否定文化发展的统一性。他强调不同民族的文化在本质上具有相同性："无论文明、文化，都是人造出来的，人在本质上没有分别，故文化在本质上没有分别。"[②] 在他看来，关键的问题在于对文化发展的统一性与多样性关系作出合理的理解。他指出："在文化的共性上，我们应该承认有一个世界文化；在文化的个性上，我们应该承认各民族国家各有其民族国家的文化。"[③] 各民族国家的文化所反映出的文化的个性，是不断地向世界文化的共性上升的；而共性

[①] 徐复观：《人类文化的启发》，载《徐复观文录》第1册，环宇出版社1971年版，第89页。

[②] 《徐复观先生谈中国文化》，载《徐复观文集》修订本第1卷，湖北人民出版社2009年版，第2页。

[③] 徐复观：《文化的中与西》，载《学术与政治之间》，台湾学生书局1985年版，第90页。

与个性之间、个性与个性之间，由于不断地接触、吸收，将使个性的若干原有部分发生解体，但这种解体并非个性的消灭，而是个性新的凝聚。这正是人类创造文化的过程。"这种过程，从观照的态度说，是文化共性之不断扩大；而从实践的态度说，又是文化个性之不断完成。"① 总之，文化的共性与文化的个性是互相含摄的：无个性之外的共性，也无隔离孤独的个性；个性中有共性，而仍不失其为个性；共性中有个性，亦仍不失其为共性。因此，任何一种文化，既有其共性，又有其个性。徐复观举例说，这就如同中国的字画，有其总的共性，但又常有南北风格之不同；而不论在北碑南帖、北画南画中，每一个作者又都各有其个性。正是在这些不同个性的字画中，体现了中国的字画的共性。随着这些不同个性的字画的发展，中国的字画的共性也就愈来愈明显地体现出来。

徐复观的这些论述清楚表明，他对中西古今文化关系问题进行哲学思考，形成自己的中西古今文化观，是从方法论的选择和转换入手的，由原来的以体用关系作为思维框架，改变为新的以共殊关系作为思维框架。这两种思维框架相比较，后者无疑比前者更具有辩证法的因素，是在文化问题上对辩证法的活用。对于辩证法问题，徐复观早在20世纪40年代就开始重视和探讨，为此曾专门向黑格尔专家贺麟作过请教。在他的1980年12月30日日记中有这样的记载："接贺麟先生寄来贺节片。贺先生为西南联大名教授，教黑格尔哲学，一九四三年我在昆明曾住一月，曾去看他一次，向其请教辩证法中的若干问题。事隔三十八年，他居然还记得我，至可感念。"② 这则日记，为研究徐复观文化哲学思想中的辩证法因素及其来源，提供了一条十分重要的实证性史料。

---

① 徐复观：《文化的中与西》，载《学术与政治之间》，台湾学生书局1985年版，第90页。

② 徐复观：《无惭尺布裹头归——徐复观最后日记》，允晨文化实业股份有限公司1987年版，第76页。

三、从共殊关系看中国文化与西方文化

徐复观以共殊关系作为思维框架，代替以体用关系作为思维框架，从思维方式上对文化发展的统一性与多样性关系作了辩证的阐发，形成了他思考中西古今文化关系问题的方法论。由此出发，他首先对中国文化与西方文化关系问题进行了思考与探讨。

对中国文化与西方文化关系问题的思考与探讨，可以说是贯穿于徐复观全部学术生涯的一个重大问题。他对中国传统文化的"现代的疏释"，就是以对中国文化与西方文化关系问题的思考与探讨作为背景和前提的。正如他所说："我常常有一个想法，希望能在世界文化背景之下来讲中国文化。"① 因此，他在这方面作了相当多的思考与探讨。而这些思考与探讨往往不囿陈说，富有新意，构成了徐复观中西古今文化观的一个很有特色的方面。

徐复观认为，要正确揭示中国文化与西方文化的关系，应当从文化的共性与个性的辩证联系上予以理性的思考与探讨，而不应抱着"华夷之辨"的陈腐心态来作一种"民族感情"的评判。他说："中西文化异同之争，大概将有百年的历史。此一问题，在过去主要是为了撑门面；而今日则注重在文化本身之是否有个性。撑门面，只是出于民族的感情，不能真正解答问题。文化有无个性，则系当前摆在文化人面前的一重大课题。其讨论的意义，已超出于民族感情之外。"② 在他看来，仅仅凭一种"民族感情"，拼命叫嚷"华夷之辨"，是不可能对中国文化与西方文化关系问题作出真正深刻理解的，尽管他本人就是一个"民族感情"极浓烈之人。

---

① 徐复观：《现代艺术的归趋——答刘国松先生》，载《论战与译述》，志文出版社1982年版，第74页。
② 徐复观：《文化的中与西》，载《学术与政治之间》，台湾学生书局1985年版，第89页。

那么，如何从文化的共性与个性的辩证联系上，来揭示中国文化与西方文化的关系呢？徐复观说："这个问题我们可以从两层去了解它。就第一层说：无论文明、文化，都是人造出来的，人在本质上没有分别，故文化在本质上没有分别。就第二层说：人的本质没有分别，但人在成长中有各种各样不同的条件，便出现许多形态不同的人。文化的本质没有分别，但人性是个无限的存在，有无限的可能性，文化在发展中所遭遇的条件不同，便会发展成不同形态的文化。有的发展偏向这一方面，有的发展偏向那一方面。就第二层说，中西文化的本质虽相同，但是它们发展的方向、发展的重点、表现的方式，都有所不同。故就第二层来说，中西文化有所不同。"① 他所说的第一层了解，指要看到文化的共性；他所说的第二层了解，指要看到文化的个性；两者相比较，文化的共性是比文化的个性更为基本的内容。他特别指出："随着文化人类学的发展，大家渐了解人的本质是相同的，没有先天的特性，只有后天条件所形成的特点。"②

徐复观进而指出，文化的共性固然最为基本，但文化的个性则更值得重视。从文化的个性看，应当承认中国文化与西方文化是两种不同个性的文化，"我们可以对西方文化而说中国的文化"③。然而，在很长时间里，这种中西文化之分，或更扩大为东西文化之别，却不被西方人所承认。其原因何在呢？徐复观认为，这主要是由于西方人受到四种历史因素的制约而造成的：第一，随着近代西方文化的觉醒，西方人便开始了大规模的世界征服运动，贩卖奴隶正是其中节目之一。他们对于被征服、要征服的对象，都看成是只配做他们的奴隶的"野蛮人"，哪里会承认"野蛮人"有自己的文化呢？所以便把西方人自己的文化视为世界

---

① 《徐复观先生谈中国文化》，载《徐复观文集》修订本第1卷，湖北人民出版社2009年版，第2页。

② 《徐复观先生谈中国文化》，载《徐复观文集》修订本第1卷，湖北人民出版社2009年版，第2页。

③ 徐复观：《文化的中与西》，载《学术与政治之间》，台湾学生书局1985年版，第91页。

上唯一的文化。第二，由西方哲学的一元论而形成了"一元底历史观"①，拿一个东西作历史文化唯一的测量尺度；在其唯一尺度下，世界各民族国家的文化都被视为是同质的，只有时间上的前进或落后，而无异质的个性并存。采用这种尺度的人，不承认有任何存在于他的尺度之外的文化；即使有，这种文化也只能是处于一种奴仆的地位。第三，由于西方人对空间的认识不够，他们最初所指的东方不过是近东、中东，其次则是印度，及至发现了中国，只好称之为"极东"或"远东"。东方文化在他们心目中，好像只是《天方夜谭》中的故事。这种地理上的生疏，当然影响到西方人对东方文化的深入了解。第四，由于西方人对文化本质的认识不够，在欧洲17、18世纪，人们多半是从自然科学观点看问题。自然科学强调研究对象的共性、普遍性，因此从自然科学观点看问题只能看到文化有共性的一面，不易看到文化有个性的一面。一直到19世纪60年代以后，真正的历史学才建立起来，于是文化的个性随着历史学之进展而渐为人们所注意。正是因为这四种原因，使得西方人曾以自己的文化为中心，而抹煞东方文化、中国文化的个性。徐复观又认为，这种忽视文化的个性的观点，不仅在西方人那里存在过，而且在一些中国人那里也存在着。他说："这些年来谈中国文化的人士，不论站在正面或反面的立场，都忽视了文化性格上的不同，而仅拿同一的尺度去夸张附会。凡说中国文化是落后的，这是拿西方的文化做尺度来量中国的文化。凡说中国文化是超越的，这是拿中国文化的尺度去量西方的文化。殊不知以一个尺度去量两种性格不同的文化，恐怕这不能不是一种错误。"② 在徐复观看来，在承认文化的共性的前提下，懂得文化有其个性、有其多样性，对理解中国文化与西方文化的关系是至关重要的。否则，一切都难以说起。

---

① 徐复观：《文化的中与西》，载《学术与政治之间》，台湾学生书局1985年版，第92页。

② 徐复观：《儒家精神之基本性格及其限定与新生》，载《儒家政治思想与民主自由人权》，八十年代出版社1979年版，第54页。

既然文化的个性问题至关重要,那么在看待中国文化与西方文化的关系时,首先就要考察两者的特点、差异。徐复观说:"今日要论定中国文化在世界文化中之地位,与其从和西方文化有相同的地方去看,不如从其不相同的地方去看。"① 这些"不相同的地方",也就是中国文化之所以为中国文化和西方文化之所以为西方文化的个性之所在。对于这些"不相同的地方",徐复观择其要者进行了考察和衡论,主要有三个方面。

首先,从文化的起源上看,中国文化与西方文化是不相同的。徐复观认为:"中国文化与西方文化,在发轫之初,其动机已不相同,其发展遂分为人性的两个方面,而各形成一完全不同性格。"② 这就是说,中国文化与西方文化由于各自的开端不同,而导致了完全不同的发展路向和文化精神。

近代西方文化,有希腊文化与希伯来文化两大来源。但形成近代西方文化精神的,主要是希腊文化。希腊文化发端于希腊人在闲暇中对于自然的惊异和对于知性活动的喜爱。希腊文化之初的自然哲学,即主张人的知性向自然追求剖析,人的精神便首先落在自然上。以后希腊人虽由宇宙论的研究转入人性论的思考,但依然以智识者为最有力最成功的人物。在希腊文化中,知即是美,即是善。近代西方文化正继承了这一传统。所不同的是,希腊人把知识当作教养,而近代人则把知识用于权力的追求。培根所谓"知识即权力",便一语道破了西方近代文化精神的中核。因此,从希腊文化发展为近代文化后,人不再对自身负责,而是对人的权力负责。人与自然的关系,成为征服与被征服的关系。人与人的关系,也通过征服自然过程所建立的机具而相互联结起来,并不是作为共同的人性而相互联结起来。近代西方文化,不是完全不谈道

---

① 徐复观:《儒家精神之基本性格及其限定与新生》,载《儒家政治思想与民主自由人权》,八十年代出版社 1979 年版,第 56 页。

② 徐复观:《儒家精神之基本性格及其限定与新生》,载《儒家政治思想与民主自由人权》,八十年代出版社 1979 年版,第 56 页。

德，而是大体上把道德的基础放在知识上面。由此可见，在近代西方文化中，"一般人的存在价值，大体不在于其生活之本身，而在其向物追求的坚执之情，与其在物的研究上所得的成就。人的价值，是通过物的价值而表达出来的"①。这是一种向外开拓、向外求知的发展路向和文化精神。

中国文化则与西方文化不同，不是在对自然界作思考时发生的，而是在思考人与人相互联系而来的灾祸时发生的，是起源于对人的生存的忧患。也就是说，"中国的文化，是对人的忧患负责而形成发展的"②；"中国之学术思想，起源于人生之忧患"③。在中国文化中，儒、道两家的基本动机，实都是出于忧患意识，"不过儒家是面对忧患而要求加以救济，道家则是面对忧患而要求得到解脱"④。在这种忧患意识指导下，儒家以人自身的行为规范、道德修养作为探讨的主要内容，形成了一种以人为本的"仁性的文化"⑤。这种"仁性的文化"所主张的人的行为规范、道德修养，概括起来包括两个方面：一方面，是对自己人格的负责，把性善的道德内化为"人心之仁"，从而把人和一般动物分开，使人成为圆满无缺的圣人或仁人；另一方面，是对人类负责，将内在的道德客观化于人伦日用之中，由践伦而敦"锡类之爱"，使人与人的关系、人与物的关系皆成为"仁"的关系。这两个方面是内外合一、不可分割的。由此可见，中国文化所重的是人的价值问题。人的行为如何才有价值、才有意义，是中国文化所关注的中心问题。中国文化所讲的价值，与西方文化所讲的价值不同，不是通过物的价值来表达，

---

① 徐复观：《儒家精神之基本性格及其限定与新生》，载《儒家政治思想与民主自由人权》，八十年代出版社1979年版，第58—59页。

② 徐复观：《文化精神与军事精神——湘军新论》，载《学术与政治之间》，台湾学生书局1985年版，第17页。

③ 徐复观：《儒家精神之基本性格及其限定与新生》，载《儒家政治思想与民主自由人权》，八十年代出版社1979年版，第59页。

④ 徐复观：《中国艺术精神》，台湾学生书局1984年版，第133页。

⑤ 徐复观：《儒家精神之基本性格及其限定与新生》，载《儒家政治思想与民主自由人权》，八十年代出版社1979年版，第91页。

而是根源于、体现于人的生命活动之中，是人们在自己的当下活动中即可掌握、解决、实现的。孔子所说的"为仁由己，而由人乎哉"①，就是讲实现人生的价值，在于人自己的力量，而不是依靠外面的力量。这是一种向内开拓、向内求仁的发展路向和文化精神。

对于西方文化与中国文化在起源上的不同，徐复观在比较后作了一个简要的归结，将其发生的动机概括为："希腊文化的动机是好奇，中国文化的动机是忧患"②；将其学问的内容概括为："西方主要是对于自然的知解，而儒家主要为自己行为的规范"③。这样一来，西方文化与中国文化形成了不同的发展路向和文化精神。他提醒人们说："西方学术的骨干，在中国看来是小道。而中国圣人之用心，在西方看来不离于常识。文化开端所走的方向不同，遂终相远而不能相喻，此正为今日有心文化者所应用心的。"④

其次，从人文的自觉上看，中国文化与西方文化是不相同的。徐复观认为："一切民族的文化，都从宗教开始，都从天道、天命开始"⑤。在这一点上，中国文化与西方文化都是如此，都有一个从宗教中自觉而产生人文主义的过程。但两者不同的发展路向和不同的文化精神，使得它们的人文自觉各有其特点。

西方文化的一个来源是希伯来文化。希伯来文化是以神为中心的文化。源于希伯来文化的基督教，之所以能成为世界性的宗教，是由十字架所象征的担当苦难的救世精神所决定的。"救世精神是从'苦难意

---

① 《论语·颜渊》。

② 《徐复观先生谈中国文化》，载《徐复观文集》修订本第 1 卷，湖北人民出版社 2009 年版，第 2 页。

③ 徐复观：《儒家精神之基本性格及其限定与新生》，载《儒家政治思想与民主自由人权》，八十年代出版社 1979 年版，第 59 页。

④ 徐复观：《儒家精神之基本性格及其限定与新生》，载《儒家政治思想与民主自由人权》，八十年代出版社 1979 年版，第 74 页。

⑤ 徐复观：《向孔子的思想性格回归》，载《中国思想史论集续编》，时报文化出版事业有限公司 1982 年版，第 432 页。

识'中透出来的,这才有其真实性,有其感动力。"①"只有真正怀抱有'苦难意识'的人,才有真正地宗教信仰,才能通过他们的信仰,发而为解救人世间苦难的行为。"② 这形成了西方文化的源远流长的宗教传统。西方的人文主义,则是近代西方文化精神的产物,大约发展于14世纪,而成熟于16世纪。

中国文化则很早就在宗教中注入了自觉的精神,开始了"宗教的人文化"③亦即"天的人文化"④的历程。这个历程在"忧患意识"萌生时就已开始。"忧患意识,乃人类精神开始直接对事物发生责任感的表现,也即是精神上开始有了人地自觉的表现。"⑤ 这是中国人文主义的最初跃动。由这种人文精神所开辟的"道德地人文精神"⑥和"内在地人格世界"⑦,经过春秋战国时期的展开,逐渐消解了传统的宗教的地位和影响。因此,可以说,"中国文化,为人文精神的文化"⑧。在中国文化中长期存在的是人文主义的传统。

中国的人文主义与西方的人文主义,不仅产生的背景不同,而且在内容上也不尽一样。徐复观认为,人文主义实际上有两层意思:首先一层,也是最基本的一层,是讲在"人"身上立足,而不是在"神"身上立足。在这一层上,中国的人文主义与西方的人文主义是共同的。其次一层,也是更深一层,是讲西方的人文主义强调才智,崇拜全能的人;

---

① 徐复观:《天主教的集体智慧的表现》,载《徐复观杂文续集》,时报文化出版事业有限公司1981年版,第17页。

② 徐复观:《天主教的集体智慧的表现》,载《徐复观杂文续集》,时报文化出版事业有限公司1981年版,第17页。

③ 徐复观:《中国人性论史·先秦篇》,台湾商务印书馆1984年版,第51页。

④ 徐复观:《程朱异同》,载《中国思想史论集续编》,时报文化出版事业有限公司1982年版,第589页。关于"宗教的人文化"和"天的人文化"问题,本书第六章第五节《提出"形而中者谓之心"》和第八节《走向"平铺地人文世界"》作了进一步的论说,可参阅。

⑤ 徐复观:《中国人性论史·先秦篇》,台湾商务印书馆1984年版,第21页。

⑥ 徐复观:《中国人性论史·先秦篇》,台湾商务印书馆1984年版,第30页。

⑦ 徐复观:《中国人性论史·先秦篇》,台湾商务印书馆1984年版,第69页。

⑧ 徐复观:《中国人性论史·先秦篇》,台湾商务印书馆1984年版,第15页。

而中国的人文主义则不反对才智,但是终究立足于道德之上。因此,西方是"以智能为基点的人文主义",中国则是"道德性的人文主义"。① 这是中国的人文主义与西方的人文主义的不同之处。可见,"中国的人文精神,在以人为中心的这一点上,固然与西方的人文主义相同;但在内容上,却相同的很少,而不可轻相比附"②。那种否认中国有人文主义的观点固然错误,那种把中国的人文主义与西方的人文主义等量齐观的做法亦不足取。

徐复观还指出,在中国文化的"忧患意识"与基督教的"苦难意识"之间,尽管一为人文的,一为宗教的,但却有着相通之处。由"苦难意识"所发出的基督教的救世精神,所实践着的正是《易传》所说的"吉凶与民同患"③ 的道德精神。"这是伟大地宗教与崇高地道德的共同立足点。"④ 在这个意义上,"苦难意识"也是一种人文的自觉,尽管是以宗教的形式出现的。这也正说明,从人文的自觉上看,中国文化与西方文化各有其特点。

再次,从文化的成就和局限上看,中国文化与西方文化是不相同的。而这种成就和局限,都是由中国文化与西方文化所具有的不同的发展路向、文化精神、人文主义所造成的,因而是一种一体两面的存在。中国文化有自己特殊的成就和局限,西方文化也有自己特殊的成就和局限。

西方文化执着于知识、科学的追求,自近代以来在物质文明方面取得了重大的成就,但却忽视了对道德、价值的维护,在精神文化方面呈现出巨大的反差:"自十六世纪以来,金钱在有意与无意之间,被普遍承认为人生的究极意义。甚至可以说,近代的文明是追求金钱的文明,

---

① 见徐复观:《儒家精神之基本性格及其限定与新生》,载《儒家政治思想与民主自由人权》,八十年代出版社1979年版,第61页。
② 徐复观:《中国人性论史·先秦篇》,台湾商务印书馆1984年版,第15页。
③ 《易传·系辞上》。
④ 徐复观:《天主教的集体智慧的表现》,载《徐复观杂文续集》,时报文化出版事业有限公司1981年版,第19页。

近代的人生是追求金钱的人生。"① "与追求财富关连在一起，出现科技万能论，认为科学技术，可以解答、解决人类任何问题。但第二次世界大战后，科学技术得到飞跃的发展，精神上出现了虚无主义，更由核子武器问题、环境问题、资源问题、国与国间的贫富差距问题，感到科技正把人类驱向不可测度的深渊。"② "当前世界，因科技发展得非常迅速，物质生活非常丰富，反而把人类推向各种根源性的危机。"③

同西方文化相比，中国文化当然也有其局限性，突出地表现为："在儒家精神中缺乏科学。"④ 儒家对于自然是很亲切的，但不同于科学对于自然作冷静、客观的剖析，而是把自己的感情、德性客观化、自然化。"西方科学，把人也演化于自然之中；而儒家精神，则把自然演化于人之中。可以说因文化之根底不同而自然之性格亦因之不同了。"⑤ 这就使得儒家难以成就关于自然的科学。因此，"儒家精神中之所以没有科学，只是由道德实践性限制了思索的自由发展；由道德的主体之重视不知不觉地减轻了事与物的客观性之重视。但是这种限制与减轻，并非出于道德本身之必然性，而只是由开端时精神所向之重点不同，遂由人性一面发展之偏而来的，不自觉科学的成就，是人性另一方面的成就"⑥。尽管中国文化对知识、科学的追求不足，在物质文明方面缺少足够的建树，但却在道德、价值的维护上成就斐然，足以在精神文化方面显示出优越性。"试盱衡今日西方文化所面临的危机，及中国目前艰

---

① 徐复观：《什么是人生究极的意义？》，载《徐复观杂文——记所思》，时报文化出版事业有限公司1980年版，第402页。

② 徐复观：《从怪异小说看时代》，载《徐复观杂文——记所思》，时报文化出版事业有限公司1980年版，第387页。

③ 徐复观：《沧海遗珠》，载《徐复观杂文——记所思》，时报文化出版事业有限公司1980年版，第376页。

④ 徐复观：《儒家精神之基本性格及其限定与新生》，载《儒家政治思想与民主自由人权》，八十年代出版社1979年版，第75页。

⑤ 徐复观：《儒家精神之基本性格及其限定与新生》，载《儒家政治思想与民主自由人权》，八十年代出版社1979年版，第75页。

⑥ 徐复观：《儒家精神之基本性格及其限定与新生》，载《儒家政治思想与民主自由人权》，八十年代出版社1979年版，第76页。

危的形势，则儒家精神，正在为渡过灾难而反省、而奋斗的人们心灵之深处跃动，仿佛呼之欲出。"①

因此，中国文化与西方文化的成就和局限可以说恰恰相反，一个在"物的方面"，另一个在"人的方面"。徐复观总结说："中国文化所遗留的问题，是在物的方面。因物的问题未得到解决，反撞将来，致令人的问题也没有得到解决。西方文化今日面前所摆的问题，是在人的方面。因人的方面未得到解决，反映转来，致令本是为人所成就的物，结果，反常成为人的桎梏，人的威胁；所以才有欧洲的衰微，才面临过去希腊罗马所同样经过的存亡绝续的大试验。"②

通过上述三个方面从"不相同的地方"看中国文化与西方文化的个性，不仅说明了两者有其差异性，而且说明了两者还有其互补性。徐复观认为，中国文化与西方文化发展至今天，都应当取对方之所长，补自己之所短，从而使人类的具有多样性的人性，由"偏"的发展转向"全"的发展。他说："仁性与知性，道德与科学，不仅看不出不能相携并进的理由，而且是合之双美、离之两伤的人性的整体。"③ 又说："我相信由各种文化的不断接触互往，人类文化能向近于'全'的方面去发展。"④ 西方文化在现时代的转进是"摄智归仁"⑤，以道德仁性来衡断和运用知性、科学的成就；而中国文化在现时代的转进则是"转仁成智"⑥，使知性、科学在道德主体涵煦之中而得到发展。两大文化都应力图由"偏"

---

① 徐复观：《儒家精神之基本性格及其限定与新生》，载《儒家政治思想与民主自由人权》，八十年代出版社1979年版，第81页。
② 徐复观：《儒家精神之基本性格及其限定与新生》，载《儒家政治思想与民主自由人权》，八十年代出版社1979年版，第81—82页。
③ 徐复观：《儒家精神之基本性格及其限定与新生》，载《儒家政治思想与民主自由人权》，八十年代出版社1979年版，第77页。
④ 徐复观：《儒家精神之基本性格及其限定与新生》，载《儒家政治思想与民主自由人权》，八十年代出版社1979年版，第46页。
⑤ 徐复观：《儒家精神之基本性格及其限定与新生》，载《儒家政治思想与民主自由人权》，八十年代出版社1979年版，第91页。
⑥ 徐复观：《儒家精神之基本性格及其限定与新生》，载《儒家政治思想与民主自由人权》，八十年代出版社1979年版，第91页。

而"全",作"仁智双成的努力"①。这就是徐复观所说的:"不知西方文化之所短,便不能发现中国文化之所长;不知西方文化之所长,也就不知中国文化之所短。应尽量了解西方的东西;将来回转头来了解中国的东西,便比较容易。"②

在徐复观看来,中国文化是完全有可能实现这一转进的。这里的理由有两点:其一,中国文化与西方文化尽管各有其个性,但又存在着共性,两者本是相贯通的,而不是相分隔的。例如:"人文教养,在中国与西方,有个共同的起点,即是人自觉到在行为上、在生活上,应当与一般动物不相同,此即所谓'人禽之辨'。"③ 也就是说,不论中国文化还是西方文化,都重视人文教养,强调通过日常的生活和学习,使人逐渐懂得人之所以为人、人之何以为人的道理,把自己同自然界、同动物界区分开来,实现人的发现,获得人的自觉,由此生发出人文主义的"价值世界"。其二,儒家虽然没有成就科学,但决不反对科学;而且通过吸纳科学、发展科学,能够进一步满足、完善人自身的道德追求。他说:"由知性的发展以成就科学,因此而可以满足博施济众之要求,亦即所谓道德上的要求。且由科学技术之进步而大大提高对物的创造能力,不仅不致像王阳明样格庭前之竹,格了三天格不通,会因此而致病;并且连宇宙的奥秘,如原子量子等,皆可呈现于吾人之理解之前,以引发道德上新的问题,构造新的努力、新的成就,这将是孔、孟、程、朱、陆、王所欢欣鼓舞去学不厌、诲不倦的。其所不同于西方者,将只是勉励大家以仁心来提撕科学,使无善无恶的科学,只在完成人的道德上发生作用,而不致利用为反道德的工具。于是科学在儒家精神中亦可看出其新的生命与价值,而益增加其应当自由发展之信念。仁性与

---

① 徐复观:《儒家精神之基本性格及其限定与新生》,载《儒家政治思想与民主自由人权》,八十年代出版社1979年版,第91页。
② 徐复观:《致徐均琴(第51封家书)》,载《徐复观家书精选》,台湾学生书局1993年版,第101页。
③ 徐复观:《致徐均琴(第64封家书)》,载《徐复观家书精选》,台湾学生书局1993年版,第120页。

知性，只是人性之两面。只须有此一觉，即可相得益彰。在向两个方向的努力上，其共同的起点，将为孔子的'毋意，毋必，毋固，毋我'；其共同的终点，将为孟子云'万物皆备于我矣'。"① 因此，"今后的儒家之需要科学，不仅系补其人性在中国文化发展过程中所缺的一面，并且也可辅助我们文化已经发展了的一面，即仁性的一面"②。通过实现这一转进，中国文化将以健全的人性和崭新的面貌出现在世界各民族文化之林。这是中国文化之幸事，亦是世界文化之幸事。

徐复观又指出，中国文化通过吸取西方文化实现这一转进，并不意味着失去了自己的个性，而是在更高层次上发展了自己的个性。他以中国文化吸取印度佛教为例说："佛教自东汉入中国，开始依附道家，东晋乃能自立，隋唐始臻圆熟。但圆熟底佛教，便是天台、华严、禅宗等，富有中国个性底佛教，我们不妨称之为中国底佛教。日本的佛教传自中国，但是日本佛教的性格，便与日本民族性格融合在一起而成为日本的佛教。中国当然要努力吸受西方文化；但假使中国民族的生命力未竭，这种吸收能够成功，则将也如过去吸收佛教一样，中国文化会以更高底个性出现，我们依然要对其他民族的文化而提出我们中国的文化。"③ 总之，"中国文化之有个性，中国吸收西方文化后依然还有个性，这是由文化的本质所决定的"④。

徐复观以共殊关系作为思维框架，所形成的对中国文化与西方文化关系问题的理解，不仅在他的中西古今文化观中占有重要的位置，而且在他的现代新儒学思想中占有重要的位置。他对中国传统文化所作

---

① 徐复观：《儒家精神之基本性格及其限定与新生》，载《儒家政治思想与民主自由人权》，八十年代出版社1979年版，第76—77页。
② 徐复观：《儒家精神之基本性格及其限定与新生》，载《儒家政治思想与民主自由人权》，八十年代出版社1979年版，第77页。
③ 徐复观：《文化的中与西》，载《学术与政治之间》，台湾学生书局1985年版，第91—92页。
④ 徐复观：《文化的中与西》，载《学术与政治之间》，台湾学生书局1985年版，第92页。

的"现代的疏释",从总体上看,就是以中国文化与西方文化关系问题作为前提和背景,经过一种历史的和现实的双向比较而展开的。诚如他所说:"不能了解西方有关的东西,便也很难真正了解中国传统的文化。"①

四、从共殊关系看传统与现代化

徐复观以共殊关系作为思维框架,代替以体用关系作为思维框架,从思维方式上对文化发展的统一性与多样性关系作了辩证的阐发,形成了他思考中西古今文化关系问题的方法论。由此出发,在对中国文化与西方文化关系问题进行思考与探讨之后,他又对传统与现代化关系问题作出了思考与探讨。

传统与现代化关系问题,如果简便地说,也就是古今文化关系问题。古今文化关系问题,从广义上说是古已有之的,早在司马迁的名篇《报任安书》中就提出了"通古今之变"的主张。但具体就传统与现代化关系问题言,这是现代意义的古今文化关系问题,西方是在文艺复兴后才出现,而中国更是晚至鸦片战争后才发生。传统与现代化关系问题,在世界历史运动中具有一般性、普遍性,是任何已经完成现代化或正在经历现代化的民族都会遇到的,既在西方民族存在,也在东方民族存在。可以说,这是各民族文化的共性。只是对于文化传统悠久深厚而正处于现代化进程之中的东方民族,这个问题显得更直接、更尖锐、更突出罢了。特别是古老中国的现代化进程,由于不是早发内生型现代化而是后发外生型现代化,是在西方的现代化与中国的传统双重文化因素影响下展开的,所以古今文化关系问题就更为急迫和严峻了。可以说,这是中国文化的个性。因此,传统与现代化关系问题,也应当以共殊关系作为思维框架来思考与探讨。

---

① 徐复观:《过分廉价的中西文化问题》,载《徐复观文录选粹》,台湾学生书局1980年版,第134页。

对于传统与现代化关系问题，徐复观有一个认识过程，并不是一开始就作出了深入的思考与探讨。他在这方面的认识得到一个大的提升，其契机来自1960年前往日本的旅行。徐复观对日本有较长时间的接触和了解：早在青年时代，就曾留学日本；而后中年时期，亲历抗日战争；1950年和1951年，又两次访问第二次世界大战结束后的日本。因此，谈到这次故地重游的心境，他自称是"以'老学生'的心情来到日本"①，是来进行新的学习和思考的。然而，这次访问给徐复观带来了空前的震撼，他深深感到日本与九年前相比已经发生巨大变化：不再呈现出当年战败国的衰败气象，而正在美国的扶植下实现经济高速发展，在全球性现代化运动中开始进入发达国家行列。他说："经过了九年后，我所看到的东京，经济的繁荣，技术的发展，日常生活水准的提高，都在向作为现代世界中心的美国看齐靠拢；它已经真正站了起来，和世界的强国，并起、并坐而毫无愧色。"② 又说："我隔了九年再到日本，由于现代技术突飞猛进，日本人的日常生活，在物质这一方面的变迁，真使人有隔世之感！"③ 他还自我嘲讽地说："这几年我在山里住得太久了。一旦进入到这座五光十色的花花世界，变成呆头呆脑，真像刘姥姥初进大观园。"④

当然徐复观不是刘姥姥式的人物。这一变化强烈地刺激了他，引发了他以日本为典型个案对全球性现代化运动进行新的观察和思考。他敏锐地发现，日本在当下的现代化进程中，固然成就显著，但也问题很大；而所遭遇的时代大问题之一，就是中西古今文化关系问题。这个问

---

① 徐复观：《从"外来语"看日本知识分子的性格》，载《徐复观文录选粹》，台湾学生书局1980年版，第44页。
② 徐复观：《樱花时节又逢君》，载《徐复观文录选粹》，台湾学生书局1980年版，第19页。
③ 徐复观：《从生活看文化》，载《徐复观文录选粹》，台湾学生书局1980年版，第33页。
④ 徐复观：《樱花时节又逢君》，载《徐复观文录选粹》，台湾学生书局1980年版，第20页。

题既涉及中国文化与西方文化关系，又涉及传统与现代化关系。而问题的真正核心在于：深受中国文化传统影响的东方民族，在以西方近现代文化为标本的全球性现代化运动中，应当如何自处？

徐复观为此撰写了一组观感性和思想性相结合的散文，以《东京旅行通讯》为总题目，发表于香港的《华侨日报》上。后来徐复观的学生萧欣义编《徐复观文录选粹》，将这组文章收录书中，置于突出的位置。这组文章共10篇，它们的题名是：《樱花时节又逢君》《不思不想的时代》《从生活看文化》《从"外来语"看日本知识分子的性格》《日本的镇魂剂——京都》《京都的山川人物》《锯齿型的日本进路》《对日本知识分子的期待》《日本民族性格杂谈》《"人"的日本》。这些文章从文学性看和思想性看，都有其价值。尤其值得重视的，是这组文章对中西古今文化关系问题的哲学思考，其重心不是放在中国文化与西方文化关系问题上，而是放在传统与现代化关系问题上。徐复观结合自己在日本的所见所闻，透过日本现代化进程所呈现的五光十色的社会现象，对全球性现代化运动进行了深刻反思。这一反思的意义，在于揭示和把握了全球性现代化运动所导致的现代性问题。徐复观思想的这一特点，萧欣义在编《徐复观文录选粹》时就已指出。他在此书编序《一位创新主义者的传统观》中说："这些文章谈到很多当代问题，但不管是讨论文化问题也好，艺术问题也好，都牵涉到一个中心主题，那就是传统的性质及其在创新之中的地位，换句话说，即是自由、创新和保守、传统的关系。"[1] 在这里，萧欣义突出了徐复观在传统与现代化关系问题上的见解，而没有论及徐复观在中国文化与西方文化关系问题上的看法。可见在他看来，徐复观对中西古今文化关系问题的思考与探讨，真正有见解、有贡献、值得重视的思想，还是体现在对传统与现代化关系问题的思考与探讨上。这一看法是很有见地、值得重视的。

"现代性"在今天已经是一个使用率很高的概念，探讨现代性问题

---

[1] 萧欣义：《一位创新主义者的传统观——〈徐复观文录选粹〉编序》，载《徐复观文录选粹》，台湾学生书局1980年版，序第5—6页。

已经成为中国思想界的一大热点。对于"现代化"与"现代性"这两个概念,现在人们已有了明确的区分:"现代化"主要指人类走向现代的历史运动,"现代性"则主要指现代化实现后呈现的性质及其特征。但在徐复观写这组文章的时候,"现代性"概念在中国思想界还没有使用,现代性问题也很少有人关注和探讨,至于"现代化"与"现代性"两个概念当然更没有人作出明确区分。然而,徐复观在这些文章中,已经明确地提出了与"现代性"概念相关的"现代文化的性格""现代社会生活的特性""近三百年来文化的性格"等概念,来表达和说明现代化所带来的现代性问题。这些概念的提出,是徐复观对这次访问日本所感所思进行提炼和概括的结晶;他试图通过这些概念,来深刻地揭示和把握全球性现代化运动的内在矛盾和现实困境,对传统与现代化关系问题作出新的思考与探讨。他在论述这些概念时说:

  我们可以从各个角度来说明现代社会生活的特性。不思不想,大约也是现代社会生活特性之一。……事实上,越是现代化的地方,便越是不思不想的地方。①

  现代文化的性格,却不容许这种有意义地幻想,更不承认有所谓看不见、摸不着的"止乎礼义"的"礼义"。……所以在东京脱衣舞的后面,是隐藏着整个地世界和整个的文化的现代性格。现代人的生活情调,在不知不觉中,正向此一方向发展。②

  近三百年来文化的性格,是把人拉着向前的性格;没有这,即没有一般所说的进步。但假使在一天之中,没有树荫小憩、茶亭小饮、野外或店里小吃的时间,而只是不断地向前走着,一路上纵有好山好水,但到了下午,饥肠辘辘,体力疲乏不堪,人生至此,还

---

① 徐复观:《不思不想的时代》,载《徐复观文录选粹》,台湾学生书局1980年版,第22—23页。
② 徐复观:《不思不想的时代》,载《徐复观文录选粹》,台湾学生书局1980年版,第28页。

有什么旅行的兴味可言呢？现代文化的病根，及由这种病根所发生的危机，正与此相像。只带着人们的精神向前，而没有使人们的精神得到一点安顿，于是现代人的精神，实已过分地疲倦而堕入虚无、暴乱之中，不仅失掉了三百年来一直向前进步的意义；并且快要把这一股文化的力量，加以毁灭了。现代人生活上的苦闷、危机，乃是由于精神上得不到平静、安顿而来的苦闷、危机。①

在这些论述中，"现代文化的性格""现代社会生活的特性""近三百年来文化的性格"等概念，所指向、表达和说明的，都是现代性的负面内容，都是现代性所引发的现代人类的混乱与不安、苦闷与危机，也就是徐复观所说的"现代文化的病根"及其种种病态。这些都是全球性现代化运动的内在矛盾和现实困境。在他看来，以西方近现代文化为标本的全球性现代化运动，固然曾给人类社会带来了快速的发展、巨大的进步，但更给人类生存造成了空前的困境，给人类发展造成了严重的危机，因而不是健康的而是病态的。正是这样，由西方近现代文化发展而来的全球性现代化运动亦迫切需要补偏救弊。

徐复观指出，要对由西方近现代文化发展而来的全球性现代化运动补偏救弊，采用的医方与凭借的资源只能来自"传统"。这首先就在于，所谓现代化主要是解决发展"科学世界"的问题，而不是解决"价值世界"的问题。他说："现代化的最基本问题，是知识、技术的问题。"② 又说："科学文化，是现代文化的指标。"③ 还说："十九世纪的

---

① 徐复观：《日本的镇魂剂——京都》，载《徐复观文录选粹》，台湾学生书局1980年版，第47—48页。
② 徐复观：《我们在现代化中缺少了点什么——职业道德》，载《徐复观文录选粹》，台湾学生书局1980年版，第167页。
③ 徐复观：《聪明·知识·思想》，载《徐复观杂文——记所思》，时报文化出版事业有限公司1980年版，第311页。

五十年代以后，由自然科学的突飞猛进，知识的成就压倒了一切。"①因此，在以现代化发展"科学世界"的同时，还必须以"传统"来维护"价值世界"。而"价值世界"的生成，以"价值世界"来规范和引导"科学世界"，正是在于"传统"的作用。他说："科学只向前看，不回头看。但是价值系统则与科学系统不同。人生的价值，是在历史中间启发出来，并且是由历史来测定的。"② 又说："关于人类自身的问题，只有在历史不断地否定与肯定中，与现代关连在一起，始能得出比较合理的了解，建立流弊比较少的价值标准。"③ 还说："没有伟大地传统的启发，而只靠在时代的横断面中，作点滴的知识追求，不可能把握住人生的方向。迷失了方向的人生，不可能真正找到自己的立脚点。"④

徐复观又认为，在现代化过程中，人类努力向前开拓、追求，创造了大量的物质财富，也带来了精神上的躁动、疲倦、焦虑、烦恼，因而又反过来寻求把人的精神拖着向后走的力量，使人在精神上得到平衡、安顿、稳定、平静。他指出，"近三百年来文化的性格"，就是把人拉着向前的性格，由此而带来了人类的进步；但"现代文化的病根"也正在此：只带着人们的精神向前，而没有使人们的精神得到一点平静和安顿，于是现代人的精神，实已过分疲倦而堕入虚无、暴乱之中，不仅失掉了三百年来一直向前进步的意义，并且快要把这一股文化的力量加以毁灭了。现代人生活上的苦闷、危机，正是由于精神上得不到平静和安顿而来的苦闷、危机。因而只有"传统"，通过"怀古"，才能获得把人拖着向后的力量，与把人拉着向前的力量取得某种程度的平衡，使人

---

① 徐复观：《再谈知识与道德问题》，载《徐复观文录选粹》，台湾学生书局1980年版，第127页。

② 《徐复观先生谈中国文化》，载《徐复观文集》修订本第1卷，湖北人民出版社2009年版，第4页。

③ 徐复观：《在历史教训中开辟中庸之道》，载《徐复观文录选粹》，台湾学生书局1980年版，第199页。

④ 徐复观：《我们在现代化中缺少了点什么——职业道德》，载《徐复观文录选粹》，台湾学生书局1980年版，第166页。

在精神上得到平静和安顿,生存于正常的状态之下。因此,徐复观把"传统"称为能够治疗"现代文化的病根"的"镇魂剂"①。

由于现代化中含有许多可资警惕的问题,这些问题的解决又都有赖于传统,因此徐复观认为,传统之于现代化,是必需的和重要的。他说:"我的谈传统,岂仅不是反对现代化,正是要从人的根源之地来形成现代化的动力。"② 又说:"我们所说的传统,是在现代化中的传统。现代化与传统,应当是彼此互相定位的关系,而不是互相抗拒的关系。"③ 在他看来,现代化与传统都是不可或缺的,关键在于把两者很好地结合起来,保持好两者之间的张力,从而实现人类文化在安定中的进步。正是这样,徐复观对传统在现时代的意义与活力作了肯定和高扬,强调以一种正确的态度对待传统。他以故乡的长江和汉水的交汇为例,说明传统之于现代化的关系,深情地写道:

> 关于传统的不断更新与形成的情形,可以用武汉的江汉会合情形来作比喻。长江流到汉阳龟山脚下,汉水从西北方流下来入于长江之内。汉水入江的口子,激流汹涌,行船要特别小心,并且水也分成两种颜色。但再下去一段,便看不见激流,也看不出那是江水,那是汉水,而只觉得它是一条浩荡的长江,顺着自己的河床,有轨律的向东流去。长江的河床,便是把许多旧流、新流,融和在一起的力量。假使新流一下子冲垮了原有的河床,便不仅会泛滥成灾,连长江和汉水,也都会消失掉。一个民族由许多大圣大贤大思想家所创出的民族精神的内容、理想的方向,正如河流的河床一样。谁能认为只有冲垮河床,才能容纳新流呢?谁能认为只有彻底

---

① 徐复观:《日本的镇魂剂——京都》,载《徐复观文录选粹》,台湾学生书局1980年版,第46页。
② 徐复观:《我们在现代化中缺少了点什么——职业道德》,载《徐复观文录选粹》,台湾学生书局1980年版,第166页。
③ 徐复观:《我们在现代化中缺少了点什么——职业道德》,载《徐复观文录选粹》,台湾学生书局1980年版,第166页。

否定维系一个民族所自来的精神、理想,才能容纳新的事物呢?①

这段文字,可以说是徐复观心迹的真切的表露。民族的传统与故乡的江河,都是那样源远流长,都是那样宽厚包容,都是那样天长地久,都是那样不容毁坏!字里行间,交织着对传统与故乡的双重恋情。笔者每读至此,极目楚天,眺望大江,总感到此中自有一个湖北人的浓烈乡情,撼人心灵,不能自已!

五、中西文化传统与现代化关系问题

从共殊关系看传统与现代化关系问题,强调传统之于现代化的意义,徐复观首先是从一般意义上的传统来讲的。在他看来,不论是西方文化传统,还是中国文化传统,都能形成人文主义的"价值世界",都有益于医治"现代文化的病根",只是西方是"以智能为基点的人文主义",中国则是"道德性的人文主义"。他说:"中国传统文化所重的是人的价值问题,就是说:人的行为应该如何才有价值、才有意义。这是中国文化的中心。西方在十五六世纪以前,价值也是他们文化的中心,在这种地方——以人的价值问题为中心——是相通的。"②

因此,徐复观认为:"人类文化,都是由堂堂正正的人所创造出来,都要由堂堂正正的人所传承下去。只有由平实正常的心理所形成的堂堂正正地态度,才能把古今中外的文化,平铺在自己面前,一任自己理性良心的评判、选择、吸收、消化。"③ 这种由"堂堂正正的人"而来的"堂堂正正地态度",具体而言,就是以诚恳地学习、认真地了解、

---

① 徐复观:《传统与文化》,载《徐复观文录选粹》,台湾学生书局1980年版,第100页。

② 《徐复观先生谈中国文化》,载《徐复观文集》修订本第1卷,湖北人民出版社2009年版,第3页。

③ 徐复观:《自序》,载《学术与政治之间》,台湾学生书局1985年版,第Ⅵ页。

审慎地批判的态度，去看待中国文化传统与西方文化传统，去看待它们与现代化的关系。这也就是他所说的："我认为对中国文化和西方文化应该抱一个相同的态度，我们很诚恳地去学习，很认真地去了解，了解以后再加以审慎的批判，而批判的基准，是应以整个的现实社会人生的问题来作对照。如果它没有意义，中国的也好，西方的也好，我们都不接受；若是有意义，中西也好，都应接受。"① 正是这样，徐复观由一般而具体，进一步对中西文化传统与现代化关系问题进行了思考与探讨，由此超越了近百年来全盘西化派与顽固守旧派在这一问题上所持的两橛对立、仅取一端的机械二分态度。

对于西方文化传统，徐复观认为应作一分为二观。他指出，现代化发端于西方，并由此演变成全球性现代化运动，这是不可逆转的世界历史趋势；中国向西方学习，实现现代化，正是时势所然，不可阻挡。可以说，凡为有识之士，"谁也不会怀疑中国需要现代化"②。即使是那些主张维护、弘扬中国文化传统的人们，包括徐复观本人在内，都决不反对现代化。他激动地写道："严复、林纾曾反对科学吗？孙中山、梁启超、梁漱溟、张东荪、张君劢、熊十力、唐君毅、牟宗三，这些先生，有谁人不主张科学，有谁人不主张民主，有谁人反对吸收西方文化？近来有许多人骂我是义和团，但我对西方文化的追求，乃至于对新鲜事物的兴趣，似乎比骂我的人知道得多一点，吸收得也多一点，最低限度，似乎比口里喊现代化的人，对于新事物的兴趣要高一点。"③ 但是，这并不是说，西方文化传统及其现代化是十全十美的。恰恰相反，西方现代化，特别是由此而来的现代性，存在着许多问题和局限，从而带来了巨大的负面效应，导致了20世纪人类的生存危机。徐复观对于西方现

---

① 《徐复观先生谈中国文化》，载《徐复观杂文——记所思》，时报文化出版事业有限公司1980年版，第97页。

② 徐复观：《我们在现代化中缺少了点什么——职业道德》，载《徐复观文录选粹》，台湾学生书局1980年版，第166页。

③ 徐复观：《论传统》，载《徐复观文录选粹》，台湾学生书局1980年版，第114—115页。

代化的种种问题和局限,从人类文化的视角作过淋漓尽致的尖锐批判,并一针见血地揭示了这种种问题和局限的根本点,在于过分重视"科学世界",而忽视了"价值世界",从而导致了人性的失落、导致了人的生存危机。

对于中国文化传统,徐复观认为也应作一分为二观。中国文化传统无疑有其局限性,特别是"自鸦片战争以后,与西方多方面的接触,使我们遇着历史上所未曾有过的新情势,不是传统可以应付。民主科学,未曾在传统中出现,但必须彻底加以接受"[1]。中国文化所受到的这一历史性挫折,使自己的传统受到了怀疑与反对,特别是在新文化运动时期即五四时期,更受到了反传统运动的激烈的冲击和否定。因此,他认为:"以五四运动为中心所发生的反传统运动,从历史上看,是有其必然性的"[2];又认为:"五四时代的反传统,是有其意义的"[3];还认为:"五四时候所提出的民主科学,这个口号是不错的"[4]。但是,那种要把中国文化传统全盘否定、一概打倒的主张,则根本上是错误的。这是因为:"传统是由一群人的创造,得到多数人的承认,受过长时间的考验,因而成为一般大众的文化生活内容。能够形成一个传统的东西,其本身即系一历史真理。"[5] 尤其是在"高次元的传统"中,积淀、蕴蓄了中华民族在漫长历史岁月中的思想精华;"高次元的传统"对理想的追求,本身即是一种批判落后的不合理的"低次元的传统"的力量。因此,中国文化传统自有其不可否定、不容歪曲的合理内核。

徐复观进而指出,中国文化传统的这种合理内核,为中国人的生存发展提供了安身立命的"价值世界",也能对西方人的生存发展中因

---

[1] 徐复观:《论传统》,载《徐复观文录选粹》,台湾学生书局1980年版,第113页。
[2] 徐复观:《论传统》,载《徐复观文录选粹》,台湾学生书局1980年版,第113页。
[3] 徐复观:《论传统》,载《徐复观文录选粹》,台湾学生书局1980年版,第113页。
[4] 《徐复观先生谈中国文化》,载《徐复观杂文——记所思》,时报文化出版事业有限公司1980年版,第94页。
[5] 徐复观:《当前读经问题之争论》,载《徐复观文录选粹》,台湾学生书局1980年版,第9页。

"科学世界"发达而忽视而衰微的"价值世界"起一种补救的作用,并不因为是"历史的"而失去"现代的"和"将来的"意义。徐复观在自己的著述中,曾反复申述这一观点:

> 在人的具体生命的心、性中,发掘出道德的根源、人生价值的根源,不假借神话、迷信的力量,使每一个人,能在自己一念自觉之间,即可于现实世界中生稳根、立稳脚,并凭人类自觉之力,可以解决人类自身的矛盾,及由此矛盾所产生的危机,中国文化在这方面的成就,不仅有历史地意义,同时也有现代地、将来地意义。①
>
> 在人的具体生命的心、性中,发掘出艺术的根源,把握到精神自由解放的关键,并由此而在绘画方面,产生了许多伟大地画家和作品,中国文化在这一方面的成就,也不仅有历史地意义,并且也有现代地、将来地意义。②
>
> 今后只有进一步接受儒家的思想,民主政治才能生稳根,才能发挥其最高的价值。因为民主之可贵,在于以争而成其不争,以个体之私而成其共体的公。但这里所成就的不争,所成就的公,以现实情形而论,是由互相限制之势所逼成的,并非来自道德的自觉,所以时时感到安放不牢。儒家德与礼的思想,正可把由势逼成的公与不争,推上到道德的自觉。民主主义至此才真正有其根基。③
>
> 孝道在政治上所发生的实际作用,就我研究所得的结论,和五四运动时代许多人们的看法,恰恰相反。它在消极方面,限制并隔离了专制政治的毒素,成为中华民族所以能一直延续保存下来的最基本的力量。在积极方面,可能在政治上为人类启示出一条新的

---

① 徐复观:《中国艺术精神》,台湾学生书局 1984 年版,自叙第 1 页。
② 徐复观:《中国艺术精神》,台湾学生书局 1984 年版,自叙第 1—2 页。
③ 徐复观:《儒家政治思想的构造及其转进》,载《学术与政治之间》,台湾学生书局 1985 年版,第 53—54 页。

道路，也即是最合理的民主政治的道路。①

在他看来，在中国传统的道德精神、艺术精神、政治哲学乃至孝道思想中，都有一种关乎中华民族生存发展乃至人类生存发展的价值。这种价值不仅不妨碍现代化，而且正是使现代化得以健全、和谐展开的保证。"所以五四时代的彻底反传统的运动，对于科学民主来说，有许多是没什么必要，而只是徒增纷扰的。"② 总之，徐复观对待中国文化传统的态度是："我反对毫无理由而否定中国传统文化的人；但也同样讨厌对中国传统文化作牵强附会地歌颂的人。"③

正是由此出发，徐复观对于亲身观察和体验的日本及中国台湾地区的现代化，予以了直接的关注和批评。

日本是历史上深受中国文化传统影响的东方国家，又是首先按照西方模式实现现代化的东方国家。1960年，徐复观重访日本，直接领略到现代化的时代气息，感受到现代化对中国文化传统影响的消解。他在《东京旅行通讯》中痛苦地写道："现代科学宣传家，对于凡是不能用自然科学方法处理，不能使其可用数字测量，不能使其可用耳目感官去感受的东西，便认为皆是不真实的、不需要的东西，而要求从学问范围中加以放逐，亦即要求从人的现实生活中加以放逐；于是文化中的'价值'系列，与文化中的科学系列，切断了关连，要求现代人的生活，完全活动于感官活动范围之内；科学与商业连合起来，尽量使人的感官得到圆满无缺的满足，以销蚀使人去思想的动机。"④ 即使是日本传统的汉学研究，也不可避免地受到科学主义的影响和扭曲。他说："所谓汉

---

① 徐复观：《中国孝道思想的形成、演变及其在历史中的诸问题》，载《中国思想史论集》，台湾学生书局1988年版，第168页。
② 徐复观：《论传统》，载《徐复观文录选粹》，台湾学生书局1980年版，第115页。
③ 徐复观：《从生活看文化》，载《徐复观文录选粹》，台湾学生书局1980年版，第34页。
④ 徐复观：《不思不想的时代》，载《徐复观文录选粹》，台湾学生书局1980年版，第26页。

学，是以'忧患意识'为动力，对人生社会的忧患，担负无穷的责任而展开、成立的。只有深入到古人的忧患意识之中，以了解其真正用心的所在，才能把握到所谓汉学，这自然要关连到对人生社会的评价问题。但日本许多汉学家，也和中国许多末梢的、亚流的考据家一样，假借'科学方法'之名，把汉学从人生、社会的实际生活，完全隔离起来，并排斥其中的价值观念，作孤立的、片断的、与人生社会毫无关连的研究，这实际是有意歪曲研究对象的最不科学的方法。顺着这一条路走下去，无形中，把中国三千年所蓄积的精神文化，很用力的还原到以甲骨为中心的半原始状态。"[1] 由此可见，"人在由科学所成就的物质世界中，是一天一天的变得更为渺小了"[2]；因而，"日本的'人'，并没有随着技术经济而进步；所以日本十年来在技术与经济的成就，并不能解决日本自身的问题。其实，这不仅是日本的问题，而是整个人类文化的大问题"[3]。

及至20世纪60年代中国台湾地区经济起飞，仿效日本的模式去实现现代化，而对中国文化传统形成直接冲击时，更激起徐复观的莫大悲愤。他说："西方文化中的科学理性过剩，抑压了人生中其他方面的理性的发展，以致使文化、人生失掉了平衡，因而发生了反理性的倾向，这是可以理解的。传统的价值观念，渐成为有躯壳而无灵魂，并且成为有权势者驱使无权势的工具，因而发生反价值的倾向，这也是可以理解的。"[4]但问题在于："台湾有些人们，对于西方这种插曲，不穷其源，不究其委，以为这是最新的东西（实际是最旧的），所以也是最好的东西。"[5]

---

[1] 徐复观：《对日本知识分子的期待》，载《徐复观文录选粹》，台湾学生书局1980年版，第71—72页。

[2] 徐复观：《樱花时节又逢君》，载《徐复观文录选粹》，台湾学生书局1980年版，第20页。

[3] 徐复观：《"人"的日本》，载《徐复观文录选粹》，台湾学生书局1980年版，第80页。

[4] 徐复观：《西方文化没有阴影》，载《徐复观杂文——记所思》，时报文化出版事业有限公司1980年版，第64页。

[5] 徐复观：《西方文化没有阴影》，载《徐复观杂文——记所思》，时报文化出版事业有限公司1980年版，第65页。

他对那些"要打倒中国文化的西化派"予以怒斥，义正辞严地指出："我们要学西方的科学、技术等等，以图自己国家的富强；并不是说我们即应当向美国人或日本人出卖自己的国格人格。而出卖自己国格人格的人，决不能吸收科学技术以为自己的国家发愤图强的。"① 在他看来，"一个堂堂正正地中国人，才有资格吸收西方文化，才有资格做堂堂正正地美国人、日本人的朋友"②，否则是无法自立于当今世界之上。

徐复观认为，中国现代化当然不是固守"国粹"，同时更非"全盘西化"，而应是对中、西、古、今文化之长，作一种综合性的反省、择取、融会、贯通，使人类文化的一切有现代意义的积极成果，再生于当今之中国。这也就是"以高次元传统的自觉，融和中西，以形成新传统之路"③。在这条道路上，"新事物因加入到传统中而得发挥其功效，传统因吸收新事物而得维持其生存"④。这是一条极为艰难的道路，也是一条充满希望的道路。徐复观十分清楚地意识到这一点。他说："我们目前所走的路，在民族意识消沉，社会心理浮动，每一个人只有当前，而没有过去与未来的情势之下，是最艰难的一条路。但我们只有把个人的生命，融入于民族、社会，及连结过去与未来的历史感觉之中，来走我们艰难的路，以规整我们文化发展的大方向。"⑤ 对此，徐复观的学生萧欣义曾作过一个很好的评价："徐教授的路不是唯一的路，但毫无疑问地，却是一条可行的康庄大道。"⑥

---

① 徐复观：《西方文化没有阴影》，载《徐复观杂文——记所思》，时报文化出版事业有限公司1980年版，第63页。
② 徐复观：《西方文化没有阴影》，载《徐复观杂文——记所思》，时报文化出版事业有限公司1980年版，第63页。
③ 徐复观：《论传统》，载《徐复观文录选粹》，台湾学生书局1980年版，第115页。
④ 徐复观：《论传统》，载《徐复观文录选粹》，台湾学生书局1980年版，第112页。
⑤ 徐复观：《论传统》，载《徐复观文录选粹》，台湾学生书局1980年版，第115—116页。
⑥ 萧欣义：《一位创新主义者的传统观——〈徐复观文录选粹〉编序》，载《徐复观文录选粹》，台湾学生书局1980年版，序第10页。

六、现代人类的文化困境与文化选择

从对传统与现代化关系问题的思考与探讨中,徐复观发现了"现代文化的性格"给现代人类造成的困境与危机,并力图为人类的未来走向提出自己的文化选择。这就进一步深化了他对传统与现代化关系问题的思考与探讨。

对于"现代文化的性格"给现代人类造成的困境与危机,徐复观认为可以借用"沧海遗珠"这一成语来作概括:"沧海是指当前的世界,珠是指的智慧之珠。"① 当今世界,科学技术迅速发展,物质财富日益丰富,但却压抑了、抛弃了人的智慧,使人失去了安身立命的精神家园,失去了人之所以为人的本性。在他看来,人的这种失落在人的生存发展的各个方面都表现出来,然而概括起来,可归结为两个根本点:一是"思想"的困境与危机;二是"教育"的困境与危机。而要使现代人类走出"现代文化的性格"造成的困境与危机,就必须从这两个根本点入手进行反省。这种反省,也就是对现代人类生存状况的一种自我批判,并由此对人类的未来走向作出文化选择。

反省之一:"思想"的失落与复生。

徐复观认为,现代人的失落,首先表现为"思想"的失落。这是因为,人之所以为人的一个显著特征,人与动物的分水岭,就在于人能够"思想"、具有"思想"。他说:"人在开始知道运用思想时,才一步一步的从自然状态中挣扎出来,建立适合于自己要求的文化。"② 这里所说的"思想",是把各个层次的思考、思辨、反省都包括在内的思维活动,但主要指的是人的理性思维活动,其特性主要有二:"第一,是把感官

---

① 徐复观:《沧海遗珠》,载《徐复观杂文——记所思》,时报文化出版事业有限公司1980年版,第376页。
② 徐复观:《不思不想的时代》,载《徐复观文录选粹》,台湾学生书局1980年版,第22页。

所得的材料，通过心的构造力与判断力，以找出这种材料的条理、意义，及与其它材料的关连，和它自身可能的趋向。第二，是把客观的东西，吸收、消化到主观里面来；又把自己的主观，投射、印证到客观上面去；由这种不断反复的过程，而把主观世界与客观世界，经常连系在一起。由上面的两种作用，便把人生向深度与广度方面推展、扩大，因而能把人与人、人与物，作有意义的连结，并向有意义的方向前进。人类的文化生活，便是这样一步一步的建立起来；人类自然地生命，便是在这种文化生活中而生存发展。"① 因此，有的西方哲人把有没有"思想"当作人与动物的分水岭。既然"思想"是人之所以为人的特性，那么"思想的停滞，是人开始向动物的下坠；也是自己的命运，离开了自己的掌握，而开始向一种不可测度地深渊下坠"②。可以说，"思想"的失落亦即人的失落。人的失落与"思想"的失落是联系在一起的。

1960年，当徐复观重游日本直接领略到日本学习西方、实现现代化所带来的"现代文化的性格"时，首先给他的感受，就是这种"思想"的失落。他所写的《东京旅行通讯》之二，即以《不思不想的时代》为题，痛陈"现代文化的性格"所带来的严重的"思想"的危机。文章的开头，他开门见山地写道："我们可以从各个角度来说明现代社会生活的特性。不思不想，大约也是现代社会生活特性之一。"③ 在他看来，"越是现代化的地方，便越是不思不想的地方"④。现代的科学技术的成就，是对于人的体力劳动的解放，但并没有带来思想能力的解

---

① 徐复观：《不思不想的时代》，载《徐复观文录选粹》，台湾学生书局1980年版，第22—23页。

② 徐复观：《不思不想的时代》，载《徐复观文录选粹》，台湾学生书局1980年版，第23页。

③ 徐复观：《不思不想的时代》，载《徐复观文录选粹》，台湾学生书局1980年版，第22页。

④ 徐复观：《不思不想的时代》，载《徐复观文录选粹》，台湾学生书局1980年版，第23页。

放,相反,倒造成了"思想"的失落,造成了"不思不想的时代"①。

为什么现代化会造成"思想"的失落?徐复观认为:这是"科学世界"的过分膨胀所起的整合—异化作用造成的。他说:"现代文明,是把人从属于自己所造出的机械。机械变成了主体,而人自己反成为机械的附庸。由机械的构造、活动的要求,而把人组织得比过去任何世纪更为紧密;但组织在一起的人们,彼此只有配合机械的协同动作。这种协同动作,与每一个人感情意志无关;因而很少有情感的交流、意志的结合。人与人的关系,变成了机械零件与零件间的关系。"② 这也就意味着,"每一个人,都被编入于万能化的技术家政治及日益扩大的官僚政治之中,使每一个人,不是以'一个人'的身分而存在,乃是以'大众'的身分而存在"③。当人成为机械的附庸,由"一个人"变为"大众"的时候,人的主体性也就丧失殆尽了,人的"思想"也就成了多余的无用之物了。他动情地说:"笛卡儿曾说过'我思故我在'的一句话。我现在把这句话作便宜的解释是:人只有在思想中,才能发现'我的存在',即主体性的存在;也只有在发现'我的存在'时,才能够思想。现代人已经把'自我'的主体性淹没在技术与官僚之中而成为'大众'了,当然会过着不思不想的生活。"④

徐复观指出,这种"思想"的失落表现在许多方面,在道德上、在艺术上、在文学上、在人生态度上都强烈地表现出来。其中有两种形式,在他的笔下受到了专门的批判。

一种形式是:在现代人的生活中,"感官机能"代替了"理性思维"。现代人面对生活,不再追问"为什么",而只是问"怎么办"。如

---

① 徐复观:《不思不想的时代》,载《徐复观文录选粹》,台湾学生书局1980年版,第22页。

② 徐复观:《樱花时节又逢君》,载《徐复观文录选粹》,台湾学生书局1980年版,第20—21页。

③ 徐复观:《不思不想的时代》,载《徐复观文录选粹》,台湾学生书局1980年版,第24—25页。

④ 徐复观:《不思不想的时代》,载《徐复观文录选粹》,台湾学生书局1980年版,第25页。

关于求职，现代人就不问"为什么要求职"，而只是考虑"怎样才可以就职"。追问"为什么"，作为"思想"的运用，无疑是一种充满理性的追问与思考，显示了"思想"所具有的向深度方面与广度方面作推展、扩大的特性。而只问"怎么办"，虽然也是一种"思想"的运用，但却不曾通向自己的内心，不曾依凭自己的理性，常是以感官机能为主，把"思想"局限在事物的表层上，局限在事物的孤立的个体上，并不作深层的、总体的思考。在这种情况下，"思想"丧失了向深度方面与广度方面作推展、扩大的特性，也就近于"不思不想"了。

在徐复观看来，当时东京盛极一时的脱衣舞，可以说把这种"感官机能"推向了极端。他对此痛加指责："男性对于女性，假定有了好感或野心，常常会通过女性穿的衣服而发出许多幻想。一位女性，常常是在这种幻想中而增加其神秘性、复杂性、艺术性；因而也可以把性的单纯观念冲淡，乃至加以净化。并且这种幻想的本身，也是使人用思想的有力动机，乃至也是可贵地一种思想方式：人在这种思想方式中，一样可以把自己的生活深度化、广度化。若再加上中国所说的'发乎情，止乎礼义'，则男女性的关系，便更能维持正常而圆满的关系。但现代文化的性格，却不容许这种有意义地幻想；更不承认有所谓看不见、摸不着的'止乎礼义'的'礼义'。所以干脆把女人的衣服，在大庭广众之前，脱得一干二净，使大家能一览无余，再用不到隔着衣服去'猜'去'想'，去出神发痴，因而把男性对女性的要求，只凝缩到最单纯地一点上面去；这种直截了当的办法，该多么合于现代人生活中的科学法则、经济法则。所以在东京脱衣舞的后面，是隐藏着整个地世界和整个的文化的现代性格。现代人的生活情调，在不知不觉中，正向此一方向发展。现代的文化，使现代人对于要看的东西，一眼便看到、看尽、看穿了；对于不能看到的东西，有如对女性的神秘感、艺术感，乃至羞恶之心等，则贬斥到虚幻的角落，而代替之以彻底地现实感与单纯化。"[①]

[①] 徐复观：《不思不想的时代》，载《徐复观文录选粹》，台湾学生书局1980年版，第28页。

对于这种形式的"思想"的失落，徐复观是最为痛恨、同时也是最为痛苦的。他认为，这正是现代道德沦丧、艺术没落、文学衰废、人生颓唐的思想根源。

另一种形式是：在现代人的生活中，只注意"思想对时代的适应性"①，而忽视了"思想对时代的批评性"②。所谓"思想对时代的适应性"，其含义"是指对时代所发生的新情势、新事物，负一种解释的责任，因而提供以理论的根据，以加强新情势、新事物的发展速度与效能而言"③。这是顺着潮流走的"思想"。西方近代的马基雅弗里的《君主论》、亚当·斯密的《国富论》，中国先秦的法家、兵家、纵横家的思想，都属此列。这类思想的价值，除了它本身论证的方法外，更决定于它所反映、所代表的时代背景的意义。所以适应时代要求的思想，常常随时代而盛衰，并非一定是有价值的思想。所谓"思想对时代的批评性"，其含义"是指对时代某些成熟了的情势、事物，采取一种否定或怀疑的态度，因而从理论上促成某些事物的崩溃，或加以纠正，并希望诞生更好的事物的思想而言"④。这是逆着潮流走的"思想"。西方近代的叔本华、尼采的思想，中国先秦的儒家、道家、墨家的思想，以及从欧洲产业革命时期发展出来的社会主义思潮，都属此列。这类逆潮流走的"思想"，在当时提出后常会受到嘲笑乃至迫害，其价值常决定于它所代表的社会阶层的大小及对未来世界蓝图的展望。因此，它虽往往不合时宜，但实际上却是要造成思想的新潮流。两者相比，后者的价值远大于前者的价值。然而，对现代人来说，更注重的是"现在"，而不是

---

① 徐复观：《思想与时代》，载《徐复观文录选粹》，台湾学生书局1980年版，第89—90页。
② 徐复观：《思想与时代》，载《徐复观文录选粹》，台湾学生书局1980年版，第90页。
③ 徐复观：《思想与时代》，载《徐复观文录选粹》，台湾学生书局1980年版，第90页。
④ 徐复观：《思想与时代》，载《徐复观文录选粹》，台湾学生书局1980年版，第90页。

"过去"和"未来";更习惯的是顺着潮流走,而不是逆着潮流走。因此,他们对"思想"的了解,多只限于"思想对时代的适应性",而忽视了"思想对时代的批评性"。其结果,必然是"打消了思想对人群所应发生的大部分的贡献"①。

在徐复观看来,这种"思想"的失落的一种很典型的表现,就是在知识分子中弥漫着"商人的现实主义"。所谓"商人的现实主义,是把一切利益集结到金钱;而金钱的利益,又只凝缩到当下的一刻"②。一些人在文化上的"赶热",即是如此。他说,这种文化上的"赶热主义"③,对于介绍新的文化倾向、新的文化成就固然有一定的积极作用;"但若只顾着赶热,而没有冷下来作主体性的思考的时候,这种'赶热',便等于台湾这几年来社会上对女明星的一窝风"④。徐复观对"思想对时代的适应性"的批评和对"思想对时代的批评性"的认肯,成为他在 20 世纪 60 年代批判西方现代艺术、高扬中国艺术精神的思想根源。

对于"思想"的失落,徐复观深感忧虑。他十分沉痛地说:"假使人类有一天,只有工具的制造与使用,只有货物的生产与消费,而根本没有在现实上看不出有任何实用价值可言的'思想',恐怕这个世界,在本质上只算是一个大动物园的世界。"⑤ 但他执着地相信:人究竟是人。人终究不会甘心处于动物的地位,而依然要追求耳目感官所感受不到的东西。而人要从目前动物化的"不思不想"的生存状态中超拔出

---

① 徐复观:《思想与时代》,载《徐复观文录选粹》,台湾学生书局 1980 年版,第 90 页。
② 徐复观:《从"外来语"看日本知识分子的性格》,载《徐复观文录选粹》,台湾学生书局 1980 年版,第 43 页。
③ 徐复观:《从"外来语"看日本知识分子的性格》,载《徐复观文录选粹》,台湾学生书局 1980 年版,第 42 页。
④ 徐复观:《从"外来语"看日本知识分子的性格》,载《徐复观文录选粹》,台湾学生书局 1980 年版,第 42 页。
⑤ 徐复观:《思想与时代》,载《徐复观文录选粹》,台湾学生书局 1980 年版,第 89 页。

来，就需要对科学和人自身进行反省。在他看来，"这种反省的开始，也即是思想活动的开始，也即是人恢复了自己在科学中的主宰性，因而成为更高度地物质世界中的主人的开始"①。在走出"不思不想的时代"后，"思想"将获得复生。

要使"思想"由失落而复生，徐复观认为一个很重要的因素，就是需要一批真正的"思想者""思想家"作为"思想"的主体；只有确立了这种"思想"的主体，才能使"思想"由失落而复生。他说："社会的进步，大概应归功于两种类型的人：一种是向前追、向前跑的人，这种人以'鹰隼击高秋'的精神，抓住每一个可以利用的新鲜事物，发展了与工商业有密切关系的技术。一种是在人潮中停下脚来，抬起头看，低下头想的人，这种人在他向高处看、向深处想的当中，摆脱了眼前地、局部地利害的束缚，亦即摆脱了'大小''冷热'的束缚，而浮出了人类大利大害的慧眼与责任心，以形成充实人生、社会的思想文化。前一种人是识时势的俊杰，后一种人是反省时势、扭转时势的圣贤。"②在徐复观看来，在亚洲现代化中，愿意成为"思想者""思想家"的知识分子实在是太少了。在1960年所写的《从"外来语"看日本知识分子的性格》一文中，他曾尖锐地批评日本的知识界，指出"日本的知识分子，愿意当俊杰的人太多，愿意当圣贤的人太少"③，因此，日本的知识界"似乎失掉了文化的消化力量，所以外面是七宝楼台，而内心恐怕是一无所有"④。十年后，他又在该文之后加上这样的按语："就台湾十年来知识分子所表现的情形来说，使我感到本文对日本知识分子的

---

① 徐复观：《不思不想的时代》，载《徐复观文录选粹》，台湾学生书局1980年版，第29页。

② 徐复观：《从"外来语"看日本知识分子的性格》，载《徐复观文录选粹》，台湾学生书局1980年版，第45页。

③ 徐复观：《从"外来语"看日本知识分子的性格》，载《徐复观文录选粹》，台湾学生书局1980年版，第45页。

④ 徐复观：《从"外来语"看日本知识分子的性格》，载《徐复观文录选粹》，台湾学生书局1980年版，第45页。

批评,是深自惭愧的。"① 他呼唤"思想"的复生,也呼唤"思想者""思想家"的复生,更呼唤"思想者""思想家"在中国的复生。

反省之二:"教育"的失本与返本。

徐复观指出,现代人的失落,还表现为"教育"的失本。这里所说的"教育",是指广义的对人的培养教育,不仅涉及各类学校的教育活动,而且还包括了人所受的教养。在徐复观看来,只有通过"教育",人才能具有"思想",而实现人之所以为人的特性,实现人与动物的区分。西汉末年的扬雄,就用"铸人"来说明"教育"的作用和意义,并以孔子"铸"颜渊为其范例。显然,"教育"要使人成为完全意义上的人,必须立足于"价值世界",而不是依托于"科学世界"。只有"价值世界"才是"教育"之本。而"现代文化的性格"是"科学世界"的极度膨胀,挤掉并取代了"教育"原来赖以立足的"价值世界",导致了现代教育的失本的危机。"教育"一旦失本,则必然危及人的成长,特别是青年一代的成长。对于这一危机,自20世纪50年代初起就执教大学的徐复观,无疑是感触甚深甚切的。1980年,徐复观在回答几位青年学者的采访时语重心长地谈了一件事:

今天,我在外面吃完饭,坐计程车回来。在车上我和司机聊起。问他:

"你认为台湾最大的社会问题是什么?"

"唉,就是年轻这一代!"他说。

这是文化上的严重问题,香港如此,西方也是如此。②

话语不多,但其忧虑之情与关切之心溢于言表。正是这样,徐复观对

---

① 徐复观:《从"外来语"看日本知识分子的性格·按》,载《徐复观文录选粹》,台湾学生书局1980年版,第45页。

② 引自林镇国等:《擎起这把香火——当代思想的俯视》,载《徐复观杂文续集》,时报文化出版事业有限公司1981年版,第414页。

"教育"的困境与危机作了深刻的全方位的反省，涉及儿童教育、大学教育、成人教育、传统教育诸多方面。而其核心，则在于"教育"的失本与返本问题。

儿童教育可以说是人的"教育"的起始点。徐复观对于儿童教育所面临的困境，十分关心、高度重视。他说："儿童问题，几乎可以说是第二次世界大战以后的世界性的严重问题。此一问题的本质，是说明由人的第一代的危机，更深深地种下了第二代的危机。"[①] 要使第二代人不再失落，避免第一代人所遭受的危机，那就必须重视对儿童教育。在他看来，儿童教育的关键，除了授以知识外，更在于培养人格。儿童人格的培养，主要不在于学校教育，而在于父母教养。也就是说，儿童教育问题，最好是在家庭中解决，由父母负责来解决。这是因为，第一，一个人的性格基础是在幼儿时期开始形成的。而幼儿时期，正是能够有效地实施家庭教育的时期。第二，学校教育总是站在教者与被教者相互对立的立场，而父母子女之间则天然是一体的关系。儿童人格的形成，不是通过教与被教的知识讲授，而是有待于这种一体性的熏陶教养。他很重视日本学者牛岛义一等人的观点：在近代社会中，家庭将因其精神卫生机能而重新肯定其价值。学校重在传授知识，家庭重在培养人格。父母们不应因近代初等教育的发达而过分依赖学校，放弃了自己对子女的教养责任。据此，徐复观对台湾儿童教育中出现的"太保儿童"（不良少年）与"空中教学"（广播电视教学）提出了尖锐的批评。针对"太保儿童"的问题，他说："台湾的太保儿童，一天多似一天。追寻到底，都可发现每一太保儿童的后面，都活动着他的父亲或母亲的某种生活不正常地面影。尤其是有钱有势者的妻子，常常是以闲荡奢侈去消耗自己丈夫所得的造孽钱，对子女不断发生反教育的作用。等到太保学生出现了，为了给他以保护与便宜，便经常以这种太保学生后面的钱与势，去破坏学校的正常教育。这种荒淫没落的家庭，给下一代的毒害真

[①] 徐复观：《儿童的成长与家庭》，载《徐复观杂文——记所思》，时报文化出版事业有限公司1980年版，第313页。

是太大了。"① 针对"空中教学"的弊端，他说："儿童教育，不仅是知识上的，更主要是人格上的。而人格教育，必须在人与人的密切关连中，必须在其日常的集体生活中，始能加以养成，并且经过专家研究所得出的指导目标，实与我们传统中的家庭教育，可以说若合符节。"而在台湾，现今"要实行一种空中教学的初中制度，使儿童教育完全脱离了人的关系与集团生活的关系"，这是世界任何地方所找不出的教育常识。② 在这里，徐复观实际上也同鲁迅一样，发出了"救救孩子"③ 的呼声。当然两人的呼喊的背景与动因并不相同：鲁迅的呐喊，是针对封建礼教的"吃人"而发出的；徐复观的呼声，则是针对"现代文化的性格"对人格的漠视而发出的。

大学对人的"教育"作用，徐复观作为大学教师当然十分重视，他把大学称为"人的实验室"。他说："就今日的教育情形说，由幼稚园而小学，而中学，而大学，可以看作是人的深造的历程。大学应当是此一历程的完成阶段。所以大学教育的基本任务，是根据传统的以及时代的若干信念——包括人格、知识、技能的若干信念，铸造成信念的担当者，使成为较之'自然'以及'被社会污染了的人'，更为近于理想要求的人。由一批一批的近于理想的人，走进社会中去，以提高社会的水准，促进社会的进步。这和科学、技术，由实验室推向社会的情形，非常相似，所以我便称之为'人的实验室'。"④ 正是这样，徐复观对大学教育提出了严格的要求，尖锐地指出了大学教育在"现代文化的性格"影响下所面临的矛盾：重自然科学而轻人文科学，重知识而轻"思想"。

---

① 徐复观：《儿童的成长与家庭》，载《徐复观杂文——记所思》，时报文化出版事业有限公司1980年版，第315—316页。

② 见徐复观：《儿童的成长与家庭》，载《徐复观杂文——记所思》，时报文化出版事业有限公司1980年版，第316页。

③ 鲁迅：《狂人日记》，载《鲁迅全集》第1卷，人民文学出版社1981年版，第432页。

④ 徐复观：《大学教育的难题》，载《徐复观杂文——记所思》，时报文化出版事业有限公司1980年版，第363—364页。

他说："自然科学在文化中处于支配的地位，早成事实。台湾的青年，只有自己觉得考不起理、工、医、农时，才去考文法科"①；这表明现代教育的"一切问题的中心是在知识。但一个人有了某种知识，不一定便有了思想。……我以为把客观的知识，不仅用到技术方面，而且加入人的主体性，使其与人生关连在一起，以形成所谓'人生观''历史观''世界观'，这才可称为思想。因此，古今中外的所谓思想家，出在自然科学方面的比较少；出在哲学方面、人文科学方面的比较多"②。在他看来，现代大学教育如此发展下去，是在为"不思不想的时代"培养"不思不想"的人。就像现在的美国，充其量是产生知识、技术的国度，而不是产生思想家的国度。有感于斯，徐复观明确提出："一个人的人格、学问，都应在大学时代奠定基础。"③ 他希望大学生们，都能有此自觉。他说："一个人的生命的发展，大致可分为三个阶段。第一个阶段，可以用小学到中学作代表。这段时期所表现的是一片生理的混沌，充满着生理的刺激与反应。在这一段生活中的秩序与方向，都是由外面的力量，如父兄师长等，加以规整的。在大学中，有些仍然停顿在生理的混沌之中。甚至许多人，在此状态中过了一生，这当然毫无价值可言。进到大学以后，有些好的同学，已开始对知识、艺术感到浓厚兴趣，这就开始把生理的活动，从直接的刺激反应中解脱出来，主动的根据自己的兴趣去从事于各种有目的性的活动，由此，而在文化上有某些个人的成就，这是生命发展的第二阶段。西方以个人主义为基底的学者、技术家，多是停顿在此一阶段。生命发展的第三阶段，就会对人类的命运，在自己的精神里面，产生了一种责任感，使自己的性命与人类的命运连带在一起，此即孟子所说的'忧以天下，乐以天下'。由这种

---

① 徐复观：《中国人的耻辱，东方人的耻辱》，载《徐复观杂文续集》，时报文化出版事业有限公司1981年版，第378页。
② 徐复观：《聪明·知识·思想》，载《徐复观杂文——记所思》，时报文化出版事业有限公司1980年版，第310—311页。
③ 徐复观：《动乱时代中的大学生》，载《徐复观文录》第4册，环宇出版社1971年版，第112页。

对人类运命责任感所形成的创造动力与动机,才会为了整个的人类而创造,才能为新的人间像而创造。大学生的自觉,就应该达到这种境界。"① 这三个阶段的发展,揭示了人的个体生命是由生理之人到知识之人再到思想之人的发展过程。如果说人的生命发展,由于现代大学教育的作用,从生理层面进到知识层面,那么又必须突破现代大学教育的局限,从知识层面提升到思想层面。只有这样,一个人才能成为完全意义上的人。

徐复观还希望人们在自己的生活中、工作中不断地通过读书来丰富自己的知识,拓展自己的人生境界。但他感到痛苦的是,"现代文化的性格"也会对读书产生一种拒斥作用,如他所贬斥的"香港有钱人所代表的现代化的趋向"②,即是如此。在香港,"现代人的生活,除了银行的存折外,都是当下的片刻性的生活"③;因而,"越是有钱的人,越是消耗在片刻性生活的能力越大,连有价值的杂志也不看,连报纸上与存折无关的严肃性的新闻也不看,更何况于文学作品,更何况于线装精装的古典"④。更为离奇的是:"书对香港人所喜爱的'利市'而言,乃是不祥之物,尤其是要出门赌马玩钱时,一看到书,听到书,便立刻和输赢的'输'连在一起而神经紧张起来,怎么会让家中有书呢?"⑤ 这种"现代文化的性格"的偏弊,与前现代的蒙昧十分近似,必然会造成人生的偏弊,使人的生命禁锢在当下的生存状态中,得不到拓展和升华。徐复观恳切地呼吁现代人认识并克服这一偏弊,努力从书中吸取人

---

① 徐复观:《动乱时代中的大学生》,载《徐复观文录》第 4 册,环宇出版社 1971 年版,第 112—113 页。
② 徐复观:《书与人生》,载《徐复观杂文续集》,时报文化出版事业有限公司 1981 年版,第 40 页。
③ 徐复观:《书与人生》,载《徐复观杂文续集》,时报文化出版事业有限公司 1981 年版,第 40 页。
④ 徐复观:《书与人生》,载《徐复观杂文续集》,时报文化出版事业有限公司 1981 年版,第 40 页。
⑤ 徐复观:《书与人生》,载《徐复观杂文续集》,时报文化出版事业有限公司 1981 年版,第 39 页。

生的教养。他感慨地说:"书,尤其是古典性的书,都包含了人类生存的另一种时间空间的世界,包含了人生在各方面所展开的生活方式、生活意境、生活价值。就是随便接触一下,使人们知道除了自己现实生存的空间时间外,还有过去、现在、未来的许多空间时间;除了自己所有的及自己所看到的生活方式、意境、价值外,还有其他很多的生活方式、意境、价值。便于不知不觉之中,使自己的生命得到拓大,得到升华,感到除了银行存折以外,人生还有些看不见,却可以感受到、享受到的东西,并且让自己的子孙看到书架或书柜里的书,使小孩子的心灵中印上'呀!还有这些东西啦'的印象,这即是对小孩子们的一种教养,而所费的不过是一次应酬费而已。"① 不仅对于成人,而且对于儿童,书都是有益之物、传家之宝。在徐复观看来,中华民族在漫长的历史岁月中所形成的尊重、向往"书香门第""诗礼传家"的传统,不可因现代化而被抛弃,而应在现代化中得到保存和发展。唯如此,才能有效地克服现代化的偏弊和人生的偏弊。值得一提的是,徐复观对书与人生关系的重视,无疑与他自己的生命体验相关。他的故乡浠水,数百年来即有重视藏书的传统,其余风流韵,今日犹存。1995年,笔者曾亲见浠水县博物馆所藏数万册保存完好的线装书,亦曾亲见浠水河畔文庙内雄伟高耸的藏书楼,深感正是在这样的文化氛围中,走出了闻一多、徐复观等一代人文学者。

徐复观认为,"教育"必须由失本而返本。"教育"的返本,从根本上说就是要恢复"教育"的人文主义内涵。这种"教育"的人文主义内涵,很大程度上是通过对古典的学习而实现的。"古典教育,实际即是人文的陶冶教育。"② 在中国,所谓古典首先就是儒家经典。儒家经典代表了中国文化的主流,特别是在人之所以为人的这一方面,显示了中

---

① 徐复观:《书与人生》,载《徐复观杂文续集》,时报文化出版事业有限公司1981年版,第42页。

② 徐复观:《欧洲人的人文教养》,载《徐复观文录选粹》,台湾学生书局1980年版,第96页。

华民族的常道,永远在精神的流注贯通中给人以启发、鼓励、温暖。因此,他主张应当把儒家经典当作中国人文教育的古典来读,不仅专门研究文史哲的大学生要精读儒家经典中的有关部分,而且小学生和中学生也应对儒家经典有所了解。他说:"我认为在小学中应有若干'经'的故事,应选择若干切近而易了解的'经'中的文句,作学校中的格言标语,于周会加以讲解,使受了国民教育的人,知道中国有'经',有圣人,有切身做人的道理。再将《论》《孟》《学》《庸》《礼记》《诗经》中精选若干,共不超过一万言,或汇为一篇,在课程中立一专课;或分别插入《国文》《公民》中,而将现在课本内许多无聊底东西抽掉,按其内容之深浅,分别在高初级中学中讲授,更于《历史》中加一点经学史。如此,则学生之负担不加重,而'经'之大义微言,亦略可窥其大概。"① 不仅如此,他还认为:"除学校教育以外,我希望成年人,不论作何职业,手头能保持一部《四书》,可能时,再加一部《近思录》,于晨昏之暇,随意浏览,我相信对于自己的精神生活总会有所培补底。"② 因为通过读儒家经典,人们所获得的是一种由历史文化积淀而成的宝贵的人文教养。

重视人的"价值世界",恢复古典教育的位置,是20世纪教育思想领域中人文主义反对科学主义的产物。英国学者利文斯通所著《保卫古典教育》一书就提出:"基于自然科学的教育不仅会使学生头脑僵化、冷漠、迟钝、刻板,而且会忽视比宇宙更为重要的东西。我们的箴言早在2500年前就已刻在特尔斐阿波罗神庙的墙上:'了解你自己'。"③ "以自然科学为基础的教育,无论是在思想培养方面还是做为生活的导

---

① 徐复观:《当前读经问题之争论》,载《徐复观文录选粹》,台湾学生书局1980年版,第12页。
② 徐复观:《当前读经问题之争论》,载《徐复观文录选粹》,台湾学生书局1980年版,第12页。
③ [英]R. W. 利文斯通:《保卫古典教育》,邵威、徐枫译,安徽教育出版社1991年版,第34页。

言，都存在严重漏洞，而这些漏洞只能由人文学科来填补。"① 徐复观的有关"教育"的思想，可以说与西方的重视古典教育的思潮是相通的。他曾在《欧洲人的人文教养》一文中，介绍欧洲的人文主义教育。但是，徐复观同时看到，中国的人文主义教育应当有别于西方的人文主义教育。他说："他们的人文教育，是以个人为中心，所以人与人之间，是很冷淡的，缺乏同体连带的感情；这正是西方人文主义所达的极限，也是他们所遇到的危机。"② 因此，他认为中国的人文主义教育应保持自己的文化传统，应从自己的古典中吸取资源。在现代新儒学教育思想中，徐复观的教育思想是有其特色和贡献的。

一个意味深长的现象是：徐复观后半生的工作，恰恰主要集中在"思想"与"教育"这两个方面。他在这两个方面，都可以说耕耘甚勤、着力甚大、收获甚丰。他之所以致力这两个方面的工作，除了因避开现实政治的纠结而作的职业上的选择外，其根本动因，正是出于对现代人类的文化失落、文化困境的忧虑与怜惜，正是出于现代儒者的感时伤世的"忧患意识"。"我欲载之空言，不如见之于行事之深切著明也。"司马迁在《史记·太史公自序》中所引的这句孔子言，不仅常常见诸徐复观的笔端口头，而且直接见诸徐复观的行事实践。这是徐复观其人其学的一个很大特点，而首先在他关于现代人类的文化困境与文化选择的省思与实践中体现出来。

附录　徐复观文化理论著述目录

在本书第四章开头已指出，徐复观尽管没有对文化哲学理论作过纯学理的阐发和体系化的建构，但却撰写了一系列关于文化问题的理

---

① ［英］R. W. 利文斯通：《保卫古典教育》，邵威、徐枫译，安徽教育出版社1991年版，第35页。

② 徐复观：《欧洲人的人文教养》，载《徐复观文录选粹》，台湾学生书局1980年版，第96页。

论短篇和时政杂文，结合对中西古今文化关系问题的关注与研究，对文化哲学理论作过认真而深入的思考与探讨，形成了自己的文化哲学思想。这些文化哲学思想，成为了徐复观现代新儒学思想的理论前提。

湖北人民出版社出版的笔者所编五卷本《徐复观文集》，已将徐复观这方面的代表性篇章收录结集，形成这套文集的第一卷《文化与人生》。特别是在该卷修订本中，笔者对有关文献作了较大的扩充，使之更趋齐备。现将该卷修订本中有关文化理论篇章目录附录如下，一则表明徐复观确实有这方面的值得重视的著述，二则便于读者诸君的参考检索和有兴趣者作进一步研究。

这一目录将有关篇章按内容分为四组。

第一组所收文献，主要阐发有关文化哲学的一般理论，所收篇目有：《徐复观先生谈中国文化》《论传统》《文化的中与西》《文化的"进步"观念问题》。

第二组所收文献，主要论述中国文化的基本特点及中西文化关系问题，所收篇目有：《心的文化》《中国文化的伏流》《中国文化的层级性》《中国文化中的罪恶感问题》《中国古代人文精神之成长》《中国孝道思想的形成、演变及其在历史中的诸问题》《中国文化中"平等"观念的出现》《儒家政治思想的构造及其转进》《政治与人生》《中国知识分子的历史性格及其历史的命运》《中国知识分子的责任》《一个伟大知识分子的发现》《中国知识分子精神之回向——寿张君劢先生》《国家的两重性格》《中国人对于国家问题的心态》《"台独"是什么东西！》。

第三组所收文献，主要探讨传统与现代化关系问题，所收篇目有：《中国人文精神与世界危机》《世界危机中的人类》《樱花时节又逢君》《不思不想的时代》《思想与时代》《科学与道德》《再谈知识与道德问题》《我们在现代化中缺少了点什么——职业道德》《聪明・知识・思想》《沧海遗珠》《言行之间》《儿童的成长与家庭》《怎样当一个大学生？》《苦难时代的知识青年》《我们的学校》《个人主义的没落》《封建主义的复活》《暴力主义的去路》《一个中国人文主义者所了解的当前宗教（基督教）问题》《复性与复古》《当前读经问题之争论》《日本的镇魂剂——京都》。

第四组所收文献，主要衡论现代艺术问题，所收篇目有：《从艺术的变，看人生的态度》《现代艺术对自然的叛逆》《泛论形体美》《现代艺术的永恒性问题》《抽象艺术的断想》《永恒的幻想》《国产电影的民族风格问题》《在神木庇荫之下》。

这个目录，对于了解本书第四章和第五章的内容都很重要。恳望读者诸君重视这个附录，以便从中获得进入徐复观现代新儒学思想堂奥的入门钥匙。

第六章 徐复观消解形而上学的思想历程

要理解徐复观的现代新儒学思想,不仅需要了解他的文化哲学思想,而且需要进一步了解他的消解形而上学思想。如果说形上儒学重建,构成了现代新儒学思潮的哲学内核;那么消解形而上学思想,则是徐复观的现代新儒学思想的哲学内核。只有了解了这一思想,把握了这一哲学内核,才能深入了解和准确把握徐复观的现代新儒学思想,也才能深入了解和准确把握他对中国传统文化所作的"现代的疏释"。

徐复观所要消解的形而上学,主要是指哲学中的本体论内容,包括熊十力、唐君毅、牟宗三诸师友所致力的现代新儒学的哲学本体论建构。在本书前言中,曾引了他的一段话:"唐先生、牟先生和我在学问上也就逐渐开展出不同的途径。唐、牟两位先生努力自己哲学的建立,尤其是牟先生更用力建构自己的哲学体系。而我并不曾想要建立一套自己的思想体系。当初我们少数人,看到中国文化遭受诬蔑,于是共同发心,要为中国文化打抱不平。这纯粹是出于对中国文化的责任感。这就需要做许多疏导工作。我所致力的是对中国文化作'现代的疏释'。"[1] 在这段话中,徐复观谈到了自己的学术选择与努力方向,表明他对中国传统文化所作的"现代的疏释",正在于"不曾想要建立一套自己的思想体系",也就是不曾想要建立一套自己的哲学本体论体系。为什么徐复观不像熊十力、唐君毅、牟宗三诸师友那样,致力于现代新儒学的哲学本体论建构呢?究其原因,大概不止一端;而从哲学思想上看,就在于他对形而上学问题有着自己的思考、体认与理解,从而与熊

---

[1] 引自林镇国等:《擎起这把香火——当代思想的俯视》,载《徐复观杂文续集》,时报文化出版事业有限公司1981年版,第410页。

十力、唐君毅、牟宗三诸师友不同，形成了独树一帜的消解形而上学思想。因此，只有了解了他的消解形而上学思想，才能进而了解他对中国传统文化所作的"现代的疏释"。

然而，徐复观的消解形而上学思想，由于在熊十力学派中，乃至在现代新儒学思潮中，一直处于非主流地位，为现代新儒学思潮重建中国哲学本体论的主流形态所遮蔽，其合理性长期以来未曾受到重视与探讨，受到了不少的质疑与责难，因此并不易为人们所了解，甚至为人们所误读误解。以致在一些学者看来，徐复观其实并不懂哲学，根本算不上哲学家，至多只是个思想家。正是这样，本书将消解形而上学思想，作为徐复观的现代新儒学思想的重点内容，放在突出地位，予以专门的探讨和衡论。为了能够更清晰地阐明徐复观的消解形而上学思想，笔者分两章来谈这个问题：在本章中着重从史的角度，对这一思想形成的历史过程进行考察与疏释；在下章中侧重从论的角度，对这一思想的内涵、根据、意义、局限诸问题作出衡论与评价。希望通过由史而论、史论结合的方式，进一步阐明徐复观的消解形而上学思想。

一、"消解形而上学"之提出

徐复观的消解形而上学思想，作为 20 世纪中国哲学史的一个重要思想被明确地提出并加以阐发，由此而开始受到中国学术界的重视，是在笔者所著《20 世纪中国哲学本体论问题》一书中。该书是在笔者 1990 年完成并通过答辩的博士学位论文基础上修订而成，由湖南教育出版社 1991 年出版。书中第四章《人文主义思潮对本体论的重建》共六节：第一节《梁漱溟：东西文化与生命本体》，第二节《熊十力：新唯识论》，第三节《冯友兰：新理学》，第四节《贺麟：新心学》，第五节《牟宗三与唐君毅：从心性本体到生命存在》，第六节《徐复观：消解形而上学》。这也是中国学术界首次对徐复观的消解形而上学思想作专题阐发，并纳入 20 世纪中国哲学史中进行考察和评价。

第六章　徐复观消解形而上学的思想历程 287

自从那时以来，笔者不止一次地遇到同行学者的提问："消解形而上学"这一命题，是徐复观自己明确提出的，还是你对他的思想进行概括所得出的？笔者的答复是："消解形而上学"的命题，原本是徐复观自己所表达的思想，并不是笔者概括他的思想所得出的结论。其文献根据在于徐复观晚年所撰写的《程朱异同——平铺地人文世界与贯通地人文世界》一文。该文第六节的标题即《朱元晦由实践与穷理，对形而上性的消解》①，这里说的"对形而上性的消解"就是对"消解形而上学"的表达。在接下来的论述中，他进一步谈到这个问题：

> 黄勉斋（榦）在《行状》中说"主敬以立其本（按：此句指静时涵养而言），穷理以致其知，反躬以践其实；而敬者又贯乎三者之间（涵养、致知、实践），所以成始成终者也"的几句话，可以概括朱元晦学问的纲领。穷理须在物上穷，亦即须以经验界的事物为对象。穷理之功愈深，则与形上世界及鬼神世界的距离愈远而愈为稀薄。他"最不喜欢儱侗说道理"。在他"舍近取远，处下窥高"的"二十余年"的错路以后，"铢积寸累，分寸跻攀"，终于"所幸一生辛苦读书，微细揣摩，零碎括剔，及此暮年，略见从上圣贤所以垂世立教之意，枝枝相对，叶叶相当，无一字无下落处"。再加以"道之全体虽高且大，而其实未尝不贯乎日用细微切近之间。苟悦其高而忽于近，慕于大而略于细，则无渐次经由之实，而徒有悬想歧望之劳，亦终不能自达矣。故圣人之教，循循有序，不过使人反而求之至近至小之中，博之以文，以开其讲学之端；约之以礼，以严其践履之实，使之得寸则守其寸，得尺则守其尺。如是久之，日滋月益，然后道之全体乃有所乡望而渐可识，有所循习而渐可能"。这与践履之功，结合在一起，他便和二程一样，稳住在人间的、现世的平铺地人文世界；而形上世界、鬼神世界，渐渐被消解

---

① 见徐复观：《程朱异同》，载《中国思想史论集续编》，时报文化出版事业有限公司1982年版，第607页。

掉，只成为一种可有可无的浮光掠影。①

在这一段文字中，强调朱熹与二程一样，"稳住在人间的、现世的平铺地人文世界；而形上世界、鬼神世界，渐渐被消解掉"，这也是对"消解形而上学"的明确而详细的表达。在这节标题和这段文字中，徐复观都强调对"形而上性"和"形上世界"的"消解"。由此可见，"消解形而上学"的命题，确确实实是徐复观自己提出的。其实，如果能对徐复观的这些文献认真读一读的话，这种疑问本是不会有的。

这篇《程朱异同——平铺地人文世界与贯通地人文世界》长文撰写于1981年。徐复观此时已经身患癌症，病情趋重。从他的日记中可以看出，早在1981年初他就已计划撰写这篇文章，直到1982年元旦过后才终于完稿寄出，整个写作过程因病痛影响十分艰苦。他在1981年1月23日日记中记有："收到陈荣捷、狄伯瑞两先生来信，约参加明年七月五日至十五日在夏威夷所召开的朱熹学术讨论会，并托推荐年轻学人参加。因思数年来常想到程朱并称，而程氏兄弟之学术真精神，每为朱元晦所掩，早欲以一文加以辨析。或借此机会，写《论程学朱学的异同》一文，以偿宿愿。"② 在1981年10月22日日记中记有："动笔写《程朱异同》。"③ 在1981年11月26日日记中记有："继续写《程朱异同》，愈写愈感困难，终日只写三四百字。"④ 在1981年12月14日日记中记有："继续整理《程朱异同》稿完毕。拟交郑力为君清缮。"⑤ 在

---

① 徐复观：《程朱异同》，载《中国思想史论集续编》，时报文化出版事业有限公司1982年版，第607—608页。引文中括号内的文字是原文就有的。
② 徐复观：《无惭尺布裹头归——徐复观最后日记》，允晨文化实业股份有限公司1987年版，第90—91页。
③ 徐复观：《无惭尺布裹头归——徐复观最后日记》，允晨文化实业股份有限公司1987年版，第187页。
④ 徐复观：《无惭尺布裹头归——徐复观最后日记》，允晨文化实业股份有限公司1987年版，第196页。
⑤ 徐复观：《无惭尺布裹头归——徐复观最后日记》，允晨文化实业股份有限公司1987年版，第201页。

1981年12月31日日记中记有："校阅《程朱异同》稿并影印五份。"①在1982年1月1日日记中记有："发现《程朱异同》一文尚须整理。"②在1982年1月5日日记中记有："将《程朱异同》影印本分寄陈荣捷、杜维明两位。"③ 1982年4月1日，《程朱异同》完稿寄出两个多月后，徐复观即逝世。因此这篇文章，可视为徐复观总结自己一生学问的重要文字。而在此前的30年间，他的消解形而上学思想则有一个逐渐形成的过程。只有在经过了这一漫长心路历程之后，他才明确地提出了"消解形而上学"的命题。因此，关注与探讨他的这一思想过程，可以说比关注与探讨他所得出的结论更为重要。

二、区分中国的形而上学与西方的形而上学

徐复观在师从熊十力、认同现代新儒学思潮后，并不是从一开始就对形而上学持尖锐的批评态度，更不是从一开始就提出消解形而上学的主张。恰恰相反，对于熊十力重建中国哲学本体论的开创性工作，徐复观原本是十分钦佩和认同的。甚至可以说，正是由于受到熊十力的哲学本体论思想的有力吸引，他才认同现代新儒学思潮、走上现代新儒学道路的。这一点徐复观在《有关熊十力先生的片鳞只爪》一文中有过回忆：大概是在1944年，他读到熊十力的《新唯识论》语体文本上册，在随意翻阅间，"发现此书构思之精，用词之严，及辩证之详审，与夫文章气体之雄健"④，这些都深深吸引了他，产生了拜谒熊十力的念头，

---

① 徐复观：《无惭尺布裹头归——徐复观最后日记》，允晨文化实业股份有限公司1987年版，第207页。
② 徐复观：《无惭尺布裹头归——徐复观最后日记》，允晨文化实业股份有限公司1987年版，第211页。
③ 徐复观：《无惭尺布裹头归——徐复观最后日记》，允晨文化实业股份有限公司1987年版，第212页。
④ 徐复观：《有关熊十力先生的片鳞只爪》，载《徐复观文录选粹》，台湾学生书局1980年版，第345页。

进而由此与熊十力结下了一段永久的师生情缘。① 《新唯识论》是熊十力阐发自己哲学本体论思想的代表作，因此可以说正是由于熊十力的哲学本体论思想的吸引，才使得徐复观认同现代新儒学思潮、走上现代新儒学道路。

在熊十力的影响下，这种对于形而上学的看重，徐复观一直保持到20世纪50年代。这时的徐复观，开始从学理上阐发自己的现代新儒学思想，并就形而上学问题发表自己的见解。他对待形而上学的基本态度，当时主要体现在两个相关联的方面：一方面，认为不论西方文化还是东方文化都需要形而上学；另一方面，强调中国的形而上学与西方的形而上学是有区别的。也就是说，他认为存在着中国与西方两种不同类型的形而上学。

1952年，徐复观发表长文《儒家精神之基本性格及其限定与新生》，就明确地阐发了这一思想。他指出，形而上学是来自人类精神的一种根源性追求，并非西方文化所专有，中国文化和儒家思想也不例外。他说："人生而是形而上的动物，因为他总要追问到根源上去。儒家当然要追问一个根源。"② 因此，在这个意义上，"儒家也可以有其形而上学"③。这就有了形上儒学，即"儒家的形而上学"④。但是，他不赞成把中国的形而上学作西方哲学式的理解，看成是与西方的形而上学相类似的东西，强调不能把两者简单地等同起来当作一回事。他说：

---

① 徐复观初次写信给熊十力并由此得以拜见熊十力的时间，当为1943年。见本书第二章第四节《师从熊十力，认同现代新儒学》。徐复观在《有关熊十力先生的片鳞只爪》一文前的题记中，对此作过说明："我没有记日记的习惯，而记忆力又差；此处所记的有关年月，可能小有出入。"（见徐复观：《有关熊十力先生的片鳞只爪》，载《徐复观文录选粹》，台湾学生书局1980年版，第343页）

② 徐复观：《儒家精神之基本性格及其限定与新生》，载《儒家政治思想与民主自由人权》，八十年代出版社1979年版，第78页。

③ 徐复观：《儒家精神之基本性格及其限定与新生》，载《儒家政治思想与民主自由人权》，八十年代出版社1979年版，第81页。

④ 徐复观：《儒家精神之基本性格及其限定与新生》，载《儒家政治思想与民主自由人权》，八十年代出版社1979年版，第81页。

"有许多人爱将儒家思想,说成西方的形而上学的东西,因而常常拿去与西方的哲学相比附,如唯心唯物、事素之类。依我的看法,这种比附多系曲说,有没却儒家真正精神的危险。"① 这就使得区分中国的形而上学与西方的形而上学,成为徐复观在形而上学问题上最先要思考与探讨的内容。

在徐复观看来,西方的形而上学的最大特点,就在于它是"由知性推演上去的形而上学"②。这种形而上学,是与西方人从希腊时代开始就重视探讨自然、发展知识相联系的。正是西方人"为知识而知识"的追求,促成了知性的充分发展。"知性的发展,是顺着对象自身的法则性而推演下去,知性即在对象的法则性之把握中而得到满足。所以知性所看见的自然,是与知性的主体无关的,即是纯客观的自然;而知性的任务,是只向对象追根到底的思索。对于思索所得的成果,并不发生思索的主体负责去实践的问题;因此,思索便能解除了实践意志所无形加在他身上的限制,而可以一步一步的推解下去,这是西方文化的骨干,也是成就科学的基底。"③

与西方的形而上学不同,徐复观认为,中国的形而上学的最大特点,则在于它是"由道德发展上去的形而上学"④。这种形而上学,是由形上儒学即"儒家的形而上学"作为代表性形态的。他说:"儒家道德之教所指示的根源,只是要人自己验之于人人皆有恻隐、是非、辞让、羞耻之心,只是要人各从其自心上去找根源。这是从人的本身来解答人的道德根源,亦即人之所以为人的根源的办法。至于从心推而上

---

① 徐复观:《儒家精神之基本性格及其限定与新生》,载《儒家政治思想与民主自由人权》,八十年代出版社 1979 年版,第 78 页。
② 徐复观:《儒家精神之基本性格及其限定与新生》,载《儒家政治思想与民主自由人权》,八十年代出版社 1979 年版,第 78 页。
③ 徐复观:《儒家精神之基本性格及其限定与新生》,载《儒家政治思想与民主自由人权》,八十年代出版社 1979 年版,第 72 页。
④ 徐复观:《儒家精神之基本性格及其限定与新生》,载《儒家政治思想与民主自由人权》,八十年代出版社 1979 年版,第 78 页。

之，心的根源是什么，宇宙的根源是什么，儒家当然承认有此一问题，孔、孟、程、朱、陆、王当然也曾去思索这一问题，如提出的天、天命等等，但总是采'引而不发'的态度。因为站在儒家的立场，道德即是实践。道德的层次，道德的境界，是要各人在实践中去领会。而圣贤教人，只是从实践上去指点。若仅凭言语文字，将道德根源的本体构画出来，这对于道德而言，纵使所构画者系出于实践之真实无妄，但人之接受此种说法，亦只是知解上的东西。从知解上去领会道德的本体，即有所见，用朱子的话说，亦'只是从外面见得个影子'，且易使道德的根基走样。"①

这样一来，西方的形而上学与中国的形而上学就形成了各自的特征和性格。徐复观认为：中国"由道德发展上去的形而上学，与西方由知性推演上去的形而上学，虽有相同的语言，而决不是相同的性格"②。他说："儒家之学，当然以究体为归。但儒家之所谓体，多系道德之心。道德之心乃存在于人的躯体之内而显现于体认实践之中；由体认实践之浅深而始能把握此心之层次。体认实践之过程，即克己复礼之过程，实乃一辩证法的迫进，而心实非一僵化之死局。故黄梨洲谓：'心无本体。工夫所至，即其本体。'此非否定体之存在，乃说明'觌体承当'，非由知解上层层上推之事，而系实践中层层迫进之事。此与西方由知识外推而成之形而上学，自大异其趣。"③ 换言之："儒家的形而上学，须由儒家的基本性格上做工夫去建立的。"④ 在这里，他明确地提出了"儒家的形而上学"概念，来表达形上儒学。

---

① 徐复观：《儒家精神之基本性格及其限定与新生》，载《儒家政治思想与民主自由人权》，八十年代出版社1979年版，第78页。
② 徐复观：《儒家精神之基本性格及其限定与新生》，载《儒家政治思想与民主自由人权》，八十年代出版社1979年版，第78页。
③ 徐复观：《儒家精神之基本性格及其限定与新生》，载《儒家政治思想与民主自由人权》，八十年代出版社1979年版，第80页。
④ 徐复观：《儒家精神之基本性格及其限定与新生》，载《儒家政治思想与民主自由人权》，八十年代出版社1979年版，第81页。

对于所谓工夫，徐复观作了专门的说明。他说："'工夫'，当然也可以概括在广义地'方法'一词之内。但这种概括的说法，对'工夫'一词的特性不显，亦即对中国文化的特性不显。所以这里应作一补充地解释。简单地说：对自身以外的客观事物的对象，为了达到某种目的而加以处理、操运的，这是一般所说的方法。以自身为对象，尤其是以自身内在的精神为对象，为了达到某种目的——在人性论，则是为了达到潜伏着的生命根源、道德根源的呈现——而加内在的精神以处理、操运的，这才可谓之工夫。"① 这就是说，徐复观所说的工夫，特别是所说的中国人性论意义的工夫，也就是道德实践。

由此可见，徐复观并不是从一开始就持消解形而上学的主张，而是认为形而上学之于西方文化和中国文化都具有普遍性，中国文化也有形而上学，儒家也有形而上学；只是中国的形而上学、儒家的形而上学有其自己的特征和性格，与西方的形而上学是不相同的。在他看来，中国的形而上学与西方的形而上学，是两种不同类型的形而上学：西方的形而上学，是重视思辨或知性的形而上学，是"由知性推演上去的形而上学"；而中国的形而上学，则是一种与人的道德、心性结合在一起的形而上学，是"由道德发展上去的形而上学"。正是从区分中国的形而上学与西方的形而上学开始，他一步步走向了消解形而上学思想。

三、区分心学的形而上学与理学的形而上学

徐复观在提出"儒家的形而上学"概念的同时，又试图进一步从现代新儒学的心学路向出发，通过区分心学的形而上学与理学的形而上学，深入阐发"儒家的形而上学"。在他看来，心学的形而上学与理学的形而上学，都是"儒家的形而上学"的内容，但并不是都能很好地体现"儒家的形而上学"；两者之中，唯有心学的形而上学，才真正体现

---

① 徐复观：《中国人性论史·先秦篇》，台湾商务印书馆1984年版，第460页。

了"儒家的形而上学"的特征和性格。

在《儒家精神之基本性格及其限定与新生》一文中，徐复观就已经指出了心学与理学的区别，并在两者中认肯心学。他说："王阳明所谓朱子'于事事物物上求至善，却是义外也'，这站在儒家的基本精神上说，我觉得王阳明倒是对的。"① 至于冯友兰通过"新理学"所建构的形而上学，更为徐复观所尖锐批评。他说："冯友兰之徒，硬拿着一种西方形而上学的架子，套在儒家身上，如'新理学'等说法，这便把儒家道德实践的命脉断送了。"② 他在这里对冯友兰的"新理学"的批评，主要是从心学的形而上学出发对理学的形而上学的批评。这种批评在熊十力那里就已经开始了。1943年，熊十力就曾在给徐复观的信中批评冯友兰的"新理学"，指出："冯君把逻辑上的概念，应用到玄学上来，于是分真际、实际两界，把理说［成］离开实际事物而独存的一种空洞的空架子的世界。此真是莫名其妙，理又难言了。"③ 熊十力在这里所说的"玄学"，也就是形而上学。冯友兰"把逻辑上的概念，应用到玄学上来"，讲出一套理学的形而上学，是熊十力所不赞成的。这对徐复观产生了很大影响。

1955年，徐复观发表《象山学述》一文，更为明确地区分了心学的形而上学与理学的形而上学，并在两者中肯定和支持了心学的形而上学。《象山学述》作为徐复观当时的重头学术论文，收录在他的第一部学术论文集《中国思想史论集》中，成为这部文集的第一篇文章，十分醒目。在这篇长文中，他通过对朱熹与陆九渊思想的衡论，集中表达了自己对于哲学本体论问题的理解，揭示了对心学的形而上学与理学的形而上学的区分和选择。

---

① 徐复观：《儒家精神之基本性格及其限定与新生》，载《儒家政治思想与民主自由人权》，八十年代出版社1979年版，第73—74页。
② 徐复观：《儒家精神之基本性格及其限定与新生》，载《儒家政治思想与民主自由人权》，八十年代出版社1979年版，第81页。
③ 熊十力：《答徐复观（一九四三年）》，载《熊十力全集》第8卷，湖北教育出版社2001年版，第474页。引文中方括号里的字，为《熊十力全集》编者所补。

在文中，徐复观指出了朱熹理学所具有的"形而上学的性格"，对这一性格的特征进行了分析，认为朱熹所代表的理学的形而上学，接近于西方的"由知性推演上去的形而上学"，但仍然归属于中国的"由道德发展上去的形而上学"。他说：

> 在朱子的精神中，实在很强烈的跃动着希腊文化系统中的知性活动的要求。但限于传统的道德范畴，不能进一步的有此自觉。这样一来，朱子便一面在构想的实然世界根源中（如太极说）去找应然世界的根源，这便成为他的形而上学的性格；一面在分殊的事物上去"即物穷理"，要由这些理的积聚而得出"一旦豁然贯通"的"全体大用"。朱子意指的全体大用，是一以贯之的人生道德，而不是知识的统类；但他由即物穷理的方法，实际所能得的，只能是知识的统类。我们今日不仅惊讶于朱子治学的兴趣，何以这样的广；不仅认为应读尽一切书，而且对天文地理医药音律兵农等，亦无不下一番工夫。同时，他所用的方法，明确谨严细密，不含糊，不胧统，尚疑崇证，完全合于知性活动的要求。①

在徐复观看来，朱熹的"形而上学的性格"，既表现出很强烈的知性追求，但又体现了一以贯之的人生道德，虽然在成就人的道德上尚需作一大的转换，因而不及陆九渊讲道德从"本心"中流出，来得直接简易、便于实践，但却是立足于"实然世界"和"分殊的事物"上面，并有坚强的德性在知性的活动后面予以提撕，从而使朱熹在知性与德性两方面都管得住。他在这里所说的朱熹的"形而上学的性格"，也就是后来在《程朱异同——平铺地人文世界与贯通地人文世界》一文中所说的朱熹的"形而上性"，指的是朱熹所代表的理学的形而上学。

徐复观认为，朱熹尽管在精神上"很强烈的跃动着希腊文化系统中

---

① 徐复观：《象山学述》，载《中国思想史论集》，台湾学生书局1988年版，第35页。

的知性活动的要求",但对"心"与"性"关系的理解上,仍然明显地与西方的形而上学不同,表现为中国的"由道德发展上去的形而上学"。他在文中对朱熹所讲的"心"与"性"及其关系进行了辨析与疏释,并由此对中国的形而上学与西方的形而上学进行了比较。这段话录之如下:

> 他(指朱熹——引者注)比伊川将心与性分得更明显。他说佛以作用为性;盖他常以知觉言心,又以情属于心,而知觉与情,只是心的作用,不是理;理才是永恒不变的。因此,他常把心说成一个流转之心,极少说心体;但他并不是不承认有"体",在他是认为体在性而不在心。若全不承认有一个永恒立极之体,则中国的文化精神便一齐垮掉,岂可因"神无方而易无体"之言,遂认中国学问中不能承认有"体",且"神"与"易"即是体。但其内容自与西方的本体论不同,即中国一定在心上或性上说体。①

在这段话中,实包含了三层相关联的思想:第一层思想,是就朱熹的"形而上学的性格"言,指出朱熹是承认"有'体'"的,是讲本体论的,只是"常以知觉言心",主张"体在性而不在心",而这个"性"正是"理"的体现,因而是理学的形而上学。第二层思想,是通过对朱熹这一思想的衡论,对形而上学在哲学中的意义予以了肯定,指出了中国哲学离不开本体论,这就是:"若全不承认有一个永恒立极之体,则中国的文化精神便一齐垮掉,岂可因'神无方而易无体'之言,遂认中国学问中不能承认有'体',且'神'与'易'即是体。"第三层思想,是在认肯形而上学在哲学中的意义之后,指出中国的形而上学与西方的形而上学实有着不同的特征和性格,这就是:"但其内容自与西方的本体论不同,即中国一定在心上或性上说体。"这样一来,第三层思想又

---

① 徐复观:《象山学述》,载《中国思想史论集》,台湾学生书局1988年版,第55—56页。

与第一层思想相关照：朱熹虽然只是"常以知觉言心"，主张"体在性而不在心"，但毕竟从"性"这个方面体现了中国哲学本体论"一定在心上或性上说体"的特征和性格。这段话集中表达了徐复观对形而上学问题的基本看法：既肯定了中国哲学本体论的意义，又强调了中国哲学本体论不同于西方哲学本体论，还指出了中国哲学本体论的特征和性格在于"一定在心上或性上说体"。在徐复观的消解形而上学的思想历程中，这段文字有着重要的意义，值得好好研读。

与朱熹理学的形而上学相比，徐复观更为重视陆九渊心学的形而上学，认同陆九渊从心学路向所阐发的本体论思想。他说：

> 义利之辨，实贯穿于象山思想之一切。由义利之辨，向内探索进去，其所显出者必为道德之心。此道德之心，较朱子"虚灵明觉"之心，为更是儒家的。……由义利之辨，向外发展出来，其所成就应为"举而措之天下之民，谓之事业"（象山常引用此《易传》语）。所以孟子的民本思想，中绝者千余年，仅象山能完全担当。象山内外兼管，恰到好处。①
>
> 象山的作为，是从"本心"的发用流露出来。本心是道德之心，由本心流露出来的作为，亦即是道德自身的建构。此与普通之功利主义，有其本质上之分别。并且因平时本心之"信得及"，可以破除由善恶对立观念而来之心理底艰苦性，及由此艰苦性所发生之对于行为之拘束力。因此，象山之心学，一面为个人国家社会之融合点，一面为人对国家社会事业负责之一种生命力的解放，使人真能感到"满心而发，充塞宇宙"之生命力量的伟大。②

在徐复观看来，如果说中国哲学必须要有本体论，而这种本体论又必须要以"一定在心上或性上说体"为其特征和性格，那么陆九渊的"道德

---

① 徐复观：《象山学述》，载《中国思想史论集》，台湾学生书局1988年版，第59页。
② 徐复观：《象山学述》，载《中国思想史论集》，台湾学生书局1988年版，第71页。

之心"与朱熹的"'虚灵明觉'之心"相比,则更能体现、更能代表"儒家的形而上学"。他由此得出结论说:"象山系真正代表儒家基本精神,故其思想之流弊为最少。"①

在这篇文章的最后,徐复观把陆九渊心学与禅宗思想、存在主义进行了一个比较,指出了不论是西方的存在主义还是中国化的禅宗思想,都有走向非理性的一面,而陆九渊心学则因其主张"心即理",并无此弊端。他说:"近代实存主义,立于人的实存之上,或走向社会,或走向上帝,但亦可走向人类野性之解放。禅宗堕落下来,亦常流于狂禅。但以义利之辨为总枢纽的心学,则只会走向上帝,或走向社会,决不能有野性之解放与狂禅之流弊。在象山个人,则走向社会之意味较多。陆学之所以最足以表现中国文化之基本精神而有其独立之地位者在此。"②在这一比较中有一个提法值得注意,即指出了存在主义与陆九渊心学都有一个"走向上帝"的可能。所谓"走向上帝",当然是追求超越的形而上的理想境界,这种理想境界具有超越世俗的神圣性。这也就肯定了陆九渊心学亦具有形而上学的性格,只是徐复观又认为"在象山个人,则走向社会之意味较多"。

这样一来,徐复观在区分中国的形而上学与西方的形而上学之后,又通过区分心学的形而上学与理学的形而上学,指出了中国哲学本体论的特征和性格,对心学的形而上学作了特别的认肯。

四、阐明"中国一定在心上或性上说体"

《象山学述》提出区分中国的形而上学与西方的形而上学、心学的形而上学与理学的形而上学,并非徐复观的一时之念和偶然之思,而是他在 20 世纪 50 年代的基本思想。他在这一时期所撰写的多篇中国思想史论文中,都鲜明地体现出这一基本思想,力求阐明对中国的形而上学

---

① 徐复观:《象山学述》,载《中国思想史论集》,台湾学生书局 1988 年版,第 59 页。
② 徐复观:《象山学述》,载《中国思想史论集》,台湾学生书局 1988 年版,第 71 页。

与西方的形而上学的区分，阐明对心学的形而上学与理学的形而上学的选择，阐明"中国一定在心上或性上说体"，特别是阐明陆九渊的"道德之心"与朱熹的"'虚灵明觉'之心"相比，更能体现、更能代表"儒家的形而上学"。他所作的这种阐明，主要是通过对儒家哲学史上的若干重要命题的论析来开展的。

例如，《中庸》所讲的"天命之谓性，率性之谓道"，在先秦儒家哲学开展中鲜明地凸显出"天"与"道"的位置，也被许多研究者视为儒家对形而上学观念的典型表述。对此，徐复观在《〈中庸〉的地位问题》一文中作出了自己的阐释。他认为，"天命之谓性"之"天"实则是内化于人的道德普遍性，指出："'天命之谓性'的'天'，不是泛泛地指在人头顶上的天，而系由向内沉潜淘汰所显现出的一种不为外界所转移影响的内在的道德主宰。因此，这里的所谓'天命'，只是解脱一切生理束缚，一直沉潜到底时所显出的不知其然而然的一颗不容自已之心。此时之心，因其解脱了一切生理地、后天地束缚，而只感觉其为一先天地存在，亦即系突破了后天各种樊篱的一种普遍地存在，《中庸》便以传统的'天'的名称称之。并且这不仅是一种存在，而且必然是片刻不停的发生作用的存在，《中庸》便以传统的'天命'的名称称之。此是由一个人'慎独'的'独'所转出来的；其境界极于'无声无臭'；《中庸》即以此语为其全文的收束。"[①] 他又认为，"率性之谓道"之"道"实则是具体于人的内在道德本性，指出："《中庸》说'率性之谓道'，乃指出道即系每人的内在地性；有是人，必有是性；有是性，必有是道。所以下面接着说'道也者，不可须臾离也，可离非道也'，以见人不能自外于性，即不能自外于道，而道乃真正在人身上生了根。故必由道德的内在性，而后始可言道之不可须臾离，而后人对道德乃有真

[①] 徐复观：《〈中庸〉的地位问题》，载《学术与政治之间》，台湾学生书局 1985 年版，第 407—408 页。

正之保证。"① 由此可见,"《中庸》之道则在性之下,性又在天命之下,虽然在实质上三者是一而非二"②。接下来,他即通过对德国哲学家狄尔泰观点的解读,比较了中国的形而上学与西方的形而上学,阐发了自己对形而上学的理解,认为:

> 无声无臭者,不为后天一切所干扰之谓,这便很有形而上学的意味;但实与西方一般由知性的思辨所推衍上去的形而上学不同。借 Wilhelm Dilthey（1833—1911）的话说,这是"基于心的生命构造而来的内地倾向所生出来的"。Dilthey 在其《精神科学序论》中说,形而上学（思辨地）即使死亡,但人类精神的形而上学地倾向（Metaphysischer Eng）不会绝灭。知性纵然禁止,但心情总会要求。Dilthey 所认定的心,依然不过是"感情与冲动之束",即是生理之心;他还未能从生理之心中透出德性之心;所以他说这种话,只能显出西方知性的文化中由某一欠缺所发生出的要求,只有一负面的意义,而没有从另一面来肯定人生的价值,亦即缺乏正面的意义。我不过借此以指出《中庸》系由另一途径以显出另一性格的形而上学;这种形而上学与科学所走的路不同,并不会觉到科学的威胁因而须有所避忌。③

在这里,徐复观显然没有对形而上学采取拒斥的态度,而是认为从《中庸》中可以看出,在儒家哲学中由"天""天命"及"慎独"的"独"所转出来的"无声无臭"境界,"很有形而上学的意味";但他又指出,这种中国的形而上学,"与西方一般由知性的思辨所推衍上去的形而上

---

① 徐复观:《〈中庸〉的地位问题》,载《学术与政治之间》,台湾学生书局1985年版,第405页。
② 徐复观:《〈中庸〉的地位问题》,载《学术与政治之间》,台湾学生书局1985年版,第405页。
③ 徐复观:《〈中庸〉的地位问题》,载《学术与政治之间》,台湾学生书局1985年版,第408页。

学不同",也不是狄尔泰所提出的那种"生理之心",而是"解脱一切生理束缚,一直沉潜到底时所显出的不知其然而然的一颗不容自已之心"。这种"心",作为"一种不为外界所转移影响的内在的道德主宰",实"系由另一途径以显出另一性格的形而上学"。这就通过中国的形而上学与西方的形而上学的不同,认肯了中国的形而上学的独立性与合理性;又在中国的形而上学中,强调了心学的形而上学。

又如,在《有关中国思想史中一个基题的考察》一文中,徐复观对孔子的"五十而知天命"的命题作了新的阐释,指出孔子的"知天命"即同于孟子的"尽心""知性",是孔子的本心的全体大用的显现。孔子的"知天命",虽然具有超越经验的形上性格,但又与西方的形而上学是不同的。他说:"知天命,是由经验界回转向超经验界,是外在的、他律性的道德,回转为内在的、自律性的道德;有此一回转,道德始能纯化、绝对化,始能生稳根。但纯化、绝对化后的道德,生稳根后的道德,依然是要表现于经验界中,并且应当在经验界中发挥更大的实践效率;否则只是观念上的游戏。所以孔子的思想,是由经验界超升而为超经验界,又由超经验界而下降向经验界;可以说是从经验界中来,又向经验界中去,这才是所谓'合内外之道'或者称为合天人之道。"[①] 由此出发,他把孔子的思想性格与英国经验主义、欧陆理性主义进行了比较,认为:

> 从其始终不离开经验界来说,孔子的思想性格,很和英国的经验主义的性格相近;但是英国经验主义的自身,没有能超升纯化到超经验的程度,所以英国的伦理,常陷于现实的功利主义而不能自拔。从知天命的超经验来说,孔子的思想性格,在其根源的地方,又有点像欧洲大陆的理性主义;但理性主义是走的思辨的路,它的超经验界,是由逻辑上概念上的过分推演而来,那是一种游离不实

---

① 徐复观:《有关中国思想史中一个基题的考察》,载《学术与政治之间》,台湾学生书局1985年版,第449页。

的东西；所以理性主义对于伦理的实际贡献，反不如经验主义。而中国的超经验，则是由反躬实践，向内沉潜中透出，其立足点不是概念而是自己的真实而具体的心。体是超经验界，用是经验界；性是超经验界，情是经验界。心的本身，便同时具备着经验与超经验的两重性格，此即程伊川所谓"心一也，有指体而言者，有指用而言者"；亦即张横渠所谓"心统性情"。这与思辨性的形而上学，有本质的不同。①

徐复观由此得出的结论是："拿西方的形而上学来理解儒家的思想，尤其是混上黑格尔的东西，是冒着很大的危险，增加两方的混乱，无半毫是处。"② 在这里，他认为孔子思想的"立足点不是概念而是自己的真实而具体的心"，而"心"的本身同时具有经验与超经验的两重性格，因此孔子的思想性格既具有经验性又具有超经验性；这些正是中国的形而上学的特征和性格，特别是心学的形而上学的特征和性格。因此，中国的形而上学固然有超经验的追求，但这种超经验的追求要通过反躬实践来实现，不同于西方的思辨性的形而上学。徐复观对中国的形而上学所作的这种理解，实际上使用的是熊十力重建中国哲学本体论时所提出的"体用不二"的框架与思路。

再如，在《孟子"知言养气"章试释》一文中，徐复观认为孟子所说的由"集义"而塑造"浩然之气"，强调的是"行底工夫"，而不是从"抽象的观念"出发，去构造出"十分堂皇壮丽的东西"。他说："道义原是生命中的一点种子，浩然之气是此种子向生理中生根扩大，最后与生理合而为一的生理上的升华。"③ 对待这一"种子"，有两种不同的方

---

① 徐复观：《有关中国思想史中一个基题的考察》，载《学术与政治之间》，台湾学生书局1985年版，第449—450页。
② 徐复观：《有关中国思想史中一个基题的考察》，载《学术与政治之间》，台湾学生书局1985年版，第450页。
③ 徐复观：《孟子"知言养气"章试释》，载《中国思想史论集》，台湾学生书局1988年版，第151—152页。

式及结果。一种方式与结果是:"此种子若只当作抽象的观念,去加以把握,则不论如何加以思辨、推理、构造,乃至构造成十分堂皇壮丽的东西,但它依然只是人的知性向外漂出去的一缕活动,与人的全部生命并不相干,因而它并不能给与生命以丝毫影响。"① 另一种方式与结果是:"要使道义的种子,在生理的生命中生根扩大,只有把种子透出而成为'行底工夫'才能做到。因为行,必须通过整个的生理作用。通过整个的生理作用,即是种子向生理中、向血肉中贯注。贯注得久而久之,种子同着血肉便由不断地连接而融和一致,于是道义便不仅是种子而是整个生命,生命便不仅是生理的,同时也是道义的。"② 前一种方式与结果,是西方哲学所主张的;后一种方式与结果,是儒家哲学所主张的。两者的不同点,可归结为对待"生命"的两种态度与选择:"西方的哲学家是以知识系统来表现,而中国的儒家,则是以人格来表现,以生活行为来表现。"③ 由此而来,他的结论是:"儒家的形而上学"总是在人生上与生活中显示出"有所成"的特点,而西方的形而上学在人生上与生活中则显示出"无所成"的特点,两者形成鲜明的对比和明显的不同。他说:

> 我对于以儒家的良心理性,认为除了精神、动机以外,是无所成,是不以有所成为目的的说法,是不赞成的。无所成,是告子、庄子、禅宗的性格,是西方理性主义乃至实存主义的性格。而儒家的良心理性,其本身即是一种形成的构造的力量。它落在行上,落在事上(必有事焉),则必要求有所成。成圣成贤,是成;成己成物,更是成。顺着儒家的政治要求,便会成就民主;顺着儒家重知

---

① 徐复观:《孟子"知言养气"章试释》,载《中国思想史论集》,台湾学生书局1988年版,第152页。
② 徐复观:《孟子"知言养气"章试释》,载《中国思想史论集》,台湾学生书局1988年版,第152页。
③ 徐复观:《孟子"知言养气"章试释》,载《中国思想史论集》,台湾学生书局1988年版,第152页。

识、重经验事实、重合理思考的要求,及道并行而不相悖的涵盖宽容的精神,纵使不直接成就科学,最低限度,也不会像基督教样,须经过一段残酷的斗争后,始能与科学相安。①

在这里,他通过比较两种类型哲学对于人生与生活的目的与功用的不同选择和追求,阐明了中国的形而上学与西方的形而上学的不同指向,阐明了"儒家的良心理性"才是"儒家的形而上学"的特征和性格。当然,他在这里对庄子和禅宗的批评,后来在《中国艺术精神》中作了改变,认为这些思想在人生上与生活中也不是"无所成"而是"有所成"的,只是所成者不是中国道德精神,而是中国艺术精神。

在这时,徐复观已对熊十力提出了批评,但批评的问题不是熊十力的重建中国哲学本体论路向,而是认为熊十力所建立的哲学本体论中还夹杂有宇宙论的成分。对于这些宇宙论的成分,徐复观认为是属于科学的内容而不是属于哲学的内容,因而从熊十力对科学与哲学进行划界的思想出发,力主把这些宇宙论的成分加以排除,从而使重建哲学本体论的基础更为坚实。他说:"熊先生的《新唯识论》,毕竟不能不以《明心》一章作收束。而《明心》一章之不够充实,这正说明他由宇宙论以落向人性论,在其根本处有一缺憾。"② 因此,徐复观提出:"我们治思想史的人,应把这种不必要的夹杂、纠结,加以澄清,将宇宙论的部分交还科学,将道德论的部分还之本心。一复孔门之旧。"③

从以上论析可以清楚看出,徐复观在 20 世纪 50 年代是赞成形而上学的。只是这种形而上学,须是中国的形而上学而非西方的形而上学,是哲学的本体论而非科学的宇宙论,即"中国一定在心上或性上说体";

---

① 徐复观:《孟子"知言养气"章试释》,载《中国思想史论集》,台湾学生书局 1988 年版,第 152 页。
② 徐复观:《有关中国思想史中一个基题的考察》,载《学术与政治之间》,台湾学生书局 1985 年版,第 451 页。
③ 徐复观:《有关中国思想史中一个基题的考察》,载《学术与政治之间》,台湾学生书局 1985 年版,第 451—452 页。

而"在心上或性上说体",陆九渊的"道德之心"比朱熹的"'虚灵明觉'之心",更能体现、更能代表"儒家的形而上学"。因此,他强调"解脱一切生理束缚,一直沉潜到底时所显出的不知其然而然的一颗不容自已之心",强调"自己的真实而具体的心",强调"儒家的良心理性",强调"将宇宙论的部分交还科学,将道德论的部分还之本心。一复孔门之旧"。

五、提出"形而中者谓之心"

进至 20 世纪 60 年代后,徐复观的思想开始转向对于形而上学的批评。这种对形而上学的批评,是与他以"心的文化"来理解儒学传统乃至整个中国文化传统相联系的。他提出"心的文化",与他在 20 世纪 50 年代提出"中国一定在心上或性上说体",强调陆九渊的"道德之心"比朱熹的"'虚灵明觉'之心"更能体现、更能代表"儒家的形而上学",有着内在的逻辑联系。正是由此出发,他在 20 世纪 60 年代形成了一套关于"心的文化"的理论。

在问世于 20 世纪 60 年代初的《中国人性论史·先秦篇》中,徐复观通过对先秦人性论的历史生成与开展的考察,提出以儒家思想为代表的中国文化传统的形成经历了一个"宗教的人文化"[①] 的过程。在这个过程中,外在于人的"天道""天命"逐渐地转化为人自身的"心"与"性",最终由孟子以"性善"两字正式明白地说出来,从而形成了作为中国文化主流的性命之学。他说:

> 中国文化发展的性格,是从上向下落,从外向内收的性格。由下落以后而再向上升起以言天命,此天命实乃道德所达到之境界,实即道德自身之无限性。由内收以后而再向外扩充以言天下国家,此天下国家实乃道德实践之对象,实即道德自身之客观性、构造

---

① 徐复观:《中国人性论史·先秦篇》,台湾商务印书馆 1984 年版,第 51 页。

性。从人格神的天命到法则性的天命，由法则性的天命向人身上凝集而为人之性，由人之性而落实于人之心，由人心之善以言性善，这是中国古代文化经过长期曲折、发展所得出的总结论。①

性命之学的形成表明，中国文化是一种重现实世界而非重形上世界的文化，是一种重自身生命存在而非重外部自然世界的文化。中国文化中的性命之学，徐复观认为是不能通过思辨的形而上学的格套来讲的。通过思辨的形而上学来讲性命之学，只会使性命之学变成一个抽象的形而上学的架子，而忽略了在人自身的生命存在上找根源、求证验。他说："套在形而上学的架子上来讲性命之学，不论讲得如何圆透，我怀疑这会有如欧洲中世纪的神学一样，终不外于是没有实质的观念游戏。"②

但即使在这时，徐复观也没有否定形而上学的意义。在《中国人性论史·先秦篇》中，徐复观在对荀子的思想作出评价时，就对西方的形而上学有所肯定，认为这种形上的兴趣能引发对科学的追求。他说："知识地形而上学，在西方常常是推动科学前进的力量。例如希腊的原子观念，实际也是一种形而上的假定。并且此一假定，由现代物理学的进步，已把它打倒了，但在科学发展进程中，它实在是一个推动研究向前的动力。在现代科学知识中，不须要形而上学的假定，这是因为科学的本身，已发展到了可以提供一切开启奥秘的钥匙，可以用自己的演算代替过去的形上学。但不能因此而抹煞历史上形上学对科学的启发推动作用。"③ 相比之下，"荀子的思想，过早地停顿在经验现象之上，而太缺少形上学的兴趣，这便反而阻碍了向科学的追求。他在《天论》中说，'大天而思之，孰与物畜而制之'；殊不知天文学之成立，正是来自'大天而思之'。又说'愿于物之所以生，孰与有物之所以成'；殊不知

---

① 徐复观：《中国人性论史·先秦篇》，台湾商务印书馆1984年版，第163—164页。
② 徐复观：《中国人性论史·先秦篇》，台湾商务印书馆1984年版，第220页。
③ 徐复观：《中国人性论史·先秦篇》，台湾商务印书馆1984年版，第260页。

各种自然法则的发现，正是来自'愿于物之所以生'"①。

随着进一步对于"心的文化"的理论的展开，徐复观对待形而上学的态度开始发生很大变化，由原来的认肯转向明确的批评。这一转变表现在两个方面，一方面表现为他对于"心"的理解起了变化，另一方面表现为他对于熊十力思想的理解也发生了变化。

徐复观对于"心"的理解的变化，在他撰写的《心的文化》一文中得到了集中表达。在文中，他强调"中国文化最基本的特性，可以说是'心的文化'"②，并集中而系统地表达了他对中国文化的这种理解。他认为，所谓"心的文化"，亦即中国文化最基本的特性，具有以下特点：

> 甲，心的作用是由工夫而见，是由工夫所发出的内在经验。它本身是一种存在，不是由推理而得的（如形而上学的命题），故可以不与科学发生纠缠。
>
> 乙，心可以主宰其他的生理作用，但是亦不离开其他生理作用；而且心的作用，须由其他生理作用来完成，此即孟子的所谓"践形"。因此，心的作用一定是实践的。所以孟子强调"必有事焉"，王阳明强调"知行合一"。只是空谈，便如王阳明所说，是被其他私欲隔断了。
>
> 丙，人生价值的根源在心的地方生根，也即是在具体的人的生命上生根。具体的生命，必生活在各种现实世界之中。因此，文化根源的心，不脱离现实；由心而来的理想，必融合于现实现世生活之中。由生命所发，由现实世界所承，由五官百骸所实践的文化，必然是中庸之道。凡过高过激的文化，都是由冥想、热情或推理而来的文化。
>
> 丁，任何人在一念之间能摆脱自己所有的私念成见，即可体验到心的作用。故心的文化是非常现成的，也是大众化、社会化的文

---

① 徐复观：《中国人性论史·先秦篇》，台湾商务印书馆1984年版，第260页。
② 徐复观：《心的文化》，载《中国思想史论集》，台湾学生书局1988年版，第242页。

化。王阳明曾叹息说,他在龙场驿讲学时,乡人野老都能明白,反而回到中原后不能为许多人所了解;因中原士大夫都各有成见,不及龙场驿的人,都是非常纯朴,能自然与自己之心相合。

戊,人生价值根源就在自己的"心",所以程明道便说:"每个人都是天然完全自足之物"。如此,才真有人格的尊严,真有人的信心;并且每个人在心的地方开辟一个内在世界,在心上得到人生的归宿,不需外在的追求和斗争。所以这种心的文化,是和平的文化。

己,研究中国文化,应在工夫、体验、实践方面下手。但不是要抹煞思辨的意义。思辨必须以前三者为前提,然后思辨的作用才可把体验与实践加以反省、贯通、扩充,否则思辨只能是空想。①

从这些概括中,可以鲜明地看出,徐复观对"心"的特点作了新的阐释。这就在于:"心的作用是由工夫而见,是由工夫所发出的内在经验。"也就是说,由"心"所阐发、所高扬的是以道德精神为主要内涵的主体性,这种主体性内在于人自身的现实生命中,是与人的现实、人的生活、人的实践结合在一起的,是通过人的现实、人的生活、人的实践得以凸显的。在这里,道德、理性、生活、实践是打成一片的,所成就的是人的德性,是人格的尊严,是人生的归宿。中国文化由于重视现实的生命存在,强调"心"是通过活动、实践、文化创造而呈现出来,因而与西方文化不同,并不具有形而上学的性格。"中国的心的文化,乃是具体的存在,这与信仰或由思辨所建立的某种形而上的东西,完全属于不同的性格。"②

由于消解了"心"的超经验的一面,因此徐复观在文中明确地反对把"心"理解为一种形而上的东西。针对中国古代哲学中的"形而上"

---

① 徐复观:《心的文化》,载《中国思想史论集》,台湾学生书局1988年版,第248—249页。

② 徐复观:《心的文化》,载《中国思想史论集》,台湾学生书局1988年版,第243页。

与"形而下"的区分,特别是针对《易传》所说的"形而上者谓之道,形而下者谓之器"①,他提出了自己的独特见解。他说:"《易传》中有几句容易发生误解的话:'形而上者谓之道,形而下者谓之器。'这里所说的'道',指的是天道;'形'在战国中期指的是人的身体,即指人而言;'器'是指为人所用的器物。这两句话的意思是说在人之上者为天道,在人之下的是器物;这是以人为中心所分的上下。而人的心则在人体之中。假如按照原来的意思把话说完全,便应添一句:'形而中者谓之心'。所以心的文化、心的哲学,只能称为'形而中学',而不应讲成形而上学。"② 这个"形而中学"的提法,以及"形而中者谓之心"的命题,由于是通过疏释《易传》的内容提出的,打破了人们对《易传》的传统理解,因而很难为人们所认同,成为徐复观现代新儒学思想中争议很大的内容。但徐复观的本意,无非是强调"心"不是外在于人之上的"道",也不是外在于人之下的"器",而就存在于人自身的现实生命之中;人生价值的根源,就在人自身的生命存在中,是人自身的生命存在所固有的,不是一种外在于人的形而上的东西。他是用"形而中"的"心",来消解"形而上"的"道",从而把人生价值的根源置于人自身的生命存在之中。他是感到只有用这样的提法,才能凸显出"心"的经验性格。

徐复观的"形而中学"的提法和"形而中者谓之心"的命题,半个多世纪来出现了两方面的误解:一方面,在一个相当长的时间里,一些人批评这个提法和这个命题,认为这个提法和这个命题曲解了《易传》的"形而上者谓之道,形而下者谓之器"观念,是徐复观不懂形而上学乃至不懂哲学的表现;另一方面,近些年来又有人推崇这个提法和这个命题,认为这个提法和这个命题旨在以"人"、以"心"作为联结和贯通"道"与"器"的中介,是对《易传》的"形而上者谓之道,形而下者谓之器"观念的一个补充。为了对这个提法和这个问题作出阐明和澄清,笔者撰写了《"形而中者"辨析》一文,发表于《光明日报》2017 年

---

① 《易传·系辞上》。
② 徐复观:《心的文化》,载《中国思想史论集》,台湾学生书局 1988 年版,第 243 页。

2月11日国学版。现将拙文作为本章附录，附之于本章正文之后；因适应报纸规格删去的注释，和由于版面限制而删节的文字，也一并恢复。希望读者诸君能通过这篇短文，对徐复观的"形而中学"的提法和"形而中者谓之心"的命题，有一个准确的了解。

六、重评"熊先生的体系哲学"

随着"形而中者谓之心"的思想的提出，徐复观对熊十力重建本体论的工作开始有了更多的批评。1968年，徐复观在得知熊十力逝世的噩耗后，怀着悲痛的心情撰写了《悼念熊十力先生》一文，对熊十力的学术成就进行了总结。徐复观一方面从中国现代哲学史的视角，对于熊十力的《新唯识论》的理论贡献与价值作出了认肯；另一方面又从接续中国文化精神的视角，主张熊十力的《十力语要》与《读经示要》更能体现中国文化精神。

徐复观指出，熊十力作为一代大哲学家，他的哲学建树首先在于他所建构的以《新唯识论》文言文本和语体文本为代表的"新唯识论"体系，这一哲学本体论体系的建构对于现代中国哲学的开展具有很大的意义。他说："熊先生的体系哲学，应以他的《新唯识论》作代表。陶铸百家，钳锤中外，以形成他创造性的哲学系统。此一哲学系统，我们可以赞成，也可以不赞成。但此一系统的成立，乃由他深刻地体会与严密地思辨，交相运用，将宇宙人生的根本问题，分析到极其精微而无深不入，综合到极其广大而无远不包，结构谨严，条理密察，使其表达之形式，能与其内容，融合无间。拟之于康德，则康德析而为三者，先生乃能贯之以一。拟之于黑格尔，则黑格尔拘于普鲁士之私者，先生乃扩而为人类之公。儒家致广大而尽精微之义蕴，固由先生而发煌；而其思辨组织之功，融会贯通之力，乃三千年中之特出。由内容到形式，皆不愧为一伟大之体系哲学著作；在我国三千年中，除了《新唯识论》外，谁还能举得出第二部？"①

但徐复观进而又指出，在熊十力诸著述中，对阐发中国文化精神最有意义、最值得重视的，不是建构哲学本体论的《新唯识论》，而是《十力语要》与《读经示要》。他说："仅就中国文化的意义上讲，我认为熊先生的《十力语要》及《读经示要》，较之《新唯识论》的意义更为重大。"② 在这两部书中，熊十力"对古人紧要地语言，层层透入，由文字以直透入到古人之心；而其文字表现的天才，又能将其所到达者，完全表现出来"③。"他由人格所发出的迫力，在《十力语要》的各短篇书札中，在《读经示要》的各篇文章中，都可使读者感受得到。"④ 他感叹地说："必如此而言中国文化，始真有中国文化之可言。"⑤ 因此，"学者必须在熊先生这两部书中把握中国文化的核心，也由此以得到研究中国文化的钥匙"⑥。

《悼念熊十力先生》是一篇纪念性短文，但在徐复观现代新儒学思想开展中却具有标志性意义。在这篇文章中，徐复观开始对熊十力的学术成就作一种分解工作，析解成建构形而上学的内容与阐发中国文化精神的内容两个方面，并表明自己所要承继和发挥的是后者而不是前者。从中可见，徐复观对待形而上学的态度开始出现很大的变化。这在他的消解形而上学的思想历程中，是一个很重要的环节。

---

① 徐复观：《悼念熊十力先生》，载《徐复观文录选粹》，台湾学生书局1980年版，第340页。
② 徐复观：《悼念熊十力先生》，载《徐复观文录选粹》，台湾学生书局1980年版，第340—341页。
③ 徐复观：《悼念熊十力先生》，载《徐复观文录选粹》，台湾学生书局1980年版，第341页。
④ 徐复观：《悼念熊十力先生》，载《徐复观文录选粹》，台湾学生书局1980年版，第341页。
⑤ 徐复观：《悼念熊十力先生》，载《徐复观文录选粹》，台湾学生书局1980年版，第341页。
⑥ 徐复观：《悼念熊十力先生》，载《徐复观文录选粹》，台湾学生书局1980年版，第341页。

七、主张"向孔子的思想性格回归"

进至 20 世纪 70 年代后期，徐复观的消解形而上学的思想进一步发展和成熟。1979 年，徐复观为纪念孔子诞辰撰写了《向孔子的思想性格回归》一文。这篇论文集中表达了他的消解形而上学思想的新发展，可以说是他的消解形而上学思想的代表作。在这篇文章中，徐复观一方面对孔子的思想性格作出了自己的解释，一方面对熊十力诸师友重建本体论的工作作出了明确的批评。由这两个方面，他提出"向孔子的思想性格回归"①，作为现代新儒学的发展方向。

在这篇文章中，徐复观认为，中国文化发展的趋向就是消解形而上学，这一点在古代就表现为"天""天道""天命"的下落和道德人文精神的自觉。他说："一切民族的文化，都从宗教开始，都从天道、天命开始；但中国文化的特色，是从天道、天命一步一步的向下落，落在具体的人的生命、行为之上。"② 这种"天""天道""天命"的下落和道德人文精神的自觉，在孔子那里获得了质的飞跃。孔子虽然也讲"天""天道""天命"，但这些都是指"道"的客观性、普遍性、永恒性，并不意味着外在的神及其意志。而且，在孔子思想中，"天""天道""天命"等观念都已退居次要地位；只有"道"，才是孔子思想的中心范畴。孔子毕生所学所教的思想，可以用一个"道"字来加以概括。《论语》中有关"道"的论述很多，如"朝闻道"③，"志于道"④，"吾道一以贯之"⑤，

---

① 徐复观：《向孔子的思想性格回归》，载《中国思想史论集续编》，时报文化出版事业有限公司 1982 年版，第 431 页。
② 徐复观：《向孔子的思想性格回归》，载《中国思想史论集续编》，时报文化出版事业有限公司 1982 年版，第 432 页。
③ 《论语·里仁》。
④ 《论语·述而》。
⑤ 《论语·里仁》。

"夫子之道，忠恕而已矣"①，"人能弘道，非道弘人"② 等。这些"道"有层次的不同，有方向的各异，尤其以用在政治上者为多，但追到最后，都具有共同的基本性格，可以同条共贯。"孔子追求的'道'，不论如何推扩，必然是解决人自身问题的人道，而人道必然在'行'中实现。"③ "道"即意味着"行"，是由道路及在道路上行走发展起来的。因此，孔子所说的"道"，主要是指向生活、行为的意义，主要是指向人类行为经验的积累。司马迁在《史记·太史公自序》中引孔子言："我欲载之空言，不如见之于行事之深切著明也。""空言"是理论的、抽象性的概念语言，"见之于行事"是在行事中发现它所含蕴的意义及其因果关系。"载之空言"是希腊系统哲学家的思想表达方式，"见之于行事"是孔子思想的主要表达方式。孔子所涉及的问题，都有上下深浅的层次，但这些不是逻辑上的层次，而是"行"在开辟中的层次，是生命表现在生活中的层次。孔子思想的这种重实践、重经验、重生命的性格，不是思辨的，不是形而上的，不能解释成一种形而上学。"把孔子的思想，安放到希腊哲学系统的格式中加以解释，使其坐上形而上的高位，这较之续凫胫之短，断鹤胫之长，尤为不合理。因为凡是形而上的东西，就是可以观想而不能实行的。"④

徐复观强调，既然中国文化具有重视现实生命的非形而上学的性格，既然中国文化所强调的是人的活动、实践、文化创造，那么就不可能也不应当用形而上学的方式，来昭示中国文化的精神；建立形而上学体系，哪怕是建立不同于西方的形而上学的中国的形而上学，也不能真正体现中国文化的精神。正是这样，徐复观对于熊十力诸师友重建形而上学的基本思路进行了尖锐的批评。他指出："熊师十力，以及唐君毅

---

① 《论语·里仁》。
② 《论语·卫灵公》。
③ 徐复观：《向孔子的思想性格回归》，载《中国思想史论集续编》，时报文化出版事业有限公司1982年版，第435页。
④ 徐复观：《向孔子的思想性格回归》，载《中国思想史论集续编》，时报文化出版事业有限公司1982年版，第437页。

先生，却是反其道而行，要从具体生命、行为，层层向上推，推到形而上的天命天道处立足，以为不如此，便立足不稳。没有想到，形而上的东西，一套一套的有如走马灯，在思想史上，从来没有稳过。熊、唐两先生对中国文化都有贡献，尤其是唐先生有的地方更为深切。但他们因为把中国文化发展的方向弄颠倒了，对孔子毕竟隔了一层。"[1] 不仅如此，在他看来："从宋儒周敦颐的《太极图说》起到熊师十力的《新唯识论》止，凡是以阴阳的间架所讲的一套形而上学，有学术史的意义，但与孔子思想的性格是无关的。"[2] 在这里，徐复观就对熊十力诸师友所开展的重建中国哲学本体论的工作，表示了明确的不赞成的态度。

针对熊十力诸师友的思想路向，徐复观提出了自己的思想路向：对于中国文化精神的理解，应当直接回归到孔子的思想性格，直接回归到最能体现孔子思想的儒学原典——《论语》。他指出："儒学是中国文化的主流，孔子是由古代文化的集大成而奠定儒学的基础，《论语》是研究孔子的最可信的材料，这是得到许多人所共许的。但现代谈中国哲学史的人，几乎没有人能从正面谈孔子的哲学，更没有人能从《论语》谈孔子的哲学。虽然这些先生们，不像方东美先生样，公开贬斥《论语》，但心里并瞧不起《论语》，认为里面形而上的意味太少，不够'哲学'。"[3] 他特别指出，这种心态在熊十力、唐君毅身上也同样存在。熊十力很少谈《论语》；唐君毅晚年似有回转，在独立以后的香港新亚研究所开设《论语》课，但没有亲自讲授，而是由他的一位学生代讲。正是这样，他们难以体悟到以儒学为主流的中国文化的真精神，总是希望通过重建形而上学来讲中国文化，结果适得其反。因此，徐复观主张："今日中国哲学家的主要任务，是要扣紧《论语》，把握住孔子思想的性

---

[1] 徐复观：《向孔子的思想性格回归》，载《中国思想史论集续编》，时报文化出版事业有限公司1982年版，第432—433页。
[2] 徐复观：《向孔子的思想性格回归》，载《中国思想史论集续编》，时报文化出版事业有限公司1982年版，第432页。
[3] 徐复观：《向孔子的思想性格回归》，载《中国思想史论集续编》，时报文化出版事业有限公司1982年版，第431页。

格，用现代语言把它讲出来，以显现孔子的本来面目，不让许多浮浅不学之徒，把自己的思想行为，套进《论语》中去，抱着《论语》来糟蹋《论语》。"①

徐复观提出"向孔子的思想性格回归"，表明他的消解形而上学的思想已经完全形成，也表明他与熊十力诸师友在形而上学问题上的重大分歧。

八、走向"平铺地人文世界"

徐复观在力主"向孔子的思想性格回归"的同时，也对中国哲学史上一些哲学家的形而上学追求作出了解释。他希望通过这种解释，进一步说明消解形而上学是儒家思想的主流性格，是中国文化发展的必然归趋。用他自己的话说："我研究中国思想史所得的结论是：中国思想，虽有时带有形上学的意味，但归根到底，它是安住于现实世界，对现实世界负责；而不是安住于观念世界，在观念世界中观想。"② 他于逝世前夕所完成的最后一篇长文《程朱异同——平铺地人文世界与贯通地人文世界》，就典型地体现了这一思考。

在这篇长文中，徐复观提出了"天的人文化"③ 这一概念。所谓"天的人文化"，指"天由宗教性格转而为道德性格"④。这一概念，与《中国人性论史·先秦篇》所提出的"宗教的人文化"实是同一含义，但却更为鲜明地突出了消解形而上学的特点，因为"天"及与之相联系的"天命""天道"都是很重要的形上概念。根据徐复观的理解，"天的

---

① 徐复观：《向孔子的思想性格回归》，载《中国思想史论集续编》，时报文化出版事业有限公司1982年版，第433页。
② 徐复观：《两汉思想史》卷一，台湾学生书局1982年版，三版改名自序第1页。
③ 徐复观：《程朱异同》，载《中国思想史论集续编》，时报文化出版事业有限公司1982年版，第589页。
④ 徐复观：《程朱异同》，载《中国思想史论集续编》，时报文化出版事业有限公司1982年版，第589页。

人文化"的过程,从哲学上看,也就是对形而上学的消解过程。因此,"天的人文化"成为中国文化重现实生命、重生活实践的历史根据,也是理解中国文化强调人的活动、实践、文化创造的思想史前提。而对于"天的人文化"的过程的考察,他在这篇长文中突出了二程与朱熹的思想意义。他认为,只有通过二程、朱熹所建立的人文世界,才对中国思想史上的"天的人文化"作了彻底的解决。

徐复观认为,宋代理学的一个重要贡献,在于开出了"人人平等、人物平等、'与万物同流'的道德有机体的人文世界"①。这个"道德有机体的人文世界",是"宋明理学直承孔子为己之学所开出的共同世界"②,成为宋明理学的特征。但对于这个"道德有机体的人文世界"的开辟,二程与朱熹存在着思想上的差异。对于二程与朱熹的这种思想差异,徐复观提出了两个新的概念来加以表达,一个是"平铺地人文世界"③,另一个是"贯通地人文世界"④。他用这两个概念,来分别概括二程与朱熹的思想特点,并由此揭示中国哲学的消解形而上学的基本走向。

徐复观指出,二程建立了"平铺地人文世界"。他们直承孟子的思想,把已处于虚位的"天",消化于"心"之内,认为"只心便是天,尽之便知性,知性便知天"⑤。这样就把道德理性之人文世界的二层性,去掉在人上面的一层,还原为人自身的一层,使仁义礼智的理性都平铺地安放在人的"心"这一层次上,直接与人的现实生命结合在一起,由这一层次向社会政治乃至自然发展。这样一来,就把形上、形下之分拉

---

① 徐复观:《程朱异同》,载《中国思想史论集续编》,时报文化出版事业有限公司1982年版,第578页。
② 徐复观:《程朱异同》,载《中国思想史论集续编》,时报文化出版事业有限公司1982年版,第578页。
③ 徐复观:《程朱异同》,载《中国思想史论集续编》,时报文化出版事业有限公司1982年版,第569页。
④ 徐复观:《程朱异同》,载《中国思想史论集续编》,时报文化出版事业有限公司1982年版,第569页。
⑤ 《河南程氏遗书卷第二上》,载《二程集》上册,中华书局2004年版,第15页。

平了，把传统中的形而上的尾巴割掉了。这种"平铺地人文世界"，使"天的人文化"最终得以实现。

徐复观又指出，朱熹建立了"贯通地人文世界"。他将"理"与"气"、"性"与"心"分为形上与形下，认为"理""性"是形而上的，"气""心"是形而下的，由上向下贯通。这无疑有很强烈的形而上学的意味。但另一方面，朱熹又强调实践、穷理，从而稳住在人间的现世的人文世界，而逐渐消解形而上的世界，使之成为一种可有可无的浮光掠影。这正如朱熹在《答吴晦叔》中写道："近日究观圣门垂教之意，却是要人躬行实践，直内胜私，使轻浮刻薄、贵我贱物之态，潜消于冥冥之中；而吾之本心，浑厚慈良、公平正大之体，常存而不失，便是仁处。其用功着力，随人浅深，各有次第。要之，须是力行久熟，实到此地，方能知此意味。盖非可以想象臆度而知，亦不待想象臆度而知也。"① 在这里，朱熹既不迂腐，又不虚玄，讲得实实在在，表明他实际上由"贯通地人文世界"又最终回归到"平铺地人文世界"。

在这篇长文的最后，有《朱元晦由实践与穷理，对形而上性的消解》一节。在这一节中，徐复观通过比较二程与朱熹在人文世界上的异同，由此得出结论说，尽管程、朱、陆、王在"性""理""心"的关系上有过不同的观点，展开过激烈的论争，但他们的思想最后又都殊途同归，对形而上学加以程度不同的消解。他说："程、朱、陆、王的性即理、心即理的争端，也未尝不可以泯除而归向于平铺地人文世界的大方向。平铺地人文世界，是走向现实社会而加以承当的世界。"② 这个结论，与他在《象山学述》中对朱熹的批评，既有一致的地方，也有不一致的地方。一致的地方在于，仍然强调了建立在"心"之上的"平铺地人文世界"，才是中国文化发展的大方向；不一致的地方在于，揭示了朱熹的思想走向实际上是由"贯通地人文世界"又最终回归到"平铺地

---

① 朱熹：《答吴晦叔》，载《朱熹集》第4册，四川教育出版社1996年版，第1968页。
② 徐复观：《程朱异同》，载《中国思想史论集续编》，时报文化出版事业有限公司1982年版，第610页。

人文世界"。在这里,徐复观明确提出了"形而上性的消解"① 的概念。这可以说是在对待形而上学问题上,徐复观的最后定论。

附录 "形而中者"辨析

《光明日报》2017年1月14日国学版发表了郭继民同志的《形而中者谓之"心"》一文。文章开头即引用徐复观《心的文化》一文的论述:"'形而上者谓之道,形而下者谓之器。'这里所说的'道',指的是天道;'形'在战国中期指的是人的身体,即指人而言;'器'是指为人所用的器物。"② 郭文认为,徐复观由此而提出"形而中者谓之心",以"人"、以"心"作为联结和贯通"道"与"器"的中介。这种理解,显然对徐复观的"形而中者谓之心"的原意作了误读,有必要对此加以辨析。

徐复观提出"形而中者谓之心",并不是像郭文认为的那样是要对《易传》的"形而上者谓之道,形而下者谓之器"观念加以补充,建立起联结和贯通"道"与"器"的中介,而是强调了以"人"、以"心"为中心,对这一观念加以解构。这一点在《心的文化》一文中即有论述。在上面那段引文的后面,徐复观接着说:"这两句话的意思是说在人之上者为天道,在人之下的是器物;这是以人为中心所分的上下。而人的心则在人体之中。假如按照原来的意思把话说完全,便应添一句:'形而中者谓之心'。所以心的文化、心的哲学,只能称为'形而中学',而不应讲成形而上学。"③ 在这里,他所说的"形而上"实际上有两层含义:一层是指在人之上者,另一层是指超越于人的生活世界的哲学观念,主要是作为本体论和宇宙论的形而上学。在徐复观著《中国人性论

---

① 徐复观:《程朱异同》,载《中国思想史论集续编》,时报文化出版事业有限公司1982年版,第607页。
② 徐复观:《心的文化》,载《中国思想史论集》,台湾学生书局1988年版,第243页。
③ 徐复观:《心的文化》,载《中国思想史论集》,台湾学生书局1988年版,第243页。

史・先秦篇》一书中，有《阴阳观念的介入——〈易传〉中的性命思想》一章，称"形而上者谓之道，形而下者谓之器"观念是"'形而上'的性格"①，就是从后一层含义上来理解"形而上"的。因此，他所说的"形而中者谓之心"，是针对"形而上"的这两层含义而言的，而重点在于由前一层含义转出后一层含义，以"形而中者"来否定形而上者，以"形而中学"来反对形而上学。但不论是在哪一层含义上，他都强调的是以"人"与"心"为中心，而不是以"人"与"心"作为"道"与"器"之间的中介。这样一来，"形而中者谓之心"的提出，实际上解构了"形而上者谓之道，形而下者谓之器"观念，而不是对这一观念加以补充。

徐复观在《心的文化》一文中，在强调以"人"与"心"为中心时，所着重说明的是"心"的非形而上学性格。为此，他反对把"心"抽象为绝对的精神实体，而是反复强调"心"就在人体之中，认为："中国文化所说的心，指的是人的生理构造中的一部分而言，即指的是五官百骸中的一部分"②。"心"作为人体的一部分，不是从生理学意义上讲的，而是从哲学意义上讲的，强调"心"是一种具体的生命存在，其活动是具体的生命活动，"这与信仰或由思辨所建立的某种形而上的东西，完全属于不同的性格"③。这种具体的生命活动，就是工夫、体验、实践；正是通过这些具体的生命活动，"心"得以呈现出来。他由此强调："由工夫所呈现出的本心，是了解问题的关键"④；"研究中国文化，应在工夫、体验、实践方面下手"⑤。从这里可以看出，"形而中者谓之心"与"形而上者谓之道"，就其性格来说是相对立的。后者作为"由思辨所建立的某种形而上的东西"，徐复观是不赞成的。

由此出发，徐复观在《心的文化》一文中对"心"与"道""器"的关系作出了自己的理解。在这种理解中，他强调以"心"为中心、为

---

① 徐复观：《中国人性论史・先秦篇》，台湾商务印书馆1984年版，第213页。
② 徐复观：《心的文化》，载《中国思想史论集》，台湾学生书局1988年版，第243页。
③ 徐复观：《心的文化》，载《中国思想史论集》，台湾学生书局1988年版，第243页。
④ 徐复观：《心的文化》，载《中国思想史论集》，台湾学生书局1988年版，第247页。
⑤ 徐复观：《心的文化》，载《中国思想史论集》，台湾学生书局1988年版，第249页。

主体，来确立"心"与"道"的关系和"心"与"器"的关系。

在"道"与"心"的关系上，徐复观认为"道"就存在于"心"中，是与"心"合为一体的，并不是在"人"、在"心"之上的形而上者。他说："老子的道，是形而上的性格；要求人去'体道'，是以在道之下的人，去合在人之上的道，不能说道是在人生命之内所生出的。但中国文化，总是走着由上向下落、由外向内收的一条路。庄子即把老子之形而上的道，落实在人的心上，认为虚、静、明之心就是道。故庄子主张心斋、坐忘，使心之虚、静、明的本性呈现出来，这即是道的呈现。人的精神由此而得到大解放。"① 由于"道"与"心"是合一的，也就是"心即理"，因此"心"成为了人生的价值根源。正是这样，"中国文化认为人生价值的根源即是在人的自己的'心'"②。这就以"形而中者"取代了形而上者。由此可见，他提出"形而中者谓之心"，并不是要对应于"形而上者谓之道"，而是要消解"形而上者谓之道"。

在"器"与"心"的关系上，徐复观认为由"心"的生命活动所开辟出来的世界，不只是一个器物世界，而是一个人文世界。这个人文世界，既包括了道德、艺术、认知等内容，也包括了器物的内容，而这些内容都是以"心"为其根源的，因为只有"心"才是人生价值的根源。因而对于这些精神性和物质性的内容来说，"心"才是其主体。他特别指出，主观的成见与私欲会歪曲客观的事物，只有当"人的价值主体呈现时，才能使客观的事物，站到自己应有的地位，得到真正的价值"③。在这里，形而下者的地位和价值，都是由"形而中者"所赋予的，而不是由形而上者来决定的。从这里也可以看出，他是以"形而中者谓之心"来消解"形而上者谓之道"。

以上辨析表明，徐复观提出的"形而中者谓之心"，是以"形而中者"来消解形而上者，对"形而上者谓之道，形而下者谓之器"观念加

---

① 徐复观：《心的文化》，载《中国思想史论集》，台湾学生书局1988年版，第245页。
② 徐复观：《心的文化》，载《中国思想史论集》，台湾学生书局1988年版，第242页。
③ 徐复观：《心的文化》，载《中国思想史论集》，台湾学生书局1988年版，第248页。

以解构，所表达的是他的消解形而上学主张。只是这一主张，在这里是以对"形而上者谓之道，形而下者谓之器"观念进行疏释的形式表现出来，并由此而提出"形而中者谓之心"，容易引起人们的误解。这种误解有两种表现：一是过去有人指责"形而中者谓之心"是对这一观念的曲解，并由此认为徐复观不懂哲学；另一就是今天郭文认为"形而中者谓之心"是对这一观念的补充，而没有看到徐复观其实并不认同于这一观念。这两种误解固然不同，但不能对徐复观提出"形而中者谓之心"的真实用意作出合理理解则是共同的。

在徐复观生命最后几年中，他对自己的消解形而上学主张作了更为清楚的表达。在《向孔子的思想性格回归》一文的开篇，他明确地表示不赞成这种观点："要谈古代儒家哲学，只好从战国中期前后成立的《易传》下手，因为《易传》中有的地方开始以阴阳谈天道，并且提出了'形而上之谓道'的道，这个道才勉强有哲学的意味。"[1] 他进而指出："从宋儒周敦颐的《太极图说》起到熊师十力的《新唯识论》止，凡是以阴阳的间架所讲的一套形而上学，有学术史的意义，但与孔子思想的性格是无关的。"[2] 而在《程朱异同——平铺地人文世界与贯通地人文世界》一文的最后一节，他以"朱元晦由实践与穷理，对形而上性的消解"[3] 为标题，明确地提出消解形而上学。如能联系这些内容看，徐复观提出"形而中者谓之心"的真实用意就相当清晰了。

最后需要说明的是：笔者撰写这篇小文，并不是不赞成郭文对"道""器""人""心"的关系作出自己的疏释，而是不赞成把徐复观提出的"形而中者谓之心"作为这一疏释的依据，因为这不符合徐复观这一命题的原意，当然也无益于以此为据的疏释工作。

---

[1] 徐复观：《向孔子的思想性格回归》，载《中国思想史论集续编》，时报文化出版事业有限公司1982年版，第431页。

[2] 徐复观：《向孔子的思想性格回归》，载《中国思想史论集续编》，时报文化出版事业有限公司1982年版，第432页。

[3] 徐复观：《程朱异同》，载《中国思想史论集续编》，时报文化出版事业有限公司1982年版，第607页。

第七章　徐复观消解形而上学思想的缘由与评价

　　本书第六章的开头已经指出：徐复观的消解形而上学思想，由于在熊十力学派中，乃至在现代新儒学思潮中，一直处于非主流地位，为现代新儒学思潮重建中国哲学本体论的主流形态所遮蔽，其合理性长期以来未曾受到重视与探讨，受到了不少的质疑与责难，因此并不易为人们所了解，甚至为人们所误读误解。以致在一些学者看来，徐复观其实并不懂哲学，根本算不上哲学家，至多只是个思想家。正是这样，本书将消解形而上学思想，作为徐复观的现代新儒学思想的重点内容，放在突出地位，予以专门的探讨和衡论。为了能够更清晰地阐明徐复观的消解形而上学思想，笔者分两章来谈这个问题：在上章中着重从史的角度，对这一思想形成的历史过程进行考察与疏释；在本章中侧重从论的角度，对这一思想的内涵、根据、意义、局限诸问题作出衡论与评价。希望通过由史而论、史论结合的方式，进一步阐明徐复观的消解形而上学思想。

　　为什么要用整整一章篇幅，侧重从论的角度，对徐复观的消解形而上学思想的内涵、根据、意义、局限诸问题作出衡论与评价呢？这就在于：论的角度与史的角度相比，既有不及史的角度的地方，也有胜于史的角度的地方。虽然从史的角度入手，通过历史的考察，能够还原徐复观的消解形而上学思想的来龙去脉；但只有从论的角度入手，通过理论的剖析，才能认识徐复观的消解形而上学思想的本质，对这一思想作出准确的把握和深刻的了解。

一、消解形而上学思想的内涵

徐复观提出的消解形而上学思想，尽管如上章所论，有一个逐渐开展的过程，前后之间的思考与阐发并不完全相同，但却有着一以贯之的基本内涵。

在20世纪哲学开展中，不论是在西方还是在中国，批判哲学上的形而上学者不乏其人。这些对形而上学的批判，都与科学主义思潮力图使20世纪哲学沿着科学化、实证化方向发展相联系。在西方，有维也纳学派主张拒斥形而上学；在中国，有丁文江在科学与玄学论战中宣称形而上学已经过时。即使是在现代新儒学的重建形上儒学主流形态中，也有冯友兰承认维也纳学派拒斥形而上学的部分合理性，认为："我们是讲形上学底。但是维也纳学派对于形上学的批评的大部分，我们却是赞同底。他们的取消形上学的运动，在某一意义下，我们也是欢迎底。因为他们的批评确能取消坏底形上学。坏底形上学既被取消，真正底形上学的本质即更显露。所以维也纳学派对于形上学底批评，不但与真正底形上学无干，而且对于真正底形上学，有'显正摧邪'的功用。"[①]这些对哲学上的形而上学的批判，实际上都是在实证主义的经验证实原则意义上展开的，反映了20世纪科学主义思潮对现代哲学发展方向的思考以及对人文主义思潮的影响。

徐复观的消解形而上学思想，虽然也强调了经验的意义，也力主以经验来消解形而上学，但他所说的经验不是指西方经验主义传统中与理性相对的经验，而是指中国心学传统中作为生命主体之"心"的外化与呈现，是一种"内在经验"。这就是他所说的："心的作用是由工夫而见，是由工夫所发出的内在经验。它本身是一种存在，不是由推理而得

---

① 冯友兰：《新知言》，载《三松堂全集》第5卷，河南人民出版社1986年版，第221页。

的（如形而上学的命题），故可以不与科学发生纠缠。"① 也就是说，徐复观的消解形而上学思想，并不是在实证主义的经验证实原则意义上提出的，属于科学主义思潮对现代哲学发展方向所作的一种理解，而是在现代新儒学的心学路向基础上提出的，属于人文主义思潮对中国文化及其哲学性格所作的一种概括。对此，他说过一段话："中国的心的文化，乃是具体的存在，这与信仰或由思辨所建立的某种形而上的东西，完全属于不同的性格。"② 在这段话中，清楚地呈现出他的消解形而上学思想的基本内涵。

徐复观继承了熊十力所开启的现代新儒学的心学路向，并以此来把握中国文化，认为："中国文化最基本的特性，可以说是'心的文化'。"③ 但对于"心"的理解，他却有着自己的看法，不仅认肯"心"的主体性、能动性、生命性，而且强调"心"的具体性、现实性、经验性，即把"心"看作是具体的人的生命存在及其活动，是通过实践工夫与生活世界融为一体的，而不赞成对"心"作形而上学的抽象的理解。所谓工夫，并非一般所说的方法，只有"以自身为对象，尤其是以自身内在的精神为对象，为了达到某种目的——在人性论，则是为了达到潜伏着的生命根源、道德根源的呈现——而加内在的精神以处理、操运的，这才可谓之工夫"④。这样一来，就无须再去为人生价值找一个形而上的根据，设置一个形而上的本体，而"在由工夫所得的内在经验中，把虚悬的形上命题，落实到自己的生命之内"⑤。他说："人生价值的根源在心的地方生根，也即是在具体的人的生命上生根。具体的生命，必生活在各种现实世界之中。因此，文化根源的心，不脱离现实；由心而来的理想，必融合于现实现世生活之中。"⑥ 又说："由工夫所呈

---

① 徐复观：《心的文化》，载《中国思想史论集》，台湾学生书局1988年版，第248页。
② 徐复观：《心的文化》，载《中国思想史论集》，台湾学生书局1988年版，第243页。
③ 徐复观：《心的文化》，载《中国思想史论集》，台湾学生书局1988年版，第242页。
④ 徐复观：《中国人性论史·先秦篇》，台湾商务印书馆1984年版，第460页。
⑤ 徐复观：《心的文化》，载《中国思想史论集》，台湾学生书局1988年版，第248页。
⑥ 徐复观：《心的文化》，载《中国思想史论集》，台湾学生书局1988年版，第249页。

现出的本心，是了解问题的关键。"① 在他看来，中国文化既然以"心的文化"为最基本的特性，那么就与西方文化不同，并不具有形而上学的性格；同样，体现中国文化精神的中国哲学，也就与西方哲学不同，并不以建构形而上学为追求。

在徐复观看来，在中国传统哲学中当然也有形而上学的内容，但这些内容终归会消解于现实的生活世界，儒家是如此，道家也是如此。他以《中庸》为例，说明儒家的消解形而上学："《中庸》首句说：'天命之谓性。'这可说是一个形而上的命题。但是，此形而上的命题有一特点，即是当下落实在人的身上，而成为人的本质（性）。性是在人的生命内生根的。因此，《中庸》并不重视天的问题，而仅重视性的问题。到孟子才明确指出道德之根源乃是人的心，'仁义礼智根于心'。孟子这句话，是中国文化在长期摸索中的结论。这不是逻辑推理所推出的结论，而是内在经验的陈述。这句话说出来以后，使夹杂、混沌的生命，顿然发生一种照明的作用，而使每一人都有一个方向，有一个主宰，成为人生的基本立足点。以后，程明道、陆象山、王阳明等都是从这一路发展下来的。"② 他又以老子和庄子论"道"为例，说明道家的消解形而上学："老子的道，是形而上的性格；要求人去'体道'，是以在道之下的人，去合在人之上的道，不能说道是在人生命之内所生出的。但中国文化，总是走着由上向下落，由外向内收的一条路。庄子即把老子之形而上的道，落实在人的心上，认为虚、静、明之心就是道。故庄子主张心斋、坐忘，使心之虚、静、明的本性呈现出来，这即是道的呈现。人的精神由此而得到大解放。"③ 他以这些例子清楚地表明，消解形而上学是中国哲学的总趋向与总特点。

正是这样，徐复观一方面认同现代新儒学的心学路向，一方面力主消解对于"心"的形而上学理解。他针对中国传统哲学中的"形而上者

---

① 徐复观：《心的文化》，载《中国思想史论集》，台湾学生书局1988年版，第247页。
② 徐复观：《心的文化》，载《中国思想史论集》，台湾学生书局1988年版，第245页。
③ 徐复观：《心的文化》，载《中国思想史论集》，台湾学生书局1988年版，第245页。

谓之道"与"形而下者谓之器"的区分，提出了"形而中者谓之心"的命题。他说："《易传》中有几句容易发生误解的话：'形而上者谓之道，形而下者谓之器。'这里所说的'道'，指的是天道；'形'在战国中期指的是人的身体，即指人而言；'器'是指为人所用的器物。这两句话的意思是说在人之上者为天道，在人之下的是器物；这是以人为中心所分的上下。而人的心则在人体之中。假如按照原来的意思把话说完全，便应添一句：'形而中者谓之心'。所以心的文化、心的哲学，只能称为'形而中学'，而不应讲成形而上学。"① 这个"形而中学"的提法，后来引起争议，一些论者认为难以成立。但徐复观的本意，无非是强调"心"不是外在于人之上的"道"，也不是外在于人之下的"器"，而就存在于人自身的现实生命之中；人生价值的根源，就在人自身的生命存在中，是人自身的生命存在所固有的，不是外在于人的形而上的东西。他是用"形而中"的"心"，来消解"形而上"的"道"，从而把人生价值的根源置于人自身的生命存在之中。他是感到只有用这样的提法，才能凸显出"心"的与现实的生活世界直接关联的性格。

对于哲学上的形而上学，徐复观其实并不完全拒斥。在回顾科学与玄学论战时，他就对赞成形而上学的玄学派抱同情的态度，而对拒斥形而上学的科学派持批评的态度。他说："胡适们不仅拿'科学方法'来打中国传统的文化，并以此来打西方素朴的实在论以外的一切哲学，尤其是与道德有关的价值哲学。'科学与玄学'之战，实际是初步的、素朴的实在论，对康德系统哲学之战。他们用'玄学鬼'三个字，否定了一切文化中的价值系统。张东荪、张君劢对西方学术的了解，远在胡适们之上。但因为'玄学鬼'这三个字的魔术力量，始终把他们排斥在学术王国的边缘。"② 对于熊十力创建的"新唯识论"体系，他更从哲学意义上予以了积极肯定，认为这一体系的建构在哲学

---

① 徐复观：《心的文化》，载《中国思想史论集》，台湾学生书局1988年版，第243页。
② 徐复观：《五十年来的中国学术文化》，载《中国思想史论集》，台湾学生书局1988年版，第253页。

史上占有十分重要的地位。他说："熊先生的体系哲学，应以他的《新唯识论》作代表。……此一系统的成立，乃由他深刻地体会与严密地思辨，交相运用，将宇宙人生的根本问题，分析到极其精微而无深不入，综合到极其广大而无远不包，结构谨严，条理密察，使其表达之形式，能与其内容，融合无间。拟之于康德，则康德析而为三者，先生乃能贯之以一。拟之于黑格尔，则黑格尔拘于普鲁士之私者，先生乃扩而为人类之公。儒家致广大而尽精微之义蕴，固由先生而发煌；而其思辨组织之功，融会贯通之力，乃三千年中之特出。"[1] 这些都表明，徐复观由于看到了形而上学与价值相联系的一面，因而没有完全拒斥哲学上的形而上学。只是如上章所论，他对中国的形而上学与西方的形而上学进行了区分，相对于西方的形而上学而认肯中国的形而上学；又对心学的形而上学与理学的形而上学进行了区分，相对于理学的形而上学而认肯心学的形而上学。

徐复观所不赞成的，是通过重建形上儒学来讲中国文化及儒学，因为中国文化及儒学并不具有形而上学的性格。他说："从宋儒周敦颐的《太极图说》起到熊师十力的《新唯识论》止，凡是以阴阳的间架所讲的一套形而上学，有学术史的意义，但与孔子思想的性格是无关的。"[2] 这里所说的"孔子思想的性格"，也就是中国文化及儒学的性格；因为在徐复观看来，中国文化是以孔子开创的儒学为其主流的。他批评形上儒学的重建，提出消解形而上学思想，正是在孔子所代表的中国文化及儒学是非形而上学性格意义上说的。换言之，只有在这个意义上，才能厘清徐复观的消解形而上学思想的基本内涵，从而对这一思想有一个准确而深入的了解。

---

[1] 徐复观：《悼念熊十力先生》，载《徐复观文录选粹》，台湾学生书局1980年版，第340页。
[2] 徐复观：《向孔子的思想性格回归》，载《中国思想史论集续编》，时报文化出版事业有限公司1982年版，第432页。

二、消解形而上学思想根据之一：生命之根

徐复观提出消解形而上学思想，并非故作惊人之语，更非不懂哲学之论，而有着多方面的根据。这些根据主要来自他的生命存在、文化理论和中国思想史研究三个方面。对于这三个方面的根据，本章分三节进行论述，本节论作为消解形而上学思想根据之一的生命存在，第三节论作为消解形而上学思想根据之二的文化理论，第四节论作为消解形而上学思想根据之三的中国思想史研究。

徐复观提出的消解形而上学思想，首先有其生命之根，深刻地反映了他的生命跃动、心路历程与治学风格。

与致力形上儒学重建的现代新儒学诸子相比，徐复观是一个与现实生活联系更为密切的学者。这不仅在于他在青年和中年时代，有过投身军旅、参与政治、成为蒋介石高级幕僚的复杂人生，而且在于他退出现实政治之后，仍然以一介书生关注、思考现实政治问题。"学术与政治之间"，不仅是他第一部学术著作的书名，同时也是他全部学术生涯的写照。可以说，终其一生，他的生命跃动始终处于学术与政治之间。在《学术与政治之间·自序》中，他曾谈到该书题名的由来："我之所以用一篇《学术与政治之间》的文字来作这一文录的名称，正是如实的说明我没有能力和方法去追求与此一时代不相关涉的高文典册。"[①] 而在该书不同版本的自序中，他反复地也更为明确地谈到写作该书的目的，指出："这里面的文章，就我个人来说，只能算是对国家问题、对学术问题摸索、思考的一个历程。……对读者来说，若能从这些文章中，接触到大时代所浮出的若干片断面影，及听到身心都充满了乡土气的一个中国人在忧患中所发出的沉重地呼声，我便感到满足了。"[②] 又

[①] 徐复观：《自序》，载《学术与政治之间》，台湾学生书局1985年版，第XII页。
[②] 徐复观：《港版〈学术与政治之间〉自序》，载《学术与政治之间》，台湾学生书局1985年版，第IV页。

指出:"假定其中稍有可取之处,只在一个土生土长的茅屋书生,面对国家兴亡,世局变幻,所流露出的带有浓厚呆气戆气的诚恳待望:待望着我们的国家,能从两千多年的专制中摆脱出来,走上民主法治的大道。待望着我们的文化,能不再受国人自暴自弃的糟蹋,刮垢磨光,以其真精神帮助世人渡过目前所遭遇的空前危机。"① 在徐复观走上学术道路后所写的这些最初文字中,即已鲜明地显示出他的现代新儒学思想的走向与性格。他的未来的现代新儒学思想开展,可以在这里找到最初的起点与原型。

从 20 世纪 50 年代中期开始,徐复观以自己的厚实功底和勤苦努力,打开了进入中国思想史研究的大门,先后写出了《中国人性论史·先秦篇》《中国艺术精神》《两汉思想史》等学术名著,但他并没有因此而把自己关闭在学问的象牙塔中,而是始终使自己的生命与时代的风云保持密切接触,使自己的思想与中国人的生活世界声息相通,在从事中国思想史研究的同时,写作了数百万字的时政杂文。对于这一心路历程,他也有过明确的说明:"时代是一个整体。要便是麻木无所感触;万一不幸而有所感触,却希望钻进牛角尖后,再不想到生长这牛角尖的牛身全般痛痒;我只好承认我缺乏今日许多腾云驾雾的学者名流的修养。我以感愤之心写政论性的文章,以感愤之心写文化评论性的文章,依然是以感愤之心,迫使我作闭门读书著书的工作。最奈何不得的就是自己这颗感愤之心。这颗感愤之心的火花,有时不知不觉的从教室书房中飘荡出去,便又写下不少的杂文"②。这些以"感愤之心"所写出的时政杂文,先后编为《徐复观文录》四册、《徐复观杂文》四册、《徐复观杂文续集》、《徐复观最后杂文集》、《徐复观杂文补编》六册及《徐复观文录选粹》、《徐复观文存》等十多部文集,构成了徐复观现代新儒学思想开展的重要方面。在现代新儒学诸子中,以时政杂文的形式阐发新儒学思想,当然不是徐复观一人所独有,但却没有能超过

---

① 徐复观:《新版自序》,载《学术与政治之间》,台湾学生书局1985年版,第Ⅰ页。
② 徐复观:《文录自序》,载《徐复观文录选粹》,台湾学生书局1980年版,序第2页。

徐复观者。

正是这种独特的生命跃动、心路历程与治学风格，使得徐复观没有把重建形上儒学作为自己新儒学思想的兴奋点，而力图通过消解形而上学，开辟现代新儒学走向生活世界之路。金岳霖曾指出，在熊十力所建构的"新唯识论"体系的后面，有着熊十力"这个人"。[①] 其实，不仅熊十力如此，在徐复观所提出的消解形而上学思想的后面，也有着徐复观"这个人"。熊十力、徐复观师徒对于形而上学的不同态度，都必须从他们的个体生命存在的根源深处，来加以了解与把握。

三、消解形而上学思想根据之二：文化之本

徐复观提出的消解形而上学思想，不仅有其生命之根，而且有其文化之本，可以从他有关文化的层级性理论中和有关中国文化的层级性论析中找到根据。

本书第四章第六节《"基层文化"与"高层文化"》已指出，徐复观在阐发他的文化哲学基本思想时，十分重视文化的层级性问题，对此做过理论上的专门阐发，这些阐发构成了他的文化哲学基本思想的重要内容。在他那里，所谓文化的层级性，主要指一个民族的文化在结构上往往包括"基层文化"与"高层文化"两个层次。所谓"基层文化"，是指一个民族中的风俗习惯，多表现在各种具体的事象上，凝结为人们不问理由、相互因袭的生活方式，其自身既有许多合理的、有意义的内容，又有许多不合理的、无意义的东西；既有许多可以适应时代的因素，又有许多落后于时代的成分。这是使社会可以保持安定，但同时也会使社会趋于保守的力量。所谓"高层文化"，则是指一个民族中少数知识分子对于知识的追求、个性的解放、新事物的获得、新境界的开辟所作的努力与创发。每一个时代，尤其是历史上的大转变时代，总有若

---

① 见张岱年：《忆金岳霖先生》，载《金岳霖学术思想研究》，四川人民出版社1987年版，第37页。

干少数知识分子，由于个性解放的要求和新鲜事物的刺激，首先从原有传统的束缚中突围而出，追求新知识，开辟新境界，获得新事物。这种少数知识分子的努力与创发，便形成一个民族的"高层文化"。"基层文化"与"高层文化"由于各自性质的不同，常常处于矛盾冲突之中；但一个民族的文化又总是同时包含着这两个部分，这是因为人类生活既要求前进、新鲜、自由、个性解放，又要求安定、念故、规律、社会谐和，常常表现为两种互相矛盾的要求。"基层文化"与"高层文化"之间的联系与张力，对于一个民族的文化来说是十分必要和重要的：没有"基层文化"，其民族的生活是飘浮无根的；没有"高层文化"，其民族的文化会由僵滞而消灭。只是在历史上的不同时代，一个民族的文化在这两者之间的取向与偏重是不相同的：有的时代偏重在"基层文化"，使之得以凸显；有的时代则偏重在"高层文化"，使之更为突出。

依据文化的层级性理论，徐复观对中国文化的层级性进行了具体分析，揭示了中国文化的层级性的独特点。在他看来，在中国文化发展中，"基层文化"与"高层文化"呈现出复杂的关系，两者都具有重要的意义，不能只看重其中一个部分。一方面，在中国文化中存在着"基层文化"与"高层文化"的区别与对立。徐复观说："这种层级性，是由长期的历史文化的积累，及长期在专制政治下的残暴愚昧的两种相反的因素，交织而成。有如中国的食品，从最原始、最朴素的食品，一直到最复杂、最奢侈、最美味的食品，同时存在。前者是表示我们落后的一面，后者是表示我们长期积累的一面。"[1] 特别是在社会生活中，"原始性的风俗习惯，与文化所追求的理念之间；个人由原始生命冲动所发出的行为，与由文化生命所发出的行为之间，其层级性更为显著"[2]。另一方面，在中国文化中又存在着"基层文化"与"高层文化"

---

[1] 徐复观：《中国文化的层级性》，载《徐复观文录选粹》，台湾学生书局1980年版，第120页。

[2] 徐复观：《中国文化的层级性》，载《徐复观文录选粹》，台湾学生书局1980年版，第119—120页。

的相互影响与相互渗透。徐复观说："最显著的例子，《水浒传》一书，可以说是在卖人肉包子的黑店，与讲义气的英雄之间进行。中国人能欣赏这部小说，但西洋人恐怕很难欣赏它。"①

徐复观进而指出，中国文化中"基层文化"与"高层文化"之间的渗透性，使得中国文化和儒家精神在历史上呈现出"伏流"与"涌泉"两种状况。所谓"伏流"，是指"基层文化"对"高层文化"有一种吸纳、积淀、保持作用；这种作用不是以观念形态的形式，而是以风俗习惯的形式呈现出来的。"以孔子思想为中心的中国文化，它主要不是表现在观念上，而是浸透于广大社会生活之中。"② 也就是说，"孔子思想乃至整个中国文化，一般人在观念上没有，但在社会生活中却依然有某程度的存在；这好比一股泉水，虽不为人所见，但它却在地下伏流"③。所谓"涌泉"，是指"基层文化"所吸纳、积淀、保持的"高层文化"，经过反省、自觉之后，而能以观念形态的形式重新出现。"伏流在社会生活中的中国文化，经一念的反省，便在观念上立刻涌现出来。"④ 这种"伏流"与"涌泉"的状况，在中国历史上是交替出现的，从而维系和延续了中国文化和儒家精神的生命。徐复观动情地说："大约儒家思想向社会生活的浸透，是通过两汉而始完成的。故尔后虽变乱迭乘，但社会并不随政治的瓦解而瓦解。纵使暂时瓦解，亦旋即以其浸透的伦理性，融结于疮痍创痛之余。历史中每经一次大苦难，儒家思想，即由伏流而涌现于知识分子观念之间，有如南北朝后的王通，五季后的宋代理学，元初残杀后的宋代理学的复兴，明亡后的顾亭林、黄梨洲、李二

---

① 徐复观：《中国文化的层级性》，载《徐复观文录选粹》，台湾学生书局1980年版，第120页。
② 徐复观：《中国文化的伏流》，载《徐复观文录》第2册，环宇出版社1971年版，第115页。
③ 徐复观：《中国文化的伏流》，载《徐复观文录》第2册，环宇出版社1971年版，第115—116页。
④ 徐复观：《中国文化的伏流》，载《徐复观文录》第2册，环宇出版社1971年版，第116页。

曲、陆桴亭诸大儒的兴起，这都是经过苦难后而重新涌现的例子。我们可以这样说：以孔子为中心的儒家思想，常被腐蚀于政治之上，却被保存、更新于社会之中。这是我们文化发展的大线索。"① 在他看来，这种"伏流"与"涌泉"对中国文化和儒家精神具有同等的重要性。如果说"涌泉"是创发性的，那么"伏流"则是根源性的。中国文化和儒家精神的生命之不绝，既来自"涌泉"的创造力，又来自"伏流"的坚韧性。

但徐复观的内心深处，对"基层文化"的情感又胜过对"高层文化"的情感，有一种强烈的认同"基层文化"的倾向。这是因为，他出生在湖北东部地区的一个偏僻山村里，童年和少年时代都是在农村度过的，对农村的苦难和农民的善良有过切身的感受。因此在他的生命根源里，有一种同"基层文化"的天然的无法割断的联结。这就如同他所说的："我的生命，不知怎样地，永远是和我那破落的湾子连在一起"②；这也如同他所做的：逝世之后让亲人将骨灰从台湾移回故里，安葬在这个至今仍然偏僻的鄂东山村里。正是这样，与其他现代新儒学人物相比，他对"基层文化"保留了更多的同情，倾注了更多的关注，予以了更高的评价。他说："心的文化是非常现成的，也是大众化、社会化的文化。王阳明曾叹息说，他在龙场驿讲学时，乡人野老都能明白，反而回到中原后不能为许多人所了解；因中原士大夫都各有成见，不及龙场驿的人，都是非常纯朴，能自然与自己之心相合。"③ 又说："不了解这种层级性，可以说便无从了解中国文化，无从了解中华民族。"④ 本书前三章回溯徐复观的生命历程与学问道路，以《来自鄂东

---

① 徐复观：《中国文化的伏流》，载《徐复观文录》第 2 册，环宇出版社 1971 年版，第 116—117 页。
② 徐复观：《旧梦·明天》，载《徐复观文录选粹》，台湾学生书局 1980 年版，第 291 页。
③ 徐复观：《心的文化》，载《中国思想史论集》，台湾学生书局 1988 年版，第 249 页。
④ 徐复观：《中国文化的层级性》，载《徐复观文录选粹》，台湾学生书局 1980 年版，第 120 页。

泥土地的现代新儒学大师》为题名，正在于凸显他与"基层文化"的这种内在联系。

在这种"基层文化"中，当然不可能像"高层文化"那样，给超越的形而上学留出存在空间。徐复观说："凡过高过激的文化，都是由冥想、热情或推理而来的文化。"① 在他看来，形而上学是由推理而来的，属于这类"过高过激的文化"，因而只能存在于"高层文化"中，而无法在"基层文化"中得到安放。可以说，徐复观对中国文化的层级性的理解，以及由此而对"基层文化"的看重，构成了他的消解形而上学思想的文化之本。

四、消解形而上学思想根据之三：历史之源

徐复观提出的消解形而上学思想，除了有其生命之根和文化之本，还有其历史之源，是以对中国思想史的历史考察与现代疏释作为基础的。徐复观对此曾有过说明："方先生（即方东美——引者注）和熊十力先生，彼此间都存有意见，但在中国哲学上同样走的是以《易传》为根据的一条路。我是治思想史的人，喜欢穷究历史中的源流，喜欢把问题从天上拉到地下来看，在这一点上，彼此之间，是始终无法契合的。"② 可见以中国思想史研究作为基础，由此"把问题从天上拉到地下来看"，是徐复观消解形而上学思想的一个重要根据。

徐复观走上学术道路后，即把自己的学术重心放在对中国思想史的历史考察与现代疏释上，通过中国思想史研究来表达自己的思想。由此出发，他揭示了中国文化在源远流长的发展中，呈现出消解形而上学的历史走向，形成了非形而上学的现实性格。他把中国文化的这一现实

---

① 徐复观：《心的文化》，载《中国思想史论集》，台湾学生书局1988年版，第249页。
② 徐复观：《感逝》，载《徐复观杂文——忆往事》，时报文化出版事业有限公司1980年版，第189页。

性格的生成过程称之为"天的人文化"①。所谓"天的人文化",用他的话说就是:"一切民族的文化,都从宗教开始,都从天道、天命开始;但中国文化的特色,是从天道、天命一步一步的向下落,落在具体的人的生命、行为之上。"② 在他看来,正是通过这一过程,消解了中国文化中原有的形而上学的思想内容,形成了中国文化的非形而上学的现实性格。正是这样,他在中国思想史研究中着重对这一过程进行了具体考察,对其中的主要环节做出了精彩阐释,特别是深入论析了周初的忧患意识、孔子的思想性格、二程的"平铺地人文世界"③ 与朱熹的"贯通地人文世界"④ 在这一过程中的意义。

徐复观认为,"天的人文化"的开端可以追溯到周初的忧患意识的发生。在《中国人性论史·先秦篇》一书中,他对忧患意识的生成进行了考察与疏释,指出周人与殷人相比较,在精神生活上有一个很大的转变:殷人的精神生活尚未脱离原始性的宗教,人们仍把自己的行为归结为人之外的祖宗神、自然神以及上帝;周人则在传统的宗教生活中注入了自觉的精神,从而产生出周初的忧患意识。所谓忧患意识,是指人在精神上的一种自觉,其中蕴含着一种坚强的意志和奋发的精神。"忧患心理的形成,乃是从当事者对吉凶成败的深思熟考而来的远见;在这种远见中,主要发现了吉凶成败与当事者行为的密切关系,及当事者在行为上所应负的责任。忧患正是由这种责任感来的要以己力突破困难而尚未突破时的心理状态。"⑤ 这就使得周人不再像殷人那样依赖外在的

---

① 徐复观:《程朱异同》,载《中国思想史论集续编》,时报文化出版事业有限公司1982年版,第589页。
② 徐复观:《向孔子的思想性格回归》,载《中国思想史论集续编》,时报文化出版事业有限公司1982年版,第432页。
③ 徐复观:《程朱异同》,载《中国思想史论集续编》,时报文化出版事业有限公司1982年版,第569页。
④ 徐复观:《程朱异同》,载《中国思想史论集续编》,时报文化出版事业有限公司1982年版,第569页。
⑤ 徐复观:《中国人性论史·先秦篇》,台湾商务印书馆1984年版,第20—21页。

神，而转向依赖自身的努力，建立起一个由"敬"所贯注、强调"敬德""明德"的新的观念世界，以人的道德精神的自觉来指导和规范自己的行为。由此而来，中国文化在形成之初即已显示出重活动、重实践、重人的道德自觉的现实性格，而不是表现为重知识、重思辨、重上帝意志的抽象性格。

徐复观又指出，"天的人文化"在孔子那里获得了质的飞跃，形成了孔子的思想性格。在《向孔子的思想性格回归》一文中，他着重阐发了孔子的思想性格特征及其对"天的人文化"的意义。在他看来，孔子虽然也讲"天""天道""天命"，但这些内容已没有形而上的意谓，实际上是指"道"的客观性、普遍性、永恒性，因而只有"道"才是孔子思想的中心范畴。孔子所说的"道"，主要是指向生活、行为、实践的意义和人类行为经验的积累，是在"行"中解决人自身问题的"人道"，其所涉及的问题虽有上下深浅的层次，但都不是逻辑上的层次，而是"行"在开辟中的层次，是生命表现在生活中的层次。这样一来，孔子就开辟了一个以道德为中心的内在的人文世界，将生理的我转化为道德的我，将客观知识转化为生命之德，使道德与知识得到统一，并对以后中国文化发展产生了深远影响。因此，孔子的思想性格，在于重实践、重经验、重生命，而不是思辨的、形而上的。"把孔子的思想，安放到希腊哲学系统的格式中加以解释，使其坐上形而上的高位，这较之续凫胫之短，断鹤胫之长，尤为不合理。因为凡是形而上的东西，就是可以观想而不能实行的。"[①]

徐复观还认为，只有经过二程的"平铺地人文世界"与朱熹的"贯通地人文世界"，才最终消解了"天"与"人"之间的距离和矛盾，使"天"不再作为"道"的客观性、普遍性、永恒性而外在于人，从而最终完成了"天的人文化"。在《程朱异同——平铺地人文世界与贯通地人文世界》一文中，他对这两个人文世界的关系做了深入论析。所谓"平铺地人文世界"，是指二程主张"只心便是天，尽之便知性，知性便

---

① 徐复观：《向孔子的思想性格回归》，载《中国思想史论集续编》，时报文化出版事业有限公司1982年版，第437页。

知天"①,去掉了"人"上面的"天",使仁义礼智的理性都平铺地安放在人的"心"上,从而直接与人的现实生命结合在一起,并向社会政治乃至自然世界发展,这样就把形上与形下之分拉平了,把传统形而上的尾巴割掉了。所谓"贯通地人文世界",是指朱熹对"理"与"气"、"性"与"心"作了明确的区分,认为"理""性"是属于形而上的存在,"气""心"是属于形而下的存在,其关系是形上向形下的贯通,因而具有很强烈的形而上学的意味。但朱熹在作形而上与形而下的区分时,又强调实践,重视穷理,力图稳住在人间的现世的人文世界,从而使形而上的世界成为可有可无的东西,实际上又由"贯通地人文世界"回归到"平铺地人文世界"。朱熹的这一思想走向表明,消解形而上学才是中国文化的发展大趋势。徐复观由此得出结论说:"程、朱、陆、王的性即理、心即理的争端,也未尝不可以泯除而归向于平铺地人文世界的大方向。平铺地人文世界,是走向现实社会而加以承当的世界。"②

以"天的人文化"的这些环节为纽结,徐复观进一步牵引出与之相关联的整个先秦时代思想特征与精神风貌。他指出,在孔子的思想性格的影响下,先秦诸子中就形成了以重视工夫为主的思想特征与精神风貌。不论是儒家的孔子、孟子,还是道家的老子、庄子,其思想都与工夫相联系。孔子所讲的"克己复礼"及一切"为仁之方",孟子所讲的"存心""养性""集义""养气",老子所讲的"致虚极,守静笃",庄子所讲的"坐忘",皆是工夫的真实内容。这种对工夫的归结,正是先秦诸子消解形而上学的结果,从而塑造了中国文化的基本性格。

通过对于"天的人文化"过程的考察与疏释,徐复观揭示了中国文化的基本性格与总体走向。他说:"中国文化发展的性格,是从上向下落,从外向内收的性格。由下落以后而再向上升起以言天命,此天命实乃道德所达到之境界,实即道德自身之无限性。由内收以后而再向外扩

---

① 《河南程氏遗书卷第二上》,载《二程集》上册,中华书局2004年版,第15页。
② 徐复观:《程朱异同》,载《中国思想史论集续编》,时报文化出版事业有限公司1982年版,第610页。

充以言天下国家，此天下国家实乃道德实践之对象，实即道德自身之客观性、构造性。从人格神的天命到法则性的天命，由法则性的天命向人身上凝集而为人之性，由人之性而落实于人之心，由人心之善以言性善，这是中国古代文化经过长期曲折、发展所得出的总结论。"① 这里所说的"从上向下落，从外向内收"，也就是对形而上学的消解和向现实生活世界的回归。他提出的消解形而上学思想，正是以此为历史之源的。用他的话说："我研究中国思想史所得的结论是：中国思想，虽有时带有形上学的意味，但归根到底，它是安住于现实世界，对现实世界负责；而不是安住于观念世界，在观念世界中观想。"②

上述三节所论的三个方面的根据清楚表明，徐复观提出的消解形而上学思想，既有其生命之根，又有其文化之本，还有其历史之源。这些因素共同构成了他的消解形而上学思想的根据。只有从总体上把握了这些根据，才能对这一思想的基本内涵有更深入的了解，也才能对这一思想的合理性与局限性予以正确的评价。

五、消解形而上学思想的合理性

徐复观提出的消解形而上学思想，既然有着多方面的根据，那么就必然包含着合理性。具体而论，这种合理性包括了批评与建设两个方面：一方面，徐复观的这一思想以尖锐批评的方式，对现代新儒学的形上儒学重建工作提出了富有启发性的新问题；另一方面，徐复观的这一思想又以积极建设的态度，在形上儒学重建之外开拓了现代新儒学发展的新空间。

从批评方面看，徐复观提出的消解形而上学思想，试图对现代新儒学重建形上儒学进行一种解构。这种解构工作，一方面固然有其局限性，笔者在下节中将着重说明这一问题；另一方面又确实有其合理性，

---

① 徐复观：《中国人性论史·先秦篇》，台湾商务印书馆1984年版，第163—164页。
② 徐复观：《两汉思想史》卷一，台湾学生书局1982年版，三版改名自序第1页。

准确而深刻地揭示了现代新儒学重建形上儒学所面临的困境：虽然现代新儒学诸子一步步把重建形上儒学的工作推向深入，取得了诸多重要的思想创获；但现代新儒学的形上追求和本体建构，又确实与现实的生活世界产生了一种疏离之感。现代新儒学，特别是熊十力学派，尽管在重建形上儒学中强调把本体还原为现象，强调本体与人的现实生命，与人的活动、实践、文化创造的联系，但却未能解决本体论与现实生活打成一片的问题。这就使现代新儒学开展面临新的问题：现代新儒学如何克服形上儒学与生活世界之间越来越大的疏离，从而对广大民众产生吸引力和影响力？从现代新儒学在20世纪中国思想世界开展的历程看，形上儒学的重建和向生活世界的回归，其实都是必要的和重要的。如果没有现代新儒学诸子对于形上儒学的重建，由此产生了一批著名哲学家及其所创造的中国哲学本体论体系，现代新儒学大概不会产生如此强烈的影响力和如此持续的生命力。但如果没有徐复观在现代新儒学内部对重建形上儒学提出尖锐的批评，现代新儒学又会长久地自我封闭在形而上学的象牙塔中，与现实的生活世界产生出越来越大的疏离。近30年来，"儒学热""国学热""传统文化热"的出现，儒学、国学、中国传统文化在广大民众中产生日益广泛的影响，一个很重要原因，就在于推动这些"热"的儒学倡导者都不再讲抽象的形而上学，而是把儒学、国学、中国传统文化与广大民众关心的社会问题、教育问题、家庭问题、人生问题相联系。现代新儒学的这一重大转变，有力地验证和彰显了徐复观消解形而上学思想的合理性。正是这样，近年来徐复观的消解形而上学思想开始受到人们的新的重视。正如韦政通所言："假如我们不希望当代新儒家的影响，仅局限于学院和少数知识分子，而希望深入社会大众和日常生活，这将是必须面对的问题。在这个问题之前，我觉得徐复观先生《向孔子的思想性格回归》的呼声，对儒家发展的现阶段，的确有一番新义，值得我们重新体会。"[①] 可以说，只有

---

① 韦政通：《孔子成德之学及其前景》，载《儒家思想的现代诠释》，台湾"中央研究院"中国文哲研究所筹备处1997年版，第35页。

经过这种重新体会，才能对现代新儒学的未来走向作出正确的选择。

在徐复观这里，消解形而上学思想虽然是针对现代新儒学重建形上儒学而提出的，但由此而提出的如何克服形而上儒学与生活世界之间越来越大的疏离问题，实质上却是20世纪中国哲学本体论开展的一个带根本性的问题，直接关涉中国哲学本体论进一步开展的方向。这就是：中国哲学本体论怎样才能更好地同现实生活联系起来，从而更富有生命力？中国哲学本体论怎样才能更多地吸取中国文化、中国哲学的特点，从而更本质地把握中国文化、中国哲学的真精神？对于这些问题，在20世纪中国哲学本体论开展中，未能充分引起重视并获得解决；在21世纪中国哲学本体论发展中，则是无法回避而必须加以解决的。这样一来，如何解决形而上学与生活世界之间的矛盾，使哲学本体论与现实生活打成一片，就成为21世纪中国哲学发展必须关注和思考的重要问题。对这个问题的探讨，将决定未来中国哲学的思维空间和发展趋向。从哲学的本性看，尽管这个问题并不容易解决，也不可能最终解决，但对这个问题的思考、探讨与推进，却将推动未来中国哲学获得更深入的发展。因此，徐复观对现代新儒学重建形上儒学的批评，其影响、其意义不只在于现代新儒学范围，还可放大至20世纪和21世纪中国哲学开展。

从建设方面看，徐复观提出的消解形而上学思想，不仅从理论上呼唤现代新儒学从抽象的形而上学走向现实的生活世界，而且直接地转化为对现代新儒学发展空间的多向度开拓。这种转化与开拓，是与徐复观从心学路向出发对"心"所作的非形而上学理解相联系的。在他看来，"心"既是与人的具体的生命存在、生命活动分不开的，是通过人的具体的生命存在、生命活动呈现出来的，那么由"心"所产生的人生价值就主要体现在中国人的道德、宗教、艺术、认知等活动之中，由这些活动、工夫、经验具体地体现出来。因此，他把自己的思考与治学的兴奋点，移向了对这些活动、工夫、经验的深入探讨，涉及中国绘画、中国史学、中国人道德生活等多方面内容。他通过对这些内容的考察与疏释，从中发掘出中国文化及儒家精神的现代意义，并据此对全球性现代化运动所带来的现代性问题进行反省和批判，使中国文化及儒家精神能够再生于现代世界。这样一来，就在重建形上儒学之外，为现代新儒学发展开拓了新空间。

重视中国艺术精神，把体现这一精神的中国绘画纳入现代新儒学论域，无疑是徐复观对现代新儒学发展空间的一个重要开拓。他指出，魏晋以来的人物画与宋代开始的山水画，实为中国文化开展中消解形而上学的产物，经历了一个从思的世界到画的世界的演变历程。老子所提出的"道"，本是形而上学的建构，但经过庄子及魏晋玄学，一步步走向包括人间世和自然界在内的生活世界，进而转化为画家笔下的人物画与山水画。人的生命跃动，画家的人格追求，不仅在中国的人物画中以人物形象生动地体现出来，而且在中国的山水画中通过自然景物深刻地体现出来。宋以后成为中国画主流和骨干的山水画，所追求和所呈现的不是一种纯粹的自然景观，而实际是人的生命存在和生命跃动。在山水画中，正是人的生命存在和生命跃动，赋予了山水林木之美。因此，中国绘画不仅在历史上有其伟大成就，而且在现代社会生活中仍有其重要意义，所体现的人生境界与西方近现代文化的性格呈现出鲜明的不同："中国绘画，由人物而山水，山传色而淡采，而水墨，这都是出自虚、静、明的精神，都是向虚、静、明精神的自我实现。所以由中国艺术所呈现的人生境界，是冲融淡定、物我皆忘的和平境界。"[①] 中国绘画的这种人生境界，无疑与现代高度工业化的社会以及由之而来的激烈的竞争、变化，处于两极对立、相互矛盾的地位；但这并不意味着中国绘画在现时代就失却了实际的意义，仅仅只能作为思想史和艺术史上的古董。现代高度发达的科技文明和工业社会，带来了竞争、争斗、异化，现代人类处于孤独、焦虑、绝望的精神状态。在这种情况下，中国绘画，特别是中国山水画，所呈现的冲融淡定、物我皆忘的和

---

① 徐复观：《中国艺术杂谈》，载《徐复观杂文——记所思》，时报文化出版事业有限公司1980年版，第154页。

平境界，能像炎热时的清凉饮料一样，给躁动不安的现代人类注入平静、安定、谐和的因素。徐复观颇有感慨地说："专制政治今后可能没有了；但由机械、社团组织、工业合理化等而来的精神自由的丧失，及生活的枯燥、单调，乃至竞争、变化的剧烈，人类是需要火上加油性质的艺术呢？还是需要炎暑中的清凉饮料性质的艺术呢？我想，假使现代人能欣赏到中国的山水画，对于由过度紧张而来的精神病患，或者会发生更大的意义。"① 在他看来，中国绘画，特别是中国山水画，能对现代化进程所引发的现代人类的精神痛苦起一种治疗作用，是今天和今后的人类生存仍然不可缺少的东西。

重视中国史学精神，把中国史学的思想史价值在现代新儒学中凸显出来，是徐复观对现代新儒学发展空间的又一个重要开拓。他认为，思想家对自己思想的表达，一是用哲学的方式，另一是用史学的方式。哲学的方式是通过哲学家"说"的理论来表达思想，史学的方式则是通过史学家"说"的历史来表达思想。这两种表达思想的方式，在文本与读者之间有着不同的效果和作用："哲学家的语言，是把自己的思想，凭抽象的概念，构成一种理论，直接加之于读者的身上；读者须通过自己的思考能力，始可与哲学家的理论相应。而相应以后，由理论落实到行为上，还有一段距离。历史家的语言，则是凭具体的历史故事，以说向具体的人。此时读者不是直接听取作者的理论，而是具体的人与具体的人直接接触，读者可凭直感而不须凭思考之力，即可加以领受。并且，此时的领受，是由'历史人'的言行，直接与'现存人'的言行，两相照应，对读者可当下发生直接作用。也可以说，这是由古人行为的成效以显示人类行为的规范，不需要有很高的文化水准，便可以领受得到的。"② 相比之下，由于"历史家的语言"所"说"的不是抽象的理论而是具体的人，使得文本与读者之间能够建立起一种历史中的"具体的人"与现实中的"具体的人"的直接的接触、了解，因而文本更易为

---

① 徐复观：《中国艺术精神》，台湾学生书局1984年版，自叙第8页。
② 徐复观：《两汉思想史》卷三，台湾学生书局1984年版，第2—3页。

读者所接受，发生更大的影响作用。正是这样，不仅历史上的哲学具有思想史的意义，而且历史上的史学也具有思想史的价值。他说："由先秦以及西汉，思想家表达自己的思想，概略言之，有两种方式。一种方式，或者可以说是属于《论语》《老子》的系统。把自己的思想，主要用自己的语言表达出来，赋予以概念性的说明。这是最常见的诸子百家所用的方式。另一种方式，或者可以说是属于《春秋》的系统。把自己的思想，主要用古人的言行表达出来；通过古人的言行，作自己思想得以成立的根据。这是诸子百家用作表达的一种特殊方式。"① 因此，史学的意义不仅在于记录了历史上的各种人物与事件，记录了历史上的一个个活生生的生命，而且更在于记录了一个民族的文化生命历程。他在评价《左传》时即言："左氏主要是采用了以史传经的方法，因而发展出今日可以看到的一部伟大的史学著作——《左氏传》，其意义实远在传经之上。传经是阐述孔子一人之言，而著史则是阐发了二百四十二年的我们民族的集体生命，以构成我们整体文化中的一段生动而具体的形相，这是出自传经，而决非传经所能概括的意义。"②

重建中国人的道德生活，使中国道德精神再生于中国现代化进程之中，也是徐复观对现代新儒学发展空间的一个重要开拓。在他看来，中国自近代以来走上现代化进程，对于中华民族来说是历史的必由之路，"谁也不会怀疑中国需要现代化"③。但他同时敏锐地看到，现代化进程产生了他称之为"现代文化的病根"④ 的现代性问题。这种"病根"所带给现代中国人的一个重疾，就是过分强调科学知识、工具理性，而忽视了人的道德修养，使人生难以安顿。他尖锐指出："现代许多文化上所发生的争论，实际上是对科学与道德的关系所发生的争论。

---

① 徐复观：《两汉思想史》卷三，台湾学生书局1984年版，第1页。
② 徐复观：《两汉思想史》卷三，台湾学生书局1984年版，第275页。
③ 徐复观：《我们在现代化中缺少了点什么——职业道德》，载《徐复观文录选粹》，台湾学生书局1980年版，第166页。
④ 徐复观：《日本的镇魂剂——京都》，载《徐复观文录选粹》，台湾学生书局1980年版，第47页。

公开认为无所谓道德的问题,这也是现代思想中的一股潮流。"① 因此,重建中国人的道德生活,使中国道德精神再生于中国现代化进程之中,成为他竭力呼吁、用心探讨的大问题。在这个问题上,他从消解形而上学思想出发,形成了自己的思路。这就是:"道德问题,只会在一般人的现实生活中才可以发生的。离开了一般人的现实生活来谈有无道德的问题,那完全是一种没有意义的废话。"② 正是这样,他不主张从形而上学来讲道德,或把道德讲成形而上学,而是从现代化进程中的中国人的现实生活出发,来讲如何重建中国人的道德生活。例如,他指出民族国家意识在中国现代化进程中具有特别的重要性,强调把国族的观念置于个人的意见之上,把国族的利益置于个人的利益之上,应成为现代中国人特别是中国知识分子的公德。他说:"一个知识分子忘记了自己的国家民族,甚至为了一时的恩怨、利害,而走上了与自己的国家民族为仇之路,这种知识分子的良心固然成问题,他所得到的知识也必然成问题。"③ 又如,他认为职业道德是中国现代化进程不可或缺的精神动力,反对在现代化追求中只注重专业知识,只强调物质待遇,而忽视最基本的职业道德培养。他说:"我们最多数的人都有职业,为什么对现代化的助力很少呢?即是职业观念、职业道德的缺乏。所谓职业观念、道德,是在自己职业的本身,于有意无意之中,承认它具备有无限的价值。认为实现职业的价值,即是实现自己人生的价值,因而把自己的生命力,完全贯注于自己职业之中,把职业的进步,当作自己人生的幸福;此之谓职业观念、职业道德。就一般人来说,这种职业观念、道德,要靠合理的待遇来加以刺激和维持。但假定根本没有此种道德,待

---

① 徐复观:《科学与道德》,载《徐复观文录选粹》,台湾学生书局1980年版,第85页。
② 徐复观:《科学与道德》,载《徐复观文录选粹》,台湾学生书局1980年版,第85页。
③ 徐复观:《知识良心的归结——以汤恩比为例》,载《徐复观杂文——记所思》,时报文化出版事业有限公司1980年版,第421页。

遇再好也没有用处。"① 他由此感叹地说，这种对职业道德的重视，其实也就是宋儒所讲的"尽分"。"我们今日应把'尽分'的观念，推扩到职业上去。每一知识分子，应痛责在自己的职业上，没有能'尽分'。要现代化吗？从知识分子的'尽分'开始吧。"②

总之，不论是从批评方面看，还是从建设方面看，徐复观提出的消解形而上学思想都有其合理性，对现代新儒学和现代形态中国哲学的开展都具有积极的意义，应当从20世纪中国儒学史和20世纪中国哲学史两个视域来观照和理解。

六、消解形而上学思想的局限性

徐复观提出的消解形而上学思想，在具有合理性的同时，也包含了局限性。这种局限性集中体现为徐复观对形而上学意义的理解存在着缺陷，主要在两个方面表现出来：一是未能深刻理解形而上学在哲学中的重要性；二是未能充分理解形上儒学在儒学开展中的重要性。

形而上学作为哲学中最为抽象的内容，与现实的生活世界确实存在着距离，两者之间往往会出现疏离的现象。特别是在西方哲学由古代至近代的发展中，两者之间的距离更大、疏离更明显。在现代西方哲学发展中，出现维也纳学派主张拒斥形而上学，从某种意义上说，也是为了走出这一困境。但形而上学在哲学中的重要性，并不因此就可以加以否定。对于这种重要性，黑格尔曾经有过很深刻的说明，他指出："假如一个民族觉得它的国家法学、它的情思、它的风习和道德已变为无用时，是一件很可怪的事；那么，当一个民族失去了它的形而上学，当从事于探讨自己的纯粹本质的精神，已经在民族中不再真实存在时，这至

---

① 徐复观：《我们在现代化中缺少了点什么——职业道德》，载《徐复观文录选粹》，台湾学生书局1980年版，第168页。

② 徐复观：《我们在现代化中缺少了点什么——职业道德》，载《徐复观文录选粹》，台湾学生书局1980年版，第169页。

少也同样是很可怪的。……一个有文化的民族竟没有形而上学——就像一座庙，其他各方面都装饰得富丽堂皇，却没有至圣的神那样。"①形而上学之所以被黑格尔视为哲学中最为重要最为神圣的内容，就在于它十分抽象而又相当深刻地反映了一个民族的文化精神。这种文化精神包括了时代精神与民族精神。一个民族的文化精神，在它达到一定的自觉时，往往要升华为形而上学，以形而上学的形式，通过本体论的建构体现出来。在建立哲学本体论的过程中，哲学家们把自己的情感与理想、希望与追求、对祖国前途和人类命运的关怀与理解，都熔铸于其间，从而在哲学本体论中再现出哲学家的自我、哲学家的民族、哲学家的时代。哲学家们对形而上学的反复思考，对哲学本体论的不断建构，反映了一个民族对自己文化精神理解的深化，凝结了一个民族对自己生存智慧的追求，体现了一个民族的文化自觉和文化自信。如果哲学不讲形而上学，不讲本体论，这些情感与理想、希望与追求、关怀与理解等等崇高的东西，可以说都难以获得安放。而哲学失去了这些内容，也就没有了诗意的激情，没有了智慧的灵性，没有了激动人心、鼓舞人心、凝聚人心的生命力和影响力。在现实的生活世界中，大量存在的是平庸的日常生活；要使人们从平庸的日常生活中超拔出来，提升自己的精神境界，就需要哲学上的形而上学，以自己的崇高的东西来引导时代、启迪人心。因此，形而上学固然与现实的生活世界表现出疏离，但对于现实的生活世界来说又不是多余的东西。

形而上学的这种重要性，在20世纪中国哲学中鲜明地凸显出来。近代的中华民族，内忧外患，救亡启蒙，贞下起元，多难兴邦，激起中国哲学家们对哲学本体论问题的思考与探讨。他们通过这种思考与探讨，来寄托自己的家国情怀，来重建中华民族的精神生活，来寻找解决中国问题的正确道路。在这一点上，熊十力等现代新儒学诸子致力于中国哲学本体论问题的探讨，以重建形上儒学作为现代新儒学开展的主流形态和基本特征，确实是抓住了20世纪中国哲学发展的关键。经过

---

① [德]黑格尔：《逻辑学》上卷，杨一之译，商务印书馆1966年版，第1—2页。

现代新儒学诸子的不懈努力，终于创造出了中国人自己的融会中西古今哲学资源的形而上学体系，并通过这种体系批判西方哲学之短，昭显中国哲学之长，由此而显示出中国哲人的智慧和原创性，推进了中国哲学的现代化进程，也吸引了一批批中国哲学的后继者。因此，这种形上儒学的重建工作，对重建民族智慧、复兴中国哲学都具有积极的意义，产生了深远的影响。

对于儒学自身的开展来说，形上儒学亦具有重要的意义。尽管孔子的思想性格，确如徐复观所论是非形而上学的；但孔子思想之所以能在以后二千多年中发扬光大，源远流长，很重要的一个原因，就在于儒学在孔子之后能够建立自己的形而上学，由此来寄托理想、表达希望、显示崇高、追求智慧。郭店楚简《性自命出》等篇章清楚地表明，早在战国中期，儒家学者就开始对儒家思想作出形而上学阐释，产生了最初的形上儒学。至宋明时期，儒家学者进一步吸取了玄学、佛教的形上思维资源，建立了一系列不同思路的形上儒学体系，把形上儒学发展到鼎盛阶段。而现代新儒学经过近百年的发展，由少数的几个人而成为20世纪中国哲学史上最有影响力的思潮之一，亦与以形上儒学为主流形态与基本特征相联系。如果现代新儒学诸子不是作为哲学家而只是作为文化保守主义者在20世纪中国思想世界出现，不是立足于探讨本体论问题而只是关心中西古今文化关系问题，他们的成就和影响一定不会有今日之大。总之，形上儒学以其哲学思辨的独特的性质，为儒学的发展开辟了更广阔的思维空间；又以其与中国人的生活世界的独特的联系，为中华民族提供了更深刻的生存智慧。因此，对于形上儒学的价值与意义，不能简单地以孔子的思想性格为标准来衡论，而应放在全部儒学史中来进行评价。

然而，徐复观为了改变重建形上儒学所导致的现代新儒学与生活世界越来越大的疏离，开辟现代新儒学由抽象的形而上学走向现实的生活世界之路，而对形而上学在哲学中的重要性及形上儒学在儒学开展中的重要性，没有予以充分的重视。他虽然没有对哲学上的形而上学作出明确拒斥，但却仅仅把这些内容看作是西方哲学的东西，而强调中国文化及儒学的开展，是以消解形而上学为其趋向和特征。因此，他对于现代新儒学诸子重建形上儒学尤其不满，断言"从宋儒周敦颐的《太极图说》起到熊师十力的《新唯识论》止，凡是以阴阳的间架所讲的一套形而上学，有学术史的意义，但与孔子思想的性格是无关的"①。在这里，徐复观提出的消解形而上学思想的局限性是明显的。

七、消解形而上学思想的启示

现代新儒学在 20 世纪中国思想世界的兴起，是以形上儒学的重建为其主流形态和基本特征，产生了一批著名哲学家及其所创造的中国哲学本体论体系，如熊十力的"新唯识论"、冯友兰的"新理学"、贺麟的"新心学"、唐君毅的"心通九境论"、牟宗三的"两层存有论"等等。在 20 世纪中国哲学开展中，现代新儒学成为了人文主义思潮的主体部分；人文主义思潮对中国哲学本体论的重建，正是通过这些形上儒学体系的建构而实现的。然而，在这个主流形态和基本特征之外，现代新儒学在其开展中也出现了批评重建形上儒学的声音。在这方面，徐复观提出的消解形而上学思想，以及由此而对熊十力诸师友重建中国哲学本体论的批评，无疑是最有代表性的。但由于现代新儒学的主流形态和基本特征的遮蔽，徐复观的这一思想长期以来未能受到重视。只有在进入 21 世纪以来，随着现代新儒学的兴奋点由追求本体论建构转向生活世界，人们才开始发现徐复观这一思想实体现了现代新儒学开展的另一种方向，即力图改变重建形上儒学所导致的现代新儒学与生活世界越来越大的疏离，开辟现代新儒学由抽象的形而上学走向现实的生活世界之路。因此，徐复观提出的消解形而上学思想，包括其中的合理性与局限性，对儒学在 21 世纪的开展提出了一个重大问题，即必须处

---

① 徐复观：《向孔子的思想性格回归》，载《中国思想史论集续编》，时报文化出版事业有限公司 1982 年版，第 432 页。

理好抽象的形上儒学与现实的生活世界的关系。

通过对徐复观消解形而上学思想的上述论析，可以发现要处理好形上儒学与生活世界的关系必须把握好三个基本环节：一是儒学必须扎根于中国人的现实的生活世界之中，与百姓日用相联系，这就需要改变形上儒学与生活世界越来越大的疏离；二是儒学必须引导时代、启迪人心，而不与百姓日用相沉沦，这就要求儒学建立抽象的形而上学，以寄托和表达自己的情感与理想、希望与追求、关怀与理解等等崇高的东西；三是儒学的这种形上追求，又不是指向辽远的彼岸世界，建构于超现实现世的天国，而总要落实到中国人的现实的生活世界之中。这三个环节所体现的形上儒学与生活世界的关系，可以用冯友兰的两句名言来概括，这就是："即世间而出世间"[①]，"极高明而道中庸"[②]。其中，既包括了徐复观消解形而上学思想的合理内涵，也包括了现代新儒学重建形上儒学的合理内涵，是两者辩证的、历史的综合。

由此可见，徐复观提出的消解形而上学思想，不论是其合理性还是其局限性，都为儒学在21世纪的开展提供了有益的启示。

[①] 冯友兰：《新原道》，载《三松堂全集》第5卷，河南人民出版社1986年版，第6页。

[②] 冯友兰：《新原道》，载《三松堂全集》第5卷，河南人民出版社1986年版，第7页。

第八章 徐复观的中国思想史研究方法论

徐复观作为思想家和国学家，对思想的表达和国学的研究，对中国传统文化的"现代的疏释"，都是以中国思想史研究为中心而展开的，即是以对中国思想史作"现代的疏释"来对中国传统文化作"现代的疏释"。可以说，他是一位以中国思想史论来表达自己思想的思想家，也是一位以中国思想史研究来探讨中国传统文化的国学家。正如他所说："我的看法，对于中国文化的研究，主要应当归结到思想史的研究。……垂暮之年，觉得古代思想堡垒之门，好像向我渐渐开了一条隙缝，并从缝隙中闪出了一点光亮；所以这几年作了若干尝试性的工作。"[①]

徐复观的中国思想史研究，他以对中国思想史作"现代的疏释"来对中国传统文化作"现代的疏释"，具有丰富的内涵和多方面的成就。这些在本章以后各章中将详细地介绍：第九章介绍他的儒家思想研究与对中国道德精神的阐释，第十章介绍他的道家思想研究与对中国艺术精神的阐释，第十一章介绍他的史学思想探源与对中国史学精神的阐释。在本章中所要说明的，是贯穿于他的中国思想史研究中的方法论。这一方法论，是他的中国思想史研究的思维框架，也是他的中国思想史研究的基本原则。他对中国思想史的"现代的疏释"之所以能够取得如此巨大的成就，他的中国思想史论之所以在21世纪的今天仍然具有魅力、仍然为人们所关注和研究，都是与他的中国思想史研究方法论相联系的。要深入了解他的中国思想史研究，深入了解他对中国思想史的"现代的疏释"，首先需要了解他的中国思想史研究方法论。

[①] 徐复观：《研究中国思想史的方法与态度问题》，载《中国思想史论集》，台湾学生书局1988年版，第1—9页。

一、中国思想史研究的方法论问题

在中国思想史研究中,开展对中国思想史的"现代的疏释",并进而来表达研究者自己的思想,是一个难度很大的工作。在这里,研究者既涉及对古人思想的疏释问题,又涉及通过这种疏释来表达自己思想的问题。这是相互交织在一起的双重难题。要处理好这两者的关系,就有一个研究方法的选择问题;而要解决好研究方法的选择问题,并不是一件容易的事。对此,徐复观曾面对前人的有关成果感叹地说:中国思想史研究,"一直到现在为止,还没有产生过一部像样点的综合性的著作。这一方面固然是因为分工研究的工作做得不够,但最主要的还是方法与态度的问题"[①]。因此,他在中国思想史研究中,十分重视方法论问题,自觉地对研究方法进行探索、改进、重铸,经过长期的探讨形成了一套独特的中国思想史研究方法论。依靠这个方法论,他不仅通过自己的研究,通过对中国思想史的"现代的疏释",历史地再现了古人的思想,揭示了其间的含义与脉络,而且通过对古人思想的解释,说出了自己的所思所想,显示了自己思想的深度与力度。

徐复观对于自己的中国思想史研究方法论,曾用"现代的疏释"这一概念来作概括和定位。"现代的疏释"这一概念,是他在回顾自己与同为熊十力学生的唐君毅、牟宗三的学问同异时所提出的。他说:

> 唐先生、牟先生和我在学问上也就逐渐开展出不同的途径。唐、牟两位先生努力自己哲学的建立,尤其是牟先生更用力建构自己的哲学体系。而我并不曾想要建立一套自己的思想体系。当初我们少数人,看到中国文化遭受诬蔑,于是共同发心,要为中国文化打抱不平。这纯粹是出于对中国文化的责任感。这就需要做许多疏

[①] 徐复观:《研究中国思想史的方法与态度问题》,载《中国思想史论集》,台湾学生书局1988年版,第1页。

导工作。我所致力的是对中国文化作"现代的疏释"。①

这种"现代的疏释",用之于中国思想史研究,实即倡导一套新的、"现代"的思想史的研究方法。顾名思义,这一新的、"现代"的思想史研究方法,与中国传统的、"前现代"的思想史研究方法是有所区别的。这种区别在于:对于中国传统学术中的考据方法与义理方法、汉学风格与宋学气象,徐复观没有作非此即彼的选择和继承,而是作了一种扬弃和综合,并进而吸取了西方哲学思想资源,加以融会和贯通,形成了自己的中国思想史研究方法论。

徐复观对中国思想史研究方法论作过许多论述,但这些论述往往散见于他的诸多论著中,并未有集中的长篇大论的专门阐发。这里的一个重要原因在于,他的这种研究方法论,是在他的中国思想史研究中,通过长期摸索、逐渐丰富、不断完善而一步步发展起来的,不是在他开始中国思想史研究之时即已提出的,也不是在他从事中国思想史研究的某一时期而告形成的。但这不是说,徐复观的中国思想史研究方法论是没有逻辑结构、没有明晰形态、不成其一家之言的。这就需要对他的有关论著加以收集和清理、提炼和疏释,从中发掘出他的中国思想史研究方法论的逻辑结构和基本形态,昭显其一家之言。正如徐复观谈到中国古代思想家的思想形态时所说:"这种结构,在中国的思想家中,都是以潜伏的状态而存在。因此,把中国思想家的这种潜伏着的结构,如实的显现出来,这便是今日研究思想史者的任务,也是较之研究西方思想史更为困难的任务。"② 对于徐复观的中国思想史研究方法论,也当作如是看待、如是研究、如是阐明。

正是这样,在本章中,笔者力求通过对这些分散的论述进行收集、

---

① 引自林镇国等:《擎起这把香火——当代思想的俯视》,载《徐复观杂文续集》,时报文化出版事业有限公司1981年版,第410页。
② 徐复观:《研究中国思想史的方法与态度问题》,载《中国思想史论集》,台湾学生书局1988年版,第2页。

筛选、概括，寻找其间的逻辑联系和思想脉络，揭示出徐复观的中国思想史研究方法论的基本内容与主要特色。归纳起来，他的中国思想史研究方法论可以概括为五个逻辑环节来加以说明：（一）在考据与解释之间；（二）在西学与中学之间；（三）在义理与实践之间；（四）"对语"与"追体验"；（五）从"精英史"到"庶民史"。

二、在考据与解释之间

徐复观的中国思想史研究方法论，第一个逻辑环节是对考据与解释关系的阐明与把握。这是徐复观的中国思想史研究方法论的逻辑起点。

徐复观在一次谈话中，曾对自己所致力开展的中国思想史的"现代的疏释"，从方法论上作过两点概括：

（一）思想史的研究。疏导中国文化，首先要站在历史上说话，不能凭空杜撰。思想的演变，地位的论定，一定要抉择爬梳，有所根据。换句话说，我是用很严格的考据方法重新疏释、评估中国的文化。

（二）我的工作，是受到时代经验的推动与考验。当代学者由错误考证所导出的错误想法，我一定要用更精确的考证来辨证。更重要的，在我的文章中，自然浮出时代的影子。[①]

这里的两点概括，从方法论上简明扼要地说明了中国思想史研究中的考据与解释的关系，实际上谈了徐复观的中国思想史研究方法论的逻辑起点，表明了他的中国思想史研究方法与中国传统学术中的考据方法与义理方法、汉学风格与宋学气象的联系与区别。

[①] 引自林镇国等：《擎起这把香火——当代思想的俯视》，载《徐复观杂文续集》，时报文化出版事业有限公司1981年版，第410页。

一方面，徐复观肯定了中国思想史研究必须持实事求是的态度，离不开考据的方法。在他看来，对待历史上的思想资料，首先需要用很严格的考据方法，以确定其历史上的思想资料的真实性、可靠性，并把握其本身的含义。他说："我们所读的古人的书，积字成句，应由各字以通一句之义；积句成章，应由各句以通一章之义；积章成书，应由各章以通一书之义。这是由局部以积累到全体的工作。在这步工作中，用得上清人的所谓训诂考据之学。"① 因此，他在谈到自己的中国思想史研究时说："二十余年的努力方向，在以考证言思想史，意在清理中国学术史里的荆棘，以显出人文精神的本真"②。只有在确定历史上的思想资料的真实性、可靠性的基础上，从真实可靠的思想资料出发，才谈得上真正意义上的思想史的研究，这是他反复强调的。

在这方面，徐复观反对把中国思想史研究混同于义理之学，认为尽管这两者都强调的是"思想性"，但义理之学不必一定要以考据为前提和基础，而中国思想史研究则必须以考据为前提和基础。对于历史上的思想资料，义理之学主要是以思想家自己的思想为尺度作选取，中国思想史研究则首先是以思想资料的实际内容而不是以研究者自己的思想尺度作选取。他说："义理之学，可以直接从义理之学的本身去讲。此时固然会关涉到若干史实，但他的重点可以不放在史实的考证整理上面；有如一个讲伦理学的人，他会关涉到若干伦理思想史的史实，但他的目的重点，不是在讲伦理思想史。反之，专门讲伦理思想史的人，也并非一定就等于是讲伦理学。……把义理之学与思想史混为一谈，等于把哲学和哲学史视为一物。"③ 正是这样，他对自己的老师熊十力提出了批评，认为："乾嘉学派，一直到今天还是一股有力的风气。我留心

---

① 徐复观：《有关思想史的若干问题》，载《中国思想史论集》，台湾学生书局1988年版，第113页。
② 徐复观：《远奠熊师十力》，载《徐复观杂文——忆往事》，时报文化出版事业有限公司1980年版，第230页。
③ 徐复观：《两篇难懂的文章》，载《学术与政治之间》，台湾学生书局1985年版，第484—485页。

到，治中国哲学的人，因为不曾在考据上用过一番工夫，遇到考据上已经提出的问题，必然会顺随时风众势，作自己立说的缘饰。例如熊师十力，以推倒一时豪杰的气概，在中国学问上自辟新境。但他瞧不起乾嘉学派，而在骨子里又佩服乾嘉学派，所以他从来不从正面撄此派之锋，而在历史上文献上常提出悬空地想象以作自己立论的根据，成为他著作中最显著的病累。其他因乘风借势，而颠倒中国思想发展之绪的，何可胜数。所以我从《中国人性论史·先秦篇》起，考据工作，首先指向古典真伪问题之上。"①

在徐复观的中国思想史论中，这类重视文献考据和文字训诂的例子很多。他不仅重视传世的文献，而且对当时中国大陆的新出土文献也十分关注。20世纪70年代前期，长沙马王堆汉墓出土帛书《老子》发表后，他就十分关注，认真研究，撰写了《帛书〈老子〉所反映出的若干问题》一文。这篇文章的开头指出："研究古典，总是想找到最接近原著的传本。流传得最广的，传本便越多越杂，在传本的追溯校勘上所费的工夫便愈大愈难。"②徐复观对于历史上的思想资料所取的实事求是的态度，由此可见一斑。

另一方面，徐复观认为中国思想史研究，在运用考据方法的基础上还需要运用解释方法。他强调解释方法是思想史研究不可或缺的方法，从而凸显了中国思想史研究的解释功能，对中国思想史研究作了这样的定位："思想史的工作，是把古人的思想，向今人后人，作一种解释的工作。"③他批评了从清代乾嘉学派以来搞考据的学者，认为他们都不了解中国思想史研究除了需要文字的训诂工作以外，还需要有进一步的思想资料的解释工作，而以为只有找出一个字的原形、原音、原义

---

① 徐复观：《中国思想史工作中的考据问题》，载《两汉思想史》卷三，台湾学生书局1984年版，代序第2页。
② 徐复观：《帛书〈老子〉所反映出的若干问题》，载《两汉思想史》卷三，台湾学生书局1984年版，第553页。
③ 徐复观：《中国思想史工作中的考据问题》，载《两汉思想史》卷三，台湾学生书局1984年版，代序第3页。

才是可靠的训诂,并以这种训诂来满足中国思想史研究的要求。在他看来,这种以语源研究为治中国思想史方法的观点,完全是由于缺乏文化演变的历史观念而产生的错觉。他对此批评说:"因中国文字的特性,从语源上找某一思想演变的线索,并不是没有一点益处;但不应因此而忽略了每一思想家所用的观念名词,主要是由他自己的思想系统来加以规定的。"① 因此,"思想史中的重要抽象名词,不是仅用《尔雅》《说文》系统的传统训诂方法,即能确定其内容的"②;"若一个人的工作仅仅停留在文献学的阶段,这并不是没有价值,但不能称之为思想史"③。这就强调了要在考据的基础上对历史上的思想资料作进一步的解释,把解释作为考据之后的一个必要而且重要的环节。

在徐复观看来,解释方法与考据方法,是有本质上的不同的。考据是对历史上的思想资料的真实性、客观性进行考察并把握其本身的含义,解释则是对历史上的思想资料的含义予以进一步的说明和理解。这种进一步的说明和理解,既显发了历史上的思想资料的含义,又表达了解释者对这些含义的看法。他说:"'解释'不仅是因研究而自然底所得出的结论,也是在研究过程中由研究工作自身所不断发出的要请。"④

对于这种解释工作,徐复观进行了系统总结,认为应当包括三个层面的内容:第一个层面,是知人论世的层面。他认为,知人论世包含了两个方面的内容:一是具体地看,"古人的思想,必然与古人的品格、个性、家世、遭遇等,有密切关系"⑤;二是历史地看,"古人思想的形

---

① 徐复观:《研究中国思想史的方法与态度问题》,载《中国思想史论集》,台湾学生书局 1988 年版,第 4 页。
② 徐复观:《中国人性论史·先秦篇》,台湾商务印书馆 1984 年版,再版序第 2 页。
③ 徐复观:《两篇难懂的文章》,载《学术与政治之间》,台湾学生书局 1985 年版,第 485 页。
④ 徐复观:《两篇难懂的文章》,载《学术与政治之间》,台湾学生书局 1985 年版,第 473 页。
⑤ 徐复观:《中国思想史工作中的考据问题》,载《两汉思想史》卷三,台湾学生书局 1984 年版,代序第 3 页。

成，必然与古人所遭遇的时代，有密切关系"①；而这两个方面的内容，总是纠缠在一起的。第二个层面，是在历史中探求思想发展的演变之迹的层面。他认为："不仅思想的内容，都由发展演变而来；内容表现的方式，有时也有发展演变之迹可考。只有能把握到这种发展演变，才能尽到思想史之所谓'史'的责任，才能为每种思想作出公平正确地'定位'。"② 第三个层面，是以归纳方法从全书中抽出结论的层面。他认为：在此一层面中，首先须细读全书，这便把训诂、校勘、版本等问题概括在里面；仔细读完一部书之后，还要加以条理，加以分析，加以摘抄，加以前后贯通、左右比较，才能得出结论。对这一层面的研究工作，他作过具体的说明。如在谈到如何理解孔子的"知天命"③三字时，他指出："我的解释方法，是综合融贯了他全般的语言，顺着他的思想的基本方向和基本精神，加以合理的推论，将古人所应有但未经明白说出的，通过一条谨严的理路，将其说出。这是治思想史的人应该做的工作。"④ 在他看来，第三个层面的这种解释工作十分重要，他说："此一推论之当否，关系于对古人的思想是否能因此而作合理的解释，及可不可以得到直接或间接的证据。"⑤ 只有经过这三个层面的解释工作，才能对历史上的思想资料作出深入透彻的解释。

徐复观又指出，这样一来，任何解释一定会比原文献上的范围说得较宽、较深，因此常常把原文献可能含有、但又不曾明白说出来的思想也揭示出来。只有通过解释，人们才能更明晰更深入地把握历史上的思

---

① 徐复观：《中国思想史工作中的考据问题》，载《两汉思想史》卷三，台湾学生书局1984年版，代序第4页。

② 徐复观：《中国思想史工作中的考据问题》，载《两汉思想史》卷三，台湾学生书局1984年版，代序第4页。

③ 《论语·为政》。

④ 徐复观：《有关中国思想史中一个基题的考察》，载《学术与政治之间》，台湾学生书局1985年版，第448页。

⑤ 徐复观：《有关中国思想史中一个基题的考察》，载《学术与政治之间》，台湾学生书局1985年版，第448页。

想家的体系。在这方面,他十分欣赏德国哲学家卡西尔的观点:"在哲学上属于过去的那些事实,如伟大思想家们的学说和体系,如果不作解释那就是无意义的。"① 在他看来,在阐发一个思想家的思想结构时,没有一点解释的纯叙述,事实上是不可能做到的。

在考据方法与解释方法之间,徐复观也有所侧重和强调。这就是更重视后者,更强调解释的意义。因为在他看来,思想史研究的是"思想性";离开了解释,实际上是谈不上"思想性"的。他曾对有清一代学术发展中的汉学风格与宋学气象作过比较,认为:"中国传统的学问,本是以经世致用为目的的;因此,中国学问的本身,二千余年来,本是以对现实问题负责所形成的'思想性'为其主流的。中国学问的活动,自先秦以来,主要是'思想'的活动。但在满清统治之下,知识分子受到异族与专制的双重压迫,乃不得不离开思想的主题——现实问题,而逃入到零碎的训诂考据中去,使中国传统文化,对人生社会完全成为无用的东西。同时,搞考据的一般人,自戴东原以下,皆是矜心戾气,互为名高;凡不合他们口味的,排挤不遗余力。他们的'实事求是',最大限度,也只能以两汉经生之所是,代替先秦诸子百家之所是。不仅把唐宋元明历代学术文化中的思想性,完全排除了;连先秦诸子百家乃至两汉中凡是有思想性的东西,也都给他们整死了。以康有为为代表的今文学的兴起,尽管他们猖狂附会,但把中国传统学术文化中的思想性,经过他们这一转手而复活起来,重新对时代的问题负起了学术文化所应负的责任,依然是有某一限度地意义。"② 在他看来,自戴震以下的考据学与以康有为为代表的今文经学,尽管对待历史上的思想资料的研究都存在偏弊,但相比较之下,以康有为为代表的今文经学有着更多的合理性。因为考据学排除了、整死了中国传统学术文化中的思想性,

---

① [德]恩斯特·卡西尔:《人论》,甘阳译,上海译文出版社1985年版,第227—228页。徐复观的引文译自日译本《人论》,见徐复观:《研究中国思想史的方法与态度问题》,载《中国思想史论集》,台湾学生书局1988年版,第3页。

② 徐复观:《五十年来的中国学术文化》,载《中国思想史论集》,台湾学生书局1988年版,第251页。

而康有为对儒家经典的疏释毕竟立足于讲出自己的思想，使中国传统学术文化中的思想性由此而复活起来。因此，他颇有感慨地说："人固然不可以胡思乱想，但更不可以不思不想。不思不想的结果，连考据也要被断送掉，这才是今日学术界可悲的现象。"① 他指出，到了20世纪，王国维、陈寅恪、陈垣、汤用彤等大学问家，都经历了"渐由考据走上思想史的道路"②，这才是他们学问的生命力和影响力之所在。

徐复观主张在中国思想史研究中解释重于考据，当然会遇到一个解释的主体性问题。解释不可能是纯客观的。徐复观不仅看到了这一点，而且还承认这一点，他所说的"'解释'不仅是因研究而自然底所得出的结论，也是在研究过程中由研究工作自身所不断发出的要请"③，就明白地表达了这一意思。在他看来，一个思想史研究者，之所以能通过思想史论讲出自己的思想，也就在于这里。他所说的中国思想史的"现代的疏释"之所以为"现代"，除了在思想史研究方法上与中国传统学术方法相区别外，还在于强调思想史研究中的解释的主体性，因此他强调："我的工作，是受到时代经验的推动与考验。……在我的文章中，自然浮出时代的影子。"④ 正是这样，他十分重视意大利哲学家克罗齐的名言——"一切真历史都是当代史"⑤。他说："意大利的现代哲学家克罗齐，认为真正的历史，都是现代史。只有现在人的生活所需要的，才会复活于现代人的头脑之中；此外的资料，则保持在睡眠状态中，以待另些人生活需要上的发掘。并且也只有通过现代生活的实践，才能真

---

① 徐复观：《有关思想史的若干问题》，载《中国思想史论集》，台湾学生书局1988年版，第115页。
② 徐复观：《有关思想史的若干问题》，载《中国思想史论集》，台湾学生书局1988年版，第115页。
③ 徐复观：《两篇难懂的文章》，载《学术与政治之间》，台湾学生书局1985年版，第473页。
④ 引自林镇国等：《擎起这把香火——当代思想的俯视》，载《徐复观杂文续集》，时报文化出版事业有限公司1981年版，第410页。
⑤ ［意］贝奈戴托·克罗齐：《历史学的理论和实际》，[英]道格拉斯·安斯利英译，傅任敢译，商务印书馆1982年版，第2页。

正了解某一代的历史,等于我们经常有来往的朋友,一定是在我们生活的某一点上有关连的朋友。生活上毫不相关的,自然会淡忘而疏阔了。同时,只有通过自己生活的实践,才能了解别人,否则终于有室迩人遐之感。"① 因此,他认为通过对于中国思想史的解释,能够对自己的思想作出表达;只是这种思想的表达,是以思想史的展开作为依据的,是从历史中清理出来的。

综合徐复观的这些论述可以清楚地看出,他对中国思想史的"现代的疏释",既强调以考据方法为前提和基础,又重视由此作进一步的解释工作,既不是传统的汉学风格,亦不是传统的宋学气象,而是对这两者所作的扬弃和综合。用他的话说:"时移世易,谁也张不了汉宋的门户,所以今日无所谓汉宋之争。"② 这反映了他对中国思想史的"现代的疏释",实即倡导一套新的、"现代"的思想史的研究方法。

三、在西学与中学之间

徐复观的中国思想史研究方法论,第二个逻辑环节是对西学与中学关系的阐明与把握。这是因为,在徐复观看来,对中国思想史作"现代的疏释",还需要以现代人易于理解的方式,对中国古代思想家的思想作出揭示与说明。这就要借鉴西方思想家的思想表达方式,涉及西学与中学关系问题,构成了他所说中国思想史的"现代的疏释"之所以为"现代"的又一层含义。

在这层含义上,徐复观以西方思想家的思想表达特点为参照,对中国古代思想家的思想表达特点进行了考察,由此对中国思想史研究提出了一个尖锐的问题:

---

① 徐复观:《怀古与开来》,载《学术与政治之间》,台湾学生书局 1985 年版,第 85 页。

② 徐复观:《有关思想史的若干问题》,载《中国思想史论集》,台湾学生书局 1988 年版,第 93 页。

西方的思想家，是以思辨为主；思辨的本身，必形成一逻辑的结构。中国的思想家，系出自内外生活的体验，因而具体性多于抽象性。但生活体验经过了反省与提炼而将其说出时，也常会澄汰其冲突矛盾的成分，而显出一种合于逻辑的结构。这也可以说是"事实真理"与"理论真理"的一致点、接合点。但这种结构，在中国的思想家中，都是以潜伏的状态而存在。因此，把中国思想家的这种潜伏着的结构，如实的显现出来，这便是今日研究思想史者的任务，也是较之研究西方思想史更为困难的任务。[①]

在他看来，西方思想家以思辨为主，重在作知识的追求与表述，因而其思考所得往往形成鲜明的逻辑结构；中国古代思想家则更重视人的德性与实践，不作专门的知识的追求与表述，因而其思考所得固然有其逻辑结构，但这种逻辑结构却往往是潜隐的，未能作条理化、系统化的明晰论说。然而，对于现代人来说，更习惯的是条理化、系统化的明晰论说，而不是那种潜隐的逻辑结构。这就向中国思想史研究者提出了要求：要以现代人易于理解的方式，对中国古代思想家的思想作出揭示与说明；而要做到这种揭示与说明，就需要以中国古代思想家提出的各观念、各问题为中心点，对其思想资料重新加以清理，并进而对各观念、各问题加以排列，求出它们相互间的关联及其所处的层次与方位，揭示其由某一基本点所展开的思想结构，也就是该思想家的体系。在这个意义上，可以说中国思想史研究比西方思想史研究更具有难度。

徐复观进而指出，要做到这一点，就有一个与之相关的思想训练问题。中国思想史研究者只有经过了这种思想训练，才能对中国古代思想家的思想结构作出明确的揭示和体系性的阐释，让今天的人们能够比较清晰地把握中国古代思想家的思想脉络。这是一个"说"的问题，实

[①] 徐复观：《研究中国思想史的方法与态度问题》，载《中国思想史论集》，台湾学生书局1988年版，第2页。

际上也是一个"思"的问题，涉及中国思想史研究的思想方式与表达方式。但这个"思"与"说"的问题，在中学自身是难以获得思想训练而加以实现的。徐复观对于中学中的考据之学与义理之学分别作了剖析，认为其中都缺乏获得这种思想训练的资源。他指出，考据之学由于缺乏思想性，因而通过学习考据之学很难实现这种思想训练。他说："有许多人书读得不少，诗文做得也不坏，但为什么一谈到中国的思想问题，几乎无一不幼稚？这是因为他的思想没有训练。而专在旧书本上用功的人，很难受到思想的训练。考据工作，可以训练人用心细密，但这种细密，多半是片断的，与一个人的思考能力的发展，尚有很大的距离。专门做考据工作的人，常常是最不容易接近哲学的人，就是这种道理。"[①]他又指出，义理之学尽管有其思想性，但这种思想性所凸显的是德性和实践的性格，不是知识体系、逻辑体系的性格，因而通过学习义理之学也难以实现这种思想训练。他说："中国的义理之学，他本身不是走的思辨的路，而是通过内的实践或外的实践所得出的结论，再由此种结论通过一定的历程，表达出来。"[②]从这里，当然不易受到以思想家的各观念、各问题为中心点来揭示其思想结构的思想训练。总之，不论是考据之学还是义理之学，都存在着自身的限制，难以实现这种思想训练。这就要求在中学之外去另辟实现这种思想训练的途径，徐复观由之把目光投向了西学，认为从中可以获得积极的帮助。

徐复观认为，现代中国人所习惯的条理化、体系化的思想方式与表达方式，实际上是与西方思想相联系的，是在西方思想的影响下形成的。西方思想家以思辨为主，其思辨本身自然形成逻辑的结构；西方思想家又多有意识地以文章的结构，来表达其思想的结构。因此，这种思想训练工作，应借助西方思想的帮助，通过学习西方思想而实现。这样

[①] 徐复观：《两篇难懂的文章》，载《学术与政治之间》，台湾学生书局1985年版，第486页。

[②] 徐复观：《两篇难懂的文章》，载《学术与政治之间》，台湾学生书局1985年版，第486页。

一来，对中国思想史作"现代的疏释"，不仅需要面对中国思想，而且需要吸取西方思想。对此，他作过这样的比喻："思考力的培养，读西方哲学家的著作，较之纯读线装书，来得比较容易。我常常想，自己的头脑好比是一把刀；西方哲人的著作好比是一块砥石。我们是要拿在西方的砥石上磨快了的刀来分解我国思想史的材料，顺着材料中的条理来构成系统"①。徐复观自己就是这样做的，他说："我教中国哲学思想史，最辛苦的准备工作是西方的哲学史。我教《史记》，最辛苦的准备工作是西方的史学思想与方法。我教《文心雕龙》，最辛苦的准备工作是西方的文学理论。我当然所能求得的是非常有限；但我是天天在追求。"② 在对某些西学的吸取上，徐复观甚至还走在中国学术界的最前沿。如在《中国艺术精神》一书中，他以现象学思想为借鉴对庄子艺术精神进行疏释，可以说开启了现象学与中国哲学的比较研究。

但徐复观同时又认为，对中国思想史是不能简单地借助西方思想就可以作出疏理和解释的。20世纪中国学术界借助西方思想来疏理和解释中国思想史的工作，是由胡适所开启的。胡适著《中国哲学史大纲（卷上）》，是这一工作的开山之作。这本书及其研究方法，对于当时人们的思想解放起过很大的作用，但也存在着明显的局限性，这就是以西方思想为框架对中国思想史作了过度的裁割和解释。所以，金岳霖后来批评这本书说："我们看那本书的时候，难免一种奇怪的印象，有的时候简直觉得那本书的作者是一个研究中国思想的美国人；胡先生以不知不觉间所流露出来的成见，是多数美国人的成见。"③ 徐复观十分赞成金岳霖的这一批评，认为正是因为胡适的研究方法不当，所以这部书在十余年后的20世纪30年代，由风行一时而成为刍狗，为冯友兰著两

---

① 徐复观：《我的若干断想》，载《中国思想史论集》，台湾学生书局1988年版，三版代序第2页。
② 徐复观：《过分廉价的中西文化问题》，载《徐复观文录选粹》，台湾学生书局1980年版，第134页。
③ 金岳霖：《冯友兰〈中国哲学史〉审查报告》，载《金岳霖文集》第1卷，甘肃人民出版社1995年版，第628页。

卷本《中国哲学史》所取代。他说："在民国二十年（即1931年——引者注）左右，'五四'运动在文化上对传统文化的极端破坏性已成过去，全盘西化论只当作是一种笑谈；冯友兰以新实在论为基底的《中国哲学史》，亦即是被胡适称为正统的中国哲学史，很轻易的取代了胡适的《中国古代哲学史》（即《中国哲学史大纲（卷上）》——引者注）"①。而冯友兰的《中国哲学史》，固然胜过胡适的《中国哲学史大纲（卷上）》，并在学术上产生了更为长远的影响，但因为也是依照西方思想的框架写成，同样为徐复观所不满、所批评。他认为："冯友兰的《中国哲学史》，以正统派自居；但其中除了对名家（辩者）稍有贡献外，对孔、老、孟、庄的了解，尤其是对孔与孟的了解，连皮毛都没有沾上"②。这一批评不免带有情绪化的一面，折射出现代新儒学开展中心学路向与理学路向的思想分歧，但也确实反映了冯友兰的《中国哲学史》所存在的问题。

至于以西方哲学为标本来否定中国哲学的"合法性"的问题，徐复观当年也遭遇过。在这个问题上，徐复观是旗帜鲜明的，反对用西方哲学作为唯一的哲学标本。他说："近三十年来，有人以为西方哲学，是以知识为主。若以此作标准，便认为在中国历史中并无可以与之相对应的哲学；于是把原用的'中国哲学史'的名称，多改为'中国思想史'的名称；我觉得这是一种错误。西方的所谓'哲学'，因人、因时代，

---

① 徐复观：《在非常变局下中国知识分子的悲剧命运》，载《中国思想史论集》，台湾学生书局1988年版，第269页。

② 徐复观：《中国人性论史·先秦篇》，台湾商务印书馆1984年版，再版序第3—4页。晚年冯友兰对于自己的《中国哲学史》有过评价，认为："就我的《中国哲学史》这部书的内容说，有两点我可以引以自豪。"其中，"第一点是，向来的人都认为先秦的名家就是名学，其主要的辩论，就是'合同异，离坚白'。认为这无非都是一些强词夺理的诡辩。战国时论及辩者之学，皆总而言之曰：'合同异，离坚白'，或总指其学为'坚白同异之辩'，此乃笼统言之。我认为其实辩者之中分二派，一派主张'合同异'，一派主张'离坚白'。前者以惠施为首领，后者以公孙龙为首领"（见冯友兰：《三松堂自序》，生活·读书·新知三联书店1984年版，第224页）。在看待冯著《中国哲学史》的创新问题上，冯友兰的自我评价与徐复观的看法有一致之处。

而其内容并不完全相同。希腊以知识为主的哲学，到了斯图噶学派（Stoic School），即变成以人生、道德为主的哲学。而现时哲学的趋向，除了所谓科学地哲学以外，也多转向人生价值等问题方面；则在中国文化主流中，对人生道德问题的探索及其所得的结论，当然也可以称之为'哲学'。'思想史'的'思想'一语，含义太泛；所以我主张依然保留'哲学'一词，而称之为'哲学思想史'，以表示在中国的历史文化中，在这一方面的成就，虽然由于知识地处理、建构有所不足，但其本质依然是'哲学地'的。"① 在这里，他明确地指出，那种以西方哲学为标本对中国哲学存在的否定是"一种错误"，中国文化的主流中当然存在着那种可以称之为"哲学"的内容。他与王国维、梁漱溟、熊十力诸前贤一样，都是以文化保守主义者身份来为中国哲学的"合法性"进行辩护。这些辩护至今仍然是富有启发性的。

总之，徐复观认为，对中国思想史作"现代的疏释"少不了西方思想的帮助，但又不是仅靠西方思想所能解决的。特别是把中国思想套进西方思想的框架中来进行解读，是难以对中国思想作出历史地再现的。他在指出了"思考力的培养，读西方哲学家的著作，较之纯读线装书，来得比较容易。我常常想，自己的头脑好比是一把刀；西方哲人的著作好比是一块砥石。我们是要拿在西方的砥石上磨快了的刀来分解我国思想史的材料，顺着材料中的条理来构成系统"之后，就马上接着说："但并不要搭上西方某种哲学的架子来安排我们的材料。我们与西方的比较研究，是两种不同的剧场、两种不同的演出相互间的比较研究，而不是我们穿上西方舞台的服装、用上他们的道具的比较研究。"② 只有把这两段话合在一起理解，才能真正完整地把握徐复观强调的通过西方思想学习来实现思想训练的深刻用意。

---

① 徐复观：《中国人性论史·先秦篇》，台湾商务印书馆1984年版，序第9页。
② 徐复观：《我的若干断想》，载《中国思想史论集》，台湾学生书局1988年版，三版代序第2页。

四、在义理与实践之间

徐复观的中国思想史研究方法论，第三个逻辑环节是对义理与实践关系的阐明与把握。这是因为，在徐复观看来，中学与西学之不同的一个很重要之点，就在于西学讲义理是知识性的，而中学在讲义理时重视实践；因而在对中国思想史作"现代的疏释"时，就存在一个处理好义理与实践关系的问题。他所说的实践，主要是道德意义上的践履。

20世纪50年代，当徐复观还在主张"儒家也可以有其形而上学"①的时候，就已经明确地提出了西方的形而上学与中国的形而上学的区别，认为西方的形而上学的最大特点，就在于它是"由知性推演上去的形而上学"②，而中国的形而上学的最大特点，则在于它是"由道德发展上去的形而上学"③。他指出，西方的形而上学，是与西方人从希腊时代开始就重视探讨自然、发展知识相联系的。正是西方人"为知识而知识"的追求，促成了知性的充分发展。"知性的发展，是顺着对象自身的法则性而推演下去，知性即在对象的法则性之把握中而得到满足。所以知性所看见的自然，是与知性的主体无关的，即是纯客观的自然；而知性的任务，是只向对象追根到底的思索。对于思索所得的成果，并不发生思索的主体负责去实践的问题；因此，思索便能解除了实践意志所无形加在他身上的限制，而可以一步一步的推解下去，这是西方文化的骨干，也是成就科学的基底。"④ 他又指出，中国的形而上学，是由

---

① 徐复观：《儒家精神之基本性格及其限定与新生》，载《儒家政治思想与民主自由人权》，八十年代出版社1979年版，第81页。

② 徐复观：《儒家精神之基本性格及其限定与新生》，载《儒家政治思想与民主自由人权》，八十年代出版社1979年版，第78页。

③ 徐复观：《儒家精神之基本性格及其限定与新生》，载《儒家政治思想与民主自由人权》，八十年代出版社1979年版，第78页。

④ 徐复观：《儒家精神之基本性格及其限定与新生》，载《儒家政治思想与民主自由人权》，八十年代出版社1979年版，第72页。

形上儒学即"儒家的形而上学"①作为代表性形态的。"儒家道德之教所指示的根源，只是要人自己验之于人人皆有恻隐、是非、辞让、羞耻之心，只是要人各从其自心上去找根源。这是从人的本身来解答人的道德根源，亦即人之所以为人的根源的办法。至于从心推而上之，心的根源是什么，宇宙的根源是什么，儒家当然承认有此一问题，孔、孟、程、朱、陆、王当然也曾去思索这一问题，如提出的天、天命等等，但总是采'引而不发'的态度。因为站在儒家的立场，道德即是实践。道德的层次，道德的境界，是要各人在实践中去领会。而圣贤教人，只是从实践上去指点。若仅凭言语文字，将道德根源的本体构画出来，这对于道德而言，纵使所构画者系出于实践之真实无妄，但人之接受此种说法，亦只是知解上的东西。从知解上去领会道德的本体，即有所见，用朱子的话说，亦'只是从外面见得个影子'，且易使道德的根基走样。"②因此，"儒家之学，当然以究体为归。但儒家之所谓体，多系道德之心。道德之心乃存在于人的躯体之内而显现于体认实践之中；由体认实践之浅深而始能把握此心之层次。体认实践之过程，即克己复礼之过程，实乃一辩证法的迫进，而心实非一僵化之死局。故黄梨洲谓：'心无本体。工夫所至，即其本体。'此非否定体之存在，乃说明'觌体承当'，非由知解上层层上推之事，而系实践中层层迫进之事。此与西方由知识外推而成之形而上学，自大异其趣"③。换言之："儒家的形而上学，须由儒家的基本性格上做工夫去建立的。"④

---

① 徐复观：《儒家精神之基本性格及其限定与新生》，载《儒家政治思想与民主自由人权》，八十年代出版社 1979 年版，第 81 页。
② 徐复观：《儒家精神之基本性格及其限定与新生》，载《儒家政治思想与民主自由人权》，八十年代出版社 1979 年版，第 78 页。
③ 徐复观：《儒家精神之基本性格及其限定与新生》，载《儒家政治思想与民主自由人权》，八十年代出版社 1979 年版，第 80 页。
④ 徐复观：《儒家精神之基本性格及其限定与新生》，载《儒家政治思想与民主自由人权》，八十年代出版社 1979 年版，第 81 页。

20世纪70年代,当徐复观力主"向孔子的思想性格回归"① 以消解形而上学的时候,他更加强调中国思想史研究必须要把握中国思想的实践性格。他对希腊语中的"Logos"与孔子所说的"道"进行了比较,指出两者虽然都兼有言说和实践的意味,但毕竟是不相同的:"Logos"更强调理论,而"道"则直接指向道德实践。他说:

> 希腊语中有 Logos 一词,本意是"语言"。但在希腊哲学及基督教神学中,得到不断地发展。在希腊哲学中到了赫拉克勒斯(Herakleitos),说成这是世界的法则。到了斯图阿学派(Stoic School),把它说成是"神的世界原理",人应顺随着它生活,由此而带有实践的道德意味。到了菲龙(Philo)引用来作犹太教的解释,而认为它是内在于世界的理性原理,给世界以生命、目的、法则,因而支配世界、指导世界。此后也给基督教神学以相当大的影响。值得注意的是:假定希腊语中的 Logos 和中国语中的"道",其分位约略相等,但在希腊则是由"语言"发展出来的,在中国则是由道路上行走发展出来的。Logos 在斯图阿学派中也带有实践的意味,但远不及它的"纯理论地倾向"之重。中国的"道",也有言语的意味,如《论语》中"乐道人之善"(《季氏》)者是。这种意味,虽因约定俗成,在日用语言中流行甚广,但与儒、道两家所谓"道"的内容相较时,则轻微得不足齿数。由此我们也可以说,孔子追求的"道",不论如何推扩,必然是解决人自身问题的人道,而人道必然在"行"中实现。"行"是动进的、向前的,所以"道"也必是在"行"中开辟。②

孔子所追求的"道"的性格,规定了《论语》中所关涉到的一

---

① 徐复观:《向孔子的思想性格回归》,载《中国思想史论集续编》,时报文化出版事业有限公司1982年版,第431页。
② 徐复观:《向孔子的思想性格回归》,载《中国思想史论集续编》,时报文化出版事业有限公司1982年版,第434—435页。

切道德节目的性格。把孔子的思想，安放到希腊哲学系统的格式中加以解释，使其坐上形而上的高位，这较之续凫胫之短，断鹤胫之长，尤为不合理。因为凡是形而上的东西，就是可以观想而不能实行的。①

通过这种比较，徐复观认为，孔子所涉及的问题，都有上下深浅的层次，但这些不是逻辑上的层次，而是"行"在开辟中的层次，是生命表现在生活中的层次。孔子思想的这种重实践、重经验、重生命的性格，不是思辨的，不是形而上的，不能解释成一种形而上学。在这里，徐复观通过消解形而上学，进一步凸显了中国思想的实践性格。

正是这样，徐复观强调，讲义理时重视实践，是中国思想史研究的一大关节点，必须要把握好。他说："中国的义理，与西方哲学不同者，在其实践底基本性格。"② 又说："中国的义理之学，他本身不是走的思辨的路，而是通过内的实践或外的实践所得出的结论，再由此种结论通过一定的历程，表达出来。"③ 还说："研究中国文化，应在工夫、体验、实践方面下手。但不是要抹煞思辨的意义。思辨必须以前三者为前提，然后思辨的作用才可把体验与实践加以反省、贯通、扩充，否则思辨只能是空想。"④ 他以如何阐明孟子所说的"恻隐之心，人皆有之"⑤为例，对中国思想史研究中的义理与实践关系作了说明，指出："义理之学的本身，是告诉人'应当如何'之学，它也要观察、实验，但不能仅靠向外的观察或实验。最浅鲜的说，要断定'恻隐之心，人皆有之'

---

① 徐复观：《向孔子的思想性格回归》，载《中国思想史论集续编》，时报文化出版事业有限公司1982年版，第437页。
② 徐复观：《当前读经问题之争论》，载《徐复观文录选粹》，台湾学生书局1980年版，第13页。
③ 徐复观：《两篇难懂的文章》，载《学术与政治之间》，台湾学生书局1985年版，第486页。
④ 徐复观：《心的文化》，载《中国思想史论集》，台湾学生书局1988年版，第249页。
⑤ 《孟子·告子上》。

的这句话是否真实，我们不能仅仅观察人的表情或仅仅听听人的语言即可断定；并且即使由统计而可得一较为可靠的断定，这种断定也是属于知识范围，与一个人的行为动机无涉。此时只有各人诉之于自己的心，在自己的心上求证验，此即所谓体认或体验。体认和体验，是把问题收纳在一个人的精神之内，或者是收纳在一个人的生活之内，而加以观察实验，是把自己的心当作实验室。"①

在徐复观看来，实践之于义理的重要性，是宋明思想史研究尤其需要注意把握的："治宋明思想史者最重要的工夫，首先，便是要鉴别那是由实践中所说出来的话，那是依样胡芦的话。因为依样胡芦的话，是毫无价值。其次，对于前人从实践中所说出的话，我们要了解他实践的历程，顺着此历程以到达其结论，或他的中心点；再顺着其中心点，按照严格底思辨经路以将其表达出来，这才算完全了解了一个人的思想。"② 他以陆九渊心学思想研究为例，认为不仅要注意把握陆九渊的"实理"，而且还更要关注他的"实行""实事"："象山千言万语，要道德的行为、道德的生活，从各人的道德主体——心中流出，客观化而为实行实事，这才是真的、实的，不是杜撰的。由此心推而上之，同时即是由此心推而外之；仅由此心去认识、去捉摸，其所认取捉摸得最好的，也只如摄影所得的影像。这在西方，即是构成概念；概念的东西，只构成知识，并不能真正成为一个人的行为的推动力；照象山的意思说，这不是实理，所以也不会有实事实行。"③ 他又以王阳明心学思想研究为例，反对把王阳明心学思想解释成纯理论的东西："阳明之学，就其精神脉络的大处言，实可谓出自孔门正统。王学末流之弊，出在将良知浮游上去，而失掉了良知乃因事而见、必落实于事、必成就事功的基本精神。前不久，我在台湾《中央日报》上，看到逝世一年多的方东

---

① 徐复观：《两篇难懂的文章》，载《学术与政治之间》，台湾学生书局 1985 年版，第 489 页。
② 徐复观：《两篇难懂的文章》，载《学术与政治之间》，台湾学生书局 1985 年版，第 486 页。
③ 徐复观：《象山学述》，载《中国思想史论集》，台湾学生书局 1988 年版，第 27 页。

美先生谈阳明之学的一篇遗文,在天泉论道四句话上,发挥得淋漓尽致,文字瑰美,应当算是一篇大文章。但他把王学完全观念化了,完全脱离了事上用功的切义,而只勾画出一幅济济荡荡的虚景。所以凡属方先生这一类型的哲学家,都不能把握到儒家的命脉。幻想与思辨的造诣虽高,在阳明看来,只不过是一个痴呆汉。"①

因此,在徐复观看来,对中国思想史作"现代的疏释"时,一定要处理好义理与实践关系的问题。不重视从义理与实践的结合上对中国思想史作"现代的疏释",而仅仅从义理上、思辨上对中国思想史作"现代的疏释",是把握不了中国思想史的命脉的。

五、"对语"与"追体验"

徐复观的中国思想史研究方法论,第四个逻辑环节是对"对语"与"追体验"两种特殊方法的阐明与把握。徐复观认为,中国思想史研究所疏释的是古人的思想,而这些思想都是古人在他们那个时代、那个具体的生命活动中呈现出来的,因此,对古人思想的疏释,必须深入到古人的生命存在中去,通过与古人的生命的沟通来了解、疏释古人的思想。可以说,中国思想史研究不只是一种知识的学问,更根本的则是一种生命的学问。这种深入到古人的生命存在中去,通过与古人的生命的沟通来了解、疏释古人的思想,不是环绕着古人的文字作考据、训诂所能完成的,也不是对古人的文字作一般的含义理解所能实现的,而需要与古人"对语",对古人的生命存在作一种"追体验"。

所谓"对语",是徐复观在对中国思想史作"现代的疏释"的时候,所提倡的一种文本解读方法。这一方法,强调中国思想史研究,不是停留在古人文本的字里行间,在文字上钻来钻去;更不是把古人文本作为解读者自身思想的脚注,以己意来剪裁古人文本;而是看到古人文本背

---

① 徐复观:《王阳明思想补论》,载《中国思想史论集续编》,时报文化出版事业有限公司1982年版,第500—501页。

后文本创作者的活生生的生命存在，通过与古人的对话、交流，通过以人知人、以心印心来解读古人文本。

这种中国思想史研究中的"对语"如何来开展呢？徐复观对此作过一段专门的说明，具体而深入地阐发了"对语"的内涵与过程，对理解他所说的"对语"甚为重要。他说：

> 由古人之书，以发现其抽象的思想后，更要由此抽象的思想以见到在此思想后面活生生的人；看到此人精神成长的过程，看到此人性情所得的陶养，看到此人在纵的方面所得的传承，看到此人在横的方面所吸取的时代。一切思想，都是以问题为中心。没有问题的思想不是思想。古人是如何接触到他的问题？如何解决他所接触到的问题？他为解决问题，在人格与思想上作了何种努力？以及他通向所要达到的目标是经过何种过程？他对于解决问题的方法有何实效性、可能性？他所遇着的问题及他所提供的方法，在时间空间的发展上，对研究者的人与时代，有无现实意义？我们都要真切的感受到。所以治思想史的人，先由文字实物的具体，以走向思想的抽象，再由思想的抽象，以走向人生、时代的具体。经过此种层层研究，然后其人其书，将重新活跃于我们的心目之上，活跃于我们时代之中。我们不仅是在读古人的书，而是在与古人对语。①

在此段文字中，他实际上讲了三层意思：第一，解读中国古代思想文献的目的，不仅要把握书中文字所表达的抽象思想，而且还要具体了解提出这些思想之人的生命跃动，包括这些思想者的人生、性情、传承、时代；如若离开了这些思想者的生命跃动，是难以深刻地把握书中文字所表达的思想的。第二，在了解这些思想者的生命与思想时，必须以问题为中心来着手、来把握；如若离开了问题，是难以深刻地了解这些思想

---

① 徐复观：《有关思想史的若干问题》，载《中国思想史论集》，台湾学生书局1988年版，第116页。

者的生命与思想的，也是难以深入地揭示这些思想者的生命与思想在今天的意义的。第三，这种解读是一个先由具体而抽象、再由抽象而具体的螺旋上升过程。在这个过程的开始，解读者所看到的是书本上具体的文字；而在这个过程的结束，解读者所读出的是那个书写这些文字、提出其中思想的活生生的思想者。因此，解读者不仅是读古人、他者所写的文字，也不仅是读古人、他者在文字中所蕴含的思想，而且是在与活生生的古人、他者的"对语"，即是解读者与思想者之间的心灵与心灵的碰撞与交流，以及解读者由此而对思想者的了解与把握。这三段意思，层层深入，环环相扣，一气贯下，清楚明白地表达了"对语"的内涵和过程。

在徐复观看来，这种通过"对语"来解读古人文本的方法，在中国思想史研究中具有普遍的意义。他在自己的中国思想史研究中努力运用这一方法，从而对一些别人难以看出新的问题、读出新的思想的古人文字中，揭示出了新的问题，发掘出了新的思想。在《中国艺术精神》完成后，他就多次表达过该书正是自己运用"对语"方法所取得的典型成果。他说："在学校授课期间，花费了三年多时间写成此书，今日自己重新阅读，感到当时写作的精神状态，也和一位伟大画家的穷观极照、心与物冥的情景，有些相似。不如此，何以能以心印心，张皇幽渺于千百年之后，不觉为之慨然！"① 又说："这部小著，假定能帮助读者，带进古人所创发的'心源'，而与其互相映发，使自己的作品，出自此种根源之地，则天机舒卷，意境自深，或者这是一点小小地贡献。"② 在他完成该书第二章《中国艺术精神主体之呈现——庄子的再发现》写作时，曾写下七绝诗一首："茫茫坠绪苦爬搜，刳肾镂肝只自仇。瞥见庄生真面目，此心今亦与天游。"③ 这首诗形象地表达了他在与庄子的"对语"中所付出的心血。可以说，不通过"对语"，不付出

---

① 徐复观：《中国艺术精神》，台湾学生书局1984年版，再版序第1页。
② 徐复观：《中国艺术精神》，台湾学生书局1984年版，三版自序第2页。
③ 徐复观：《中国艺术精神》，台湾学生书局1984年版，自叙第10页。

心血，是不可能"瞥见庄生真面目"的，也是不可能产生《中国艺术精神》这部独树一帜、别开生面的学术名著的。

所谓"追体验"，是"对语"的进一步具体化和感性化。徐复观说："人格与一般物件不同。一般物件是量的存在，可以用数字计算，并可加以分割。人格是质的存在，不能用数字计算，并不能加以分割。"①这种人格的东西，在哲学中、在文学中、在史学中都存在着。因此，对历史上的哲学、文学、史学作思想史研究，就不能仅仅停留在哲学的抽象名词、文学的文字表达、史书的历史记述上，而应当进入到历史上的哲学家、文学家、史学家的生命存在中。因此，思想史研究者在与历史上的哲学家、文学家、史学家"对语"时，需要理解、体会、感悟这些活生生的生命存在，需要进入他们的时代，触摸他们的环境，体会他们的人生，楔入他们的生活。这就是"追体验"。

在谈到对中国人性论史的研究时，徐复观就明确地提出了以"追体验"为方法的意义。他说："人性论是以人格为中心的探讨。人性论中所出现的抽象名词，不是以推理为根据，而是以先哲们，在自己生命、生活中，体验所得的为根据，可以说是'质地名词'。'质地名词'的特性，在于由同一名词所征表的内容，常相对应于人格的'层级性'而有其'层级性'。……平列性的差异，当然彼此间也可以发生左右互相影响的关连，但这常常是不同事物间的外在关连。层级性的差异，则不论由下向上通，或由上向下落，乃是一个立体的完整生命体的内在关连。西方少数以体认为立足点的哲学家及大文学家大美学家，常把这种内在关连，组成思想体系，以相对应的文字组织表达出来；这便使读者容易顺着他们文字的理路，一直追寻下去，作如实的了解。中国的先哲们，则常把他们体认所到的，当作一种现成事实，用很简单的语句说了出来，并不曾用心去组成一个理论系统。尤其是许多语句，是应机、随缘说了出来的；于是立体的完整生命体的内在关连，常被散在各处，以独立姿态出现的语句形式所遮掩。假定我们不把这些散在的语句集合在一起，

---

① 徐复观：《中国人性论史·先秦篇》，台湾商务印书馆1984年版，再版序第2页。

第八章　徐复观的中国思想史研究方法论 | 375

用比较、分析、'追体验'的方法，以发现其内在关连，并顺此内在关连加以构造；而仅执其中的只鳞片爪来下判断，并以西方的推理格套来作准衡，这便是在立体的完整生命体中，任意截取其中一个横断面，而断定此生命体只是如此，决不是如彼，其为卤莽灭裂，更何待论。"①

在谈到对中国艺术精神的研究时，徐复观认为中国历史上的一些画论家，正是以"追体验"的方法，体验到艺术家的画作中所蕴含的艺术精神的；而他自己，也正是运用"追体验"的方法，来揭示出历史上的画作中所体现的艺术精神的。他说："我是一笔也不能画的人。但西方由康德所建立的美学，及尔后许多的美学家，很少是实际地艺术家。而西方艺术家所开辟的精神境界，就我目前的了解，常和美学家所开辟出的艺术精神，实有很大地距离。在中国，则常可以发现在一个伟大地艺术家的身上，美学与艺术创作是合而为一的。而在若干伟大地画论家中，也常是由他人的创作活动与作品，以'追体验'的功夫，体验出艺术家的精神意境。……我虽不能画，但把他们已经说出来的，证以他们的画迹，而加以'追体认'，似乎还不至于有大的过失。"②

在作为思想史研究的中国文学研究中，徐复观更强调"追体验"方法的意义。他说："我从一九五〇年以后，慢慢回归到学问的路上，是以治思想史为职志的。……我把文学、艺术，都当作中国思想史的一部分来处理，也采用治思想史的穷搜力讨的方法。搜讨到根源之地时，却发现了文学、艺术，有不同于一般思想史的各自特性，更须在运用一般治思想史的方法以后，还要以'追体验'来进入形象的世界，进入感情的世界，以与作者的精神相往来，因而把握到文学艺术的本质。这便超出我原来的估计，实比治一般思想史更为困难。"③ 他用"追体验"的方法来解读古代文学作品，有时达到了出神入化的地步，见前人之未

---

①　徐复观：《中国人性论史·先秦篇》，台湾商务印书馆1984年版，再版序第2—3页。
②　徐复观：《中国艺术精神》，台湾学生书局1984年版，自叙第6—7页。
③　徐复观：《中国文学论集续篇自序》，载《中国文学论集续篇》，台湾学生书局1981年版，自序第3页。

见，发前人之未发。

在研究汉代思想史中，特别是在研讨那些曾与最高统治者有过复杂联系的西汉思想家时，徐复观更是长于运用这种"对语"与"追体验"的方法，把这些思想家的真实思想从历史的尘封中掘发彰显出来。其中有两个例子，尤其能体现"对语"与"追体验"的方法的运用及其成就。

例一：董仲舒所讲的那一套"天人感应"理论，长期以来为研究者们所批评指责，认为是神秘主义的典型表现。对此，徐复观用了很大气力，对董仲舒与他的时代作具体的考察：在《儒家对中国历史运命挣扎之一例——西汉政治与董仲舒》长文中，用《西汉政治之剖视》与《汉武帝的脸谱》两节，对董仲舒的生活时代进行剖析衡论；而在《两汉思想史》这部巨著中，他更是用首卷整整一卷的篇幅，阐明汉代思想的历史—社会背景。正是这样，他进入了董仲舒的时代和生活，与董仲舒在思想上有了一种交流，发现了董仲舒于"天人感应"理论中所包含的深刻用意："他的这一意图，与大一统专制政治的趋于成熟，有密切关系。他一方面是在思想上、观念上，肯定此一体制的合理性。同时，又想给此一体制以新的内容、新的理想。这便构成他的天的哲学大系统的现实意义。这里应特别指出的，董氏肯定了大一统的专制政体，并不等于他肯定了'家天下'。相反的，他赞成禅让和征诛的两种政权转移的方式，即是他依然守住'天下为公'的政治理想。不过他前一努力，适应了专制政治自身的要求，当然会收到很大的效果。而他后一努力，他不曾了解实际上是与前一努力不能相容的，所以必然是落空的。他对专制政治，感到有两大问题，希望加以转化。第一，他维护专制之主的至尊无上的地位；但由至尊无上的地位所发出的喜怒哀乐，运转着整个统治机构，所及于天下的影响太大。可以说，大一统专制皇帝的喜怒哀乐，成为最高政治权力的'权源'。他大概也感到儒道两家想由个人的人格修养来端正或解消这种权源之地，几于是不可能的；于是只好把它纳入到天的哲学中去，加上形上性的客观法式，希望由此以把权源纳入正轨。第二，作为大一统专制统治的重大工具，在董氏时代，几乎也可以说是唯一的工具，是继承秦代的刑法。此种刑法之酷，臣民受害之烈，只要一读《汉书·刑法志》及《酷吏传》，稍有人心的人，无不怵目惊心。……董氏当时痛心疾首于这些情形，希望把政治的方向，改途易辙，尚德而不尚刑。但如何能扭转此由人民血肉所形成的专制机构，也只有希望拿到'天'的下面去加以解决。可以说，近代对统治者权力的限制，求之于宪法；而董氏则只有求之于天；这是形成他的天的哲学的真实背景。但结果，专制政治的自身，只能为专制而专制，必彻底否定他由天的哲学所表现的理想，使他成为第一个受了专制政治的大欺骗，而自身在客观上也成了助成专制政治的历史中的罪人；实则他的动机、目的，乃至他的品格，决不是如此。所以这是思想史上很难处理的一位大思想家。"①由此来看董仲舒的"天人感应"理论，徐复观一方面指出了其中的不合理的内容，另一方面又指出其中的合理性，这就是："董氏的基本立足点，依然是人而不是天。因为他的基本立足点依然是人而不是天，人是具体而真实的；所以在他的哲学系统中，依然是以具体而真实的事物作基础。西方由推理所建立的形而上学，在理论形式上，远较董氏的系统为纯净；但他们完全是观念游戏的戏论；而董氏则在戏论中有其真实性。"② 他感慨地说："在董氏的庞杂牵附的哲学系统中，可以使合理的与不合理的并存"③；"即是仲舒是在神秘的外衣里面，总有合理的内容"④。这些论断，对于董仲舒思想的研究，确实是一种深化；然而若无"对语"与"追体验"的功夫，又确实是难以达到的。

例二：对以司马相如为代表的西汉文学，许多研究者视之为"宫廷文学"，评价不高。徐复观则通过与西汉文学家的"对语"与"追体验"，把他们文学作品中那些深深隐藏着的思想性发掘出来。他在《西汉文学论略》一文中指出："今人有的视汉代文学为'宫廷文学'，也未

---

① 徐复观：《两汉思想史》卷二，台湾学生书局1979年版，第296—298页。
② 徐复观：《两汉思想史》卷二，台湾学生书局1979年版，第391—392页。
③ 徐复观：《两汉思想史》卷二，台湾学生书局1979年版，第392页。
④ 徐复观：《两汉思想史》卷二，台湾学生书局1979年版，第387页。

尝没有点道理。但我这里应当指出的是，凡值得称为大文学家的，也一定在这种文学中除了发挥才智深美的艺术性以外，也必然会很技巧地注入自己所要讲的话，因而在他的作品中还保有他们人格的活生生的面影。最显著的例子可以求之于宋玉、司马相如、扬雄的作品之中。"[1] 因此，"我们研究汉代文学史的人，应注意到汉代除了上述供奉性系列的文学以外，更有抒情这一系列的文学。这即是'咸有恻隐古诗之义'的'贤人失志之赋'的文学。若以供奉性系列的作品，是出于由生存欲望而来的适应环境的作品；则抒情系列的作品，乃出于由生活理想所要求的突破环境的作品"[2]。如在司马相如的《哀二世赋》中，就通过批评历史上的秦二世来批评当今的汉武帝。"在汉武鼎盛之时，把他与秦二世相比，西汉之世，除两司马外，更无此种豪杰之士。……我们不仅应通过伟大的史学家以把握历史的真实，更应通过伟大的文学家以把握历史的真实。"[3] 在这方面，他认为司马迁在《史记》中对司马相如的论断是可信的，指出："司马迁与相如的环境相同，而心灵又能相接，所以在《相如列传》的赞中说：'太史公曰，《春秋》推见至隐。《易》本隐之以显。《大雅》言王公大人，而德逮黎庶。《小雅》讥小己之得失，其流及上。所以言虽外殊，其合德一也。相如虽多虚辞滥说，然其要归引之节俭，以与《诗》之讽谏何异。余采其语可论者著于篇。'史公此赞，一是为读《春秋》《易》《诗》者发其凡例；一是阐明相如作品的真正用心，推崇其'与《诗》之讽谏何异'，其所以尊相如者至矣。后人应以此赞为导引去了解一位伟大文学家的作品。"[4] 这些论断，对

---

[1] 徐复观：《西汉文学论略》，载《中国文学论集》，台湾学生书局1985年版，第369页。

[2] 徐复观：《西汉文学论略》，载《中国文学论集》，台湾学生书局1985年版，第369页。

[3] 徐复观：《西汉文学论略》，载《中国文学论集》，台湾学生书局1985年版，第377页。

[4] 徐复观：《西汉文学论略》，载《中国文学论集》，台湾学生书局1985年版，第377—378页。

于西汉文学思想性的研究，确实是一种深化；然而若无"对语"与"追体验"的功夫，又确实是难以达到的。

总之，在徐复观看来，离开了"对语"与"追体验"，不能对古人的生命作一种真切的了解与把握，是不可能研究好中国思想史的。中国思想史研究实是一种生命的学问，这是他对中国思想史研究特质的理解，也是他的中国思想史研究方法论的内核。他的中国思想史论的成就，正是与他的这种理解和这一方法论分不开的。当然，在中国思想史研究者作这种"对语"与"追体验"时，自身的生命存在也由此而凸显出来，以此能以人知人、以心印心。所以徐复观很强调研究者自身的人格自觉，认为："要写一部像样的中国思想史，第一必须读书读得多，读得实在；第二必须受有思想的训练；第三必须有做人的自觉。三者缺一不可。"① 这里的前两点，一般研究者都能理解，也都会努力去做；唯独对于第三点，人们往往不易理解，往往难以去做。其实，第三点的重要性就在于：没有做人的自觉，没有研究者自身生命存在的凸显，要与古人"对语"，要对古人作"追体验"，都是难以做到的。而徐复观之所以能对董仲舒、司马相如这些与西汉最高统治者有密切联系的思想家作"对语"与"追体验"，实是与他自己前半生的政治生涯的人生体验以及对此所作的深刻反省相联系的。可以说，在20世纪中国的董仲舒、司马相如诸多研究者中，徐复观是唯一与这些二千多年前的古人有过相类似生涯的研究者。这也是他在这方面的"对语"与"追体验"，能够胜出其他研究者之处。

六、从"精英史"到"庶民史"

徐复观的中国思想史研究方法论，第五个逻辑环节是从"精英史"到"庶民史"。这是徐复观的中国思想史研究方法论的逻辑终点。

---

① 徐复观：《两篇难懂的文章》，载《学术与政治之间》，台湾学生书局1985年版，第486页。

徐复观的中国思想史研究，除了注意到历史上的知识分子中的精英人物的思想创造外，还注意到那些知识分子中的下层人物及普通民众的思想。从20世纪50年代起，他就反复强调在中国农民中保存着中国道德的真精神；在20世纪60年代，他进而提出儒家思想在历史上曾多次以"伏流"的形式保存于中国民间社会中；而至20世纪80年代，在生命临近终点的时候，他又明确地提出了"庶民史"概念。

在徐复观看来，中国文化与儒家思想的发展，实是通过"基层文化"与"高层文化"之间的渗透性而实现的，从而使中国文化、儒家思想在历史上呈现出"伏流"与"涌泉"两种状况。所谓"伏流"，是指"基层文化"对"高层文化"有一种吸纳、积淀、保持作用；这种作用不是以观念形态的形式，而是以风俗习惯的形式呈现出来的。以孔子思想为中心的中国文化正是如此，主要不是表现在观念上，而是浸透于广大社会生活之中，《易传》中说的"百姓日用而不知"[①]，就是指的这种状态。所谓"涌泉"，是指"基层文化"所吸纳、积淀、保持的"高层文化"，经过反省、自觉之后，而能以观念形态的形式重新出现，如同伏流的泉水一经发掘便涌上地面。中国文化、儒家思想的新开拓新发展，正是由此而来。这种"伏流"与"涌泉"的状况，在中国历史上是交替出现的，从而维系和延续了中国文化的生命、儒家精神的生命。他动情地说：

> 大约儒家思想向社会生活的浸透，是通过两汉而始完成的。故尔后虽变乱迭乘，但社会并不随政治的瓦解而瓦解。纵使暂时瓦解，亦旋即以其浸透的伦理性，融结于疮痍创痛之余。历史中每经一次大苦难，儒家思想，即由伏流而涌现于知识分子观念之间，有如南北朝后的王通，五季后的宋代理学，元初残杀后的宋代理学的复兴，明亡后的顾亭林、黄梨洲、李二曲、陆桴亭诸大儒的兴起，这都是经过苦难后而重新涌现的例子。我们可以这样说：以孔子为

---

① 《易传·系辞上》。

中心的儒家思想,常被腐蚀于政治之上,却被保存、更新于社会之中。这是我们文化发展的大线索。①

在他看来,"伏流"与"涌泉"对于中国文化生命、儒家精神生命具有同等的重要性。如果说"涌泉"是创发性的,那么"伏流"则是根源性的。中国文化生命之不绝,儒家精神生命之长续,既来自"涌泉"的创造力,又来自"伏流"的坚韧性。

基于这种对中国文化和儒家思想的"伏流"的重视,徐复观在中国思想史研究中,不仅推崇从孔子到孙中山这些中国历史上的大圣大贤,而且重视那些在中国大地上辛勤耕耘劳作的广大民众。他往往对中国的精英知识分子持严峻的批判态度,而对中国的劳苦民众抱深切的同情,尤其肯定和赞扬中国的农民群众。他说:"说农村是落后,那是当然的。生产技术的不进步,基层政治的腐化贪污,教育的不发达乃至不适合,都是落后的主要原因。……但我们说农村是落后,这是拿外在的东西作尺度去说的。若就一般农民作人作事的基本精神而论,则我觉得不仅不是落后,而且是中国能支持几千年的一种证明,也是中国尚有伟大的潜力,尚有伟大的前途的一种证明。"② 他特别强调,中国的农村和中国的农民,他们不仅以自己的劳动养活了那些"劳心者"和"读书人",而且以自己的品德和人性保持了、维系了中国文化的生命、儒家精神的生命,从而使中国文化和儒家精神不绝于未来。特别是这些下层劳苦民众,"在生死之际能坚持一种信念,立下自己的脚跟,如忠孝节烈、耕读传家之类,这是中国文化在农村中最深厚伟大的成就"③。

徐复观结合自己的亲身体验,写了《我的母亲》《我的父亲》《谁赋

---

① 徐复观:《中国文化的伏流》,载《徐复观文录》第2册,环宇出版社1971年版,第116—117页。
② 徐复观:《谁赋豳风七月篇》,载《学术与政治之间》,台湾学生书局1985年版,第76页。
③ 徐复观:《谁赋豳风七月篇》,载《学术与政治之间》,台湾学生书局1985年版,第80页。

豳风七月篇》《辛亥革命成功的两大要素及其伟大地精神传统》等文章，对中国农村的下层民众（农民及农村知识分子）的生存状况和思想品德作了真实的记录和深刻的显发，阐发这种以"伏流"形式保存在中国的农村和农民中的精神传统。如对于1911年辛亥革命在湖北的成功，他就从精神传统层面进行了分析，指出武昌首义打响辛亥革命第一枪，是农村知识分子投身湖北新军，在军队中生根的结果；而这批农村知识分子所流露出的大公无私的精神及清严高尚的品德，形成了一种伟大的精神传统。他说："这种精神品德，乃根生于中国文化之中；并经这批农村知识分子实现后，成为新传统，为后人所承继。"① 又说："这批农村知识分子品德之高，真可许之为圣贤而无愧。"②

正是基于这种人生的体验、基于这种对中国文化和儒家思想的"伏流"的重视，所以当徐复观读到熊十力的晚年著作《先世述要》时，激起了很大的反响和共鸣。熊十力是在鄂东巴河岸边的泥土地上出生和长大的。长期的传统的半耕半读的农村生活，使他对中国传统文化有着直接的接触和感受，从而对中国传统文化产生了一种强烈的亲切感、认同感。这种对中国传统文化的直接的接触和感受，不仅来自于书本，而且来自于生活，来自于那些长年累月生活在农村中的下层知识分子，也来自于那些没有受过儒家教育、但却身体力行着儒家精神的村夫农妇。在《先世述要》中，他对此作了深情的回忆。从长期任村塾教师的父亲的身上，熊十力真正体会到儒家的学问进路和道德精神。他说："先父常教门下士宜以读史为先，而后治汉人传来之《五经》。《五经》者，汉以来历代众史之源也。由流以溯其源，学之序也。"③ 这使他开始懂得读史与读经的内在联系和重要意义。父亲因贫病劳累而临终时，对一旁

---

① 徐复观：《辛亥革命成功的两大要素及其伟大地精神传统》，载《徐复观最后杂文集》，时报文化出版事业有限公司1984年版，第111页。
② 徐复观：《辛亥革命成功的两大要素及其伟大地精神传统》，载《徐复观最后杂文集》，时报文化出版事业有限公司1984年版，第114页。
③ 熊十力：《先世述要》，载《熊十力全集》第8卷，湖北教育出版社2001年版，第872页。

悲伤哭泣的学生说："穷于财，可以死吾之身，不能挫吾之精神与意志。平生炯然不可乱之神，凛然不可夺之志，是乃孟子所谓上下与天地同流者也，焉得有死乎？且身者，必死之物，纵不穷，弗可免于死也。吾身可死，而自有不可死者存，何戚乎？"① 这更使他懂得了什么是儒者的追求。而从没有读过书的曾祖母身上，熊十力体验到儒家思想影响下的中国民间文化传统。他始终牢记父亲的评价："曾祖母生而穷困，未能读书，而其恻隐之仁，充满怀抱。故随时随地随事而实行其仁。"②"曾祖母虽未读书，而其毕生近取诸身与远取诸物者，随时随处常读活书。其九十余岁行事，皆从读活书中得来。"③ 因此，在熊十力看来，儒家思想、传统文化不只是写在书本上的东西，而是活泼泼地在人们的日常生活中、在广大的村夫农妇的生息劳作中呈现出来的东西。1980年，徐复观读到《先世述要》后，对其所表露的这些思想十分感动和推崇，撰写了《熊十力大师未完成的最后著作——〈先世述要〉》一文专门予以阐发，强调其中不仅保留了有关熊十力家世的直接材料，"读者可由此了解熊师的家庭背景，及其幼年少年生活，此为迄今为止，研究熊师的学者们所从来没有看到的材料"④；而且体现了熊十力的"庶民史观"："熊师在述其先世中，特彰显庶民在穷苦中的志气与品德，对今后写'庶民史'的人有很大的启发性。与数十年来，鲁迅等人笔下的庶民，除愚蠢外无所有的情形，成一极明显的对照。"⑤ 在这里，徐复观明确地提出了"庶民史"这一概念。对于这一概念，徐复观没有来得及

---

① 熊十力：《先世述要》，载《熊十力全集》第 8 卷，湖北教育出版社 2001 年版，第 875 页。

② 熊十力：《先世述要》，载《熊十力全集》第 8 卷，湖北教育出版社 2001 年版，第 883 页。

③ 熊十力：《先世述要》，载《熊十力全集》第 8 卷，湖北教育出版社 2001 年版，第 883 页。

④ 徐复观：《熊十力大师未完成的最后著作——〈先世述要〉》，载《徐复观文集》修订本第 2 卷，湖北人民出版社 2009 年版，第 261 页。

⑤ 徐复观：《熊十力大师未完成的最后著作——〈先世述要〉》，载《徐复观文集》修订本第 2 卷，湖北人民出版社 2009 年版，第 261 页。

作更深入详尽的阐发，但可以通过熊十力的《先世述要》，得到一种直接而具体的体认。

今天从事中国思想史研究的人们，已开始注意到中国思想史研究的对象，除了精英思想外，还应当包含民众的思想。徐复观所提出"庶民史"的概念，可以说是其先声。他提出这一概念，主张开展这方面的研究，尽管有特定的内涵，即希望通过"庶民史"来再现中国文化的"伏流"，揭示儒家思想生命力的根基之所在，但"庶民史"概念的提出，毕竟有力地拓展了中国思想史研究的空间。可以说，这是徐复观的中国思想史研究方法论中值得认真发掘和继承的活东西之一。

七、解释的限度与有效性问题

徐复观的中国思想史研究方法论，站在现时代的高度，为深化和拓展中国思想史研究提出了一套行之有效的方法，其有效性已经通过他自己的中国思想史研究有力地显示出来，并对今日的中国思想史研究仍然有着很大的启发性。

当然，在实际运用这些研究方法时，也有一定的困难性。特别是如何处理好解释方法中的主体性问题，确定解释的限度与有效性，就是一个很难把握的问题。因为在思想史研究中，只要存在着解释方法上的主体性，那么解释者就必然会把某些自己的思想，附加到被解释的历史上的思想家的思想中。这一点，早就有人对徐复观的解释方法提出过怀疑，认为："你的解释，恐怕是自己的思想而不是古人的思想。最好是只叙述而不解释。"对于这个问题，徐复观并没有直接作出回应，而是引了卡西尔《人论》的"在哲学上属于过去的那些事实，如伟大思想家们的学说和体系，如果不作解释那就是无意义的"一段话，来强调解释的必要性。[①] 而在其他的地方，徐复观对这个问题则有不同的说法，如

[①] 见徐复观：《研究中国思想史的方法与态度问题》，载《中国思想史论集》，台湾学生书局1988年版，第3页。

说:"在今日,我主张个人的哲学思想,和研究古人的哲学思想史,应完全分开。可以用自己的哲学思想去衡断古人的哲学思想,但万不可将古人的思想涂上自己的哲学。"① 但问题在于:在具体的思想史研究中,只要"用自己的哲学思想去衡断古人的哲学思想",那就很难将"个人的哲学思想"和"研究古人的哲学思想史"作泾渭分明的"完全分开",这就使徐复观实际上陷入了自我矛盾之中。这种自我矛盾,实反映了处理好解释方法中的主体性问题,确定解释的限度与有效性的困难。

正是这样,徐复观在中国思想史研究中,尽管通过解释对古人的思想底蕴作出了淋漓尽致的阐发,但也不免有主观偏颇之见、一时意气之言。在他生命垂危时所口授的最后一篇学术论文《中国思想史论集续编自序》中,就有这样的自我总结:"入五十年代后,乃于教学之余,奋力摸索前进,一以原始资料与逻辑为导引,以人生社会政治问题为征验,传统文化中之丑恶者,抉而去之,惟恐不尽;传统文化中之美善者,表而出之,亦惧有所夸饰。三十年之著作,可能有错误,而决无矫诬;常不免于一时意气之言,要其基本动心,乃涌出于感世伤时之念,此则反躬自问,可公言之天下而无所愧怍者。"② 在这里,他很坦然地承认了自己的研究中"常不免于一时意气之言"。

在徐复观的汉代思想史研究中,对于王充思想的解释就是这样的一个例子。对于王充的思想,徐复观也作过一些肯定,但总的来说评价是不高的。在《两汉思想史》卷二的《自序》中,他专门提到对王充作研究的目的。他说:"几十年来,把王充的分量过分夸张了。本书中的《王充论考》一文,目的在使他回到自己应有的位置。……就东汉思想而言,王充的代表性不大。"③ 在《王充论考》一文中,他对此作了相当详细的分析,其根本点认为王充思想囿于自身遭遇的感受和体验,而

---

① 徐复观:《我的若干断想》,载《中国思想史论集》,台湾学生书局1988年版,三版代序第1页。
② 徐复观:《中国思想史论集续编自序》,载《中国思想史论集续编》,时报文化出版事业有限公司1982年版,自序第1页。
③ 徐复观:《两汉思想史》卷二,台湾学生书局1979年版,自序第2页。

未能真正抓住时代所提出的问题，远离了时代精神。他说："切就王充而论，他个人的遭遇，对于他表现在《论衡》中的思想所发生的影响之大，在中国古今思想家中，实少见其比。……尤其是两汉思想家的共同特性，是对现实政治的特别关心。所以在各家著作中，论政都占有重要的地位。就《论衡》来说，不仅论政的比例占得少，并且在内容上，除了以他自己的遭遇为中心，反映了一部分地方政治问题外，对于当时的全般政治的根源问题，根本没有触到。……且《论衡》中以极大的分量，从事于歌功颂德，这在古今值得称为思想家中，实系最特出的现象。我的解释，除了他过分力求表现的气质以外，和他身处乡曲，沉沦下僚，没有机会接触到政治的中心，因而也没有接触到时代的大问题，有不可分的关系。人情上，凡在追求想象中，不仅没有得到，并且也没有实际接触到的事物，便自然是容易加以美化的事物。所以王充在政治方面写下了繁复而异乎寻常的歌功颂德的文章，不必是他的品格上的问题，而实际是由他的遭遇限制了他展望时代的眼界。这种限制，也影响到他思想的其他方面。例如《论衡》中，许多是争其所不必争的文章；他以最大地自信力所开陈的意见，事实上许多直可称为乡曲之见。"① 在这里，他也对王充的个人遭遇抱有同情，但更多的是对王充思想的局限性提出批评。

徐复观对王充思想所作的这一解释，实际上是以他的新儒学观和他的人生体验作尺度的。他对王充的同情是基于此，对王充的批评也是基于此。他同情王充，实际上是由于他从自己的人生体验出发：他出身贫寒农家，来自社会下层，中年后又脱离政界，走上独立的学术道路，因此，他对王充这类起自民间的下层知识分子的独立人格和自由思想，总抱有一种同情之心。他批评王充，实际上也是由于他从自己的人生体验出发：他是一个挺立于学术与政治之间的勇者型儒者，强调对现实政治特别是对最高当权者持一种批判精神，这种精神可以他的批评蒋介石的政论名篇《我所了解的蒋总统的一面》为代表。因此，他在汉代思

---

① 徐复观：《两汉思想史》卷二，台湾学生书局1979年版，第563—564页。

想家中，更看重司马迁批判当今统治者的抗争精神和董仲舒用"天人感应"理论制约皇帝权力的努力，以此作为汉代精神的代表和汉代思想的主流，因而对王充歌颂汉代成就、批判"天人感应"理论深感不满。也正是这样，徐复观对王充的评价总是令人感到不甚妥切。① 在这个问题上，笔者撰有《王充与中国文化》一书，由贵州人民出版社 2000 年出版，力求从历史主义出发，对王充其人其学及其历史影响作出合理的评价，读者诸君可以参阅。

因此，如何确定解释的限度和有效性，是徐复观的中国思想史研究方法论中的一个值得进一步探讨的问题。当然，这个问题实际上也是现代解释学所面临的一个难题。德国哲学家伽达默尔认为："后来的理解相对于原来的作品具有一种基本的优越性，因而可以说成是一种完善理解——这完全不是由于后来的意识把自身置于与原作者同样位置上所造成的，而是相反，它描述了解释者和原作者之间的一种不可消除的差异，而这种差异是由他们之间的历史距离所造成的。……本文的意义超越它的作者，这并不只是暂时的，而是永远如此。因此，理解就不只是一种复制的行为，而始终是一种创造性的行为。"② 正是这样，在他看来，在解释者与原作者之间存在着一种不可消除的差异。而美国哲学家赫施则主张"保卫作者"③，要求通过区分本文的含义与本文的意义来确定解释的有效性，认为："伽达默尔所忽视的东西就是，对某个现时境遇来说，本文含义与含义之意义之间所具有的根本的差异"④；这是因为，"本文含义与对我们来说眼下的本文含义是不同的，后者是

---

① 周桂钿的《王充生平考辨——兼评徐复观〈王充论考〉》一文（载李维武编《徐复观与中国文化》，湖北人民出版社 1997 年版，第 472—494 页），即在一些问题上，针对徐复观对王充的批评，为王充作了辩解。

② ［德］汉斯-格奥尔格·伽达默尔：《真理与方法》上卷，洪汉鼎译，上海译文出版社 1999 年版，第 380 页。

③ 赫施著《解释的有效性》的第一章即题为《保卫作者》，见［美］赫施：《解释的有效性》，王才勇译，生活·读书·新知三联书店 1991 年版，第 9 页。

④ ［美］赫施：《解释的有效性》，王才勇译，生活·读书·新知三联书店 1991 年版，第 295 页。

变动不居的，而前者则是恒定的。本文含义就是作者用特定语言符号意欲表达的东西，基于这个语言性特点，本文含义就是公共的存在，也就是说，它是与自我同一的而且可以在一个以上的意识中得到复现。由于本文含义是可复制的，因此，它在任何时候、任何地方都是作为同一个东西被理解的。但是，这个含义在每一次被揭示中对揭示者来说是不同的，也就是说，它的意义是发生变化的。由于揭示者的状况是各不相同的，因而，揭示者对所揭示含义的关系也就各有所异，恰恰由于本文含义是始终如故的，因而，它对某个新境遇的关系才会呈现出差异"[1]。这说明，如何确定解释的限度和有效性问题，确是一个值得进一步思考与探讨的重要问题。徐复观虽然未能回答这个问题，但他却使这个问题在中国思想史研究方法论中有力地凸显了出来，这本身就是很了不起的思想了。

---

[1] ［美］赫施：《解释的有效性》，王才勇译，生活·读书·新知三联书店1991年版，第295页。

第九章　儒家思想研究与中国道德精神的阐释

徐复观作为现代新儒学代表人物，在对中国传统文化的认同中，当然首先认同的是儒家思想，强调儒家思想构成了中国传统文化的主流。在他看来，正是作为儒家思想核心内容的道德精神，代表了中国传统文化的道德精神。因此，他以对中国思想史作"现代的疏释"来对中国传统文化作"现代的疏释"，首先是对以儒家思想为主体的中国道德精神作出阐释；他对中国道德精神的阐释，是与他的儒学研究联系在一起的。这在他的第一部学术专著《中国人性论史·先秦篇》中鲜明地体现出来。在本章中，即以《中国人性论史·先秦篇》一书为中心，结合徐复观的其他相关论著，来考察徐复观的儒学研究以及他对中国道德精神的阐释。

一、"儒家精神之基本性格"

徐复观在20世纪40年代，就已师从熊十力，认同现代新儒学；自20世纪50年代转入学术生涯起，即以阐发儒家思想作为对中国思想史作"现代的疏释"的重心，进而由此来对中国传统文化作"现代的疏释"。揭示儒家精神的基本性格，并衡论其得失，成为他在这时的一项重要工作。

20世纪50年代前期，徐复观撰写了《儒家精神之基本性格及其限定与新生》等一系列文章，明确地提出了"儒家精神之基本性格"[1] 的

---

[1] 徐复观：《儒家精神之基本性格及其限定与新生》，载《儒家政治思想与民主自由人权》，八十年代出版社1979年版，第43页。

概念,并对其内涵、性质与得失加以阐发和探讨。在这些文章中,徐复观指出:"中国文化的精神,亦即儒家的精神"①。而要阐明中国文化精神和儒家精神,他认为需要与西方文化精神进行比较,发现两者的不同之处。这种不同之处首先就在于:"中国文化与西方文化,在发轫之初,其动机已不相同,其发展遂分为人性的两个方面,而各形成一完全不同性格。"② 这就是说,中国文化与西方文化由于各自的开端不同,而导致了以后完全不同的发展路向和文化精神。

徐复观认为,近代西方文化有希腊文化与希伯来文化两大来源,但形成近代西方文化精神的,主要是希腊文化。希腊文化发端于希腊人在闲暇中对于自然的惊异和对于知性活动的喜爱。希腊文化之初的自然哲学,即主张人的知性向自然追求剖析,人的精神便首先落在自然上,强调人是"自然之子"。以后希腊人虽由宇宙论的研究转入人性论的思考,但依然以智识者为最有力最成功的人物。在希腊文化中,知即是美,即是善。近代西方文化正继承了这一传统。所不同的是,希腊人把知识当作教养,而近代人把知识用于权力的追求。"于是希腊文化一至近代,更不是对人的本身负责,而是对人的获取权力负责。人与自然的关系,也由'自然之子'而要一天一天的变为其征服者。人与人的关系,恰是通过征服自然过程中所建立的机具而互相连结起来,并不是作为共同的人性而互相连结起来的。近代西方文化,并不是完全不谈道德,但大体上是把道德的基础放在知识上面。"③

徐复观又认为,中国文化的发端则与西方文化的发端不同。中国文化不是在对自然界作思考时发生的,而是在思考人与人相互联系而来的灾祸时发生的,是起源于对人的生存的忧患。也就是说,"中国的文

---

① 徐复观:《儒家精神之基本性格及其限定与新生》,载《儒家政治思想与民主自由人权》,八十年代出版社1979年版,第59页。
② 徐复观:《儒家精神之基本性格及其限定与新生》,载《儒家政治思想与民主自由人权》,八十年代出版社1979年版,第56页。
③ 徐复观:《儒家精神之基本性格及其限定与新生》,载《儒家政治思想与民主自由人权》,八十年代出版社1979年版,第58页。

化，是对人的忧患负责而形成发展的"①；"中国之学术思想，起源于人生之忧患"②。在中国文化中，"忧患是追求学问的动机与推动力"③；儒家的基本动机，实都是出于忧患意识。在这种忧患意识指导下，儒家以人自身的行动规范、道德修养作为探讨的主要内容，所注重的是"向内在的道德性之沉潜陶铸的工夫"④。由此可见，中国文化与西方文化在其开端上有着明显的不同：就发生的动机言，"希腊文化的动机是好奇，中国文化的动机是忧患"⑤；就学问的内容言，"西方主要是对于自然的知解，而儒家主要为自己行为的规范"⑥。因此，中国的人文精神实是一种"道德性的人文主义"⑦，中国文化实是一种"道德性底文化"⑧。儒家的精神，所重视和强调的，就是这种"道德性"。

这样一来，徐复观就通过由忧患意识而来的"道德性"，凸显了"儒家精神之基本性格"，将其内涵概括为："盖儒家之基本用心，可概略之以二。一为由性善的道德内在说，以把人和一般动物分开，把人建立为圆满无缺的圣人或仁人，对世界负责（《论语》：'若圣与仁，则吾岂敢。'）。一为将内在的道德，客观化于人伦日用之间，由践伦而敦

---

① 徐复观：《文化精神与军事精神——湘军新论》，载《学术与政治之间》，台湾学生书局1985年版，第17页。
② 徐复观：《儒家精神之基本性格及其限定与新生》，载《儒家政治思想与民主自由人权》，八十年代出版社1979年版，第59页。
③ 徐复观：《儒家精神之基本性格及其限定与新生》，载《儒家政治思想与民主自由人权》，八十年代出版社1979年版，第59页。
④ 徐复观：《儒家精神之基本性格及其限定与新生》，载《儒家政治思想与民主自由人权》，八十年代出版社1979年版，第61页。
⑤ 《徐复观先生谈中国文化》，载《徐复观文集》修订本第1卷，湖北人民出版社2009年版，第2页。
⑥ 徐复观：《儒家精神之基本性格及其限定与新生》，载《儒家政治思想与民主自由人权》，八十年代出版社1979年版，第59页。
⑦ 徐复观：《儒家精神之基本性格及其限定与新生》，载《儒家政治思想与民主自由人权》，八十年代出版社1979年版，第61页。
⑧ 徐复观：《当前读经问题之争论》，载《徐复观文录选粹》，台湾学生书局1980年版，第5页。

'锡类之爱'，使人与人的关系、人与物的关系，皆成为一个'仁'的关系。性善的道德内在，即人心之仁。而践伦乃仁之发用。所以二者是内外合一（合内外之道）、本末一致而不可分的。"① 这两个方面及其内在联系都表明，"儒家精神之基本性格"的性质是"道德性"的。

本书第六章第二节《区分中国的形而上学与西方的形而上学》已指出，这一时期的徐复观，认为"儒家也可以有其形而上学"②，但又不赞成把"儒家的形而上学"③讲成类似西方的形而上学，而主张区分西方的形而上学与中国的形而上学，认为西方的形而上学的最大特点，就在于它是"由知性推演上去的形而上学"④；而中国的形而上学的最大特点，则在于它是"由道德发展上去的形而上学"⑤。他说："儒家道德之教所指示的根源，只是要人自己验之于人人皆有恻隐、是非、辞让、羞耻之心，只是要人各从其自心上去找根源。这是从人的本身来解答人的道德根源，亦即人之所以为人的根源的办法。至于从心推而上之，心的根源是什么，宇宙的根源是什么，儒家当然承认有此一问题，孔、孟、程、朱、陆、王当然也曾去思索这一问题，如提出的天、天命等等，但总是采'引而不发'的态度。因为站在儒家的立场，道德即是实践。道德的层次，道德的境界，是要各人在实践中去领会。而圣贤教人，只是从实践上去指点。若仅凭言语文字，将道德根源的本体构画出来，这对于道德而言，纵使所构画者系出于实践之真实无妄，但人之接受此种说法，亦只是知解上的东西。从知解上去领会道德的本体，即有

---

① 徐复观：《儒家精神之基本性格及其限定与新生》，载《儒家政治思想与民主自由人权》，八十年代出版社1979年版，第59—60页。
② 徐复观：《儒家精神之基本性格及其限定与新生》，载《儒家政治思想与民主自由人权》，八十年代出版社1979年版，第81页。
③ 徐复观：《儒家精神之基本性格及其限定与新生》，载《儒家政治思想与民主自由人权》，八十年代出版社1979年版，第81页。
④ 徐复观：《儒家精神之基本性格及其限定与新生》，载《儒家政治思想与民主自由人权》，八十年代出版社1979年版，第78页。
⑤ 徐复观：《儒家精神之基本性格及其限定与新生》，载《儒家政治思想与民主自由人权》，八十年代出版社1979年版，第78页。

所见，用朱子的话说，亦'只是从外面见得个影子'，且易使道德的根基走样。"① 换言之："儒家的形而上学，须由儒家的基本性格上做工夫去建立的。"② 总之，中国"由道德发展上去的形而上学，与西方由知性推演上去的形而上学，虽有相同的语言，而决不是相同的性格"③。

正是基于"儒家精神之基本性格"，徐复观进入20世纪60年代后，即着手撰写他的第一部学术专著《中国人性论史·先秦篇》。对于写作这部专著的缘由，他作过专门的说明，指出："在人的具体生命的心、性中，发掘出道德的根源、人生价值的根源，不假借神话、迷信的力量，使每一个人，能在自己一念自觉之间，即可于现实世界中生稳根、站稳脚，并凭人类自觉之力，可以解决人类自身的矛盾，及由此矛盾所产生的危机，中国文化在这方面的成就，不仅有历史地意义，同时也有现代地、将来地意义。我写《中国人性论史》，是要把中国文化在这一方面的意义，特别显发出来。"④ 又指出："人性论不仅是作为一种思想，而居于中国哲学思想史中的主干地位，并且也是中华民族精神形成的原理、动力。要通过历史文化以了解中华民族之所以为中华民族，这是一个起点，也是一个终点。文化中其他的现象，尤其是宗教、文学、艺术，乃至一般礼俗、人生态度等，只有与此一问题关连在一起时，才能得到比较深刻而正确的解释。"⑤

这些都表明，徐复观正是从阐明"儒家精神之基本性格"入手，揭示和凸显了"道德性"之于儒家精神的本质性，由此而开启儒家思想研究与中国道德精神阐释的。

---

① 徐复观：《儒家精神之基本性格及其限定与新生》，载《儒家政治思想与民主自由人权》，八十年代出版社1979年版，第78页。
② 徐复观：《儒家精神之基本性格及其限定与新生》，载《儒家政治思想与民主自由人权》，八十年代出版社1979年版，第81页。
③ 徐复观：《儒家精神之基本性格及其限定与新生》，载《儒家政治思想与民主自由人权》，八十年代出版社1979年版，第78页。
④ 徐复观：《中国艺术精神》，台湾学生书局1984年版，自叙第1页。
⑤ 徐复观：《中国人性论史·先秦篇》，台湾商务印书馆1984年版，序第2页。

二、"忧患意识"：中国道德精神的开启

在《中国人性论史·先秦篇》中，徐复观首先对中国道德精神的发生问题进行了深入的思想史考察，创造性地提出了"忧患意识"概念，来概括中国道德精神的开启。

徐复观认为："一切民族的文化，都从宗教开始，都从天道、天命开始"①。在这一点上，中国文化也是如此，没有例外。中国文化的独特处在于：在它的宗教中很早就被注入了自觉的精神，开始了"宗教的人文化"②亦即"天的人文化"③的历程，使得它从"天道""天命"一步一步向下落，落在具体的人的生命、行为之上。这一历程是自殷周之际开始的。从殷代青铜器来看，中国文化发展到殷代，在器物方面已有了相当高度的发展；而从甲骨文来看，殷人的精神生活还未能脱离原始性的宗教，他们的行为是通过卜辞而完全决定于外在的神——祖宗神、自然神及上帝。周人的贡献，是在传统的宗教生活中，注入了自觉的精神，把文化在器物方面的成就提升而为观念方面的展开，以启发"中国道德地人文精神"④的建立。周人的宗教，虽然仍属于殷人的系统，但在周初的领导人物中，却可以看到一种新精神的跃动。这种跃动着的新精神，徐复观称之为"忧患意识"。他对此作了史论结合的说明：

> 周人革掉了殷人的命（政权），成为新地胜利者；但通过周初文献所看出的，并不像一般民族战胜后的趾高气扬的气象，而是《易传》所说的"忧患"意识。忧患意识，不同于作为原始宗教动

---

① 徐复观：《向孔子的思想性格回归》，载《中国思想史论集续编》，时报文化出版事业有限公司1982年版，第432页。

② 徐复观：《中国人性论史·先秦篇》，台湾商务印书馆1984年版，第51页。

③ 徐复观：《程朱异同》，载《中国思想史论集续编》，时报文化出版事业有限公司1982年版，第589页。

④ 徐复观：《中国人性论史·先秦篇》，台湾商务印书馆1984年版，第16页。

机的恐怖、绝望。一般人常常是在恐怖绝望中感到自己过分地渺小，而放弃自己的责任，一凭外在地神为自己作决定。在凭外在地神为自己作决定后的行动，对人的自身来说，是脱离了自己的意志主动、理智导引的行动；这种行动是没有道德评价可言，因而这实际是在观念地幽暗世界中的行动。由卜辞所描出的"殷人尚鬼"的生活，正是这种生活。"忧患"与恐怖、绝望的最大不同之点，在于忧患心理的形成，乃是从当事者对吉凶成败的深思熟考而来的远见；在这种远见中，主要发现了吉凶成败与当事者行为的密切关系，及当事者在行为上所应负的责任。忧患正是由这种责任感来的要以己力突破困难而尚未突破时的心理状态。①

这段话，是徐复观对"忧患意识"所作的最基本、最集中、最典型的阐释。从这里可以看出，"忧患意识"蕴蓄着一种坚强的意志和奋发的精神，使中国人由原来的对于神的依赖，转向对于自己的依赖，表现出一种人的精神的自觉。因此，它实是一种不同于传统宗教精神的新精神。可以说："忧患意识，乃人类精神开始直接对事物发生责任感的表现，也即是精神上开始有了人地自觉的表现。"② 在徐复观看来，这种新精神的发生，集中体现了"周初道德地人文精神觉醒"③，亦即标志着开启"中国道德地人文精神的建立"④。在这里，中国道德精神的建立与中国人文精神的跃动实是一个事情的两面，相互包蕴而融为一体。这是中国道德精神开启的特点，也是中国人文精神开启的特点。

徐复观进而指出，在"忧患意识"的影响之下，周人开始走出传统的以外在的神为中心的宗教观念，把人的信心的根据由对于神的依赖转移向自己本身行为的谨慎与努力，建立了一个由"敬"所贯注、强调

---

① 徐复观：《中国人性论史·先秦篇》，台湾商务印书馆1984年版，第20—21页。
② 徐复观：《中国人性论史·先秦篇》，台湾商务印书馆1984年版，第21页。
③ 徐复观：《中国人性论史·先秦篇》，台湾商务印书馆1984年版，第30页。
④ 徐复观：《中国人性论史·先秦篇》，台湾商务印书馆1984年版，第16页。

"敬德""明德"的新的观念世界，以人的道德精神的自觉，来照察、指导、规范人自己的行为，对人自己的行为负责。"尤其是一个'敬'字，实贯穿于周初人的一切生活之中，这是直承忧患意识的警惕性而来的精神敛抑、集中，及对事的谨慎、认真的心理状态。这是人在时时反省自己的行为、规整自己的行为的心理状态。"① 这种"敬"的观念，与宗教的虔敬相比，近似而实不同："宗教的虔敬，是人把自己的主体性消解掉，将自己投掷于神的面前而彻底皈归于神的心理状态。周初所强调的'敬'，是人的精神由散漫而集中，并消解自己的官能欲望于自己所负的责任之前，凸显出自己主体的积极性与理性作用。"② 在这种情况下，"天命"由宗教的意义逐渐向道德的意义转化，成为人们可以通过自己的行为，来加以了解、加以把握的人类合理行为的最后保障。这种道德精神的自觉，凸显出中国文化重人的活动、重人的实践的性格，而不是一种重知识、重思辨的性格。正是这样，徐复观说："周人的哲学，可以用一个'敬'字作代表。"③ 正是在这个"敬"字上，深刻地体现了中国道德精神在周代的进一步展开。

周人的"忧患意识"的提出，在徐复观看来，不仅开启了中国道德精神，而且由之奠定了中国精神文化的基型，对以后中国文化的发展投下了极其深刻的影响。要真正理解中国文化，就离不了对"忧患意识"的理解。在这方面，他通过中西文化的比较，来揭示"忧患意识"对中国文化所起的根源性塑造作用。他指出，从发生学来看，中国文化与西方文化的一个很大不同之点在于：西方文化是在对自然界作思考时发生的，中国文化则起源于对人的生存的忧患。也就是说："中国的文化，是对人的忧患负责而形成发展的。"④ 在中国文化中，不仅儒家的基本动机出于"忧患意识"，而且道家的基本动机亦出于"忧患意识"，"不

---

① 徐复观：《中国人性论史·先秦篇》，台湾商务印书馆1984年版，第22页。
② 徐复观：《中国人性论史·先秦篇》，台湾商务印书馆1984年版，第22页。
③ 徐复观：《中国人性论史·先秦篇》，台湾商务印书馆1984年版，第22页。
④ 徐复观：《文化精神与军事精神——湘军新论》，载《学术与政治之间》，台湾学生书局1985年版，第17页。

过儒家是面对忧患而要求加以救济，道家则是面对忧患而要求得到解脱"①。他又指出，从文化性格来看，中国文化与西方文化的一个很大不同之点在于：西方文化受基督教的"苦难意识"的深刻影响，中国文化则受体现人文自觉的"忧患意识"的深刻影响。基督教之所以能成为世界性的宗教，是由十字架所象征的担当苦难的救世精神所决定的。"救世精神是从'苦难意识'中透出来的，这才有其真实性，有其感动力。"② 也就是说，"只有真正怀抱有'苦难意识'的人，才有真正地宗教信仰，才能通过他们的信仰，发而为解救人世间苦难的行为"③。这形成了西方文化的源远流长的宗教传统，西方的人文主义则是近代的产物。而"中国道德地人文精神"，在周人萌动"忧患意识"时即已发生，并由此规定了以后中国文化的基型和主流。这形成了中国文化的源远流长的人文传统，这种人文传统是以道德精神为内核的。当然，中国文化的"忧患意识"与基督教的"苦难意识"又有相通之处。由"苦难意识"所发出的基督教的救世精神，所实践着的正是《易传》所说的"吉凶与民同患"④ 的道德精神。"这是伟大地宗教与崇高地道德的共同立足点。"⑤ 因此，由于"忧患意识"对中国文化所起的根源性的塑造作用，可以说中国文化是道德型的，而与西方文化是知识型和宗教性的，形成了鲜明的不同。

正是这样，徐复观通过"忧患意识"概念，以巨大的历史感和深刻的理论性，揭示了中国文化自身的特点和优点。也正是这样，"忧患意识"概念一经提出，便产生了广泛而深远的影响。牟宗三就认为"这是

---

① 徐复观：《中国艺术精神》，台湾学生书局1984年版，第133页。
② 徐复观：《天主教的集体智慧的表现》，载《徐复观杂文续集》，时报文化出版事业有限公司1981年版，第17页。
③ 徐复观：《天主教的集体智慧的表现》，载《徐复观杂文续集》，时报文化出版事业有限公司1981年版，第17页。
④ 《易传·系辞上》。
⑤ 徐复观：《天主教的集体智慧的表现》，载《徐复观杂文续集》，时报文化出版事业有限公司1981年版，第19页。

一个很好的观念,很可以借以与耶教之罪恶怖栗意识及佛教之苦业无常意识相对显"①,并以"忧患意识"来揭示中国哲学的特质,指出:"中国哲学之重道德性是根源于忧患的意识。中国人的忧患意识特别强烈,由此种忧患意识可以产生道德意识。"② 在20世纪现代新儒学提出的诸多概念中,大概还没有一个概念能像"忧患意识"在海峡两岸产生如此深刻、如此巨大的影响。

三、从孔子到孟子:中国道德精神的自觉

从提出"忧患意识"出发,徐复观由中国道德精神的开启,进而对中国道德精神的自觉进行了考察。在这方面,他着重考察了从孔子到孟子开辟"内在地人格世界"③的诸环节,来阐明中国道德精神的自觉。在《中国人性论史·先秦篇》中,他以先秦人性论史为主线,揭示了中国道德精神自觉的进程与内涵。

徐复观指出,早在《诗经》时代,中国人就已经有了很多道德观念,一方面以此作为对人的行为的要求,一方面也以此作为评定某一阶层人物的标准。到了春秋时代,随着"天的人文化"的推进,人们已将"天""天命"由原来的人格神的性格转化为道德法则的性格,将过去的"天""帝"这些最高主宰者下落为一般的鬼神并赋予他们以道德的规定,提出了代表人文世界的"礼"的观念。可以说,"春秋时代是以礼为中心的人文世纪"④。但是,"礼"的观念仅表现为外面的知识、行为,只能代表一种"客观地人文世界"⑤,还不能算有意识地开辟了一种"内在地人格世界"。

---

① 牟宗三:《中国哲学的特质》,台湾学生书局1990年版,第18页。
② 牟宗三:《中国哲学的特质》,台湾学生书局1990年版,第16页。
③ 徐复观:《中国人性论史·先秦篇》,台湾商务印书馆1984年版,第69页。
④ 徐复观:《中国人性论史·先秦篇》,台湾商务印书馆1984年版,第46页。
⑤ 徐复观:《中国人性论史·先秦篇》,台湾商务印书馆1984年版,第69页。

徐复观进而指出："所谓内在地人格世界，即是人在生命中所开辟出来的世界。在人生命中的内在世界，不能以客观世界中的标准去加以衡量，加以限制；因为客观世界，是'量'的世界，是平面的世界；而人格内在地世界，却是'质'的世界，是层层向上的立体的世界。"① 如果说代表"客观地人文世界"的是"礼"，那么代表"内在地人格世界"的则是"仁"。只有经过孔子的创造，才将"礼"安放于内心的"仁"之上，才将这种"客观地人文世界"转变为"内在地人格世界"。孔子的这一转化工作包括两个方面的内容：一是对传统意义的鬼神观念加以改造与转换，一是对传统意义的"天""天道""天命"观念加以改造与转换。对这两个方面的改造与转换，孔子采取了不同的态度。

一方面，对于传统意义的鬼神观念，孔子虽未公开加以反对，但却很明显地将其排斥于自己的学问教化之外，而以"义"来代替一般人对鬼神的依赖。"义是人事之所当为，亦即礼之所自出。"② 强调"义"，也就是强调人自身的作用和价值。至于鬼神祭祀这种风俗，孔子在知识上不能证明其必有，也不能从知识上证明其必无，而主张将其改造为对祖先的孝敬，以表示自己的诚敬仁爱之德，更由此而将报本反始、崇德报功发展为祭祀的中心意义，使人通过祭祀，把自己的精神与自己的生之所由来和生之所由遂联系在一起。在孔子这里，祭祀实质上不再是宗教性的活动，而已被改造为道德性的活动，即通过祭祀活动，使每一个人的以自己为中心的自私之念得到一种澄汰与纯化。《论语》上所说的"祭如在，祭神如神在"③ 中的"如"，"敬鬼神而远之"④ 中的"敬"与"远"，都是对这种精神状态的描写和说明。

另一方面，对于传统意义的"天""天道""天命"观念，孔子则将其由外在的抽象的存在转化为内在的具体的存在。"孔子的所谓'天命'

---

① 徐复观：《中国人性论史·先秦篇》，台湾商务印书馆1984年版，第69页。
② 徐复观：《中国人性论史·先秦篇》，台湾商务印书馆1984年版，第81页。
③ 《论语·八佾》。
④ 《论语·雍也》。

或'天道'或'天',用最简捷的语言表达出来,实际是指道德的超经验地性格而言"①。正因为道德具有"超经验地性格",所以才具有普遍性、永恒性;这种道德的普遍性、永恒性,在当时只能用传统的"天""天道""天命"这些观念来加以征表。因而道德的普遍性、永恒性,正是孔子所说的"天""天道""天命"的真实内容。但孔子的意义,并不在于指出了道德的"超经验地性格"及由此而产生的普遍性、永恒性,而在于揭示了这种超经验的道德与人的现实生命的内在连结。这就是孔子所说的"知天命"②。这个"知",不是对经验世界的"认知",而是对道德的"超经验地性格"的"证知"。孔子在不断的"下学而上达"③ 的过程中,从经验的积累中,从实践的上达中,证知了道德的超经验性,亦即他所说的"天""天道""天命",从而使这些超经验的道德进入到自己生命的根元里面,使他常常感到自己与"天"的亲和感、具体感和对"天"的责任感、使命感,感到"天""天道""天命"与自己的生命连结在一起。这种人的具体生命存在与"天""天道""天命"的连结,实际即"性"与"天""天道""天命"的连结。"性"与"天""天道""天命"的连结,也就是在血气心知的具体性质里面体认出它有超血气心知的性质,使"天""天道""天命"成为可以为人所把握的有血有肉的存在。这就从人的具体生命存在中开辟出"内在地人格世界"。这种"内在地人格世界"的完成,也就是人的完成。孔子把"性"与"天""天道""天命"连结在一起的道德内容,是比"义"更深一层的"仁"。"仁"是人的自觉的精神状态。它包括两个方面:一方面是对自己人格的建立及知识的追求,发出无限的要求;另一方面是对他人,毫无条件地感到有应尽的无限的责任。简言之,"仁"是要求"成己"同时"成物"的精神状态。这种精神状态,是一个人努力于学的动机、方向和目的。同时,这种精神状态落实于具体生活行为之上的时候,即是

---

① 徐复观:《中国人性论史·先秦篇》,台湾商务印书馆1984年版,第86页。
② 《论语·为政》。
③ 《论语·宪问》。

"仁"的一部分的实现,而对于整体的"仁"而言,则又是一种工夫、方法。在孔子看来,"仁"内在于每一个人的生命之内,是每一个人之所以为人的最根本的规定,既是先天所有的人性,又不断地突破生理的限制而作无限的超越,从这种先天所有而又无限超越的意义上讲,以"仁"为内容的人性实同于传统意义的"天""天道""天命"。这样一来,"礼"在人自身找到了存在的根据,即孔子所说的"人而不仁,如礼何"①。这种由"礼"而"仁"的转化和归结,成为"客观地人文世界向内在地人格世界转化的大标志"②。人只有发现自身有"内在地人格世界",然后才能够自己塑造自己,自己完善自己,自己建立自己,把自己从一般动物中提升起来,使自己的生命力作无限的扩张与延展。这个"内在地人格世界",成为人生价值的无限泉源。与之相比,柏拉图所讲的理念世界,黑格尔所讲的绝对精神,只不过是思辨的产物;宗教家所主张的天堂,也不过是信仰的构造。因此,"仁"是融合"性"与"天""天道""天命"的真实内容。孔子对于"仁"的开辟,由"客观地人文世界"向"内在地人格世界"的转化,不仅奠定了尔后正统人性论的方向,而且也由此而奠定了中国正统文化的性格。

徐复观又指出,孔子之后,《中庸》进一步解决孔子的伦常之教和"性与天道"③的关系,确立了"内在地人格世界"的性格。在孔子提出的"性与天道"问题中,实际上包含了两个问题:一是"性"与"天道"究竟是如何连贯在一起的?二是实践性的伦常之教与抽象性的"性与天道"又是如何连贯在一起的?《中庸》的第一句话"天命之谓性",回答了第一个问题。所谓"天命之谓性",绝非只是把已经失落了的古代的天人关系安放在道德的基础之上,予以重建;更在于使人感觉到自己的"性"是由"天"所命,自己与"天"有着内在的关联,与"天"是平等的,"天"的无限价值即具备于自己的"性"之中。正是这样,

---

① 《论语·八佾》。
② 徐复观:《中国人性论史·先秦篇》,台湾商务印书馆1984年版,第69页。
③ 《论语·公冶长》。

每个人在生命的自身，在生命活动所关涉到的现世，即可以实现人生的崇高价值。这便可以启发人们对现实生活的责任感，鼓励并保证人们在现实生活中的各种向上努力的意义。《中庸》的第二句话"率性之谓道"，回答了第二个问题。所谓"率性之谓道"，是说顺着人性向外发而为行为即是"道"。这意味着"道"即含摄于"性"之中，"性"以外无所谓"道"。人性不离开生命而存在，也不离开生活而独存，所以顺"性"而发的"道"，是与人的生命、生活相连结的，其性格自然是中庸的。由此引出了儒家对政治的一种根本规定："中庸之道，出于人性；实现中庸之道，即是实现人性；人性以外无治道。违反人性，即不成为治道。"① 这就是"率性之谓道"后面的第三句"修道之谓教"的意思。在这里，孔子的中庸之道具有了双重的意义：一方面，它是每一个人的"庸言""庸行"，是经验性的东西；另一方面，它又是与"性与天道"相连结相贯通的，具有超经验的性格。也就是说，中庸之道在被限定之中，即含有破除限定的无限超越的性格。因此，中庸是任何人可以当下实现的，并不需留待彼岸或来世实现；但又是任何人不能当下完成的，而必须通过无穷的努力方能实现。"显天命于中庸之中，这才是孔子学问的基本性格。"② 这就确定了"内在地人格世界"的性格。

徐复观还指出，《中庸》讲的"天命之谓性"的"性"，自然是善的。但直到孟子，才正式提出性善说，明确地规定"性善"便是"心善"，使"内在地人格世界"落实在每个人的生命存在中。在孟子看来，"心"之所以与耳目之官不同而为善，在于耳目之官不"思"，而心之官则"思"。"思"包括反省与思考两重意思。孟子特别重视反省这一重意思，认为"心"一经反省，所具有的仁、义、礼、智之善端便直接呈露，每一个人都可以在自己的心上当下认取善的根苗，而无须向外凭空悬拟。这种"心善"，尽管只是善的发端，但却具有无限的生命力，只

---

① 徐复观：《中国人性论史·先秦篇》，台湾商务印书馆 1984 年版，第 120—121 页。
② 徐复观：《中国人性论史·先秦篇》，台湾商务印书馆 1984 年版，第 120 页。

要做到"存其心，养其性"①，便会作无限的伸长、扩充。善端的伸长、扩充，不仅是扩大精神的境界，而且要见之于生活的实践。孟子讲的"老吾老，以及人之老；幼吾幼，以及人之幼"②，以及政治上的所谓"推恩"③，都是善端在生活上具体的伸长、扩充方式。这种对善端的不断伸长、扩充，孟子称之为"尽心"。能够"尽心"，便知道人之所受以生的"性"，因为"性"即在人的"心"之中。相反，如果不能够"尽心"，则人之所受以生的"性"潜伏而不显。在这种情况下，若就一般人情、世故、利害的生活经验以论断人性，则人性或为物欲遮蔽，或因未进入人的自觉范围之内而潜伏着。因此，唯有"尽心"才可以"知性"。而"性"在其"莫之致而至"④ 这一点上，是由超越的"天"所命的。因此，"尽心"也就"知天"。在这里，"'尽心'，不是心有时而尽，只是表示心德向超时空的无限中的扩充、伸展。而所谓性，所谓天，即心展现在此无限的精神境界之中所拟议出的名称"⑤。也就是说，"心之外无性，性之外无天"⑥。这就使古代的宗教之"天"，完全转化为人的德性的扩充；人在自身的德性之外，无处可以安设宗教的偶像。经过这一转化，任何原始宗教的神话、迷信，皆不能在中国人的理智光辉下成立。这样一来，孟子在生活经验中发现了"心"独立自主的活动，乃是人的道德主体之所在，从而不仅使人能够自己发现自己、自己完善自己，而且提供了人与人相互信赖的根据，提供了人类向前向上发展的根据，从而为中国道德精神在人的生命存在中确立了根基。"所以孟子性善之说，是人对于自身惊天动地的伟大发现。有了此一伟大发现后，每一个人的自身，即是一个宇宙，即是一个普遍，即是一个永恒。可以透过一个人的性，一个人的心，以看出人类的运命，掌握人类的运

---

① 《孟子·尽心上》。
② 《孟子·梁惠王上》。
③ 《孟子·梁惠王上》。
④ 《孟子·万章上》。
⑤ 徐复观：《中国人性论史·先秦篇》，台湾商务印书馆1984年版，第181页。
⑥ 徐复观：《中国人性论史·先秦篇》，台湾商务印书馆1984年版，第181页。

命，解决人类的运命。每一个人即在他的性、心的自觉中，得到无待于外的、圆满自足的安顿，更用不上夸父追日似的在物质生活中，在精神陶醉中去求安顿。这两者终竟是不能安顿人的生命的。"① 因此可以说，"儒家发展到孟子，指出四端之心；而人的道德精神的主体，乃昭澈于人类尽有生之际，无可得而磨灭"②。这也就实现了中国道德精神的自觉，"内在地人格世界"由此而实实在在地建立起来。

通过对中国道德精神自觉的进程与内涵的考察，徐复观从中概括出中国文化发展的一个总特点："中国文化发展的性格，是从上向下落，从外向内收的性格。由下落以后而再向上升起以言天命，此天命实乃道德所达到之境界，实即道德自身之无限性。由内收以后而再向外扩充以言天下国家，此天下国家实乃道德实践之对象，实即道德自身之客观性、构造性。从人格神的天命到法则性的天命，由法则性的天命向人身上凝集而为人之性，由人之性而落实于人之心，由人心之善以言性善，这是中国古代文化经过长期曲折、发展所得出的总结论。"③ 这也就是说，中国文化是一种重现实世界而非重形上世界的文化，是一种重自身生命存在而非重外部自然世界的文化。在徐复观看来，不仅儒家思想是沿着这一主线而展开的，而且道家思想最后也归向这一主线。特别是庄子讲的"心"之"虚""静""明"，实与儒家讲的"心"之"仁"相通，最终实现的是人的内在世界的开辟、完善，落实在"成己"与"成物"的实践上。他说："其实，一部《庄子》，归根结底，皆所以明至人之心。由形上之道，到至人之心，这是老子思想的一大发展，也是由上向下、由外向内的落实。经过此一落实，于是道家所要求的虚无，才在人的现实生命中有其根据。"④

---

① 徐复观：《中国人性论史·先秦篇》，台湾商务印书馆1984年版，第182页。
② 徐复观：《中国艺术精神》，台湾学生书局1984年版，第131页。
③ 徐复观：《中国人性论史·先秦篇》，台湾商务印书馆1984年版，第163—164页。
④ 徐复观：《中国人性论史·先秦篇》，台湾商务印书馆1984年版，第393页。

四、"为己之学":中国道德精神的归结

徐复观的儒学研究以及他对中国道德精神的阐释,如果说开始于提出"儒家精神之基本性格",那么最后的归结则在于以"为己之学"打通全部儒学传统和中国道德精神。

1982年2月,徐复观在即将辞世前口述了最后一篇论文《中国思想史论集续编自序》,文章最后一段特别强调他刚刚完成的长文《程朱异同——平铺地人文世界与贯通地人文世界》的重要性,感叹地说:"《程朱异同》一文,以'为己之学',贯通孔、孟、程、朱、陆、王学脉,老、庄对知识与人生态度与儒学异,但其学问方向亦与此相通,此乃余最后体悟所到,惜得之太迟,出之太骤,今病恐将不起,以未能继续阐述为恨。"① 可见他十分看重以"为己之学"来打通全部儒学传统,以此为中国道德精神的归结;而正是《程朱异同——平铺地人文世界与贯通地人文世界》一文,体现了他的这一思考所得。

在徐复观看来,所谓"为己之学",作为对知识的追求,是与"逐物之学"不同的,也是与"为人之学"不同的。西方文化中从认识自然出发对知识的追求,把道德建立在知识之上,使哲学家常常顺着知识去找道德的根源,实为"逐物之学",这当然体现不了"儒家精神之基本性格"。同样,按照孔子的说法,"古之学者为己,今之学者为人"②,现实生活中许多人追求知识,仅仅是为了应对社会的"为人之学",也是体现不了"儒家精神之基本性格"。而只有"为己之学",强调追求知识归根到底是为了了解自己、开辟自己、建立自己,从而向自身生命上回转,达到合主客观为一,贯通知识与道德为一,才能体现"儒家精神之基本性格"。因此,他所说的"为己之学",实则是与他所说的"内在

---

① 徐复观:《中国思想史论集续编自序》,载《中国思想史论集续编》,时报文化出版事业有限公司1982年版,自序第2页。
② 《论语·宪问》。

地人格世界"相关联的,是从"内在地人格世界"引发出来的。

在《程朱异同——平铺地人文世界与贯通地人文世界》一文中,徐复观对"为己之学"有过明确的说明:

> "为行为而知识",是由周初以来,中国的学术基线。孔子在此基线内,因对求知的特别重视,已开始赋予知识以自足的意味,这在求知的态度上,是一大发展。但孔子的突出点,乃在他针对以才智求见知于他人的"为人之学",而提出了"为己之学"。所谓"为己之学",是追求知识的目的,乃在自我的发现、开辟、升进,以求自我的完成。他的"下学而上达",正说明这一历程。我与人和物的关系,不仅是以我去认识肯定在我之外的人和物的关系,而是随自我发现的升进,将生理的我转化为道德理性之我,使原来在我之外的人和物,与自我融合而为一。孔子的"天下归仁",实即"仁者以天地万物为一体",系由此而来。以知识选择行为,常由利害的比较来作决定;决定得合理时,固然也能顾及大众利益,但多数则拘限于个人利益之内,缺乏道德的必然性。我与人和物的关系,经过了"为己"历程中的回转,对人和物的动念与行为,不再是以我为中心的利害比较,而是出于"克己""毋我"的道德责任的要求。孔子"己欲立而立人,己欲达而达人"的"为仁之方",都要由此角度去了解。①

在这段话中,徐复观对孔子提出的"为己之学"进行了解释:一方面,孔子也强调了对知识的追求,"以我去认识肯定在我之外的人和物的关系",这就是他主张的"下学";另一方面,孔子更强调知识的追求在于道德修养,以了解自己、开辟自己、建立自己,"随自我发现的升进,将生理的我转化为道德理性之我,使原来在我之外的人和物,与自我融

---

① 徐复观:《程朱异同》,载《中国思想史论集续编》,时报文化出版事业有限公司1982年版,第570—571页。

合而为一",这就是他主张的"上达"。通过"下学而上达","孔子所发现开辟出的自我即是仁"①。

那么,在孔子那里,向外的求知如何来完成自我呢?徐复观认为,这就要求"在求知方法上,自然也要发生一个回转"②,"为己之学"正是这种回转的结果。对于这种方法上的回转,徐复观作了进一步说明。他说:"求知起步的方法,是通过耳目的闻见去认识客观世界中的事物,再加以思考的整理,由此所得的知识,是客观性的知识。孔子非常重视这种知识。这是人类求知的共同方法。但仅靠此方法,不一定能发现自我;而由这种方法所得的知识,除了以自我为中心的利害直接关连外,也不一定与行为有必然的关系。这里,孔子便作了方法上的回转。这种回转,暂用'内省'一词来表达。即是把向外所认识的东西,所求得的知识,回转向自己的生命,在自己的生命中加以照察,把自己所知的由客观位置转移到主体上来,而直接承担其责任;此时的知识,经照察提炼后,便内在化而成为自己的'德'。"③ 对于这种方法的回转,徐复观总结说:"简而言之,化客观知识为生命之德,此时道德乃生根于生命之内,而有其必然性;由道德的必然性而自然发出行为的要求,此即孔子的所谓'为己之学'。"④ 而"为己之学"的实现,其实也就是"天的人文化"即"宗教的人文化"的实现。"在孔子将知识内在化而为德的'为己之学'的系统中,除了由自己生命中所发出来的无条件地道德要求,因传统而他有时称之为'天''天命'或'天道'外,凡由宗教而

---

① 徐复观:《程朱异同》,载《中国思想史论集续编》,时报文化出版事业有限公司1982年版,第573页。
② 徐复观:《程朱异同》,载《中国思想史论集续编》,时报文化出版事业有限公司1982年版,第571页。
③ 徐复观:《程朱异同》,载《中国思想史论集续编》,时报文化出版事业有限公司1982年版,第571页。
④ 徐复观:《程朱异同》,载《中国思想史论集续编》,时报文化出版事业有限公司1982年版,第572页。

来的渣滓，已扫除殆尽。"①

徐复观进而指出，继孔子之后，孟子对"为己之学"作了进一步的传承和凸显。他对孟子作了高度评价，指出："到了孟子，把发现的自我，除了以性善来加以表诠外，更落实在人人所共有的仁、义、礼、智的四端之心上面。于是他提出由'尽心'而知性知天的要求，这即是由自我的发现而自我的升进、完成。当时大概流行着'万物一体'这类的观念，所以孟子说'万物皆备于我矣'的话。但他接着说'反身而诚，乐莫大焉'，所谓'反身'，即是反求于自己生命之内。他常说'自反''反求诸己'这类的话，这即是说明了他在问题认识上由外向内的回转。而他说：'学问之道无他，求其放心而已矣。'心的放不放，只能求之于内省的工夫；所以孟子在认识上由外向内转的意义更重。"② 从孔子到孟子的中国道德精神自觉，正体现在孟子对"为己之学"的进一步传承和凸显上。

徐复观又根据他对两汉思想史的研究，指出进入秦汉后"为己之学"仍然没有中断而得到开展。他说："战国中期以后，以阴阳言天道之说渐渐盛行，至西汉中期而把五行组入于阴阳之内，成为一个系统，于是汉儒都走向以阴阳五行言天道天命，再由这种天道天命，加上经典上的知识，以言人性，构成几个天人性命合一的大哲学系统；这主要是凭思考加上想象的类推，在自己生命之外所构成的系统。他们也要向现实生活上落实，但他们主要是要落实在政治社会问题上面。他们对于政治社会，都下了深刻观审分析的工夫，以和他们所得的经典上的知识相对照，于是披上系统哲学的外衣，陈述由观察和分析而来的政治社会的切合时代要求的意见。他们在学术上的伟大贡献在此。由荀子而下，每一伟大儒者，必有程度不同的为己之学、反省之功，否则不能言修养，

---

① 徐复观：《程朱异同》，载《中国思想史论集续编》，时报文化出版事业有限公司1982年版，第572页。

② 徐复观：《程朱异同》，载《中国思想史论集续编》，时报文化出版事业有限公司1982年版，第574页。

不能建立人格。但他们的出发点与归结点，未尝通过自觉而安顿在这里。所以他们向生命自身所开辟出境界受到限制，他们的道德外铄性多于内发性，这大约可以概括荀子、西汉及其以后的儒者。"① 在他看来，荀子和汉儒把儒学指向政治社会，实也包含和发展了"为己之学"，只是受到了指向政治社会现实的限制，使"他们的道德外铄性多于内发性"。

在徐复观看来，使"为己之学"走向正途和全盛的，还是宋代理学的兴起。他首先肯定了二程对于"为己之学"的贡献，认为："到了二程出，可以说是直承'为己之学'而加以发展的。'为己之学'是程氏别异于当时训诂文章之学的大分水岭，也应是治思想史的人辨别理学与非理学的重大标志。"② 他进而指出，二程由于强调"为己之学"，因而特别重视工夫在学问中的意义。他说："'为己'的结果，二程常称为'自得'或称为'有诸己'。'为己''自得'，必须通过涵养省察的'工夫'，所以'工夫'的观念，是由程朱所特别突出的。这不同于以主体去处理、改变客观事物所运用的方法，而是以主体处理、改变主体自身（生命）的状态。他们根据孔子重知的精神，竭力于《大学》所提出的'格物致知'，以期能穷尽事物之理，以期达到所知者与事物的自身一样。他们所谓'格物'的'物'，主要是以道德行为规范为内容，亦即是以伦理为内容，所以《胡氏拾遗》中记伊川答《维摩诘经》之问中说：'人伦者，天理也。'"③ 这样一来，二程"在格物向外追求历程的最后一阶段，实作了向内的大回转，此即他们经常所说的'体合''体得''体认''体验'，这是孔子'内省'工夫的发展。二程把德性之知与闻见之知，两不相干的事实，分别得很清楚。格物当然是闻见之知；

---

① 徐复观：《程朱异同》，载《中国思想史论集续编》，时报文化出版事业有限公司1982年版，第575页。
② 徐复观：《程朱异同》，载《中国思想史论集续编》，时报文化出版事业有限公司1982年版，第575—576页。
③ 徐复观：《程朱异同》，载《中国思想史论集续编》，时报文化出版事业有限公司1982年版，第576页。

但经过体认体得的工夫,将客观之理内在化,而与心性之理相符应、相融和,因而将心性之理加以充实、彰著,此即他们所强调的'自得'。'自得'是以'合内外之道'即主客合一为内容的"①。正是这样,宋代理学开出了"人人平等、人物平等、'与万物同流'的道德有机体的人文世界"②。这是宋明理学直承孔子的"为己之学"所开出的一个共同世界,把"为己之学"提升至新境界。

徐复观进而指出,对于这个"道德有机体的人文世界"的开辟,二程与朱熹存在着思想上的差异:二程所建立的是"平铺地人文世界"③,朱熹所建立的则是"贯通地人文世界"④。二程的"平铺地人文世界",在于直承孟子的思想,把已处于虚位的"天",消化于"心"之内,从而把道德理性之人文世界的二层性,去掉在人上面的一层,还原为人自身的一层,使仁、义、礼、智的理性都平铺地安放在人的"心"这一层次上,直接与人的现实生命结合在一起,由这一层次向社会政治乃至自然发展。这样一来,就把形上、形下之分拉平了,把传统中的形而上的尾巴割掉了。而朱熹的"贯通地人文世界",则在于将"理"与"气"、"性"与"心"分为形上与形下,认为"理""性"是形而上的,"气""心"是形而下的,由上向下贯通,表现出很强烈的形而上学的意味。但另一方面,朱熹又强调实践、穷理,从而稳住在人间的现世的人文世界,而逐渐消解形而上的世界,使之成为一种可有可无的浮光掠影,因此实际上由"贯通地人文世界"又最终回归到"平铺地人文世界"。

徐复观由此得出结论说:"程、朱、陆、王的性即理、心即理的争

---

① 徐复观:《程朱异同》,载《中国思想史论集续编》,时报文化出版事业有限公司1982年版,第577页。

② 徐复观:《程朱异同》,载《中国思想史论集续编》,时报文化出版事业有限公司1982年版,第578页。

③ 徐复观:《程朱异同》,载《中国思想史论集续编》,时报文化出版事业有限公司1982年版,第569页。

④ 徐复观:《程朱异同》,载《中国思想史论集续编》,时报文化出版事业有限公司1982年版,第569页。

端，也未尝不可以泯除而归向于平铺地人文世界的大方向。平铺地人文世界，是走向现实社会而加以承当的世界。"① 徐复观由此明确提出了"形而上性的消解"②的概念。在他看来，正是通过二程和朱熹的"为己之学"对"形而上性的消解"，最终完成了中国思想发展的"天的人文化"即"宗教的人文化"，也实现了"贯通孔、孟、程、朱、陆、王学脉"。这样一来，他就以"为己之学"打通了全部儒学传统和中国道德精神。

五、中国道德精神的现代意义

对于中国道德精神，徐复观不仅着重从源流上加以阐释，而且努力发掘其现代意义。这就是本章第一节已经引过的徐复观的观点："在人的具体生命的心、性中，发掘出道德的根源、人生价值的根源，不假借神话、迷信的力量，使每一个人，能在自己一念自觉之间，即可于现实世界中生稳根、站稳脚，并凭人类自觉之力，可以解决人类自身的矛盾，及由此矛盾所产生的危机，中国文化在这方面的成就，不仅有历史地意义，同时也有现代地、将来地意义。"③

在徐复观看来，对于现代人类来说，自身最大的矛盾以及由此而产生的危机，无疑是以西方近现代文化为标本的全球性现代化运动所带来的现代性困境。这个矛盾及其危机，依靠西方文化自身的发展是难以解决的。倒是中国道德精神，在这个方面显示了自己的智慧、意义与价值。因此，面对现代化进程及其标志这一进程的"科学"与"民主"，中国道德精神不仅没有成为过时的死东西，反而再度呈现出旺盛的生

---

① 徐复观：《程朱异同》，载《中国思想史论集续编》，时报文化出版事业有限公司1982年版，第610页。
② 徐复观：《程朱异同》，载《中国思想史论集续编》，时报文化出版事业有限公司1982年版，第607页。
③ 徐复观：《中国艺术精神》，台湾学生书局1984年版，自叙第1页。

机与活力。徐复观对于中国道德精神的阐释，其用心与追求正在于将这种智慧、意义与价值揭示出来，指出"科学"与"民主"离不开中国道德精神的支撑，以帮助现代人类走出全球性现代化运动所带来的现代性困境。

先看"科学"。徐复观认为，"科学文化，是现代文化的指标"①。特别是20世纪，更是科学技术大发展的时代。"因为新物理学的发展，进一步探索出了许多宇宙中的秘密，所以第二次世界大战以后，科学、技术进步的速度，连二十世纪初年的人，想象也不容易想象得到。但是，这种进步，增加了人的知识能力，却并不一定能增加人的安全和价值，所以便形成所谓'危机的世纪'。"② 在现时代，不仅"精神上出现了虚无主义，更由核子武器问题、环境问题、资源问题、国与国间的贫富差距问题，感到科技正把人类驱向不可测度的深渊"③。究其根源，在于西方近现代文化过分重视了知识，其道德精神也是知识型的，以至最后成就了知识，而忽视了仁爱；推动了科技的发展，却失落了道德。科学技术虽然代表人的灵性的一方面，但只能产生达到理想的工具，而不能产生理想；人类的理想，只能由人的灵性的另一方面——道德、艺术产生。因此，道德的没落，必然会引起知识的混乱，导致科技文明成为人类的异化力量。在这方面，中国道德精神为现代人类提供了宝贵的启示，昭示了道德的这种根源性质。正是这样，徐复观对于美国生物学家西诺特所提出的"一面提高宇宙与人生的交流，一面恢复人之所以为人的本来面目"④ 的观点十分赞赏，高兴地说："中国在周初已觉悟到

---

① 徐复观：《聪明・知识・思想》，载《徐复观杂文——记所思》，时报文化出版事业有限公司1980年版，第311页。
② 徐复观：《被期待的人间像的追求》，载《徐复观文录选粹》，台湾学生书局1980年版，第170页。
③ 徐复观：《从怪异小说看时代》，载《徐复观杂文——记所思》，时报文化出版事业有限公司1980年版，第387页。
④ 引自徐复观：《一个新的探索》，载《徐复观文录选粹》，台湾学生书局1980年版，第104页。

人的问题的解决,应当由宗教的祈祷转向道德的行为。而通过人在道德上的自觉,以建立天人、群己的谐和一致的关系,正是中国文化一贯的努力。西诺特似乎也正探索向这一方向。"① 在他看来,西诺特的观点正是中国道德精神有益于解决科技文明困境的一个明证。

再看"民主"。徐复观认为,在中国传统文化中,特别是在儒家思想中,虽然已孕育了民主的思想,但毕竟没有产生出民主的政治制度;"而民主政治,却才是人类政治发展的正轨和坦途"②;因此,建立民主的政治制度,是中国现代化的题中应有之义。但这并不意味着中国只有学习西方、模仿西方,而无自己的根基和优势。西方民主政治之可贵,在于以争而成其不争,以个体之私而成其共体之公,但这又使得其中的权利与义务的关系是由外面逼出来的,并非来自道德的自觉,所以其基础不易安放得稳。中国道德精神与之相比,则鲜明地凸显出道德的自觉,并由此在历史上提出了德治的主张。这就为民主政治提供了一个可以安放得稳的根基。因此,徐复观一方面强调中国应当建立民主政治,另一方面又力主把民主政治安放在中国道德精神之上,认为:"儒家德与礼的思想,正可把由势逼成的公与不争,推上到道德的自觉。民主主义至此才真正有其根基。"③ "今后只有进一步接受儒家的思想,民主政治才能生稳根,才能发挥其最高的价值。"④ 徐复观进一步指出,民主政治与中国道德精神的结合,与民主政治成为一种政治形式因而成为政治生活方面的常轨,并无妨碍。因为民主政治既然只是政治运用的形式,那么在这一形式内,既可以发展知性活动,也可以发展德性活动,

---

① 徐复观:《一个新的探索》,载《徐复观文录选粹》,台湾学生书局1980年版,第104页。
② 徐复观:《儒家政治思想的构造及其转进》,载《学术与政治之间》,台湾学生书局1985年版,第54页。
③ 徐复观:《儒家政治思想的构造及其转进》,载《学术与政治之间》,台湾学生书局1985年版,第54页。
④ 徐复观:《儒家政治思想的构造及其转进》,载《学术与政治之间》,台湾学生书局1985年版,第53页。

当然更不会妨碍在其中创造综合东西文化的更高的新文化活动。因此，中国道德精神与民主政治制度的结合，是完全可行的。

中国道德精神所起的这些作用，西方道德精神是否也具有呢？徐复观认为，这是西方道德精神至今尚难具有的。在历史上，西方道德精神是知识型或宗教型的，是顺着知识或向着天国寻找道德的根基；而至现代，经过存在主义等现代人文主义哲学家的努力，才开始转向从人自身寻找道德的根基，但这种努力尚未获得真正的结果。他说："西方的实存主义，反省到了人的'下意识'，亦即是反省到了儒家之所谓私欲、佛家之所谓无明，而没有反省到在人的生命的深处，更有良心、天理、玄德、佛性，可将私欲、无明加以转化。所以他们便以私欲、无明，认定是人的主体之所在，而感到不安、绝望。这用中国文化的境界来说，他们还在'认贼作父'的阶段。他们要真正贯彻'实存'地自由解放，只有更沉潜下去，于不知不觉中和中国文化的大纲维接上头，才可打开一条出路。"[1] 在徐复观看来，人类只有透过自身的下意识的欲望，发现自身所具有的善的本性，才能使自己的生命真正得到安顿。正是在这点上，中国道德精神为现代人类的生存提供了合理的价值取向，能克服西方道德精神的局限，使人类真正在现实生活中找到更好地生存发展的道路。

正是这样，徐复观认为中国人对现代化的追求，切不可像全盘西化论者们所主张的那样，视自己的历史文化为现代化的包袱，以抛弃自己的历史文化为现代化的前提。他主张："一面讲我们的历史文化，一面讲我们的科学民主；科学民主是我们历史文化自身向前伸展的要求，而历史文化则是培养科学民主的土壤。"[2] 也正是这样，徐复观对中国文化的前景作出了自己的预言："中国文化是在忧患意识中生长出来的文

---

[1] 徐复观：《中国文化复兴的若干观念问题》，载《徐复观文录》第 2 册，环宇出版社 1971 年版，第 157—158 页。

[2] 徐复观：《历史文化与自由民主》，载《学术与政治之间》，台湾学生书局 1985 年版，第 538 页。

化。它必定在忧患最深、忧患意识最强的祖国乡土上，重新得到发育滋长。"①

徐复观对于中国道德精神所作的这些阐释，对中国道德精神的形成过程和文化价值进行了富有新意的再思考、再发现，深刻地揭示了中国道德精神的性格、内涵与意义。他对中国道德精神的高扬，对人立足于生命和现世进行道德追求的强调，对西方文化重知识、重宗教传统的批判，体现了他对中国文化传统的独到而深刻的理解。他的这些思想，对于把握中国道德精神的价值与意义，对于建设中华民族的现代精神文明，对于帮助现代人类走出现代性困境，无疑是富有启发性的。我们今天重视科技伦理，提出以德治国，在21世纪重建中国人的道德精神，都可以从徐复观对中国道德精神的阐释中获得诸多有益的思想启示。

徐复观的这些阐释也有偏颇、不足之处。如对于心性的作用，就作了过分的夸大，没有看到道德的成立与发挥，除了主体自觉的一面，还有社会规范的一面；对于"内在地人格世界"与"客观地人文世界"如何统一，使人类文化朝着健全合理的方向发展，也缺乏深入的阐发；至于中国道德精神如何在全球性现代化运动中获得再生、开出新局，更只是提出了问题，而远未给出答案。当然，对这些问题都作出合理的说明和深刻的解答，绝不是徐复观一人的责任，而是关心民族前途和人类命运的中国学术界的共同责任。

---

① 徐复观：《〈民主评论〉结束的话》，载《徐复观文录选粹》，台湾学生书局1980年版，第198页。

第十章　道家思想研究与中国艺术精神的阐释

徐复观作为现代新儒学代表人物，在对中国传统文化的认同中，首先认同的是儒家思想，强调儒家思想构成了中国传统文化的主流。在他看来，正是作为儒家思想核心内容的道德精神，代表了中国传统文化的道德精神。他以对中国思想史作"现代的疏释"来对中国传统文化作"现代的疏释"，首先就是对以儒家思想为主体的中国道德精神作出阐释。但与之同时，他又以开放的心态和兼容的精神，对道家思想予以了重视和发明，不仅揭示和阐发了道家之于中国道德精神的意义，而且发掘和凸显了道家之于中国艺术精神的特出贡献。他以对中国思想史作"现代的疏释"来对中国传统文化作"现代的疏释"，又包含了对以道家思想为主体的中国艺术精神作出阐释。继《中国人性论史·先秦篇》之后，他在第二部学术专著《中国艺术精神》中，即着重阐发了道家对于中国艺术精神的创发。他对道家思想所作的这些"现代的疏释"，不论是在现代新儒学的范围内，还是在中国思想史研究的领域里，皆卓然成一家之言。在本章中，即以《中国艺术精神》一书为中心，结合徐复观的其他相关论著，来考察徐复观的道家研究以及他对中国艺术精神的阐释。

一、徐复观思想中的儒与道

在中国传统文化中，道家与儒家的关系如何确定，是理解道家思想的一个基本前提。作为现代新儒学代表人物，徐复观当然认同、高扬儒家思想的文化价值，但他并没有因此而贬抑、否认道家思想的历史地位。在他看来，在中国传统文化发展中，儒、道两家思想都做出了重要的思想创造，都产生了重大的历史影响，都在中国思想史上占有重要的位置。他说："道家的有老子、庄子，也像儒家的有孔子、孟子。孔子死后，儒分为八；但将孔子的精神发展到高峰，以形成儒家正统的，还是孟子。老子以后的道家，有杨朱、慎到等互不相同的别派；但将老子的精神发展到高峰，以形成道家正统的，还是庄子。孟、庄出生的时代，约略相同；在中国历史中所发生的影响，虽有积极与消极之殊，但其深入人心，浸透到现实生活部面的广大，亦几乎没有二致。"① 在他看来，正是以孔、孟为主轴的儒家正统与以老、庄为主轴的道家正统，共同构成了中国传统文化的骨干。"孔、孟、老、庄"，是徐复观在阐发中国思想开创期时经常使用的一个提法；这个提法清楚地表明，在他的心目中，正是这四位伟大先哲共同开启了中国思想史的"轴心时代"。

徐复观认为，道家思想之所以能同儒家思想一样成为中国文化的骨干，就在于它以自己的特殊内容，同儒家思想一起塑造了中国文化的性格。中国文化的主流，是人间的性格，是现世的性格。人的行为如何才有价值、才有意义，是中国文化所关注的中心问题。中国文化所讲的价值，与西方文化所讲的价值不同，不是通过人所创造的物的价值来表达的，而是根源于、体现于人的生命活动之中，是人在自己的当下活动中即可掌握、解决、实现的。中国文化的这种性格，不仅是儒家思想塑造的产物，而且也是道家思想塑造的结果。这是因为："在我国传统思想中，虽然老、庄较之儒家，是富于思辨地形上学的性格，但其出发点及其归宿点，依然是落实于现实人生之上。"②

在徐复观看来，中国文化将价值植根于人的生命活动之中，所强调的是人的主体性，即所谓"心"。中国文化的这种性格，可以称之为"心的文化"③。对于"心"的显发，儒、道两家都作出了积极的贡献：

---

① 徐复观：《中国艺术精神》，台湾学生书局1984年版，第45页。
② 徐复观：《中国艺术精神》，台湾学生书局1984年版，第46页。
③ 徐复观：《心的文化》，载《中国思想史论集》，台湾学生书局1988年版，第242页。

"儒家发展到孟子,指出四端之心;而人的道德精神的主体,乃昭澈于人类尽有生之际,无可得而磨灭。……道家发展到庄子,指出虚静之心;而人的艺术精神的主体,亦昭澈于人类尽有生之际,无可得而磨灭。"① 中国的"心的文化",就是在儒、道两家的共同努力下,得以奠定基础、发扬光大的。而中国的"心的文化",这种文化的人文精神,是以忧患意识为其起点的。儒、道两家的基本动机都是出于忧患意识;"不过儒家是面对忧患而要求加以救济,道家则是面对忧患而要求得到解脱"②。儒家面对忧患而要求加以救济,表现出一种"吾非斯人之徒与而谁与"③ 的入世精神;道家面对忧患而要求得到解脱,则表现出一种"上与造物者游,而下与外死生无终始者为友"④ 的超越精神。尽管儒家的入世精神和道家的超越精神各有不同,但两种精神都是出于忧患意识则是一致的。

正是这样,徐复观以对中国思想史作"现代的疏释"来对中国传统文化作"现代的疏释",不仅注重阐发儒家思想,而且注重阐发道家思想。在他的《中国人性论史·先秦篇》和《中国艺术精神》两书中,分别从中国道德精神和中国艺术精神入手,对道家思想作了十分精彩的"现代的疏释",揭示了道家思想以自己特殊的内容对中国文化性格的塑造和对中国文化发展的贡献。

二、老子与中国道德精神

徐复观在《中国人性论史·先秦篇》中,从中国道德精神的开辟入手,揭示了道家思想的特殊内容及其历史作用。

徐复观认为,中国文化的人间的性格、现世的性格,在历史上的形

---

① 徐复观:《中国艺术精神》,台湾学生书局1984年版,第131页。
② 徐复观:《中国艺术精神》,台湾学生书局1984年版,第133页。
③ 《论语·微子》。
④ 《庄子·天下》。

成中，表现为"宗教的人文化"① 即"天的人文化"②。他说："一切民族的文化，都从宗教开始，都从天道、天命开始；但中国文化的特色，是从天道、天命一步一步的向下落，落在具体的人的生命、行为之上。"③ 这种"宗教的人文化"即"天的人文化"，在殷周之际即已开始。忧患意识在这时的萌生，促成了人文精神的跃动。这种忧患意识，深刻影响了以后各主要思想流派，把对"天"的仰敬转向人的道德自觉，把对冥冥上苍的祈向转为对现实生活世界的关怀。

孔子开创的儒家学派，当然对"宗教的人文化"即"天的人文化"作出了重大推进。在孔子那里，这一过程可以说获得了质的飞跃。孔子虽然也讲"天""天道""天命"，但这些都只是指"道"的客观性、普遍性、永恒性。只有"道"才是孔子思想的中心范畴。孔子所追求的"道"，不是形而上的东西，而是在人的生活、行为中表现出来的合理性。孔子的思想是顺着具体的人的生活、行为的要求而展开的。

老子似乎与孔子不同，其兴趣在于形而上的追求，讲一番"玄之又玄"④ 的哲理。这是不是说老子不关心人的道德自觉、不关心现实生活世界呢？这是不是说老子没有对"宗教的人文化"即"天的人文化"作出重要推进呢？徐复观的回答是："殷周之际的人文精神的萌芽，是以忧患意识为其基本动力。此一忧患意识，尔后实贯注于各伟大思想流派之中。儒家、墨家不待说；先秦道家，也是想从深刻地忧患中，超脱出来，以求得人生的安顿。"⑤ 所不同的，是老子与孔子的思路各异。孔子的思路是：把"天"由神的意志的表现，转进为道德法则的表现；再由道德法则性之"天"向下落实，而成儒家的人性论；而"天"在宗教

---

① 徐复观：《中国人性论史·先秦篇》，台湾商务印书馆1984年版，第51页。
② 徐复观：《程朱异同》，载《中国思想史论集续编》，时报文化出版事业有限公司1982年版，第589页。
③ 徐复观：《向孔子的思想性格回归》，载《中国思想史论集续编》，时报文化出版事业有限公司1982年版，第432页。
④ 《老子》一章。
⑤ 徐复观：《中国人性论史·先秦篇》，台湾商务印书馆1984年版，第327页。

性退去之后，便成为自然的存在。老子的思路是：对于自然性的"天"的生成、创造，作出新的有系统的解释；经过这种解释，把古代原始宗教的残渣涤荡干净，由此出现合理思维所构成的形上学的宇宙论；而这种宇宙论，逐步向上面推求，直到宇宙根源的处所，以作为人生安顿之地，这就形成了道家的人性论。儒、道两家人性论虽然思路各异，但在强调人的道德自觉、注重现实生活世界上，则是一致的。因此，徐复观特别声明："我所写的《中国人性论史·先秦篇》，亦以儒、道两家的思想为骨干而展开的。"①

徐复观十分重视老子对道家思想的开创，着重对老子的思想体系进行了考察，指出老子思想体系包括三大部分：一是宇宙论，二是人性论，三是政治论。老子通过这三大部分，建构了自己的道德思想，对中国道德精神进行了新的开辟。徐复观把老子的这一工作称为"文化新理念的开创"②，并对此作了细致的分析。

徐复观指出，老子的宇宙论实是忧患意识的产物。老子生活的春秋时代是一个大转变的时代。面对社会的大变动，人们感到既成的势力、传统的价值观念都随之崩解失落，凭借传统的态度已难以安身立命，于是要求在剧烈变动之中，能找到一个不变的"常"作为人生的立足点，以保证个人和社会的安全长久。老子就力图寻找这种不变的"常"。他根据自己任史官所得的历史经验和对社会的敏锐观察，发现在现象界中无一不变，无一可长久，因而无一是安全之道，于是从现象界中追索上去，发现在万物根源的地方有个创生万物、以虚无为体的"常道"，这样便使他的思想由对人生的要求渐渐发展成形上学的宇宙论。然而，老子所建立的宇宙论，"不仅是要在宇宙根源的地方来发现人的根源；并且是要在宇宙根源的地方来决定人生与自己根源相应的生活态度，以取得人生的安全立足点"③。从这个意义上说，"道家的宇宙论，实即

---

① 徐复观：《中国艺术精神》，台湾学生书局1984年版，第45页。
② 徐复观：《中国人性论史·先秦篇》，台湾商务印书馆1984年版，第325页。
③ 徐复观：《中国人性论史·先秦篇》，台湾商务印书馆1984年版，第325页。

道家的人性论"①；换言之，"道家的宇宙论，可以说是他的人生哲学的副产物"②。正如此，老子在建立宇宙论后，又转出了人性论、政治论，对人的道德精神和现实生活世界进行思考与探讨。

在徐复观看来，老子的人性论中最重要的是"道"与"德"两个概念。老子的所谓"道"，指的是创生宇宙万物的一种基本动力，是由现象界出发追求其所以成此现象的原因而推度出来的，即由有形而推及无形、由形下而推及形上所成立的。老子的所谓"德"，是"道"的分化，是"道"内在于万物之中而使万物之所以为万物的根源。"道"与"德"，实际上仅有全与分之别，而没有本质上的不同。由于"道"与"德"是万物的根源，因而也必然成为人的根源。老子的人性论，就是主张"人向道德的回归"③，要求人们回复到"德"与"道"那里去。他讲的"抱一""守母""归朴"，都指的是向作为生命根源的"德"的回归，亦即通过"德"向"道"的回归。而要做到这一点，就必须克服形质的"知"与"欲"对"道"与"德"的背反。这是因为，心的"知"与耳目口鼻等的"欲"，会驱迫人们向前追逐，以丧失其"德"，远离其"道"，陷入危险境地。这种克服"知"与"欲"的工夫，就是"体道"。老子讲的"致虚极，守静笃"④，庄子讲的"堕肢体，黜聪明"⑤，都是这种"体道"工夫。道家讲的"体道"与儒家讲的"复性"，实际上是相同的。它们都强调："人首先对自己生理作用加以批评、澄汰、摆脱，因而向生命的内层迫进，以发现、把握、扩充自己的生命根源、道德根源"⑥。所不同的是，儒家的"性"是表现人生价值的道德，"复性"在于把握道德的主体；道家的"德"则是提供人生以安全保证的虚无，"体道"在于守住此虚无的境界与作用。

---

① 徐复观：《中国人性论史·先秦篇》，台湾商务印书馆1984年版，第325页。
② 徐复观：《中国人性论史·先秦篇》，台湾商务印书馆1984年版，第325页。
③ 徐复观：《中国人性论史·先秦篇》，台湾商务印书馆1984年版，第339页。
④ 《老子》十六章。
⑤ 《庄子·大宗师》。
⑥ 徐复观：《中国人性论史·先秦篇》，台湾商务印书馆1984年版，第460页。

徐复观又指出，老子的政治论，"简单的说，是体虚无之道，以为人君之道；由人君向德的回归，以促成人民向德的回归"①。在这里，老子主张"守一""得一"以"体道"，实际就是主张"无欲"。"无欲，便无为；无为，则人民不受政治的干扰，而能自己解决自己的问题。"②正是从人民出发，老子主张"圣人无常心，以百姓心为心"③，即要求统治者去掉以自我为中心的"知"，打通自我与百姓间的通路，使自己玄同于百姓。"由此可知老子与儒家，同样是基于对人性（在老子称为德）的信赖，以推及政治，而为对人民的信赖；所以两家的政治思想，都是以人民为主体的。"④

在对老子的思想体系进行分析之后，徐复观又对庄子的思想体系进行了分析。他认为，庄子从老子的思想出发，进一步发展了老子的思想。庄子对老子思想的发展，主要表现在两个方面。

第一，老子的宇宙论，虽是为了人能安身立命而建立的，但主要还是一种形上学的性格，是一种客观的存在，人只有通过对这种客观存在的观照体察，方能取得生活行为态度的依据，这是由下向上的外在的连接。但是到了庄子，祈向"独"的绝对自由的精神世界，宇宙论的意义逐渐向下落、向内收，而主要成为人生内在的精神世界。"经过此一落实，于是道家所要求的虚无，才在人的现实生命中有其根据。"⑤庄子对老子思想的这一发展说明："由上向下落，由外向内收，这几乎是中国思想发展的一般性格"⑥；这清楚表明："中国思想的发展，是彻底以人为中心，总是要把一切东西消纳到人的身上，再从人的身上向外向上展开"⑦。

---

① 徐复观：《中国人性论史·先秦篇》，台湾商务印书馆1984年版，第351页。
② 徐复观：《中国人性论史·先秦篇》，台湾商务印书馆1984年版，第352页。
③ 《老子》四十九章。
④ 徐复观：《中国人性论史·先秦篇》，台湾商务印书馆1984年版，第355—356页。
⑤ 徐复观：《中国人性论史·先秦篇》，台湾商务印书馆1984年版，第393页。
⑥ 徐复观：《中国人性论史·先秦篇》，台湾商务印书馆1984年版，第363页。
⑦ 徐复观：《中国人性论史·先秦篇》，台湾商务印书馆1984年版，第363页。

第二，老子的目的是要从变动中找出一个"常道"来，作为人生安全的立足点，而对于"变"常常采取保持距离的态度。生活在更为动荡时代的庄子，认为老子的这种态度是不彻底的或不可能的，因而"主张纵身于万变之流，与变相冥合，以求得身心的大自由、大自在"①。他由此提出了老子所未曾达到的人生境界，即"化"的精神境界，也就是以"忘""物化""独化"等概念所表征的境界。在这个境界里，自己化成了什么，便安于什么，而不固执某一生活环境或某一目的乃至现有的生命。这样一来，便在精神上无一物与之对立，而达到精神的解放与活动的自由。庄子的这种人生境界，固然高于老子的精神境界，但仍然是一个以虚无为体的精神世界。

总之，庄子的思想成就在于："他在现实无可奈何之中，特别从自己的性、自己的心那里，透出一个以虚静为体的精神世界，以圆成自己，以圆成众生；欲使众生的性命，从政治、教义的压迫阻害中解放出来；欲使每一人、每一物，皆能自由地生长。"② 也就是说："他所欲构建的，和儒家是一样的'万物并育而不相害，道并行而不相悖'的自由平等的世界。只有在达到此一目的的途辙上，他与儒家才有其不同。"③

从老、庄对中国道德精神的开辟中，徐复观得出了如下结论：老、庄在否定了现实的人生社会之后，又从另一角度、另一层次，给予人生社会以全盘的肯定。"他们虽以虚无为归趋，但他们是有理想性的虚无主义，有涵盖性的虚无主义，这亦可称为上升地虚无主义"④。可以说，没有这种"上升地虚无主义"，中国道德精神的开辟不会这么深刻、这么丰富、这么富有生命力。因此，"古代整个文化的开创、人性论的开创，以孔、孟、老、庄为中心；似乎到了孟、庄的时代，达到了顶点"⑤。

---

① 徐复观：《中国人性论史·先秦篇》，台湾商务印书馆1984年版，第364页。
② 徐复观：《中国人性论史·先秦篇》，台湾商务印书馆1984年版，第412页。
③ 徐复观：《中国人性论史·先秦篇》，台湾商务印书馆1984年版，第412页。
④ 徐复观：《中国人性论史·先秦篇》，台湾商务印书馆1984年版，第415页。
⑤ 徐复观：《中国人性论史·先秦篇》，台湾商务印书馆1984年版，第461页。

三、庄子与中国艺术精神

徐复观在阐发了道家思想之于中国道德精神的意义后，又进而在《中国艺术精神》中，从中国艺术精神的开辟入手，揭示了道家思想的特殊内容及其历史作用。

所谓艺术精神，也就是艺术的精神境界。徐复观认为："文学、艺术，乃成立于作者的主观（心灵或精神）与题材的客观（事物）互相关涉之上。"① 艺术作品既不是纯主观的，也不是纯客观的。把主观生命的跃动投射到某一客观的事物上面去，借某一客观事物的形相把生命的跃动表现出来，形成晶莹朗澈的内在世界，这就是艺术的精神境界。因此，不仅未为主观所感所思的客观事物，根本不会进入文学、艺术的创作范围之内，而且作者的人格修养和理想追求，也对客观事物的价值或意味的发现有着重要的影响，从而使艺术作品所表现出来的生命跃动有不同的层次，使艺术精神有不同的境界。正是这样，不仅在中国人与西方人之间，由于文化的巨大差异，他们的艺术精神呈现出迥然的不同；而且就是在中国人之间，由于人格修养和理想追求不尽相同，他们的艺术精神也呈现出明显的区别。总之，艺术精神是十分复杂的精神境界，不可简单而论。

徐复观认为，中国人在艺术精神上的诸多区别，如果穷究到底，可以概括为孔子和庄子所显出的两个典型。这是因为："中国只有儒、道两家思想，由现实生活的反省，迫进于主宰具体生命的心或性，由心性潜德的显发以转化生命中的夹杂，而将其提升，将其纯化，由此而落实于现实生活之上，以端正它的方向，奠定人生价值的基础。所以只有儒、道两家思想，才有人格修养的意义。因为这种人格修养，依然是在现实人生生活上开花结果，所以它的作用，不止于是文学艺术的根基，

---

① 徐复观：《儒道两家思想在文学中的人格修养问题》，载《徐复观最后杂文集》，时报文化出版事业有限公司1984年版，第178页。

但也可以成为文学艺术的根基。"① 而具体地看，孔子和庄子所代表的艺术精神，又呈现出两种典型性格。由孔子所显发出的艺术精神，是道德与艺术合一的性格；由孔门通过音乐所呈现出的为人生而艺术的最高境界，即是善与美的彻底谐和统一的最高境界。由庄子所显发出的艺术精神，则是彻底的纯艺术的性格；中国的纯艺术精神，实际上是由此一思想系统所导出；中国历史上伟大的画家及画论家，常常在若有意若无意之中，在不同的程度上，契会到这一点。当然，这并不是说，只有孔子所奠定的儒家艺术精神才是"为人生而艺术"，由庄子所奠定的道家艺术精神则是"为艺术而艺术"。可以说，唯有"为人生而艺术"才是中国艺术精神的正统。倒是儒家所开出的艺术精神，立足于仁义道德，需要经过某种意味的转换方能成就艺术，没有这种转换便不能成就艺术。更能代表中国艺术精神的，则是庄子的艺术精神。

对于庄子的艺术精神，徐复观有一个发现过程。这个过程是从他在《中国人性论史·先秦篇》对道家思想的探索开始的。他说：

> 中国的道家思想，既依然是落实于现实人生之上，假定此种思想，含有真实地价值，则在人生上亦必应有所成。不错，我已经指出过：老子是想在政治、社会剧烈转变之中，能找到一个不变的"常"，以作为人生的立足点，因而得到个人及社会的安全长久。庄子也是顺着此一念愿发展下去的。但这毕竟只是一种"念愿"；对现实的人生来讲，不能说真正是"成"了什么。不像儒家样，一念一行，当下即成就人生中某程度的道德价值。固然，庄子是反对有所成的。但我已经指出过，老、庄是"上升地虚无主义"，所以他们在否定人生价值的另一面，同时又肯定了人生的价值。既肯定了人生的价值，则在人生上必须有所成。或许可以说，他们所成的是虚静地人生。但虚静地人生，依然不易为我们所把握；站在一般的

---

① 徐复观：《儒道两家思想在文学中的人格修养问题》，载《徐复观最后杂文集》，时报文化出版事业有限公司1984年版，第179页。

立场来看，依然是消极性的，多少是近于挂空的意味。我们能不能更进一步把握老、庄的思想，并用现代的语言观念，以探索这一伟大思想，归根到底，还是对人生只是一种虚无而一无所成？还是实际上是有所成，而为一般人所不曾了解？这是我在《中国人性论史·先秦篇》中尽力把庄子的思想，疏导为比较有系统的理论架构后，内心依然觉得庄子可能还有重要的内容，而未被我发掘出，因而常感到忐忑不安的。这几年来，因授课的关系，使我除了思想史的问题以外，不能不分一部分时间留心文学上的问题；因文学而牵涉到一般的艺术理论；因一般的艺术理论而注意到中国的绘画；于是我恍然大悟，老、庄思想当下所成就的人生，实际是艺术地人生；而中国的纯艺术精神，实际系由此一思想系统所导出。中国历史上伟大地画家及画论家，常常在若有意若无意之中，在不同的程度上，契会到这一点；但在理论上尚缺乏彻底地反省、自觉。①

徐复观感到，只有发现了中国艺术精神，才真正发掘出道家思想的更深刻、更本质的内涵，特别是揭示出庄子思想的精华所在。对于庄子思想精华的这一新发现，成为他探讨中国艺术精神的直接动因。这样，他就由对中国道德精神的阐发，进入对中国艺术精神的探索。

这一探索的结晶，就是徐复观撰写的《中国艺术精神》一书。对于写作这部专著的缘由，他作过专门的说明，指出："在人的具体生命的心、性中，发掘出艺术的根源，把握到精神自由解放的关键，并由此而在绘画方面，产生了许多伟大地画家和作品，中国文化在这一方面的成就，也不仅有历史地意义，并且也有现代地、将来地意义。虽然百十年来，中国的知识分子，对于这一方面的成就，没有像对于上述道德方面的成就，作疯狂地诬蔑。但自明清以来，因知识分子在八股下的长期堕落，使这一方面的成就，也渐渐末梢化、庸俗化了，以致与整个地文化脱节；只能在古玩家手中，保持一个不能为一般人所接触、所了解的阴

---

① 徐复观：《中国艺术精神》，台湾学生书局1984年版，第46—48页。

暗地角落。我写这部书的动机,是要通过有组织地现代语言,把这一方面的本来面目,显发了出来,使其堂堂正正地汇合于整个文化大流之中,以与世人相见。"① 因此,徐复观把《中国艺术精神》与《中国人性论史·先秦篇》称为"人性王国中的兄弟之邦"②,认为通过这两部著作,能显示中国文化实有道德和艺术两大擎天支柱。

由于徐复观探讨中国艺术精神的直接动因来自对庄子思想精华的新发现,因而从思想史上再现这一新发现就成为《中国艺术精神》的重心和焦点。徐复观为此下了巨大功夫。在《中国艺术精神》全书30万字中,徐复观以第二章《中国艺术精神主体之呈现——庄子的再发现》近6万字的篇幅,对庄子的艺术精神进行了深入细微的疏释阐发。他表示,此章的写作旨在"开中国艺术发展的坦途"③。在这一章完成后,徐复观曾写七绝一首,表达自己兴奋不已的心情:"茫茫坠绪苦爬搜,剔肾镌肝只自仇。瞥见庄生真面目,此心今亦与天游。"④ 可以说,这是《中国艺术精神》中的最重要、最精彩的一章,也是徐复观阐释中国艺术精神的画龙点睛之笔。

徐复观指出,老、庄所建立的最高概念是"道"。他们的目的是要在精神上与"道"为一体,即所谓"体道",因而形成"道"的人生观,抱着"道"的生活态度,以求安身立命的家园。他们所说的"道",尽管具有一套形上性质的描述,但最终是要建立由宇宙走向人生的系统。这也就是说,"若不顺着他们思辨地形上学的路数去看,而只从他们由修养的工夫所到达的人生境界去看,则他们所用的工夫,乃是一个伟大艺术家的修养工夫;他们由工夫所达到的人生境界,本无心于艺术,却不期然而然地会归于今日之所谓艺术精神之上"⑤。庄子笔下著名寓言"庖丁解牛"中的主人翁庖丁,从技术的角度上看,是一个解牛能手,

---

① 徐复观:《中国艺术精神》,台湾学生书局1984年版,自叙第1—2页。
② 徐复观:《中国艺术精神》,台湾学生书局1984年版,自叙第2页。
③ 徐复观:《中国艺术精神》,台湾学生书局1984年版,第48页。
④ 徐复观:《中国艺术精神》,台湾学生书局1984年版,自叙第10页。
⑤ 徐复观:《中国艺术精神》,台湾学生书局1984年版,第50页。

但从他体现了"道"的解牛工夫上看，又可以说是一个高明的艺术家。对于他来说，解牛已不是一种纯技术性的劳动，而是一种艺术的创造活动。同样，庄子所追求的"道"，与艺术家所呈现出的最高艺术精神在本质上是相同的，只不过艺术家由此而成就艺术的作品，而庄子则由此而成就艺术的人生。

徐复观进一步指出，庄子所说的"美"、"乐"（快感）、"巧"（艺巧），不是对艺术的作品而言，而是对艺术的人生而言。从表面上看，庄子似乎对于"美""乐""巧"持否定的态度。实际上，他所否定的只是世俗的浮薄之美、感官之乐、矜心着意之巧，而相反，他是要从世俗浮薄之美追溯上去，以把握"天地有大美而不言"的"大美"；要从世俗感官的快感超越上去，以把握人生的"大乐"；要从矜心着意的小巧，更进一步追求"惊若鬼神""与造化同工"的"大巧"。这种"大美""大乐""大巧"的真实内容，就是使人的精神得到自由解放。庄子处于大动乱的时代，人生经受着像桎梏、像倒悬一样的痛苦，迫切要求得到自由解放。但这种自由解放，不可能求之于现世，也不能求之于天上或未来，而只能求之于自己的"心"。也就是说，在庄子的时代里，人只能在自由的精神境界中求得解放。这种得到自由解放的精神境界，在庄子那里，表现为他所说的"闻道""体道""与天为徒""入于寥天一"等等，而用现代的语言表达出来，这正是最高的艺术精神。庄子之所谓"至人""真人""神人"，可以说都是能"游"的人。能"游"的人，也就是艺术精神呈现出来的人，也就是艺术化的人。但是，"游"并不是具体的游戏，而是把具体游戏中所呈现的自由活动加以升华，作为得到自由解放的象征，表示一种活泼泼的精神状态。在这一点上，庄子讲的"游"也和具体游戏一样，有共同的起点，即从现实的实用的观念中得到解脱。庄子认为，"无用"是精神自由解放的条件，但毕竟是消极的解脱；更为积极的解脱则是"和"。"和"即和谐、统一，是艺术最基本的性格，体现了"道"的本质和最高的美，是"游"的积极条件。由此看来，庄子所认为的人的主体，即作为人的本质的"心"，是一种"虚"

"静""明"的"心",也就是艺术的"心"。"庄子所把握的心,正是艺术精神的主体。"① 而正是这种艺术精神的主体,决定了庄子的艺术精神,也决定了中国艺术精神的主流。因此,可以说:"中国的艺术精神,追根到底,即是庄子的虚、静、明的精神。"② 这无疑是庄子对中国文化的一大贡献。

然而,在徐复观看来,庄子更重要的贡献在于指出了这种艺术精神的主体的成立途径。庄子认为,要成立这种艺术精神的主体,要达到"心"的"虚""静""明",就必须"心斋"与"坐忘"。达到"心斋"与"坐忘"的历程,主要是通过两条道路实现的。一条道路是消解由生理而来的欲望,使欲望不给"心"以奴役,而使"心"从欲望中解放出来;另一条道路是与物相接时,不让"心"对物作知识的活动,不让由知识活动而来的是非判断给"心"以烦扰,而使"心"从对知识的无穷追逐中得到解放。这种"忘知"就是忘掉分解性的、概念性的知识活动,剩下的便是虚而待物的、徇耳目内通的纯知觉活动。这种纯知觉活动,即是美的观照。庄子所讲的这种纯知觉活动的美的观照,与现象学所讲的纯粹意识有相似之处。现象学希望把有关自然世界的一切学问,归入括号,加以暂时搁置,实行中止判断,所剩下的是纯粹意识,从而探出更深的意识,以获得一个新的存在领域。这一点,实近于庄子的"忘知",只不过在现象学是暂时的,在庄子则成为一往而不返的追求。"因为现象学只是为知识求根据而暂时忘知,庄子则是为人生求安顿而一往忘知。"③

在对庄子的艺术精神进行深入考察的基础上,徐复观又对庄子的艺术精神和西方的艺术精神进行了比较,认为:"庄子所体认出的艺术精神,与西方美学家最大不同之点,不仅在庄子所得的是全,而一般美

---

① 徐复观:《中国艺术精神》,台湾学生书局1984年版,第70页。
② 徐复观:《中国艺术杂谈》,载《徐复观杂文——记所思》,时报文化出版事业有限公司1980年版,第154页。
③ 徐复观:《中国艺术精神》,台湾学生书局1984年版,第79页。

学家所得的是偏；而主要是这种全与偏之所由来，乃是庄子系由人生的修养工夫而得，在一般美学家则多系由特定艺术对象、作品的体认加以推演、扩大而来。因为所得到的都是艺术精神，所以在若干方面，有不期然而然地会归。但西方的美学家，因为不是从人格根源之地所涌现、所转化出来的，则其体认所到，对其整个人生而言，必有为其所不能到达之地，于是其所得者不能不偏，虽然他们常常把自己体认所到的一部分，组织成为包天盖地的系统。此一情势，到了现象学派，好像已大大地探进了一步。但他们毕竟不曾把握到心的虚静的本性，而只是'骑驴求驴'的在精神'作用'上去把捉。这若用我们传统的观念来说明，即是他们尚未能'见体'，未能见到艺术精神的主体。正因为如此，所以他们不仅在观念、理论上表现而为多歧、而为奇特，并且现在更堕入于'无意识'的幽暗、孤绝之中。这与庄子所呈现出的主体，恰成为一两极的对照。"[1] 在徐复观看来，西方的艺术精神所涉及的实际上是艺术精神的现象，庄子的艺术精神方抓住了艺术精神的主体。也就是说，西方的美学家们并没有真正发现艺术精神的主体，并没有真正发现这个主体是庄子所指出的"虚""静""明"的"心"，是庄子以"游"来表征的自由的"心"。两者相比，庄子的艺术精神当然要胜过一筹。因而，可以说："道家发展到庄子，指出虚静之心；而人的艺术精神的主体，亦昭澈于人类尽有生之际，无可得而磨灭。"[2]

通过对庄子的艺术精神的深入阐发，徐复观在孔、孟儒家的思想世界之外，又揭示了老、庄道家的思想世界。如果说孔、孟儒家的主要贡献在于中国道德精神的形成及其向现实生活的开展，那么老、庄道家的主要贡献则在于中国艺术精神的形成及其向艺术创造的转化。中国艺术精神与中国道德精神，可以说交相辉映，光耀千秋。由此也可以看出，徐复观决非那种眼光狭隘的陋儒，而是一个具有开拓胸怀和宏通视野的大儒。

---

[1] 徐复观：《中国艺术精神》，台湾学生书局1984年版，第132页。
[2] 徐复观：《中国艺术精神》，台湾学生书局1984年版，第131页。

四、中国艺术精神由思的世界到画的世界

徐复观指出，庄子的艺术精神虽本旨不在艺术创作，但却对中国艺术发展产生了很大的影响，结出了丰硕的成果。中国艺术精神的自觉，主要表现在文学与绘画两个方面。在文学方面，是儒、道两家艺术精神，尔后又加入了佛教艺术精神，相融相即的共同活动之场。而绘画则是庄子的艺术精神的"独生子"。庄学及由老学、庄学演变出来的魏晋玄学，对中国绘画影响极大。"历史中的大画家、大画论家，他们所达到、所把握到的精神境界，常不期然而然的都是庄学、玄学的境界。宋以后所谓禅对画的影响，如实地说，乃是庄学、玄学的影响。"[①] 对于庄子的艺术精神的这一深远影响，徐复观通过对中国思想史和中国绘画史圆融于一体的考察，作了独具慧眼的深入论析。

徐复观认为，庄子的艺术精神对中国的绘画产生深远影响，并不是直接的，而是通过魏晋玄学来实现的。中国的绘画，虽可以追溯到远古，但对绘画作艺术性的反省，因而作纯艺术性的努力与评价，还是从东汉末年至魏晋时代的事情。与中国的文学、书法一样，中国的绘画只有在这时才获得了一种艺术精神的自觉。这种艺术精神的自觉，与东汉以经学为背景的政治实用哲学的衰落和老、庄道家思想的重新抬头有密切的关系。正是魏晋玄学的兴起，实现了中国艺术精神由思的世界走向了画的世界，由哲学家的神思而成为画家笔下的人物山水。而具体到魏晋玄学中，也有一个逐渐转换的过程，经历了由正始玄学而竹林玄学而元康玄学（即中朝玄学）的演变。魏晋玄学中的正始名士，在思想上系以《老子》为主而附以《易》义，是为"思辨地玄学"[②]。魏晋玄学中的竹林名士，在思想上则实以《庄子》为主，并由思辨而落实于生活

[①] 徐复观：《中国艺术精神》，台湾学生书局1984年版，自叙第3页。
[②] 徐复观：《中国艺术精神》，台湾学生书局1984年版，第151页。

之上，可以说是"性情地玄学"①。到了魏晋玄学中的元康名士，"性情地玄学"已经在门第的小天地中浮薄化了，玄学完全变为生活艺术化的活动，演变成为"生活情调地玄学"②。在魏晋玄学的这三种形态的转换中，竹林名士实为开启魏晋时代艺术精神自觉的关键人物。

徐复观进而指出，魏晋玄学对中国绘画产生了两方面的影响，一方面的影响表现在人物画方面，另一方面的影响表现在山水画方面。而这两方面的影响，归根到底，实在于庄子思想的影响："人物画的艺术地自觉，是由庄学所启发出来的；山水的成为绘画的题材，由绘画而将山水、自然加以美化、艺术化，更是由庄学所启发出来的"③。对于庄子思想通过魏晋玄学所给予人物画和山水画的影响，他从中国画史和中国画论史出发进行了考察，作出了"现代的疏释"。

在人物画方面，徐复观指出，魏晋时代的美的自觉是从人伦鉴识开始的，即是由人自身形相的审美开始的。东汉末年，人伦鉴识之风大盛，刘邵的《人物志》可以说是这一风气的结晶。这种人伦鉴识，开始是以儒学为其根据，以政治上的实用为其目标，以分解的方法构成其判断。关键之点，在于通过一个人的可见之形、可见之才，以发现他的内在而不可见之性，即是要发现人之所以为人的本质，从中判断出他一生行为的善恶。随着魏晋玄学的崛起及流变，人伦鉴识也出现了变化。"及正始名士出而学风大变；竹林名士出而政治实用的意味转薄；中朝名士出而生命情调之欣赏特隆；于是人伦鉴识，在无形中由政治地实用性，完成了向艺术的欣赏性的转换。自此以后，玄学，尤其是庄学，成为鉴识的根柢，以超实用的趣味欣赏为其所要达到的目标，以美地观照得出他们对人伦的判断。"④ 如果比之于康德的话，那么竹林名士之前的人伦鉴识，实近于康德之所谓认识判断；而竹林名士之后的人伦鉴

---

① 徐复观：《中国艺术精神》，台湾学生书局1984年版，第151页。
② 徐复观：《中国艺术精神》，台湾学生书局1984年版，第152页。
③ 徐复观：《中国艺术精神》，台湾学生书局1984年版，第183—184页。
④ 徐复观：《中国艺术精神》，台湾学生书局1984年版，第152页。

识，则纯趋于康德之所谓趣味判断。如果进一步考察这种类似于康德之趣味判断的人伦鉴识，那么在元康名士之前，这种判断在人生中所表现的意味较深；而在元康名士之后，尤其是到了江左，这种判断在人生中所表现的意味较浅，但其流行则更为泛滥。因为此时的魏晋玄学，已经脱离了原有的思想性，而仅停顿在生活情调上。这种艺术化的人伦鉴识，在于由一个人的"形"以把握到他的"神"，也就是"由人的第一自然的形相，以发现出人的第二自然的形相，因而成就人的艺术形相之美。而这种艺术形相之美，乃是以庄学的生活情调为其内容的"[①]。

徐复观进而指出，当时的绘画，是以人物为主。在魏晋玄学，实即庄子思想的启发下，这种人物画正是要把由人伦鉴识所追求的形相之美，也就是所追求的形相中的"神"，在绘画的技巧上表现出来。从汉代石刻上看到的人物画，是由所画的故事来表现其意义、价值，这是求意义、价值于绘画自身之外；而魏晋时代及其以后的人物画，则主要是通过所画人物之"形"呈现所画人物之"神"来表现其意义、价值，这是就绘画自身所作的价值判断，这完全是艺术的判断。魏晋时代绘画的大进步，正在于此。在这方面，晋代顾恺之提出的绘画在于"传神写照"[②]的议论，最能够代表这种由人伦鉴识而来的人物画的美的自觉。此后，"传神"成为了中国人物画的不可动摇的传统。谢赫六法中的所谓"气韵生动"[③]，正是在这个基础上提出的。"气韵"代表了绘画中的两种极致之美："气"实指表现在作品中的阳刚之美，"韵"实指表现在作品中的阴柔之美。这两者都是人的生命力的升华，因而能够"生动"。"气韵"也就是人物画的"传神"的"神"。由于"气韵"观念的提出，使得人们对于"传神"的"神"更易于把握，更易于追求。这是中国古代画论的一大进步。"气韵"观念对中国人物画产生了深远的影响，一直到唐末张彦远的《历代名画记》，仍然只以"气韵"观念品评画家笔

[①] 徐复观：《中国艺术精神》，台湾学生书局1984年版，第157页。
[②] 刘义庆：《世说新语·巧艺》。
[③] 谢赫：《古画品录》。

下的人禽鬼神。

在山水画方面，徐复观指出，这种描绘自然界的绘画，最为深刻、最为鲜明地体现了庄子的艺术精神。中国从周初起，随着人文精神的最初跃动，自然界中的名山巨川便从带有压抑性的神秘气氛中逐渐解放出来，使人感到这些自然景物对于人的生活确实有一种很大的帮助。"在世界古代各文化系统中，没有任何系统的文化，人与自然曾发生过像中国古代样地亲和关系。"① 道家对于中国文化的这一特点作了很重要的发展。在老子那里，其反人文的还纯归真的要求，实际上是要求人间世向自然界更为接近。庄子尽管为使人能安住于人间社会费尽了苦心，但最后仍不得不归结于无用之用，而无用之用只有遗世而独立，即只有生活在自然界中，才可能做到。庄子由虚静之心而来的主客一体的"物化"意境，常常是以自然景物作象征，如他曾以蝴蝶作自己的象征，这正说明自然界进入到庄子纯艺术性格的虚静之心里面，实较人间世更怡然而理顺。所以庄子的艺术精神，对于人自身之美的启发，实不如对于自然之美的启发来得更为深刻。这种对于自然之美的启发，比之对于人自身之美的启发，更能体现出绘画作品中的"神"与"气韵"。

徐复观进而指出，在魏晋以来的人物画中，这种"神"与"气韵"的体现往往受到限制。因为在现实生活中，没有人会在活生生的人间世，真能发现一个可以安顿自己生命的世界。除非作者所画的对象是自己深深挚爱的父母或女性，否则作者的感情几乎不可能安放到所画的对象上去，从而使作者的精神得到安息与解放。因而，当传神的人物画创作成功时，固然能给作者带来某种程度的快感，但这种快感只有轻而浅的一掠而过的性质，这与庄子及一切伟大艺术家所追求的完全把人自己安放进去、获得精神解放的世界，实在存在着很大的距离。这就促使中国古代绘画由人物画转向山水画。山水是未受人间污染的世界，其形相又深远嵯峨，易于引发人的想象力，也易于安放人的想象力，因而最适合体现庄子对精神的自由解放的追求，成为了审美的对象、绘画的

---

① 徐复观：《中国艺术精神》，台湾学生书局1984年版，第226页。

对象。中国画由重人物转向重山水,是以魏晋时代作为转折点的。"因为有了玄学中的庄学向魏晋人士生活中的渗透,除了使人的自身成为美地对象以外,才更使山水松竹等自然景物,都成为美地对象。由人的自身所形成的美地对象,实际是容易倒坏的;而由自然景物所形成的美的对象,却不易倒坏。所以前者演变而为永明以后的下流色情短诗,而后者则成为中国以后的美地对象的中心、骨干。更因为由魏晋时代起,以玄学之力,将自然形成美地对象,才有山水画及其他自然景物画的成立。因此,不妨作这样的结论,中国以山水画为中心的自然画,乃是玄学中的庄学的产物。不能了解到这一点,便不能把握到中国以绘画为中心的艺术的基本性格。"① 可见,"山水画的出现,乃庄学在人生中,在艺术上的落实"②。这是山水画得以成立并于宋代后成为中国绘画主流的根据。

徐复观认为,只有当中国艺术走向自然、归于山水时,庄子的艺术精神也才真正得以落实。他说:"庄子的'道',从抽象去把握时,是哲学的、思辨的;从具象去把握时,是艺术的、生活的。"③ 由竹林名士所代表的玄学,已由正始的思辨性格,进而为生活的性格。其实际表现,则为超脱世务,过着任性率真的旷达生活。但顺着此一生活方式发展下去,不仅难为社会所容,而且生活的自身也因无凝止归宿之地,使精神愈趋于浮乱,愈得不到安顿。因此,阮籍、乐广等由玄心而过着旷达生活的竹林名士,一方面是不拘小节,而依然守住人道的大防;一方面则寄情于竹林及琴、锻、诗、笛等艺术之中,使其玄心有所寄托。但这些寄托,仍未能摆脱人世,从而在名教与超名教之间,不能不发生纠葛。"只有把玄心寄托在自然,寄托在自然中的大物——山水之上,则可使玄心与此趣灵之玄境,两相冥合;而庄子之所谓'道'——实即是

---

① 徐复观:《中国艺术精神》,台湾学生书局1984年版,第236页。
② 徐复观:《中国艺术精神》,台湾学生书局1984年版,第243页。
③ 徐复观:《中国艺术精神》,台湾学生书局1984年版,第241页。

艺术精神，至此而得到自然而然地着落了。"① 正是这样，只有自然山水，才是庄子的艺术精神不期然而然的归结之地；只有魏晋时代所开始的山水画，才是庄子的艺术精神得以落实的当行本色。

通过以上论析，徐复观实际上揭示了以庄子为代表的中国艺术精神所具有的美学的和艺术的双重意义。这两重意义是相联系的。以庄子为代表的艺术的人生境界，以其独特的形式，凸显了对自由的祈向和追求，实质上抓住了美的本质。这种对自由的祈向和追求，难以在现实世界中安放得下，只有转向自然界求得安放，从而促成了作为中国艺术骨干的山水画的发展，从美学的意义中又开出了艺术的意义。在这种艺术的人生和艺术的创造中，主体与客体、人间世与自然界、"成己"与"成物"都有机地融合起来了。这是中国艺术精神的特点。

徐复观对中国艺术精神所作的这些解读，可以说体现了他对中国文化、中国哲学的独到而深刻的理解，从一个方面展开了他对现代新儒学重建哲学本体论的消解。这就是，老子、庄子所追求的超越的本体——"道"，从最初的形上建构，而一步步走向包括人间世和自然界在内的生活世界。人的生命跃动，画家的人格追求，不仅在中国的人物画中以人物形相体现出来，而且在中国的山水画中更通过自然景物深刻地体现出来。"中国的文化精神，不离现象以言本体。中国的绘画，不离自然以言气韵。"② 因此，宋以后成为中国画主流和骨干的山水画，所追求和呈现的不是一种纯粹的自然景观，而实际是人的生命存在，是人的生命跃动。在这里，是人的生命存在、生命跃动赋予了山水画中的山水林木之美。用徐复观的话说："我国的绘画，是要把自然物的形相得以成立的神、灵、玄，通过某种形相，而将其画了出来。所以最高的画境，不是模写对象，而是以自己的精神创造对象。"③

这样一来，徐复观尖锐地揭示了艺术创作的一个根本性问题：艺术

---

① 徐复观：《中国艺术精神》，台湾学生书局1984年版，第242页。
② 徐复观：《中国艺术精神》，台湾学生书局1984年版，第200页。
③ 徐复观：《中国艺术精神》，台湾学生书局1984年版，第257页。

家的心灵，艺术家的生命，艺术家的人格，是艺术作品得以成立的根据。"气韵"问题，说到底，也就是画家的人品人格问题。"在中国，作为一个伟大地艺术家，必以人格的修养、精神的解放，为技巧的根本。有无这种根本，即是士画与匠画的大分水岭之所在。"① 这也就是说，庄子所凸显出的"心"，所凸显出的对精神自由的追求，最终演化为中国艺术家们的创作，通过他们自身的生命跃动，存在于中国的人物画中，更存在于中国的山水画中。同样，对于中国画的欣赏，也离不开对于画家们的"心"的把握。徐复观在《溥心畬先生的人格与画格》一文中，就强调了"人格"与"画格"的这种密切的联系。他说："文学艺术的高下，决定于作品的格！格的高下，决定于作者的心；心的清浊深浅广狭，决定于其人的学，尤决定于其人自许自期的立身之地。我希望大家由此以欣赏先生之画，由此以鉴赏一切的画。"②

五、中国画的现代意义

在徐复观看来，在庄子的艺术精神影响下产生和发展起来的中国画，不仅在历史上有其伟大的成就，而且在现时代中仍有其重要的意义。这种意义在于，中国艺术精神所成就的中国绘画，所体现的人生境界，与西方近现代文化的性格，呈现出鲜明的不同："中国绘画，由人物而山水，山传色而淡采，而水墨，这都是出自虚、静、明的精神，都是向虚、静、明精神的自我实现。所以由中国艺术所呈现的人生境界，是冲融淡定、物我皆忘的和平境界。在此一境界中，对各种不同的价值标准，只是默默点头微笑，人天平等，一体平铺；说'统一'已经是多

---

① 徐复观：《中国艺术精神》，台湾学生书局1984年版，第215页。
② 徐复观：《溥心畬先生的人格与画格》，载《徐复观文存》，台湾学生书局1991年版，第346页。

余的，还斗争个什么呢？"①

徐复观指出，中国艺术精神的这种寄意自然、玄远淡泊的境界，无疑与现代高度工业化的社会以及由之而来的激烈的竞争、变化，处于两极对立的地位。但这并不意味着庄子的艺术精神及其中国山水画，在现时代就失却了实际的意义，仅仅只能作为思想史和艺术史上的古董。这是因为，艺术作为对社会的、对时代的反映，常采取两种不同的方向：一种是"顺承性的反映"②，另一种是"反省性的反映"③。所谓"顺承性的反映"，对于它所反映的现实会发生推动、助成的作用；因而它的意义，常决定于被反映的现实的意义。如16世纪的写实主义，是顺承当时人的自觉和自然的发现的时代潮流而来的；而达达主义所开始的现代艺术，则是顺承20世纪两次世界大战而来的残酷、混乱、孤危、绝望的精神状态而来的。现代高度发达的科技文明和工业社会，带来了竞争、争斗、异化，现代人类处于孤独、焦虑、绝望的精神状态。在这种情况下，西方的现代派绘画尽管新奇、多变，但所表现的，只是一群感触锐敏的人，感触到时代的绝望、个人的绝望。这种艺术对于痛苦中的现代人类来说，只能是火上加油，愈感困顿。所谓"反省性的反映"，会对它所反映的现实发生批判的作用；因而它的意义，则在于对于它所反映的现实的超越。中国的山水画，是在长期专制政治的压迫下，在一般士大夫的利欲熏心的现实下，想由人间世超越到自然界中去，以获得精神的自由、保持精神的纯洁、恢复生命的疲困的产物，是这种"反省性的反映"的代表。与西方的现代派绘画不同，中国画特别是中国的山水画，所呈现的冲融淡定、物我皆忘的和平境界，能像炎热时的清凉饮料一样，给躁动不安的现代人类注入平静、安定、谐和的因素。徐复观颇有感慨地说："专制政治今后可能没有了；但由机械、社团组织、工

---

① 徐复观：《中国艺术杂谈》，载《徐复观杂文——记所思》，时报文化出版事业有限公司1980年版，第154—155页。
② 徐复观：《中国艺术精神》，台湾学生书局1984年版，自叙第7页。
③ 徐复观：《中国艺术精神》，台湾学生书局1984年版，自叙第7页。

业合理化等而来的精神自由的丧失，及生活的枯燥、单调，乃至竞争、变化的剧烈，人类是需要火上加油性质的艺术呢？还是需要炎暑中的清凉饮料性质的艺术呢？我想，假使现代人能欣赏到中国的山水画，对于由过度紧张而来的精神病患，或者会发生更大的意义。"[1] 在徐复观看来，中国的山水画就是一支对现代化运动所引发的现代性负面病痛具有很好疗效的"镇痛剂"。这样的"镇痛剂"，在西方近现代文化中是找不到的。

也正是如此，徐复观对西方的现代艺术进行了尖锐的批评。他指出："艺术的创作，是成立于人与自然之间的接触线上。而伟大的艺术品，常表现为人物两忘、主客合一的境界。"[2] 然而，西方现代艺术的特点之一，却是对自然的疏离、反叛、背弃，呈现为反自然的倾向。西方艺术家以一种"暴民之气"背弃自然，与西方科学家征服自然、西方形而上学扬弃现象以言本质，在某种意义上可以说相互呼应，形成西方文化对自然的总反叛。在偏僻乖戾的现代西方人的心灵中，充满了困惑和不安，既容纳不下社会，也容纳不下自然，于是其主体精神的表现只能是怪僻、幽暗、混乱、横暴。现代抽象艺术即典型地体现了这一点。"现代抽象艺术的开创人，主要是来自对时代的锐敏感觉，而觉得在既成的现实中，找不到出路，看不见前途，因而形成内心的空虚、苦闷、忧愤，于是感到一切既成的艺术形相乃至自然形相，都和他的空虚、苦闷、忧愤的生命跃动，发生了距离。要把他内心的空虚、苦闷、忧愤的真实，不受一切形相的拘束，而如实的表现出来，这便自然而然的成了抽象的画，或超现实的诗了。"[3] 因此，西方现代艺术只是反映现代化运动所引发的现代性负面病痛的一种现象，这种艺术可以作为历史创伤的表识，但并不具有艺术的永恒性。换言之，在西方，"目前的现代

---

[1]　徐复观：《中国艺术精神》，台湾学生书局1984年版，自叙第8页。
[2]　徐复观：《现代艺术对自然的叛逆》，载《徐复观文录选粹》，台湾学生书局1980年版，第250页。
[3]　徐复观：《从艺术的变，看人生的态度》，载《徐复观文录选粹》，台湾学生书局1980年版，第247页。

艺术家,只是艺术中以破坏为任务的草泽英雄。他们破坏的工作完成,他们的任务也便完成,而他们自己也失掉其存在的意味"①。如对于著名画家毕加索,徐复观就是这样评价的:"破坏性的变态变调,把眼睛画在面颊上、把胸部变成眼睛等类的变态变调,才是毕加索艺术的归结。他也以此而代表了廿世纪的前半部。"②

平心而论,徐复观对西方现代艺术的批判,固然揭示了现代性负面病痛带来的问题,但也不无偏颇之处。对于西方现代艺术,他只看到了反映了现代人类生存状态痛苦的一面,而没有看到西方现代艺术对现代人类生命存在也能起到一种安顿作用,也能具有永久的艺术魅力。其所以如此,除了他的文化保守主义立场外,还在于他对西方现代艺术缺乏更直接、更深切的了解。他对西方现代艺术所作的根源性否定,不能不说是他在文化观上的一个重大缺憾。但是,徐复观通过这种批判对于中国画的现代价值所作的揭示,却是独到而有见地的。这就是,中国画所体现的是中华民族对精神自由的祈向和追求,所体现的是中国人的生命跃动和生存智慧,所体现的是中国传统文化的特点与精神。这些内容,在当今世界,在以西方近现代文化为标本的全球性现代化运动中,仍然有其不可被替代的价值,能够弥补现代性负面病痛给现代人类带来的困顿和不安。因此,中国艺术精神及其所成就的中国山水画,不仅具有历史的意义,而且具有现代的和将来的意义。

---

① 徐复观:《现代艺术的归趋》,载《徐复观杂文——记所思》,时报文化出版事业有限公司1980年版,第120页。

② 徐复观:《毕加索的时代》,载《徐复观杂文——记所思》,时报文化出版事业有限公司1980年版,第159页。

第十一章　史学思想探源与中国史学精神的阐释

徐复观以对中国思想史作"现代的疏释"来对中国传统文化作"现代的疏释",不仅着重对以儒家思想为主体的中国道德精神和以道家思想为主体的中国艺术精神作出了系统阐释,而且还对中国史学成就及其精神,情有独钟,十分珍视,作了深入细微的独特阐释。这一别开生面的史学思想探源与对中国史学精神的阐释,构成了他的中国思想史研究的一个重要组成部分,也构成了他的现代新儒学思想的一个重要环节。需要说明的是:"中国史学精神"这一概念,是徐复观本人提出的。1967年5月10日,他在给长女徐均琴的信中,就谈到自己花四五天时间精心准备了一次正式讲演,"特别讲《中国史学精神——〈史记〉之一探测》"[①]。这次讲演的正题名就是"中国史学精神",可见徐复观这时就已经明确地提出了这一概念,并已开始了相关研究。

一、熊十力对徐复观的影响

徐复观对于中国史学精神的重视,同他的整个学问生命一样,都得自熊十力的启发。

在现代新儒学开展的哲学路向和史学路向中,熊十力是哲学路向的开启者,熊十力学派也都属于哲学路向。但熊十力又十分重视史学研究,尤其重视史学与哲学的联系,重视哲学对史学的参与和引领。他说:"治史必有哲学家作人之精神,经世之志愿,而后可运用考据方法,

---

[①] 徐复观:《致徐均琴(第130封家书)》,载《徐复观家书精选》,台湾学生书局1993年版,第209页。

搜集史料，以穷究民群治乱并运会推迁之故，与一切制度、法纪、风习沿革之由，及个人对历史上人物觉感所系，在在运以精思，不可徒作故事玩弄。"① 在熊十力看来，史学与哲学的联系以及哲学对史学的参与和引领，最主要在于哲学家为史学提供了"史观"，这对于史学有着十分重要的意义。但熊十力毕竟不是一个史学家，而是一个哲学家；他对中国史学精神的重视，严格来说，不是出自一个史学家的眼光，而是出自一个哲学家的眼光。用哲学家的眼光看待史学，其间自然难免有牵强隔膜处，但同时又往往有深刻独到处。熊十力所给予徐复观的影响，可以说正是这种用哲学家的眼光来看待史学的作用和意义。

在熊十力与他的弟子唐君毅、牟宗三、徐复观之间，从哲学气象上看，熊十力与唐君毅、牟宗三要更为接近，都以发展形上儒学为志业，致力于中国哲学本体论的重建；而从史学气象上看，熊十力与徐复观则更为相通，都看重和认同中国史学及其精神，都主张从史学中吸取和弘扬中国文化精神。抗日战争岁月，熊十力于民族艰危之际解读《六经》，最推崇的就是《易》与《春秋》两部儒家经典，认为："仲尼祖述尧舜，宪章文武，其发明内圣外王之道，莫妙于《大易》《春秋》。《诗》《书》《礼》《乐》，皆与二经相羽翼。……二经通，而余经亦可通也。"② 他由此反复强调司马迁在《史记·太史公自序》中对孔子史学贡献的推崇，肯定孔子修《春秋》所体现的"贬天子，退诸侯，讨大夫"③ 的作史精神，肯定孔子的"我欲载之空言，不如见之于行事之深切著明也"④ 的重史原则。这种对《春秋》的重视，对中国史学及其精神的重视，后来在徐复观那里引起了强烈的反响，成为徐复观关注史学思想并阐释中国史学精神的思想导引。

---

① 熊十力：《十力语要初续》，载《熊十力全集》第5卷，湖北教育出版社2001年版，第212页。
② 熊十力：《读经示要》，载《熊十力全集》第3卷，湖北教育出版社2001年版，第556页。
③ 司马迁：《史记·太史公自序》。
④ 司马迁：《史记·太史公自序》。

第十一章 史学思想探源与中国史学精神的阐释 | 443

在徐复观的文献中，有两段文字谈到熊十力与史学的关联，颇能说明熊十力的史学气象所给予他的影响，尤其值得重视。

一段文字是徐复观回忆他于1943年初次拜谒熊十力时，熊十力指导他读王夫之的史学巨著《读通鉴论》的情景：

> 第一次我穿军服到北碚金刚碑勉仁书院看他时，请教应该读什么书。他老先生教我读王船山的《读通鉴论》；我说那早年已经读过了；他以不高兴的神气说："你并没有读懂，应当再读。"过了些时候再去见他，说《读通鉴论》已经读完了。他问："有点什么心得？"于是我接二连三的说出我的许多不同意的地方。他老先生未听完便怒声斥骂说："你这个东西，怎么会读得进书！任何书的内容，都是有好的地方，也有坏的地方。你为什么不先看出他的好的地方，却专门去挑坏的；这样读书，就是读了百部千部，你会受到书的什么益处？读书是要先看出他的好处，再批评他的坏处，这才像吃东西一样，经过消化而摄取了营养。譬如《读通鉴论》，某一段该是多么有意义，又如某一段理解是如何深刻，你记得吗？你懂得吗？你这样读书，真太没有出息！"这一骂，骂得我这个陆军少将目瞪口呆，脑筋里乱转着：原来这位先生骂人骂得这样凶！原来他读书读得这样熟！原来读书是要先读出每一部的意义！这对于我是起死回生的一骂。恐怕对于一切聪明自负、但并没有走进学问之门的青年人、中年人、老年人，都是起死回生的一骂！近年来，我每遇见觉得没有什么书值得去读的人，便知道一定是以小聪明耽误一生的人。①

在这段话中，给人深刻印象的，无疑是一位儒学老先生居然敢痛骂一个国民党陆军少将。熊十力对徐复观的这一骂，不仅教会了徐复观怎样读

---

① 徐复观：《我的读书生活》，载《徐复观文录选粹》，台湾学生书局1980年版，第315页。

书，教会了徐复观如何做人，而且还教会了徐复观重视中国史学著述及其精神。对于《读通鉴论》的价值与意义，徐复观在这段话里没有具体记述熊十力当时说了些什么，但从熊十力的《十力语要》和《读经示要》等著述中可以窥其大概。从投身反清革命的经历和强烈的时代感受出发，熊十力尤为推崇王夫之史论中的民族思想，认为"独知民族思想之可贵，而以哀号于族类者，其唯衡阳王子"①；又认为"船山、亭林之书，并富于民族、民主思想，皆《春秋经》之羽翼也"②。但熊十力更推崇王夫之融民族意识于文化意识之中，强调"船山志在中夏文化之复兴"③，更重视的是中夏文化史。他指出："清季学人都提倡王船山民族主义。革命之成也，船山先生影响极大。然船山民族思想确不是狭隘的种界观念，他却纯从文化上着眼，以为中夏文化是最高尚的，是人道之所以别于禽兽的，故痛心于五胡、辽、金、元、清底暴力摧残。他这个意思，要把他底全书融会得来，便见他字字是泪痕。然而近人表彰他底民族主义者，似都看做是狭隘的种界观念，未免妄猜了他也。他实不是这般小民族的鄙见。须知中夏民族元来没有狭隘自私的种界观念，这个观念是不合人道而违背真理且阻碍进化的思想，正是船山先生所痛恨的。"④ 因此他强调说："凡治史者，必以郑所南《心史》、方正学《正统论》、王洙《宋史质》、顾亭林《日知录》、王船山《黄书》《读通鉴论》《宋论》等书为根本，然后可博览历朝专史及诸编年史与通典、通志、通考等书，旁及历代名臣文集之类。"⑤ 这种对于文化意识的凸

---

① 熊十力：《十力语要》，载《熊十力全集》第4卷，湖北教育出版社2001年版，第47页。
② 熊十力：《十力语要初续》，载《熊十力全集》第5卷，湖北教育出版社2001年版，第213页。
③ 熊十力：《十力语要》，载《熊十力全集》第4卷，湖北教育出版社2001年版，第519页。
④ 熊十力：《十力语要》，载《熊十力全集》第4卷，湖北教育出版社2001年版，第518—519页。
⑤ 熊十力：《十力语要初续》，载《熊十力全集》第5卷，湖北教育出版社2001年版，第212页。

显和对文化史的重视，给徐复观投下了深刻的影响，使他后来在衡论中国史学开展和史学精神时，尤为突出文化史的意义，认为文化史比之政治史更为重要。

另一段文字是晚年徐复观读熊十力的最后著作《先世述要》的感想，于 1980 年专门撰文阐发，强调《先世述要》中不仅保留了有关熊十力家世的直接材料，而且体现了熊十力的"史观"：

> 第一，读者可由此了解熊师的家庭背景，及其幼年少年生活，此为迄今为止，研究熊师的学者们所从来没有看到的材料。第二，熊师在述其先世中，特彰显庶民在穷苦中的志气与品德，对今后写"庶民史"的人有很大的启发性。与数十年来，鲁迅等人笔下的庶民，除愚蠢外无所有的情形，成一极明显的对照。第三，熊师实欲以此文为其政治思想作最后总结。他的哲学思想，实归结于政治思想之上，此乃中国文化传统及所处时代使然。所以，这也是他的整个思想的总结。他的政治思想，又镶入于历史之中，在历史中求根据，并以此转而批评历史，形成他独特的"史观"。他的未"写完"，不是他的总结性思想未写完，而是他要由自己的"史观"赋予历史以新的解释未写完，这本是不能写完的。他的政治思想，是民主政治与社会主义的结合。若仅以思想的形型表达出来，我感到是极为完善的。问题是他老人家一定要镶在历史中去讲，便不能不引出若干纠葛。凡是讲形而上学的人，皆不适于讲历史，此不仅熊师为然。读者在这种地方，应作有分际的了解。而此文的刊出，对研究熊师思想，及由他的思想所反映出的时代的苦闷与挣扎，有莫大的意义，是可以断言的。①

在上述三点中，徐复观最为肯定的是《先世述要》"特彰显庶民在穷苦

---

① 徐复观：《熊十力大师未完成的最后著作——〈先世述要〉》，载《徐复观文集》修订本第 2 卷，湖北人民出版社 2009 年版，第 261 页。

中的志气与品德"及由此而产生的对写"庶民史"的意义，强调史学家必须要重视广大"庶民"在历史活动中的积极作用，要反映"庶民"从社会底层所发出的要求与呼声，并从这种要求和呼声出发，引出民主政治的理想。这种对"庶民"的重视，以及由此而来的对"庶民史"的开辟，在熊十力与徐复观的心中可以说有一种强烈的共鸣，因为他们师徒二人都是从鄂东巴河岸边的泥土地中生长出来的，都是来自于社会底层的"庶民"。

当然，在对待史学上，徐复观也有自己的独立见解。他从消解形而上学思想出发，并不赞同熊十力将抽象性的哲学与经验性的史学混为一谈，把自己的政治哲学"一定要镶在历史中去讲"；而主张在把史学作为思想史的对象时，明确地区分抽象性的哲学与经验性的史学。因此，他在阐释中国史学的思想史意义时，首先提出了"哲学家的语言"[①]与"史学家的语言"[②]两个概念，对哲学与史学的话语系统及思想史意义作出了区分。

二、"哲学家的语言"与"史学家的语言"

徐复观之所以重视史学，在于他看到了史学是与人的自觉、是与人生价值、是与人类的大方向联系在一起的，通过对历史人物、历史活动的记录，体现了人的现实的生命存在。他说："史学的兴起，实出于文化学术发达到某种高度时，人对自身存在的自觉。所以历史与文化学术是不可分的。"[③] 又说："史学是从一堆材料中把历史的关节线索及人物对历史形成的意义等疏导出来，使人对历史可以把握到一个明朗的形象；在此明朗的形象中，看出人类的大方向。"[④] 因此，他很赞同意大

[①] 徐复观：《两汉思想史》卷三，台湾学生书局1984年版，第2页。
[②] 徐复观：《两汉思想史》卷三，台湾学生书局1984年版，第2页。
[③] 徐复观：《两汉思想史》卷三，台湾学生书局1984年版，第520—521页。
[④] 徐复观：《两汉思想史》卷三，台湾学生书局1984年版，第524—525页。

利哲学家克罗齐的"一切真历史都是当代史"①的观点,认为从史学中读出的不是那些已逝去的人事与岁月,而是仍然富有活力的与今天人们生活相联系的生命存在,是那些"历史"的东西在"现在"的意义。对于中国文化来说,他认为史学的意义尤为重要。在中国文化的形成与发展中,史学占有相当突出、相当重要的位置,产生了相当巨大、相当深刻的影响。中国文化的重视现实生命的特征和人文精神的传统,在史学上得到了集中而深刻的体现。可以说,"中国的传统,则系在历史中扩展人之生命"②。

正是这样,徐复观认为,史学自身具有了重要的思想史意义。对于史学的思想史意义,他强调,史学不仅在于记录了历史上的各种人物与事件,记录了一个个活生生的生命,而且更在于记录了一个民族的文化生命历程。他在评价《左传》时即言:"左氏主要是采用了以史传经的方法,因而发展出今日可以看到的一部伟大的史学著作——《左氏传》,其意义实远在传经之上。传经是阐述孔子一人之言,而著史则是阐发了二百四十二年的我们民族的集体生命,以构成我们整体文化中的一段生动而具体的形相,这是出自传经,而决非传经所能概括的意义。"③因此,史学在这个意义上说也是一种思想史,而且是一种生动而具体的直接反映民族集体生命的思想史。正是这样,史学著作在思想史上有其重要的意义与价值,不应当忽视和轻视,更不应摒弃于思想史研究之外。

那么,作为思想史的史学与作为思想史的哲学,有什么不同呢?徐复观进而指出:"由先秦以及西汉,思想家表达自己的思想,概略言之,有两种方式。一种方式,或者可以说是属于《论语》《老子》的系统。把自己的思想,主要用自己的语言表达出来,赋予以概念性的说明。这

---

① [意]贝奈戴托·克罗齐:《历史学的理论和实际》,[英]道格拉斯·安斯利英译,傅任敢译,商务印书馆1982年版,第2页。
② 徐复观:《中国人性论史·先秦篇》,台湾商务印书馆1984年版,第56页。
③ 徐复观:《两汉思想史》卷三,台湾学生书局1984年版,第275页。

是最常见的诸子百家所用的方式。另一种方式，或者可以说是属于《春秋》的系统。把自己的思想，主要用古人的言行表达出来；通过古人的言行，作自己思想得以成立的根据。这是诸子百家用作表达的一种特殊方式。"① 这就是说，思想家对自己思想的表达，一是用哲学的方式，另一是用史学的方式。哲学的方式，是通过哲学家"说"的理论来表达思想。史学的方式，则是通过史学家"说"的历史来表达思想。这就有了"哲学家的语言"与"史学家的语言"的区分。

徐复观借用司马迁在《史记·太史公自序》中所引孔子语"我欲载之空言，不如见之于行事之深切著明也"，从中取出"空言"与"见之于行事"两种表达方式，来说明"哲学家的语言"与"史学家的语言"的区别。他指出："载之'空言'，是把自己的思想，诉之于概念性抽象性的语言。用近代的术语，这是哲学家的语言。'见之于行事'，是把自己的思想，通过具体的前言往行的重现，使读者由此种重现以反省其意义与是非得失。用近代术语说，这是史学家的语言。"② 两者之间形成了鲜明的反差："空言"是以抽象的概念进行论述，"哲学家的语言"是如此；"见之于行事"则是在人们的实践中昭显出真理，"史学家的语言"是如此。

晚年的徐复观，对"我欲载之空言，不如见之于行事之深切著明也"一语极为重视，在消解形而上学的意义上反复进行疏释。本书第六章第七节已经指出，徐复观在《向孔子的思想性格回归》一文中对此语作了解释，指出"空言"是理论的、抽象性的概念语言，"见之于行事"是在行事中发现它所含蕴的意义及其因果关系。"载之空言"是希腊系统哲学家的思想表达方式，"见之于行事"是孔子思想的主要表达方式。孔子所涉及的问题，都有上下深浅的层次，但这些不是逻辑上的层次，而是"行"在开辟中的层次，是生命表现在生活中的层次。孔子思想的这种重实践、重经验、重生命的性格，不是思辨的，不是形而上的，不

---

① 徐复观：《两汉思想史》卷三，台湾学生书局1984年版，第1页。
② 徐复观：《两汉思想史》卷三，台湾学生书局1984年版，第2页。

能解释成一种形而上学。"把孔子的思想，安放到希腊哲学系统的格式中加以解释，使其坐上形而上的高位，这较之续凫胫之短，断鹤胫之长，尤为不合理。因为凡是形而上的东西，就是可以观想而不能实行的。"① 徐复观的这一解释，与把"空言"比作"哲学家的语言"、把"见之于行事"比作"史学家的语言"，因语境的不同并不完全一致，但在这各种解释中，不赞成"空言"而赞成"见之于行事"则是一致的。可以说，这是徐复观对"我欲载之空言，不如见之于行事之深切著明也"一语进行疏释的根本点。

徐复观认为，这两种语言在文本与读者之间有着不同的效果和作用。他说："哲学家的语言，是把自己的思想，凭抽象的概念，构成一种理论，直接加之于读者的身上；读者须通过自己的思考能力，始可与哲学家的理论相应。而相应以后，由理论落实到行为上，还有一段距离。历史家的语言，则是凭具体的历史故事，以说向具体的人。此时读者不是直接听取作者的理论，而是具体的人与具体的人直接接触，读者可凭直感而不须凭思考之力，即可加以领受。并且，此时的领受，是由'历史人'的言行，直接与'现存人'的言行，两相照应，对读者可当下发生直接作用。也可以说，这是由古人行为的成效以显示人类行为的规范，不须要有很高的文化水准，便可以领受得到的。"② 因此，"史学家的语言"与"哲学家的语言"相比，因其更具体、更直接，而更易于在文本与读者之间建立起一种沟通。由于"史学家的语言"所"说"的不是抽象的理论而是具体的人，使得文本与读者之间能够建立起一种历史中的"具体的人"与现实中的"具体的人"的直接的接触、了解，因而文本的意义更易为读者所接受，发生更大的影响作用。他以小说的影响力与哲学的影响力相比较为例来作说明："一部伟大的小说所发生的社会性的影响，必大于一部伟大的哲学著作；因为哲学著作是'空

---

① 徐复观：《向孔子的思想性格回归》，载《中国思想史论集续编》，时报文化出版事业有限公司1982年版，第437页。

② 徐复观：《两汉思想史》卷三，台湾学生书局1984年版，第2—3页。

言'，而小说则诉之于小说家所塑造的具像化的人物的'行事'"①。

正是这样，徐复观十分重视史学及其在思想史上的位置。他十分欣赏德国哲学家卡西尔的一段话："毫无疑问，没有历史学，我们就会在这个有机体的进展中失去一个必不可少的环节。艺术和历史学是我们探索人类本性的最有力的工具。没有这两个知识来源的话，我们对于人会知道些什么呢？我们就只能依赖于我们个人生活的资料，然而它能给予我们的只是一种主观的见解，并且至多只是人性的破镜之散乱残片而已。诚然，如果我们想要完成由这些内省资料所暗示的那幅图画，我们可以求助于更客观的方法：我们可以做心理学的实验或搜集统计事实。但是即使这样，我们描绘的人的图画将仍然是僵滞呆板、毫无生气的。我们将只会发现'平常的'人——注重实际和社会交往的日常的人。在伟大的历史和艺术作品中，我们开始在这种普通人的面具后面看见真实的、有个性的人的面貌。为了发现这种人，我们必须求助于伟大的历史学家或伟大的诗人……诗歌不是对自然的单纯摹仿；历史不是对僵死事实或事件的叙述。历史学与诗歌乃是我们认识自我的一种研究方法，是建筑我们人类世界的一个必不可少的工具。"② 反观中国古代思想史，徐复观特别肯定了"由荀子到《韩诗外传》的诗与史相结合的表现方式"③，认为诗与史的相结合同样是中国古代思想史上的一种重要的"说"的方式。

在徐复观看来，用"史学家的语言"来"说"出思想，是中国思想史，也是中国史学史的一个特点。其所以如此，是由中国人文精神的性格所决定的。"由周初所开始的人文精神，认为人的行为决定一切，所以偏重在行为实践上用心，不向抽象思辨方面去发展。"④ 正是这样，

---

① 徐复观：《两汉思想史》卷三，台湾学生书局1984年版，第3页。
② [德] 恩斯特·卡西尔：《人论》，甘阳译，上海译文出版社1985年版，第261—262页。徐复观的引文译自日译本《人论》，见徐复观：《两汉思想史》卷三，台湾学生书局1984年版，第3页。
③ 徐复观：《两汉思想史》卷三，台湾学生书局1984年版，第8页。
④ 徐复观：《两汉思想史》卷三，台湾学生书局1984年版，第5页。

在中国古代典籍中，凡是"言"与"行"对举时，总有重视"行"而压低"言"在人生中的意味。即或如《论语》，以抽象语言表达思想，也不像希腊系统的哲人那样追求思辨，以形成逻辑的构造、系统的理论。而以《史记》为代表的中国史学著述，更是通过对历史人物、历史事件的记录，来实现"究天人之际，通古今之变，成一家之言"[①]，在作史中赋予了深刻的思想性。

由此而来，徐复观在对中国传统文化作"现代的疏释"时，一方面重视对中国思想史的"哲学家的语言"进行发掘和阐释，另一方面重视对中国思想史的"史学家的语言"进行发掘和阐释。他所著的《两汉思想史》第二卷和第三卷，实际上就是分别对汉代思想史的这两种"语言"进行发掘和阐释。其中，第二卷着重对汉代思想史的"哲学家的语言"进行发掘和阐释，论及《吕氏春秋》、陆贾、贾谊、《淮南子》、董仲舒、扬雄、王充的哲学思想；第三卷侧重对汉代思想史的"史学家的语言"进行发掘和阐释，论及《韩诗外传》《新序》《说苑》《盐铁论》《春秋》《左传》《史记》《汉书》的史学思想以及其中所蕴含的历史哲学。在这里，徐复观把历史学作为一面人的镜子、民族的镜子。在这面镜子里面，人们可以看到自己的过去、现在和未来，看到自己的现实的生命存在，看到自己生命活动的大方向。

三、中国史学的发展与史学精神的成立

在徐复观看来，历史学这面镜子之所以澄明，乃在于史学精神；中国史学这面镜子之所以澄明，乃在于中国史学精神。可以说，没有中国史学精神，就没有中国史学之镜。正是这样，他着重对中国史学的建立进行了历史的考察与疏释，从中揭示了中国史学精神的内涵、特征与意义。

---

① 司马迁：《报任安书》。

徐复观指出，中国史学及其精神的成立，经历了一个漫长的历史过程。这个过程也就是宗教史学通向人文史学的过程。这一过程的展开，可以通过"史"的职事的变化看出来。在中国古代，"史"是由文化水准高的人担任的，这使得"史"的职事不断发展，而"史"中的人才亦因之不断出现。"史"的原始职务是事神，主要从事于宗教活动。除了事神之外，"史"还记事，但他们所记的事，都与神相关，或由宗教活动衍变而来。以后，"史"的职事逐渐扩大，除事神外，还主管巫事，负责天文星历，充当灾异的解说者，锡命或策命，掌管氏族谱系。这样一来，使得"史"记事的内容，由宗教活动逐渐转变为与宗教无直接关系的重要政治活动。"史把国内及国际间的人物与事情，都加以记录了。再加上时历为史所掌管，自然形成深刻地时间观念。将人与事的记录，和时间相结合，这便出现了'百国春秋'，使史学在中国古代，已有了普遍的发展。"[①] 到春秋时代，更涌现了一批出色的史官，他们不仅具备了丰富的历史知识，而且对于历史运动有了较深刻的了解。如晋国的史墨，就是这样的人物。当鲁国的国君昭公被大夫季氏驱逐出国而死于国外这一重大事件发生后，晋国赵简子问史墨：为什么"季氏出其君而民服"呢？史墨回答说："社稷无常奉，君臣无常位，自古以然。故《诗》曰：'高岸为谷，深谷为陵。'三后之姓，于今为庶，主所知也。"[②] 史墨之论，可以说对历史发展规律作了确实而深刻的把握，表现出一种突破时代的卓越的史识。在这里，人文精神开始取代了宗教意识。由此，可以得出这样的结论："我国古代文化，由宗教转化而为人文的展开，是通过古代史职的展开而展开的。文化的进步，是随史官文化水准的不断提高而进步的。史是中国古代文化的摇篮，是古代文化由宗教走向人文的一道桥梁、一条通路。……欲为中国学术探源索本，应当说中国一切学问皆出于史。"[③]

---

① 徐复观：《两汉思想史》卷三，台湾学生书局1984年版，第229页。
② 《左传》昭公三十二年。
③ 徐复观：《两汉思想史》卷三，台湾学生书局1984年版，第230—231页。

徐复观进而指出，"史"由宗教向人文演进后，其最大的任务，在于记录人世间重要行为的善恶，昭示给天下后世。这种记录工作，实是将人类行为的善恶，交付"史"来进行审判。而当时贵族们的心理，也是不害怕神的审判，而害怕"史"的审判。如齐国的国君庄公被崔杼杀死后，"史"为了写下"崔杼弑其君"五个字的历史记录，就牺牲了三个史官。这种对历史的责任感以及由此而表现出置生死而不顾的勇气，不是西方"爱智"的传统所能解释的。这是史官感到站在自己的职务上，代替神来作一种庄严的审判，值得牺牲自己的生命。而崔杼也惧怕"史"的记录，感到这五个字是对他作了绝望的审判。由此可见，"史之义，莫大乎通过真实的纪录，给人类行为，尤其是给政治人物的行为以史的审判，此乃立人极以主宰世运的具体而普遍深入的方法"①。这就是中国史学精神。

徐复观认为，对于中国史学及其精神的开展，古代的诸多良史都作出了自己的贡献；然而，其中最有贡献的当推孔子、左丘明和司马迁。因此，他着重对于孔子、左丘明、司马迁的史学贡献作了阐释。

徐复观指出，对中国史学精神加以弘扬、使之传世的大思想家，首推孔子。孔子生活的时代，正是各国的良史最活跃的时代。孔子的知识来自两个方面：一是对知识的追求，一是对道德的践履。他在知识方面的学问，主要是来自史学。他学问的始基及其所受的启发与充实，主要是来自他对历史的追求，来自他继承了周代良史的业绩及将宗教转化为人文的精神。他所学所教的《诗》《书》《礼》《乐》，可以说都是古代"史"的劳作。孔子修《春秋》的目的，就在于发挥古代良史以"史"的审判代替神的审判的庄严使命，辨别是非，奖善惩恶，标示历史发展的大方向。在孔子所修的《春秋》中，显示了"贬天子，退诸侯，讨大夫"的精神。从《春秋》与孔子的时间关系看，孔子所处理的是"近代史"和"现代史"，但他却不畏惧现实政治的压力，以极大的道德勇气，探求历史事实的真相，揭示出《春秋》中的"微"与"讳"后面所掩盖

---

① 徐复观：《两汉思想史》卷三，台湾学生书局1984年版，第248页。

的不可告人的真实、不可告人的丑恶。这对于中国文化发展和儒家思想性格产生了深刻的影响:"孔子把他对人类的要求,不诉之于'概念性'的'空言',而诉之于历史实践的事实,在人类历史实践事实中去启发人类的理性及人类所应遵循的最根源的'义法',这便一方面决定了由他所继承的'史'的传统,不让中国文化的发展,走上以思辨为主的西方传统哲学的道路;一方面,把立基于人类历史实践所取得的经验教训,和他由个人的实践,发现出生命中的道德主体,两相结合,这便使来自历史实践中的知识,不停留在浅薄无根的经验主义之上,同时又使发自道德主体的智慧,不会成为某种'一超绝待'的精神的光景,或顺着逻辑推演而来的与具体人生社会愈离愈远的思辨哲学。他所成就的,乃是与自己的生命同在、与万人万世的生活同在的中庸之道。"①

徐复观又指出,孔子修《春秋》,所凸显的是"史"的审判精神,并不是要完成史学的著作。因此孔子所修的《春秋》,严格说来是经书而非史书。但孔子的这一工作,却有力地推动了中国史学的发展,诱导出了《春秋左氏传》的成立。《春秋左氏传》与《春秋公羊传》《春秋穀梁传》都是对《春秋》这部经书的阐释。所不同的是,《公羊传》《穀梁传》采取的是"以义传经"的形式,《左氏传》则采取的是"以史传经"的形式。"以义传经",是代历史讲话,或者说是孔子代历史讲话;"以史传经",则是让历史自己讲话,并把孔子在历史中所抽出的经验教训,还原到具体的历史中,让人们知道孔子所讲的根据。如果用现代语言诠表,《公羊传》《穀梁传》可以说讲的是历史哲学,《左氏传》则除了含有历史哲学的意味外,更主要的内容是史学。《左氏传》与《公羊传》《穀梁传》在"传经"上的最大不同,就在于后者是顺着一种理念推断下去,前者是把历史事实放在第一位。《左氏传》的最大成就,是以让历史自己讲话的方式,把春秋时代的各方面的变迁、成就、矛盾、冲突,系统地、完整地、曲折地、趣味地表达出来,使生活在后世的人们对这一段古代史还可以清楚而生动地把握,对这一段民族生命的发展

---

① 徐复观:《两汉思想史》卷三,台湾学生书局1984年版,第258页。

还可以作真切而实在的感触。《左氏传》的这种史学成就，其意义远在"传经"之上："传经是阐述孔子一人之言，而著史则是阐发了二百四十二年的我们民族的集体生命，以构成我们整体文化中的一段生动而具体的形相"①。这就开启了中国史学的发展，成为了中国史学文化的支柱。

徐复观还指出："师孔子作《春秋》之意，宏左氏作《传》之规，综贯古今，网罗全局，以建立世界迄今尚难与配敌的史学巨制的，这即是司马迁的《史记》。"② 司马迁继承了孔子的史学精神。在《史记》中，他虽然也对所谓"明圣盛德"及"功臣贤大夫"作了一番搜罗、发掘、表彰的工夫，但这一方面人物所占的比例并不大。他作史的精神，主要是发挥孔子修《春秋》的"贬天子，退诸侯，讨大夫"的与权威相抗拒的精神，从而使他的著作透过汉代专制政治的压迫，成为"礼义之大宗"③，标示以人民为主体的"王事"的大方向。《史记》之所以能成为"实录"的原因在此；《史记》之所以有千古不磨的真价值的原因也在此。这种史学精神，可以称为"道德理性的批判精神"④。当然，司马迁深知这种史学精神与汉代的专制政治大相径庭。因此，在他的心目中，对文化的信任远超过对政治的信任。他所了解的现实，使他相信人类的命运，在文化而不是在政治，或者说在以文化规整政治。在《史记》中，他虽十分重视现实政治，十分注重评价现实政治的是非得失，但又与现实政治保持着相当的距离，而把文化的意义置于现实政治的意义之上，使人类不托命于政治而托命于文化。一部《史记》，"可以说是以文化为骨干之史"⑤。正是这样，司马迁在现实政治的成王败寇、赏荣诛辱的巨大势利浪潮中，以巧妙的手法，透出历史的真实，展现历史的良心。即使是在"本朝"的势利圈子里面，他也无所畏惧，"所写

---

① 徐复观：《两汉思想史》卷三，台湾学生书局1984年版，第275页。
② 徐复观：《两汉思想史》卷三，台湾学生书局1984年版，第306页。
③ 司马迁：《史记·太史公自序》。
④ 徐复观：《两汉思想史》卷三，台湾学生书局1984年版，第324页。
⑤ 徐复观：《两汉思想史》卷三，台湾学生书局1984年版，第320页。

的'当代史',是'真实地当代史'"①。徐复观对于司马迁的史学精神予以了高度的评价。他感慨地说:"司马迁之所以为司马迁,便在他首先能破除此种势利之见,在势利圈以外,发现人的意义,发现历史的意义。"② "此一历史的良心,贯注于《史记》全书之中,随处可见。"③ 正是这样,在徐复观看来,最能代表"汉代精神"的大思想家,不是董仲舒,更不是王充,而是司马迁。④

徐复观强调,以孔子和司马迁为代表的中国史学精神中所显示的立足于现实的历史批判精神,由此而展现的"历史的良心",是中国古代人文世界中至今仍然富有启发性和生命力的内容。他说:"使人类得透过由专制权力所散布的虚伪的历史资料以把握历史的真实,由历史的真实以把握人类前进的真正大方向,这才是作为一个史学家的真正责任与贡献。"⑤ 又说:"假定一位史学家,只停顿在表的材料上,而不能由表的材料以通向里的材料,则他将是一个被权势所玩弄所驱遣,以向世人,向后代,提供历史假象的人。这对史学家自己而言,是悲哀;对所发生的影响而言,是罪过。归结起来,这只能算是无赖的宣传家,而不配称为史学家。"⑥ 可以说,不懂得、不理解这种历史批判精神,不懂得、不理解这种"历史的良心",就不可能对中国历史文化进行总结,写出具有真价值的史学著作;就不可能高扬中国人文精神,开辟新的人文世界。在徐复观看来,中国史学精神的内涵、特征与意义实在于此。

---

① 徐复观:《两汉思想史》卷三,台湾学生书局1984年版,第409页。
② 徐复观:《两汉思想史》卷三,台湾学生书局1984年版,第390页。
③ 徐复观:《两汉思想史》卷三,台湾学生书局1984年版,第412页。
④ 蔡仁厚说:"有一次我去看徐先生,他问我一个问题,说你认为谁最有资格代表'汉代精神',我举出董仲舒和司马迁,徐先生说是司马迁。"(见蔡仁厚:《徐复观先生对中国思想史的贡献》,载《徐复观教授纪念文集》,时报文化出版事业有限公司1984年版,第371页)
⑤ 徐复观:《两汉思想史》卷三,台湾学生书局1984年版,第372—373页。
⑥ 徐复观:《两汉思想史》卷三,台湾学生书局1984年版,第371页。

四、史学与史学家

既然史学的意义不仅仅在于记录历史上的人物和事件，而更在于体现一种历史批判精神，体现一种"历史的良心"，那么史学家的良心与人格就对于史学的成立与展开具有特别重大的意义。这一点，正是徐复观在阐释中国史学精神时所最为关注、竭力凸显的，并对此作了相当深入的说明。

在徐复观看来，史学与史学家是不可分的，这种关联在于："不仅在搜集史料时，须要作者的历史意识、文化意识作导引；在史料拣别及编次上，须要作者的学识及组织能力作决定。尤其重要的是：史学之所以成立，乃成立于活着的人，与死去的人，能在时间上贯通，在生活上连结，以扩充活着的人的生存广度与深度。换言之，史学乃成立于今人对古人的要请之上。凡为今人所不要请的古人，虽有史料，亦被遗忘于历史记忆之外。而今人所要请于古人的，不是史料的自身，而系史料所含的各种意义。这种意义，须由作者来发现。意义发现之浅深与真假邪正之分，不仅关系于作史者的学养，尤关系于作史者的人格。由人格之不同，而有不同的动机；由动机之不同，而有各种不同之角度；由角度之不同，而对史料有不同之着眼点，有不同之选择，有不同之意义之发现。由作者的人格与学养，注入于史料之中而加以构造，然后能使古人重现于今人之前，重现于读者之前，此之谓史学。简言之，史料加上作者的'人的因素'，然后能成为史学。"[①] 他还说："我们评估一部历史著作的价值，不是仅凭作者治学的方法即能断定的。运用方法的是人，人一定被他的起心动念所左右。标榜纯客观，而对自己的民族国家人民，没有一点真正感情的人，即对人类前途，不会有一点真正的关切。由近数十年的事实，证明了这种人常是只图私利、卖弄资料的反道德的

---

① 徐复观：《两汉思想史》卷三，台湾学生书局1984年版，第336页。

人。谁能相信这种人会保持客观谨严地态度，写出可以信任的历史。所以一个史学者的人格，是他的著作可否信任的第一尺度。"① 可以说，史学家的良心和人格，是史学得以成立、得以鲜活、得以真实、得以不朽的灵魂。孔子、司马迁之所以能代表中国史学精神，之所以能在史学上作出划时代的贡献，究其根源，正在于他们的人格，正在于他们的良心，正在于他们的"道德理性的批判精神"。

徐复观进而指出，这种史学家的良心和人格，不是抽象的东西，而是由其史学著述具体体现出来的活生生的存在。在史学著述中，人们可以通过不同的方面直接感触到这种史学家的良心和人格。特别是在中国古代的传纪体史书中，通过为历史人物立传，能够鲜明地表现出历史学家的史德和史识。甚至可以说，"史德与史识的最大考验，在于以何种标准决定为何人立传"②。

首先，一个真正有良心和人格的史学家，应当站在"人类的立场"上讲话，而不应当站在"本朝的立场"上讲话。在这方面，徐复观对司马迁与班固进行了比较，认为这两位汉代史学大家的根本不同，就在于司马迁是站在"人类的立场"上看历史，而班固则是站在"汉代帝室的立场"上看历史。他说："史公与班氏最大的分歧点，我已经指出过，史公是站在人类的立场看历史，所以汉代及其他朝代，在史公心目中，是受到同样的客观尺度来处理。而班氏则是站在汉代帝室的立场来看历史，所以他所操持以衡量历史的客观尺度，与史公未尝不相同，因为两人都是儒家思想，但应用到汉代帝室时，尺度的客观性便不知不觉的打了若干折扣"③。例如，司马迁在《史记》中，破例为项羽立本纪，为陈胜立世家，把亡秦之功不归之于刘邦而归之于陈、项二人。这是站在"人类的立场"上讲话，体现了历史的真实。班固在《汉书》中，讲述亡秦人物，只为刘邦立本纪，而把陈、项合于一传之中，这就把亡秦

---

① 徐复观：《两汉思想史》卷三，台湾学生书局1984年版，第260页。
② 徐复观：《两汉思想史》卷三，台湾学生书局1984年版，第389页。
③ 徐复观：《两汉思想史》卷三，台湾学生书局1984年版，第527页。

之功全归之于刘邦,而抹煞了陈、项的历史功绩。这是站在"汉代帝室的立场"上讲话,把历史的真实在汉臣的歌功颂德中掩没了。

同时,一个真正有良心和人格的史学家,应当记录并再现人民在专制政治压迫下的痛苦与呼声,而不应当掩盖这种历史的痛苦与呼声。用徐复观的话说:"史学家最大的良心,莫大于为亿万人民呼冤求救"①。在这方面,徐复观尤为推崇《史记·酷吏列传》,揭示了司马迁写《酷吏列传》的时代背景与深刻用心:"汉代承用秦法为治,刑法异常严酷,至武帝而愈演愈烈,形成了他这一代的酷吏政治。史公在人民惨怛呼号的巨大声音中,要暴露出'缘饰以儒术'下的政治真实内容,要描写出所谓酷吏政治真正狰狞黑暗的本来面目,要说明这种残暴政治皆是出于'上以为能'的武帝主动的要求,并指出这种酷吏政治必使正常政治的运行归于荒废,及其自身之必然堕落到人间地狱的境地,便以恸愤之心写出了《酷吏列传》。"② 因此,完全可以说:"《酷吏列传》的成立,乃史公最大的历史良心的表现。"③ 正是基于此,徐复观对于《汉书·刑法志》也作了积极的肯定:班固写《刑法志》,"在作史的识解上言,从正面提出了政治中与人民的生命财产直接关连在一起的最严重地问题。此一最严重地问题,一直延伸到现在而仍未能解决,成为中国历史中最黑暗最残酷的一面,这可以说是中国所有的统治阶层,所有的知识阶层的奇耻大辱。同时,他在此志的全文中,不知不觉地充满了痛愤之情,流露为悲慨之笔,使此文的风格,特接近史公"④。这就是说,班固与司马迁所站的立场虽不一致,但对于人民的疾苦却又怀有相似的同情之心,使得《汉书》的某些篇章在思想上能接近《史记》。在徐复观看来,其所以如此,在于班固毕竟是一个深受儒学教养的史学家,其良心和人格并未完全为"本朝"的巨大势利浪潮所泯灭。

---

① 徐复观:《两汉思想史》卷三,台湾学生书局1984年版,第399页。
② 徐复观:《两汉思想史》卷三,台湾学生书局1984年版,第398—399页。
③ 徐复观:《两汉思想史》卷三,台湾学生书局1984年版,第399页。
④ 徐复观:《两汉思想史》卷三,台湾学生书局1984年版,第510页。

在中国历代史学家中，徐复观无疑最推重司马迁的良心与人格。他万分感叹地说："史公作史之心，应当是一切史学家之心"①。在他的心目中，司马迁是中国史学家良心和人格的典范，是中国史学精神的象征。他的心与司马迁的心是相通的。当然，徐复观并不是只把眼睛盯着古人。他也很推崇陈垣、余嘉锡这些在民族艰危岁月中坚守良心和人格的现代中国史学家，赞扬他们在抗战期间于沦陷区中所表现的崇高民族气节。1966年，他为此撰写了《一个伟大知识分子的发现》一文，指出："在抗战发生以后，先是东北方的知识分子，接着加上了东南和华中大部分的知识分子，组成了亘古未有的许多巨大行列，由敌区移向西北西南，又由后方走上前线。但是，我们的国家是这样的大，抗战一起，沦陷地区又是这样的广，不可能每一知识分子都能够随着政府迁流。于是有许多知识分子，虽陷身虎口，而依然以各种方式，维护自己的民族国家；更以无言地身教，维系社会广大的人心于不死，其志洁行芳，与流离播迁者不异；而苦心孤诣，或且过之。"② 身处沦陷区的陈垣和余嘉锡，正是把对日本侵略者的抗争，在自己的史学著述中表达出来，体现了民族大义和史家风骨。他说："十年前，我偶然读到陈垣先生的《通鉴胡注表微》，他把胡三省在元人统治之下所激发的民族感情，一寄托于他所著的《通鉴注》里面，彻底阐发出来，盖即以此表示他居夷处困中的民族志节，我读时非常感动"③。又说："于香港书肆书目中见有《余嘉锡论学杂著》二册，亦辗转托人买到……以欣慰之情，随便翻阅下册中的《杨家将故事考信录》，始发现余氏对民族忠义之气，郁勃不能自制，乃借此文以发之，其处境，其用心，与陈垣氏相同，而其

---

① 徐复观：《良知的迷惘——钱穆先生的史学》，载《徐复观杂文——记所思》，时报文化出版事业有限公司1980年版，第115页。
② 徐复观：《一个伟大知识分子的发现》，载《徐复观文录选粹》，台湾学生书局1980年版，第184页。
③ 徐复观：《一个伟大知识分子的发现》，载《徐复观文录选粹》，台湾学生书局1980年版，第184页。

愤悱振励，一往直前，或且过之远甚，读时不觉为之流涕。"① 在徐复观看来，在陈、余两位中国现代史学家的身上，同样体现了中国史学的真精神，体现了中国文化的真精神，体现了中华民族的真精神。他颇为感慨地说："只有在中国文化中才能孕育出这样的伟大书生，但并没有被社会真正发现。"②

而对于那些忽视甚至掩盖专制政治下人民痛苦的史学家，徐复观则旗帜鲜明地予以批判。他对同属于现代新儒学思潮的钱穆提出尖锐批评，就是出于这种态度。钱穆长期以来认为，秦以后的政治传统不是用"专制黑暗"四个字所能抹煞的，力图证明中国历史上并不存在专制制度。对此，徐复观著文将钱穆的史学研究斥为"良知的迷惘"③，指出："我和钱先生有相同之处，都是要把历史中好的一面发掘出来。但钱先生所发掘的是两千年的专制并不是专制，因而我们应当安住于历史传统政制之中，不必妄想什么民主。而我所发掘的却是以各种方式反抗专制，缓和专制，在专制中注入若干开明因素，在专制下如何多保持一线民族生机的圣贤之心，隐逸之节，伟大史学家文学家面对人民的呜咽呻吟，及志士仁人忠臣义士在专制中所流的血与泪，因而认为在专制下的血河泪海，不激荡出民主自由来，便永不会停止。"④

徐复观还认为，史学家要写好历史，还要具有如同艺术家一样的艺术心灵。这是因为，"人类生活，在由行为因果关系所表现的意义以外，还有一种可以说是趣味性的，或者可以说是艺术性的生活；这种生活，与行为的成败利害，没有直接关连；但人生常因此而得到充实，历史常

---

① 徐复观：《一个伟大知识分子的发现》，载《徐复观文录选粹》，台湾学生书局1980年版，第185页。
② 徐复观：《一个伟大知识分子的发现》，载《徐复观文录选粹》，台湾学生书局1980年版，第185页。
③ 徐复观：《良知的迷惘——钱穆先生的史学》，载《徐复观杂文——记所思》，时报文化出版事业有限公司1980年版，第104页。
④ 徐复观：《良知的迷惘——钱穆先生的史学》，载《徐复观杂文——记所思》，时报文化出版事业有限公司1980年版，第115页。

因此而得以丰富。著史的人，若将这一面加以忽视，等于遗失了人类生活的一个重要方面，有损于历史中的具体生命。所以伟大的史学家，必然同时秉赋有伟大地艺术心灵，能嗅出历史中这一方面的意味，而将其组入于历史重现之中，增加历史的生气与活力"①。史学家们只有以自己的艺术心灵，把握和再现历史人物自身的个人生活及其情感世界，在材料允许的范围内把历史人物的各方面都表达出来，那么他们笔下的历史人物，才具有真实的具体生命；他们笔下的历史世界，才算是充实的人的世界；他们写出的历史著述，才富有"历史的生气与活力"。

在徐复观看来，左丘明与司马迁，就是这样两位具有艺术心灵的大史学家。他们都重视历史中的具体生命，用自己的艺术心灵去发现、把握、表达这些具体生命。一部《左传》，记录了许多有趣味的或值得感叹的小故事，把死去的历史人物由这类小故事而复活起来；一部《史记》，对于历史人物的生活往往作多方面的记录，不仅保留了历史人物的生活面貌，而且保留了历史上的生活典型。这些都表现出左丘明、司马迁的伟大艺术心灵，也是《左传》《史记》之能震撼人心的原因之一。徐复观在谈到《史记》列传的表现方法特点时即言："从一个小的具体故事，把握人的个性；由其人的个性以解释其人的一生行为，于是在这里提供了个性潜力的自我展现的范例。这是最高的史学成就，也是最高的文学成就。但作史与写小说不同。写小说可由作者凭想象之力，塑造出人物的个性，而作史则必凭真实的材料。人的个性能集中表现于一个小故事中的机会不多；即使有这种情形，但这种材料，只能在偶然中流传下来，所以史家能够得以运用的材料，会受到很大的限制。不过史公一接触到这种材料，便立刻能抓住它的意义而不肯放松。这种灵敏的感觉，或者是伟大史学家的心灵与伟大文学家的心灵可以互通的地方。"②在这里，徐复观实以《史记》为典范，指出了中国艺术精神与中国史学精神的相贯通之处。

---

① 徐复观：《两汉思想史》卷三，台湾学生书局1984年版，第280—281页。
② 徐复观：《两汉思想史》卷三，台湾学生书局1984年版，第412页。

总之，史学家对于史学来说是至为重要的。在重视"史学家的语言"的同时，更要看到在"史学家的语言"的背后，站立着那个说话的活生生的人，跃动着那个作史的活生生的生命。这是徐复观阐释中国史学精神的极关键一点。徐复观对中国史学精神的阐释之所以具有深刻性，从根源之地看，就在于他总是透过"史学家的语言"，去感触到、去发掘出言说者的良心和人格。

五、从中国史学精神看"心的文化"

由于"史学家的语言"与言说者的良心和人格密切相关联，因此徐复观最后把中国史学精神归结为他所主张的"心的文化"。

本书第六章第五节已经指出，徐复观认为"中国文化最基本的特性，可以说是'心的文化'"[①]。在他看来："中国文化所说的心，指的是人的生理构造中的一部分而言，即指的是五官百骸中的一部分；在心的这一部分所发生的作用，认定为人生价值的根源所在。"[②] 只有认识和把握了这个特点，才能真正认识和把握中国文化的个性，也才能真正认识和把握中国文化。徐复观之所以作如此认定，其本意无非是强调人生价值的根源，就在人自身的生命存在中，是人自身的生命存在所固有的，不是一种外在于人的形而上的东西。既然"心"存在于人自身的现实生命中，那么"心"就与人的生命活动密切相关，与人的生命活动是融为一体的。因此，他进而把"心的文化"归结为"践形""践履"等人自身的活动，即现实的活动、实践。从这个意义上看，中国文化作为"心的文化"，是一种现实的文化，是一种实践的文化。在这里，徐复观所阐发、所高扬的是以中国道德精神为主要内涵的主体性，这种主体性内在于人自身的现实生命中，是与人的现实、人的生活、人的实践结合在一起的，是通过人的现实、人的生活、人的实践得以凸显的。

[①] 徐复观：《心的文化》，载《中国思想史论集》，台湾学生书局1988年版，第242页。
[②] 徐复观：《心的文化》，载《中国思想史论集》，台湾学生书局1988年版，第243页。

在徐复观看来，中国文化的这种"心的文化"的特点，这种对人的现实、人的生活、人的实践的重视，不仅透过中国道德精神、中国艺术精神凸显出来，而且也透过中国史学精神凸显出来。甚至可以说，这种凸显出来的程度，中国史学精神比中国道德精神、中国艺术精神，更为鲜明和强烈。

其所以如此，首先在于："史学家的语言"较之"哲学家的语言"，更贴近中国人的生活世界，能够通过再现历史人物和历史活动，具体而真实地反映出人的现实生命存在。徐复观指出："道德家哲学家多先以一固定价值标准去选择历史；而伟大史学家的心灵，则系以历史的自身为价值的基点，在此一基点上进一步作'兴坏之端'的探求判断。"① 换言之，史学家所"说"的，不是本之抽象思辨的"空言"，而是见之于活生生的"行事"。人们总是透过"史学家的语言"，更容易感触到、发掘出言说者的良心和人格。这就使得在中国史学及其精神中，中国文化的这种"心的文化"的特点，这种对人的现实、人的生活、人的实践的重视，更为鲜明而凸显。

更重要的是，中国史学及其精神，不仅是强调个体的现实生命存在的意义，而且凸显了整个中华民族的现实生命存在的意义。徐复观以《史记》为例指出，司马迁可以说是以史学的形式，极大地凸显了中华民族的现实生命存在。从时间上看，司马迁在《史记》首篇《五帝本纪》中，把中华民族的历史开端由尧舜而上溯至黄帝；所记黄帝之事，除了表现出政治制度的萌芽外，更确定了当时疆域的范围，从"东至于海"到"西至于空桐"，从"南至于江"到"北逐荤粥"，进而"邑于涿鹿之阿"，这便勾勒出了中华民族立国的最初规模，再现了中华民族现实生命跃动的开端。从空间上看，司马迁不仅为那些重要的、著名的历史人物设立本纪、世家、列传，而且写了"十表""八书"及《循吏列传》《酷吏列传》《儒林列传》《游侠列传》《货殖列传》等有关政治、文化、经济诸方面整体活动的列传，再现了中华民族的集体生命形象及其

---

① 徐复观：《两汉思想史》卷三，台湾学生书局1984年版，第353页。

活动。中国史学对整个中华民族的现实生命存在的重视，使中国文化对人的现实、人的生活、人的实践的重视与民族历史紧紧地结合在一起，使"心的文化"获得了更为丰富、更加深厚、更具有历史感和现实性的内蕴。

正是这样，徐复观以对中国思想史作"现代的疏释"来对中国传统文化作"现代的疏释"，大致是沿着这样的思想轨迹而展开的：由最初对中国道德精神的疏释，进而深化为对中国艺术精神的疏释，最后则转向对中国史学精神的疏释。可以说，徐复观对中国史学精神的阐释，不仅仅是出于个人的兴趣，而更是基于他的致思趋向，更是基于他对中国文化基本性格的理解。

第十二章　由儒家思想接引民主政治

从消解形而上学思想出发，徐复观力主使现代新儒学由形上世界走向生活世界。在他看来，政治问题关乎人类国族的安危兴衰，人生问题关乎每个人的生命安顿，都是生活世界中最值得重视和思考的问题。因而，他对这两个问题予以了特别的关注，从现代新儒学思想出发进行了多方面阐发，由此形成了他的政治哲学与人生哲学。这些内容尽管与现实生活联系密切，其中所涉及的具体事件和人物多已远去，但却最能体现徐复观于中国与西方、历史与现实、学术与政治之间的思考与探索，是他的现代新儒学思想的重要内容。对于徐复观这方面的思想，本书分两章进行考察和说明：本章对徐复观的政治哲学进行梳理和阐发；下章对徐复观的人生哲学进行梳理和阐发。

一、学术与政治之间的徐复观

关注当代中国的现实政治，重建儒学的政治之道，发展现代新儒学的政治哲学，是徐复观对现代新儒学开展最具独创性的贡献之一。

徐复观思想的这一特点，不仅打上了鲜明的时代印记，而且深刻反映了他自己的人生经历。在现代新儒学诸子中，徐复观无疑是对现实政治接触最深、了解最深、体验最深的人物。可以说，在与现实政治的关系上，不仅是冯友兰、唐君毅、牟宗三这些学院型学者不能与徐复观相比，就是熊十力、梁漱溟、张君劢这些曾一度涉足于政治场的学者，也没有像徐复观那样深入到现实政治的核心层面。徐复观首先是现实政治的积极参与者，继之是现实政治的痛苦失望者，最后成为现实政治的勇敢批评者。但不论是积极的参与，还是痛苦的失望，以及勇敢的批评，都出自他的对国族命运的关怀，都发自他的那颗不容自已的中国心。他的现代新儒学的政治哲学，也正是在这个基础上形成的。

在20世纪中国，由于特定的社会历史条件，政治成为中国人生活世界的中心，成为对中国人影响最大的因素。徐复观正是在这个政治时代，登上了中国政治舞台，与现实政治结下不解之缘。然而，又由于他自身的个人气质与特殊经历，使得他与现实政治的关系复杂而曲折。一方面，他与现实政治的联系，十分密切，十分深刻。他不仅自青年时代起即被深深卷入现实政治之中，甚至一度成为政治圈中的重要人物；而且终身都对现实政治极为关注，并勇敢地对现实政治展开批判。另一方面，他与现实政治的联系，又十分矛盾，十分艰难。现实政治的严酷并不是他所喜爱的，现实政治的黑暗更使他极为厌恶，而现实政治的失败又使他倍感痛苦。用他自己的话说，他是"万分痛恨政治"①。因此，如果说徐复观与现实政治结下了不解之缘的话，那么这个不解之缘是一个充满痛苦、充满矛盾的情结。可以说，他所亲身遭遇的20世纪中国现实政治的复杂、曲折、残酷，他在现实政治中所经历的坎坷人生以及所留下的人生创痛，他透过这一切感受对中国政治出路的思考与探索，都导致和体现了这一情结。

对于人生与政治的关系，徐复观结合自己的亲身经历，作过相当深入的思考。他写过一篇题为《政治与人生》的文章，收录在他的第一部论文集《学术与政治之间》中，专门探讨过这一问题。

徐复观认为，人生在世，是很难完全离开政治的。不管一个人自觉与否，总要与政治发生某种联系。在《政治与人生》一文的开头，他就感慨地写道："人一生下来，就糊里糊涂的被投入在政治关系之中。写《鲁滨孙飘流记》的人，其动机或者原在想逃出政治，然而他为了说明孤岛上的生存，便不能不假设一位'礼拜五'的伙伴。他和'礼拜五'的关系，依然可称之为政治关系。因此，'人是社会动物'，便也不能不

---

① 徐复观：《旧梦·明天》，载《徐复观文录选粹》，台湾学生书局1980年版，第292页。

是'政治动物'。"① 人之所以不能离开政治，是因为人的生活，不论是在物质方面，还是在精神方面，都不能离开社会，不能离开人与人的关系。而社会的建立与发展，人与人的关系的建立与发展，都必须依赖于政治。政治关系是一种极重要极关键的社会关系。因此，人作为"社会动物"，同时也就是"政治动物"；人若有意识地逃避政治，也就等于是有意识地逃避人间；而人间对于人来说，是无法逃避的。人若有意识地逃避人间，结果只会是在一种畸形的人间中来安顿自己的人生，反而使人生受到更大的贬损。

既然人难以脱离政治，总要直接地或间接地与政治发生关系，而政治关系又是如此重要和关键，那么这里的问题，就不是如何逃避政治的问题，而是如何选择自己与政治关系的问题。因此，在徐复观看来："政治在人生中的位置，人生在政治中的位置，到底要怎样才算适合，倒有提出来一谈的价值。"②

徐复观认为，一般的人们对待政治，通常采取的态度无非是两种：或者逃避政治，或者投身政治。他指出："一般的说，若某个时代，许多人都意识的想离开政治，这必定是一个不幸的时代；若某一个人是意识的想离开政治，这必定是一个不幸的人生。"③ 在那些逃避现实政治的人们中，除了真正为了追求政治以外的人生价值而愿意自外于政治者，如一些伟大的宗教家、艺术家，其他所谓高人逸士，如许由、长沮、桀溺诸人，则多半是出于对政治的一种厌恶避忌之心；而在他们的厌恶避忌之心的后面，在他们的抗志烟霞、栖神泉石的后面，总隐藏着一副苍凉悲怆的情绪。庄子要算最为旷达之人了，但他说"逃虚空

---

① 徐复观：《政治与人生》，载《学术与政治之间》，台湾学生书局 1985 年版，第 95 页。
② 徐复观：《政治与人生》，载《学术与政治之间》，台湾学生书局 1985 年版，第 95 页。
③ 徐复观：《政治与人生》，载《学术与政治之间》，台湾学生书局 1985 年版，第 95 页。

者……闻人足音，跫然而喜"①，所谓的"喜"无疑是由"逃虚空者"的一片悲怀所烘托出来的。与之相反，他又指出："若是大多数人都直接卷入于政治之中，这也多半是一种不幸的时代；若是一个人，把他的全生命都投入于政治之中，也是一种不幸的人生。"② 历史上，在战争和革命的时代，一定会使得大多数人都直接参与政治。不论战争与革命的性质如何，身当其冲的总是牺牲第一。牺牲有时固然可以代表人生的伟大价值，但对于个人的幸福来说毕竟是一种付出和损失。这大概是徐复观自己对战争与革命的体会。

与逃避政治和投身政治两种对立的态度不同，徐复观主张人应当这样辩证地来看待政治。他说："政治只是人生的一部分，不应以一部分而掩盖了整个人生；并且政治在人生中，是紧连着权力欲支配欲的，这是人生中最坏的一部分，是与禽兽一鼻孔出气的一部分。我们之不能不要这一部分，可以说是出于人生之不得已。我们要使人生的这一部分，作人生其他部分的工具，为人生其他的部分开路，因而也就把这一部分转化为其他的部分。万不可把人生其他的部分作为这一部分的工具，为了这一部分而堵塞整个的人生，把人生其他的部分都转化为这一部分，这样人便完全兽化了。所以我们可以为艺术而艺术，为哲学而哲学，为宗教而宗教，为科学而科学，甚至可以为财富而财富，但千万不可为政治而政治，不可使政治在人生中僭居于主要的地位，以至淹没了整个人生。"③ 在这里，他认为政治对于人生来说只是一种工具，而不应把人生变成了政治的工具；而且，政治对于人生，只是一种不得已的选择，而不是最好的最必须的选择。他的用意，是主张在现实中尽可能地保持一种真正的人生，保持一种独立的人格。

---

① 《庄子·徐无鬼》。
② 徐复观：《政治与人生》，载《学术与政治之间》，台湾学生书局1985年版，第96页。
③ 徐复观：《政治与人生》，载《学术与政治之间》，台湾学生书局1985年版，第98页。

当然，徐复观也意识到，他的这种看法实际上只是一种理论上的看法，只是一种理想性的境界，在现实中要做到这一点，真正把政治作为人生的一部分，使其放在工具性的位置上，则是十分困难的。他说："'日出而作，日入而息，帝力何有于我哉'，这是在政治之中而忘其在政治之中的一种境界，这确是人生最理想的政治境界。可是，这种境界在历史上恐怕还不曾真正出现过。退而求其次，则最好是，每个人都可以过问政治，也可以不过问政治。要过问政治时，没有人来说不准你过问。想不过问政治时，也没有人来说你非过问不可。要过问政治，则从心到口，直道而行，没有人来监视你的言论或投票。不要过问政治，则从工厂到教堂，自由选择，没有人来加以干涉统制。于是政治在人生之中，可以提起，可以放下。而所以提起或放下者，则系根据我们整个人生的需要。这样的政治，才是作为人生工具的政治；人在这种政治中，才可以发展整个的人生，建立真正的人文世界。"①

那么，人在政治生活中，怎样才能够建立这样的"真正的人文世界"呢？徐复观的回答是："我从此一角度，便特别欣赏近代委托性的民主政治，追求近代委托性的民主政治。没有这种民主政治的空间，人生一定受到抑压，人文一定受到阻滞。"② 在他看来，只有这种来自西方的民主政治，才能使得人生与政治处于一种正常的关系中，改变那种两者间的紧张状态。所谓民主政治的本质，对于人生来说，也就是敞开人生的大门，铺平人生的道路。在已经实现民主政治的地方，人们可以任意不谈政治而去追求各种各样的人生；在尚未实现民主政治的地方，人们为了使每个人都能够去追求各种各样的人生，便必须首先争取这种敞开人生之门的政治。

基于上述人生与政治关系的思考，徐复观主张对于中国政治进行

---

① 徐复观：《政治与人生》，载《学术与政治之间》，台湾学生书局1985年版，第98—99页。

② 徐复观：《政治与人生》，载《学术与政治之间》，台湾学生书局1985年版，第99页。

深切的反省，使中国人特别是使中国知识分子，走出长期以来的政治与人生之间的痛苦纠结。他沉痛地说："中国文化，本是人文主义的文化，本是显发人生的文化。但中国的智识分子，主要精力，下焉者科举八股，上焉者圣君贤相，把整个人生都束缚于政治的一条窄路之中；而政治的努力，又仅在缓和专制之毒，未能发现近代的民主政治，以致人生不能从政治中解放出来，以从事于多方面的发展。这是中国文化的一大漏洞，也是中国文化的一大悲哀。"① 因此，中国文化与中国政治的当务之急，是打开通向民主政治的道路。只有这样，才能使中国知识分子走出传统的政治化的人生困境，在文化的各个方面作出创造。

徐复观强调，这种对于中国现实政治的思考与探讨，是20世纪中国思想家们不能逃避的时代课题。更何况近百年的中国，现实政治对于思想文化的影响尤为强烈，对中国思想文化的发展烙上了鲜明的印记。他说："这一百年来，正当中国社会大变动的时期，所以凡是有力的文化思想，没有不关心到社会政治的问题；而社会政治的问题，也没有不影响到文化思想；于是文化思想，与现实政治，结下不解之缘；纯学术的活动，仅退居于不重要的地位。而现实政治势力的分野，也常常即是文化思想的分野。因此，文化思想，由独立的学术研究发展而来者较少；由政治的目的、要求，所鼓荡而来者特多。"② 可以说，这种对民主政治的思考与探讨，正是20世纪中国思想文化展开的题中应有之义。

对于在中国打通走向民主政治道路的困难性与艰巨性，自青年时代起就与现实政治结缘的徐复观是有切身的体会的。他深知中国现实政治的残酷性，深知这对于个人来说，往往难免要付出代价和牺牲。但在他看来，为了打通走向民主政治的道路，总需要有人付出这种代价和牺牲；也只有甘愿付出这种代价和牺牲的人，才能真正打通走向民主政

---

① 徐复观：《政治与人生》，载《学术与政治之间》，台湾学生书局1985年版，第99—100页。

② 徐复观：《三十年来中国的文化思想问题》，载《学术与政治之间》，台湾学生书局1985年版，第424页。

治的道路。他说："为了建立民主政治而花费一生气力的，在人生的价值上固无所亏损，而在个人人生的幸福上总是牺牲的。因而这种人之于政治，多是出于不容已之心。亦惟有此不容已之心，乃可站在整个的人生来谈政治，乃能真正了解民主政治。"① 而他自己，也正是由这颗"不容已之心"的驱使，尽管看透了政治，痛恨着政治，但还是用后半生的精力，勇敢地探索打通中国走向民主政治的道路，写出了数百篇在学术与政治之间进行思考、进行探讨的时政文章。他的第一本著述，即以《学术与政治之间》来做书名。正如他自己在该书序言中所说："对读者来说，若能从这些文章中，接触到大时代所浮出的若干片断面影，及听到身心都充满了乡土气的一个中国人在忧患中所发出的沉重地呼声，我便感到满足了。"② "假定其中稍有可取之处，只在一个土生土长的茅屋书生，面对国家兴亡，世局变幻，所流露出的带有浓厚呆气戆气的诚恳待望：待望着我们的国家，能从两千多年的专制中摆脱出来，走上民主法治的大道。待望着我们的文化，能不再受国人自暴自弃的糟蹋，刮垢磨光，以其真精神帮助世人渡过目前所遭遇的空前危机。"③ 他与现实政治的情结之所以难以化解，关键也就在这里！

作为现代新儒学代表人物，徐复观对于民主政治问题的思考与探索，有其自己的特点，这就是在认肯民主政治的前提下，力图立足中国文化的传统与精神，吸取儒家政治思想的资源，打通中国走向民主政治的道路。这就形成了他独具特色的现代新儒学的政治哲学。

二、民主政治的思考与构想

什么是民主政治？这对于生活在 20 世纪的中国人来说，曾经是一

---

① 徐复观：《政治与人生》，载《学术与政治之间》，台湾学生书局 1985 年版，第 100 页。

② 徐复观：《港版〈学术与政治之间〉自序》，载《学术与政治之间》，台湾学生书局 1985 年版，第Ⅳ页。

③ 徐复观：《新版自序》，载《学术与政治之间》，台湾学生书局 1985 年版，第Ⅰ页。

个既令人振奋又令人困惑的难题。在 20 世纪以前,民主政治是远离中国人的西方世界的事。在鸦片战争前,中国人所能够了解的民主政治,充其量也仅仅是黄宗羲《明夷待访录》中所提出的"天下为主君为客"① 的主张,以及由此而来的"使治天下之具皆出于学校"② 的构想。只是由于以西方近现代文化为标本的全球性现代化运动自鸦片战争以来对中国的猛烈冲击,只是由于从那时起先进的中国人为了救国救民而向西方寻找真理,才使得中国人开始逐渐了解到来自西方的民主政治。但是,由于中西方文化的巨大差异,这种了解需要有一个相当长的过程;由于近现代中国特定的社会历史条件,在中国实现民主政治可说是难上加难。辛亥革命推翻了封建帝制,新文化运动树起了"科学"与"民主"两面大旗,国内外各种政治势力、军事势力的反复较量,等等这些,并未能使这种民主政治在中国真正出现。正如徐复观在 1975 年回顾半个世纪以来的中国历史时所感叹的:"五十年来的中国政治,先总括的说一句,是民主政治的挫折。"③

如何在中国实现民主政治,是徐复观长期探索而长期困惑的问题。在这个问题上,他经过了曲折的心路历程。在相当长的一个时期里,他曾抱着"由救国民党来救中国"④ 的政治理想,从事政治,参与机要,"想根据自己所得的一知半解的社会思想,和中国的社会现实,结合起来,把当时庞大而渐趋空虚老大的国民党,改造成为一个以自耕农为基础的民主政党"⑤,作为在中国实现民主政治的主体。但是,国民党政权在中国大陆的崩溃,使他的理想化成了幻想。他终于发现,曾经是一个革命党的国民党,由于在辛亥革命后逐渐走向腐败,是难以承担在中

---

① 黄宗羲:《明夷待访录·原君》。
② 黄宗羲:《明夷待访录·学校》。
③ 徐复观:《五十年来的中国》,载《徐复观杂文续集》,时报文化出版事业有限公司 1981 年版,第 7 页。
④ 徐复观:《我的读书生活》,载《徐复观文录选粹》,台湾学生书局 1980 年版,第 314 页。
⑤ 徐复观:《文录自序》,载《徐复观文录选粹》,台湾学生书局 1980 年版,序第 1 页。

国建立民主政治的重任的。他说："国民党的政治任务，在消极方面，是要彻底清洗历史积累的专制、封建的遗毒，孙中山先生也正是向这一方面前进。可惜，这一遗毒，有如人身上的痼疾，非常不容易根治；并且稍一大意，它又会复发出来。这可由国民党的几次内战，及许多国民党员到后来自私到无知无耻的程度加以印证。"① 又说："逃离到台湾，我不断反省，国民党何以会腐败堕落，至死不悟？由此而渐渐体悟到，只有民主才能挽救国民党。"② 从"由救国民党来救中国"到"只有民主才能挽救国民党"，这无疑是徐复观政治思想的一个根本性的转变。

在幻想破灭之后，徐复观又开始了新的思考与探索。在这种新的思考与探索中，他发现，民主政治与其说是一种主义，倒不如说是一种制度；与其说是一种政治的内容，倒不如说是一种政治的形式。要建立民主政治，首先要区分政治的两个层次，即"把政治的内容和政治的形式，划出一个清楚的分际"③。什么是政治的形式呢？什么是政治的内容呢？在他看来：对于国家各种政治问题所作的主张，是政治的内容；对于实行政治主张所采取的方法，是政治的形式。建立民主政治，须作这两个层次的区分，亦须作这两个层次的努力："首先是要努力建立民主主义的政治形式，其次即是在此一政治形式之下，来发挥各人的政治主张。"④ 如果用中国传统的"体"与"用"这一对范畴来看，前一层次是民主政治的"体"，后一层次则是民主政治的"用"。这两个层次的区别在于：在前一层次上，即在政治的形式上，必求其同；而在后一层次上，即在政治的内容上，则不妨其异。民主政治与专制政治的区分，

---

① 徐复观：《五十年来的中国》，载《徐复观杂文续集》，时报文化出版事业有限公司 1981 年版，第 8—9 页。
② 徐复观：《"死而后已"的民主斗士——敬悼雷儆寰（震）先生》，载《儒家政治思想与民主自由人权》，八十年代出版社 1979 年版，第 313 页。
③ 徐复观：《我们信赖民主主义》，载《学术与政治之间》，台湾学生书局 1985 年版，第 29 页。
④ 徐复观：《中国政治问题的两个层次》，载《学术与政治之间》，台湾学生书局 1985 年版，第 31 页。

实际上也正在这里：对于专制政治来说，不仅在政治的形式上必求其同，更在政治的内容上强调一律，所以它的政治的内容与政治的形式不分；对于民主政治来说，则首先确立的是政治的形式，只在这一层次上必求其同，其次才讲政治的内容，在这一层次上可以允许有所不同。因此，从这个意义上说，民主政治与其说是一种主义，倒不如说是一种制度；与其说是一种政治的内容，倒不如说是一种政治的形式。在徐复观看来，这是理解民主政治、建立民主政治的一个关键。不了解这一点，民主政治只会流于空言，无法真正建立起来。

民主政治何以必须作这样两个层次的区分，而首先成为政治的形式呢？徐复观对此作了进一步的分析。他指出："克就民主政治的本身而论，则思想、言论、出版、结社、选举的自由，及少数服从多数、多数尊重少数等原则的运用，这都是构成民主政治的内容，除开这些内容，即无所谓民主政治。此时的内容与形式，也必须是一致的。但应用到政治的具体问题上去，则各种的思想言论，都可涵摄于思想言论自由的原则之下；各种的多数与少数，都可涵摄于少数服从多数、多数尊重少数的原则之下。于是被涵摄的东西，即系政治的内容；而可以涵摄的东西，即系政治的形式。只有民主主义的政治，即所谓民主政治，是以涵摄众异为其自身的内容的，所以只有民主政治，才具备了政治的普遍性，才可以构成政治的形式。"① 也就是说，只有民主政治成为一种政治的形式的时候，才能于其中容纳不同的政治内容，才能谈得上少数服从多数、多数尊重少数，从而成为真正意义上的民主政治。

徐复观认为，民主政治之成为政治的形式，是经过了人类政治的一段演进历程而获得的一种自觉。它的意义在于，人类由此而找到了一种能够保持社会较为平稳运作的客观的常道。这是因为，政治是一种权力的运用，凡是得到政治权力的个人或团体，总是希望他们自己的政治主张、他们自己的政治势力，具有一种普遍性、永恒性，成为国家的常数

---

① 徐复观：《中国政治问题的两个层次》，载《学术与政治之间》，台湾学生书局1985年版，第33—34页。

常道，由一世传至万万世。但是，不论任何好的政治主张，任何好的政治团体，不仅是相对性的存在，而且也是主观性的存在。既是相对性的存在，便不能排斥其他的政治主张；既是主观性的存在，则其本身即缺乏普遍性。因而，这些东西又在实际上没有可能成为不变的常数常道。这就必然存在着一种矛盾、一种紧张。在这个问题上，民主政治恰好显示出了它的普遍性、客观性，为解决这一矛盾、这一紧张提供了一种途径。徐复观说："民主政治之所以能抽象为政治形式而发挥其普遍性，正因其可以不粘着于某一主张、某一集团，而成为一客观的存在。并且各主观性的政治主张、政治集团，通过此一政治形式的选择而亦得到客观的价值。被选择而居于主导地位的政治主张和政治集团，此时可以说是由主观性的私，变而为客观性的公。于是因选择而失败的，除了再向选民努力，以期获得更大的客观的承认外，不能对胜利者采取其他报复行动。所以在此一形式下的各政治内容，有竞争而无仇怨。因为政治主张的决定力量，不是政治主张者的本身，而系主张者以外的客观势力，即系选民的势力。"① 这也就是说，在民主政治的形式下，各种政治主张、政治集团，都要受到选民这一客观力量的制约；只有使自己的东西为多数选民所接受，即变为具有客观性、普遍性的东西后，才能代表社会掌握权力。这一政治形式，可以容纳不同的政治主张，使其以竞争的方式，比较谁更能作这种转化，从而使社会矛盾保持在一定的限度之内，社会能够作比较平稳的运作。因此，唯有民主政治，"才是人类政治发展的正轨和坦途"②。

徐复观还以英国为例来说明这个问题。他说，英国的工党和保守党，各有不相同的政治的内容，但这些不相同的政治的内容，都属于民主政治的形式之内，都受着民主政治的形式的限定。因此，两党之间尽

---

① 徐复观：《中国政治问题的两个层次》，载《学术与政治之间》，台湾学生书局1985年版，第35页。

② 徐复观：《儒家政治思想的结构及其转进》，载《学术与政治之间》，台湾学生书局1985年版，第54页。

管互争互骂，但毕竟能和平相处，以待人民的选择。假定反过来，不以政治的形式来限定政治的内容，而是以政治的内容限定政治的形式，那么工党有工党的民主政治，保守党有保守党的民主政治，破坏了政治的最后统一，失掉了共存并进的基础，结果不是独裁便是内战了。他之所以"特别欣赏近代委托性的民主政治，追求近代委托性的民主政治"，其原因也就在这里。

通过上述思考与探讨，徐复观指出，民主政治与专制政治相区别的根本点，在于权力的持有和运用是不相同的。首先，民主政治与专制政治的权力的来源不同："专制时代的'权原'在皇帝，政治意见应该向皇帝开陈。民主时代的'权原'在人民，政治意见则应该向社会申诉。"① 其次，民主政治与专制政治的权力的限度不同：专制政治使皇帝集中了天下的权力，也拥有了无限的权力。民主政治则使统治者的权力受到民众和社会的限制，不可能握有无限的权力。可以说，"民主政治，是从限制政府的干涉开始"②；"一个政府知道自己权力的限定，这是民主政治起码的要求"③。换言之，"近代西方民主的统治意识，好像是有限公司的性质"④。再次，民主政治与专制政治对于防止权力滥用的作用也是不同的：专制政治因为皇帝即是"权原"，所握有的权力又是无限的，因而要防止权力的滥用，只有靠人臣的"格君心之非"的纳谏；这不仅难乎为臣，而且也难乎其君，使得杀谏臣、杀忠臣成为专制政治现实中的家常便饭。民主政治由于把"权原"置于人民，使统治者的权力受到民众和社会的限制，因而能够较大限度地防止权力的滥用。

---

① 徐复观：《中国的治道——读陆宣公传集书后》，载《学术与政治之间》，台湾学生书局1985年版，第102页。

② 徐复观：《儒家政治思想的结构及其转进》，载《学术与政治之间》，台湾学生书局1985年版，第58页。

③ 徐复观：《儒家政治思想的结构及其转进》，载《学术与政治之间》，台湾学生书局1985年版，第58页。

④ 徐复观：《儒家政治思想的结构及其转进》，载《学术与政治之间》，台湾学生书局1985年版，第58页。

徐复观说:"作皇帝最难的莫过于不能有其自己的好恶。其所以不能有其自己的好恶,因为人君是'权原',人君的好恶一与其'权原'相结合,便冲垮了天下人的好恶而成为大恶。但一个人要'格'去其好恶,真是一件难事。在民主政治之下,政治领导者的好恶,与'权原'是分开的,其好恶自然有一客观的限制而不敢闯下乱子,于是其心之'非'不格而自格了。其次,则把虚己、改过、纳谏等等的君德,客观化为议会政治、结社言论自由等的客观制度。一个政治领袖人物,尽可以不是圣人,但不能不做圣人之事,他不能不服从选举的结果,他不能不听议会的论难,凡客观上不能不做之事,也就是主观上极容易去做的事。"①这些都表明,民主政治与专制政治相区别的根本点,在于权力的持有和运用是不相同的。

在徐复观看来,民主政治之所以能够成立,之所以能够成为一种普遍性的政治形式,在于人的理性的觉醒,在于理性的自由的发展;用中国哲学的话说,即体现了、符合了人之"性善"。这是因为,民主政治的保障,是建立在人类有共同的理性之上的,也就是人类有平等的人格这一基础之上的。要信赖理性,尊重人格,便不能不信赖自由,尊重自由。自由是发展理性、培养人格的必要条件。理性既为人人所固有,那么其自由发展的结果,在某一时间空间内,总会形成一个相对性的主流,人同此心,心同此理,从而使民主可以信赖多数,取决于多数。因为理性是在多方面显示其内容,是在扬弃中完成其发展,既不能定于一型,更不可凭借暴力,所以民主要保障少数,不压迫少数。同时个人人格的形成,乃基于通过自由而获得对理性的自觉,而个人既对理性有了自觉,就对理性负了责任,所以民主主义下的自由,必然会产生法治观念、责任观念。而且,有了理性自觉的个体,在理性的要求之下,自然会团结起来,完成其时代的使命。相反,未通过自由而自觉的个体,只能像瓦碟一样堆积在一起,其中无真正生命力的贯注。因此,从历史上

---

① 徐复观:《中国的治道——读陆宣公传集书后》,载《学术与政治之间》,台湾学生书局1985年版,第125—126页。

看，民主政治的建立有一个由"自然法"到"契约论"的过程，其间少不了权力的争斗；而从人的本性上看，民主政治的建立实是理性的自觉、理性的自由发展的结果。而这种自由所带来的，不是自私自利的"现实的个人主义"，而是对社会的负责感和法治观念。

如果从现代西方政治哲学来看，徐复观所说的这种作为民主政治前提的理性与自由，类似于英国政治哲学家伯林所讲的与"消极的自由"相区别的"积极的自由"。所谓"消极的自由"，是指："在什么样的限度以内，某一个主体（一个人或一群人），可以或应当被容许，做他所能做的事，或成为他所能成为的角色，而不受到别人的干涉？"[①]所谓"积极的自由"，是指："什么东西或什么人，有权控制或干涉，从而决定某人应该去做这件事、成为这种人，而不应该去做另一件事、成为另一种人？"[②] 在伯林看来，与民主政治联系在一起的是"消极的自由"；而在徐复观看来，与民主政治联系在一起的主要是"积极的自由"，其次才是"消极的自由"。在这里，徐复观的思想表现出极鲜明的儒家政治哲学的印记，实际上是把中国儒家的性善论作为接引西方的民主政治来到中国的一道桥梁。

也正是这样，徐复观又把民主政治视为一种与儒家精神相贯通的生活方式。在他看来，这种生活方式虽然来自西方，但却能使儒家精神得以真正实现。他说："人类因为发现了民主主义的生活方式，于是个性与群性得以融和，肯定与否定得以统一，能举'万物并育而不相害'之实。此种生活方式的内在精神，即是所谓'忠恕'之道。中国文化，充满了忠恕精神，却不曾发现实现此一精神的生活方式，所以此一精神始终只停留在道德上面，而不能在政治社会上发生大的效用。西方文化的基础，并不根发于忠恕精神；但他在历史的政治对立斗争中，迫出了

---

　　① ［英］I. 伯林：《两种自由概念》，载《公共论丛》第1辑，陈晓林译，生活·读书·新知三联书店1995年版，第200页。

　　② ［英］I. 伯林：《两种自由概念》，载《公共论丛》第1辑，陈晓林译，生活·读书·新知三联书店1995年版，第200—201页。

这一方式,便也可称为'强恕而行,为仁莫近'了。面对今日混乱的局势,我们必须珍重此一生活方式,在此一生活方式之下,来各自努力的创造内容丰富而调和统一的人类世界。"① 由此出发,他力主由儒家思想接引民主政治,打通中国走向民主政治的道路。

三、发现中国政治的"二重的主体性"

由儒家思想接引民主政治,打通中国走向民主政治的道路,这是徐复观在认肯民主政治后进一步着重思考与探讨的问题。无疑,这个问题是他的政治哲学的核心问题,也是他的政治哲学的归结点。正如他在晚年回顾自己学问生涯时所说:"中国兴亡绝续的关键,在于民主政治的能否建立。中国传统文化在今后有无意义,其决定点之一,也在于它能否开出民主政治。在传统文化中能开出民主政治,不仅是为了保存传统文化,同时也是为了促进民主化的力量。我三十年来在文化上所倾注的努力,主要是指向这一点。"②

当徐复观开始思考与探讨这个问题的时候,所面对的是来自不同方面的阻力与歧见。这里面,除了来自现实政治的阻力外,更主要还有来自思想上的歧见。一方面,一些认同西方近现代民主政治的自由主义者,在追求建立中国民主政治的同时,把中国文化、儒家传统视为阻碍民主政治的历史包袱,力主弃之而后快。另一方面,一些强调维护中国文化、儒家传统的文化保守主义者,又强调中国自有中国传统式的民主,不必仿效西方民主政治,认为勉强仿效西方,只会徒增纷扰。这些思想上的歧见,实际上反映了环绕中国政治问题存在的历史纠结和两难选择。如果不解开这一纠结,不在两难中作出合理的选择,中国通向

---

① 徐复观:《我们信赖民主主义》,载《学术与政治之间》,台湾学生书局1985年版,第30页。

② 徐复观:《中国传统文化中的性善说与民主政治》,载《徐复观最后杂文集》,时报文化出版事业有限公司1984年版,第140页。

民主政治的道路是不能打通的。对此,徐复观作了深入的思考与探讨,从理论上回答了这一难题。他回答这一难题的思想进路与方法,可以概括为:"要从具体的历史条件后面,以发现贯穿于历史之流的普遍而永恒的常道,并看出这种常道在过去历史的具体条件中所受到的限制。因其受有限制,于是或者显现的程度不够,或者显现的形式有偏差。今后在新的具体的条件之下,应该作何种新的实践,使其能有更完全更正确的显现,以汇合于人类文化之大流。"①

在徐复观看来,对于中国政治问题,必须把它分作两个方面去看:一个方面是历史上的儒家政治思想,另一个方面是历史上的中国政治现实。只有对这两个方面既分别论之又合而观之,才能对中国政治问题作出深刻透彻的了解,解开其间的历史纠结,在两难中作出合理的选择。而那些自由主义者和文化保守主义者之所以在民主政治与中国文化、儒家传统之间陷于两难,从思想方法上说,就在于他们看问题的片面性:只在这两个方面中各持一端,而没有综合这两个方面看问题。正是这样,徐复观在看待中国政治问题时,力求克服这种片面性。

首先,徐复观对历史上的儒家政治思想进行了深刻反思,揭示了儒家政治思想之于民主政治的重要价值。

在徐复观看来,儒家思想是凝成中华民族精神的主流。因此,儒家政治思想实代表了中国传统政治思想的主流。在历史上,由于儒家思想的特点,形成了儒家政治思想的特性:修己与治人、伦理与政治的结合。他说:"儒家思想,是以人类自身之力来解决人类自身问题为其起点的。所以儒家所提出的问题,总是'修己''治人'的问题。而修己治人,在儒家是看作一件事情的两面,即是所谓一件事情的'终始''本末'。因之儒家治人必本之修己,而修己亦必归结于治人。内圣与外王,是一事的表里。所以儒家思想,从某一角度看,主要的是伦理思想;而从另一角度看,则亦是政治思想。伦理与政治不分,正是儒家思

---

① 徐复观:《儒家政治思想的构造及其转进》,载《学术与政治之间》,台湾学生书局1985年版,第48页。

想的特色。"① 这种修己与治人、伦理与政治的结合，使儒家政治思想，从其最高原则来说，可以称之为"德治主义"②；从其基本努力的对象来说，可以称之为"民本主义"③。"德治主义"落实到"民本主义"上，是以"礼"经纬于其间。

徐复观指出，儒家主张德治的出发点，是对人的尊重，是对人性的信赖。在这里，首先是认定"民之秉彝，好是懿德"④，强调统治者必须先尽其在己之德，进而使人人各尽其秉彝之德。这样一来，统治者与被统治者间，就成为以德相与的关系，而非以权力相加相迫的关系。"德乃人之所以为人的共同根据。人人能各尽其德，即系人人相与相忘于人类的共同根据之中，以各养生而遂性，这正是政治的目的，亦正是政治的极致。"⑤ 而要实现政治的这一目的，达到政治的这一极致，最为关键的，在于统治者能先修己，能先尽其德。只要统治者自己能修己尽性，从而建中立极，则必然如同风行草偃，被统治者也都会在自己的性分上建立合理的生活，天下也就自然得到大治。这就是《论语》所说的："政者，正也。子帅以正，孰敢不正"⑥；"为政以德，譬如北辰，居其所而众星拱之"⑦。后来《大学》上的三纲领、八条目，更是对儒家的"德治主义"所作的最有系统的说明。因此，"德治的基本用心，是要从每一人的内在之德去融合彼此间之关系，而不要用权力，甚至不

---

① 徐复观：《儒家政治思想的构造及其转进》，载《学术与政治之间》，台湾学生书局1985年版，第48页。
② 徐复观：《儒家政治思想的构造及其转进》，载《学术与政治之间》，台湾学生书局1985年版，第49页。
③ 徐复观：《儒家政治思想的构造及其转进》，载《学术与政治之间》，台湾学生书局1985年版，第49页。
④ 《诗经·大雅·烝民》。
⑤ 徐复观：《儒家政治思想的构造及其转进》，载《学术与政治之间》，台湾学生书局1985年版，第49页。
⑥ 《论语·颜渊》。
⑦ 《论语·为政》。

要用人为的法则把人压缚在一起，或者是维系在一起"①。不论是权力还是法律，这些都是外在的关系。外在的关系要以内在的关系为根据，否则终究维系不牢，而且人性终不能得到自由的发展。比较之下，可以说只有儒家的德治，通过各人固有之德来建立人与人之间的关系，才是自然而合理的关系。特别值得注意的是，儒家在统治者的修己与治人上又有不同的标准。在修己方面，儒家主张统治者自己要以"仁"为人生的最高标准，总是将自然生命不断地向德性上提升，决不在自然生命上立足，决不在自然生命的要求上安设人生的价值。而在治人方面，儒家则主张统治者要以人民所能达到的程度为归依，处于第一位的是首先满足人民的自然生命的要求，其他的价值必须附丽于这一价值之上才能有其价值。这两种标准不能混淆。若以修己的标准去治人，就会造成以思想杀人的悲剧；若以治人的标准来修己，就会将儒家精神停顿在自然生命上。

徐复观进而认为，既然德治是要求统治者自己限制自己，所以统治者的最高的德，不在于以自己的好恶为好恶，而在于以人民的好恶为好恶。把这种德治落实下来，必然表现为民本。民本的观念与德治的主张，是互为表里的。正是这样，儒家政治思想，很少着重于国家观念的建立，而特别着重于确定以人民为政治的主体。在儒家政治思想的开创期，就不仅提出了"天生民而立之君，以为民也"的主张，凸显了"天"以"民"为其目的；而且把原始宗教的"天"的观念，具体落实于"民"的身上，从而把"民"升到"天"与"神"的代表的地位。这就是《尚书》《左传》等文献中所记录的："天视自我民视，天听自我民听"②；"民之所欲，天必从之"③；"夫民，神之主也"④。因此，人民不

---

① 徐复观：《儒家政治思想的构造及其转进》，载《学术与政治之间》，台湾学生书局1985年版，第50页。
② 《尚书·泰誓中》。
③ 《尚书·泰誓上》。
④ 《左传》桓公六年。

仅以"治于人"的资格，站在统治者之下；而且还以"天"与"神"的代表的资格，站在统治者之上。"在人君上面的神，人君所凭借的国，以及人君的本身，在中国思想正统的儒家看来，都是为民而存在，都是以对于民的价值的表现为各自价值的表现。可以说，神、国、君都是政治中的虚位，而民才是实体。"① 这种由德治落实下来的民本的观念，对于儒家来说，是具体的，不是抽象的，包括了维系民众生存的实实在在的内容。"不仅残民以逞的暴君污吏，在儒家思想中不承认其政治上的地位；即不能'以一人养天下'，而要'以天下养一人'的为统治而统治的统治者，中国正统的思想亦皆不承认其政治上的地位。此一民本思想之彻上彻下，形成儒家思想上的一大特色。"② 如在孔子那里，就强调对民众庶而富之，富而教之。"'富民''教民'，是孔子德治的综括性的目的、内容。"③ 而到了孟子那里，孔子的德治主张进一步发展为"王道"，即孟子所说的："五亩之宅，树之以桑，五十者可以衣帛矣。鸡豚狗彘之畜，无失其时，七十者可以食肉矣。百亩之田，勿夺其时，数口之家可以无饥矣。谨庠序之教，申之以孝悌之义，颁白者不负戴于道路矣。七十者衣帛食肉，黎民不饥不寒，然而不王者，未之有也。"④ 这一段话，孟子说了三遍，可见这是孟子理想中的"王道"的最具体的内容，亦即是孔子"富民""教民"的德治的最具体的内容。

从这种"德治主义"与"民本主义"出发，必然导出否定专制主义的结论。徐复观说："由德治思想，而否定了政治是一种权力的观点，更否定了国家纯是压迫工具的谰言。由民本思想，而否定了统治者自身有何特殊权益的观点，更否定了统治与被统治乃严格的阶级对立的谰

---

① 徐复观：《儒家政治思想的构造及其转进》，载《学术与政治之间》，台湾学生书局1985年版，第51页。
② 徐复观：《儒家政治思想的构造及其转进》，载《学术与政治之间》，台湾学生书局1985年版，第51—52页。
③ 徐复观：《孔子德治思想发微》，载《儒家政治思想与民主自由人权》，八十年代出版社1979年版，第108页。
④ 《孟子·梁惠王上》。

言。因为德治是一种内发的政治，于是人与人之间，不重在从外面的相互关系上去加以制限，而重在因人自性之所固有而加以诱导熏陶，使其能自反自觉，以尽人的义务。法重在外制，而礼则来自内发；因此德治所凭借以为治的工具，当然重礼而不重法。"① 由此看来，"德治思想，民本思想，礼治思想，在儒家完全是一贯的"②。

由此，徐复观得出结论说：在儒家政治思想中，虽然没有提出民主政治的制度，但却在实际上提出了民主政治的原则。而且，这种民主政治的原则，比之西方近代民主政治还更为合理，可以为真正的民主主义奠定思想基础。西方近代民主政治，是以人的个性的自觉为其开端的。这在政治上来说，即是每一个人对他人，尤其是对统治者，伸张自己独立自主的生存权利，争取自己独立自主的生存权利。在这个基础上，人与人之间才建立了相互同意的契约。因此，争取个人权利，划定个人权利，是近代民主政治的第一义；在划定权利之后，对个人之外者尽相对的义务，是近代民主政治的第二义。由于西方近代民主政治的根源是争取个人的权利，而权利与权利之间必须有明确的界限，非如此不能维持生存的权利，因此法治就成为与民主政治不可分的东西。民主之可贵，正在于以争而成其不争，以个体之私而成其共体之公。但这样一来，所成就的不争，所成就的公，以现实的情形而论，是由互相限制之势所逼成的，并非来自道德的自觉，所以时时感到安放不牢。与之相比，中国儒家政治思想倒显示出自身的价值："儒家德与礼的思想，正可把由势逼成的公与不争，推上到道德的自觉。民主主义至此才真正有其根基。"③ 因此，徐复观断言："今后只有进一步接受儒家的思想，民主政

---

① 徐复观：《儒家政治思想的构造及其转进》，载《学术与政治之间》，台湾学生书局 1985 年版，第 52 页。
② 徐复观：《儒家政治思想的构造及其转进》，载《学术与政治之间》，台湾学生书局 1985 年版，第 53 页。
③ 徐复观：《儒家政治思想的构造及其转进》，载《学术与政治之间》，台湾学生书局 1985 年版，第 54 页。

治才能生稳根，才能发挥其最高的价值。"① "有人怀疑儒家思想是否与民主政治相容，这全系不了解儒家，且不了解民主之论。"②

值得指出的是，徐复观的现代新儒学的政治哲学自身有一个展开过程，前后思想当然有所变化，如他自己说过："过去，我也和许多人一样，以为孟子的民贵、君轻思想，只是民本思想，与民主的思想尚隔一间。……现在看来，民治的制度，实为孟子所未闻；但民治的原则，在《孟子》中已可看出其端绪。"③ 但这需要作专门的探讨。本书由于体例与规模所限，对徐复观的现代新儒学的政治哲学，不作历史性的考察，只作一般意义的探讨。

进一步，徐复观又对历史上的中国政治现实进行了深入剖析，探讨了中国政治现实未能转出民主政治的历史原因。

面对历史上的中国政治现实，徐复观揭示了其间所存在的一个巨大矛盾，即儒家政治思想与中国政治现实，在历史上形成了对比鲜明的反差：一方面有主张德治和民本的儒家政治理想，另一方面却是长达二千年的君主专制政治。自秦汉以来，中国始终处于以君主一人专制为特征的专制政治之下。这种专制政治，把天下权力高度集中，进一步助长了昏君暴主的胡作非为，给中华民族带来了深重的灾难。他万分痛苦地说："中国二千年的政治，是在一个专制的圈架中，填满了夷狄、盗贼、童昏之主，掌握着最高的权力。……而中国专制政治规模之大，时间之长，为西方历史中所未有。在此种政制之下的人君，能受儒家一部分影响而勤俭、纳谏、爱民的，在两千年中，能数得出几位？更不要说天下为公的基本精神，历史中便不曾找得出一个。那些夷狄、盗贼、童昏之

---

① 徐复观：《儒家政治思想的构造及其转进》，载《学术与政治之间》，台湾学生书局1985年版，第53页。

② 徐复观：《儒家精神之基本性格及其限定与新生》，载《儒家政治思想与民主自由人权》，八十年代出版社1979年版，第66页。

③ 徐复观：《孟子政治思想的基本结构及人治与法治问题》，载《儒家政治思想与民主自由人权》，八十年代出版社1979年版，第119页。

主,大体上说,都是在专制的圈架中胡天胡帝。"① 在他看来,这种历史的现实是不容许回避的、掩盖的,有良心的儒者必须加以正视。而他所要做的思想史工作之一,就是要把中国历史中的这一巨大矛盾及其原因发掘出来,唤起人们的警醒与思考。

基于中国历史中的这一巨大矛盾,徐复观认为必须对儒家政治思想作出反省,发掘出为什么未能阻止这种历史悲剧循环反复出现的原因。他尖锐地指出:"儒家尽管有这样精纯的政治思想,尽管其可以为真正的民主主义奠定思想的根基,然中国的本身,毕竟不曾出现民主政治。而民主政治,却才是人类政治发展的正轨和坦途。因此,儒家的政治思想,在历史上只有减轻暴君污吏的毒素的作用,只能为人类的和平幸福描画出一个真切的远景,但并不曾真正解决暴君污吏的问题,更不能逃出一治一乱的历史上的循环悲剧。并且德治系基于人性的尊重,民本与民主相去只隔一间,而礼治的礼乃制定法的根据、制定法的规范。此三者皆已深入到民主主义的堂奥。且德治、礼治中的均衡与中庸的观念,亦为民主主义的重大精神因素。而中国本身却终不曾转出民主政治来,民国以来的大小野心家,且常背着中国文化的招牌,走向反民主的方向。此其原因何在?这是我们目前所不能不加以急切解答的问题。"②

对于这个问题,徐复观的回答是:中国历史中的这一巨大矛盾是与儒家政治思想的局限性分不开的。尽管儒家政治思想强调了德治与民本,尽管儒家政治思想已经提出了民主政治的原则,但它毕竟不是像西方民主政治那样立足于维护民众的权利,着眼于限定统治者的权力与行为。他说:"儒家所祖述的思想,站在政治这一方面来看,总是居于统治者的地位来为被统治者想办法,总是居于统治者的地位以求解决政治问题,而很少以被统治者的地位去规定统治者的政治行动,很少站

---

① 徐复观:《儒家对中国历史运命争扎之一例》,载《学术与政治之间》,台湾学生书局1985年版,第385页。
② 徐复观:《儒家政治思想的构造及其转进》,载《学术与政治之间》,台湾学生书局1985年版,第54页。

在被统治者的地位来谋解决政治问题。这便与近代民主政治由下向上去争的发生发展的情形,成一极显明的对照。"① 正因为这样,儒家政治思想虽然尊重人性、以民为本、以民为贵,并且由仁心而仁政,曾不断考虑到若干法良意美的措施,以及含有若干民主性的政治制度,但是这一切都只具有由统治者来发政施仁、博施济众的"发""施""济"的性质,所行之德都只是一种被覆之德、风行草上之德,而人民却始终处于一种消极被动的地位。简言之,儒家政治思想尽管主张以民为本,而却终不能由此而进达到以民为主。这就使得中国的政治问题总是在君相手中打转,真正政治的主体没有能够建立起来。一直到明末清初,黄宗羲已提出了"天下为主君为客",但仍然未能跳出君主的圈子之外,站在人民的立场上来想政治的解决办法。在这里,由民本而民主已经只隔着薄薄的一层纸,而这层薄纸终不曾被中国文化的负担者们所戳穿!因此,徐复观认为:"当思想结集之初,所受的历史条件的限制,即是只站在统治者的立场来考虑政治问题的特殊条件的限制,是值得我们深思长叹的。"②

徐复观进而指出,由于儒家政治思想总是站在统治者的立场来考虑政治问题,其千言万语总不出于君道、臣道、士大夫出处之道,因而不能把德治与民本的主张客观化,转化为现实政治。这就使得中国政治现实的主体,始终只是君主,而不是人民。也就是说,儒家政治思想所主张的政治主体,在现实政治中没有能真正建立起来;而在现实政治中建立起来的,不是儒家政治思想所主张的政治主体。徐复观把这一政治历史现象称为"二重的主体性",认为这是历史上的中国政治现实存在巨大矛盾的真正根源。他说:"在中国过去,政治中存有一个基本的矛盾问题。政治的理念,民才是主体;而政治的现实,则君又是主体。这

---

① 徐复观:《儒家政治思想的构造及其转进》,载《学术与政治之间》,台湾学生书局 1985 年版,第 54—55 页。

② 徐复观:《儒家政治思想的构造及其转进》,载《学术与政治之间》,台湾学生书局 1985 年版,第 55 页。

种二重的主体性，便是无可调和对立。对立程度表现的大小，即形成历史上的治乱兴衰。"① 对于这种中国政治现实中存在的"二重的主体性"，中国传统的政治思想也总是试图加以克服，即总是想消解人君在政治中的主体性，以凸显出天下在政治中的主体性，使得二重政治主体之间的尖锐对立加以消解。从老子讲的"无为而无不为"②，《易传》讲的"易简而天下之理得"③，直到黄宗羲讲的"天下为主君为客"，王夫之讲的把人君"置于可有可无"之地④，这些以不同语言表达出来的思想，都是要把人君在政治中的主体性打掉，以保障民众在政治中的主体性。但这种努力的结果，又总是收效甚微，解决不了问题。这是因为："人君显示其主体性的工具是其个人的好恶与才智。好恶乃人所同有，才智也是人生中可宝贵的东西。但因为人君是政治最高权力之所在，于是他的好恶与才智，常挟其政治的最高权力表达出来，以构成其政治的主体性，这便会抑压了天下的好恶与才智，即抑压了天下的政治主体性。"⑤ 特别在专制政治之下，高高在上的帝王垄断了天下的权力，一切人民都处于服从的地位；而帝王的至高无上的权力，在专制政治下找不到能够加以制约的机制，而且也不允许有加以制约的机制存在。"任何社会势力，一旦直接使专制政治的专制者及其周围的权贵感到威胁时，将立即受到政治上的毁灭性地打击。没有任何社会势力，可以与专制的政治势力，作合理地、正面地抗衡乃至抗争"⑥。因此，"中国圣贤，一追溯到政治的根本问题，便首先不能不把作为'权原'的人君加

---

① 徐复观：《中国的治道——读陆宣公传集书后》，载《学术与政治之间》，台湾学生书局1985年版，第104页。
② 《老子》三十七章。
③ 《易传·系辞上》。
④ 见徐复观：《中国的治道——读陆宣公传集书后》，载《学术与政治之间》，台湾学生书局1985年版，第105页。
⑤ 徐复观：《中国的治道——读陆宣公传集书后》，载《学术与政治之间》，台湾学生书局1985年版，第104页。
⑥ 徐复观：《两汉思想史》卷一，台湾学生书局1982年版，第152页。

以合理的安顿;而中国过去所谈的治道,归根到底便是君道"①。这对于中国圣贤来说,实是无可奈何、无能为力之事!

徐复观由此指出,由于在中国政治现实中,君主是握有无限权力的主体,而人民始终处于无权的地位,因而君主不论是好是坏,总是难以摆脱政治上的困境。对于圣君贤相来说,纵有个人道德的自觉,但由于社会上缺乏呼应承担的力量,因而会感到孤单悬隔,负担太重,常常是力不从心。对于昏君暴主来说,则更是没有力量能够加以节制,只好听任他们胡作非为,给国族带来深重的灾难。在一人专制政治之下,这种灾难就更为巨大了。徐复观通过对中国历史的考察,对这一灾难作了深刻的揭露:

> 在专制政治之下,有由政治兼并而来的大地主;有大小商人;有由商业资本兼并而来的大地主;有小所有者的农工阶级;有佃农,有奴隶。在专制新王朝建立之初,政治多是倾向于保护小所有者及佃农奴隶的方向。但专制政权,在延续中必然腐化,于是便自然倾向于政治性的大地主及附随于政治性的大地主的商人。此一倾向达到某一极限,便激起农民暴动,改朝换代,重新再来。政治是循环的,经济社会也是循环的。在此种情势之下,不能容许某一特定阶级,作直线的发展。因此,两千年来的历史,政治家,思想家,只是在专制这副大机器之下,作补偏救弊之图。补救到要突破此一专制机器时,便立刻会被此一机器轧死。一切人民,只能环绕着这副机器,作互相纠缠的活动;纠缠到与此一机器直接冲突时,便立刻被这副机器轧死。这副机器,是以法家思想为根源,以绝对化的身分、绝对化的权力为中核,以广大的领土、以广大的领土上的人民、及人民散漫地生活形式为营养,以军事与刑法为工具,所构造起来的。一切文化、经济,只能活动于此一机器之内,而不能

---

① 徐复观:《中国的治道——读陆宣公传集书后》,载《学术与政治之间》,台湾学生书局1985年版,第104页。

轶出于此一机器之外，否则只有被毁灭。这是中国社会停滞不前的总根源。①

这样一来，徐复观就揭示了儒家政治思想与中国政治现实之间的巨大矛盾及其历史原因。可以说，发现中国政治的"二重的主体性"，是徐复观的现代新儒学的政治哲学的一大贡献。与那些在民主政治与中国文化、儒家传统之间陷于两难的自由主义者和文化保守主义者相比，这是徐复观的独到之处，也是徐复观的深刻之处，更是徐复观的优胜之处！

四、解开中国政治问题的纠结

如何才能克服中国政治的"二重的主体性"，以解开中国政治问题的纠结呢？徐复观认为，要克服中国政治的"二重的主体性"，解开中国政治问题的纠结，唯一的办法只有走民主政治的道路，把以君主为现实政治的主体转变为以人民为现实政治的主体。他说："我们今日只有放胆的走上民主政治的坦途，而把儒家的政治思想重新倒转过来，站在被治者的立场来再作一番体认。首先把政治的主体，从统治者的错觉中移归人民，人民能有力量防止统治者的不德。人民由统治者口中的'民本'，一转而为自己站起来的民主。知识分子一变向朝廷钻出路、向君王上奏疏的可怜心理，转而向社会大众找出路、向社会大众明是非的气概。对于现实政治人物的衡断，再不应当着眼于个人的才能，而应首先着眼于他对建立真正的政治主体，即对民主所发生的作用。所以今后的政治，先要有合理的争，才归于合理的不争；先要有个体的独立，再归于超个体的共立；先要有基于权利观念的限定，再归于超权利的礼的陶冶。总之，要将儒家的政治思想，由以统治者为起点的迎接到下面来，

---

① 徐复观：《两汉思想史》卷一，台湾学生书局1982年版，第154页。

变为以被治者为起点,并补进我国历史中所略去的个体之自觉的阶段,则民主政治,可因儒家精神的复活而得其更高的依据;而儒家思想,亦可因民主政治的建立而得完成其真正客观的构造。"①

通过上述的思考与探讨,徐复观对中国政治问题上存在着的历史纠结和两难选择提出了解决的具体思路:既吸取西方近现代民主政治,又珍视儒家政治思想资源,使两者有机地结合起来,从而克服儒家政治思想的历史局限性,并为民主政治提供伦理道德的根据。

因此,徐复观不同意一些文化保守主义者对西方民主政治的拒斥,强调中国在政治上的出路,在于彻底改变历史上的专制政治,在中国建立民主政治。不如此,就不能克服儒家政治思想的历史局限性,就不能使中国跳出治乱循环的历史悲剧。对此,他反反复复强调,要在当今世界保存维护中国文化,寻找中华民族的生存发展的道路,必须以民主政治为努力的方向:

中国二千多年的专制政体,形成国族一切灾祸的总根源。要从灾祸中挽救国命于不坠,必以实现民主为前提条件。②

中国的问题,必以政治民主为其解决的总关键,这是铁的事实。③

中国历史中的政治矛盾,及由此矛盾所形成的历史悲剧,只有落在民主政治上才能得到自然而然的解决。由中国的政治思想以接上民主政治,只是把对于政治之"德",客观化出来,以凝结为人人可行的制度。这是顺理成章,既自然,复容易,而毫不牵强附会的一条路。所以我常说凡是真正了解中国文化、尊重中国文化的

---

① 徐复观:《儒家政治思想的构造及其转进》,载《学术与政治之间》,台湾学生书局1985年版,第59—60页。
② 徐复观:《远奠熊师十力》,载《徐复观杂文——忆往事》,时报文化出版事业有限公司1980年版,第229页。
③ 徐复观:《三十年来中国的文化思想问题》,载《学术与政治之间》,台湾学生书局1985年版,第435页。

第十二章 由儒家思想接引民主政治

人，必可相信今日为民主政治的努力，正是把中国"圣人有时而穷"的一条路将其接通，这是中国文化自身所必需的发展。①

儒家精神，人文精神，不是以概念为主的学问；它须要知识，至少是不反对知识，但主要的是成就人格而不是成就知识。人格表现为动机、气象、局量、风采；这四者是表现一种人生价值之全的，所以不仅可以提挈政治，而且也是提挈人生一切的活动，包括学术的活动，而与一切活动以活力，并端正一切活动的方向的。民主自由是一种态度；而儒家精神、人文精神，从某角度说，主要便是成就人生从性情中流露出一幅良好态度；这是对整个人生负责的，因此，也是民主自由的根源；而民主自由，也正是儒家精神、人文精神在政治方面的客观化，必如此而始成其全体大用。中国儒家精神之未能转出民主政治，从历史文化的意义上说，是其发展在政治这一面之未完成。我认为今日真正把握住儒家精神的人，应以实现民主政治为己任。②

在他看来，民主政治固然是西方文化的产物，但却体现了人类共同的理想，是世界上一切民族国家的历史必由之路，中国也不例外。他说："人类的理想，不论最先启发于何地，但一经启发出来以后，即是属于'人类底'，而不问其为'东'或'西'。近代民主自由，虽启发自西方，但一定要在人类中，开花结果，这和科学的成就没有什么两样。至于在不同的历史条件、社会条件下，其具体实现的方式或不尽相同，但这只是极小的不同，与大原则并无关系"③。又说："可以断言，中国不论走

---

① 徐复观：《中国的治道——读陆宣公传集书后》，载《学术与政治之间》，台湾学生书局1985年版，第126页。

② 徐复观：《学术与政治之间》，载《学术与政治之间》，台湾学生书局1985年版，第175—176页。

③ 徐复观：《关于中国历史中的人民自由问题另给陈克文先生的一封信》，载《学术与政治之间》，台湾学生书局1985年版，第504页。

那一条路，必然要通过民主这一关，否则都是死路。"①

同时，徐复观又不同意一些自由主义者对中国传统文化、对儒家政治思想的全盘否定。他肯定了儒家政治思想与西方民主政治之间的可贯通性、可融合性。在他看来，这种可贯通性、可融合性，一方面是民主政治的题中应有之义，民主政治的可贵就在于它可以涵容各种的生活兴趣，可以涵容各种的学术思想；另一方面则是儒家政治思想具有自身的长处，能够对民主政治起到一种补充和完善的作用。因此，不应当把民主政治与中国文化、儒家传统对立起来，正确的选择是相互结合，取长补短。他由此而多方面地申述了儒家政治思想的现代意义：

> 西方民主政治中的权利义务的关系，是由外面逼出来的，所以基础不巩固，不易安放得稳。我主张民主政治的基础，应该向儒家精神转进一层。但这与民主政治之成为一政治的形式、政治的架子，因而可成为政治生活方面的常轨，并无关碍。因为客观的民主政治，既然只是政治运用的一副架子，则在这副架子内，既可以发展知性活动，也可以发展德性活动，当然更不会妨碍人在这一架子之内创造综合东西文化的更高的新文化活动。②

> 儒家的伦理思想、政治思想，是从规定自己对于对方所应尽的义务着眼，而非如西方是从规定自己所应得的权利着眼，这自然比西方的文化精神要高出一等。例如"父慈"，是规定父对子的义务。"子孝"，是规定子对父的义务。"兄友"，是规定兄对弟的义务。"弟恭"，是规定弟对兄的义务。"君义"，是规定君对臣的义务。"臣忠"，是规定臣对君的义务。其余皆可例推。所以中国是超出自己个体之上，超出个体权利观念之上，将个体没入于对方之中，为

---

① 徐复观：《"死而后已"的民主斗士——敬悼雷儆寰（震）先生》，载《儒家政治思想与民主自由人权》，八十年代出版社1979年版，第320页。

② 徐复观：《〈民主政治价值之衡定〉读后感》，载《徐复观杂文——记所思》，时报文化出版事业有限公司1980年版，第192页。

对方尽义务的人生与政治。中国文化之所以能济西方文化之穷，为人类开辟文化之新生命者，其原因正在于此。①

儒家不仅在要求统治者以人民之好恶为好恶的政治思想上，是涵育着深深的民主政治的精神；并且修己与治人的标准的划分，实可为今日民主政治尚无基础的地方解决一种理论上的纠结，使极权与民主不致两相混淆。这也不能不说是一个奇迹。②

中国传统文化中的"性善说"，奠定了人类尊严、人类平等、人类互信合作的基础，由此可以与西方的民主体制相结合，开出中国的民主政治，并进而充实世界民主的理据与内容。③

在徐复观看来，民主政治的建立和完善，一不能离开历史文化，二不能离开伦理道德。他说："人类的文化，人类由文化所建立的生活型式和态度，都是由历史积累而来。反历史文化，只有把人类带回原始的野蛮时代。我们目前在政治上迫切需要民主自由，但我们只有从历史文化中才能指出人类在政治上必须走向民主自由的大方向，才能断定民主自由的价值。从逻辑中推不出自由，推不出民主，作不出自由民主的价值判断。"④ 又说："民主政治的自身，就是在政治方面的一种伟大伦理道德的实现。只有在民主政治之下，人才能过着人的生活。所以凡是诚心诚意去建立民主政治、充实民主政治的人物，便都是有道德、有品格的人物。而民主政治中的公平合理竞争，双方接受公平合理竞争的结果，胜利的多数保障失败的少数，失败的少数服从胜利的多数者的决策，这

---

① 徐复观：《儒家政治思想的构造及其转进》，载《学术与政治之间》，台湾学生书局1985年版，第57页。
② 徐复观：《儒家在修己与治人上的区别及其意义》，载《学术与政治之间》，台湾学生书局1985年版，第238—239页。
③ 徐复观：《中国传统文化中的性善说与民主政治》，载《徐复观最后杂文集》，时报文化出版事业有限公司1984年版，第140页。
④ 徐复观：《历史文化与自由民主》，载《学术与政治之间》，台湾学生书局1985年版，第529页。

都是伟大的道德行为。只有坚守这一类的伟大道德行为时，才有民主政治可言，也才有政治上的伦理道德可言。"① 还说："今后只有进一步接受儒家的思想，民主政治才能生稳根，才能发挥其最高的价值。因为民主之可贵，在于以争而成其不争，以个体之私而成其共体的公。但这里所成就的不争，所成就的公，以现实情形而论，是由互相限制之势所逼成的，并非来自道德的自觉，所以时时感到安放不牢。儒家德与礼的思想，正可把由势逼成的公与不争，推上到道德的自觉。民主主义至此才真正有其根基。"② 在这里，他实际上是从更普遍的意义上论证了儒家政治思想对民主政治的意义。

通过对于上述两种倾向的批评，徐复观得出的总结论是："我们需要科学民主，并要从自己民族生命中成长出科学民主"③；"一面讲我们的历史文化，一面讲我们的科学民主。科学民主是我们历史文化自身向前伸展的要求，而历史文化则是培养科学民主的土壤"④。在他看来，唯有如此，才能真正解开中国政治问题的纠结，打通中国走向民主政治的道路。徐复观认为，自己所做的工作，也就是从历史文化与民主政治两个方面同时入手，来打开中国通向民主政治的道路。他曾在一次谈话中，借张载的话来表达自己的抱负："说句狂妄的话，我要把中国文化中原有的民主精神重新显豁疏导出来，这是'为往圣继绝学'；使这部分精神来支持民主政治，这是'为万世开太平'。"⑤

徐复观对于中国政治问题的这一解答，是他的现代新儒学的政治

---

① 徐复观：《民主、科学与道德》，载《徐复观杂文补编》第4册，台湾"中央研究院"中国文哲研究所筹备处2001年版，第47页。

② 徐复观：《儒家政治思想的构造及其转进》，载《学术与政治之间》，台湾学生书局1985年版，第53—54页。

③ 徐复观：《一个中国人在文化上的反抗》，载《徐复观杂文——记所思》，时报文化出版事业有限公司1980年版，第73页。

④ 徐复观：《历史文化与自由民主》，载《学术与政治之间》，台湾学生书局1985年版，第538页。

⑤ 引自林镇国等：《擎起这把香火——当代思想的俯视》，载《徐复观杂文续集》，时报文化出版事业有限公司1981年版，第413页。

哲学中最为精彩、最为深刻的内容之一。这一解答，包含了他的生命体验和心路历程，融贯了他的文化之思、心性之论和政治之道，体现了他的勇者型儒者的风骨与气度，表达了他对中华民族命运与前途的关切与希冀，在20世纪中国政治哲学发展中独树一帜。

五、孙中山政治哲学的启示

徐复观在对儒家政治思想与西方民主政治作融贯和结合时，又力求在现代中国寻找实现这种结合的现实榜样。在他看来，这个榜样就是孙中山和他的政治哲学。

徐复观对于孙中山的政治哲学的认识和理解，经历了相当复杂的过程。他早年在浠水、武昌求学时，所学的全是中国古代文史典籍，对孙中山的思想完全不了解。他接触、了解孙中山的政治哲学，是在大革命时期参加革命军后。他自己回忆说："我之开始和政治思想发生关涉，是民国十五年十二月陶子钦先生当旅长，驻军黄陂，我在一个营部当书记的时候。他问我看过《孙文学说》《三民主义》没有？我说不曾；他当时觉得很奇怪，便随手送我一部《三民主义》，要我看，这才与政治思想结了缘。"① 此后，徐复观虽曾"由孙中山先生而知道马克思、恩格斯、唯物论"②，也曾抱着"由救国民党来救中国"的构想涉足政界、参与机要，但始终都信奉孙中山的思想。只是这种信奉，基于一种与中国传统文化相隔离的立场。直到20世纪40年代中期，由于受到熊十力的教诲，他才开始改变对中国传统文化的厌弃心理，转入以现代新儒学的立场来理解孙中山的政治哲学。在他看来，中国的问题，从根本上说是文化问题；要复兴中国，就必须复兴以儒家精神为主体的中国文化；

---

① 徐复观：《我的读书生活》，载《徐复观文录选粹》，台湾学生书局1980年版，第313页。

② 徐复观：《我的读书生活》，载《徐复观文录选粹》，台湾学生书局1980年版，第314页。

要在中国打通民主政治的道路,就必须把西方民主政治与儒家政治思想结合起来。正是在这一点上,孙中山的政治哲学作出了富有启发性的、典范性的阐发。因而,徐复观力图以孙中山为现实榜样,通过阐释孙中山的政治哲学,进一步把儒家政治思想与西方民主政治结合起来,从而形成自己的政治之道,阐发自己的政治哲学。

这样一来,就使得徐复观在20世纪下半叶的台湾香港地区思想舞台上一直承担着双重的角色:既是现代新儒学大师,又是孙中山思想信徒。直到垂暮之年,他仍然宣称:"我至今信仰中山先生,因为他对国家有真正的责任感,是一个'言顾行,行顾言'的伟大知识分子。"① 徐复观对于孙中山的政治哲学的阐释,散见于他的不少文章和谈话中,比较集中的有:《中国政治问题的两个层次》《为什么要反对自由主义》《三民主义思想的把握》《思想与人格——再论中山先生思想之把握》《辛亥革命的意义与教训》《你们应该反省!——访徐复观先生谈辛亥革命》等。这些文章和谈话,对于研究孙中山思想和徐复观思想,都有着重要的意义。

在孙中山的政治哲学与中西文化的关系上,国民党的思想家和政治家曾有过不同的解释。戴季陶认为:"中山先生的思想,完全是中国的正统思想,就是继承尧舜以至孔孟而中绝的仁义道德的思想。在这一点,我们可以承认中山先生是二千年以来,中绝的中国道德文化的复活。"② 孙科则认为:"总理的主义,除了民族主义与中国古代学说尚多联属外,至于民权主义、民生主义,都是渊源于近代西洋的思想和欧美最新的政治措施。"③ 这两种观点,看似对立的两极,但在思路上却是相似相通的,即都只在一种文化系统中寻找孙中山的政治哲学的来源,

---

① 引自《你们应该反省!——访徐复观先生谈辛亥革命》,载《徐复观最后杂文集》,时报文化出版事业有限公司1984年版,第377页。

② 戴季陶:《孙文主义之哲学的基础(节录)》,载《中国现代思想史资料简编》第2卷,浙江人民出版社1982年版,第602页。

③ 引自杨玉清:《解放前孙中山三民主义思想研究浅略述评》,载《回顾与展望——国内外孙中山研究述评》,中华书局1986年版,第213页。

不能真正把握孙中山思想同中西两大文化系统的联系。

与之不同，徐复观对于孙中山的政治哲学所作的新阐释，主要是从两个方面展开的：一方面是揭示孙中山的政治哲学与儒家政治思想的内在联系，另一方面是揭示孙中山的政治哲学对西方民主政治的合理吸取。他指出，孙中山思想有两个来源，一是西方近代思想，二是中国传统思想。可以说，孙中山思想"是西方近代思想与中国传统思想的结合"①。孙中山的政治哲学，除了受到西方近代思想的影响外，还受到中国传统思想的启示。正是因为继承了中国传统思想，孙中山才使得西方近代思想在中国找到生根之处。因此，"孙中山先生思想的这个结合，是西方近代政治思想、社会思想在中国生根的表现"②。对于孙中山的政治哲学的这两个方面，徐复观作了具体的论析。

首先，徐复观揭示了孙中山的政治哲学与儒家政治思想的内在联系。

对于这一点，孙中山本人已作过不少论述。他指出："就人生对于国家的观念，中国古时有很好的政治哲学。我们以为欧美的国家近来很进步，但是说到他们的新文化，还不如我们政治哲学的完全。中国有一段最有系统的政治哲学，在外国的大政治家还没有见到，还没有说到那样清楚的，就是《大学》中所说的'格物、致知、诚意、正心、修身、齐家、治国、平天下'那一段的话。把一个人从内发扬到外，由一个人的内部做起，推到平天下止。像这样精微开展的理论，无论外国什么政治哲学家都没有见到，都没有说出，这就是我们政治哲学的知识中独有的宝贝，是应该要保存的。"③ 徐复观对此作了进一步阐发，通过反思反清革命时期孙中山的民族主义、民权主义、民生主义的提出，具体揭示了孙中山的政治哲学与儒家政治思想的内在联系。

关于民族主义，徐复观指出，民族思想在孔子那里即已发端。在孔

---

① 引自《你们应该反省！——访徐复观先生谈辛亥革命》，载《徐复观最后杂文集》，时报文化出版事业有限公司1984年版，第370页。

② 引自《你们应该反省！——访徐复观先生谈辛亥革命》，载《徐复观最后杂文集》，时报文化出版事业有限公司1984年版，第370页。

③ 孙中山：《三民主义》，载《孙中山全集》第9卷，中华书局2006年版，第247页。

子的心目中，保持民族的生存，较之君臣之义更为重要。对于管仲曾相公子纠与桓公争夺齐国政权，在公子纠失败被杀后又转而相桓公以成霸业这一史实，孔子就不同意子路、子贡站在君臣之义的立场上怀疑管仲的操行，而赞许管仲以"仁"，认为"微管仲，吾其被发左衽矣"①，流露出强烈的民族思想。但孔子又不是狭隘的民族主义者。《论语》记载："子欲居九夷。或曰：'陋，如之何？'子曰：'君子居之，何陋之有？'"② 这说明孔子并没有严格的华夷界线，而主张在被其他民族侵略时一定要奋起反抗，在与其他民族和平相处时则一视同仁。孙中山提出民族主义，领导中国人民反抗清王朝的民族压迫，而一旦推翻清朝统治，便立即宣布五族共和、满汉一体，正实现了由孔子所开启、所代表的民族思想。

关于民权主义，徐复观指出，先秦儒、道、墨三家的政治思想，都可以说是"为人民而政治"③，已萌生出民主政治的理想。儒家最高的政治原则是"民之所好好之，民之所恶恶之"④，希望实现"天下为公，选贤与能"⑤。老子主张"圣人无常心，以百姓心为心"⑥，希望通过无为而治，让人民自富自正。墨子则强调地方官吏以迄卿大夫、诸侯、三公、天子都出于选举，希望做到"官无常贵而民无终贱，有能则举之，无能则下之"⑦。但由于历史条件的限制，民主政治的理想未能在中国历史中实现，并且受到与民主政治不相容的一人专制的长期压迫，这是中华民族一切不幸的总根源。先秦儒、道、墨三家的伟大政治理想，成为中华民族的最大乡愁。"中山先生因西方民主政治的启发，一举而把

---

① 《论语·宪问》。
② 《论语·子罕》。
③ 徐复观：《辛亥革命的意义与教训》，载《徐复观杂文——记所思》，时报文化出版事业有限公司1980年版，第330页。
④ 《礼记·大学》。
⑤ 《礼记·礼运》。
⑥ 《老子》四十九章。
⑦ 《墨子·尚贤上》。

二千多年的一人专制摧毁廓清，正式提出以民权为基础的民国体制，使潜伏在我们民族心灵深处的最大乡愁，出现在民族现实共同生活之中。这真可谓涤二千年的污秽、开民族此后无限的生机的行动。"① 这无疑是对中国古代"为人民而政治"的思想的真正发展。

关于民生主义，徐复观指出，早在孔子那里，就已经提出"不患寡而患不均"②的经济生活原则。孟子进而将井田制度理想化，其目的实即要求平均地权。自此以后，土地问题便成为中国二千多年中政治社会的基本问题。几乎每一朝代都从不同的角度提出这一问题。但这些都如昙花一现，人民大众始终辗转呻吟于由一人专制所支持的豪绅地主的榨取之下。一人专制的政治压迫，常通过豪绅地主更加残酷深刻。孙中山高瞻远瞩，洞悉中国社会病痛的根源，大胆地提出"平均地权"③的原则，作为辛亥革命的推动力，具有重大的意义。

徐复观由此得出总的结论："长期压积在我们民族精神深处的三大要求，即民族、民主、民生的三大要求，在辛亥革命以前，不断被一人专制政治所歪曲，所隐瞒，而只能间断地、零碎地、委曲地、偶然性地提出，到了由同盟会所领导的辛亥革命，则以强力地、集中地、堂堂正正地提了出来，使其成为整个民族前进的共同方向。虽然因为历史的残滓阻挠破坏，未能一蹴而就地顺利实现，但此一植基于长期历史文化之中的三大要求，一经正式提出而成为指导国家民族前进的三大原则以后，便如九曲黄河，必然地会闯过九大曲折，不流归大海不止。"④ 可以说，"中山先生的三民主义，仅从政治、社会方面来说，他实际继承并

---

① 徐复观：《辛亥革命的意义与教训》，载《徐复观杂文——记所思》，时报文化出版事业有限公司1980年版，第331页。
② 《论语·季氏》。
③ 孙中山：《东京军事训练班誓词》，载《孙中山全集》第1卷，中华书局2006年版，第224页。
④ 徐复观：《辛亥革命的意义与教训》，载《徐复观杂文——记所思》，时报文化出版事业有限公司1980年版，第332页。

发展了中国传统知识分子的理想,而开出了以世界为规模的中庸之道"①。

徐复观的这些阐释,比较深刻地揭示了孙中山的政治哲学与儒家政治思想的相通相接之处。在他看来,这种相通相接之处,使得承继儒家政治思想的传统和资源,建构现代新儒学的政治理想,不仅成为可能,而且十分必要。现代新儒学的政治理想,从根本上说,就是承继从孔夫子到孙中山的政治哲学所开启的传统、所规范的方向,而适应新的时代,加以新的发展。

其次,徐复观揭示了孙中山的政治哲学对西方民主政治的合理吸取。

徐复观认为,孙中山不仅承继了儒家政治思想的传统和资源,而且也洞悉儒家政治思想的历史局限性。如何对待儒家政治思想的局限性?如何走出儒家政治思想的局限性?孙中山以自己的政治哲学和革命实践,从理论和实践上为解决这些问题开辟了道路。

从理论上看,孙中山的政治哲学又与儒家政治思想有着重大的区别。徐复观说:"三民主义,中山先生自己说得很清楚,是以民为主的民治、民有、民享的主义。民治、民有、民享,是把传统的开明专制的爱民、养民、教民倒转过来,使被动之民成为主动之民。"② 可以说,是以民为本还是以民为主,这是儒家政治思想与孙中山的政治哲学的根本区别;用以民为主取代以民为本,是孙中山的政治哲学对儒家政治思想的重大改造、突破和发展。明清之际的黄宗羲虽已提出"天下为主君为客",但却终未能跳出君主圈子,与以民为主还隔着薄薄的一层纸,而这层薄纸直到孙中山提出三民主义才真正予以戳穿。孙中山之所以能在思想上超越前贤,实现中国政治思想史的这一历史性飞跃,就在于他在承继儒家政治思想的传统和资源的同时,吸取了西方民主政治的积极成果。没有这一吸取,不接上西方民主政治,儒家政治思想是难以

---

① 徐复观:《在非常变局下中国知识分子的悲剧命运》,载《中国思想史论集》,台湾学生书局1988年版,第268页。

② 徐复观:《为什么要反对自由主义》,载《学术与政治之间》,台湾学生书局1985年版,第462页。

走出自身的历史局限性的。

从实践上看,孙中山领导革命、推翻帝制、建立共和,得自西方文化及其民主政治的影响。徐复观说:"由戊戌变法发展为辛亥革命,中国第一次才出现了以孙中山先生为首的知识分子集团的革命,真正出现了秀才造反,不但推翻满清,而且推翻了二千年来的专制。此一惊天动地的事件,若不想到与西方文化接触后所发生的伟大影响,便无法加以解释。"① 而这种民主政治的实践,在中国文化的自身是不曾孕育出来的。"单靠中国文化,只能希望一治一乱的循环,并不能解开中国历史的死结。"②

徐复观又指出,民主政治首先是政治的形式,首先需要建立一套民主的制度。只有这样,政治之德才能得以客观化出来。对于三民主义也是如此。三民主义作为中国历史上的政治之德在现代中国的延续和体现,固然很重要,但要加以贯彻实施,首当其冲的,不是其内容,而是其形式,即建立起一套民主的制度。唯有建立起民主的制度,以客观化的制度作保障,三民主义才可能得到真正的贯彻执行。否则三民主义只会同传统儒家的政治理想一样,在现实政治的矛盾纠结中无能为力,徒有善良的意愿和美好的理想,而不能推动中国走出治乱循环的历史悲剧。孙中山对此有真切的了解。他手创民国,实行共和,便是要在民主共和的制度中去实现他的三民主义。在南北和议成立之后,他毅然让出总统之位,更旨在确立民主政制,其心事实可与华盛顿不三任总统相媲美。待到民主政制一坏于袁世凯之盗窃称帝,再坏于军阀之割据攘夺,三坏于当时政客之分赃无耻,孙中山乃下决心从头做起,将革命分军政、训政、宪政三个时期进行,步骤与前虽有不同,其归趋则仍是宪政,仍是世界性的民主政治制度。徐复观对于那些只叫喊三民主义而不

---

① 徐复观:《中国知识分子的历史性格及其历史的命运》,载《学术与政治之间》,台湾学生书局1985年版,第192—193页。

② 徐复观:《中国知识分子的历史性格及其历史的命运》,载《学术与政治之间》,台湾学生书局1985年版,第192页。

实施民主政治的做法提出了尖锐的批评。他说:"民主是政治的形式,而三民主义乃政治的内容,形式可以概括内容,内容不能概括形式,此乃天经地义之事。也只有如此,才符合三民主义的本质。所以我虽然是中山先生的信徒,但总觉得不应该有什么首出庶物的权利,以致使三民主义翘出于民主政治形式之上。"①

徐复观强调,像孙中山那样吸取西方民主政治的合理成果,决不是抛弃中国文化,更不是不爱自己的国族。恰恰相反,在孙中山身上,正体现了一种中国优秀知识分子固有的爱国精神。孙中山在理论上和实践上的种种努力,正是要把中国从治乱循环的历史悲剧中拯救出来。徐复观在晚年曾动情地说:"孙中山先生讲得很清楚,他说三民主义是救国主义。这句话我很感动。"② 在这一点上,孙中山是那些崇洋媚外的自由主义者们完全不可比拟的。也正是在这个意义上,徐复观认为:"中国只有孙中山先生,才可算是一位伟大地自由主义者。"③

由此可见,徐复观对孙中山的政治哲学的理解和把握,比起戴季陶、孙科们来说,要全面得多、深刻得多、准确得多。在徐复观的心目中,"中山先生,是思想史中的奇迹"④。因此,他像对待中国思想史上的孔、孟、老、庄、程、朱、陆、王那样,对孙中山的政治哲学作了深入的独有会心的阐发。他对孙中山的政治哲学的阐释,与他对中国思想史上诸先贤的阐释一样,既读出了文本中的底蕴、内涵与意义,也读出了自己的思路、希冀与归趋。通过这一阐释工作,徐复观实际上是以孙中山为榜样,进一步回答了如何打开中国通向民主政治的道路,如何解

---

① 徐复观:《中国政治问题的两个层次》,载《学术与政治之间》,台湾学生书局1985年版,第40页。
② 引自《你们应该反省!——访徐复观先生谈辛亥革命》,载《徐复观最后杂文集》,时报文化出版事业有限公司1984年版,第370页。
③ 徐复观:《自由主义的变种》,载《徐复观杂文——记所思》,时报文化出版事业有限公司1980年版,第233页。
④ 徐复观:《思想与人格——再论中山先生思想之把握》,载《徐复观文录》第1册,环宇出版社1971年版,第154页。

开中国政治的历史纠结，如何在历史的两难中做出合理的选择。这样一来，从孙中山的政治哲学中，徐复观获得了打通中国走向民主政治道路的诸多重要启迪；而徐复观在自己的现代新儒学的政治哲学中，又对孙中山的政治哲学作了新的阐释和发挥。这是徐复观的现代新儒学的政治哲学的一个特点。深入了解这一特点，不仅对于理解徐复观的政治哲学具有重要的意义，而且对于理解孙中山的政治哲学也具有积极的意义。

六、一条走不通的民主路

徐复观提出的民主政治构想，主张对儒家政治思想与西方民主政治作出融贯和结合，以儒家思想接引民主政治，并以孙中山作为在现代中国实现这种结合的现实榜样。在他的这一套现代新儒学的政治哲学里面，确实如上述分析，包含了许多合理的、值得重视的东西。例如，对于西方民主政治，徐复观就看到了其中的局限，看到了不能离开中国文化传统将这种政治形式用之于中国，看到了民主政治有一个使之适应中国实际的问题；对于中国文化传统，他也看到了其中所包含的民主思想，看到了历史上儒家对民主政治的追求，看到了西方民主政治只有接上中国文化传统才有可能在中国落地生根。这些思想都有其合理性，是值得今天的中国人重视和吸取的。

但是，徐复观在这里也遭遇了一个理论上的困境，这就是他所揭示的："儒家尽管有这样精纯的政治思想，尽管其可以为真正的民主主义奠定思想的根基，然中国的本身，毕竟不曾出现民主政治。"这个困境，表现为中国政治的"二重的主体性"，导致了中国政治问题的纠结。那么，这种在过去漫长历史岁月里未曾产生出民主政治的儒家思想，又何以能够成为接引民主政治的基础呢？又何以能够维系民主政治的正常运行呢？对于这些问题，徐复观由于没有实际的经验可以依凭，因而实际上无法作出具有坚实经验内容的回答，只能停留在一厢情愿的想象和推断上。

至于以马克思主义作为灵魂和旗帜的中国共产党，百年来对于中国社会主义民主道路的开辟和探索，所发展出的不同于资本主义民主政治的社会主义民主政治，则是徐复观所不了解、不理解和不认同的。因此他的民主政治的思考和构想，实际上没有找到在中国实现民主政治的真实主体，没有看到在中国实现民主政治的现实道路，因而总是以西方民主政治作为中国实现民主政治的样板，总是主张接引西方民主政治作为中国实现民主政治的形式。

因此，对于中国如何实现民主政治，如何走上民主道路，徐复观的民主政治的思考和构想明显地缺乏现实性，所提供的只是一条在中国走不通的民主路。

第十三章　从儒家思想看待现代人生

本书第十二章开头已经指出：从消解形而上学思想出发，徐复观力主使现代新儒学由形上世界走向生活世界。在他看来，政治问题关乎人类国族的安危兴衰，人生问题关乎每个人的生命安顿，都是生活世界中最值得重视和思考的问题。因而，他对这两个问题予以了特别的关注，从现代新儒学思想出发进行了多方面阐发，由此形成了他的政治哲学与人生哲学。这些内容尽管与现实生活联系密切，其中所涉及的具体事件和人物多已远去，但却最能体现徐复观于中国与西方、历史与现实、学术与政治之间的思考与探索，是他的现代新儒学思想的重要内容。对于徐复观这方面的思想，本书分两章进行考察和说明，上章对徐复观的政治哲学进行梳理和阐发，本章则对徐复观的人生哲学进行梳理和阐发。

一、现代化与现代人生问题

徐复观作为台湾香港地区现代新儒学代表人物，所面对的生活世界是现代世界，所面对的人的存在问题是现代人生的问题。当他力主使现代新儒学由形上世界走向生活世界时，就有一个从儒家思想看待现代人生的问题。

徐复观从儒家思想看待现代人生的问题，是从现代人类所遭遇的普遍性难题入手的。在他看来，现代世界中的现代人生存在着什么样的问题，是这种必须解决的普遍性难题呢？本书第五章已经指出，从对传统与现代化关系问题的思考与探讨中，徐复观发现了全球性现代化运动所造成的"现代文化的性格"①、"现代社会生活的特性"②、"近三百年来文化的性格"③，发现了这些"性格"所带给现代人类的困境与危机。他所说的"现代文化的性格""现代社会生活的特性""近三百年来文化的性格"，所指向、表达和说明的，都是现代性的负面内容，都是现代性所引发的现代人类的混乱与不安、苦闷与危机，也就是他所说的"现代文化的病根"④及其种种病态。这些都是全球性现代化运动的内在矛盾和现实困境。现代人生的问题，正是由此而产生的。

对于"现代文化的病根"所造成的现代人类的混乱与不安、苦闷与危机，徐复观作了种种描述，而其根本点，则在于揭示了现代化所造成的人的异化。一方面，他指出现代化造成了人与物的异化："现代文明，是把人从属于自己所造出的机械。机械变成了主体，而人自己反成为机械的附庸。由机械的构造、活动的要求，而把人组织得比过去任何世纪更为紧密；但组织在一起的人们，彼此只有配合机械的协同动作。这种协同动作，与每一个人感情意志无关；因而很少有情感的交流、意志的结合。人与人的关系，变成了机械零件与零件间的关系。"⑤ 另一方面，他又指出现代化造成了人与人的异化："每一个人，都被编入于万能化的技术家政治及日益扩大的官僚政治之中，使每一个人，不是以'一个人'的身分而存在，乃是以'大众'的身分而存在。……一个人，在万能地技术与庞大地官僚集团之前，真会感到太渺小、无力，失掉了存在的权力与勇气，于是只好以'大'而且'众'的集体形相，来向技术与

---

① 徐复观：《不思不想的时代》，载《徐复观文录选粹》，台湾学生书局1980年版，第28页。

② 徐复观：《不思不想的时代》，载《徐复观文录选粹》，台湾学生书局1980年版，第22页。

③ 徐复观：《日本的镇魂剂——京都》，载《徐复观文录选粹》，台湾学生书局1980年版，第47页。

④ 徐复观：《日本的镇魂剂——京都》，载《徐复观文录选粹》，台湾学生书局1980年版，第47页。

⑤ 徐复观：《樱花时节又逢君》，载《徐复观文录选粹》，台湾学生书局1980年版，第20—21页。

官僚争取一点平衡，表现一点存在。这样一来，每个人，只有被动地依靠'大众'，才能获得生存的安全感。"① 正是这种人与物、人与人的异化，集中地体现了现代化给现代人类带来的混乱与不安、苦闷与危机，因而产生了现代人生的问题。

那么，现代化何以会产生出这种"现代文化的病根"呢？徐复观认为，其中一个根本性原因就在于：现代人的生活既离不开"科学世界"，又离不开"价值世界"；"价值世界"与"科学世界"相比，对于人的生存更具有根源性、重要性；但现代化却造成了"科学世界"的迅速发展和无限膨胀，从而导致了对"价值世界"的压抑、排斥和破坏，使现代人的生活失去了"价值世界"的支撑。他指出："现代科学宣传家，对于凡是不能用自然科学方法处理，不能使其可用数字测量，不能使其可用耳目感官去感受的东西，便认为皆是不真实的、不需要的东西，而要求从学问范围中加以放逐，亦即要求从人的现实生活中加以放逐；于是文化中的'价值'系列，与文化中的科学系列，切断了关连，要求现代人的生活，完全活动于感官活动范围之内；科学与商业连合起来，尽量使人的感官得到圆满无缺的满足，以销蚀使人去思想的动机。"② 这就使得"现代人的精神，实已过分地疲倦而堕入虚无、暴乱之中，不仅失掉了三百年来一直向前进步的意义；并且快要把这一股文化的力量，加以毁灭了。现代人生活上的苦闷、危机，乃是由于精神上得不到平静、安顿而来的苦闷、危机"③。正是这样，使得"人在由科学所成就的物质世界中，是一天一天的变得更为渺小了"④。

---

① 徐复观：《不思不想的时代》，载《徐复观文录选粹》，台湾学生书局1980年版，第24—25页。
② 徐复观：《不思不想的时代》，载《徐复观文录选粹》，台湾学生书局1980年版，第26页。
③ 徐复观：《日本的镇魂剂——京都》，载《徐复观文录选粹》，台湾学生书局1980年版，第47—48页。
④ 徐复观：《樱花时节又逢君》，载《徐复观文录选粹》，台湾学生书局1980年版，第20页。

对于"现代文化的病根",对于由此所造成的对"价值世界"的压抑、排斥和破坏,徐复观借用"沧海遗珠"这一成语来作比喻。他说:"沧海是指当前的世界,珠是指的智慧之珠。"① 这个"智慧之珠",也就是"价值世界"。在他看来,像道德、理想、人格、宗教这些属于"价值世界"的内容,提供了人类生存的智慧,永远都是有其存在价值的,永远都是对人的生存必不可少的,永远都是不应为"科学世界"所压抑、排斥和破坏的。所谓"沧海遗珠",就是指现代世界中由于科学技术迅速发展、物质财富日益丰富,使现代人类失去了"价值世界",抛弃了人的智慧来源。正是这样,徐复观力主在现代化中维系和发展"价值世界",以从根源上解决现代人生的问题。

在"价值世界"中,道德是徐复观极为重视的关键性内容。对于一些科学主义者认为科学能够解决宇宙人生所有问题,因而提出应当用科学代替道德的主张,徐复观予以了坚决反对和猛烈抨击。他指出,这一主张首先就会在现实生活中遇到一些难以自圆的问题:孔子、释迦、耶稣们的科学知识,未必赶得上今日一个好的高中学生,但能就此论定这些大圣大贤的道德不如现代人吗?住在城里的人的科学知识,往往比乡下人的科学知识要多一些,但能就此论定乡下人的道德一定不及城里人吗?面对这一类极其简单而又非常真实的问题,科学代替道德的主张是无法回答的。如若科学知识代替了道德,又会遇到一个更为尖锐的问题:"假使没有起码的道德,又谁人会相信知识呢?"② 这是因为,在日常生活中,人们对他人的每一句话、每一个问题,并不可能在一一验证后才去加以选择;而是通过彼此间的道德的保证,相信对方所讲的是确实的知识而加以接受。这就使得"人生要诚实,不可说谎",作为道德的最起码的准则和要求,成为人们接受知识的基本前提。如果把这一

---

① 徐复观:《沧海遗珠》,载《徐复观杂文——记所思》,时报文化出版事业有限公司 1980 年版,第 376 页。
② 徐复观:《再谈知识与道德问题》,载《徐复观文录选粹》,台湾学生书局 1980 年版,第 128 页。

道德准则和要求否定了，那么人与人之间的这种知识的联系也就被割断了。因此，徐复观断言："道德的没落，必会引起知识的混乱、堕退。这是今日谈思想文化的人，所应注意的大问题。"①

与道德相联系，徐复观认为，由道德所支撑的人格也是"价值世界"十分重要的内容。他对人格予以了特别的重视，不赞成用科学代替道德的主张，也不赞成以知识取代人格的论断。他指出，人是异质的统一，既具有来自"科学世界"的知识，又具有来自"价值世界"的人格。对于人的存在，仅从知识方面发展，只是对人的诸质中的某一质进行发展，不可能是整个的人的发展。不仅如此，"对于人自身的把握，对于人自身问题的把握，知识是第二义的，人格才是第一义的"②。在他看来，随着科学技术的发展，人生的价值、人生的态度当然也会随之而发生变化。但是这并不意味着人的生命自身也发生了根本变化，更不意味着可以用知识取代人格，而只是由于科学技术的发展，把可善可恶的机会和能力加以提高、扩大。他说："科学技术的发展，假定可以提供人类以最大的幸福，则伴随科学技术发展而来的必然是人格的发展，必然是圣贤哲人的普遍化。"③ 换言之，随着科学技术的发展，人格也将作进一步的发展，而不是因之被取代。那种只有知识而无人格之人，不是健全之人，也不是理想之人。

总之，徐复观认为，现代世界中的现代人生，要治疗"现代文化的病根"及其种种病态，就需要维系和发展"价值世界"，需要强调道德和人格。而在这个方面，正是儒家思想，为困境中的现代人生，提供了"价值世界"，特别是提供了道德和人格的价值支撑。因此，他力主从儒家思想出发来解决现代人生的问题。

---

① 徐复观：《再谈知识与道德问题》，载《徐复观文录选粹》，台湾学生书局1980年版，第128页。

② 徐复观：《思想与人格——再论中山先生思想之把握》，载《徐复观文录》第1册，环宇出版社1971年版，第156页。

③ 徐复观：《"现在"与"未来"中的"人"的问题》，载《徐复观文录》第1册，环宇出版社1971年版，第190页。

二、从儒家思想中吸取人生智慧

为什么说儒家思想为困境中的现代人生,提供了"价值世界",特别是提供了道德和人格的价值支撑呢?为什么说儒家思想能够解决现代人生的问题呢?徐复观认为,这是由"儒家精神之基本性格"① 所决定的。对于"儒家精神之基本性格",他将其内涵进行了分析,概括为内在化和客观化两个相关联的方面。他说:"盖儒家之基本用心,可概略之以二。一为由性善的道德内在说,以把人和一般动物分开,把人建立为圆满无缺的圣人或仁人,对世界负责(《论语》:'若圣与仁,则吾岂敢。')。一为将内在的道德,客观化于人伦日用之间,由践伦而敦'锡类之爱',使人与人的关系、人与物的关系,皆成为一个'仁'的关系。性善的道德内在,即人心之仁。而践伦乃仁之发用。所以二者是内外合一(合内外之道)、本末一致而不可分的。"② 这两个方面及其内在关联都表明,"儒家精神之基本性格"是"道德性"的。

基于"道德性"的"儒家精神之基本性格",徐复观把儒学的开展和走向归结为"为己之学",以"为己之学"来概括对儒学的基本理解,以打通全部儒学传统和中国道德精神。本书第九章第四节已经指出,所谓"为己之学",作为对知识的追求,是与"逐物之学"不同的,也是与"为人之学"不同的。西方文化中从认识自然出发对知识的追求,把道德建立在知识之上,使哲学家常常顺着知识去找道德的根源,实为"逐物之学",这当然体现不了"儒家精神之基本性格"。同样,按照孔子的说法,"古之学者为己,今之学者为人"③,现实生活中许多人追求

---

① 徐复观:《儒家精神之基本性格及其限定与新生》,载《儒家政治思想与民主自由人权》,八十年代出版社1979年版,第43页。
② 徐复观:《儒家精神之基本性格及其限定与新生》,载《儒家政治思想与民主自由人权》,八十年代出版社1979年版,第59—60页。
③ 《论语·宪问》。

知识，仅仅是为了应对社会的"为人之学"，也是体现不了"儒家精神之基本性格"。而只有"为己之学"，强调追求知识归根到底是为了了解自己、开辟自己、建立自己，从而向自身生命上回转，达到合主客观为一，贯通知识与道德为一，才能体现"儒家精神之基本性格"。

徐复观认为，正是这种"道德性"的"儒家精神之基本性格"，成为了中国文化传统中有生命力的合理内核，在历史上为中国人的生存发展提供了安身立命的"价值世界"，在现时代也能够对因"科学世界"过度发达而被压抑、排斥和破坏的"价值世界"起一种补救作用，并不因为是"历史的"而失去"现代的"和"将来的"意义。他在自己的著述中，反复申述"道德性"的"儒家精神之基本性格"的形成过程、理论特点、历史作用与现代意义：

> 《中庸》首句说："天命之谓性。"这可说是一个形而上的命题。但是，此形而上的命题有一特点，即是当下落实在人的身上，而成为人的本质（性）。性是在人的生命内生根的。因此，《中庸》并不重视天的问题，而仅重视性的问题。到孟子才明确指出道德之根源乃是人的心，"仁义礼智根于心"。孟子这句话，是中国文化在长期摸索中的结论。这不是逻辑推理所推出的结论，而是"内在经验"的陈述。这句话说出来以后，使夹杂、混沌的生命，顿然发生一种照明的作用，而使每一人都有一个方向，有一个主宰，成为人生的基本立足点。以后，程明道、陆象山、王阳明等都是从这一路发展下来的。①

> 儒家之学，当然以究体为归。但儒家之所谓体，多系道德之心。道德之心乃存在于人的躯体之内而显现于体认实践之中；由体认实践之浅深而始能把握此心之层次。体认实践之过程，即克己复礼之过程，实乃一辩证法的迫进，而心实非一僵化之死局。故黄梨洲谓："心无本体。工夫所至，即其本体。"此非否定体之存在，乃

---

① 徐复观：《心的文化》，载《中国思想史论集》，台湾学生书局1988年版，第245页。

说明"觌体承当",非由知解上层层上推之事,而系实践中层层迫进之事。此与西方由知识外推而成之形而上学,自大异其趣。①

中国文化发展的性格,是从上向下落,从外向内收的性格。由下落以后而再向上升起以言天命,此天命实乃道德所达到之境界,实即道德自身之无限性。由内收以后而再向外扩充以言天下国家,此天下国家实乃道德实践之对象,实即道德自身之客观性、构造性。从人格神的天命到法则性的天命,由法则性的天命向人身上凝集而为人之性,由人之性而落实于人之心,由人心之善以言性善,这是中国古代文化经过长期曲折、发展所得出的总结论。②

在人的具体生命的心、性中,发掘出道德的根源、人生价值的根源,不假借神话、迷信的力量,使每一个人,能在自己一念自觉之间,即可于现实世界中生稳根、立稳脚,并凭人类自觉之力,可以解决人类自身的矛盾,及由此矛盾所产生的危机,中国文化在这方面的成就,不仅有历史地意义,同时也有现代地、将来地意义。③

在这些申述中,首先可以看出"道德性"的"儒家精神之基本性格"的形成过程,指出这正是"天的人文化"④ 即"宗教的人文化"⑤ 的结果;继则可以看出"道德性"的"儒家精神之基本性格"的理论特点,在于经过"从上向下落,从外向内收"的漫长过程,而逐渐形成与人的具体生命相结合的"道德之心",成为人之为人的本质,"使每一人都有一个方向,有一个主宰,成为人生的基本立足点";再则可以看出"道德性"的"儒家精神之基本性格"的历史作用,在于以"中国文化在长

---

① 徐复观:《儒家精神之基本性格及其限定与新生》,载《儒家政治思想与民主自由人权》,八十年代出版社 1979 年版,第 80 页。

② 徐复观:《中国人性论史·先秦篇》,台湾商务印书馆 1984 年版,第 163—164 页。

③ 徐复观:《中国艺术精神》,台湾学生书局 1984 年版,自叙第 1 页。

④ 徐复观:《程朱异同》,载《中国思想史论集续编》,时报文化出版事业有限公司 1982 年版,第 589 页。

⑤ 徐复观:《中国人性论史·先秦篇》,台湾商务印书馆 1984 年版,第 51 页。

期摸索中的结论",确立了"中国文化发展的性格",规范了中国文化发展的方向;最后可以看出"道德性"的"儒家精神之基本性格"的现代意义,在于面对"现代文化的病根"及其种种病态,"使每一个人,能在自己一念自觉之间,即可于现实世界中生稳根、立稳脚,并凭人类自觉之力,可以解决人类自身的矛盾,及由此矛盾所产生的危机"。

徐复观由此认为,正是这种"道德性"的"儒家精神之基本性格",凸显了落实在人的具体生命中的"道德之心",强调了这种"道德之心"对人的生命存在的方向性和主宰性,从而为困境中的现代人生,提供了"价值世界",特别是提供了道德和人格的价值支撑。因此,从儒家思想中,从由此发展出的"为己之学"中,现代人类能够吸取人生智慧,解决现代人生的问题。

三、"国族无穷愿无极"

徐复观认为,"道德性"的"儒家精神之基本性格",归结为"为己之学",凸显了落实在人的具体生命中的"道德之心",强调了这种"道德之心"对人的生命存在的方向性和主宰性,由此看待现代人生的问题,首先体现为现代中国人应当具有热爱中国、热爱中华民族的公德。

徐复观十分重视公德,认为讲道德、讲人格首先在于讲公德。他说:"一个民族,一个社团,一个家庭,当走向没落的时候,必然表现为公德心的缺乏。"[①] 而在公德的诸内容中,他认为最重要者莫过于热爱中国、热爱中华民族;这是中国人最根本的公德,也是儒家思想的应有之义。他说:"儒家的思想,是通过现实、涵融现实的理想;所以凡是对国家人民,只要在比较上有点好处,便不惜寄与以同情"[②]。因此,

---

[①] 徐复观:《"社会规范"问题》,载《徐复观杂文——记所思》,时报文化出版事业有限公司1980年版,第409页。

[②] 徐复观:《国族无穷愿无极,江山辽阔立多时》,载《儒家政治思想与民主自由人权》,八十年代出版社1979年版,第333页。

"长期受儒家思想熏陶的人，他的起心动志，自然直接落在国家人民的身上"①。

梁启超曾于1901年作《自励》诗："献身甘作万矢的，著论求为百世师。誓起民权移旧俗，更擎哲理牖新知。十年以后当思我，举国犹狂欲语谁。世界无穷愿无尽，海天寥廓立多时。"② 对于此诗，徐复观甚为欣赏，赞叹有加。为了表达自己对儒家爱国公德的重视和理解，徐复观对梁启超的诗句"世界无穷愿无尽，海天寥廓立多时"进行了修改，将其修改为"国族无穷愿无极，江山辽阔立多时"。他谈到自己的这一修改时说：

> 梁任公先生，是真正中国启蒙运动中的一位伟人；他品格之高，性情之笃，学养之深，胸怀之大，实在五四运动中特起的一批人物之上。中山先生早年有意与他合作，卒为国民党中狷狭之士所阻，这是国民党的不幸。他有首自述怀抱的七律，首联是"置身甘作万矢的，立论常期百世师"；末联是"世界无穷愿无极，海天辽阔立多时"；这是我三十年前，常常吟讽不置的一首诗。唐先生（即唐君毅——引者注）死后，从印出的墨迹中，我才知道他也爱此诗；但不知他是爱此诗的全首，还是只爱此诗的最后两句。我的品位，没有他两位先生的高大；站在海滨一角，不是面对海洋望向整个世界，而只能低头望地，望着地上辛苦生活的胞泽。所以我大胆把任公的两句诗改为"国族无穷愿无极，江山辽阔立多时"；这样一来，有损于原作由浩气玄思而来的美感。并且我也意识到我们的国族，与整个的世界是不可分的；但是自己国族长期所遭遇的不幸，不能自已的悲悯之情，自然较之对其他国际问题远为迫切。儒

---

① 徐复观：《国族无穷愿无极，江山辽阔立多时》，载《儒家政治思想与民主自由人权》，八十年代出版社1979年版，第333页。

② 梁启超：《自励二首》，载《饮冰室合集》第5册文集之四十五（下），中华书局1989年版，第16页。

家的"爱有差等",这是顺乎人情的自然。所以,我不嫌假任公先生笔墨之灵,点金成铁,以表达我难以名言的情感。①

在这里,徐复观所记梁启超的诗句,虽在文字上与原诗有出入,但这并不妨碍表达他的思想。通过修改梁启超的诗句,表达了他对"国族"的重视和热爱:一方面对世界而言,凸显了对"国族"的重视和热爱,所以他说这是"爱有差等";另一方面对个人而言,凸显了对"国族"的重视和热爱,认为"国族"较之个人更为重要。

"国族"这个概念,在徐复观的文字中,包含了"国家"与"民族"的双重含义,是就现代意义的民族国家而言的,指作为现代意义民族国家的中国和中华民族。徐复观曾经留学日本,参与国民党高层政治,还在台湾省立农学院讲授过"国际组织与国际现势"课程,当然对现代意义的民族国家十分了解、十分重视,不像现在的一些文化保守主义学者那样还死抱着传统的儒家"天下"观念不放。他说:"研究近代政治的人,无论如何,总不能不承认'民族国家'之成立,是近代政治的开端;这是由文艺复兴所引起的个人自觉向前再进一步的自然发展。在此阶段中,各国国民运动的总目标,可用'对外求独立,对内求统一'二语加以概括。"② 在他看来,重视"国族"、热爱"国族",也就是在"国族"的独立和统一上下功夫、作努力。"国族无穷愿无极,江山辽阔立多时"的宏愿,归结起来,正在于维护中国和中华民族的独立和统一。

在一些深受西化思潮影响的人看来,中国知识分子应当按照西方近代个人主义,着重确立权利和义务的观念。对此,徐复观则认为,中国知识分子固然要确立自己的权利和义务,但更为重要的是热爱自己的国家和民族。在他看来,只有"'先天下之忧而忧,后天下之乐而乐'

---

① 徐复观:《国族无穷愿无极,江山辽阔立多时》,载《儒家政治思想与民主自由人权》,八十年代出版社 1979 年版,第 332—333 页。
② 徐复观:《反极权主义与反殖民主义》,载《徐复观杂文——记所思》,时报文化出版事业有限公司 1980 年版,第 211 页。

的知识分子，才是知识分子个人主义的'正种'"①。因此，徐复观强调，中国知识分子必须与国家民族同呼吸共命运，必须把"国族"的观念置于个人的意见之上，把"国族"的利益置于个人的利益之上。他说："一个知识分子忘记了自己的国家民族，甚至为了一时的恩怨、利害，而走上了与自己的国家民族为仇之路，这种知识分子的良心固然成问题，他所得到的知识也必然成问题。"② 又说："人世间，若有一种学说，若有一种信仰，使人厌离自己的祖国，仇视自己的乡土，对自己祖国、乡土的苦乐利害漠不关心，甚至以'谓他人父''谓他人母'为一己的莫大光荣，则这种学说、信仰的本身，即是一种莫大的阴毒与欺诈。"③ 在他这里，个人的自由追求与国家民族的统一强盛是一致的、不可分的。他断然表示："我决不相信，在精神上没有自己的民族国家的人，能具备有独立性、创造性的自由人格。"④

因此，徐复观认为讲道德、讲人格，首先在于强调热爱中国、热爱中华民族这个中国人最根本的公德，在于强调不能离开热爱中国、热爱中华民族去讲人格的追求和完善。他对儒家爱国公德的重视和理解，包括了多方面的内容。这些内容虽是从儒家思想出发的，但早已突破了传统儒学的"华夷之辨"，而立基于他对"国族"的现代意义理解，被他赋予了新的时代内容。

例如，面对帝国主义的侵略，徐复观提倡坚贞不屈的中华民族气节。他指出，中华民族之所以能在数千年间历经磨难而维系至今，一个重要之点，就在于在中国文化中生了根的知识分子，不论在任何巨变艰

---

① 徐复观：《中国知识分子的责任》，载《徐复观文录选粹》，台湾学生书局1980年版，第215页。
② 徐复观：《知识良心的归结——以汤恩比为例》，载《徐复观杂文——记所思》，时报文化出版事业有限公司1980年版，第421页。
③ 徐复观：《知识良心的归结——以汤恩比为例》，载《徐复观杂文——记所思》，时报文化出版事业有限公司1980年版，第423页。
④ 徐复观：《国家的两重性格》，载《徐复观杂文——记所思》，时报文化出版事业有限公司1980年版，第237页。

难中也不改变对于自己国家民族的忠贞志节，以自己的言论行为标示黑暗中的方向。他认为："传统的、很严正的中国知识分子，在人生上总是采取'忧以天下，乐以天下'的态度。齐家、治国、平天下，在中国知识分子的人生观中，认为这是修身所要达到的目的，亦即是认为家、国、天下与自己之一身，有不可分的关系，因而对之负有连带的责任感。"① 他特别谈到抗日战争时期，中国人民特别是中国知识分子所体现的爱国精神，认为这种爱国精神正来自以儒家思想为代表的中国道德精神。他说："民国二十六年（即 1937 年——引者注）的对日抗战，这是以'弱'抗'强'的救亡圣战。此圣战的另一意义，是全国知识分子空前的大团结。共产党发表了实行三民主义、拥护政府的宣言，军队接受了政府所给予的番号。过去因内战、因思想等分歧而四分五裂的个人、团体，都响应政府的号召，向领导中心集中。迫近战区的学校、工厂、教员、学生、工人、技师，都走上漫漫的崎岖道路，冒着轰炸、突击、饥寒、死亡的危险，坚韧的移向作战的准备位置。几千年民族所蓄积的精灵，显现为前方的血肉与后方的血汗。这是民族非常艰苦的时代，也正是民族亘古未有的伟大而辉煌的时代。而其真正的内容，则是知识分子的大团结。当初所成立的第一届国民参政会，虽不能完全代表此一内容，但较之以后之所谓民意机关，实更有社会上政治上的代表意义。知识分子所以能抛弃成见而归于团结，追溯到底，还是宋明儒所说的'存天理，去人欲'的再现。"②

又如，面对全球性现代化运动所带来的西方文化对非西方文化的霸权，徐复观强调重视中国文化的价值，做一个堂堂正正的中国人。他认为，中国向西方学习，进入全球化，实现现代化，是时势所然，不可阻挡。但是，这并不是说，西方的现代化是十全十美的。恰恰相反，西

---

① 徐复观：《在非常变局下中国知识分子的悲剧命运》，载《中国思想史论集》，台湾学生书局 1988 年版，第 263 页。
② 徐复观：《在非常变局下中国知识分子的悲剧命运》，载《中国思想史论集》，台湾学生书局 1988 年版，第 270—271 页。

方的现代化存在着许多问题和局限，从而带来了巨大的负面效应，导致了 20 世纪人类的生存危机。20 世纪 60 年代台湾经济起飞，仿效日本学习欧美的模式实现现代化，对中国文化传统形成直接冲击，更激起徐复观的莫大悲愤。他说："西方文化中的科学理性过剩，抑压了人生中其他方面的理性的发展，以致使文化、人生失掉了平衡，因而发生了反理性的倾向，这是可以理解的。传统的价值观念，渐成为有躯壳而无灵魂，并且成为有权势者驱使无权势的工具，因而发生反价值的倾向，这也是可以理解的。"[1] 但问题在于："台湾有些人们，对于西方这种插曲，不穷其源，不究其委，以为这是最新的东西（实际是最旧的），所以也是最好的东西。"[2] 他对那些"要打倒中国文化的西化派"加以怒斥，义正辞严地指出："我们要学西方的科学、技术等等，以图自己国家的富强；并不是说我们即应当向美国人或日本人出卖自己的国格人格。而出卖自己国格人格的人，决不能吸收科学技术以为自己的国家发愤图强的。"[3] 徐复观认为，中国的现代化当然不是固守"国粹"，同时更不是全盘"西化"，而应是对中西古今文化之长作一种综合性的反省、择取、融会、贯通，而使人类文化的一切有现代意义的积极成果再生于当今之中国。

再如，面对"台独"势力的出现，徐复观予以了旗帜鲜明的批判。早在 20 世纪 70 年代初期，当"台独"势力打着反对国民党独裁统治的旗号刚刚兴起时，徐复观就敏锐地觉察到问题的复杂性和严重性。1971 年 1 月 10 日，他在香港《华侨日报》发表《中国人对于国家问题的心态》一文；1972 年 1 月 14 日，他又在香港《华侨日报》发表《"台独"是什么东西！》一文，坚决地、明确地反对"台独"，以国家民族大义对

---

[1] 徐复观：《西方文化没有阴影》，载《徐复观杂文——记所思》，时报文化出版事业有限公司 1980 年版，第 64 页。
[2] 徐复观：《西方文化没有阴影》，载《徐复观杂文——记所思》，时报文化出版事业有限公司 1980 年版，第 65 页。
[3] 徐复观：《西方文化没有阴影》，载《徐复观杂文——记所思》，时报文化出版事业有限公司 1980 年版，第 63 页。

参与"台独"的青年进行批评和规劝。他指出:"我是一个非常讨厌现实政治的人,从民国三十七年(即 1948 年——引者注)起,便决心不参加任何现实政治。我也知道,有人霸占权力,便有人争夺权力;有人以民主以外的方法保持权力,便会有人以民主以外的方法争夺权力;这都是非常可悲的。但对我个人而言,却是不相干而又是无可奈何的'气数',只有不加是非,置之于不议不论之列。但以中国人而否定自己是中国人,以中国的领土而否定其为中国的领土,这便是作为一个中国人的我的心态所不能忍受,要公开提出来,要求你们('台独')的反省。我于民国三十八年(即 1949 年——引者注)逃难来台,和许多本省的正派人士成为朋友,其中有的对现实非常不满;但无一不是守住在日本统治时期所激起的民族正气,决不愿违背中华民族的大节大义。"① 又指出:"人民对政府的批评乃至反对,这乃是每一个有宪法的国家所规定的重大基本人权。……但人民有反对政府的权利,没有反对自己的国家民族的权利。政府可以宽容反对政治设施者的意见,但不能宽容反对自己国家民族者的意见,除非政府自己走上了反国家民族的路。非常不幸得很,'台独'分子中的许多人,居然走的是反国家民族的路线。"② 这些与"台独"针锋相对的批评和规劝,距今已有半个多世纪;但在今天看来,仍然没有过时,仍然有着重大的意义。

总之,在徐复观看来,讲道德、讲人格必须首先讲公德,而讲公德又必须首先强调中国人对自己国家民族的热爱。诚如他在 1979 年 12 月 20 日致故乡友人柴曾恺的信中所说:"日常生活简单,然起心动念,未尝不为国家前途着想也。"③ 这句信中言,实则是对"国族无穷愿无极,江山辽阔立多时"诗句的很好注释。

---

① 徐复观:《中国人对于国家问题的心态》,载《徐复观杂文——记所思》,时报文化出版事业有限公司 1980 年版,第 324 页。
② 徐复观:《"台独"是什么东西!》,载《徐复观文集》修订本第 1 卷,湖北人民出版社 2009 年版,第 121 页。
③ 《徐复观致柴曾恺》,载《徐复观文集》修订本第 1 卷,湖北人民出版社 2009 年版,第 330 页。

四、重视中国人的职业道德

徐复观认为,"道德性"的"儒家精神之基本性格",归结为"为己之学",凸显了落实在人的具体生命中的"道德之心",强调了这种"道德之心"对人的生命存在的方向性和主宰性,由此看待现代人生的问题,不仅体现为现代中国人应当具有热爱中国、热爱中华民族的公德,而且体现为现代中国人应当具有职业道德。

职业道德也是一种公德,虽然与热爱中国、热爱中华民族相比,在范围上相对要小,在分量上相对要轻,在层次上相对要低,但对现代中国人来说,则仍然是不可轻视、不可或缺的。徐复观认为,中国若要实现现代化,重视和培养中国人的职业道德无疑是一个必要的因素。他为此撰写了《我们在现代化中缺少了点什么——职业道德》一文,专门说明职业道德之于现代中国人的重要性。他说:"谁也不会怀疑中国需要现代化。但现代化却何以进行得这样缓慢,这是每一个人所应思考的问题。这里可以举出历史的原因,可以举出社会的、政治的原因。……在上述问题之外,另有一种使现代化迟滞不前的重大原因,乃在于知识分子缺乏真正地职业观念,因而缺乏真正地职业道德。"[1] 这就对现代中国人严肃地提出了职业道德问题。

为什么要重视职业道德呢?徐复观认为,每一样职业需要有自己的知识和技术,本是现代化的内在要求。他说:"现代化的最基本问题,是知识、技术的问题。每一样职业,都需要某种知识、技术的支持。为了做好一样职业,必定会不断地追求与某一职业有关的知识、技术,做到老,追求到老。于是广大地职业活动,即是广大的知识、技术的进步活动。职业不断在进步,支持各种职业的各种知识、技能都不断地在进

---

[1] 徐复观:《我们在现代化中缺少了点什么——职业道德》,载《徐复观文录选粹》,台湾学生书局 1980 年版,第 166—167 页。

步，这不是现代化是什么？"① 然而，要实现知识、技术的进步，要实现由此而来的职业的进步，徐复观认为还需要有职业观念、职业道德作为助力。在他看来，职业道德实际上是关于职业的价值观念。他说："所谓职业观念、道德，是在自己职业的本身，于有意无意之中，承认它具备有无限的价值。认为实现职业的价值，即是实现自己人生的价值，因而把自己的生命力，完全贯注于自己职业之中，把职业的进步，当作自己人生的幸福；此之谓职业观念、职业道德。"②

徐复观认为，这种对于职业道德的重视，也就是通过实现职业的价值来实现人生的价值，要求各人在职业中尽到自己所应担当的那分道德责任。这种道德责任，在有限的职业活动中具有无限的价值。这也就是宋儒所讲的"尽分"。他说："从前程明道曾感叹地说：'我们在人伦上有多少未尽分处。''分'是指各人在人伦中应担当的尽责任，'尽分'是尽到了自己所应担当的责任。程子的话，是就人伦道德上说的。我们今日应把'尽分'的观念，推扩到职业上去。每一知识分子，应痛责在自己的职业上，没有能'尽分'。要现代化吗？从知识分子的'尽分'开始吧。"③

中国知识分子应当如何在自己的职业中"尽分"呢？在这方面，徐复观对知识分子的职业道德提出了消极和积极两个方面的要求。消极方面的要求，也就是底线要求。他将这一要求概括为三点：一是"不投机取巧，不趋炎附势"④；二是"不假冒知识，不歪曲知识，更不以权

---

① 徐复观：《我们在现代化中缺少了点什么——职业道德》，载《徐复观文录选粹》，台湾学生书局1980年版，第167页。
② 徐复观：《我们在现代化中缺少了点什么——职业道德》，载《徐复观文录选粹》，台湾学生书局1980年版，第168页。
③ 徐复观：《我们在现代化中缺少了点什么——职业道德》，载《徐复观文录选粹》，台湾学生书局1980年版，第169页。
④ 徐复观：《中国知识分子的责任》，载《徐复观文录选粹》，台湾学生书局1980年版，第214页。

势代替知识"①；三是"不以个人现实中的名利出卖自己的学术良心，淹没自己的学术良心"②。积极方面的要求，也就是理想要求。他将这一要求概括为两点：一是"将自己解消于自己所追求的知识之中，敬重自己所追求的知识，也敬重他人所追求的知识，经常感到知识高于一切权势，贵于一切权势"③；二是"自己的精神，与自己的国家民族，有自然而然地'同体之感'，有自然而然地在自己的本分内献出一分力量给自己的国家民族的要求"④。他希望中国知识分子能从最基本的职业道德做起，上达于热爱中国、热爱中华民族的高度，上达于"国族无穷愿无极，江山辽阔立多时"的境界。

　　由于现代化造成了"科学世界"的迅速发展和无限膨胀，导致了对"价值世界"的压抑、排斥和破坏，使现代人的生活失去了"价值世界"的支撑，因而在许多人看来，知识分子的责任，在于求得各种正确的知识以影响社会；而凡是知识都是科学的，凡是科学都是"无颜色"的，在追求知识时应当保持"无颜色"的态度。对此，徐复观则持不同的看法，强调现代中国人，特别是中国知识分子，不应当受时代的影响，只重视科学知识，不重视道德修养；而应当看到，科学知识代替不了道德修养，职业道德正是知识分子首先应当具备的。他进而指出，知识与人格相比，人格更为重要。"我们要知道，只要是一个活生生的人，便必然有颜色的，亦即是必然有某种人生态度的。无颜色的知识的追求，必定潜伏着一种有颜色的力量，在后面或底层，加以推动。此一推动力量，不仅决定一个人追求知识的方向、成果，并且也决定一个人对知识

---

① 徐复观：《中国知识分子的责任》，载《徐复观文录选粹》，台湾学生书局1980年版，第214页。
② 徐复观：《中国知识分子的责任》，载《徐复观文录选粹》，台湾学生书局1980年版，第214页。
③ 徐复观：《中国知识分子的责任》，载《徐复观文录选粹》，台湾学生书局1980年版，第214页。
④ 徐复观：《中国知识分子的责任》，载《徐复观文录选粹》，台湾学生书局1980年版，第214页。

的是否真诚。简言之，严肃地知识追求，不管追求者的自身意识到或没有意识到，必然有一种人格作他的支持的力量，否则会如今日许多人一样，经常玩弄着以诈术代替知识的把戏。"① 因此，在"无颜色"的知识后面，还有更为重要的"有颜色"的人格。知识分子以知识影响社会，实际上是知识与人格融合在一起影响社会。正是这样，对于中国知识分子来说，在重视科学知识的同时，要更为重视道德修养。忽视了道德修养，也会对科学知识的发挥和科学技术的运用发生负面的影响。

这种对职业道德的重视，是徐复观始终坚持和强调的。在生命的最后时刻，他还在医院病房中对来看望他的学生们说："求知是为了了解自己，开辟自己，建立自己，是为为己之学。求知必然是向外向客观求，此历程与希腊学统同。但因为己而自然作向自身生命生活上的回转，合内外之道，合主客为一（以天下为一家，万物为一人），贯通知识与道德为一，此乃吾国学统所独。应由此以检别学统中之真伪虚实，开辟无限途轨，并贯通于文学艺术。"② 对于中国哲学研究者，他特地从职业道德出发，留下了最后的教训："做学问不怕慢，只怕不实。治中国哲学者应以一步登天为大戒。"③

由此可见，徐复观所讲的"为己之学"，实有着具体的内容，实有着在职业中如何做人的道理，不仅仅只是一些"高大上"的修养理论。正如他所说："堂堂正正地人，只是一念之间、一念提撕警惕之间的精神状态。此精神状态应贯注于自处与处人的日常生活之中，应贯彻于求知与用知之上。这是知识分子为了能尽其他各种责任的发射台。没有此

---

① 徐复观：《中国知识分子的责任》，载《徐复观文录选粹》，台湾学生书局1980年版，第213页。
② 徐复观：《病中札记》，载《徐复观最后杂文集》，时报文化出版事业有限公司1984年版，第209页。
③ 徐复观：《病中札记》，载《徐复观最后杂文集》，时报文化出版事业有限公司1984年版，第208页。

一发射台的营营苟苟地知识分子，除了追求个人的饱食暖衣、蠕蠕而动、偷偷以息之处，还能谈什么责任呢？"①

五、家书中的人生教育

徐复观从儒家思想看待现代人生的问题，不仅强调为国家、为民族、为职业的公德，而且重视完善个性、完善自我、完善人格的私德。在这方面，徐复观的学生曹永洋编《徐复观家书精选》一书，就展现了他以家书这种传统的思想表达方式，对子女进行人生教育和德性培养，引导子女在日常生活中学会做人做事做学问。可以说，以家书来体现"道德性"的"儒家精神之基本性格"，凸显落实在人的具体生命中的"道德之心"，强调这种"道德之心"对人的生命存在的方向性和主宰性，是徐复观倡导"为己之学"最具有生活气息和生命情调的内容。

《徐复观家书精选》收录的书信，都是20世纪60年代徐复观写给在美国留学的长女徐均琴的，共有200余封。在那个没有互联网而国际电话费又特别昂贵的年代，书信往来成为太平洋两边的人们联结亲情、传递思念、报告忧喜的主要通信方式。古人的"家书抵万金"②的感叹，对于当时的徐复观父女来说也同样是适用的，这从徐均琴长期妥善保存父亲的这些书信上即可看出。与一般人的家书相比，徐复观的家书有其独特之处，就是除了表达亲情、思念、忧喜外，还对子女进行人生教育和德性培养，指导子女如何在日常生活中做人做事做学问，生动而实在地体现了他所讲的"为己之学"。

下面，笔者从《徐复观家书精选》中选出八段文字，以展现徐复观通过家书对子女所进行的人生教育。

其一，徐复观在信中，告诉女儿在美国开始学习生活时，一定要从

---

① 徐复观：《中国知识分子的责任》，载《徐复观文录选粹》，台湾学生书局1980年版，第215页。

② 杜甫：《春望》。

"心"上着眼以"立志"。他说：

> 你信上的话，一天懂事一天，这就是大进步。立志还有一个更深的意义：人的身体，是一堆细胞组成的，只有各种冲动；由冲动积累的人生，完全是昏暗杂乱的人生。"立志"，是让生命中的理性（心）发生主导的作用，于是昏暗由此而得到照明，杂乱由此而得到统一，人生的价值便可无限的展开。你说立志则随处有立足之地，这是最有见地的话。儿！你的人生，正在一天一天的充实。爸和妈太高兴了。①

其二，徐复观在信中，教导女儿学会适应美国大学环境，培养自己的社会性，在新的学习生活中学会做人做事做学问。他说：

> 我之所以劝你和他人共房住下去，因为不仅做学问要有耐性；处人处事，同样也要有耐性。凡在娇生惯养中长大的，多缺少社会性，流于任性孤僻。为能与社会相处，除了把握住自己基本的利益和品格之外，有时是要能随方就圆的。开始觉得看不惯、处不惯的情形，耐久了以后，度量便大了。不错，在美国找有学历的容易，找有品德的困难。大概的说，能沉下气来研究学问，以学问为第一，而动作不轻浮，对人不刻薄，不想占小便宜，再加有点国家观念的人，品德大概会够水准。②

其三，徐复观在信中，希望女儿在日常生活中要有明确的人生追求，在尽心做人做事做学问中实现最高价值。他说：

---

① 徐复观：《致徐均琴（第15封家书）》，载《徐复观家书精选》，台湾学生书局1993年版，第41—42页。
② 徐复观：《致徐均琴（第18封家书）》，载《徐复观家书精选》，台湾学生书局1993年版，第48页。

你去年的信中,曾经说到不管成绩好坏,但每日总有所得,引此以自慰,这是非常重要的。每日有所得,即是人生当下所得到的意义;人生的意义,并非要到收场时,或者要得到某种重大结果时才有;而是时时刻刻的有,时时刻刻的得到满足。孟子说:"尽其心者,知其性者也;知其性,则知天矣。"从另一方面,简单地说,人能尽心于自己所应作的事,便是把握到了最高的价值,而不必太计较过后的成败得失的。①

其四,徐复观在信中,谈到自己和家庭所遭受到的社会抑压,鼓励子女学会在政治的和学术的压力中顽强成长。他说:

所谓抑压是证明我们家庭的生命正在生长。不生长,便没有压力。目前精神上的压力,主要是来自学术界。但台湾的学术界,真是一团漆黑,大家既愚且懒,只凭借一点学术以外的力量,整天的胡混。胡适刚死时,大家以为他总有些有价值的遗著尚没有发表;但结果,可以说是一无所有。政治的势力是表现在空间里面,学问的势力是表现在时间里面。假定我没有成就,便应接受时间的淘汰。假定有成就,在时间之流中,谁也压抑不下去。何况我的儿女,都是相当争气的。尤其是这个有智慧、有志气的女儿。……我的经验,人格与学问,都是在抑压中成长的。②

其五,徐复观在信中,以自己在东海大学的亲身遭遇,强调作为中国人一定要有民族意识,热爱中国、热爱中华民族。他说:

---

① 徐复观:《致徐均琴(第58封家书)》,载《徐复观家书精选》,台湾学生书局1993年版,第112—113页。
② 徐复观:《致徐均琴(第32封家书)》,载《徐复观家书精选》,台湾学生书局1993年版,第74—75页。

去年东海大学在纽约的联合董事会，派了一个调查团，今年提出了报告，在报告中，充满了对由大陆来的人们的恶意，公开说大陆和台湾是两个不同的民族和文化；他们办大学，只是为了培植台湾人。而他们所说的办大学的方针，实际是要变成神学院。在这一报告中，每一个中国人，都受到了侮辱。其中有好几个地方，是暗中对付我个人的。他们实际是在中国文化之前发抖，把我一个人的影响力估计得太高。上上星期六开校务会议提出检讨时，我也很不客气地从正面提出反击，使他们知道中国还有人是不可以随便欺侮的。昨天我在省立台中一中作了五十分钟的讲演，题目是《人生的起点与归宿》；我主要告诉这些天真无邪的孩子，人生是以自己的民族为起点，也是以自己的民族为归宿。他们好像能够听得懂，反映得很热烈。大概三五年内，是我们命运的决定时间。但有一点我是能够决定的，即是站稳民族的立场，随民族而生，随民族而死，随民族而永恒不朽。我过去的民族意识，是日本人教给我的；而现在，则是东海大学教给我的。在激流乃至浊流秽流中，屹立不动的人格，是长期考验的结果。这只能告诉我有出息的女儿！①

其六，徐复观在信中，还指导女儿处理好婚姻、家庭和事业，把这些人生的内容以自己的事业为中心有机地统一起来。他说：

在爸的看法，你所提出的三条路，是可以统一起来的。结婚，继续研究，和爸妈在一起，不应当有矛盾。"嫁鸡"，鸡要跟着人走；你是人，鸡和狗怎么不可以跟人走呢？你在学问上，假定有了一点成就，爸和妈可以来看你，你更可以带着鸡或狗回国来讲学，住上半年一年。那有什么不可以的呢？一切的打算，都以成就你自己为主，爸和妈，只是在收场时能在精神上得到点安慰便够了。生

---

① 徐复观：《致徐均琴（第39封家书）》，载《徐复观家书精选》，台湾学生书局1993年版，第85—86页。

命的延续,只有靠学问上的成就、贡献,此外都是霎眼便过的。能在学问上一步一步的走,即是勇敢,也必多少能有所得,此外不需要什么特别勇敢,自然也无所谓退缩,儿不以为然吗?①

其七,与女儿的婚姻问题相联系,徐复观在信中力主女儿以做"女学人"为人生目标,并告诉女儿如何处理好理智和情感的关系,建立和维系温暖的家庭。他说:

爸顺便提醒儿一句,儿今后的基本身分不是小姐,不是太太,而是"女学人"。并不是有什么了不起的成就才算是"女学人",而是以学问的追求、传播为自己安身立命之地,便是"女学人"。这是男女平等,和儿的环境,所应当作的决定。女学人一定要有一个温暖的家,这种家的建立,应以女学人的身分、情调,在极平实、平淡中解决,而不是仅靠情绪的激荡。换言之,先由理智作利害上的选择;家庭建立以后,便让感情一步一步的代替着理智;或者说,让感情居于优位。爸这些空洞的话,我知道对儿没有什么意义,一切信任儿自己。②

其八,徐复观还在信中与女儿畅谈哲学,这里面既有他自己的学问兴趣,也希望由此引导专攻自然科学的女儿能对人文科学有所了解,培养女儿的人文精神、人文教养。他曾在一封信中,写过一大段由罗素出发论中西道德异同的文字,立论鲜明,思路清晰,逻辑严谨,如同一篇小型的哲学论文。他说:

---

① 徐复观:《致徐均琴(第105封家书)》,载《徐复观家书精选》,台湾学生书局1993年版,第177页。
② 徐复观:《致徐均琴(第140封家书)》,载《徐复观家书精选》,台湾学生书局1993年版,第220页。

我觉得儿应当看英文的东西，尤其是罗素的英文写得特别清楚（我是听旁人说）。罗素是以数理哲学成名的，站在他的立场，可以不谈道德这些问题。同时英国的道德是经验主义的，在人的生命上没有生上根。欧洲大陆，则又好从形而上学方面谈道德，使道德与现实的人生脱了节。因此，罗素也瞧不起道德。他是以艺术来与科学相配合的。不过他注意社会问题、政治问题，所以在他的纯科学知识的数理哲学以外，依然接触到人生价值问题、道德问题，这是他的很难得之处。在社会各种关系的观察、衡量中，所成立的道德（经验主义的）有实践的意义，但无永恒的、普遍的意义，因此，道德生不稳根。只有从生活中、从生命中层层反省、层层发现，所体认（在生命中认出来的。在生命中得到证明，又谓之体验）出来的，它是生根于人自身生命之内，与人不可分离（《中庸》："道也者，不可须臾离也"）；一方面有其实践性、经验性，同时又有其超经验的性格，因而有其永恒性、普遍性。西方人过去不重视体认，但也不是完全没有体认，只是体认不深。罗素晚年，实际也有了若干转向，并且他的智慧很高；他不了解孔子（西方人很少能了解），但他能了解老子的一部分。同时，西方人没有"工夫"的观念，所以只能作感想式的体验，停止在人生的表面上。"工夫"是把自己的生命作为一种对象，把裹胁着许多杂乱的东西，一层一层的剥掉，以发现生命的真实；而此生命的真实，乃是道德的主体。这便深刻化了。西方也有不少的人，能说出体认很深刻的话，尤其是在文学、艺术方面。[①]

上述八段文字，内容不一，各有特色，然而无一不展现出徐复观通过家书对子女所进行的人生教育和德性培养，无一不展现出徐复观所讲的"为己之学"的平实、深刻与魅力。他的这些话，是对他的女儿讲

[①] 徐复观：《致徐均琴（第182封家书）》，载《徐复观家书精选》，台湾学生书局1993年版，第270—271页。

的，也是对广大中国人讲的。读这些家书、这些文字，颇能激发起读者与徐复观之间发生心与心的碰撞和交流，实现他所说的"对语"，进而获得理解他的"为己之学"的钥匙。

六、有生命力的"为己之学"

徐复观从儒家思想看待现代人生的问题，既强调现代中国人应当具有热爱中国、热爱中华民族的公德，又重视现代中国人应当具有做好本分工作的职业道德，还以家书对子女进行人生教育和德性培养，以养成完善个性、完善自我、完善人格的私德。这就使得他所讲的"为己之学"，通过现代人生的问题，凸显了落实在人的具体生命中的"道德之心"，强调了这种"道德之心"对人的生命存在的方向性和主宰性，确实促使现代新儒学由形上世界走向了生活世界。

徐复观认为，现代社会中由于科学技术的迅速发展、物质财富日益丰富，使现代人类失去了"价值世界"，抛弃了人的智慧来源，因而出现了"沧海遗珠"的生存困境；而儒学作为"为己之学"，其有效的作用，正在于以一种价值选择和价值取向，为现代人类提供了植根于中华文化的人生态度、人生修养、人生境界、人生追求，即提供了一种不同于西方文明的生存智慧，能够帮助中国人乃至世界上不同民族国家的人们在现代社会中更好地生存。徐复观在这方面的努力，可以说真正抓住了儒学生命力之所在，昭显了儒学的长处和优势，从而使"为己之学"成为一种富有生命力的学问。

正是这样，徐复观从消解形而上学思想出发，力主使现代新儒学由形上世界走向生活世界，由此发展出的人生哲学与由此发展出的政治哲学相比，有着更多的合理性和更强的生命力。

徐复观年表简编

1903 年　1 月 31 日，徐复观诞生于湖北浠水一个偏僻山村的贫苦农家。

1911 年　8 岁。在任乡村教师的父亲指导下发蒙读书。读书之余，从事砍柴、放牛等农业劳动。

1915 年　12 岁。考入浠水县高等小学，由偏僻山村来到人文气息浓厚的县城上学。

1918 年　15 岁。毕业于浠水县高等小学，考入设在武昌的湖北省立第一师范学校。

1923 年　20 岁。毕业于湖北省立第一师范学校，后来回忆说："我对十线装书的一点常识，是五年师范学生时代得来的。"回浠水县城任教小学，生活困难，不久考入设在武昌的湖北省立国学馆。

1926 年　23 岁。北伐军进入湖北，攻占武昌。结束湖北省立国学馆学习，参加国民革命军第七军，投身大革命洪流。开始接触孙中山的三民主义，并由之而接触马克思主义。

1927 年　24 岁。担任大革命时期的湖北省商民协会宣传部长、民众会议主席，亲历大革命失败后的白色恐怖。任设在武昌的湖北省立第七小学校长。

1928 年　25 岁。赴日本留学。先后就读于日本的明治大学经济系和陆军士官学校步兵科。在日本求学期间，组织"群不读书会"，广泛阅读各种日文马克思主义书刊，研究马克思主义的哲学、经济学和政治学。后来回忆说："回国后在军队服务，对于这一套，虽然口里不说，笔下不写，但一直到民国二十九年前后，它实在填补了我从青年到壮年的一段精神上的空虚。"

1931 年　28 岁。与留日爱国同学一起举行活动，抗议日本发动侵略中国东北的"九一八"事变，遭日本当局逮捕和监禁，随后被驱逐回国。

1932 年　29 岁。由于回国后生活困顿，经友人介绍到广西的国民党军队中任职。

1933 年　30 岁。离开广西，担任国民政府内政部长黄绍竑的幕僚。

1934 年　31 岁。因新疆局势动荡，受黄绍竑的委派率若干人员乘四辆美制汽车前往侦察，以了解进军新疆沿途的交通、给水情况，途中在茫茫戈壁中迷路，几断饮水，十分艰险。

1935 年　32 岁。随调任浙江省主席兼沪杭甬指挥官的黄绍竑前往杭州，参与秘密筹备上海、浙江一带抵御日军入侵的军事防卫工作，从事军事防御方案的制订。与王世高小姐结婚，以后两人患难与共，相濡以沫，共同生活了近半个世纪，育有四个子女。

1937 年　34 岁。"七七"事变爆发，随调任湖北省主席兼第二战区副司令长官的黄绍竑参加山西娘子关战役。在娘子关前线，曾参与指挥对日军作战，亲历国民党军队在作战及撤退中的混乱。年底回武汉，任团长，率部驻防湖北老河口。

1938 年　35 岁。前往武昌珞珈山的武汉大学，参加蒋介石亲自主持的团长以上军官集训。

1943 年　40 岁。奉国民政府军事委员会军令部的派遣，赴延安任联络参谋，历时半年。到延安后，与毛泽东等中国共产党领导人多有往来，多次与毛泽东在窑洞中畅谈政治与学术。年底由延安回重庆，提交《中共最近动态》报告，受到蒋介石的器重和提拔，开始作为蒋介石的高级幕僚参与国民党高层工作，先后担任联合秘书处秘书长随从秘书、侍从室第六组副组长等职。与熊十力开始书信往来，并前往北碚勉仁书院拜见熊十力，由此成为熊十力的学生。

1944 年　41 岁。形成"由救国民党来救中国"的构想，并多次向蒋介石进言，希望"把当时庞大而渐趋空虚老大的国民党，改造成为一个以自耕农为基础的民主政党"。

1945 年　42 岁。任联合秘书处秘书长、总裁随从秘书。

1946 年　43 岁。以陆军少将呈请志愿退役，结束军旅生涯。开始对国民党统治失望，后来回忆说："为了想抢救危机，几年来绞尽了我的心血。从三十三年到三十五年，浮在表面上的党政军人物，我大体都看到了。老实说，我没有发现可以担当时代艰苦的人才，甚至不曾发现对国家社会真正有诚意、有愿心的人物。没有人才，一切都无从说起。"

1947 年　44 岁。和商务印书馆合作，创办学术刊物《学原》，开始接触并了解中国学术界。《学原》至 1949 年停刊。

1949 年　46 岁。国民党统治在中国大陆崩溃。于香港创办政治—学术理论杂志《民主评论》，成为 20 世纪 50—60 年代台湾香港地区现代新儒学思潮的主要舆论阵地。《民主评论》至 1966 年停刊。离开大陆，流亡台湾，定居台中，从此退出国民党高层政界。

1951 年　48 岁。以香港《华侨日报》记者身份访问日本。

1952 年　49 岁。受台湾省立农学院院长林一民聘请，成为农学院兼任教师，担任"国际组织与国际现势"课教学。

1953 年　50 岁。改任台湾省立农学院专任教师，担任"国文"课教学。译著《中国人之思维方法》出版。

1955 年　52 岁。东海大学在台中建立。受东海大学校长曾约农聘请，任东海大学文学院中文系教授兼系主任。

1956 年　53 岁。学术—政论文集《学术与政治之间》甲集、译著《诗的原理》出版。

1957 年　54 岁。学术—政论文集《学术与政治之间》乙集出版。

1958 年　55 岁。元旦，与牟宗三、张君劢、唐君毅联合署名发表《为中国文化敬告世界人士宣言》，这篇宣言成为台湾香港地区现代新儒学思潮兴起的标志。

1959 年　56 岁。学术论文集《中国思想史论集》出版。

1960 年　57 岁。利用学术休假访问日本。对台湾国民党当局制造的"雷震事件"异常悲愤，写下"飘风乍过万林暗，雾绕千峰夕照沉。一叶堕阶惊杀气，微霜接地感重阴"的诗句表达痛苦心情。

1961 年 58 岁。针对胡适在"亚东区科学教育会议"上所言"现在，正是我们东方人应当开始承认那些老文明中很少精神价值或完全没有精神价值的时候了"，著文《中国人的耻辱，东方人的耻辱》，予以驳斥和抗议，由此引发台湾学术界关于中西文化问题论战。

1963 年 60 岁。学术专著《中国人性论史·先秦篇》出版。

1965 年 62 岁。学术论文集《中国文学论集》出版。

1966 年 63 岁。学术专著《中国艺术精神》《公孙龙子讲疏》出版。

1968 年 65 岁。学术专著《石涛之一研究》出版。

1969 年 66 岁。从东海大学退休。由于台湾国民党当局的政治压力，难以在台湾立足，前往香港中文大学新亚书院任教。

1971 年 68 岁。杂文集《徐复观文录》一至四册出版。

1972 年 69 岁。学术专著《周秦汉政治社会结构之研究》出版，后改名为《两汉思想史》卷一。

1974 年 71 岁。随新亚研究所脱离香港中文大学，在独立办学的新亚研究所任教，直到逝世。

1976 年 73 岁。密切关注中国大陆政治局势的重大变化。学术专著《两汉思想史》卷二出版。

1977 年 74 岁。赴美国参加"清初学术讨论会"，并探视儿女，游历美国。学术专著《黄大痴两山水长卷的真伪问题》出版。

1979 年 76 岁。在致故乡友人的信中表示："一两年内，极欲返鄂一行，届时自当拜候。万一在港随草露以俱化，如得政府许可，亦当埋骨灰于桑梓之地。"学术专著《两汉思想史》卷三、学术—政论文集《儒家政治思想与民主自由人权》出版。

1980 年 77 岁。廖承志从美国治病回国途经香港，与徐复观会面晤谈，代表邓小平邀请徐复观访问大陆，来北京聚晤。向廖承志提出改进中共领导工作的几点意见。到台湾大学医院进行身体检查，发现患胃癌，当即进行手术。学术专著《周官成立之时代及其思想性格》，杂文集《徐复观杂文——论中共》《徐复观杂文——看世局》《徐复观杂文——记所思》《徐复观杂文——忆往事》《徐复观文录选粹》，学术—政论文集《学术与政治之间》甲乙集合刊出版。

1981 年 78 岁。赴美国探视儿女，对病情进行检查治疗，同时抓紧时间写作。杂文集《徐复观杂文续集》、学术论文集《中国文学论集续篇》出版。

1982 年 79 岁。2 月初，病情突然加重，住进台湾大学医院治疗。于病榻上口述《中国思想史论集续编自序》，总结一生历程："余自八岁受读以来，小有聪明而绝无志气。四十年代，始以国族之忧为忧，恒焦劳心力于无用之地；既自知非用世之才，且常念熊师十力亡国族者常先自亡其文化之言，深以当时学风，言西学者率浅薄无根无实，则转而以'数典诬祖'（不仅忘祖而已）为哗众取宠之资，感愤既深，故入五十年代后，乃于教学之余，奋力摸索前进，一以原始资料与逻辑为导引，以人生社会政治问题为征验，传统文化中之丑恶者，抉而去之，惟恐不尽；传统文化中之美善者，表而出之，亦惧有所夸饰。三十年之著作，可能有错误，而决无矫诬；常不免于一时意气之言，要其基本动心，乃涌出于感世伤时之念，此则反躬自问，可公言之天下而无所愧怍者。"4月1日，病逝于台湾大学医院。学术专著《中国经学史的基础》、学术论文集《中国思想史论集续编》、学术论文与译文集《论战与译述》出版。

1984 年 杂文集《徐复观最后杂文集》出版。

1987 年 骨灰移回故乡湖北浠水安葬。日记《无惭尺布裹头归——徐复观最后日记》出版。学术专著《中国艺术精神》由春风文艺出版社在沈阳出版，这是徐复观的著作首次在中国大陆出版。方克立、李锦全教授主持的现代新儒家思潮研究课题组成立，在安徽宣州举行的课题组第一次工作会议上，确定徐复观为重点研究的现代新儒家人物之一，由课题组成员、武汉大学教师李维武承担这一研究工作，中国大陆学术界的徐复观研究由此得以开展。

1991 年　杂文集《徐复观文存》出版。

1992 年　12 月，台湾东海大学举办"徐复观学术思想国际研讨会"。

1993 年　书信集《徐复观家书精选》出版。

1995 年　8 月，武汉大学与台湾东海大学在武汉联合举办"徐复观思想与现代新儒学发展"学术讨论会，这是在中国大陆首次举行研究徐复观思想的专题学术讨论会。李维武编会议论文集《徐复观与中国文化》由湖北人民出版社 1997 年出版。

2001 年　杂文集《徐复观杂文补编》一至六册出版。

2002 年　李维武编《徐复观文集》一至五卷由湖北人民出版社出版。

2003 年　12 月，武汉大学举行"徐复观与 20 世纪儒学发展"海峡两岸学术研讨会，纪念徐复观百年诞辰，这是在中国大陆第二次举行研究徐复观思想的专题学术讨论会。

2009 年　李维武编《徐复观文集》修订本一至五卷由湖北人民出版社出版。

2014 年　徐武军、王晓波、郭齐勇、薛顺雄编《徐复观全集》共 26 册由九州出版社出版。

后 记

本书是国家社会科学基金重大招标项目"儒学形态与功能的近百年变化与未来展望"（批准号09&ZD069）阶段性成果。现由湖北人民出版社纳入《湖北国学大师评传丛书》出版。

我所开展的徐复观研究，起步于1987年参加方克立、李锦全两位老师领导的现代新儒家思潮研究课题组。根据课题组的分工，我承担了徐复观新儒学思想研究的任务。20世纪80年代后期，是我从事中国哲学研究的一个转折期，治学的兴奋点开始由中国古代哲学转向20世纪中国哲学；参加方老师和李老师领导的课题组，开展对徐复观新儒学思想研究，对于我转向20世纪中国哲学研究产生了直接的影响。这种影响在于：不仅使我看到了现代新儒学思潮之于20世纪中国哲学研究的重要性，而且使徐复观研究成为了我开展20世纪中国哲学研究的重要个案。

从那以后30多年来，我一直致力徐复观研究，不论是在文献整理方面，还是在思想研究方面，都取得了一批成果：在文献整理方面，编了《中国人文精神之阐扬——徐复观新儒学论著辑要》（中国广播电视出版社1996年出版）和五卷本《徐复观文集》（湖北人民出版社2002年出版，2009年出版修订本）；在思想研究方面，撰写了专著《徐复观学术思想评传》（北京图书馆出版社2001年出版）和《徐复观》（云南教育出版社2008年出版，陕西师范大学出版社2017年重新出版），发表了一批关于徐复观和现代新儒学研究的论文。1995年和2003年，我两次在武汉大学筹备和主持了海峡两岸徐复观思想研讨会，以推动中国大陆学术界的徐复观研究。

本书的撰写，一方面承续了我此前已有的主要研究成果，另一方面又反映了我近年来取得的新的研究收获，可以说集中代表了我进入

21世纪后的徐复观研究。由于几年前我曾大病一场，这本书的写作和许多研究工作都受到影响而延滞，直到经过武汉大学中南医院医护人员精心治疗，我得以起死回生、出院归家、逐渐康复，才缓慢地重新启动本书的撰写。这当然影响了全套丛书的出版进度，拖了大家的后腿，十分过意不去；但这又提供了一个机会，使我能够在重启后的写作中关注和引入新出现的材料，根据这些新的材料进行新的研究，对徐复观其人其学做出新的阐释。如钱婉约教授整理《湖北省博物馆藏钱穆致徐复观信札》，中华书局2020年10月出版，就为本书的写作提供了很有价值的新材料，丰富了本书的内容。因此，本书的撰写也体现了一种生活的辩证法，成为我致力徐复观研究的最新成果。

本书的撰写得到了有关人士和单位的支持和帮助：

郭齐勇、王玉德教授担任这套《湖北国学大师评传丛书》主编，不仅重视徐复观其人其学，将其列为传主之一，而且出于对我的学术信任，约请我来撰写《徐复观评传》。

湖北人民出版社长期以来对我开展的徐复观研究予以了大力支持，这次对《徐复观评传》的编辑出版也不例外；祝祚钦编审主持丛书编务，反复联系，耐心等待，出力最多；丁茜同志具体负责编辑工作，对本书问世付出了辛勤劳动。

我指导的武汉大学哲学学院博士研究生王蕊同学，参与了本书校样的校对工作。

我的妻子何萍教授，在生活上给了我多方照料，在学术上给了我积极支持，我所开展的徐复观研究也包含了她的哲学智慧。20世纪80年代中期，我们共同开展了文化哲学研究，就对我以后的徐复观研究产生了直接帮助和重要影响，这种影响也具体地体现在本书对徐复观文化哲学思想的阐发中。

在拙著行将付梓之际，谨向这些人士和单位致以衷心的感谢！

李维武
2025年春节于武汉大学